启东年鉴

2018

中共启东市委、启东市人民政府　主办

启东市地方志编纂委员会办公室　编

方志出版社
Publishing House of Local Records

图书在版编目(CIP)数据

启东年鉴. 2018 / 启东市地方志编纂委员会办公室编. —北京：方志出版社，2018. 9
ISBN 978-7-5144-3343-2

Ⅰ. ①启… Ⅱ. ①启… Ⅲ. ①启东—2018—年鉴
Ⅳ. ①Z525.34

中国版本图书馆CIP数据核字(2018)第227060号

启东年鉴(2018)

编　　者：启东市地方志编纂委员会办公室
责任编辑：张　颢

出 版 人：冀祥德
出 版 者：方志出版社
地址　北京市朝阳区潘家园东里9号(国家方志馆4层)
邮编　100021
网址　http://www.fzph.org
发　　行：方志出版社图书经销中心
电话(010)67110500
经　　销：各地新华书店
印　　刷：南京顺和印刷有限责任公司

开　　本：889×1194　1/16
印　　张：21
字　　数：849千字
版　　次：2018年9月第1版　2018年9月第1次印刷
印　　数：0001～1000册

ISBN 978-7-5144-3343-2　定价：198.00元

编纂机构和编审人员

启东市地方志编纂委员会

启东年鉴编辑部

中共启东市委党史办公室、启东市地方志办公室

地址：启东市世纪大道1288号行政中心　邮编：226200

电话：（0513）83313432　83350301

电子信箱：jsqddsb@163.com

部门和单位主审人员

（排名以首次出现文稿先后为序）

施元凯	顾永辉	朱炫炫	王　辉	杨丽华	郁丽春	沈向东
周红丹	陈　娟	龚　辉	陈晓燕	朱卫强	施启兵	陆红琴
张建昌	吴风云	江　昱	沈　波	朱雄伟	蔡晓荣	黄永琴
龚海勇	陈　飞	陈永生	王峰华	陈张贤	苏　俊	李爱玲
赵建辉	邓金涛	李新勇	王　虹	钱菁菁	宋　逵	袁裕丽
朱小东	邢　健	李　斌	林　辉	江海龙	李　俊	严翠祥
汪晓勇	张海兵	王振宇	彭新华	汤正辉	周春雷	陆一锋
朱新球	曹文伟	陈　惠	陆　辉	杨新超	沈红伟	吴　杰
陆旭辉	倪凯权	吴　芳	陆燕飞	樊天勇	朱海荣	席庆晟
顾文权	周　尧	郭建辉	吴永东	陈　惠	徐　杰	陈如海
刘　伟	沈伟伟	龚　卫	张春雷	刘　洁	杨海涛	张笑慰
苏俭雄	周　健	王能斌	王　新	黄荣荣	浦永新	单卫红
鲍加耕	龚锦兵	张春雷	赵晓健	丁晓明	张天安	周　兵
倪　伟	邓卫星	施伯新	陈　飞	王建斌	季旭东	张晓卫
任锴胜	赵凯旋	郁锦标	沈　杰	周凌峰	印亚军	薛　峰
李伟彬	杨海燕	陈　玲	黄本华	施正辉	洪善宽	赵　琛
龚　健	张生华	陆忠华	黄　坤	茅永杰	李荣昌	陈天明
陈红飞	龚磊磊	林锋风	陆江华			

保密专审：徐　霞

2017 年 7 月 28—29 日,市委十三届三次全体(扩大)会议召开。市委书记王晓斌代表市委常委会作《锚定发展新坐标,打好富民主攻仗,凝心聚力推进“两聚一高”新实践》的工作报告　　姜雨蒙 / 摄

2018 年 1 月 5 日,市委十三届四次全体(扩大)会议召开。市委书记王晓斌代表市委常委会作《践行新思想,打造新高地,高质量建设“强富美高”新启东》的工作报告　　郁卫兵 / 摄

2018 年 1 月 16 日，市第十七届人民代表大会第二次会议召开，市长黄卫锋作政府工作报告 郁卫兵 / 摄

2018 年 1 月 15 日，政协市第十五届委员会第二次会议召开，市政协主席孙建忠作市政协常委会工作报告 郁卫兵 / 摄

6月22—23日，2017中国·启东国际经贸洽谈会召开，国内外200名宾客参加洽谈会。23日当天，累计签约项目34个，总投资逾185亿元。此次签约项目贴近启东产业发展要求，有先进制造业项目、生态农业及现代服务业项目。签约的内资项目共17个，总投资146亿元，其中15个项目来自上海，占比近九成；外资项目17个，总投资5.85亿美元。最大的内资项目是总投资50亿元的润恒国际水产品交易中心和电商产业园项目，最大的外资项目是总投资6000万美元的半导体设备研发及生产项目。

洽谈会开幕式　　潘　杨/摄

签约仪式　　潘　杨/摄

12月1日，以“聚智聚资聚人才，创新创业创未来”为主题的2017中国·启东科技人才节暨国际经贸洽谈会开幕式举行。市委书记王晓斌致开幕辞。开幕式上，安永（中国）企业咨询有限公司政府及公共事业部发布2017—2018年启东市投资环境白皮书。2017年，启东市科学技术进步奖、“东疆英才计划”、杰出人才成就奖、高技能人才贡献奖和优秀农村实用人才奖的获得者受到表彰。

当天，启东生命健康科技城规划方案专家咨询会举行，与会专家们为启东生命健康科技城规划方案寻诊把脉、献智出力。

洽谈会开幕式 郁卫兵/摄

签约仪式 郁卫兵/摄

2月1日，第十八届中国·启东天汾科技五金交易会举行　　郁卫兵/摄

2 月 24 日，启东对接服务上海投资环境说明会在上海浦东中国金融信息中心举行。签约项目 42 个，投资逾 360 亿元　　姜雨蒙 / 摄

2 月 12 日，全市 2017 年重大项目集中开工现场推进会暨国动产业园二期项目开工仪式在启东经济开发区举行 郁卫兵 / 摄

3 月 14 日，江苏捷捷微电子股份有限公司在深交所创业板上市 启东通讯杂志社 / 提供

4 月 28 日，启东旅游产业说明会走进上海市静安区，对启东的旅游资源作推介　　姜新春 / 摄

6 月 8 日，恒大旅游集团恒大童世界项目在圆陀角旅游度假区开工奠基。建成后，将成为长三角北翼能够媲美上海迪士尼乐园的综合性旅游度假目的地　　潘　杨 / 摄

1月11日，华滋海工85000立方乙烯储罐生产线项目加紧建造，该项目属南通市认定新开工亿元以上工业项目 潘 杨／摄

2月9日，“希望6号”圆筒型浮式生产储卸油平台在启东中远海工举行开航仪式，标志着中国船厂首个为国外石油公司完整建造的FPSO总包项目正式启航

钱爱仁／摄

6月4日，启东边检站完成广汇能源码头临时开放及首艘 LNG 船舶边防检查任务　　启东边检／提供

11月3日，由中国交建所属中交天津航道局有限公司投资并联合设计，上海振华重工建造的 6600 千瓦绞刀功率重型自航绞吸挖泥船“天鲲号”成功下水，建成后它成为亚洲最大、最先进的绞吸挖泥船。“天鲲号”绞吸挖泥船是国家工信部立项的重点科研项目。“天鲲号”船长 140 米，宽 27.8 米，最大挖深 35 米，总装机功率 25843 千瓦，设计每小时挖泥 6000 立方米，绞刀功率 6600 千瓦　　潘　杨／摄

3月31日，“2016感动中国·江苏十大感动人物”获奖名单出炉，启东市“板凳女孩”苏晓琳榜上有名　　陈昀伶/摄

5月4日，“德润东疆 善行天下”4月中国好人榜发布仪式暨全国道德模范与身边好人（江苏南通）现场交流活动在南通更俗剧院举行。启东市顾建康（右五）、吴勇（右七）获评“中国好人” 潘 杨／摄

3月1日，江苏省道德模范与身边好人（南通启东）现场交流活动在市广播电视台演播厅举行

潘 杨／摄

4月8日上午，首届“圆陀角杯”国际风筝邀请赛在恒大海上威尼斯开幕。此次国际风筝邀请赛邀请来自德国、意大利、澳大利亚、美国、英国、法国、加拿大等18个国家的风筝代表队以及来自沈阳、大连、潍坊的3支国内参赛队伍参加比赛　姜新春　郁卫兵／摄

6月17—18日，2017UltraS 启东国际铁人三项赛在恒大海上威尼斯举行。此次赛事为中铁协C级赛，参赛者将获得中铁协积分。铁人三项赛分为奥林匹克、半程奥林匹克、挑战、奥林匹克接力4个组，另外新增跑骑组和小铁人赛，让更多大众参与赛事　姜新春／摄

7 月 6—9 日，2017 年全国沙滩排球锦标赛（启东站）在恒大海上威尼斯碧海银沙开赛　　姜新春 / 摄

10月6日，第三届启东· 圆陀角风筝冲浪国际邀请赛在启东黄金海滩举行，来自中国、法国、西班牙、意大利等国家和香港地区的近 60 名风筝冲浪爱好者参加此次比赛　　郁卫兵/摄

4月27日，启东市第十届老年人体育健身节启动仪式在市人民公园举行 郁卫兵 / 摄

7月6日，启东市第五届残疾人运动会召开，150多位残疾人运动员参加比赛

10 月 22 日，市太极拳协会 600 多名会员在实验小学操场展示太极拳　　郁卫兵 / 摄

郁卫兵 / 摄

9 月 2 日，启东籍体育健儿、田径名将吴健获第十三届全运会男子铁饼冠军

市新闻信息中心 / 提供

5月16日，“诗画启东 · 越韵江海”第四届越剧折子戏专场演出在市会议中心举行　　郁卫兵／摄

7月11日，启东、崇明、嵊泗三地文化馆的优秀群文舞台作品展示暨对接上海文化交流演出在市南苑小学举行　　郁卫兵／摄

7 月 31 日，庆祝中国人民解放军建军 90 周年主题文艺演出在市广播电视台演播大厅举行　　潘　杨 / 摄

9 月 22—23 日，“碧桂秋韵 弦上东方” 沪启文化交流系列活动在市会议中心举行　　郁卫兵 / 摄

1月5日，北城区街道在汇龙中学会议厅举办“唱响经典颂党恩 逐梦十年展辉煌”社区合唱赛。19个居委会20个参赛队，近600位居民参加活动

郁卫兵 / 摄

4月17日，市文化馆在合作小学开展以“启东民俗文化进校园”为主题的非遗知识宣传活动

姜新春 / 摄

5月19日，“书香启东，文化走帮服、阅读进企业”读书交流活动在乾朔电子有限公司举行

潘　杨／摄

8月10日，“清廉启东”廉政书画摄影作品展在市图书馆举行

郁卫兵／摄

1月17日，启东嘉禾力农业发展有限公司技术人员安装检测“植物工厂” 郁卫兵／摄

2月19日，冬娟家庭农场员工在做农机维修保养。春耕在即，全市农机普遍准备就绪 郁卫兵／摄

5月26日，东海镇云祥村，收割机在田间收割麦子 潘 杨／摄

3月15日，王鲍镇松桥村，高标准农田建设项目区路下涵洞施工现场，工人们浇筑挡土墙 姜雨蒙／摄

5月25日，合作镇周云村启泰生物能源科技公司，机器将油菜秸秆经过处理制作成生物质颗粒燃料 潘　杨／摄

位于启东高新区的华虹新能源电力渔光互补光伏项目。该项目利用鱼塘上方空间，采用水上发电、水下养殖模式，发展渔业和养殖业

潘　杨/2017年8月摄

6月1日，北新镇新田蔬果专业合作社，员工采摘锦花黄桃、水蜜桃、油桃 郁卫兵 / 摄

6月12日，利丰蔬果专业合作社，工人
米油的方法种植

采摘甜瓜。该品种甜瓜以有机肥＋酵素＋纳
姜新春 / 摄

8 月 14 日，合作镇华夏牡丹花基地，工人收获成熟的牡丹籽　潘　杨 / 摄

4 月 18 日，北新镇邦道村的二毛家庭农场，植保机在给小麦喷药除菌治虫，1 小时可喷药 40 亩　姜新春 / 摄

2月6日，扣蟹养殖基地，员工们忙着捉蟹、清洗、筛选、装袋、外销

郁卫兵 / 摄

7月5日，位于海复镇的南通

12月17日，初具规模的吕四渔港卸货区有不少渔船靠岸停泊

顺达水产品养殖有限公司，工人采捕文蛤　　姜新春／摄

8 月 5 日，位于汇龙镇鹤群村的绿江南生态农业有限公司员工在水蛭养殖场忙碌。水蛭药用价值高，前景好　　郁卫兵／摄

潘　杨／摄

大唐电厂外景

徐　昕 /2017 年 4 月摄

海工船舶工业园一景

广汇能源 LNG 分销转运站项目，图为 LNG 储罐　　姜新春 /2017 年 7 月摄

潘　杨 /2017 年 9 月摄

2 月 6 日，江苏国莱特空调有限公司生产车间。该公司是一家专注于空气节能、人工环境领域空调产品的研发和生产的科技型企业

姜雨蒙 / 摄

2 月 27 日，神通阀门生产车间，工人们调试引进的新设备。2017 年初，公司被工信部认定为首批制造业单项冠军示范（培育）企业，获奖产品为冶金特种阀门

姜雨蒙 / 摄

5 月 24 日，韩华新能源启东有限公司，员工进行太阳能电池板覆膜生产。公司是世界十大光伏组件制造商之一，生产规模及产品技术位居世界前列

潘　杨 / 摄

6月7日，江苏海四达新能源有限公司汽车锂电池项目锂电2车间，工人进行设备安装调试　　潘　杨／摄

6月9日，江苏康耐特光学有限公司生产车间。公司专业生产和销售新型硬树脂光学眼镜片，是国内同行业中生产规模最大、产品种类最全的企业，3个产品被认定为省高新技术产品　　姜新春／摄

7月1日，江苏林洋能源SMT中心，技术人员对PCBA表面贴片器件进行检测。该公司是一家集太阳能电池片、电池组件研发、生产、销售为一体的高新技术企业　　潘　杨／摄

城区俯瞰

晨曦中的城区　　苏　楠 /2017 年 8 月摄

袁　竞 /2017 年 1 月摄

建设中的吕四港仙渔小镇神仙街　　方　俊 /2017 年 9 月摄

2月26日，海启高速启东北枢纽现浇桥梁施工全部完成

潘 杨 / 摄

3 月 16 日，宁启铁路启东段通启高速特大桥首片 T 梁成功架设，宁启铁路启东段进入铺轨架梁阶段

潘 杨 / 摄

6 月 15 日，海启高速公路 HQ-QD1 标段汇吕线特大桥施工现场，工人抓紧施工

潘 杨 / 摄

1月17日，东依丁仓港路，北靠松花江路的市社会福利中心桩基工程加紧施工。该社会福利中心建成后可提供1600张床位，是综合型的养老福利机构　　郁卫兵 / 摄

5月18日，蝶湖大桥桥面混凝土铺设完成。该桥东西跨越蝶湖，建成后为新城区一张亮丽名片　　郁卫兵 / 摄

8月18日，位于新城区的妇幼保健院主体大楼抓紧建设。妇幼保健院包括：医疗综合楼、行政办公楼、后勤保障楼等　　郁卫兵 / 摄

6月12日，位于合作镇臣义村三丫支镇的民俗园施工现场。建设完成后将为游客展出早年启东农村的生活设施、农耕器械等，帮助人们了解启东乡村文化

姜雨蒙／摄

2月15日，位于吕四开发区的张謇垦牧文化遗址公园景观工程（一期）施工现场。该项目施工内容包括硬质铺装景观构筑物、设施小品、绿化种植等项目，总面积超19万平方米　郁卫兵／摄

12月20日，张謇垦牧文化遗址公园主体工程完工　潘　杨／摄

魅力新港城——吕四　　潘　杨/2017年9月摄

惠萍水果小镇一景　　徐　昕 /2017 年 4 月摄

吕四港镇如意农庄一景　　徐　昕 /2017 年 9 月摄

江苏南通二建集团有限公司

JiangSu NanTong No.2 Construction Engineering (Group)Co.,Ltd

集团公司党委书记、董事长：杨晓东

江苏南通二建集团有限公司是一家具有国家房屋建筑工程施工总承包特级资质、市政公用工程施工总承包一级和机电设备安装、建筑装饰装修、钢结构工程3个专业承包一级资质，拥有水利水电、隧道、环保、铁路、公路、桥梁等12个关联资质，集科研、施工、投资于一体，跨行业、跨地区、多元化经营的大型建筑企业集团。共创鲁班奖工程18项、国家优质工程奖18项，詹天佑奖11项，主编国家标准和行业标准各1项，创6项国家级工法、31项发明专利、102项实用新型专利，荣获国家级科技进步奖1项，省级科技进步奖1项。2017年完成企业总产值573亿元、承建施工面积5800万平方米。8次荣列江苏省建筑业综合实力百强企业第一名，连续6年排名中国建筑业竞争力百强企业前20位（2016年列第13位）；14次上榜中国企业500强（2018年列283位）、中国民营企业500强（2018年列第101位）、中国承包商80强/60强；荣膺全国“重合同、守信用”企业，中国建设银行总行、中国银行总行AAA级资信企业和重点客户。项目公司化管理模式唱响全国工程建设领域。党和国家领导人多次视察南通二建承建的项目。南通二建注册商标荣获“中国驰名商标”。

集团公司党委书记、董事长、法定代表人杨晓东，名誉董事长陈建年率10万员工，愿与各界朋友携手共赢，同创更加辉煌灿烂的明天。

2018年詹天佑奖：济南融创财富花园

公司地址：江苏省启东市人民中路683号
电　话：0513-83316463
传　真：0513-83357608

2017年度国家优质工程奖：青岛欧亚中心

2018年度国家优质工程奖：天津中电晟发太平镇窦庄子一期95兆瓦渔光互补光伏发电项目农光

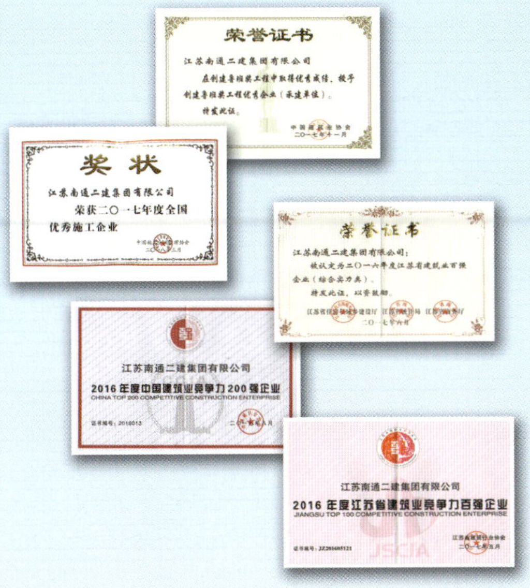

2017 年度鲁班奖工程：新疆高端人才服务大厦

2018 年度鲁班奖工程：XDG-2009-41 号 2-6 蠡湖香樟园 1#~6# 楼及地下车库工程

2018 年度国家优质工程奖：青岛国际啤酒城改造二期工程

2017 年度国家鲁班奖工程：南京生物医药谷会展中心

江苏启安建设集团有限公司

Jiangsu Qi'an Construction Group Co.,Ltd

集团公司党委书记、董事长　殷炜东

2018 年度新春团拜会

承办中国安装企业高峰论坛

2017 年，江苏启安秉持“与家乡携手同行”理念，在追梦路上又镌刻下新的精彩。连续第 8 年荣登江苏省建筑业百强企业建筑安装类第一名，成为全省建筑业唯一“八连冠”；荣获江苏省人民政府五年一评的“江苏省建筑业优秀企业”；赓续 14 年获评“全国优秀施工企业”；并入选“全国建筑业 AAA 级信用企业”“工程建设诚信典型企业”。

经营业绩再创历史新高，施工产值突破 77 亿元，机电、石化、外资等传统主业持续发力，光伏、医药、净化以及房建工程继续出彩。在推进建筑科技、筑造精品工程上成果卓著，成功通过省建筑业企业技术中心认定；全年创获包括 2 项“鲁班奖”在内的 4 项国家级建筑大奖和 18 项省部级优质工程以及 2 项国家级科技进步三等奖、2 项省部级工法、7 项省部级以上 QC 成果和 2 项国家软件著作权登记与专利证书。

企业管理基础厚实，文化建设靓点纷呈，“和于团队”精神挺拔。成功举办中国安装企业高峰论坛，展示行业领军风采。党建导航坚定正确，核心价值弘扬光大、企业文化活跃生动，“启安好人”、慈善公益、党团先锋作用突出，“建筑新世界，助力中国梦”的企业使命在家乡内外、祖国边疆得到生动实践。

南京医药谷研发中心（安装工程鲁班奖）

新疆高端人才服务大厦（安装工程鲁班奖）

江苏银洲集团

JIANGSU YINZHOU GROUP

江苏银洲集团组建于2004年，历经十余年的发展，已逐渐成长为一家以房地产开发经营为依托，集建筑安装、建材生产、物业管理、公用事业为一体的实业型企业集团，具有房产开发一级资质和房屋建筑工程施工总承包一级资质，总资产30亿元。

多年以来，公司始终坚持“以人为本，求真务实，以质取胜，行稳致远”的企业精神，在不断传承中镌刻经典，在不断创新中追求卓越，打造银洲发展的传奇。先后成功开发苏州国际服装城、万豪花园、世纪家园、银洲城市一品、银洲皇家花园、银洲金融中心等三十多个大中型商业住宅项目，累计开发面积达600多万平方米，投资总额200多亿元。

2017年，集团发展战略继续跨界融合，多元发展，银洲 · 希尔顿酒店项目成功落地，顺利开工。成立东方银洲电力有限公司，并于2018年1月正式挂牌交易；项目发展战略继续深耕本土，辐射周边，开发、合作、安置房项目共计17个，分布于南通、启东、如东三地；文化建设一如既往，再创新风，先后为江苏省少年福利基金会、启东慈善基金会捐款60多万元，成立银洲春蕾班。2017年集团实现营业收入13.2亿元，上缴税收9177万元，连续五年蝉联“启东纳税20强”“启东市金牌企业”等荣誉称号。

志存高远，沧海济帆。公司将一如既往地坚持信誉优先、质量过硬、服务至上的企业原则，不懈努力，续写银洲新篇章。

总经理　沈琦博

锦绣四期

启东皇家花园

南通皇家花园二期

城市一品南区

银洲金融中心

林洋 LINYANG

江苏林洋能源股份有限公司

JIANGSU LINYANG ENERGY CO.,LTD

林洋能源与法国 ENGIE 集团在人民大会堂签署战略投资协议

林洋能源董事长陆永华就清洁发展对话各国能源领袖

江苏林洋能源股份有限公司成立于 1995 年，总部位于江苏启东，2011 年 8 月 8 日在上海主板上市，现已发展成为拥有超过 160 家子公司的集团化上市企业。

林洋能源为全球电能计量及用电信息管理领域的领先企业，近年来积极拓展清洁能源业务并成为分布式光伏发电领域的龙头企业。公司产品及解决方案涵盖智能、节能、新能源三大领域，包含智能电表、用电信息管理系统解决方案、储能及微电网系统、智慧能效管理云平台及一站式综合能源服务，LED 智能照明系统、N 型双面高效光伏发电组件，投资建设运营超过 1.5 GW 光伏电站并提供光伏发电系统解决方案、EPC 及运维服务等。

公司以“打造绿色环境，创造美好生活”为使命，本着“永无止境，永攀新高，永不言败”的企业精神，不断创新，高效经营。在持续的市场挑战和竞争浪潮中，公司将不断发掘自身优势，有效整合资源，提升可持续竞争力。不断拓展全球能源互联创新技术和商业模式，致力于成为全球分布式能源、能效管理领域最大互联运营和服务商。

N 型单晶双面高效系列太阳能电池组件生产车间

泗洪光伏发电应用领跑基地中广核林洋 200MW 项目

林洋荣誉墙

公司全景图

振龍建設集團

zhen long construction group

董事长：顾正康

市长黄卫锋视察台角村安置房工程项目

振龙建设集团是集建筑安装、房产开发、生态农业、商贸流通、盈丰劳务、金融投资、物业管理、环保设备为一体的综合性企业。

2017 年，集团围绕“建筑业为主体、房地产业并举、多元化产业共存、打造名优品牌”的发展方略，学习先进企业的管理理念，科学组织企业的生产经营，产业门类又有拓展，经济总量继续攀升。尤其建筑安装业取得的成绩较为突出。上海崇明区陈家镇 21 期安置房工程，总建筑面积 10.05 万平方米，总产值 3.1 亿元，获评“崇明区文明工地”“崇明区优质结构工程”。启东市台角村安置房工程，总建筑面积 6.08 万平方米，总产值 1.6 亿元，获评“南通市文明工地”。启东新湖长江公园 C 地块一标段工程，总建筑面积 17 万平方米，产值 1.43 亿元。启东长泰海滨城新天地与一期展示区项目，建筑面积 2.2 万平方米，投资额 5600 万元，2018 年 10 月交付使用。党建工作扎实开展，公益活动积极参与，文化实践活动丰富，成立启东北城区街道驻沪流动党员联合党支部。

集团将秉承“团结、敬业、创新、奉献”的核心价值观，加快转型升级、共享制企业股权激励步伐，以“创建一流企业、造就一流人才、做出一流贡献”为使命，建立现代企业管理制度，突出主业、多元发展、创新夺杯、再创佳绩，为实现集团“2016—2020 发展规划”而努力拼搏。

公司地址：江苏省启东市紫薇西路 899 号
公司网址：http://www.zhenlongcn.com/
联系电话：0513-83118788
传真：0513-83307199

联创商学院 & 振龙建设集团《组织蜕变》留影

流动党员联合党支部活动

振龙建设集团资助市第一中学困难学子

振龙集团“年轻后备管理者”合影

新湖长江公园 C 地块

南通汽运实业集团有限公司启东飞鹤分公司

客运站售票组荣获省“巾帼文明岗”称号

“安康杯”文艺汇演

公司领导春节慰问一线职工

义卖活动 爱心传递

南通汽运实业集团有限公司启东飞鹤分公司，位于江苏省启东市汇龙镇江海北路1198号，以道路客运为主业，旅游、物流、汽车维修、驾驶培训、物业三产等多个领域并行发展。随着互联网+时代的到来，2015年始在传统道路客运的基础上，大力发展“定制客运”和旅游业务，致力于为顾客提供更个性化的服务产品。公司总占地面积120亩，总建筑面积79400平方米，各类高中档客车161辆，经营客运班线覆盖苏、浙、皖、鲁、沪、京等省市，日发中长途班次约350个，日均客运量约6500人次；日发城乡公交700个班次，日均客运量约7000人次，最大日客运量可达2万人次。

公司上下秉承“鹤舞江海　责任致远”的发展宗旨，以“满意、诚信、安全、尽责”为核心价值观，以“发展为先、安全为根、诚信为本、效能为优”为经营理念，以“为更多的旅客服务，为旅客服务得更多”为企业宗旨，倡导发扬“敬业、奉献、争先、创优”的企业精神，全员致力于旅客的安全出行，为更多的人提供更多的服务！公司先后多次荣获江苏省交通厅文明客运站、南通市“文明单位”、启东市“文明单位”等光荣称号。

南通汽运实业集团有限公司启东飞鹤分公司全体员工热忱欢迎社会各届人士光临。公司将以深化发展格局提升驱动力；以科技创新提升核心竞争力；以制度创新激发内在创造力；以管理创新提高运作执行力；以品牌创新扩大社会影响力；以文化创新增进人文凝聚力，促进企业高质量发展。

飞鹤快乐游

巴士管家APP
手机购票更方便

“定制班车”送农民工春节返乡

温馨服务 情满旅途

为高考学子保驾护航

公司领导慰问退休职工

启东市胶鞋厂有限公司

公司全体党员赴沙家浜革命历史纪念馆参观学习

启东市胶鞋厂有限公司创建于1984年，公司占地面积17816平方米，建筑面积达到9000多平方米，固定资产1500多万元，拥有员工近400人。公司是中国橡胶工业协会胶鞋分会理事成员单位，专业生产各类帆布胶鞋，并具有自营进出口权，产品主要销往美国、欧洲、日本、南美、中东等国家和地区，是美国SEARS/KMART、TRU/BRU及英国MOTHERCARE公司认证企业，致力于达欧美环保标准硫化鞋的开发和生产。

公司多年来一直是启东市重点企业、定报企业，并多次荣获南通市及启东市“文明单位”“重合同守信用企业”“劳动保障诚信示范企业”“南通市最佳信贷企业”“安全生产先进企业”“信用AAA级企业”“启东市最具发展活力30强企业”“启东市铜牌企业”“江苏省民营科技企业”“启东市慈善之星企业”“南通市职业卫生管理示范企业”“先进基层党组织”“党建工作示范点”，公司技术开发科获省级和市级“模范职工小家”荣誉称号，2018年，公司又荣获全国胶鞋行业“优秀出口企业”称号。

公司已通过ISO9001—2015质量管理体系认证，有一套完整的质量管理网络，并拥有技术雄厚的研发中心及设备先进的测试中心。

公司坚持“诚信创伟业”的经营理念，以“创一流企业，上名优产品”为宗旨，不断提升软实力，全面提高员工素质，不断提高产品档次，引进新技术，开发新产品。

公司凭借高质量的产品，良好的信誉，优质的服务，竭诚与国内外客商共赢合作，共同发展，共创辉煌！

联系电话：0513-83461256
传真：0513-83462861
电子邮箱：qidong200@126.com
公司网址：www.rubber-shoes.com
地址：启东市近海镇东进村8号

公司舞蹈队参加“村企结对、共享文明”纳凉晚会

测试中心

公司一角

江苏省启东吕四港经济开发区
启东市吕四港镇

省委副书记、省长吴政隆在启东调研

概况与经济发展 2017年，完成全社会固定资产投资130亿元，同比增长11%。完成工业总产值486.8亿元，同比增长13.8%。实现工业应税销售收入110亿元，同比增长17%。规模工业入库税收6.22亿元，实现一般公共财政预算收入33522万元，其中国税23936万元，地税9586万元。

产业建设 大唐电厂实现销售41.49亿元，完成4台660MW机组的供热改造，大唐脱盐水改造项目完成改造并具备供热能力。华峰超纤有11条生产线进入生产，实现应税销售12.56亿元；广汇能源项目一期工程第一艘LNG靠岸并进入试运行，实现应税销售20.88亿元，一期扩建项目全面开工建设，2017年共有在建工业项目125个，其中新开工项目98个，新竣工项目预计完成16个，新投产项目预计完成7个。

对外开放 累计签约大项目5只，其中超10亿项目3只；新注册项目8个，协议总投资89.3亿元；在谈项目12只；新增工商注册外资4796万美元。外经外贸实现新突破，成功促成启东广汇能源在项目建设阶段先行开展自营进口业务，5月份成功尝试LNG液化气的进口业务，新增进口2625万美元。华峰广汇分别进口生产设备1600万欧元与900万欧元

第十八届中国 · 启东天汾科技五金交易会

港口建设 环抱式港池规划调整获交通运输部和江苏省人民政府联合批复；南通港吕四港区十万吨进港主航道二阶段工程开工建设、环抱式港池十万吨进港主航道完成报批等前期工作、5万吨级公共码头、港区公共支持系统和港区铁路专用线正加紧报批；中交－吕四港PPP基础设施合作项目推进顺利。渔港经济区和洞宾神鲜街项目土建、景观、喷泉相继完工，雕塑工程进入收尾阶段。

“童心共筑中国梦 家风家训伴成长”庆六一活动

城镇建设 2017年，新环城西路、环城东路、海启高速、石堤大道东延段、华峰管网工程、秦潭大道东延等地块的拆迁工作快速推进。海启高速、环城西路等七个项目完成征地、供地手续。莱园路建成通车，延寿北路完成改造，九横九纵道路框架网更加完善。欣乐鹤城苑三期、福港公寓二期主体结构封顶，港湾公寓交付使用。农民集居区基础设施建设持续推进，商品房、统建房安置区开工建设15.8万平方米，竣工8.8万平方米。翰林苑商业中心、欣乐鹤城苑商业中心招商入驻，逐步成型。电动工具科创园安置区完成规划，袁家灶村安置区开工建设，海晏村安置房设计、评审、编制等工作快速推进。污水处

“为爱联盟 微爱暖心”志愿服务活动

大唐吕四港电厂

市委书记王晓斌考察华峰超纤

领导走帮服活动

理厂配套工程土建已经完成，正在进行设备安装调试，环城东路安置房绿化工程已完成，气象站业务楼已竣工。

现代农业　2017 年，吕四港镇围绕现代都市农业建设目标任务，以农业项目建设为抓手，强化农业招商，着力增强优势产业的区域核心竞争力。全年项目农业完成投入 3 亿元。高标准农田加快建设，建成高标准农田 1.5 万亩，新增集约经营面积 3300 亩，建成示范区面积 2500 亩。新成立农地股份合作社 1 个，新增农产品电商销售企业 3 家。新增全托管面积 100 亩以上经营主体 16 个，新增农户全托管面积 7600 亩。海洋渔业稳步发展，更新改造大马力渔船 30 艘，江苏首支金枪鱼捕捞船队——源友延绳钓船队赴印度洋作业。渔业养殖总面积达到 1 万亩，渔业总产量 18.5 万吨，总产值 21 亿元。2017 年吕四港镇获评农业部“国家级最美渔村”称号。

庆祝建党 96 周年暨“走帮服“故事诵读会

民生实事　2017 年，吕四港镇十项惠民实事项目基本完成。新型农村合作医疗实现全覆盖，城乡居民基本养老保险完成全年任务 96%。慰问各类困难党员、群众 5153 人次，累计发放慰问金 84.5 万元。做好特殊困难群众的大病救助和临时救济，累计救助困难群众 1651 人次，发放救助款 391.31 万元。发放低保保障金 1285.09 万元，重度残疾人两项补贴 870.02 万元。40 个村（社区）慈善工作站实现全覆盖，募集善款 322.42 万元，“慈善一日捐”大力实施，全年共募集善款 160.42 万元。完成危房改造 39 户。完成部分下岗、失业转业志愿兵（士官）和企业退休“两参”退役人员登记核实工作，发放生活困难补助、慰问金 28.56 万元。圆满完成第三次全国农业普查工作。切实开展好农业补贴、农业保险、一事一议财政奖补等工作，完成政策性农业保险 107.39 万元。集体经济持续壮大，村级集体收入超过 70 万元的有 30 个村，其中 24 个村超过 100 万元。完成宁启铁路、海启高速、电动工具科创园征地和失地农民安置工作，涉及征地面积 1144 亩，安置人数 958 人。目前征地费已全部发放到位，失地农民安置已办理申报手续。

城建交通工作会议

广汇能源启东物流基地

三岛卸渔棚

华峰工业园

启东高新技术产业

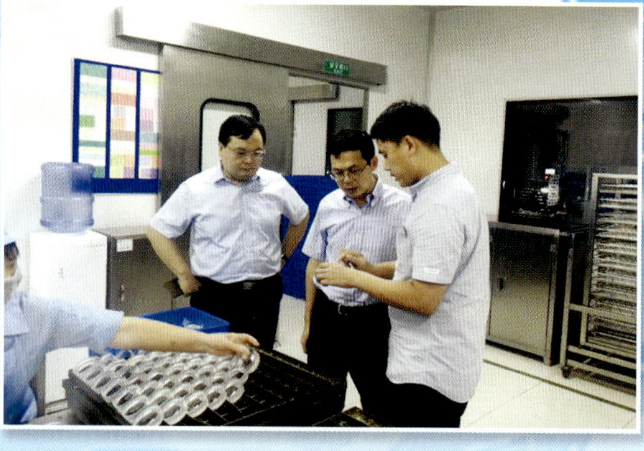

常务副市长王康力调研康耐特

近海镇第十九届人民代表大会第三次会议

启东高新技术产业开发区（近海镇）由原滨海工业园与近海镇合并组建而成。其中，原滨海工业园于2005年3月开工建设，总规划面积30平方公里；近海镇人民政府于2008年9月，由原近海镇人民政府与原向阳镇人民政府合并组建而成；2013年底，园区与近海镇实现“区镇合一”，总面积达109.6平方公里。2017年初，园区由启东滨海工业园正式更名为启东高新技术产业开发区。启东高新区（近海镇）位于启东市东部沿海，东部靠海，南与东海镇相接，西北分别与南阳、海复接壤。拥有协兴、塘芦两个渔港。

2017年是党的十九大召开之年，是供给侧结构性改革的深化之年，区镇上下按照市委市政府的战略部署，紧紧围绕“打造江苏沿海第一高新区，建设全面沪苏共建示范区”这一目标，立足新起点、抢抓新机遇、顺应新常态、谋求新跨越，努力把区镇建设成为江苏沿海开发战略重点发展区域，上海都市圈北翼最具发展潜力的先进制造业基地，具有滨海特色风貌、生态宜居的创新、创业、科教新城。

2017年实现一般公共预算收入25763.00万元，同比增长37.8%；全社会固定资产投资82.50亿元，同比增长15.2%；其中工业固定资产投资63.95亿元，同比增长12.7%；服务业固定资产投资为18.54亿元，

启东高新技术产业开发区规划展示馆

启东高新区·浦东农业投资环境说明会

阳光扶贫

鸟瞰园区全景

开发区（近海镇）

同比增长 24.8%；实现应税销售 88.86 亿元，同比增长 45.99%；高新产业产值 78.01 亿元，同比增长 14.1%。

启东高新技术产业开发区（近海镇）将切实抢抓机遇逐梦新时代，补齐短板开启新征程。全面贯彻党的十九大精神，以习近平新时代中国特色社会主义思想为指导，认真落实市委十三届四次全体扩大会议精神，统筹推进“五位一体”总体布局和协调推进“四个全面”战略布局，切实按照“勇于争先，多做贡献”总体要求，始终坚持新发展理念，扎实推进高质量发展，牢固确立“沿海开发高新产业样板区、创新引领沪苏共建协作区、乡村振兴城乡融合试验区”的发展定位，系统推进转型升级、集约开发、区域协作、城乡融合、民生幸福和党的建设，崭新谱写“强富美高”新启东的近海篇章，为早日建成省级高新技术开发区奠定坚实基础。

作风建设推进会

“学习十九大精神”专题党课

海韵广场

上海外高桥集团启东产业园

“高新区杯”启东市青年首届创新创业大赛

商务中心夜景

明珠河改造工程

南通大学启东新区

启东海工船舶工业园（寅阳镇）

江苏省诗词之乡迎检活动

2017年，启东海工船舶工业园（寅阳镇）实现规模工业总产值263亿元，同比增长13.2%；实现地方公共财政预算收入4.24亿元，同比增长58.1%；工业投资58.39亿元，同比增长13.6%，完成全年目标的101.5%；工业应税销售122.9亿元，同比增长8%，实际到账外资3000万美元，完成全年目标的100%。

2017年，全年完成新开工项目16个，新竣工项目10个，新投产项目3个；中心功能区农武安置小区三期工程主体工程完成，农武村安息堂工程和中心功能区菜场完工；海欣商铺消防整改、海欣花苑商铺产权办理完成；中心功能区展览馆完成初步装修；西功能区江欣家园蓝领装修工程、江欣家园一期景观绿化工程、商业街立面亮化工程、篮球场和羽毛球场工程和活动中心完工；东和线街道景观整治工程竣工验收；10公里寅和路和戤滧路农村公路提档升级工程竣工通车；和合镇区人民路、兴和路集镇广告牌基本完成。

2017年，继续推进惠港重工、爱德华重工等破产企业的重组整合，合理拒绝传统低端过剩产业的参与，吸引科技含量高、产业优势明显的龙头企业参与拍卖重组。3月霓辉物流成功收购豪威船舶重工，6月武船成功入股顺恒船舶，8月中集安瑞科成功重组太平洋海工；11月，筑城远大装配式建筑制造基地项目成功签约。

抓住上海产业转移带来的契机，招引重大项目落户园区。在手在谈项目12个，其中重点推进中铁建23局轨道工程上海有限公司入驻惠港重工等一批重大项目。全年完成招商活动8场，与上海的4个园区、乡镇达成战略合作协议。先后在上海召开对接上海招商会8次，共接待来自上海的客商近200批次600多人。

2017年，新（扩）建农业项目10个，完成现代都市农业投入12800万元。农产品加工类项目完成投入9000万元，农业园区项目完成投入3800万元。举办在沪农业专题招商推介会3场。实施高标田建设2.29万亩；占补平衡填埋泯沟及

海工园走帮服动员大会

“旗帜鲜明讲政治”专题党课

“5·10”思廉日专题实践活动

寅阳镇第十五次党员代表大会

海工园党员冬训动员大会

宅垄 598 条，完成面积 637 亩；拆旧挂钩完成面积 201 亩；项目区内完成土地流转 1.17 万亩，占高标田总面积的 51%。新增绿化面积 730 亩。农村环境长效管理措施到位，沟河清障工作成效显著。完成连兴港 172 艘僵尸船的清理，拆除养殖污染户 17 家。

2017 年，抓民生，促稳定，社会事业协调发展，调处外包劳务农民工拖欠工资 10 多起。开展各类安全生产大检查，全年船舶企业共计代理检查 6 轮，书写现场检查记录 70 份，共排查隐患 540 处。积极推进强基固本工程，148 个网格的平安法治加油站、26 个村居的平安法治护航站全面建成。各类人民调解组织共接待来访群众 212 批次、628 人次，共开展矛盾纠纷排查 157 次，受理纠纷 156 件，调处成功 156 件。

2017 年，镇城乡低保、医疗救助、临时救助等保障到位，城乡居民医保基本实现全覆盖。城乡居保参保缴费人数 21758 人，全年新增参保人数 1229 人；到龄领取人数 10700 人，全年新增领取人数 1488 人；基础养老金发放人数是 22176 人。全年发放各类民政资金 2081.9 万元。

“两学一做”专题党课

承办启东市篮球赛

2017 年夏季纳凉晚会启动仪式

爱在春晖 志愿服务活动

喜迎十九大 红歌献给党 合唱比赛

平安法治志愿者

启东滨江精细化工园（北新镇）

滨江精细化工园党工委书记倪凯权拜访爱彼亚斯粘合剂（嘉善）有限公司

北新镇便民服务中心

2017 年，启东滨江精细化工园（北新镇）实现生产总值 8.59 亿元，其中一产增加 0.34 亿元，二产增加值 5.25 亿元，三产增加值 2.99 亿元，一般公共预算收入 2.87 亿元。农村人均纯收入实现 21718 元，同比增长 8.89 %。

2017 年，区镇积极应对转型升级压力，紧紧抓住发展机遇，凝心聚力推进“两聚一高”新实践，深入实施“全面接轨上海、全力促进富民”发展战略，提振精神、务实担当，全力推动经济社会各项事业取得新成效。全年完成规模工业应税销售 99.8 亿元，同比增长 42%；完成工业税收 4.9 亿元，同比增长 69%；完成全社会固定资产投资 23.5 亿元，其中工业投资 22.7 亿元；化工园区有 22 家企业销售超亿元，2 家企业销售超 10 亿元；规模以上服务业营业收入 2.1 亿元，增幅 23%；限额以上企业零售额 1.9 亿元，增幅 22.2%。

启东生物医药产业投资环境推介会

启东接轨上海投资环境推介会

万安村志愿者为农村老人收割油菜

新规划的北新镇中心镇镇区坐落在建西村

江苏省启东圆陀角旅游度假区

江苏省启东圆陀角旅游度假区位于江苏省最东部，东临黄海，西至连兴港河，南依长江，北至国道 336 线，规划总面积约 45 平方公里，下辖三个自然村。这里是万里长江的入海口，也是长江、黄海、东海三水交汇之地和长三角地区最早迎接日出的地方，旅游资源丰富，生态环境优美，区位条件优越。

2017 年，园区凸显“水韵”理念，深挖水元素，打造度假区景观新面貌。五国温泉城对外展示，建设一个包含泰国、日本、土耳其、芬兰、意大利等五个不同国家风格的温泉馆，打造长三角地区最具特色的温泉产业集聚区。景观通道主体完工，形成一条总长约 12 公里、集聚长江文化、凸显江海特色、融合观光休闲、独具个性魅力的标志性文化景观大道。园区道路框架全面拉开，中央大道在内的五条道路和六条河道的建设拉伸园区纵横发展框架，服务于园区旅游开发，加速区域经济发展。渔人码头建设积极推进，利用连兴港地处江海交汇处的天然优势，建成集商务办公、休闲旅游、观光购物、文化创意等多功能的休闲旅游集聚区。黄金海滩打造观景胜地，一期市政工程游园道路 6600 米，景观桥 8 座，驳岸 12500 米；一期建筑工程的主入口游客服务中心，滨海广场游客服务中心和观鸟台；二期景观绿化工程，建设滨海湿地特色植物园。

上级领导在圆陀角度假区调研

五国温泉城

胜丰村村委会

连兴港村委会

启东市发展和改革委员会

领导“走帮服”活动

法治惠企志愿者联盟活动

2017 年，全市完成服务业增加值 455.28 亿元，同比增长 9.6%，完成服务业 GDP 占全市增加值比重达 46%；完成服务业投入 283 亿元，同比增长 13%；累计实现服务业应税销售 287.3 亿元，同比增长 9.3%；113 家软件和信息技术、文化体育和娱乐等五大营利性服务业企业实现营业收入 50.46 亿元，同比增长 8.9%。

2017 年，全市新开工亿元以上服务业产业项目 31 个，累计完成投资 41.6 亿元，其中总投资超 10 亿元的重特大项目 5 个，分别为恒大碧海银沙、红星家居小镇、吾悦广场、渔人码头和中农批蔬果批发中心。强化服务业企业跟踪服务，按月分析重点企业运行情况，促进服务业企业提高能级。全市规模以上服务业企业共有 246 家，全市应税销售超千万的企业共 307 家，其中超 5000 万的企业 47 家，超 1 亿元的企业 48 家，超 5 亿元的企业 9 家。新兴产业发展加快，现代物流、科技服务、商务服务等新兴产业加快发展，交通物流产业完成应税销售 8.11 亿元，其中正方基础工程、东杰物流、康泰物流、永生货运等企业发展势头迅猛，增幅均超过 100%；科技服务业产业发展加快，累计实现应税销售 19.98 亿元，其中苏春通信工程、麦浪建设科技、林洋光伏运维等企业增幅均超 100%。

十九大精神宣讲暨全年工作推进会

旗帜鲜明讲政治主题党课

安全生产检查

老干部会议

廉政知识竞赛

廉政党课

合唱比赛

启东市市场监督管理局

食品安全监管

全市市场监管暨党风廉政建设工作会议

药品安全监管

农贸市场计量器具检查

2017年，启东市市场监督管理局围绕市委、市政府工作部署，以“夯实基层基础”为工作定位，坚持“融合、尽职、规范”三大工作理念，狠抓监管执法，服务经济发展，全市市场经济环境继续保持稳定有序的发展态势。

聚焦全市中心工作。全力推进生物医药产业培育，推动签约项目20个，促进生物医药在建项目25个，推动启东生命健康科技城的产业规划编制。加强沪启两地市场一体化对接，同崇明区市场监管局签订《沪启市场监管合作备忘录》。推进“水产品、粮油产品检测体系建设”“农村集体聚餐提升工程”“学校食堂放心工程”“电梯维护安全提升工程”四项市政府为民办实事项目。

做好监管本职工作。狠抓食品安全监管，开展夏季旅游餐饮食品安全专项检查、小餐饮专项整治、食品安全基础提升月等专项行动，全市未发生重大食品安全事故。狠抓药品安全监管，完成疫苗使用管理、城乡结合部药店诊所等专项检查，及时有效处置喜炎平注射液不良反应事件。狠抓特种设备监管，加强人员密集场所、重点行业、重点监控单位的监督检查力度，开展气瓶、简易升降机、涉危化品企业特种设备等专项整治行动。狠抓质量监管，组织一般商品质量抽检455批次，检查政府采购货物项目181个。狠抓市场综合监管，大力推行农贸市场长效管理，牵头推进废品收购站点整治。2017年，全市立案查处各类经济违法案件417件，罚没款入库682.5万元。

全市食品安全暨食品安全城市创建工作推进会

3·15消费维权新闻通报会

高考期间加强餐饮食品安全保障

全力服务经济民生。强化质量品牌战略，林洋电子、东成电动工具入选全省50个高端制造品牌；获评江苏省名牌产品10个、南通市名牌产品37个。强化技术标准工作，飞虎针业、启东润滑成功获批组建国标委工作组；全市企业主导参与制修订国家标准、行业标准30个，创历年来最好记录；采用国际标准的重点工业产品新增30个。强化检测技术支撑，全年完成各类检验任务2622批次，检定（校准）仪器设备13841台，出具证书、报告12173份。强化计量惠民工作，完成1833台集贸市场电子秤、903台血压计的免费检定。强化投诉举报接处，全年共登记分流处置投诉举报信息4669件。

消费维权现场接处

检验检测中心开放日活动

特种设备安全监管

首次崇明—启东市场监管联合执法行动

产品质量监管

启东市住房和城乡建设局

烽火楼

克明花园南区

南郊村农贸市场

2017年，在市委、市政府的坚强领导下，启东市住房和城乡建设局坚持基础设施建设与城乡统筹发展并举、城市形象提升与人居环境改善并重，全面推进城乡建设。全年完成城乡建设总投资100亿元，其中市政基础设施建设25亿元；完成建筑业总产值768亿元。

城市建设蹄疾步稳。规划体系不断完善，完成市域快速路网、城市景观风貌、新城区布局等多项规划编制。城市道路全面延伸，开工建设城市道路11条，大兴线西复线、黄浦江路、和平南路等7条道路竣工通车；老城区瓶颈路改造加速推进，民乐路完成瓶颈路段改造，河南路、人民路瓶颈路改造加快实施；新城区、东城区路网不断完善，城市环线路加快拓展，江海路等城市主干道进一步延伸。新增农贸市场3个、邻里中心3个，改造老小区停车位1500个；明清文化产业园、欣乐城商业中心建成投用。安置、保障房建设有序推进，全年竣工105万平方米，交付7700套；人防工程建设平稳扎实。

人居环境持续改善。全年新增城市绿化面积70万平方米，建成节点游园5个，完成丁仓港滨河等道路绿带10公里；深入开展建筑工程扬尘治理工作，扬尘控制富有成效；扎实推进截污纳管、河道整治，明珠新村等多个老小区完成雨污分流改造，南城河等多条河道完成生态修复，水体质量不断改善。

2017年，住建局作为城市建设的排头兵，大胆开拓、勇于创新，工作成效显著、成绩突出。全年获得南通市文明单位、南通市建设工程抗震防灾先进集体、启东市安全生产目标管理先进集体、启东市市级机关先进基层党组织等多项荣誉，年度被评为五星级机关。

华石北路（中央河—永南大道）

和平南路（新安江路—世纪大道）

公园南路（世纪大道至黄浦江路）

丁仓港滨河绿带

南苑路与林洋路节点绿地

启东市国土资源局

局领导走进政风行风直播间，回答群众涉土咨询

常务副市长王康力在市国土局调研

2017年，市国土系统在启东市委、市政府和南通市国土局的正确领导和科学指导下，大力践行“保护资源、节约集约、维护权益、改革创新”工作要求，严抓“责任落实年”建设，以全面启动“六提升”工程为“主业主线”，全力服务稳增长、调结构、促转型、惠民生、优生态工作主题，全市国土资源工作取得显著成效，多项工作实现历史性突破。

2017年，在省国土厅、省经济和信息化委员会联合发文表彰的“2016年度全省高标准厂房建设和使用先进地区”中，启东市蝉联该项荣誉。市国土局蝉联2015—2016年度南通市文明单位和2017年度启东市文明单位；蝉联2017年度南通市国土资源目标管理先进单位；市级机关年度星级评定中被评为“五星级单位”，荣获启东市年度重点突破性工作考核铜杯奖；在市级机关部门重点工作季度考核中勇夺“两银”；不动产登记、土地利用窗口蝉联市政务服务中心季度红旗窗口；南阳国土所被启东市妇女联合会评为“巾帼文明岗单位”。

党员主题教育学习活动

“6·25”土地日普法宣传活动

“旗帜鲜明讲政治 感恩做人敬业做事”主题道德讲堂

“走帮服”活动

青年干部座谈会

全市国土资源管理工作会议

创建“六优国土资源示范所”动员会

算好廉政账专题教育活动

启东市交通运输局

上级领导考察启东农路

2017年，全市公路总里程3550.556公里，公路密度达207公里/百平方公里。其中，国家级公路111.777公里，省级公路98.044公里，县级公路385.873公里，乡村公路2954.862公里。公路客运站场8个，其中一级站1个，三级站3个，四级站4个。航道总里程649.3公里，其中五级航道53.85公里，六级航道88.15公里，七级航道73.42公里。通航船闸1座。港区2个，其中吕四港区规划岸线33.3公里；启海港区规划岸线18.3公里。码头泊位64个（生产性泊位6个，修造船、海工码头58个）。

2017年，市交通部门认真贯彻落实市委十三届三次全扩会议精神，围绕推进"两聚一高"新实践的总体要求，凝心聚力，抢抓机遇，全力以赴推进综合交通运输体系建设，各项工作取得预期目标。局被市委、市政府评为五星级机关、社会治安综合治理和平安建设工作先进集体，局和市公路管理站、市航道管理站、市地方海事处、市运输管理处、启东飞鹤公交有限公司、南通汽运实业集团启东飞鹤分公司等7个单位评为文明单位。

全市城建交通工作会议

"走帮服"培训会

集体办公会议

市交通运输系统5·10思廉日之书记廉政党课

启东市交通运输局安全生产培训

南通港吕四港区10万吨级进港航道二期工程

启东市城市综合管理局

2017 年度城市管理工作暨党风廉政建设大会

城管执法体制改革专题培训

2017 年，启东市城市综合管理局在启东市委市政府的正确领导、上级业务部门的精心指导和社会各界的关心支持下，坚持“百姓城管、科学城管、法治城管”三大核心理念，围绕“江苏省优秀管理城市”和“全国文明城市”两大工作目标，以群众满意为标准，以服务民生为宗旨，以改革创新为动力，以综合整治为主线，全力打造整洁优美、和谐有序的城市环境。

生活垃圾分类宣传

创建文明城市宣传

开展创文攻坚，取缔占道经营

取缔职工新村马路市场

控违拆违在行动

联合公安、交通等部门开展道路扬尘集中整治

启东市环境保护局

局长接访

局领导带领相关人员对环保工作情况进行现场勘查与指导。

2017年，市环保局坚持以改善环境质量为核心，实行最严格的环境保护制度，务实推进大气、水、土壤等环境综合治理，严格落实中央及省市环保督察整改要求，深入开展“两减六治三提升”专项行动，持续加大环境执法力度，着力提高环境管理系统化、科学化、信息化水平。

加强大气、水、土壤污染防治。开展非电力行业脱硫、脱硝、高效除尘提标改造，推进10蒸吨/小时及以下的燃煤锅炉淘汰或以清洁能源替代，开展全行业挥发性有机物（VOCs）整治。参与“三河三行业”整治，加强饮用水源保护区的环境整治力度。开展入海排口、入海河流及排水沟渠排查，做好备用水源地环境状况调查评估。制定启东市土壤污染防治工作方案，编制规划，完善土壤环境质量监测网络，建立土壤环境状况基础信息库。

加强环保基础工作。制定《启东市生态环境保护工作责任规定（试行）》，协调全市生态文明建设相关工作，解决农村生活污水治理、畜禽养殖污染治理等突出问题。抓住六大块重点减排工程项目，确保完成年度减排任务。做好大气、水质自动监测质量管理工作，推进通启运河的国控、省控监测断面2个水质自动监测站的建设工作。组织开展“六五”系列环境宣传活动，组织小记者团参观环保科普教育基地，以“绿水青山就是金山银山”为主题开展征文活动，开展“法治惠企　环保进企业”活动，举办“道明杯”少儿创意环保手工大赛，开设“启东环保”微信公众号。

加强环境执法监管。2017年，共计立案查处154起，建议处罚金额1129.46万元，发出责令停止排污决定书19份，发出责令改正违法行为决定书21份。运用四个配套办法数18起，包括行政拘留4起，涉嫌刑事犯罪2起，查封扣押9起，限产停产3起，扭转企业“违法成本低、守法成本高”的状况。组织开展砖瓦行业专项整治、打击固体废物违法转移、印染行业专项整治等一系列专项行动。对全市268家污染源进行双随机监管。

加强环境风险防控。建立“环保局—园区—企业”三级较为完善的环境应急救援网络。切实加强环境应急值守，严格执行24小时集中值班，确保“12369”热线畅通。妥善处置乾朔电子、德威涂料2家企业火灾事故的环境应急处置任务。全市136家危险废物产生、利用、处置重点单位实现网上申报。全市66家企业现场隐患排查已完成，超过50%的企业纳入省环保厅风险源数据库。

加强环境制度建设。推广排污权有偿使用和交易制度，先后指导金阳光固废处置有限公司、启东米歌酒庄有限公司等2个重大项目完成排污权有偿使用及交易。严格开展环境信用评价，将全市301家企业纳入评价范围，与银行系统合作落实绿色信贷政策。有效落实生态补偿机制。

《启东市土壤污染防治工作方案》技术咨询会

开展法治惠企活动

与崇明区环保局签署两地环境保护合作协议

局举行十九大精神宣讲会

喜迎十九大，红歌献给党

中学生生态环保之旅

少儿创意环保手工大赛颁奖

现场采样

企业环境安全隐患排查治理

环保公益晚会

“六五”世界环境日广场宣传

百姓赞赏

市环境监察大队走进“政风行风”热线

汇龙镇北城区街道办事处

主任　陆红琴

北城区街道成立于2007年4月，街道辖区东至惠阳路、西至头兴港河，南至民乐路，北至中央大道。总面积9.46平方公里，户籍人口8万人，常住人口9.7万人，下设19个社区居委会。

街道党工委、办事处紧紧围绕市委工作大局，以“管理创新、品质塑造”为工作理念，以民生为中心，以创新为手段，以维稳为基础，以党建作保障，全力打造先进文化引领之地、社会管理创新之地、环境优美生态之地、幸福民生和谐之地，努力建设文明素养型、和谐平安型、环境优美型、优质服务型街道。街道多次荣获“南通市文明单位”“启东市五星级机关单位”等荣誉称号。先后获得江苏省、南通市科普、统战、妇联、反邪教、法治建设等单项工作先进集体。在全市“基层基础杯”“党建创新杯”夺杯竞赛中连创佳绩。

长龙一村重阳节活动

党员活动

北城区街道——暑期“七彩夏日”活动

社区队伍

5·10思廉日活动

启东市人民武装部

市领导在人武部调研

市委常委议军会议

2017年，市人武部紧抓政治建军这个核心任务，认真学习贯彻习近平重要讲话精神，坚定不移贯彻政治建军原则，始终把思想政治建设摆在首位，确保部队坚定正确的政治方向。抓好国防后备力量建设，加速推进国防动员准备。聚焦加快转变战斗力生成模式，持续大抓练兵备战、国防动员和后备力量建设，不断拓展和深化军事斗争准备。扎实抓好战备工作。严格落实改革期间战备工作要求，突出抓好重大节日和敏感时段战备值班。周密组织国防工程普查，系统完善全区135个工程资料档案。大力加强民兵演训。扎实组织全市民兵教练员集训竞赛，6个科目在军分区竞赛中获得好评。认真组织全市312名专武干部、民兵营长进行民兵基层建设应知应会理论考核。

2017年，市人武部圆满完成上级征兵任务。全市18周岁适龄青年兵役登记率100%落实。

全市征兵工作推进会

省军区作风纪律和安全管理集中教育整顿启东市人武部分会场

2017年新兵欢送大会

战备规范会建设

军事训练

编辑说明

一、《启东年鉴》以马克思列宁主义、毛泽东思想、邓小平理论、“三个代表”重要思想、科学发展观、习近平新时代中国特色社会主义思想为指导，坚持辩证唯物主义和历史唯物主义的立场、观点和方法，按照国务院《地方志工作条例》，科学分类，系统编纂，全面、系统、真实地记载启东市在社会主义经济建设、政治建设、文化建设、社会建设、生态文明建设及开启基本现代化建设进程中的新成就、新经验、新情况，为领导决策提供依据，为社会各界了解启东、宣传启东、建设启东提供翔实、准确的地情资料。

二、《启东年鉴（2018）》资料收录范围以现行启东市行政区域为界，凡在启东市境内的机关、团体、企业、事业单位等，不论其归属，均在记述范围之内；资料收录时间为2017年度，图片根据实际情况适当追溯、下延。

三、《启东年鉴（2018）》按篇目、分目、条目3个层次编排，设篇目33个、分目244个、条目1038个，以条目为主要载体。全书所有资料可通过目录、书眉、索引等检索渠道查找。

四、《启东年鉴（2018）》除转录资料外，采用记述体。文风力求严谨朴实、简洁流畅。文字、称谓、数字、标点等按国家有关规定书写、应用，有些农业用地计量单位如“亩”顺从习惯，文中“上年”均指“2016年”。

五、《启东年鉴（2018）》采用全彩版印刷。公益版图片设“大事要闻”“社会生活”“现代农业”“转型升级”“城乡建设”5个板块，另有随文图片112幅，表格76张，多角度全方位展示启东经济社会发展成就。文稿由专人撰写，经领导审核确定。公益版及部分随文图片由市新闻信息中心、启东通讯杂志社、市摄影家协会提供。

六、《启东年鉴（2018）》“附录”篇中“统计资料”部分，由市统计局提供。由于统计口径不同的缘故，某些数据与有关业务部门使用的不尽一致，采用时请予注意。

总　目

目 录

特 载

媒体聚集

启东概览

组织机构及负责人

大事纪要

中共启东市委

启东市人民代表大会

启东市人民政府

政协启东市委员会

纪律检查与行政监察

群众团体

法　　治

军 事

农 业

工　业

开放型经济

园区建设

建筑业

城建 交通

环境保护

服务业

金融

经济事务管理

科学技术

教　育

文化　体育

卫　生

人民生活　社会事务管理

镇　街道

人 物

年度荣誉

附　　录

索　　引

启东生命健康科技城启动规划建设

健康产业作为一种新兴产业，近年来正在酝酿和形成超十万亿规模的巨大蓝海市场，被称为继IT产业之后的"财富第五波"，成为全球经济发展的新引擎。国务院先后出台《关于促进医药产业健康发展的指导意见》《关于促进和规范健康医疗大数据应用发展的指导意见》《"十三五"生物技术创新专项规划》等政策文件，年初江苏省委、省政府颁布《"健康江苏2030"规划纲要》，系统的制度性安排，密集的支持政策，体现党和国家对提升人民健康水平的高度重视，全面凸显生命健康产业在国家战略中的重要位置。

2017年5月16日，江苏省政府批复南通建设上海大都市北翼门户城市总体方案。南通市委、市政府着眼放大启东紧邻上海张江"药谷"的区位优势，把启东生命健康科技城作为南通"三港三城三基地"重要版块，主动参与上海大都市圈协同发展，推动全方位、高层次对接服务上海。

建设优势

医药产业是坚实基础。至2017年末，全市初步形成启东经济开发区制剂生产、高新区生物医药研发、滨江医药化工园原料药和医药中间体生产三大板块，集聚拜耳、盖天力、希迪等生物医药类规模以上企业25家；涵盖化学制剂、医药中间体、中成药等80多个品种，12个产品被认定为国家重点新产品，65个产品被认定为江苏省高新技术产品，盖天力、白加黑、达喜、金克槐耳等产品驰名中外。

区位条件是现实优势。崇启大桥的建成，把启东与上海由隔江相望变为同城相连，启东一跃成为承接上海对外辐射的最前沿。这几年来，上海大力建设具有全球影响力的科创中心，把张江综合性国家科学中心建设作为核心任务，要求有关部门研究"推动张江生物医药基地在长三角谋划发展新平台"。启东距张江仅50分钟车程，拥有承接张江医药产业外溢、创新辐射的先天优势，建设生命健康科技城，有助于启东借力张江医药产业优势和人才、信息、技术密集优势，加快形成创新、研发、孵化、中试、加速、产业化生物医药产业布局，提升产业整体竞争优势。

科教水平是有力支撑。2016年，启东全社会研发投入占GDP比重达2.52%；实现高新技术产业产值895亿元，占规模工业产值比重达48%；万人有效发明专利拥有量13.5件；上海自贸区生物科技创新协作园、尚华启东生物制药科创中心加快建设，北京大学生命科学华东产业研究院等研究机构相继落户，博士创业园成为高层次人才集聚的创业创新平台。启东市位居全国创新创业中小城市百强县（市）第11位，七度蝉联"全国科技进步先进县（市）"，获"国家知识产权强县工程示范县"等称号。

生态环境是重要保障。启东一手拥江，一手揽海，天蓝地绿，空气清新，气候宜人，获"国家卫生城市、江苏省园林城市"等称号。全市百岁以上老人200多名，80岁以上老人达5.8万人，是知名的"长寿之乡"。基于三水交汇、生态滩涂湿地等特色资源，启东市深入践行绿色发展理念，主动呼应崇明世界级生态岛建设，全力打造沿江沿海生态走廊；加快建设恒大童世界、仙渔小镇等重大项目，推动上海都市游与启东江海风情游双向互动，"迎日出、品海鲜、深呼吸""生态启隆、养生天堂"等成为鲜明的城市旅游品牌。

总体思路、战略定位、目标愿景

总体思路。全面贯彻落实党的十九大精神，坚持以习近平新时代中国特色社会主义思想为指引，遵循创新创业、融合融创、绿色生态、开放协同的发展原则，以优化创新创业生态为主线，以推进科产城人深度融合为理念，实施精准招商资源导入与创新创业增量培育两大路径，高点起步、高位切入，推进生命健康产业数字化、智能化、网络化发展，打造高端医药、生命数字、健康服务三大产业生态圈，构建以“生命信息+”为先导的智能生命健康产业生态，着力完善企业成长链、人才发展链、研发创新链、双创服务链、苏沪协同链，推动“五链耦合”，打造长江绿滩、创智蝶谷、生命乐城，建成国际知名的智能生命健康产业创新中心，成为南通市新旧动能转换的核心区、江苏省科产城人融合的示范区、苏沪区域协同发展的样板区。

战略定位。国际知名的智能生命健康产业创新中心。

目标愿景。到2030年，形成智能生命健康产业规模集群，集聚一批生命健康领域创新型企业，打造成为科产城人深度融合的产业创新共同体，形成协同高效的创新创业生态，打造国内先进、国际知名的智能生命健康产业新城。

规划方案

2017年，生命健康科技城的概念性规划和产业中长期规划（2018—2030年）形成初步方案。规划提出打造高端医药、生命数字、健康服务三大产业生态圈，构建以“生命信息+”为先导的智能生命健康产业生态的规划。遵循“大集聚小分散、资源高效集约”原则，产业规划提出构建“一心一廊四区多园”产业空间。12月1日下午，启东生命健康科技城规划方案专家咨询会在博圣酒店举行，来自国内城市规划业界的顶尖专家为启东生命健康科技城规划方案寻诊把脉、献智出力，南通市委常委、政法委书记姜永华及市领导王晓斌、黄卫锋、顾云峰、孙建忠、汤雄等出席咨询会。中规院上海分院介绍启东生命健康科技城总体规划方案，北京市长城企业战略研究所介绍产业规划方案，江苏省城市规划设计研究院介绍绿地生命健康科技园首开区规划方案。与会专家还就规划的部分内容提出中肯的修改意见。

高端医药产业化高地。发展生物医药产业，重点承接上海及国内外产业高地已形成创新优势、进入产业化阶段的生物医药项目和高端保健品。设立国内领先的生物医药科技创新平台，提供研发、中试、生产、服务等功能，转化一批高端生物医药和特色制剂项目。

生命数字融合化高地。推进信息技术、生物技术、智能化技术等应用，集聚丰富创新平台、高端人才等，发展研发创新服务；对接上海及国内外产业高地在生命科学、医疗器械等领域的优势资源，重点发展数字诊疗设备、智能康复器械等高融合型产业。

健康服务智慧化高地。创新健康服务模式，探索信息技术与医疗服务融合发展的精准医疗、远程医疗等新业态，引进国内外高端医疗机构，促进旅游休闲与医疗、健康等产业深度融合，推进“研、医、养、游”一体化发展，打造健康服务智慧产业生态圈。

“一心”。城市综合服务中心。围绕蝶湖片区打造集行政管理、总部办公、高端商务商贸、文化休闲为一体的综合性服务中心，成为启东生命健康科技城的城市功能核心区。

“一廊”。滨江生态走廊。利用滨江优势和农保地资源，沿长江打造集休闲度假、农业观光和药食中药材为一体的生态廊道。种植药用牡丹、月季、芍药等花卉，配套休闲观光、盆景设计、家庭园艺等花卉衍生产业，建成集中药材、创意花卉展示、体验、教育及技术交流为一体的多元化药食中药材观光廊道。

“四区”。高端医药产业化区、生命信息融合区、大健康服务示范区、创新孵化区。高端医药产业化区重点布局高端制剂产业园、生物制药产业园、特色原料药产业园以及医药智造展示体验港，生命信息融合区重点布局医药研发外包园、数字诊疗设备产业园、智能康复设备产业园，大健康服务示范区重点布局智慧医疗产业园、智慧康养产业园，创新孵化区重点布局创业创新活力园、健康医疗大数据产业园。

（彭红辉）

启东市创建全国文明城市暨国家卫生城市复审迎查

2017年，启东市把创建全国文明城市暨国家卫生城市复审迎查工作作为推进“五位一体”协调发展和“强富美高”新启东建设的一项龙头工程来抓，市民整体素质和城市文明程度明显提升。

创建组织推进力度加大。启东市成立由市委书记、市长任总指挥的创建文明城市指挥部，市四套班子领导牵头挂帅10个专项工作组，挂钩联系全市所有区镇（街道），包干推进全市各区域各条线文明城市创建工作。把文明城市创建工作纳入“四个全面”综合考核、党建工作考核和市镇两级机关效能建设考核，每月通过新闻媒体通报公布测评考核成绩，每季度召开情况分析点评会议。抽调20多名工作人员，对全市创建文明城市31个项目3000多个点位全年进行常态化巡查，相关问题当天交办责任单位整改并反馈。

市民思想道德素质提升。道德典型培育机制健全、氛围浓厚。建立月度推荐申报、年度评选表彰“启东好人”工作机制，成立注册资金1000万元的美德基金，对身边好人和道德模范给予奖励，形成发现好人、学习好人、争当好人、关爱好人的社会风尚，2017年，4组5人当选“中国好人”，至年底，全市共获评“中国好人”21组22人，“中国好人”上榜数列南通第一、全省县级城市前列。2017年3月，承办江苏省道德模范与身边好人现场交流活动。志愿服务社会化、制度化成效显著。全面实施志愿者礼遇制度，依托“启东志愿服务平台”，实行网络招募和公示制度，全市注册志愿者超过10万人，全年开展志愿服务活动5万余项次。全面实施关爱老人的“情暖夕阳”志愿服务活动，全市结成5000多个对子，以邻里志愿者为主，常年常态为孤寡、空巢、独居老人提供志愿服务。建设2个志愿服务驿站，100个志愿服务微站，组织引导窗口行业和沿街商户等为户外工人和过往行人提供饮水休憩、指路问询、急需品借用等志愿服务。

*城乡环境面貌改善。*加强城市基础设施建设。通过新建城区道路，改造城区主次干道无障碍设施，改造小区住宅楼无障碍设施，增加机动车停车位，新建市民小游园及健身步道等措施完善城市功能，推进宜居城市建设。推进生态文明建设。通过新增造林绿化及城市绿地，提升林木覆盖率，保持空气质量优良率等措施营造良好的生态生活环境。圆陀角滨海湿地公园获批省级湿地公园。推进城市管理重点难点问题治理。增加200多名协管人员，强化城乡一体的管理力量。新增拨入1亿多元，添置完善交通秩序管理和环卫保洁方面设施装备。先后开展“拆违控违”专项治理、交通秩序严管整治、露天烧烤集中整治、马路市场流摊整治、渣土运输车辆抛冒滴漏整治等专项行动，攻克一批城市管理的重点问题，解决一大批群众反映强烈的突出问题。推进乡风文明建设。实施农村环境“六位一体”管理，垃圾收集设施和无害化处理实现全市村居全覆盖，开展美丽乡村和文明家庭创建，发挥村规民约和村民自治组织作用，简化、节俭办理红白事形成风气。

*群众文化生活丰富。*全市建成“正能量加油站”2018个，实现全市城乡网格全覆盖，常态化参与群众5万多人，服务惠及30多万人。组织开展“共乐东疆”百项文体活动，每年开展各种活动近5000场，参与城乡群众65万人次。“共乐东疆：统揽文化活动新机制”获2017年度全省宣传思想文化工作创新奖提名奖。挖掘推广中华传统文化、地方特色文化和民俗文化，开展文化体育交流，承办主办中国竹笛艺术节、中国评弹艺术节、吴歌论坛、中国新西兰国际电影节、国际铁人三项邀请赛、全国沙滩排球赛、风筝冲浪国际邀请赛等近20项文化体育活动。占地200亩、总投资10亿元的市文化体育中心开工建设。全面推进城乡文化阵地和设施建设，镇、街道综合文化站和村居综合文化服务中心规范化达标建设三年任务一年完成，2017年底实现镇街、村居达标全覆盖。

（周逸亭）

启东市开展富民强企奔小康“走帮服”活动

2017年，启东市认真贯彻落实南通市“走帮服”活动部署要求，结合启东市情，全面推行“三联三分”工作法，组织市镇村三级干部深入村居、农户、企业大走访，坚持问题导向，注重分析研判，精心走访、精准施策、精细化解，全市“走帮服”活动有序有力有效推进。按照“三联三分”工作法，实行机关单位联村、部门科室联组、党员干部联户，把村民组分解落实到部门科室（工作小组），把每一个户头分解落实到每一名党员干部，进一步细化职责任务。全市116个市级机关部门、企事业单位和18个镇（园区、街道）挂钩联系303个村居，1734个部门科室（工作小组）挂钩联系9586个村民组（社区楼幢），10267名党员干部挂钩联系45.36万户城乡居民家庭，形成盖边沉底、责任清晰的工作网络。

坚持一般与重点相结合，按照轻重缓急分类分批开展走访。对村“两委”干部、老干部、老党员、种养大户、特困户、党小组长等对象先行走访；对规模以上企业、有困难的企业重点走访；其他对象的走访按计划有序推进。累计走访城乡居民家庭47.43万户，外来人口1.77万户，覆盖率达到省公安厅核定任务数的103%；走访企业2834家，覆盖率96.1%；走访村居实现全覆盖。健全“走帮服”活动问题处理三方会商会办、分层分类落实、对单销号管理三大工作机制，对照问题（责任）清单，严格实行销号管理，解决一项销号一项，并动态公示。全市各镇（园区、街道）梳理问题1.76万个，解决1.55万个，解决率近90%。市活动办共收集汇总需市级层面协调解决的各类问题260个，分别落实人社、民政、农办、卫计委等33个职能部门办理，200多个问题落实解决。

开展精准扶贫，对全市6600户10483人建档立卡低收入户，全部落实结对单位和帮扶责任人，至2017年底，全市建档立卡低收入农户累计脱贫率达74.1%。全面落实扶贫政策，全市农村低保、重残标准由530元提高到600元，五保标准由700元提高到775元。免除建档立卡低收入农户缴纳的城乡居民医疗保险和大病保险个人缴费部分，免除低收入人口一事一议筹资筹劳，免除63名低收入农户子女普通高中学杂费，免除缴纳政策性农业保险个人缴费部分1516户。对城乡低收入户提高医药费结报比例，对符合条件的低收入农户全部纳入重特大疾病救助范围，重点救助对象基本医保政策范围内自付费用的救助比例高于70%，年度封顶线高于当地基本医保封顶线的50%。为235户低收入农户改扩建危房1万多平方米，补助资金300多万元。对各个薄弱村的情况进行分类梳理，针对不同情况，分别采取不同措施进行精准转化，33个薄弱村选派“第一书记”，16个南通市级经济薄弱村完成物业项目的购置工作。

（彭红辉）

媒体文章选摘

以服务赢市场　靠优质传口碑

——江苏启东经济调结构转方式纪实

这是一幅高高昂起的发展曲线图。

从2011年到2016年，江苏启东全市生产总值由520.17亿元增至881.85亿元，年均增长11.1%；财政总收入由103.56亿元增长到146.81亿元，年均增长7.2%；三大产业比重由10.7∶53.3∶36优化为7.6∶47.9∶44.5。2016年城镇居民人均可支配收入37390元，农村居民人均纯收入19875元，迈上了新台阶。

如此快速的发展有何诀窍？服务上海，实现优势互补

启东，与上海隔长江相望。依托上海的强劲辐射力，承接上海工业产业梯度转移，协助其非核心功能疏解是启东的发展方向之一。服务上海，就得想沪所想，应沪所需，不断强化“一对一”交流、服务、合作，实现优势互补。

为服务上海，启东决定在南部沿江、东部沿海两带腾出地来，分门别类建立多个园区，虚席以待。几年下来，入驻江海园区的企业已有100多家。与上海合作共建的还有江海产业园、上海外高桥集团（启东）产业园、上海自贸区启东产业园、上海自贸区启东生物科技创新协作园、浦东祝桥启东产业园等众多园区。

据不完全统计，仅2016年一年，启东全市有45%的农产品供应上海；25%的工业产品配套上海；80%的投资是由上海的企业、单位直接进入或受上海影响而进入启东的。

2016年启东共引进上海产业项目93个，总投资额达196.5亿元。全年到启东来休闲旅游的游客达380万人次，超过90%来自上海地区。

建筑亮牌，确保客户满意

服务于人，自然不单单是服务上海。哪儿有需求，就到哪儿去服务。服务越多越好，收益也就越来越高。

2013年中国建筑业协会授予启东“建筑之乡”的荣誉称号，启东10多万建筑大军，长年活跃在祖国东西南北中各地建筑工地上，为众多项目建设服务。

组建较早、而今在全市建筑行业排名首位的江苏南通二建集团有限公司，早年在南京、克拉玛依、北京、上海、重庆、天津等地跑项目、找客户，奋力开拓市场。成绩虽有，但总觉得还不够理想。

南通二建深深感到这种“旧观念、老办法”不灵光，尝试树立“服务为先”的理念，让客户满意。接到项目招投标书，认真细心研读，发现问题、缺陷，以诚相待，热忱建议客户修正，并且公开承诺：“确保客户满意”。

“金杯银杯不如群众的口碑”，正是凭借“确保客户满意”的这种态度，启东才能在中国建筑界占有一席之地。

自主创新，收获累累硕果

启东高新技术产业开发区，紧靠国家一类口岸吕四大港、沪陕高速公路，距上海自贸区、外高桥港区仅90公里。近年来，全市创新、创业、高新技术企业大都集中于此，已经形成机械装备制造、电子电器、生物医药为主的三大支柱产业。

据不完全统计，截至2016年底，启东高新区正式投产企业已有260多家，其中规模企业79家，年生产总值亿元以上的有9家。

在启东，自主开拓创新的故事几乎每天都在上演。韩华新能源公司引进国际先进组件全自动生产线，各道工序全由电脑程序自动控制，智能化流水作业，人工操作量立减61%，生产能力增长25%。

一个个创新故事的涌现，彰显启东增强自主创新的能力、加快创新平台的布局建设、加大研发投入的决心。统计数据表明，2016年全社会研发投入总额占地区生产总值的比重达2.5%，实现高新技术产业产值894亿元，新增高新技术企业24家，授权发明专利191件，实施产学研合作项目172个。

（2017年12月14日《人民日报》15版，作者：鲁　牧）

启东六大工程对接服务上海

沪上“北大门”做强“门柱子”

2月3日，春节过后第一个工作日，由启东市委书记、市长任主任的“启东对接服务上海工作协调委员会”及下设的对接办“一办六组”启动运行。“启东将深入实施对接上海‘参与、联动、服务’三大战略，为南通市加快建设上海‘北大门’积极发挥‘门柱子’的支撑作用。”启东市委书记徐锋透露，该市已拟定跨江融合对接上海实施方案，将大力推进基础设施、科技创新、产业体系、平台载体、城市功能、工作机制六大对接工程。

科技创新方面，大力推进北大生命科学学院华东产业研究院、上海交大电子信息与电气工程启东产业技术研究院、张江尚华启东生物制药科创中心等十大创新功能平台打造；产业对接方面，积极抢抓上海优质产业溢出的时间窗口，优先承接生物医药、精密机械等先进制造业和新兴服务业；平台载体建设方面，加快推进江海产业园等5个沪启合作共建园区建设，在产业转移、管理建设、资本运作等方面积极探索。加快推进中国供销启东农产品国际物流港等项目建设，积极推广面向上海的都市型农业，大力发展农家乐、渔家乐、民宿经济等新业态。同时，深入推进沪启旅游一体化发展，打造“迪士尼下一站”。

截至2016年底，启东全市25%的工业产品配套上海、45%的农产品供应上海、70%的游客来自上海、80%以上的投资直接或受上海影响进入启东。

（2017年2月14日《新华日报》1版，作者：陈　明　朱蓓毓　王伟玮）

好人群体闪耀“道德星空”

全省道德模范和身边好人现场交流走进启东

3月1日，启东市广播电视台演播厅，由省委宣传部、省文明办主办的省道德模范与身边好人现场交流活动在这里举行。爱敬诚善，德润东疆，一段段短片，讲述着一位位道德模范的动人故事，触动了现场每个人的心弦。

“黄建生用30年的时光，把守岛之路铺出了锦绣、铺出了繁华。”在主持人动人的解说词中，已经退休的省“最美警察”黄建生，被人搀扶着登上舞台，罹患帕金森症的黄建生，坚持向台下所有人敬了一个庄严而标准的警礼。

孤悬长江入海口的启隆岛仅33.8平方公里，住着700户人家。从只身守岛到妻女跟随，老黄一干30年，被岛上居民尊称为守护平安的“定海神针”。10年前，启东市公安局开展干部聘任，黄建生有足够的资格和能力竞聘。但当他听说竞聘成功就要“离岛”交流，他放弃了，尽管当时妻子王桂兰很想回到城里照顾正在读书的女儿。妻子说，他的话不多，却掏心掏肺，他觉得“这辈子就是为了守岛才来到人世上的”。

一句诺言，在一个社区传诵36年。57岁的吴勇是南通汽运启东飞鹤公司的一名水电工。36年来，他利用业余时间，无偿为市民提供服务，谁家的水电或家用电器出问题了，只要喊一声吴师傅，就能顺顺当当得到解决。小区里的路灯坏了，水管堵了，只要吴勇得知，他总会第一时间前去修理，当地人都热情地称他为社区“徐虎”。

有一位“缺席”的好人，他的故事同样令现场听众唏嘘。他，就是“逆行英雄”陈帅。去年5月31日下午5时57分，启东消防大队副大队长陈帅接到报警：启东海四达电源股份有限公司发生火警。他立即带着战友们赶赴现场。冒烟的仓库内存放约8万个锂电池，东侧车间还有20多名工人在上班。面对险情，陈帅一边立即组织疏散人员，一边带侦察小组深入仓库内部排查险情。就在这时，现场突然发出巨响，仓库内存放的锂电池毫无征兆地爆炸了，冲在最前沿的陈帅不幸英勇牺牲。

启东市委书记徐锋介绍，截至目前，启东市已获评全国道德模范提名奖1人，江苏道德模范2人，中国好人16人，江苏好人10人，84名市民获评南通市文明新风典型。一批又一批向上向善的启东好人，闪耀在璀璨的“道德星空”。

（2017年3月2日《新华日报》2版，作者：陈　明　付　奇　朱蓓毓）

滩涂变新城：跨区合作再领跑

15日，尽管秋雨潇潇，但在南通市启东高新区尚华·启东生物制药科创中心建设现场，脚手架林立，机声隆隆。

“尚华是国内第二大生物医药研发服务企业，一期投资3.6亿元的项目还在建设，就有两家上游企业闻风跟来，另有两家企业也在洽谈落户，一条生物医药产业链已初具雏形。”启东高新区管委会党工委委员姜维告诉记者，近两年，园区项目招引呈现喜人的“葡萄串”效应。不远处，上海电气（集团）鼓风机厂、上海众德金属、上海利开集团、英内物联网等多个项目也在抓紧建设。

12年前启动建设的启东高新区原本只是海边的一片盐田和滩涂，如今，已成一座产业新城。“党的十八大提出要大力发展实体经济，给园区发展送来‘东风’，让我们驶上了‘快车道’。”高新区管委会主任姚赛花说，为了更好更快集聚优质项目，高新区打破行政壁垒，牵手上海跨区共建了上海外高桥集团（启东）产业园，之后又相继建设了浦东祝桥启东产业园、上海自贸区启东生物科技创新协作园等多个沪启合作的“区中园”。今年前三季度新开工的27个亿元项目中，90%来自上海。1至8月，高新区280家企业实现应税销售53.4亿元，同比增长51%；签约亿元以上项目54个，完成全年目标的450%。

“党的十九大一定会传来更多‘发展好声音’，我们对此满怀期待，更要撸起袖子加油干。”姚赛花说，他们将以十九大精神为引领，继续秉承“实干兴邦”理念，加快把启东高新区打造成为江苏沿海第一高新区，争当全省沿海开发新标杆。

（2017年10月17日《新华日报》1版，记者：陈　明　徐　超）

江苏启东法院：为服务供给侧改革精准发力

“不懈探索，敢于创新”，是江苏省启东市人民法院破产审判的特色和亮点。该院破产审判有多个全国首创，被最高人民法院和江苏省高级人民法院誉为“破产审判启东经验”，省内外60多家法院前往交流学习。

近三年来，启东法院通过破产程序处置企业债务203亿元，分流职工5000余人，释放土地4230亩、工业厂房22万平方米，为服务供给侧结构性改革提供了强有力的司法保障。

探索诉讼与破产衔接新机制

早在2013年，启东法院就打响了全省“执转破”第一枪，受理了南通贸联公司执行转破产案，一举化解69件久悬未决的执行案件。2014年9月，启东法院出台《关于执行程序与破产程序相衔接的若干意见》，开启“执转破”制度化之先河。

“你们干吗执行不了，没啥东西分了才受理破产？”“不行！我们要有新招数！”该院副院长龚建涛在听见债权人的一席话后，对法官们提出了新的要求。然而，什么样新招才有效，则是摆在法官面前的一道现实难题。

一个个方案提出又被否决，“若把破产审查的关口前移到诉讼时，不但可以提前防控风险，还能减少执行和诉讼案件”，破产庭提出的“诉讼转破产”方案，得到了大家一致认可。

2014年底，启东法院被最高人民法院确定为破产案件审理方式改革试点单位后，积极探索“诉讼转破产”的新途径、新方式，创设破产预申请制度，推行破产预审查制度，并于2015年8月出台了《关于诉讼程序与破产程序相衔接的若干意见》，从制度上对“诉讼转破产”进行规范。

“当事人在立、审、执各阶段均可授权或申请法院在企业符合破产条件时将案件移送破产审查。”该院院长潘建解释道。

2015年12月10日，一直正常经营的灵敦公司老板突然“跑路”。次日，政府门口即围满了讨薪的工人，法院立案大厅里挤满了争先恐后要求保全的供应商。

面对突发情况，民二庭及时启动“诉讼转破产”程序，将审理程序中的一起以该公司为被告的合同案件移送破产审查，并依职权查封了公司所有资产。就在冻结账户的第二天，300余万元的外汇到了公司账上。

“法院介入早，企业财产有人管，工人工资有着落，要债不用打官司，多好！”当地政府一名负责人称赞道。灵敦公司破产案是启东法院诉破衔接的一个缩影。

近三年来，启东法院成功通过“诉讼转破产”程序受理破产案件18件，化解执行积案458件、审理案件168件，畅通诉破渠道，化解破产立案难题，提前防控社会风险，取得了良好的效果。

创新关联企业合并和解模式

2017年2月13日，金双喜实业发展有限公司等6家关联企业合并和解债权人会议高票通过了《合并和解协议草案》，当审判长宣布表决结果时，现场响起长时间的掌声。草案的通过标志着6企业重获新生，这是全国首个关联企业破产合并和解的案例。

金双喜实业是启东当地的知名企业，其生产的压力锅曾被认定为中国驰名品牌。2014年以来，由于企业盲目扩张、肆意举债，造成资金链断裂，与之关联的金双喜建材等6家企业相继进入破产程序。

“案件进入破产清算后，法院没有就案办案，认为该企业具有挽救价值，它有完整的生产线，有驰名商标和38项国家专利，有完整的内外营销体系，”潘建告诉记者，“若按常规的破产，送到殡仪馆‘火化’，是对资源的浪费，我们想能不能送到‘医院’来进行救治。”

基于法律依据和现实需求的双重考量，法官审慎研判案情后，决定尝试合并和解新模式。但合并和解，无先例可循，也无经验可借鉴。

“在裁定进入和解程序前提下发征求意见通知，并组织召开由异议人、债务人、管理人等多方参加的听证会，在查明事实的基础上，裁定6家企业进入合并和解程序。”在查阅大量资料和多轮论证后，一个全新的合并和解方案由此诞生。

根据草案，职工和税收债权100%清偿，普通债权平均清偿率为16.47%，远高于模拟破产清算的1.13%。

“合并和解不仅能给企业一次再生的机会，还能提高债权的受偿率，我们举双手赞成。”多次参加协调会的债权人会议主席黄天辉高兴地说。

为确保和解协议的履行，启东法院还创设了由债委会派驻财务人员、设立专门账户，制定债委会议事规则，代表全体债权人进行监督的新模式，既能保护债权人利益，又能确保企业的顺畅经营。

“合并和解重振鼓、力挽狂澜转乾坤”，员工们在得知自己又能回到曾经让其骄傲的公司上班时，开心地给法官送来锦旗。

启东法院探索破产审判新模式，化繁为简、助企回生。三年来，通过合并审理挽救破产企业11家，提高债权清偿率10%以上，实现了各方共赢。

实现救治生产两不误

提到破产，人们自然会联想到企业停产关门，员工下岗。然而，启东法院对一时陷入困境但有市场前景的企业，首创“一手抓破产，一手抓生产”新格局，力保“破产不停产，员工不失业”，此创造性举措在维护稳定、服务供给侧结构改革中发挥了积极作用。

位于长江入海口的南通太平洋海工厂区，一群头戴红色安全帽的技术人员正在流水线上紧张而有序地忙碌着。望着长江码头正在建造的一艘巨轮，总经理蔡勇自豪且兴奋地告诉记者：“价值5.5亿元的船顺利交付了，2.5亿美元的国外项目完美收官了，去年公司实现产值30多亿元。”

谁能想到，这是一个进入破产程序企业的作为！

太平洋海工是世界中小型液化气船市场的领头羊，特种船舶及再汽化模块在全球市场占有率均列第一，拥有15项国家专利，然而公司去年初因贷款连保而陷入困境。

案子一进门，一连串问题考验着法官的司法能力。

“如果走破产停产老路，许多半拉子工程将损失惨重。”潘建介绍。案件进入法院时，价值5亿多元的船正在建造，2.5亿美元的俄罗斯亚马尔项目未完成，停产不仅债权人利益严重受损，还涉及数千名员工安置问题。如果处置不当，极易触发社会不稳定因素，引发震荡。

法院深入调研后，改变“破产关门”的惯常模式，运用商业思维，一手破产，一手与政府、企业联动保生产，两手并举、双管齐下，多次召集“府院企联席会议”，积极争取政府的大力支持，制定了保生产的最佳方案。为了保住订单，法官面对面向客户解答相关问题，向外商解释我国破产法规定，消除其疑虑，对管理人认为继续履行有利于减少损失的合同，协调对方当事人予以积极配合。

由于“府院企联动”，共同做好破产案件受理前后的风险管控与事务协调，企业获得了垫资，实现了“保订单、保团队、保稳定”的目标，为继续生产经营创造了有利条件。

启东法院“破产不停产，员工不失业”的新举措，使多家企业实现“治疗生产两不误”，已累计完成产出70多亿元，提供4000多个就业岗位，树立了破产审判的全新形象。

实行以破引资新举措

近日，记者走进位于启东海工园的江苏京沪重工有限公司码头，映入眼帘的是塔吊林立、车辆穿梭、机器轰鸣，工人们正在紧张作业……好一派繁忙景象！

2013年11月，启亚船务被整体拍卖给江苏京沪重工后，当即就恢复了生产，由破产前的年产值不足2亿元，一跃达60亿元。相同的厂区、相同的岸线，为何有如此的大不同？这背后，是启东法院破产法官们敢试敢闯，用智慧和汗水趟出的一条破产审判新路。

就在四五年前，海工园受金融危机影响，一片萧条，多家船企接连进入破产清算程序。2012年伊始，启东法院挑选民商事条线的精兵强将，组成破产专题调研组，全面对破产企业进行摸底，掌握第一手资料，认真分析研判，在学习、借鉴其他法院先进经验的基础上，提出“以破引资”，“火化”与“孵化”相结合的新思路，创造性地提出“一边搞破产，一边搞招商”的新举措。

为此，启东法院与招商局和当地园区形成相互配合，信息共享，共洽客商，共商难题的工作机制。为扩大宣传，采取在各报刊、网站广泛发布拍卖信息，召开招商推介会等方式，多渠道寻找潜在客户。京沪重工明确投资意向后，法院先听取该公司的资产利用方案，再决定破产财产处置方案，实现两方案无缝对接，使破产资产第一时间得以利用。最终，京沪重工以1.4亿元成功拍得启亚船务整体资产，并全部接收其工人。

启亚破产案的成功经验让法官意识到，破产案件的审理必须“破立统一”“有破有立”，发挥破产审判在“去产能、调结构”方面的作用，才能真正实现“腾笼换凤、涅槃重生”。

基于这一理念，启东法院先后将多家破产企业“改头换面、重塑金身”。现代企业霓辉公司成功入驻豪威船舶；环保企业取代嘉禾公司，破旧厂房焕然一新；启东特种电缆在受理初期就与泉象电气达成投资意向……

三年多来，启东法院通过“以破引资”“有破有立”，成功淘汰“僵尸企业”27家，引进优质企业16家，累计引进投资60多亿元，促进启东产业转型升级。

（2017年3月28日《人民法院报》6版，作者：张宽明　朱志亮　魏清见）

启东“软文化”做成“硬产业”

“两园四馆”正在建设。总投资3亿元的明清古建文化产业园，土建即将完工，11月份可交付使用；名人园展示了张成龙、李磐硕等11位启东名人，2016年11月下旬动工，今年6月完工。郁寿丰、沈轶公、李素伯纪念馆和启东历史陈列馆，正在推进中。

以东南中学抗大九分校旧址、通海垦牧公司挡浪墙遗址、吕四进士府、曹家镇天主堂旧址为依托，开发出一条反映启东近现代沿海开发的精品人文旅游线路。

近两年来，启东把项目建设作为促进文化产业发展的“牛鼻子”工程来抓。昨天，记者从启东市委宣传部获悉，今年该市新建文化项目11个，总投资51.5亿元，占全市总量的40%。

从沙地特色中挖掘发展潜力

吕四海鲜，天下领“鲜”，这是对启东吕四海鲜的绝美评价。

仙渔小镇项目总投资5.28亿元，建设项目有神仙街和品牌体验馆。神仙街总建筑面积约8.2万平方米，建有商业街、美食街、步行街、观海平台、29栋功能建筑，主要以海洋餐饮为主体、渔港风情为主线，构建融入各地方特色及国际品牌餐饮。品牌体验馆，占地5500平方米，展馆以“千年古镇、吕四渔业”为核心，串联起吕四的历史渊源、渔港的变迁和渔港的建设发展前景。

三伏天，人们期待中的仙渔小镇正紧锣密鼓加紧建设。据吕四港经济开发区党工委副书记陆正明介绍，目前，已有20多家品牌商家签约入驻，预计9月初可对外开放。

除了仙渔小镇，明清文化产业园也是启东“流动城市文化名片”上的精彩篇章。该项目位于启东市东区商业新中心，是江苏省100个重点文化产业项目之一，以明清古建的异地迁建、保护、展示、促进文化加商业融合发展，打造文化旅游新名片，包含1栋古建博物馆和5栋明清古建。曾有人这样评价：“明清文化产业园追溯了启东的历史，梳理了启东的文脉，展示了启东的才情，将启东的文化魅力生动地铺展在世人面前。”

近年来，启东市委、市政府在推动经济发展过程中，深刻挖掘沙地文化的历史精髓，不断丰富江海文化的时代内涵。从2008年开始，启东每年都举办江海文化节暨国际经贸洽谈会，演绎了文化与经济同台共舞的好戏。

从靠江靠海中挖掘旅游资源

炎炎盛夏，酷暑难耐。启东市的恒大碧海银沙已成为周边市民纳凉休闲的首选。恒大碧海银沙项目总投资6亿元，通过围堤筑坝、滤沙净水，开辟了7.23平方公里蔚蓝海域，并从海南原版移植柔软细白的优质海沙，打造“蓝天、白云、碧海、银沙”的海岸景观。

“目前，周末的客房基本都处于满房状态，平时的客房率也在80%以上。”恒大海上威尼斯相关负责人介绍，今年上半年恒大海上威尼斯接待游客逾25万人次。

自2006年开工以来，恒大世纪旅游城项目至今累计投入200亿元，其中总投资60亿元建设集影视文化创作、文化创意推介、艺术展览交流、科技文化传播等一体的文化创意体验基地。目前，九大中心已经全部对外营业。总投资10亿元的恒大五国温泉城项目，将打造长三角地区最具特色的温泉产业集聚区。目前，项目主体结构已经封顶，室内外装饰工程进行了60%，室外配套工程也全面展开，预计年底正式投入运营。

启东进一步规范了文化产业准入制度，鼓励和引导民资、外资投资兴办文化企业，促进各类文化产业共同发展。

6月22日，金诚集团吕四·魁北克海洋文化艺术之城项目在吕四海洋风情区开工奠基。该项目是在中加两国广泛合作的基础上，以魁北克的艺术背景为桥梁，采用金诚的新型城镇化商业模式，打造一座集时尚产业、高端文化、休闲社区、生态游憩为一体的国家顶级海洋文化艺术小镇。

除此之外，总投资5亿元的江洲旅游度假城项目、总投资2亿元的黄金海滩湿地公园项目，一系列利用靠江靠海优势的文化旅游项目正在加快建设。

从文化融合中挖掘产业项目

目前，位于启东经济开发区的塔达希时装项目加速推进，计划明年8月一期竣工验收。塔达希时装主要从事计算机相关技术的咨询，企业形象策划、展览服务以及网上销售服装等等，一期工程总投资2.5亿元，项目建成后，将成为上海振涛实业中国总部和TADASHISHOJI品牌全球设计、生产、研发、展示中心。

近年来，启东坚持文化产业与旅游、工业等产业的融合发展，逐渐打破文化产业门类的边界，促进了不同文化行业之间的互动共赢。

在米歌酒庄与品酒文化展示中心项目，技术人员正在设备控制室密切监测各项数据。“6月份刚刚投料，预计11月正式投产。”米歌酒庄项目负责人董其祥介绍。

米歌酒庄与品酒文化展示中心项目计划总投资11.1亿元，项目建成后，将年产3万吨精品黄酒，新增销售收入10亿元，预计年接待游客50万人次。据悉，品酒文化展示中心是项目的一大亮点，陈列各类品质的高中档黄酒，不仅有对黄酒文化的宣传，还有黄酒种类的介绍。

米歌酒庄展示了黄酒文化，而姚记扑克却展示了扑克文化。启东姚记扑克文化产业园总投资20亿元，建筑面积12万平方米，预计2017年底竣工投产。投产后，年产扑克牌20亿副，年销售额达40亿元，年综合纳税超亿元，形成集扑克牌研发、制造、销售、文化展示和工业旅游于一体，全球最大、最先进的智能制造扑克牌产业园区。目前，一期工程生产车间已经竣工，近期设备到场安装。二期生产车间已建至地上二层，部分建至地上五层。

（2017年8月6日《南通日报》A 1版，记者：赵勇进 通讯员：黄彦茗 黄欣美 陈晓菊 ）

启东建筑业走进“大数据”时代

上月，淮安市建筑业组织现场观摩会，推介启东建筑集团的花漾商业城项目运用BIM（建筑信息模型）技术抢工期、省成本、保质量的施工经验。

启东出台《加快推进建筑产业现代化促进建筑业转型升级的实施意见》，鼓励企业运用大数据等科技手段，在竞争中做强建筑业。去年，该市建筑企业编著的《施工BIM技术指南》由国家级出版社出版发行，晋中市大学城项目获中国建设工程BIM大赛单项二等奖，《一种小间隙双剪力墙变形缝模板》获得国家专利。

“大数据”正影响着启东建筑业的快速发展。2016年，启东建筑业实现总产值768亿元，今年向800亿元冲刺。南通二建集团、启东建筑集团、启安集团连续多年保持“江苏省建筑业百强企业”称号。

“BIM技术”抢效益

在永阳村拆迁安置房建设工地，启安建设集团有限公司技术人员正在进行模型碰撞检测工作。电脑上呈现的是住宅楼的三维模型：密密麻麻的设计线条、一幅幅彩色三维图，准确勾勒出大楼的“脉络筋骨”。

启东市永阳村拆迁安置房工程总投资3.3亿元，由16幢高层组成。建设中，首次应用BIM5D技术，VR技术、3D打印，3D激光扫描测量等高科技。“这种技术让砌房子变得更简单了，就像在看3D电影，照葫芦画瓢就行了。”木工张卫华笑着说。

启安集团总工程师吴东辉介绍，BIM技术主要亮点之一就是可以将工程建设的全过程在电脑上预演，将进度、质量、安全、成本、能耗等一系列信息集中到一个共享平台上，几乎所有可能出现的风险都能提前预控、提前解决，从而大幅提高工程质量和效率，提升施工安全，减低成本和能耗。拿永阳村拆迁安置房工程来说，运用BIM5D技术后，可节约管理成本600多万元，相比之前材料的损耗量也减少三成。

启安集团首次试水BIM技术是在上海世博会德国馆项目上。在当时“一没有技术，二没有团队”的情况下，该公司临时找了一批“海归”进行探索。在拟定设备吊装方案时，其中1个重要设备参数设定的模拟方案显示，无论从哪个通道均无办法将该设备就位安装。公司方面就与德方供应商沟通，将这个设备拆分成3个模块，确保了现场的顺利组装。

从2008年开始接触BIM技术，到现在的BIM5D技术的运用，启安公司尝到了“建筑智造”的甜头，先后在20项承建工程中应用。目前，该公司正在自主开发数据处理工具，结合三维模型与项目管理软件，拓展BIM技术在工业安装领域中的应用。

“天网计划”抢工期

火热的八月，处处涌动着激情。在淮安花漾城的施工现场，闷热的天气丝毫没有影响到工程的进度。

35岁的陈卫东是启东建筑集团花漾商业城的项目经理，参加工作后就一直与工程施工打交道，2015年，获得“全国工程建设优秀项目经理”的光荣称号。然而，面对淮安花漾城项目结构复杂、工期吃紧、变更频繁、基坑周边作业面狭小、周侧人流量大、地下管线多、白天交通管制等施工难点，有着10多年工地经验的他却直感慨：“我还从没遇到过这么难的！”

淮安花漾城，由3幢32层、1幢29层的高层组成，地下3层，裙房5层。甲方在1月中旬临时决定突破合同工期计划，要求9月26日前完成裙房封顶和主体施工至5层，相应的节点工期几乎缩减了一半。

“这是在考验我们启东铁军的精气神，考验我们运用大数据管理的能力。考验合格，我们就能继续拿下二期、三期工程。”启东建筑集团董事长陈向阳下达“军令状”。

花漾城项目部提出“以空间换时间”思路，抢工期。结构施工分区域、分施工段流水施工，解决场地空间对结构施工的限制；尽可能多开施工面，加大工程中人、机、物的投入，加快结构施工的速度。春节前夕，按节点完成部分底板的施工任务。

“既然接受使命，我们就必须守住进度底线，快速优质打造出精品。”第九公司总经理张建琛说。项目部倒排工期，以“分秒”为单位，将时间纵向细化到每一道工序，横向铺展到每一个作业段。广大员工竭尽“洪荒之力”，交接班“零耽误”，150多名施工人员腊月廿八从工地回家团聚，大年初一就赶赴施工现场。

终于，裙房封顶和主体施工至5层的目标，比甲方要求的工期提前一个月。甲方淮安华信房地产开发有限公司总经理陈志鹏说：“启东建筑集团是一支有秘密武器的队伍，任何困难都阻挡不住他们加快施工进度、打造精品工程的决心。”

这秘密武器就是时刻“盯”着现场的一只只“鹰眼”。自项目开工后，集团公司就实施“天网计划”，通过远程监控系统，实现现场数据采集、实时传输分析、及时预警等一系列功能，逐步完成“约束管教”到“自觉执行”的蜕变，实现了“向大数据管理要速度”的跨越。

“一带一路”抢资质

7月20日，以色列住建部部长嘎朗特（Mr.Galant）亲自向受邀前往的江苏南通二建集团有限公司名誉董事长陈建年，颁发了以色列建筑总承包G5资质。该资质为以色列建筑总承包最高资质，南通二建是以色列获此资质的首家外国公司。

此举意味着，南通二建已有资格作为总承包商在以色列建造工程，也可以和当地公司合作进行房地产开发。同时，一旦项目落定，二建可根据签订的合同向以色列派遣多达1000名从事房屋建造的非以色列建筑工人。

南通二建成功打入中东市场，是启东建筑对外工程承包史上的一个里程碑。集团海外事业部经理汤荣礼介绍，去年5月底，以色列住建部发布招标信息，希望让拥有国际经验的外国建筑公司进入，获得以色列本土民用住宅项目的5年参与权。瞄准这一契机，南通二建开始着手准备投标。

近年来，国家“一带一路”战略为启东建筑拓展海外业务提供了新的发展机遇，南通二建海外布局迅速推开。江苏南通二建集团有限公司总经理王忠说，以色列看中我们的是建筑业不再传统，已经将大数据运用于施工管理全过程中。

去年底，以色列住建部公布招标结果。全球有12个国家和地区的50多家企业参与了激烈的角逐，南通二建凭着雄厚的实力和严谨的态度，以优异得分脱颖而出。同时入选的企业还有北京建工、江苏顺通、光大国际、龙信集团以及葡萄牙的一家公司。半年后，南通二建终于成为6家中标企业中首获以色列住建部建筑总承包G5（最高）资质的建筑公司。

二建集团公司在加拿大、新加坡、美国西雅图都有开发及建筑施工项目，在阿尔及利亚造价1.5亿元3万平方米的住宅项目已进入结构阶段。汤荣礼透露，以色列住宅项目的单子已经拿下，施工面积在20万平方米左右，年施工产值可达15至20亿元人民币。

（2017年8月20日《南通日报》A1版，记者：赵勇进 通讯员：戴丽丽　陈晓菊　蔡盼德）

2017年国内部分媒体有关启东报道

表1

见报（播出）日期	媒体名称	标　　题	版面（栏目）	作　者
2月25日	中央电视台	海上石油工厂"希望6号"今天起运	新闻联播	
3月3日	中央电视台	点赞中国	新闻联播	
4月10日	中央电视台	三车连环沦陷滩涂　民警救援脱困	新闻直播间	陈和兴　王　波
4月14日	中央电视台	一老人海边陷淤泥　民警与潮水竞速救人	第一时间	陈和兴　王　波
6月4日	中央电视台	关注最严伏季休渔　多部门联合执法	第一时间	陈和兴　王　波
9月15日	中央电视台	江苏启东：渔船回港避风	朝闻天下	卫彦华　鲍俊杰
11月15日	中央电视台	江苏启东　警民联手救助搁浅座头鲸	新闻直播间	
11月18日	中央电视台	"搁浅的鲸"	新闻周刊	
11月4日	人民日报	亚洲最大绞吸挖泥船"天鲲号"下水	2	刘志强　谢卫群　许丛军
11月7日	人民日报	大葱种植	10	李存根
12月14日	人民日报	以服务赢市场　靠优质传口碑——江苏启东经济调结构转方式纪实	15	鲁　牧
12月22日	新华每日电讯	吕四渔港的"拉网小调"	12	朱旭东
1月13日	新华日报	启东合作镇五星村老党员朱永继自费举办党史展	专版19	
2月14日	新华日报	启东六大工程对接服务上海　沪上"北大门"做强"门柱子"	1	陈　明　朱蓓毓　王伟玮
2月25日	新华日报	启东赴沪签约引资360亿元	3	陈　明　付　奇　蓓　毓
3月2日	新华日报	好人群体闪耀"道德星空"	2	陈　明　付　奇　朱蓓毓
3月20日	新华日报	战舰驰骋，他是"定海神针"——记"东海强军先锋"、海军洞庭山舰启东籍舰长黄海州	2	李　源
4月21日	新华日报	启东打造华东最大花卉苗木市场	9	王伟玮　付　奇
5月3日	新华日报	建设上海"北大门"启东走在前干在先	1	陈　明　付　奇　朱蓓毓
5月31日	新华日报	启东借大项目打造"海洋小镇"	5	陈　明　付　奇
6月18日	新华日报	启东渔民驰援救起全部船员	3	陈　明　王天威
7月3日	新华日报	喜迎十九大　全景看江苏——"大美启东　大魅启东"摄影采风	1	肖　勇等
7月26日	新华日报	启东全力打造新能源特色装备基地	3	新华社
7月29日	新华日报	启东在沪举办高端人才创新创业对接会　敞开"北大门"　广迎四海才	3	陈　明　朱蓓毓
10月17日	新华日报	滩涂变新城：跨区合作再领跑	1	陈　明　徐　超
10月17日	新华日报	启东：书写"强富美高"新答卷	14	戴丽丽　黄欣美　黄晓燕
11月7日	新华日报	打捞巨无霸在启东下水	7	许丛军
11月24日	新华日报	启东成为苏州评弹的飞地	19	陈　明　贲　腾　朱蓓毓
11月25日	新华日报	精准走帮服　帮入新时代	6	东　易
11月26日	新华日报	中国评弹艺术节在启东举办	2	陈　明　贲　腾
12月27日	新华日报	百姓名嘴，家门口宣讲十九大	4	陈　明　贲　腾　朱蓓毓
3月3日	经济日报	江苏启东加快融入上海一小时经济圈	16	沈则瑾

续表1

见报（播出）日期	媒体名称	标　　题	版面（栏目）	作　者
7月27日	解放日报	江苏启东：借智沪上英才　共启美好未来	4	王伟玮　沈乾丰
3月28日	人民法院报	江苏启东法院：为服务供给侧改革精准发力	6	张宽明　朱志亮　魏清见
8月2日	文汇报	启东以优厚政策吸引高层次人才	5	陈佩珍
11月5日	文汇报	“天鲲号”成功下水	1	许丛军
4月23日	新民晚报	启东：牡丹盛放满园春	13	朱蓓毓　郁卫兵
5月9日	新民晚报	追江赶海启东游	28	沈琦华
6月27日	新民晚报	启东国际经贸洽谈会成果丰硕	14	梅樱迪　朱蓓毓　单松娟
8月1日	新民晚报	启东来沪对接高层次人才	15	朱蓓毓　单松娟
12月5日	新民晚报	启东科技人才节引资143亿元	13	朱蓓毓　王伟玮
1月13日	扬子晚报	“寅时见阳”看寅阳，江苏最东小镇如日出般生机勃勃	A3	郭小川　李　军
2月8日	扬子晚报	启东让民生幸福更有“质感”	T20	郁卫兵　王伟伟
2月25日	扬子晚报	启东做强接轨上海“桥头堡”　昨赴沪签约投资逾360亿	A7	郭小川　朱蓓毓
3月2日	扬子晚报	向善之光照亮“道德星空”　道德模范与身边好人现场交流在启东举行	A10	郭小川
7月3日	扬子晚报	全景看江苏走进启东	A2	肖勇等
7月30日	扬子晚报	启东赴沪对接高层次双创人才　13个科技人才项目签约落户	A9	郭小川
12月6日	扬子晚报	北沿江高铁终于来了！将经启东入沪	A4	石小磊
2月28日	现代快报	启东：德润东疆，诠释城市温情	T24	陈　莹　严君臣
6月8日	现代快报	能捕捞养殖能加工出口　江苏打造“蓝色粮仓”	封11	杨菲菲
6月28日	现代快报	启东国际经洽会签下185亿元大单　其中九成内资项目来自上海	封10	严君臣　朱蓓毓　单松娟
7月28日	现代快报	启东对将上海，邀高层次人才创业	封15	严君臣　朱蓓毓　单松娟
11月14日	现代快报	营救座头鲸	封3	严君臣　刘　畅　王天威
11月19日	现代快报	搁浅座头鲸永留启东	封4	严君臣　刘　畅　王天威
12月6日	现代快报	签约29个项目，启东经贸会揽资143亿元	封6	陈　莹　朱蓓毓　王伟玮
1月12日	南通日报	微视频《不徙鸟》获“平安江苏”一等奖	A6	何家玉
1月20日	南通日报	启东16辆新能源纯电动公交车上路	A2	黄　海
2月25日	南通日报	启东加快对接服务上海　年内在沪开展活动200场次	A1	黄　海
3月6日	南通日报	支持返乡创业　启东列入国家试点	A3	黄　海
3月12日	南通日报	启东青皮茄洋扁豆获国家地理标志认定	A3	黄　海
3月15日	南通日报	启东“捷捷微电”昨在深交所上市	A1	黄　海　戴丽丽
3月26日	南通日报	启东“双十”计划推进重大项目建设	A1	钱爱仁　赵勇进　黄　海
3月28日	南通日报	启东党员干部活跃在“最后一公里”	A1	赵勇进　黄　海　陈晓菊　张春柳
3月30日	南通日报	启东法院全国首创破产合并和解新模式	A7	黄　海

续表1

见报(播出)日期	媒体名称	标　　题	版面(栏目)	作　者
4月6日	南通日报	惠萍"水果小镇"积极发展乡村旅游	A2	黄　海　蔡樱子
4月6日	南通日报	苏晓琳荣膺"2016感动中国江苏十大感动人物"	A6	黄　海
4月7日	南通日报	积极融入崇明世界级生态岛建设　启隆绿色产业投入占比超七成	A1	黄　海
4月10日	南通日报	《不徙鸟》入选中国国际微电影节	A5	黄　海　黄晓燕
5月5日	南通日报	江苏首批省级特色小镇名单出炉　吕四仙渔小镇入选	A2	黄　海
5月7日	南通日报	"三大战略"引来沪上产业项目	A1	赵勇进　黄　海　朱蓓毓
5月14日	南通日报	中远技能大师工作室通过专家评估　南通市唯一入选国家级	A1	黄　海
5月17日	南通日报	启东出资50万元为困难群众买保险	A3	黄　海
5月18日	南通日报	启东打造工业文化旅游产业区	A2	黄　海
5月26日	南通日报	启东圆陀角：民宿扮靓江海交汇处	A7	张水兰
5月28日	南通日报	启东创新实施"三联三分"工作法	A1	王伟玮
6月2日	南通日报	启东聚力发展生物医药产业	A2	黄　海
6月7日	南通日报	启东港首次接卸超大型LNG船　我国首座民营LNG接收站将投入运营	A2	黄　海
6月9日	南通日报	韩立明赴启东调研重大项目建设时要求　强化协调服务　及时解决问题	A1	朱文君
6月17日	南通日报	张兆江在启东调研农业农村工作时要求　促进农业增效农民增收	A1	金　帅
6月26日	南通日报	启东探索村居治理新路径　建设"三站两会一中心"	A4	黄　海
6月30日	南通日报	启东推进新上项目向"三优三新"转型	A1	黄　海
7月4日	南通日报	世界最大船用C型液罐在华滋海洋工程有限公司加紧制造	A2	许丛军
7月10日	南通日报	启东首个农产品网购平台上线	A5	黄　海
7月11日	南通日报	上半年累计接待游客超过260万人次，实现旅游总收入近30亿元——近悦远来，启东旅游走出特色发展路	A1	王伟玮
7月21日	南通日报	八大"富民绿"工程共建美好家园　启东扮美生态环境增进民生福祉	A1	赵勇进　黄　海　朱蓓毓　戴丽丽
7月26日	南通日报	启东版画院三新作入选全国作品展览	A6	黄　海
8月5日	南通日报	旅游+体育+休闲　圆陀角打造长江口生态度假基地	A2	黄　海
8月6日	南通日报	启东"软文化"做出"硬产业"	A1	赵勇进　黄欣美　陈晓菊
8月7日	南通日报	启东籍科学家盛春泉入围杰青基金建议资助名单	A2	黄　海
8月7日	南通日报	"中国县域经济50强"榜单发布　海门启东携手入围	A2	黄　海
8月9日	南通日报	启东试点生活垃圾分类	A2	黄　海
8月15日	南通日报	北上海经济发展高峰论坛举行　李肇星演讲点赞启东	A2	黄　海

续表1

见报（播出）日期	媒体名称	标　　题	版面（栏目）	作　者
8月20日	南通日报	启东建筑业走进“大数据”时代	A1	赵勇进　戴丽丽　陈晓菊
8月27日	南通日报	启东：打造“飞地经济”新标杆	A1	黄　海
9月5日	南通日报	启东“工业+文化”产业崭露头角	A2	刘　璐　郭　亮　黄　海
9月6日	南通日报	启东叫响“迪斯尼下一站”旅游	A1	茅云华　陈沈华　秦　凯
9月6日	南通日报	启东：“文化惠民”提升百姓幸福指数	A6	黄　海
9月7日	南通日报	启东吕四港打造融入上海新平台	A1	黄　海　刘　璐　郭　亮
9月7日	南通日报	小五金做成大产业	A3	刘　璐　黄　海　郭　亮
9月15日	南通日报	启东对接上海做优做强产业平台	A1	黄　海
9月20日	南通日报	启东：产业高端转型释放新动能	A2	黄　海
9月25日	南通日报	启东获批省级湿地公园建设	A2	施　晔　郭　亮
11月2日	南通日报	我市三人当选10月“中国好人”	A6	黄　海
11月3日	南通日报	吕四港镇获评“最美渔村”	A7	黄　海
11月7日	南通日报	崇德向善的启东实践向优攀升	A1	印雪平　黄　海　赵勇进
11月8日	南通日报	启东版画：绽放在江海大地的艺术奇葩	A6	黄　海
11月8日	南通日报	“飞地”启隆成沪资转移前沿	A7	黄　海
11月14日	南通日报	圆陀角小洋口港通过省级水利风景区验收	A7	袁晓婕
11月27日	南通日报	启东“双创”引发经济结构性变化	A1	赵勇进　黄　海
11月30日	南通日报	2017年中科院院士增选名单公布启东人顾东风通大校友樊嘉当选	A2	沈雪梅　黄　海
12月1日	南通日报	启东创新创业引领　经济发展“新引擎”	A3	黄　海　王伟玮
12月6日	南通日报	启东科技人才节聚资聚智　签约29个项目揽资143亿元	A1	黄　海
12月7日	南通日报	北沿江高铁前期工作启动南通境内由启东经崇明岛接入上海东站	A1	赵　彤
12月8日	南通日报	启东中学施朱鸣获化学奥赛金牌	A2	黄　海
12月14日	南通日报	“江苏省旅游风景道”创建名单公布　启东江海文化景观大道入围	A3	黄　海
12月24日	南通日报	启东市滨江森林公园获批	A2	郭　亮　施　晔
12月25日	南通日报	启东创建国家级森林城市	A2	黄　海
12月25日	南通日报	张謇垦牧文化遗址公园主体工程完工	A2	黄　海
12月31日	南通日报	世界最大船用C型液罐正式交付	A1	黄　海　许丛军

（王伟玮）

自然地理

【地理位置】 启东地处北纬31° 41'06″至32° 16'19″,东经121° 25'40″至121° 54'30″ 。南濒长江入海口北支,其中东段以江心为界,西段永隆沙与上海市崇明县接壤。国家高速公路网G40沪陕高速公路横贯启东,崇启大桥与上海崇明岛相连;东、北濒临黄海,西与海门市毗邻。

【土地资源】 启东属长江口沉积平原,除通吕水脊区成陆千年以上外,大部分仅有二三百年历史。启东市境内地势平坦,沟河纵横,属沿海低平地区。微域地形略有起伏,西北向东南微倾,倒岸河为南北地貌的自然分野,河南高程(吴淞标高)3.6米~4.6米,河北高程在5.1米~6.1米,南北倾斜度约1/30000米。东西倾斜度约1/43500米。常年地下水位1.2米~1.6米。成土母质系海相沉积物和长江冲积物,具有强石灰。吕四地区土壤类型为壤性或沙性潮盐土;蒿枝港以南,头兴港以西,协兴河以北地区主要为黏性灰潮土;沿海、沿江地区主要为壤性或黏性潮盐土。

2017年,启东市行政区域(含零米等深线以上滩涂)总面积为1714.59平方公里(257.19万亩),其中耕地面积为70538.67公顷(105.81万亩),基本农田面积61720公顷(92.58万亩)。

(丁 一)

自然气候

【气候概况】 2017年,启东市主要气候特征:气温异常偏高;降水正常;日照正常。

气温。2017年,启东地区年平均气温16.9℃(上一年16.7℃),比常年(1981—2010年温度气候数据)高1.4℃,年平均气温的异常程度为异常偏高。按中国气象局2012年发布的气象行业标准《气候季节划分》统计,启东地区实际一年四季:3月24日之前(含24日)处于2016年冬季;3月25日入春;5月27日入夏;10月3日入秋;12月4日进入2017年冬季。春季64天、夏季128天、秋季62天,冬季111天(2016年冬季83天+2017年冬季28天)。按月气温异常度统计,2017年异常偏高有1月、4月和7月;显著偏高有5月和8月;其余7个月都在正异常度的正常范围。

2017年气温极值:年极端最低气温-4.9℃,出现在12月18日;年极端最高气温39.6℃,出现在7月24日,刷新2013年日最高气温39.1℃的纪录。全年最高气温≥35℃的高温日22天,其中日最高气温≥37℃有8天,7月20日至7月25日连续6天日最高气温在38℃以上。终霜出现在3月17日,初霜出现在11月24日,全年无霜日数251天(比上年多9天)。

降水。2017年,全年降水量为

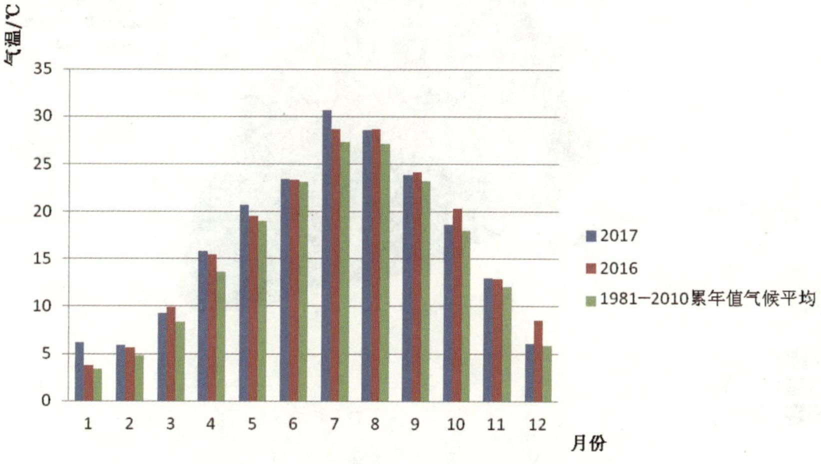

图1 2016年、2017年及历年(1981—2010年)逐月平均气温

1014.9毫米，属于正常（常年1112.1毫米）。

2017年梅雨特征：入梅略晚，出梅略早，梅期偏短，梅雨量比常年明显偏少。6月22日启东市入梅，略晚（常年6月20日）；7月11日出梅，略早（常年7月13日）；梅长19天，偏短（常年24天）。2017年，梅雨形势不典型，梅雨期系统性降水少，以局地雷阵雨天气为主，梅雨量比常年明显偏少，且空间分布不均匀。6月22—7月10日，启东市梅雨量39.7毫米，常年梅雨量224.5毫米，比常年偏少8成多。

2017年有3个月的降水量超过历史平均值，且多暴雨和连阴雨。其中比常年（1981—2010年）异常偏多的有：9月，降水量210毫米，降水距平百分率达106%。全年日降水量≥0.1毫米的日数有120天，其中最长连续降水日数为8天，出现在6月19—26日，期间总降水量为25.1毫米；日降水量≥25毫米的大雨日有13天，日降水量≥50毫米的暴雨日有2天；一日最大降水量94.9毫米，出现在6月10日。最长连续无降水日数24天，出现时段在10月20日—11月12日。

日照。全年日照时数有1937.7小时，比常年（1981—2010年）的1987.4小时少2.5%，属正常年份。在农业气象上，将日的日照时数≤3小时定义为阴天。2017年出现大于15天的阴天的月有．1月有16天；6月有17天；9月有16天；10月有16天。

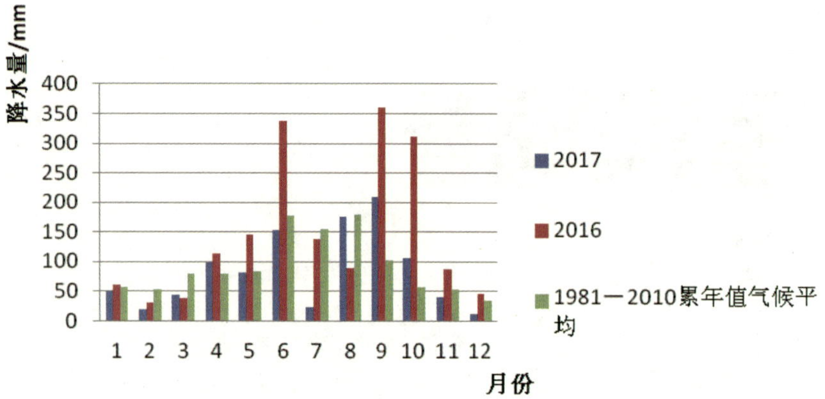

图2　2016年、2017年及历年（1981—2010年）逐月平均降水量

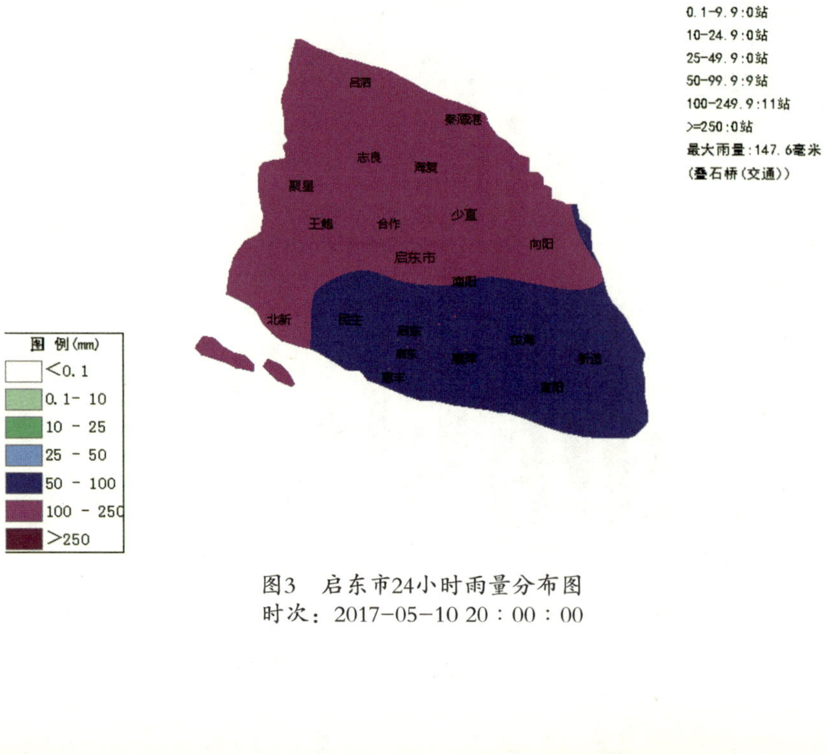

图3　启东市24小时雨量分布图
时次：2017-05-10 20：00：00

【主要气象灾害及其影响】　低温。受北方冷空气影响，1月19—21日出现寒潮天气，48小时最低气温下降10.5 ℃，21日最低气温-3.7 ℃。进入12月中旬后，冷空气活动加剧，15—16日受强冷空气影响，冷空气过后日最低气温降至0度以下，月最低气温出现在18日为-4.9℃。

台风。受2017年第18号台风“泰利”外围影响，9月13日起，启东市风力逐渐增强，普遍达5到6级；9月14日风力达到最大，启东市气象站及区域站测得最大风力达7级，最大风速出现在塘芦港，为16m/s（7级），9月15日傍晚起全市普降小雨，9月16日夜间起影响基本消失。

高温。受西太平洋副热带高压影响，启东市7月12日出梅后日最高气温超过35℃，至8月底启东出现20个高温日，其中37℃以上的天数为8天，最高气温出现在7月24日，最高气温为39.6℃，突破历史极值，刷新2013年日最高气温39.1℃的纪录。

暴雨与连阴雨。2017年共出现2个暴雨日，与2016年相比少6天。6月10日受低涡切变影响，5时起24小时内启东市城区出现暴雨级别的强降水，各乡镇普遍达大暴雨级别，最大降水出现在王鲍镇（158.9毫米）。

受地面气旋影响，9月24日夜里到9月25日启东市出现一次强降水天气过程，市气象站最大降水量为67.6毫米，最大降水量出现在王鲍镇，为104毫米。

农业方面，由于梅雨期降雨偏少，启东市部分农田产生一定的旱情，对作物影响也较大；后期随降水增多，6月19—26日出现连续8天的降水天气，总降水量25.1毫米，降雨过程彻底解除田间旱象，有利于秋熟作物的生长，但也有利于（病）虫害的生长与发生，对棉花的现蕾及玉米的开花、吐絮有一定不利影响。

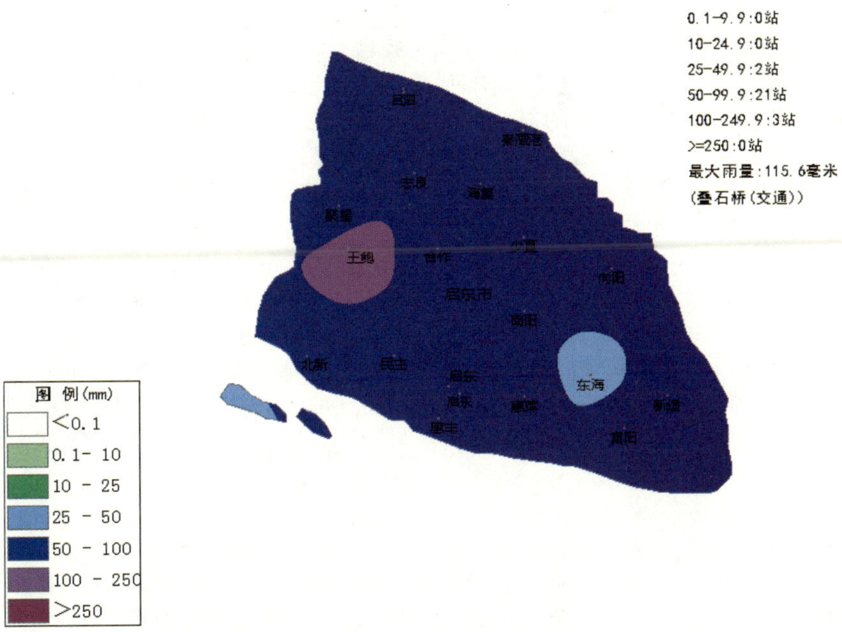

图4　启东市24小时雨量分布图
时次：2017-09-25 23：50：00

雾和霾。全年共出现雾天10天，其中1、2、4、8月各出现两次大雾天气，较上年36天少26天，造成高速公路封闭，对交通运输产生一定影响。霾天全年共出现50天，较上年89天减少39天，主要出现在1、2、3、11、12月。2017年霾出现的日数占全年近1/7，对全市居民健康产生一定影响。

（李　曈）

建置沿革

【概况】　启东位于江北大陆最东端，因沙洲不断向东延伸，便由“启吾东疆”之意而得名。启东全境系长江口不同时期河相、海相沉积平原。汉朝以前为江口海域。唐初，长江口涨出东洲、布洲。唐高祖武德年间（618—626年），长江口外形成江中岛屿，犯人被流放于此，从事盐业生产。与胡逗洲（今南通市区及通州平潮、西亭一带）一起同属广陵郡，上隶于淮南道。五代后梁开平元年（907年），长江口东洲、布洲合并为海门岛。后周显德元年（954年），设政、场合一的地方管理机构“吕四场”，这是启东境内首次出现行政管理机构。显德五年，海门建县于东布洲，上隶于通州。海门县域包括今启东中北部地区。至北宋至和年间（11世纪中叶），胡逗洲向东扩展，与海门岛相接，形成东西长约75公里、南北宽约20公里的“通吕水脊”（西至南通唐闸附近，东至吕四）。

元末至明朝中叶（14—15世纪），长江主泓北移，海门沿江地带大面积坍塌，先后四迁县治，仅留吕四一地。由于民户所剩无几，清康熙十一年（1672年）撤销海门县建置，改为乡，并入通州。

清康熙末年（1720年左右），长江口北岸开始新的淤积。在此后的200来年里，许多小的沙洲逐渐并连形成启海陆地。乾隆三十三年（1768年），划通州19个沙、崇明11个沙和新涨的10个沙，设置海门直隶厅，上隶于江苏布政使司。今启东中部地区，时为海门直隶厅的东境。雍正至光绪初年（1723—1875年），长江口北岸的惠安沙、杨家沙、永丰沙等13个沙洲陆续形成并连成一片，因临近崇明，大多为崇明人开垦，称崇明外沙（称崇明岛为内沙）。光绪二十三年（1897年），崇明县设崇海司巡检署于九龙镇（后更名为久隆镇）。崇海两县间开挖崇海界河，西起庙桥，经南阳村东流入海，南为崇明外沙，北属海门。与此同时，通海界河开挖完成，以南为海门，以北为通东（通州东部）。今启东分属三县的格局至此形成。

中华民国元年（1912年）1月，海门废厅设县；5月，通州改称南通县。今启东中部地区时属海门县，隶属于沪海道；北部地区时属南通县，隶属于苏常道。民国9年，崇明县在外沙惠隆镇（今汇龙镇）设行政公署。民国17年1月，应启东人们要求，民国江苏省政府作出决议，“崇明外沙应即设县分治，定名‘启东’”。2月，国民政府作出“准予备案”的决议。3月1日，启东县宣告成立，县治汇龙镇，隶属于江苏省，下辖10乡，居民33万人。民国22年，启东县隶于江苏省行政第七区。民国25年，江苏行政第七区改为第四区，启东隶属第四区。

民国29年（1940年）11月，新四军挺进启东，建立启东县抗日民主政府。16日，接管启东县政权，国民党启东县政权到此结束。启东民主政府最初设在汇龙镇，后撤到江家镇。民国30年3月，日军正式占领汇龙镇后，日伪炮制临时伪政府——“启东地方自治会”；启东抗日民主政府在农村流动。9月，为对付日军“扫荡”，抗日民主政府将启东、海门两县合并为海东行署。12月，改称海启行署。民国31年7月，崇明划入，改称海启崇行署。9月，通东地区划入，成立东南行署，驻地在聚星镇。民国32年4月1日，日伪正式成立伪政权“苏北清乡区启东特区公署”。其管辖范围是原老启东区域，即崇海界河以南。民国34年8月31日，日伪军撤逃，日伪政权垮台。

民国35年1月，国民党“还乡”，在南通城组建启东县政府。10月起，随国民党军进驻汇龙镇。辖区崇海界河以南，即原国民党启东县政府管辖区域。同年3—11月，民主政府将启东、海门两县恢复建置，隶属于苏皖边区第一行政区。12月，启、海两县再度合并为东南行署，隶属于苏皖边区第九行政区。

1949年1月，启东、海门全境解放。两县恢复建置，划海门的东部地区、通东的吕四地区归启东版图，县政府驻曹家镇。5月起，县政府迁至汇龙镇，隶属于苏北行政区南通专区。1953年，隶属江苏省南通专区，1968年隶属江苏省南通地区。

1983年3月，江苏省实行市管县新体制，启东县隶属于南通市。1989年11月、12月，经国务院批准，民政部、江苏省人民政府先后发文，同意撤销启东县，以原区域设立启东市（县级），仍由南通市人民政府管理，实行计划单列。1990年2月15日，启东召开撤县建市大会，市委、市人大常委会、市人民政府、市政协挂牌，宣告启东市正式成立。

（曹军华）

行政区划与人口

【行政区划】 2017年，启东市辖12个镇，261个行政村，45个城市居委会。

【人口】 2017年末，全市户籍总人口111.59万人，比上年末减少3602人。其中，城区（汇龙镇和开发区）人口26.76万人。全年出生人口7524人，出生率为6.74‰，出生婴儿男女性别比为105：100；死亡人口10060人，死亡率为9.02‰，人口自然增长率为–2.27‰。年末常住人口95.18万人，城镇化率59%。

（江　欣）

地方特产

【概况】 启东属长江口冲积平原，土壤肥沃，水网密布，自然条件优越，资源物产丰富，素有“粮棉故里，东疆乐土”之称。全国四大渔场之一的吕四渔场就有2000余种海产资源；启东的特色种养业遍布全市。启东地方特产主要有农产品和水产品两大类。启东农产品的四大当家品种有：优质棉花、茧丝、“四色豆”（蚕豆、乌皮青仁豆、白扁豆、赤豆）、小辣椒。其中，蚕豆种植为全国种植面积最大、总产最多的县（市）。启东水产品以海产品居多，吕四渔场出产的海蜇、黄鱼、鲳鱼、带鱼、梭子蟹，沿海滩涂养殖的紫菜、文蛤等水产品闻名海内外。启东是全国最大的天然文蛤养殖基地，同时又是全国唯一的中华绒螯蟹苗繁育基地。此外，启东采收的蟾酥数量多、质量好，是中国中药行业公认的“蟾酥之乡”，为“六神丸”等十几种传统中成药提供优质原料。

【农产品】 *启豆系列蚕豆。*蚕豆，别名胡豆、罗汉豆、寒豆，属豆科，野豌豆属。因豆荚形似老蚕，又成熟于养蚕时节，故名蚕豆。蚕豆是启东传统的夏粮作物，种植历史悠久，自20世纪60年代以来常年种植面积保持50万亩左右，约占夏粮种植面积的50%，最高年份产量14万吨，为全国县级之首。

*大红袍赤豆。*启东大红袍赤豆是中国红小豆的代表性品种之一，启海一带均有种植。红小豆，属豆科，菜豆属，为一年生草本植物，是一种具有高蛋白、低脂肪、多营养的小杂粮。大红袍赤豆籽粒饱满，色泽鲜红，百粒重约20克左右。豆质细软，绵沙适口，可与大米一起煮饭、粥，以制作各种糕点馅为最佳，如豆沙包、豆沙炸糕、切糕、豆沙月饼等各种风味食品。含有丰富铁质，有补血功效，中医用作利尿、消肿、解毒等。

*朝天小辣椒。*启东朝天小辣椒是通启海一带的地方良种，因椒果朝天生长而得名，亦称羊角椒。其特点是个体小、色泽艳、辣度高。辣度高达5万度以上，为国内辣椒辣度之最，是上好的烹饪佐料。

*乌皮青仁豆。*乌皮青仁豆，俗称乌豆，是中国最古老的栽培作物之一，因其种皮乌黑、果仁青色而得名。《本草纲目》中用乌豆作单方的就达59条。乌皮青仁豆与猪蹄炖食，具有催乳、补血等功效。

*洋扁豆。*洋扁豆，又叫利马豆，原产美洲，20世纪30年代引进启东种植。搭棚架栽培，是一种藤蔓类作物。荚扁平呈刀形，壳青籽白，每荚有籽2~3粒。全市年产约500万公斤，折合干籽45万公斤。

*香芋。*香芋是多年生草本豆科作物，译名美洲土栾儿。一般三月播种，次年一、二月收获。香芋在启东有数十年种植历史，在长江口区的海门、崇明也有种植，其他地区则很少见。香芋有球状块根，小者如算珠，大者如圆萝卜，褐皮白肉，气味清香，富含淀粉，味如板栗。因为名字中有“芋”字，常被混同芋艿，其实两者并无关系。

*芦稷。*芦稷，又名甜芦粟，属一年生禾本科植物，是高粱的别种。株高达3米左右，茎有节，可食用，以青皮长节为佳，汁多甘甜，营养丰富，可与甘蔗媲美。芦稷的叶子常用作喂猪羊，根皮作柴火，穗头晾干褪籽后成为扎扫帚的材料。

*东疆梨。*东疆梨，为果树之乡启东市大兴镇从日本引进的优良梨树新品种。1995年，日本花甲协会的梨树专家大狱岩男到大兴镇技术指导，带来世界公认的梨树优良品种“三水一高”梨（丰水、幸水、新水、新高四地梨树的合称），并试种成功。此后，又传授梨树棚架栽培新技术。该品种果形大而整齐，果皮呈淡黄褐色，有光泽，无锈斑，果肉松脆细嫩，石细胞较少，味甜，多汁。每年8月成熟上市。经十年的发展，大兴优质梨产业化科技示范园区面积已达1.5万亩，是长江下游地区规模最大的产梨区，被评为省级农业科技示范园、全国农业引资成果推广基地。

*启东白山羊。*启东白山羊，也称海门山羊，有上千年养殖史，系全国重点保护和发展的家畜品种，定名为“长江三角洲白山羊”。启东白山羊体型中等偏小，毛色洁白，耐湿热，性温和，成熟早，繁殖力强，成年公羊体重30公斤左右，母羊22公斤左右。由于当地对公母羊均有阉割育肥的习惯，故启东白山羊肌肉丰满，肥嫩鲜美，脂肪分布均匀，膻味少。无论红烧、白煮，均肥而不腻。

启东白山羊皮毛肉兼用。皮可制革，其毛可制作毛笔、刷子等。启东为全国6个山羊笔料毛基地县之一，山羊板皮是传统的出口农副产品。

三黄鸡。启东“三黄鸡”以嘴黄、毛黄、脚爪黄而得名。该品种为启海地方良种，养殖历史悠久，属于蛋、肉兼用型鸡种，体型清秀，中等偏小；行动活泼，善于觅食；耐粗饲，适应性强；产蛋多，经济效益高。一年龄成鸡体重1.5~2公斤。公鸡性成熟较晚，一般4~5月开啼；母鸡繁殖力较高，开产日龄200天左右，一般年产蛋180个左右。

其他农副产品。其他特色农产品：蜜橘、金柑、桃、柿、青皮甘蔗、青甜瓜、秋番茄等瓜果；豌豆、白扁豆、绿豆等豆类；70年代开始引进的灵芝属名贵药材，至90年代初期产量发展至200多吨干灵芝，占全国四分之一；启东人冬季食用的主要蔬菜黄芽菜由北方大白菜（原产山东胶州）改良而来；外皮色泽金黄的金瓜煮熟后瓜肉自然成丝可凉拌入菜。

【水产品】 吕四海蜇。吕四海蜇盛产于启东吕四沿海，身体半球形青蓝色，半透明，上面有伞状部分，下面有八条口腕，口腕下端有丝状器官。如同漂浮在水面上的一顶帽子。以质量上乘，加工精细闻名，是中国“海产八珍”之一。“吕四海蜇”是继“太湖银鱼”之后江苏省第二个获准进行地理标志注册的水产品。

条斑紫菜。条斑紫菜俗称紫菜、乌菜。中国沿海自然生长的紫菜有圆紫菜、长紫菜和甘紫菜等，福建、浙南沿海多养殖坛紫菜，北方则以养殖条斑紫菜为主，启东养殖紫菜即为条斑紫菜。紫菜味鲜美，蛋白质含量高且质量好，并富含人体必须的氨基酸。维生素A、B、B2的含量可与动物肝脏相媲美。经常食用紫菜可起到降低胆固醇、预防动脉硬化、补肾、利尿、清凉、宁神、预防夜盲等功效，有助于智力开发。启东市是中国条斑紫菜的主要产区，养殖产量占全国的十二分之一，加工和出口数量则占国内市场的五分之一，拥有“灯塔”牌、“海渔”牌、“珍洋”牌等名优紫菜品牌。

文蛤。文蛤，又名蛤蜊，广泛生长于中国东部沿海，启东、如东为黄海文蛤的主产地。启东沿海自20世纪80年代起开展文蛤人工育苗和工厂化养殖，2014年，全市有无公害文蛤养殖基地20.12万亩。

黄鱼。产于启东吕四渔场的大小黄鱼，是中国最古老最重要的经济鱼类之一。由于海洋资源的减退，大黄鱼已较为少见，启东市捕捞的以小黄鱼为主。黄鱼肉嫩味鲜，含蛋白质、脂肪、糖、维生素、钙等多种营养成分。大黄鱼胶更是高级营养补品。黄鱼吃法较多，有红烧、煨汤、清蒸、风糟等多种食法，糖醋黄鱼为南通名菜。

鳓鱼。吕四一带俗称香鱼，渤海、黄海、东海均产之，其中以东海产量最多。鳓鱼味鲜肉细，营养价值极高，其含蛋白质、脂肪、钙、钾、硒均十分丰富。鳓鱼在中国渔业史上是最早的捕捞对象之一，已有5000多年的历史。

鮟鱇鱼。俗称结巴鱼、蛤蟆鱼、海蛤蟆，为世界性鱼类，生活在温带的海底下。头大，由上往下看，像有柄煎锅一样。背鳍最前面的刺伸长像钓竿样子，前端有皮肤皱褶伸出去，看起来很像鱼饵。鮟鱇鱼肉富含维生素A和C。其鱼肚、鱼子均是高营养食品，皮可制胶，肝可提取鱼肝油，鱼骨是加工明骨鱼粉的原料。

梅童鱼。又称梅子鱼，一般全长40~100毫米，大者全长可达200毫米左右；体长形，侧扁。尾柄细长。头很大而圆钝。分布于黄海、东海一带，栖息于近海、河口和港湾的泥或沙泥底质水域。不作长距离洄游。为温水性鱼类。梅童鱼肉嫩刺软，肉味鲜美。产量较大。

马鲛鱼。又名青占鱼，体形狭长，头及体背部蓝黑色，上侧面有数列蓝黑色圆斑点，腹部龙白色，背鳍与臀鳍之后有角刺。由于以鱼虾等水生动物为食，故马鲛鱼生得浑身肥满，是一种经济价值较高的海产优质鱼类。马鲛鱼肉质细腻、味道鲜美、营养丰富，含丰富蛋白质、维生素A、矿物质等营养元素。

鲐鱼。又名油胴鱼、青条鱼。体粗壮微扁，呈纺锤形，一般体长20~40厘米、体重150~400克。头大、前端细尖似圆锥形，眼大位高，口大，上下颌等长，各具一行细牙，犁骨和腭骨有牙。体披细小圆鳞，体背呈青黑色或深蓝色，体两侧胸鳍水平线以上有不规则的深蓝色虫蚀纹。腹部白而略带黄色。

鲻鱼。全身披圆鳞，眼大、眼睑发达。牙细小成绒毛状，生于上下颌的边缘。背鳍两个，臀鳍有8根鳍条，尾鳍深叉形。体、背、头部呈青灰色，腹部白色。鲻鱼肥短，眼圈大而内膜与中间带黑色。鲻鱼是优质经济鱼类之一，鱼卵可制作鱼子酱。

鮸鱼。形似鲈鱼，但肉质略粗糙，体色发暗，灰褐并带有紫绿色，腹部灰白。背鳍鳍棘上缘黑色，鳍条部中央有一纵行黑色条纹。胸鳍腋部上方有一晴斑。其余各鳍灰黑色。米鱼体形为两侧扁平向后延长状，背、腹部浅弧形。体侧扁，略延长。尾柄细长，尾鳍楔形。肉味鲜美，为海产经济鱼类之一，也是经济价值较高的鱼类。

海鳗。产于吕四渔场，海鳗肉厚、质细、味美、含脂量高，可供鲜食、制咸干品或罐头。晒干品“鳗鱼鲞”和干制海鳗鳔均为食用佳品。鳗鱼富含多种营养成分，具有补虚养血、祛湿、抗痨等功效。

鲬鱼。俗名尖角子、拐子鱼、百甲鱼，分布于沿海地区。体延长而平扁，向后渐细。一般体长20~30厘米、体重100~200克。头宽、甚平扁，吻背面近半圆形，下颌长于上颌，两颌、犁骨及腭骨均有绒毛状牙群、前鳃盖骨后缘有2个尖棘，背面及体两侧均有带小棘的骨棱、体披小而不易脱落的栉鳞，全身大部呈黄褐色。

墨鱼。又称乌贼鱼、墨斗鱼、目鱼等。由于它像鱼类一样游泳，且腹腔里藏有墨囊，所以沿海渔民把它叫做“墨鱼”。干者叫明鱼，属软体动物中的头足类。墨鱼不但味感鲜脆爽口，蛋白质含量高，具有较高的营养价值，而且富有药用价值。

柏氏四盘耳乌贼。吕四一带称为“几姑了”。分布丁东海、南海等海域，生活环境为海水。胴体约长4厘米。和一般的乌贼不同，柏氏四盘耳乌贼头和胴体相连。胴体短，后端圆，尾鳍圆似耳。

鲈鱼。中国沿海及通海的淡水水体中均产，黄海、渤海较多。是常见的经济鱼类之一，也是发展海水养殖的品种。鲈鱼肉质坚实洁白，营养价值高且口味鲜美。

短鳍红娘鱼。吕四一带称红娘子鱼，产于东海、黄海和渤海。体延长，稍侧扁，前部粗大，向后渐细，一般体长14~24厘米、体重150~300克。头大，近方形。吻端中央凹入，两侧圆钝，各具几个小棘，边缘有锯齿，上下颌及犁骨具绒毛状牙群、头部背面及两侧均被骨板、体披大栉鳞、头和背部深红色，腹侧为乳白色。背鳍2个，其基部两侧各有一纵列有棘楯板。

斑节对虾。吕四一带称竹节虾。个体大，壳较厚，肉质鲜美，营养丰富。体壳较坚实，经得起用手捉拿。离水后干露于空气的耐力很强。营养价值与其他主要虾类相近。

虾蛄。身体窄长筒状，略平扁，头胸甲仅覆盖头部和胸部的前四节，后四胸节外露并能活动。腹部七节，分界亦明显，而较头胸两部大而宽，头部前端有大型的具柄复眼一对，触角两对。虾蛄味道鲜美，价格低廉，为沿海群众喜爱的水产品。

脊尾白虾。只产于中国附近海域。成虾体长4~9厘米。腹部第3节至第6节背面中央有明显的纵脊，故名。体色透明，微带蓝色或红色小斑点，腹部各节后缘颜色较深。是近海重要经济虾类，除供鲜食外，还可加工成海米，因其呈金黄色，故也有“金钩虾米”之称。其卵可于制成虾籽，也是上乘的海味干品。

泥螺。属软体动物门，为太平洋西岸海水及咸淡水特产的种类。在中国沿海均有分布。体呈长方形，头盘大而肥厚，外套膜不发达。侧足发达，遮盖贝壳两侧之一部分。贝壳呈卵圆形，幼体的贝壳薄而脆，成体较坚硬、白色，表面似雕刻有螺旋状环纹，内面光滑，有黄褐色外皮。

毛蚶。又称毛蛤、麻蛤。生活在内湾浅海低潮线下至水深十多米的泥沙底中，尤喜于淡水流出的河口附近。成体壳长4~5厘米，壳面膨胀呈卵圆形，两壳不等，壳顶突出而内卷且偏于前方。壳面白色，被有褐色绒毛状表皮。毛蚶是维生素B12含量较高的食用贝类。沿海一带甲肝流行是由于人吃了不洁的毛蚶引发的，毛蚶属于传播途径。

扁玉螺。在吕四沿海地区称为香螺。贝壳呈半球形，坚厚，背腹扁而宽。壳顶低小，螺旋部较短，体螺层宽度突然加大。壳面光滑无肋，生长纹明显。壳面呈淡黄褐色，壳顶为紫褐色，基部为白色。壳口卵圆形，外唇薄，呈弧形；内唇滑层较厚，中部形成与脐相连接的深褐色胼胝，其上有一明显的沟痕，脐孔大而深。生活于潮间带至水深50米的沙和泥沙质的海底，通常在低潮区至10米左右水深处生活。常潜入底内猎取其他贝类为食。

海螺。产于沿海浅海海底。海螺贝壳边缘轮廓略呈四方形，大而坚厚，壳高达10厘米左右，螺层6级，壳口内为杏红色，有珍珠光泽。螺肉丰腴细腻，味道鲜美，素有“盘中明珠”的美誉。具有排列整齐而平的螺肋和细沟，壳口宽大，壳内面光滑呈红色或灰黄色，可制作工艺品。

四角蛤蜊。俗称白蚬子、泥蚬子。在中国沿海分布极广，产量大，主要栖息于潮间带中下区及浅海的泥沙滩中，属广温广盐性贝类，贝壳坚厚，略成四角形。两壳极膨胀。壳顶突出，位于背缘中央略靠前方，尖端向前弯。

大竹蛏。俗称竹蛏，平均壳长达14厘米，一般壳长为壳高的4~5倍。壳质薄脆。壳表光滑，被黄褐色壳皮。喜栖息于潮间带中下潮区至浅海的沙泥滩中。

三疣梭子蟹。三疣梭子蟹，又称梭子蟹、方蟹。启东吕泗渔场出产的梭子蟹肉多膏肥，是主要的出口畅销品之一，年供货量达5000吨。梭子蟹以鲜食为主，还可加工成“炝蟹”“醉蟹”“蟹酱”和名贵调味品“蟹籽酱”，均为海味中的上品。

中华绒螯蟹。启东市滨江临海，沿海水域是长江水系中华绒螯蟹大眼幼体的原种产区，江段水域是河蟹入海繁殖、蟹苗洄游溯河的天然通道。长江水系中华绒螯蟹，以其个大、青背、白肚、金爪、黄毛、味美、围捕率较高等商品性状而享誉国内外。

长江刀鱼。刀鱼，学名鲚，俗称凤尾鱼。刀鱼与鲥鱼、河豚一起并称为“长江三鲜”，其肉质细嫩，腴而不腻。出产于启东、崇明、吴淞一带江面。

沙蚕。沙蚕，形似蚯蚓，俗称“海蜈蚣”“海蚂蟥”，是高营养、速生长、高产值的海洋饵料生物，人称“万能钓饵”。同时具有较高的医药价值。启东是中国出口沙蚕的主要产地之一。

鳗苗。鳗鱼又名河鳗，是一种洄游性鱼类。长江、钱塘江一带的江河、湖泊是鳗鱼的主产区。启东所在的长江口区盛产天然鳗苗，因其经济价值较高，有“软黄金”之称。

（市地方志办）

旅游景点

【概况】 2017年，启东市有省级旅游度假区1家——圆陀角旅游度假区（内容参见“园区建设”）。A级景区3家，其中AAA景区1家——黄金海滩、AA景区2家——紫薇公园、盈康农庄。省星级乡村旅游区13家，其中四星级3家——江天生态园、大自然度假村、金港农庄，三星级10家——盈康农庄、呆住番茄俱乐部、田仓农庄、滨海村渔家乐、如意农庄、目田农场、水果小镇、渔家风情、嘉仕有机农场、印象沙地。

【黄金海滩】 黄金海滩位于黄海湿地省级自然保护区北部，地处启东市寅阳镇东部，是江苏最早看到日出的地方，国家AAA级旅游景区、省级旅游度假区、警察摄影基地，广袤的生态滩涂，优质的沙滩，丰茂的大米草湿地，外加启东特色的海鲜餐饮，使这里成为具发展潜力和开发价值的海滩风景区。

黄金海滩东西宽约850米，南北长约1800米，占地总面积约1.43平方公里，这里以黄金海滩和生态湿地风光为依托，以万亩鱼塘养殖和铁板沙资源为基础，开展看海、听海、吃海的原生态旅游项目。游人可坐着牛车，沿着海滩观光，体验海上disco（踩文蛤），在海边捉螃蜞、拾泥螺、挖海葵；在海边的平台上，体会自助烧烤或者海钓的情趣；在海滩放风筝，或开展沙滩排球、沙滩足球等沙滩活动。

2014年初，景区与上海海上部落风筝冲浪俱乐部联手，打造出华东区唯一的风筝冲浪基地。

【江天生态农庄】 启东江天生态农庄有限公司（以下简称“江天生态园”）成立于2012年1月，位于启东市汇龙镇鹤群村，南临长江，北依沿江公路，距市区不到3公里，离沪陕高速启东南出口仅5分钟车程。园区占地600亩，总投资1.2亿元，是全市首家以生态开发为宗旨，集绿色餐饮、生态居住度假、农事劳作体验、娱乐活动体验、农业文化展示、乡村休闲游乐等功能为一体的绿色创意农业园区。以“看魅力乡村，展农庄风采，感农耕文化，品农家美食”为载体，增强对游客的吸引力，推动农业和农村经济的发展。先后获“全国五星级休闲农业与乡村旅游企业”“全国首批农村创业创新园区”“全国群众性体育先进单位”“江苏省四星级乡村旅游点”“江苏省巾帼农家乐示范基地”“江苏省青少年农业科普示范基地”“南通市十佳乡村旅游点”“南通市农业产业化重点龙头企业”“南通市农业科技型企业”“南通市餐饮业商会副会长单位”“我喜爱的长三角休闲农业与乡村旅游景点”等称号。公司有员工156名，其中85%的员工为周边群众，就地转移农村剩余劳动力，受到当地政府和老百姓的好评。生态园自开业以来每天平均接待游客600人次，年营业额达3000多万元，带动周边群众销售农产品达2000多万元。

江天生态餐厅能同时容纳2000人用餐，根据园林造景呈现多彩风格包厢；独栋木式别墅；豪华宴会厅、各类大小会议室和现代化的视听会务设施，提供宴会/会务服务；野外拓展设有攀岩、真人CS、空中抓杠等项目；娱乐休闲包含体育健身中心、咖啡馆、棋牌、K歌、垂钓、骑马、卡丁车、羽毛球馆、游泳、水上乐园、采摘、篝火晚会等；大棚绿色基地，以传统方式放养的家禽家畜，是游客餐桌佳肴及馈赠亲友的绿色礼品。

江天生态园凭借举办“恐龙展”“稻草人节”“梦幻灯光节”等节庆活动经验，2017年7月，举办“首届中国非物质文化遗产四川自贡灯会”，带动园区其他消费项目。2017年，公司以“农文化展示、民俗风情体验、农业休闲娱乐、现代农业知识普及”为重点打造“‘渔’文化创意农业休闲体验园”，该项目荣获“首届江苏省创意休闲农业设计大赛——农园与景观类创意银奖”，并成功入选“江苏100个主题创意农园”。

【大自然度假村】 大自然度假村是江苏省四星级乡村旅游区，坐落于惠萍镇大兴镇村，东依沪陕高速公路，西靠汇大线，南临沿江公路，北傍苏336线。在沪陕高速启东南出口和启东东出口之间，分别与两出口仅1.5公里、3公里，离启东市区10分钟车程。

大自然度假村占地面积300多亩，其中高效养殖水面面积100多亩；高效优质采摘果园100多亩；优良苗圃100多亩；楼顶4000多平方米智能化有机蔬菜园；建筑面积23000平方米，总投资超过1.2亿元。是一家集餐饮、住宿、会务、KTV、SPA、足疗、健身、棋牌、垂钓、婚礼、旅游、休闲度假、农副产品种植、养殖加工销售为一体的综合性农业观光旅游度假村。大自然度假村获“江苏省四星级乡村旅游点”“中国特色农庄”“2014年南通餐饮业十大农家乐品牌”“全国四星级休闲农业与乡村旅游星级企业”“南通重点龙头企业”称号。

大自然度假村有餐饮面积9000多平方米，可同时容纳1500人用餐；豪包38间，可设宴50多桌且没有柱子的宴会大厅1个；有可设

江天生态园新貌 （潘建明/摄）

大自然度假村一景　　（启东通讯杂志社/提供）

宴30多桌的800平方米的多功能厅，可隔3个会议室或宴会厅；楼顶4000多平方米智能化有机蔬菜园。江浙传统风味的土家大灶，有机绿色农副产品，地道海鲜、江鲜、沟鲜。餐饮楼拥有2个宴会大厅，二楼无柱宴会厅可容纳55桌宴席，配有灯光舞台、音响和LED显示屏；一楼多功能厅可容纳30桌宴席。可举办各类大型活动。可为钟情西式浪漫的新人提供草坪婚礼。有客房面积8000多平方米，有75个各类型的豪华间和11幢不同类型别墅，均为水上建筑。建有康体休闲娱乐大楼1幢，内设KTV豪包15间、SPA16间、棋牌16间、足浴位28个，外加林荫深处的垂钓平台、亲水长廊、临水平台、网球场、篮球场。

【金港农庄】 启东金港农庄是省四星级乡村旅游区，位于启东市江海北路，离市中心两公里，在国家大通道G40高速启东北出高速东50米。农庄以周边城乡结合自然景色为依托，打造一个包括园林绿化、生态养殖、沙地文化为特色，集餐饮、住宿、休闲娱乐为一体的综合性乡村观光旅游区。2017年，金港农庄占地200亩，建筑面积1万平方米。总投资5000余万元，所有建筑坐落于水上，环境优美，空气清新。有餐厅2座，2个能容纳400多人的大厅，和25个包厢，湖边独栋小木屋30栋，有80个商务间，水上会务茶座、水上KTV各1座，草坪婚礼1处，沙地文化馆1座，另外，还有15个钓鱼平台、1个休闲广场、2个休闲长廊，800米休闲养身跑道，500多个停车位，1个农副产品销售中心。

【盈康农庄】 盈康农庄成立于2005年3月，位于启东市戤效港1号，东临黄海、南靠长江、北依沿江一级公路。核心区面积400亩，现代农业体验园面积120亩。农庄以无公害农产品带动休闲观光旅游，以农促旅、以旅强农，农家餐饮、特色土产、田园采摘、游园观光、河塘垂钓、野炊烧烤等。园区获首批“江苏省观光农业园”“国家2A级旅游景区”、江苏省三星级乡村旅游点、“全国四星级休闲农业与乡村旅游示范园区”“中国特色农庄”等称号。

农庄有5000平方米灰砖黛瓦四合院游客接待中心，可容300人一次性同时就餐。水上小别墅别具一格。草鸽、草鸡、草鹅、苏太猪、鳖和螯蟹等禽畜产品获农业部“无公害产品”认证；山药、芋艿、茄子、萝卜、西红柿、西瓜和江阴菜等蔬果获农业部“有机产品”认证。沙地特色农家菜肴“四盆六碗”商标获国家工商总局注册。

【呆住·番茄俱乐部】 呆住番茄俱乐部是省三星级乡村旅游区，坐落于红色文化小镇王鲍镇南，位于南海公路–近工线西侧，占地90亩。距G40大生高速4公里。

呆住番茄俱乐部是一家以“慢享慢时光”为主旨、集餐饮、住宿、会议、葡萄草莓采摘、烧烤小岛、清吧、书吧、KTV、网球场、户外温泉、手工艺术院落于一体的田园式酒店的度假酒店，拥有28间山、水、田、园四种风格套房，可以从不同角度欣赏田园美景，且提供管家式服务。

【田仓农庄】 田仓农庄是江苏省三星级乡村旅游点。位于启东市汇龙镇光荣村（江苏省级万亩生态农业园区内），是一个东南亚风格，集乡村旅游、农事体验、特色餐饮住宿、休闲娱乐、主题活动为一体的泰式乡村休闲度假农庄。

农庄占地近300亩，水面面积约60余亩，以生态农业为主。农庄集农业观光、休闲度假、农产品深度消费为一体，以上海及周边城市乡村旅游客人为主，为专业的乡村婚礼、企业会奖、亲子活动基地及会员制家庭生态农产品配送特供基地。

田仓农庄投资近3000万元，一期建筑面积约2500平方米，有1400平米休闲餐厅和会议包房，可同时容纳200人会议和400人用餐；45张床位的东南亚景观客房；100平米多功能会议室、休闲书吧、农产品销售展示厅、露天亲水休闲平台等；150亩原生态蔬菜采摘田、近50亩瓜果采摘园与生态养殖园、10余亩乡村小动物乐园、10余亩宝宝开心农场及60余亩水面垂钓区等；为游客提供蔬果采摘、捕鱼捉虾、野营烧烤、风筝放飞、孔明灯许愿、农庄寻宝、亲子游戏、乡村影院、桌球乒乓、棋牌麻将、卡拉OK等乡村休闲娱乐活动，形成上海及周边城市散客与团队游的接待能力。

2017年，农庄新建门楼、停车场，内部道路进行改造，增加大门周边景观布局，整体档次得到提升。

【滨海村渔家乐】 滨海村渔家乐是江苏省三星级乡村旅游区。地处黄海之滨。

滨海村渔家乐采取“公司+基地+农户”的运作模式，以农户为核心主体，门对门接送和招待游客，直接使农户参与接待和服务。拥有5万平方米的人工湖垂钓中心，6个垂钓码头、2500平方米的停车场、游客接送旅游车24辆、电动旅游车4辆、休闲小游艇20多艘、鉴赏景小木屋20多幢、休闲码头2个、大型的接待中心1个、若干间绿色餐厅、600多平方米的健身广场等各项硬件设施。

【渔家风情】 渔家风情是江苏省三星级乡村旅游区，位于启东市海复镇家禄村，临近G328国道，经崇启大桥距上海浦东110公里。旅游功能项目设置丰富，布局协调合理，文化氛围浓郁，生态环境优美，景观配置得当，是集休闲度假、养生养老、娱乐休闲、生态美食于一体的乡村旅游区。

园内区域分为：生态美食餐饮区、客房住宿区，能同时容纳230人就餐，165人住宿，有多功能大厅，农耕体验区、棋牌室、家禽散养区、垂钓休闲区等功能区，此外，周边农户自产的生态草鸡、鹅、草鸡蛋、鸭蛋、水果、花生、玉米等特色农产品，颇受游客青睐。

【如意农庄】 如意农庄是江苏省三星级乡村旅游区，位于启东市吕四港镇。如意农庄成立于2015年4月，占地200亩，是集吃、住、度假、旅游、观赏、养殖为一体的特色农家乐，内设有大小会议室、棋牌室、茶室，还有垂钓、烧烤、捕捞、采摘等游玩项目。2017年，农庄新增客房20多间，提高接待能力。

【嘉仕有机农场】 嘉仕有机农场是江苏省三星级乡村旅游点。位于启隆乡，在生态岛—崇明岛北端，北依长江入海口，自然风光秀美，原生态湿地环境。

嘉仕有机农场占地总面积达1200亩，农场附近配套设施有公司自建的会所，内有各类室内室外娱乐项目：网球、台球、游泳、羽毛球、麻将等各类棋牌类游戏供客人娱乐休闲，并不定期地举行烧烤、亲子游戏等娱乐活动。有各类有机蔬菜供客人采摘。同时，周边有多个配套区域，丰富基地的活动内容，有采摘区、垂钓区、儿童扩展项目区、烧烤区、农家乐等。

【目田农场】 目田农场是江苏垅鑫农业生态科技有限公司旗下的农业旅游项目，是江苏省三星级乡村旅游点。农场坐落于启东市北新镇红阳村红阳港东侧，紧沿长江北岸，占地300余亩，各种河道湖面水域共80余亩。农场以亲农、绿色、生态旅游为主线，将农业与文化创意结合，营造沉浸式、体验式的小农业环境，以集装箱为载体，结合农家院落、自留地、土灶台、手压水井等，营造农业体验民宿。提供丰富的农业旅游体验项目，包含采摘、捡蛋、拉网捞鱼、戏羊、逗兔等农业体验项目，有骑马、射箭、真人CS对抗等拓展项目，有环农场步道、骑行道、杉林露营、露天电影、江景瞭望塔等新型文创旅游项目。

农场总投资额近3000万元，有各类果蔬种植大棚逾50亩，有可同时接待上百人活动、就餐的景观大棚餐厅，配套停车泊位百余个，无线网络全场覆盖。集装箱民宿为主的南、北二村，共有亲水景观客房32间，床位64个；有大小会议室、教室共6间，专用农产品展示销售厅1座，其他各类常规娱乐设施若干及各类亲农体验小区域。农场出产绿色生态农产品。

2016年，启东市政府批准该公司提出的在目田农场兴建农场养老、亲农旅游一体的综合项目。2017年，农场新增樱桃、火龙果等品种，吸引大批上海游客采摘。

【惠萍水果小镇】 惠萍水果小镇是江苏省三星级乡村旅游区，位于启东城区南部，长江北岸，东至小庙港河（含大兴镇镇区）、南至长江江堤、西至公和中心路及丁仓港河（路、河对接）、北至沿江公路，总规划面积约2400亩，共涉及果园、公和、大兴镇三个行政村。该区域主要依托果园村连片果树这一特色资源，集聚发展农家乐、民宿、赏花摘果等旅游项目。

【印象沙地】 印象沙地是省三星级乡村旅游区，位于启东惠萍镇，南临崇启高速启东南出口，紧靠沿江公路、世纪大道，交通便利，公交直达，距启东市区仅3公里。设有餐饮区、住宿区、垂钓区、养殖区等，吸引市区周边居民周末短途旅游，是一个综合型休闲农庄。印象沙地以农业发展休闲旅游为重点，注重沙地文化的传播，为宾客提供宴会、休闲、旅游、会务、娱乐等综合服务，也为周边群众提供近百个就业岗位，带

水果小镇　（启东通讯杂志社/提供）

印象沙地一景

（市商务局/提供）

动周边经济发展。

2017年2月营业，园内建筑以徽派苏式建筑风格为主，园区内绿化、道路、停车场等配套设施一应俱全，总占地面积300亩，总投资逾15000万元，日接待能力可达千人次。餐饮区配有可容纳70桌的多功能大型宴会厅、餐饮包厢近14间，分金色大厅、梦里沙地、皖风苏韵三个区域，可同时提供1000个餐位。住宿区客房50多间，可同时提供床位100多个。垂钓区总水面可达30余亩。养殖区出产黑毛猪、土鸡、飞鸭、鹅、蛋类等，部分农庄餐饮自用，部分对外销售。

（张兴贵）

国民经济和社会发展

【概况】 2017年，面对复杂严峻的国内外形势，全市上下认真贯彻党的十九大精神，围绕高水平全面建成小康社会的目标，以供给侧结构性改革为主线，以项目建设为主抓手，聚力创新、聚焦富民，全市经济社会运行平稳、转型加快、民生改善、和谐有序。

经济总量。经初步核算，全年实现地区生产总值989.50亿元，按可比价计算比上年增长7.7%。其中，第一产业增加值69.13亿元，比上年增长2.5%；第二产业增加值475.10亿元，比上年增长6.8%；第三产业增加值445.28亿元，比上年增长9.6%。三次产业比例由2016年的7.6∶47.9∶44.5调整优化为7.0∶48.0∶45.0。全市按常住人口和户籍人口计算的人均地区生产总值分别达到103950元和88530元，在全国综合竞争力百强县市中名列第23位。

城乡就业。有效落实就业创业政策，积极推进“支持农民工等人员返乡创业”国家级试点工作，全年城镇新增就业8133人、促进城镇失业人员再就业4400人、城镇登记失业率控制在1.92%；新增转移农村劳动力4200人。

大众创业。全市坚持促进就业和支持创业并举，年末全市工商登记各类企业18241家，其中国有及集体控股企业195家、外商投资企业520家、私营企业15884家。当年新登记各类企业3269家，新增个体工商户7374家。

消费价格。全年居民消费价格指数为101.1%，比上年上涨1.1%，其中12月同比上涨1.4%。八大类消费品及服务项目价格“七升一降”，衣着、居住、生活用品及服务、交通和通信类、教育文化和娱乐、医疗保健、其他用品和服务类价格同

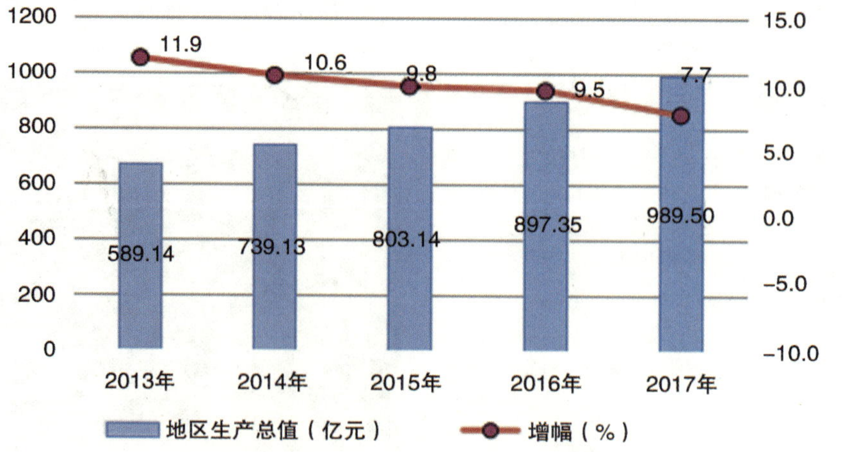

图5 2013—2017年启东市地区生产总值示意图

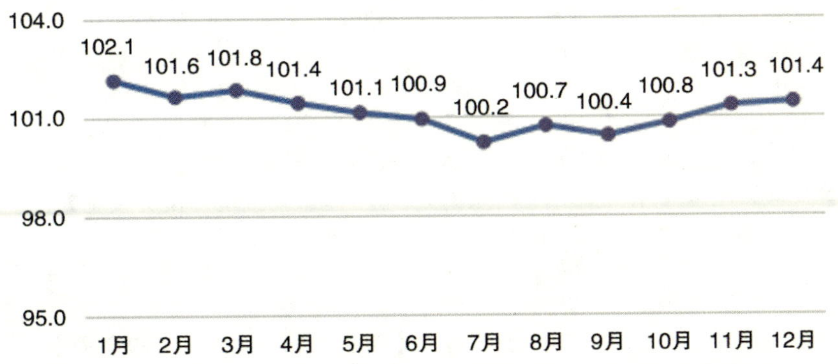

图6　2017年启东市各月物价指数示意图

比分别上涨1.9%、3.4%、3.7%、1%、1.2%、1.8%、1.8%；食品烟酒类则下跌1.3%。

【农业】　全市实现农林牧渔业总产值137.94亿元，比上年增长4.7%。全年粮食播种面积110.66万亩，比上年增长3.9%；全年粮食总产量27.81万吨，比上年增长6.4%，其中夏粮产量8.46万吨，比上年增长3.4%；秋粮产量19.36万吨，比上年增长7.8%。全年猪牛羊禽肉产量5.58万吨，比上年下降1.5%；禽蛋产量2.03万吨，比上年下降3.2%；水产品产量35.95万吨，比上年下降1.2%。

全年新增扩建农业项目118个，其中新增扩建农产品加工类项目53个；新增高效设施农业面积1.5万亩；建设高标准农田19万亩。“绿皮蚕豆”“沙地山药”获评国家农产品地理标志。入选省农业特色小镇3个，实现渔业总产值66亿元，获评全国平安渔业示范县。

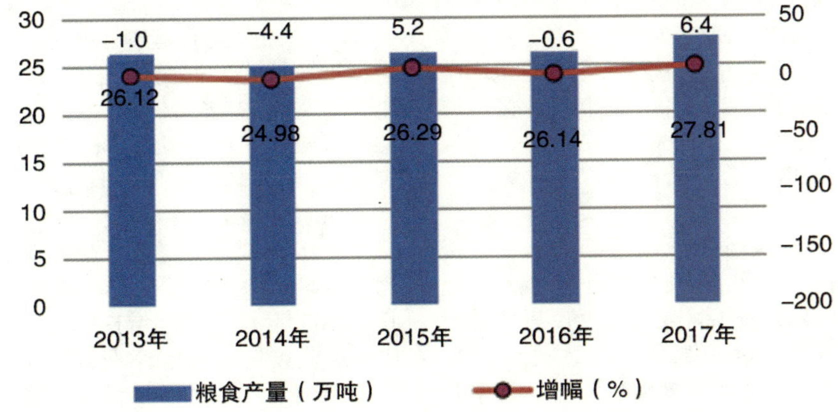

图7　2013—2017年启东市粮食产量示意图

2017年启东市主要农产品产量

表2

产品名称	本年数（吨）	上年数（吨）	比上年增长（%）
粮　食	278104	261350	6.4
谷　物	180175	169085	6.6
夏　粮	84554	81779	3.4
秋　粮	193550	179571	7.8
油　料	85068	83677	1.7
花　生	28650	26650	7.5
油菜籽	55783	56487	-1.3
棉　花	2325	6310	-63.2
蚕　茧	92	119	-22.7
瓜　果	98356	96098	2.4
蔬　菜	834602	821934	1.5

【工业和建筑业】　全年实现规模以上工业总产值1874.15亿元，比上年增长11.8%。列全国工业百强县市第24位。产业集聚度不断加强，全市“三优三新”产业产值占规模工业总产值的比重达77%，比上年提高1.3个百分点。新增长点不断涌现，全年新增规模工业企业45家，净增应税销售2000万元以上企业105家。重点企业逐步向好，50强企业应税销售正增长面达68%。企业上市、两化融合、品牌培育等工作积极推进，企业核心竞争力不断增强，全年新增上市挂牌企业5家；林洋新能源获国家“两化融合”管理体系贯标评定；神通阀门评为省“两化深度融合”创新示范企业；全市获质量管理体系认证企业82家；新增国标委工作组2家；全年申报省级名牌产品15个、著名商标8件。

全年完成建筑业总产值816.70亿元，比上年增长6.4%。第六次实现“鲁班奖”“国优奖”“詹天佑奖”三项国家级优质工程奖大满贯，再次刷新年度创国家级优质工程数量的新纪录。全年房屋建筑施工面积7841万平方米，比上年增长8.5%，其中新开工面积3158万平方米，比上年增长33%；竣工产值546.80亿元，比上年增长4.1%；房屋竣工面积2006万平方米，比上年增长28%。

【固定资产投资】 全年完成全社会固定资产投资634.60亿元，比上年增长9%。其中，工业投资351.33亿元，比上年增长6.2%；服务业投资282.85亿元，比上年增长12.6%。服务业投资占全社会固定资产投资的比重达44.6%，比上年提高1.4个百分点。全年房地产开发投资71.45亿元，比上年增长28.4%；全年商品房施工面积637.02万平方米，比上年增长10.9%，其中新开工面积162.58万平方米，比上年下降15.2%；年末商品房待售面积23.52万平方米，比上年末减少50.2%。

深入开展"重大项目提质增效年"活动，全年新开工亿元以上产业项目114个，其中10亿元以上项目9个；新竣工亿元以上项目56个。3个省重点和24个南通市级"双百工程"项目分别完成投资26亿元、97.8亿元，完成年计划的113%、103.9%。雅威科技、盖天力二期、林洋新能源等一批项目开工建设，华峰超纤二期、广汇二期、东成机电等一批项目加快建设，米歌酒庄、海四达新能源、日立金属等一批项目竣工投运。

【国内贸易和旅游】 全年实现社会消费品零售总额352.97亿元，比上年增长8.8%。分行业看，批发业零售总额15.36亿元，比上年增长8.8%；零售业零售总额306.12亿元，比上年增长8.8%；住宿业零售总额1.50亿元，比上年增长10.6%；餐饮业零售总额30.00亿元，比上年增长8.5%。分地区看，城镇消费品零售总额241.11亿元，比上年增长8.8%；乡村消费品零售总额111.86亿元，比上年增长8.6%。在限额以上批发零售企业零售总额中，出行类商品零售总额比上年增长10.9%；家居类零售总额比上年增长2.6%；大众消费类和文化及消费升级类商品零售总额分别比上年下降1.9%和5.3%。

恒大五国温泉城、绿地长岛梦幻岛两个项目纳入2017年江苏省50个重大旅游项目库；惠萍水果小镇进入省旅游风情小镇创建培育名单；江天生态园通过省五星级乡村旅游区资源评审；金港农庄、印象沙地分别获评省四星、五星级乡村旅游区。启东丰富的旅游资源通过"启东旅游上海说明会""2017南通江海国际旅游节""水韵江苏系列活动"等平台大力推广，吸引了更多游客来启。2017年，全市累计接待游客455.21万人次，实现旅游总收入58.96亿元。

【开放型经济】 全年新设外商投资企业38家，增资扩股企业7家；实际到账外资4.54亿元。全市累计总投资超3000万美元的重大外资项目28个，比上年增长115.4%。其中总投资超1亿美元的外资项目7个，比上年增长133.3%。日立金属、雅威科技、新城万博、国瑞置业、恒大童世界、新湖置业、龙信置业等7个项目被南通认定为外资大项目。

全年实现进出口贸易总额169.87亿元，比上年下降14.5%。其中出口总额138.57亿元，比上年下降20.5%；进口总额31.30亿元，比上年增长28%。年末与启东市建立进出口贸易关系的国家和地区154个，全市有进出口业绩的企业350家，比上年增长2%。

全市新批境外投资企业2家，完成中方协议投资额2166万美元；实现对外承包劳务营业额3188万美元。

图8 2013—2017年启东市社会消费品零售总额示意图

【交通运输、邮电通信和电力】 年末全市公路总里程3550.49公里，其中高速公路40.25公里。全年完成公路、水路客运量1074万人次，旅客周转量86834万人公里，分别比上年下降10.3%和6.6%；全年完成公路货运量597万吨，货物周转量95321万吨公里，分别比上年增长9%和10.2%;水路货运量135万吨，货物周转量102744万吨公里，分别比上年增长8.3%和8.9%。年末全市汽车保有量17.85万辆、私家车拥有量16.76万辆，分别比上年增长15.2%和14.9%。

全年邮政业务总量3.18亿元，比上年增长12.6%；全年邮政业务总收入2.03亿元，比上年增长9.1%，其中快递业务收入比上年增长27.9%。全年通信业务收入8.63亿元，比上年增长9.3%。年末全市拥有固定电话用户25.73万户、移动电话用户96.40万户、年末互联网用户67.04万户，其中宽带网用户35.48万户。

全年用电量34.32亿千瓦时，比上年增长10.7%，其中第一产业用电0.61亿千瓦时，比上年增长4.8%；第二产业用电21.37亿千瓦时，比上年增长8.2%；第三产业用电4.45亿千瓦时，比上年增长14%。城乡居民生活用电7.90亿千瓦时，比上年增长16.3%。

【财政和金融】 全年完成一般公共预算收入71.13亿元，比上年增长0.1%，其中税收收入53.73亿元，比上年下降2.2%，税收占比达75.5%。主要税种中，增值税及营改增增值税完成23.71亿元、营业税完成0.13亿元、企业所得税完成7.91亿元。全年一般公共预算支出92.67亿元，比上年增长4.1%，其中教育支出19.87亿元、社会保障和就业支出13.11亿元、医疗卫生与计划生育支出14.51亿元、科学技术支出2.02亿元。

年末全市银行业金融机构各项存款余额1332.96亿元，比上年末增长6.8%。其中居民储蓄存款余额771.59亿元，比上年末增长2.8%。全市银行业金融机构贷款余额826.89亿元，比上年末增长16%。从贷款期限看，短期贷款余额301.56亿元，比上年末下降1.7%；中长期贷款余额501.75亿元，比上年末增长34.9%。从贷款类别看，全市消费贷款202.20亿元，比上年末增长58%；经营贷款89.36亿元，比上年末增长8.7%。

全年新增上市挂牌企业5家，其中捷捷微电在深圳创业板成功上市；朗峰新材、通易航天2家企业获准在新三板挂牌；江苏恒绿、南方节能2家企业在江苏股交中心挂牌。至此，市上市企业累计达4家，新三板挂牌企业7家，区域性股交中心挂牌企业6家。

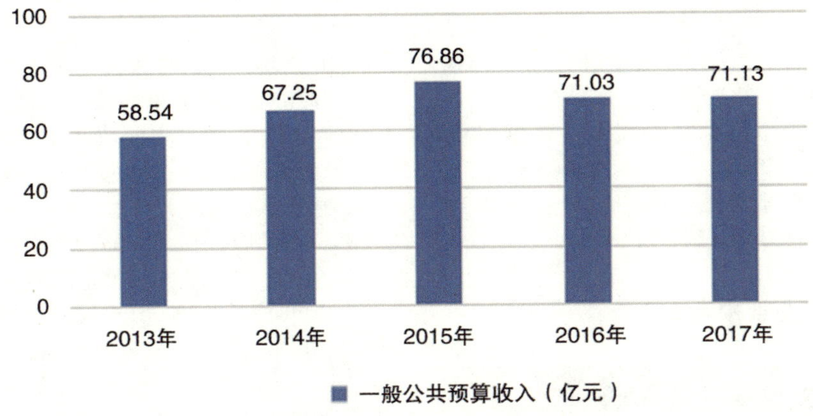

图9　2013—2017年启东市一般公共预算收入示意图

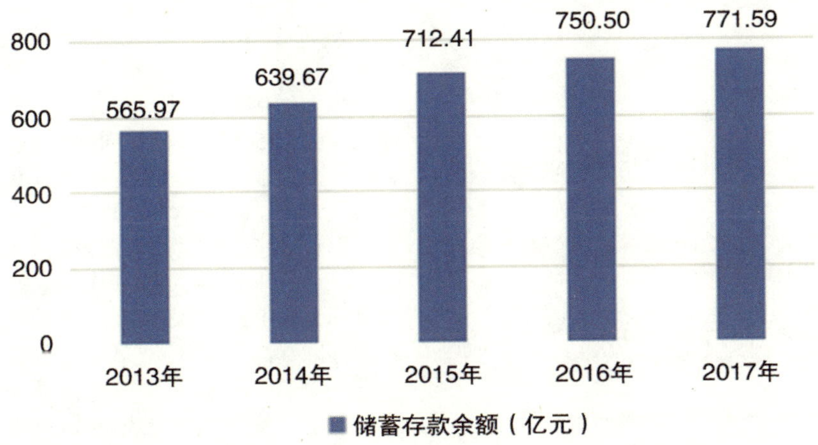

图10　2013—2017年启东市城乡居民储蓄存款余额示意图

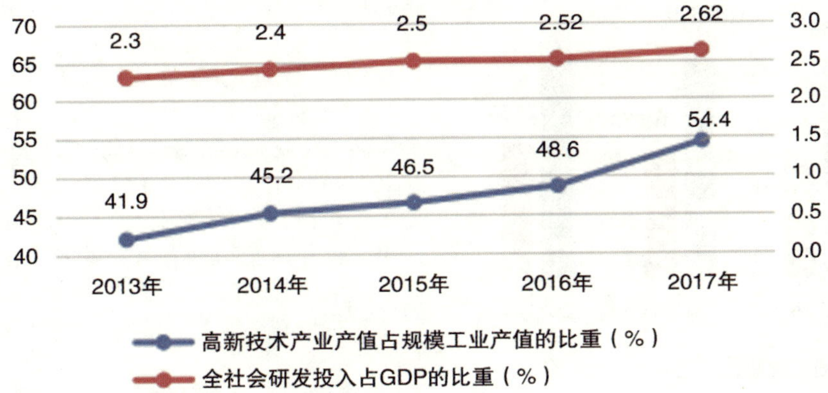

图11　2013—2017年启东市高新占比和研发占比示意图

【教育和科技】 年末全市拥有中小学及各类学校136所、各类学校在校学生87140人。全年新增南通市数字化校园30所。全市教育现代化建设监测数据85.27分，比上年提高5.48分。2017年高考文、理科均分分别超出省本科线39.05分和59.90分；普通类本一、本二上线率分别超出省平均19.7和33.4个百分点；对口单招本科上线率超省平均26.9个百分点，连续六年居南通市前三甲。19个省级课题、44个南通市级课题获准立项，数量和质量再创新高。

推进企业自主创新，全社会研发投入占地区生产总值比重达2.62%，高新技术产业产值占规模工业产值比重达54.4%。科技成果加速转化，组织实施产学研合作项目168项，新认定高新技术企业36家，新增省重大成果转化项目2个、国家“两化融合”企业1家。创新载体加快建设，新增省新型研发机构建设项目2个、省级院士工作站1家、省级以上企业技术研发平台8家；建成南通地区首家离岸孵化器。深入实施知识产权战略，万人发明专利拥有量达22.77件，获评国家知识产权强县工程示范县。

【文化、卫生和体育】 年末全市拥有文化馆1个，公共图书馆1个，图书总藏量60多万册。全市12个镇乡综合文化站、72个农家书屋完成一卡通系统硬件建设。“共乐东疆”百项文体活动开展率近85%，活动场次达3400场，参与人数近70万人次。20多个漂流书屋、24小时自助数字图书馆投入使用。文学艺术创作活动扎实开展，启东版画先后在

“第32届伦敦国际原创版画博览会”“香港版画协会四十周年纪念展”上展出。李新勇的《风乐桃花》第三版加印上市，并被评为江苏省优秀版权作品二等奖。

年末全市拥有医疗卫生机构425家，执业（助理）医师2163人、注册护士2078人，每千人拥有卫技人员4.7人、每千人拥有床位数4.19张。公共卫生服务全面实施，人均基本公共卫生服务项目补助提高到80元。60岁以上老年人免费健康体检率达90.2%、全市数字化儿保门诊建成率达72.7%、规范化妇保门诊建成率达63.6%。医药卫生体制改革进一步深化，分级诊疗制度进一步完善，全市基层首诊、分级诊疗、双向转诊、急慢分治的就医新格局逐步形成，公共卫生服务均等化水平不断提升。

依托“共乐东疆”活动，先后举办启东市第二十届全民健身节、台球比赛、微型马拉松赛等20多项活动，基本做到“月月有活动、季季有赛事”，极大丰富人民群众文体娱乐生活。先后承办中国沙滩排球锦标赛、国际铁人三项邀请赛、启东圆陀角风筝冲浪国际邀请赛、“FKI”国际搏击王争霸赛等高水平赛事，城市对外知名度持续扩大。吴健等3名启东籍运动员参加全运会比赛，吴健获男子铁饼冠军。

2017年启东市户籍人口主要构成情况

表3

指　标	年末数（人）	比重（%）
全市总人口	1115873	100
#城镇人口	629709	56.4
乡村人口	486144	43.6
#18岁以下	122434	11.0
18~34岁	209206	18.7
35~59岁	451369	40.5
60岁以上	332864	29.8
#出生人口	7524	100
男性	3848	51.1
女性	3676	48.9
#死亡人口	10060	—

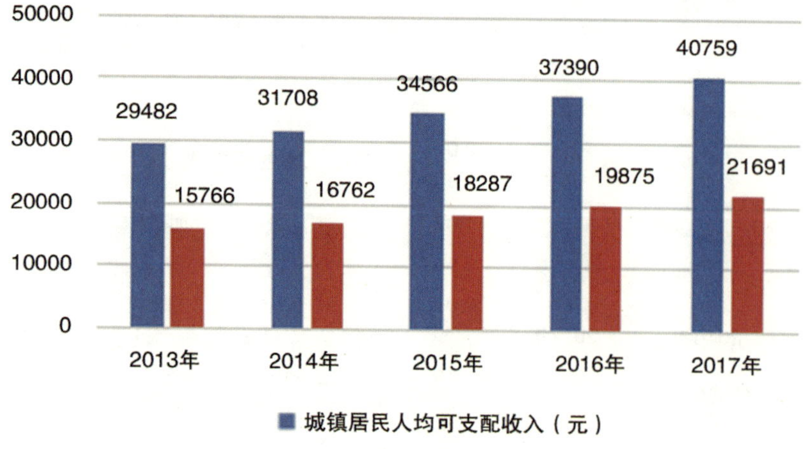

图12　2013—2017年启东市城乡居民人均可支配收入示意图

【人口、人民生活和社会保障】 年末全市户籍总人口111.59万人，比上年末减少3602人。其中，城区（汇龙镇和开发区）人口26.76万人。全年出生人口7524人，出生率为6.74‰，出生婴儿男女性别比为105：100；死亡人口10060人，死亡率为9.02‰，人口自然增长率为-2.27‰。年末常住人口95.18万人，城镇化率59%。

2017年，全市居民人均可支配收入31208元，比上年增长9.7%，其中城镇居民人均可支配收入40759元，比上年增长9%；农村居民人均可支配收入21691元，比上年增长9.1%。城乡居民收入比为1.88∶1。全市居民人均生活消费支出23292元，比上年增长6.9%，其中城镇居民人均生活消费支出30896元，比上年增长4.3%；农村居民人均生活消费支出15715元，比上年增长7.5%。城乡居民人均住房面积分别达到46.3平方米和65.2平方米。

年末全市企业职工养老保险参保人数14.15万人，比上年末增长1.3%；城镇职工基本医疗保险参保人数17.25万人，比上年末增长4.5%；城镇职工失业保险参保人数10.3万人，比上年末增长15.9%。养老、医疗、失业三大保险综合覆盖率达96%。企业退休人员月均养老金2169元，比上年增长7.3%。基础养老金标准提高至125元，城乡低保标准统一提高至600元。坚持精准扶贫、精准脱贫，全市完成4406户家庭脱贫任务。安置房竣工105万平方米，交付7700套；完成危房改造1105套。

最低生活保障水平不断提升，城镇三无人员供养标准从每人每月1405元提高到1530元；农村五保供养标准提高到每人每月775元。2017年全市8439户、12312人纳入低保范围，累计发放保障金6977.24万元。年末全市拥有各类养老机构46个、养老机构床位数5976张。全年发行福利彩票1.72亿元。

【城市建设和生态环境】 宁启铁路启东段完成工程量的90%，海启高

紫薇公园全景　　（市新闻信息中心/提供）

速启东段土路基部分完成90%。北沿江高铁前期工作取得新进展，省铁路办启动工程预可、桥隧方案专题论证工作。丁仓港路北延、永兴路东段等交通干线道路建设加快施工。国道345启东段和省道335吕四改线段前期工作加快推进。区域供水通久线、崇启线加快建设。“西气东输”工程稳步推进。新安变35千伏线路改造工程完工；110千伏久隆输变电工程、国信热电联产项目开工建设；110千伏匡吕线、汇志线改造及农网升级改造工程等顺利推进。

推进省优秀管理城市创建，开展城市环境综合整治，通过国家卫生城市复审验收。城市景观不断美化，新增小游园5个、城市绿带10公里，亮化桥梁22座。便民服务设施加快建设，新建邻里中心3家、农贸市场3家，改造老小区停车位1500个。推进城区水系规划建设和生态修复，保持河道畅通清洁。加强重点路段监管，开展治堵治乱专项行动，交通秩序有效好转。保持控违拆违高压态势，遏制增量、减少存量，全年拆除违章建筑103万平方米。试点垃圾分类处理工作，促进源头减量和资源利用。

开展“263”专项行动，全年淘汰燃煤锅炉234台。全面落实“河长制”，推进河道、水系治理，城乡河岸环境和水质明显改善。实施造林绿化工程，全年新增成片造林绿化面积1.85万亩、新增城市绿地面积66.7万平方米。森林覆盖率、城市绿化覆盖率分别达35%和41.8%。环境质量持续改善。全市空气质量优良天数为282天，优良率达81.5%；全市$PM_{2.5}$平均浓度比上年下降14.6%；重污染天数控制在上年水平。集中式饮用水备用水源地水质达标率为100%。湿地保护成效显著，圆陀角滨海湿地获批设立省级湿地公园、吕四港镇获评“中国最美渔村”。

注：

1.公报中发布的2017年数据为初步统计数。部分数据因四舍五入的原因，存在着与分项合计不等的情况。

2.地区生产总值及其分类项目增长速度按可比价计算，为实际增长速度；其他指标除特别说明外，按现价计算，为名义增长速度。

3.根据国家最新修订的《国民经济行业分类》，2015年起将原第一产业中的“农、林、牧、渔服务业”，第二产业中的“开采辅助活动”和“金属制品、机械和设备修理业”等三类行业调入第三产业。

4.高新技术产业产值根据江苏省科技厅和江苏省统计局联合下发的《关于发布<江苏省高新技术产业统计分类目录>（2012修订版）的通知》（苏科高[2012]332号）进行统计，包括航空航天制造业、电子计算机及办公设备制造业、电子及通讯设备制造业、医药制造业、仪器仪表制造业、智能装备制造业、新材料制造业和新能源制造业。

5.新兴产业包括新能源制造业、新材料制造业、生物技术和新医药制造业、智能装备制造业、节能环保制造业和海洋工程装备制造业。

6.2012年四季度起，国家统计局实施城乡一体化住户调查改革，统一城乡居民收入名称、分类和统计标准，在全国统一选取了16万户城乡居民家庭，直接开展调查。在此基础上，计算城乡可比的新口径全体居民人均可支配收入以及分城乡居民人均可支配收入。耐用消费品拥有量为城乡一体化改革后的调查数据，与以前年份不可比。

7.规模以上工业统计范围为年主营业务收入2000万元及以上的工业企业。

8.建筑业统计范围为有资质的建筑业企业。

9.固定资产投资统计范围为计划总投资500万元及以上建设项目，房地产投资统计范围为房地产开发经营企业。

10.社会消费品零售总额统计中限额以上单位是指年主营业务收入2000万元及以上的批发业企业（单位）、500万元及以上的零售业企业（单位）、200万元及以上的住宿和餐饮业企业（单位）。

11.此公报中，就业、创业、农业、建筑、旅游、开放型经济、交通、邮电、财政、金融、教育、科技、文化、卫生、体育、人口、社保、民政、住建、环保等相关数据均由相关部门提供。

（启东市统计局　国家统计局启东调查队）

中共启东市委第十三届委员会

书　记：王晓斌（5月22日任）　徐　锋（5月22日免）
副书记：黄卫锋　汤　雄
常　委：姜　平　赵男男（女，8月18日免）　龚心明
王康力（8月18日任）　朱志强
王　凯（8月18日免）　石光辉　沈良杰
陈延祥　葛　伟（女，11月10日任）
杨青霞（女，挂职，4月13日任）
注：书记、副书记在常委中不重复列名。

启东市第十七届人民代表大会常务委员会

主　任：顾云峰（1月14日任）　徐　锋（1月14日免）
党组书记：顾云峰（1月17日任）
徐　锋（1月17日免）
党组副书记：张建新　张卫生（1月17日任）
副主任：张建新　张卫生（1月14日任）　潘国红
黄松涛

启东市第十七届人民政府

市　长：黄卫锋
党组书记：黄卫锋
党组副书记：王　凯（8月30日免）
王康力（8月30日任）
副市长：王　凯（9月5日免）　王康力（9月5日任）
黄　忠　孙建忠（1月13日免）
张卫生（1月14日免）　袁圣菊（女）
汤葱葱（9月5日免）
高红宇（1月14日任，11月29日免）
唐海兵（1月14日任）
高广军（11月29日任）
佘德华（11月29日任）　朱晓阳（挂职）
袁　蕊（女，挂职，5月27日任）
郑琳琳（女，挂职，6月28日任）
许晓星（挂职，7月31日任）

政协启东市第十五届常务委员会

主　席：孙建忠（1月13日任）　顾云峰（1月13日免）
副主席：蔡建平　宋　逵　龚建涛
潘双林（1月13日任）　徐永辉（1月13日任）
秘书长：陆建新（1月13日任）　许瑞华（1月13日免）
副秘书长：张卫华

中共启东市纪律检查委员会

启东市监察局与其合署办公

书　记：沈良杰
副书记：王峰华（3月1日任）　郁豪杰
常　委：赵志辉　蔡海伟　陆　松（9月30日免）
邓正映（9月30日免）　郁向辉（9月30日任）
倪　雄（12月18日任）
注：书记、副书记在常委中不重复列名。

启东市监察局

局　长：王裕兵（兼，3月13日免）
王峰华（兼，3月13日任）
副局长：张巍巍（女，12月14日免）　赵志辉　蔡海伟

中共启东市委巡察工作领导小组办公室
主　任：郁豪杰（兼，8月26日任）
副主任：樊指南（5月2日任）

中共启东市委第一巡察组
组　长：陆　松（8月26日任）
副组长：彭雪滨（5月2日任）

中共启东市委第二巡察组
组　长：邓正映（8月26日任）
副组长：袁　博（8月26日任）
　　　　李　涛（女，8月26日任）

中共启东市委第三巡察组
组　长：刘　辉（8月26日任）
副组长：王新裕（8月26日任）
　　　　徐沈蔚（女，8月26日任）

中共启东市委第四巡察组
组　长：陆海峰（8月26日任）
副组长：陈　菊（女，8月26日任）
　　　　顾荣芬（8月26日任）

中共启东市纪律检查委员会机关内设机构
办公室
主　任：黄海燕（女，8月26日免）
　　　　倪　雄（8月26日任，12月14日免）

纪检监察干部管理监督室
主　任：张雨华

宣传教育室
主　任：赵件华

党风政风监督室
主　任：倪　雄（8月26日免）

信访室
主　任：张发贤（5月2日任）

第一纪检监察室
主　任：童　新（5月2日任）

第二纪检监察室
主　任：

第三纪检监察室
主　任：樊指南（5月2日免）

第四纪检监察室
主　任：

案件监督管理室
主　任：施宇飞

案件审理室
主　任：马雄华（5月2日任，8月26日免）

机关纪检监察工作室（8月26日撤销）
主　任：郁向辉（8月26日免）

农村纪检监察一室
主　任：周晓磊（3月2日免）　王一东（3月2日任）
副主任：黄　华（兼审计工作室主任，8月26日免）

农村纪检监察二室
主　任：林　泉（3月2日免）　周晓磊（3月2日任）
副主任：顾海东（5月2日任）

农村纪检监察三室
主　任：王一东（3月2日免）　林　泉（3月2日任）
副主任：施风华（兼审计工作室主任）

农村纪检监察四室
主　任：黄　华（8月26日任）
副主任：

启东市党风廉政建设教育中心
主　任：黄海霞（女）

8月26日，撤销市纪委原有31家派驻纪检组，在市一级党和国家机关等单位中设立18个派驻纪检组。
派驻第一纪检组
组　长：黄海燕（女，8月26日任）

派驻第二纪检组
组　长：刘东波（8月26日任）

派驻第三纪检组
组　长：朱晓辉（8月26日任）

派驻第四纪检组
组　长：朱双群（8月26日任）

派驻第五纪检组
组　长：马雄华（8月26日任）

派驻第六纪检组
组　长：张　静（女，8月26日任）

派驻第七纪检组
组　长：黄　林（8月26日任）

派驻第八纪检组
组　长：陈　宇（女，8月26日任）

派驻第九纪检组
组　长：施迎春（女，8月26日任）

派驻第十纪检组
组　长：张　健（女，8月26日任）

派驻第十一纪检组
组　长：姜建涛（8月26日任）

派驻第十二纪检组
组　长：董　琰（女，8月26日任）

派驻第十三纪检组
组　长：严颖熠（8月26日任）

派驻第十四纪检组
组　长：陈汉平（8月26日任）

派驻第十五纪检组
组　长：顾蓉玲（女，8月26日任）

派驻第十六纪检组
组　长：周连法（8月26日任）

派驻第十七纪检组
组　长：宋　飞（8月26日任）

派驻第十八纪检组
组　长：姚友华（8月26日任）

启东市人民法院

院　长：潘　建（1月14日任）
党组书记：潘　建
副院长：龚建涛（兼）　陆艾华（女）　季洪涛　樊　涛
纪检组长：蒋正飞（8月26日免）
专职委员：陈南松　林　辉（5月2日任）

启东市人民法院政治处
主　任：朱碧慧（女）

启东市人民法院执行局
局　长：周喜春（5月2日任）

启东市人民法院和合法庭
庭　长：林　辉（5月2日免）

启东市人民检察院

检察长：陈新建（1月14日任）
党组书记：陈新建
副检察长：陈亚萍（女）　方海军　张兰菊（女）
　　　　　陆建中
专职委员：周柳柳（女，5月2日任）
　　　　　陈　美（女，5月2日任）
纪检组长：李　斌（5月2日免）

启东市人民检察院政治处
主　任：周柳柳（女，5月2日免）　李　斌（5月2日任）

启东市人民检察院反贪污贿赂局
局　长：郭卫东（12月14日免）

启东市人民检察院反渎职侵权局
局　长：徐洪斌（12月14日免）

启东市委工作机构及直属单位

中共启东市委办公室
主　任：龚心明
副主任：施元凯（3月2日任）　徐　霞（女）
　　　　黄　健（12月13日免）

中共启东市委研究室
主　任：施元凯（3月2日任）
副主任：张俞华　施　亮

中共启东市委、启东市人民政府接待办公室
主　任：陈晓燕（女）
副主任：高一新　何淑峰（5月2日免）

中共启东市委保密委员会办公室
启东市国家保密工作局
主任、局长：徐建军（12月23日免）
　　　　　　徐　霞（女，12月23日任）
副主任、副局长：顾向华

中共启东市委机要局
启东市国家密码管理局
局　长：徐建军（12月23日免）
　　　　徐　霞（女，12月23日任）
副局长：顾向华

中共启东市委督查室
主　任：彭红辉

《启东通讯》杂志社
社　长：

启东市档案局（馆）
局（馆）长：张建昌
副局（馆）长：卫　健（女）　王建华　杨　琴（女）

中共启东市委组织部
部　长：赵男男（女，8月14日免）
　　　　葛　伟（女，11月9日任）
副部长：张海荣　沈向东

中共启东市委市级机关工作委员会
书　记：沈向东
副书记：

启东市党员干部现代远程教育管理办公室
主　任：陈晓燕（女）

中共启东市委新经济新社会组织工作委员会
书　记：沈向东
副书记：顾明霞（女）

启东市人才工作办公室
主　任：徐　俊（3月2日任）
副主任：徐　俊（3月2日免）

启东市干部人事档案管理中心
主　任：

中共启东市委宣传部
部　长：姜　平
副部长：顾永辉　许锦飞（3月2日免）陈健梅（女）
　　　　郁锦标（3月2日免）陆红琴（女，12月23日任）

启东市精神文明建设指导委员会办公室
主　任：顾永辉（兼）
副主任：陆健伟

启东市哲学社会科学界联合会
主　席：陈健梅（女，兼）
副主席：钱菁菁　郁豪杰（不驻会）沈衍冰（不驻会）
　　　　赵凯旋（不驻会）陈永生（不驻会）
　　　　高德群（不驻会）周光华（不驻会）
　　　　施洪飞（不驻会）沈永泉（不驻会）
　　　　李　飞（不驻会）王　鸣（不驻会）
　　　　张笑慰（不驻会）

中共启东市委统一战线工作部
部　长：龚心明
副部长：周红丹（女）沈宏飞（3月2日免）
　　　　何淑峰（5月2日任）

中共启东市委政法委员会
书　记：朱志强
副书记：袁永兵（5月2日免）赵建辉（12月23日免）
　　　　陈燕飞（5月2日任）朱小东（12月23日任）
纪检组长：耿松林（8月26日免）
政治处主任：金海荣

启东市社会治安综合治理委员会办公室
主　任：陈燕飞
副主任：周建伟（5月2日免）郁裕娟（女，5月2日任）

启东市依法治市领导小组办公室
主　任：朱志强（兼）
副主任：周喆羽（女）

启东市国家安全办公室
主　任：
副主任：郁裕娟（女，5月2日免）周建伟（5月2日任）

中共启东市委农村工作办公室
启东市人民政府农村工作办公室
主　任：张海兵
副主任：陈俭辉（8月26日免）杨晓华　刘锦华
纪检组长：张　健（女，8月26日免）

中共启东市委老干部局
局　长：张海荣（兼，12月23日免）
　　　　陈晓燕（女，兼，12月23日任）
副局长：张成英（女，3月2日免）施建琴（女）
　　　　龚　辉

中共启东市委台湾工作办公室
启东市人民政府台湾事务办公室
主　任：陈　娟（女，3月2日任）
副主任：陈凯捷　顾鸿彪

江苏省吕四台湾渔民接待站
站　长：

启东市机构编制委员会办公室
主　任：张海荣（兼，12月23日免）
　　　　沈向东（12月23日任）
副主任：王　虹（女，3月2日免）　朱卫强
　　　　沈峻峰（5月2日任）

启东市事业单位登记管理局
局　长：沈峻峰（5月2日免）

中共启东市委党校
校　长：汤　雄（兼）
常务副校长、校务委员会主任：沈浩然
副校长：施启兵　查建辉

中共启东市委党史办公室
启东市地方志办公室
主　任：陆红琴（女，兼，12月23日任）
副主任：钮伟钢　沈冬云（女）

启东市信访局
局　长：朱海荣（12月23日免）
　　　　赵　琛（女，12月23日任）
副局长：赵　琛（女，12月23日免）　黄永琴（女）
　　　　徐　燕（女）　陈　忠

启东市新闻信息中心
主　任：顾永辉（兼，3月2日免）　沈　杰（3月2日任）
副主任：印雪平　张旦前　袁风华　陆一冬（女）
　　　　金　香（女）

注：市委部门与市政府部门系两块牌子、一套班子的，只在市委部门下列出机构名称。

启东市人大常委会工作机构

启东市人大常委会办公室
主　任：沈衍冰
副主任：施建洪　顾健红
党组成员：吴风云（女）　徐东林　陈　庄　龚觉海
　　　　　茅炎生　王建石　顾胜豪　潘炜华

研究室（与办公室合署）
主　任：吴风云（女）

财政经济工作委员会
主　任：徐东林
副主任：卞彩红（女）

内务司法工作委员会
主　任：陈　庄
副主任：顾悦捷

人事代表工作委员会
主　任：龚觉海
副主任：施敏霞（女）

城建环保工作委员会
主　任：茅炎生
副主任：

教科文卫工作委员会
主　任：王建石
副主任：黄　婷（女，3月13日免）

农业和农村工作委员会
主　任：顾胜豪

民宗侨台工作委员会
主　任：潘炜华
启东市人大常委会专职委员：蒋建辉　施永辉

启东市人民政府工作机构及直属单位

启东市人民政府办公室
主　任：唐海兵（3月13日免）　张海荣（3月13日任）
副主任：方　俭　黄　坤（12月23日免）　张东霞（女）
　　　　郭海健（12月23日免）
　　　　朱海荣（12月23日免）　沈　波
　　　　赵　琛（女，挂职，12月23日任）

启东市人民政府法制办公室
主　任：郭海健（12月23日任）

启东市政府研究室
主　任：江　昱

启东市政府信息中心
主　任：

启东市人民政府办公室督办室
主　任：施灵马

启东市发展和改革委员会
主　任：吴永东
副主任：周光华（3月2日免）　丁尹霞（女）　朱新球
　　　　周春雷　周连法（5月2日免）　唐卫卫

孙国兵　陆一锋　张　焱（女，5月2日任）
纪委书记：陈　宇（女，8月26日免）

启东市教育局
局　长：赵凯旋
副局长：施洪飞　潘卫斌（5月2日免）　倪玮蔚（女）
　　朱圣辉　汤健辉（5月2日任）
纪委书记：陆海峰（8月26日免）

启东市人民政府教育督导室（与市教育局合署办公）
主　任：施洪飞
副主任：汤健辉（5月2日免）

启东市教师发展中心
主　任：王晓东
副主任：季　萍（女）　袁飞天（8月26日任）
　　王　平（8月26日任）

启东市高等学校招生委员会办公室
主　任：施洪飞（兼，8月26日免）
　　徐正辉（8月26日任）

启东市教师服务中心
主　任：吴春华（8月26日任）

启东市科学技术局
局　长：陈　飞
副局长：王建斌　季旭东　张晓卫（女）　黄东健
　　任锴胜（5月2日任）
纪检组长：施迎春（女，8月26日免）

启东市公安局
局　长、督察长：黄　忠
政　委：茅晓东
副书记：茅晓东
副局长：冯　平　黄兴华　龚陈兵（8月26日免）
　　茅建辉　高慧斌（3月2日免）　蔡红辉
　　陈　斌（5月2日任）
纪委书记：姚友华（8月26日免）

启东市公安局指挥中心（科技情报大队）
主　任：周卫忠
教导员：田　军（女）

启东市公安局办公室
主　任：邢　健

启东市公安局警务保障室
主　任：高　华

启东市公安局法制大队
主　任：
教导员：顾　辉

启东市公安局政治处
主　任：孙善忠（8月26日免）

启东市公安局警务督察队
队　长：王亚军
教导员：朱伟荣（女）

启东市公安局国内安全保卫大队
大队长：潘海华（女）
教导员：薛卫东

启东市公安局经济文化保卫大队
大队长：陈建涛（8月26日免）
教导员：施　标

启东市公安局刑事侦查大队
大队长：张海涛
教导员：黄海健

启东市公安局经济犯罪侦查大队
大队长：沈雪飞
教导员：张晓东

启东市公安局治安管理大队
大队长：范兴辉
教导员：高晓华

启东市公安局巡特警大队
大队长：周一奇
教导员：黄燕燕（女）

启东市公安局水上警察大队
大队长：虞海滨
教导员：邱丽华（女）

启东市公安局交通巡逻警察大队（公路巡逻警察大队）
大队长：陈　斌
教导员：施　成

启东市公安局监管大队
大队长：张　冲
教导员：戴　炎（8月26日免）

启东市公安局网络安全监察大队
大队长：顾伟杰
教导员：施锦辉

启东市公安局出入境管理大队
大队长：沈咏勇
教导员：曹海燕（女）

启东市公安局汇龙中心派出所
所　长：黄洪岗
教导员：孙培光

启东市公安局城西派出所
所　长：洪　宇
教导员：孙　民

启东市公安局开发区派出所
所　长：高慧斌（兼，3月2日免）
教导员：曹黄辉

启东市公安局惠萍派出所
所　长：陈忆思
教导员：王金德

启东市公安局寅阳派出所
所　长：倪爱东
教导员：黄海荣

启东市公安局东海派出所
所　长：张方东
教导员：黄向东

启东市公安局南阳中心派出所
所　长：秦江华
教导员：仇洪彪

启东市公安局近海派出所
所　长：陈　俐
教导员：王金平

启东市公安局海复派出所
所　长：马永兵
教导员：季伟宏

启东市公安局北新派出所
所　长：赵晟琰
教导员：

启东市公安局王鲍派出所
所　长：施程骏
教导员：倪　松

启东市公安局合作中心派出所
所　长：袁华健
教导员：赵　萍（女）

启东市公安局吕四港镇中心派出所
所　长：丁　杰
教导员：包献国

启东市公安局兆民派出所
所　长：
教导员：沈周群

启东市公安局启隆派出所
所　长：施东辉
教导员：季锡石

启东市司法局
局　长：朱小东
书　记：朱小东（12月23日免）
　　　　江海龙（12月23日任）
副局长：张　勇（3月2日免）　龚正涛（8月26日免）
　　　　姜莉莉（女）　王　涌（女）　陆　新
　　　　潘卫斌（5月2日任）
纪检组长：沈龙飞（8月26日免）

启东市社会调解服务中心
书记、主任：赵　琛（女）
副主任：倪东华（女）　田　磊（女）

启东市民政局
局　长：陈　玲（女）
副局长：沈永泉　宋卫兵　张志辉　卢国斌
纪委书记：姜建涛（8月26日免）

启东市老龄问题委员会办公室
主　任：陈　玲（女，兼）

启东市财政局
局　长：杜文华（女）
副局长：陈　阳（女）　陆　星　龚锦兵　谢旦英（女）
　　　　孙丽娟（女，5月2日任）
纪检组长：严颖熠（8月26日免）
总会计师：孙丽娟（女，5月2日免）
　　　　　蔡卫如（5月2日任）

启东市财政国库集中支付中心
主　任：陆庆辉

启东市国有资产监督管理办公室（挂牌）
主　任：
副主任：

启东市人力资源和社会保障局
局　长：杨海燕（女）
副局长：陆婧婧（女）　高　辉　黄　健　王红忠
纪委书记：刘东波（8月26日免）

启东市人才服务中心
市委高端人才服务站（增挂）
主　任：王敬珠（5月2日任）

启东市医疗保险基金管理中心（1月17日更名）
主　任：黄卫星

启东市环境保护局
局　长：郭建辉
副局长：田锦浩　黄　辉　陆　杰　王幸运　蔡红辉
纪检组长：朱双群（8月26日免）

启东市环境监察大队
大队长：

启东市住房和城乡建设局
局　长：高广军（11月29日免）
党委书记：高广军（11月24日免）
　　　　　朱海荣（12月23日任）
副局长：王　忠　范　飞　黄建平
　　　　黄新慧（女，5月2日免）　郭鉴生　施建生
纪委书记：郑荣辉（8月26日免）
总规划师：刘坚勇

启东市房屋征收管理办公室
主　任：

启东市城市管理行政执法局
局　长：吴胜昔
副局长：吴　玲（女）　郁洪辉　谢石磊　席庆晟
纪委书记：龚汉平（8月26日免）

启东市城市管理综合执法大队
大队长：谢石磊（兼）

启东市交通运输局
局　长：周惠锋
书　记：周惠锋（3月2日任）
副书记：周惠锋（3月2日免）
副局长：朱凯岳　龚　英（女）　周　尧　黄　凯
　　　　赵庆辉　张红霞（女）
纪委书记：董杰贤（女，8月26日免）

启东市运输管理处
主　任：杨建辉

启东市地方海事处
处　长：

启东市乡镇交通运输综合管理所
主　任：

启东市农业委员会
主　任：王振宇
副主任：陈　辉（3月2日免）　盛雪飞（3月2日免）
　　　　倪为和　杨　芳（女）　施红华
　　　　沈晓宏（女，5月2日免）　杨忠杰　王晓峰
　　　　张正兵（5月2日任）
纪委书记：董　琰（女，8月26日免）

启东市农业技术推广中心
主　任：陈　辉（兼，3月2日免）

启东市水务局
局　长：顾　冲
书　记：顾　冲（12月23日免）
　　　　宋亚昌（12月23日任）
副局长：汤正辉　查春威　蒋　涛
纪委书记：徐沈蔚（女，8月26日免）
局长助理：关冰艺（女）

启东市水务局堤闸管理所
所　长：管向华

启东市海洋与渔业局
局　长：任松德
副局长：崔卫刚（5月2日任）　彭新华　许永新
纪委书记：崔卫刚（5月2日免）

启东市渔政监督大队
大队长：袁　华

启东市商务局
局　长：宋海华
副局长：陈　娟（女，3月2日免）　陈　惠
　　　　杨丽华（女）　孙　林（5月2日免）
　　　　高　鹏（3月2日免）　张允若
　　　　唐　凯（5月2日任）
纪检组长：李　涛（女，8月26日免）

启东市招商局
局　长：宋海华（兼）
副局长：杨丽华（女）　张国政　段长虹　李海江
　　　　龚帅帅　卢　鑫

启东市文化广电新闻出版局
局　长：许锦飞（3月13日免）　郁锦标（3月13日任）
书　记：许锦飞（3月2日免）　郁锦标（3月2日任）
副局长：黄一彬　施黄捷　姚　斌
纪委书记：顾则兵

启东市广播电视台
台　长：许锦飞（兼，3月2日免）　周凌峰（3月2日任）
党总支部书记：沈　杰（3月2日免）　周凌峰（3月2日任）
副台长：沈　杰（3月2日免）　周凌峰（3月2日免）
　　　朱蓓毓（5月2日任）　朱伟光（5月2日任）

启东市卫生和计划生育委员会
主　任：薛　峰
副主任：苏高飞　黄风华（女）
　　　顾东磊（女，5月2日免）　秦海松
纪委书记：顾蓉玲（女，8月26日免）

启东市审计局
局　长：邓卫星
副局长：黄　健　陈　芳（女）　黄　彬
纪检组长：葛西萍（女，3月2日免）

启东市统计局
局　长：郁丽春（女）
书　记：刘和生（12月23日免）
　　　徐建军（12月23日任）
副局长：刘和生（12月23日免）
　　　张　焱（女，5月2日免）
　　　秦海宁（8月26日任）
　　　周红九（女，5月2日任）
纪检组长：秦海宁（8月26日免）
总统计师：陈建伟

启东市安全生产监督管理局
局　长：施伯新
副局长：黄慧聪　张潜泉　郭洪新　樊　杰
纪检组长：陈汉平（8月26日免）

启东市安全生产监察执法大队
大队长：黄　挺

启东市市场监督管理局
局　长：倪　伟
副局长：王耀辉（8月26日免）
　　　陈爱东（1967年12月生）
　　　陈爱东（1969年12月生）　倪建国　黄琛琛
　　　朱曙晴（女）
纪委书记：袁　博（8月26日免）

汇龙分局
局　长：黄　汉

开发区分局
局　长：陈　杰

惠萍分局
局　长：陆华伟

寅阳分局
局　长：薛卫宾

南阳分局
局　长：彭春华

王鲍分局
局　长：

吕四分局
局　长：高鑫鑫

北新分局
局　长：

滨海分局
局　长：范敏鸣

海复分局
局　长：

东海分局
局　长：

合作分局
局　长：董　勇

启隆分局
局　长：宋建荣

市综合检测中心
主　任：袁鑫梅（女）

启东市民族宗教事务局
局　长：施正辉（3月13日任）
党组书记：施正辉（3月2日任）
副局长：袁卓斌　仇英莺（女）　陆峤松

启东市市级机关事务管理局
局　长：陈　飞
书　记：陈　飞（3月2日任）

副书记：陈　飞（3月2日免）
副局长：金宏林　徐　惠（女）　张建华

启东市沿海地区发展办公室
主　任：吴永东
副主任：罗玉飞（5月2日免）　曹文伟
　　　　仇卓辉（8月26日任）　倪　帅（5月2日任）
纪检组长：仇卓辉（8月26日免）

启东市行政审批局
局　长：杜国华（3月13日任）
书　记：杜国华
副局长：杜国华（3月13日免）　朱允如　陆卫杰
　　　　蔡晓荣　沈海闽（女）　朱海滨　沈亚美（女）
纪检组长：陈卫平（8月26日免）

启东市政府投资项目工程建设中心
主　任：龚海勇
副主任：龚思伟　黄稼新　陈袁兵
纪检组长：张裕新（8月26日免）

启东市金融工作办公室
主　任：张笑慰
副主任：朱建新

启东市供销合作总社
主　任：陆　辉（8月26日免）
副主任：徐　杰　张　杰　曹　卫　张爱琴（女）

江苏省启东经济开发区
书　记：王春华（11月24日任）
　　　　高红宇（11月24日免）
主　任：王　城（女，11月24日任）
副书记、副主任：袁素群（女）　吴永和
副书记：陈卫丰
副主任：陈　伟　陆琛杰　王必伟　顾政伟
副主任：陈玉洁（挂职，10月7日任）
　　　　高慧斌（挂职，3月2日免）
　　　　彭　博（挂职，9月2日免）
　　　　胡　炎（挂职，9月2日免）

中共江苏省启东经济开发区人大工作委员会
主　任：袁素群（女，兼）
副主任：陆琛杰（兼）

江苏省启东经济开发区启东科技创业园（留学人员创业园）管理办公室
主　任：陈卫丰（兼）
副主任：郝雪梅（挂职，10月7日任）
　　　　朱小健（挂职，9月2日免）

中共江苏省启东经济开发区纪律检查工作委员会
书　记：施　勇

中共江苏省启东经济开发区政法委员会
书　记：陈　伟（兼）

江苏省启东经济开发区办公室
主　任：陈卫菊（女，兼党工委委员）

江苏省启东经济开发区党群工作局
局　长：陆琛杰（兼）

江苏省启东经济开发区经济发展局
局　长：

江苏省启东经济开发区招商局
局　长：张国政

江苏省启东经济开发区规划建设局
局　长：唐　杰

江苏省启东经济开发区财政局
局　长：杨雪梅（女，5月2日任）
　　　　周红九（女，5月2日免）

江苏启东经济开发区社区管理局
局　长：陈健勇

江苏省启东经济开发区统计局
局　长：徐天晴（女）

江苏省启东经济开发区安监局
局　长：朱卫兵

江苏启东吕四港经济开发区
书　记：石光辉
主　任：陈红飞（11月24日任）
副书记：陆正明　沈　捷（挂职，12月23日任）
副主任：沈　捷（12月23日免）　郁德群
　　　　陶　郁（女）　吴　杰　胥宏锋
　　　　汤国军（挂职）

中共江苏启东吕四港经济开发区纪律检查工作委员会
书　记：陆正明
副书记：姚永辉（8月26日免）

江苏启东吕四港经济开发区党政办公室
主　任：陆　杰（12月23日免）

江苏启东吕四港经济开发区经济发展局
局　长：李　军（2017年5月兼党工委委员）

江苏启东吕四港经济开发区招商局
局　长：钱　剑（5月2日任）
　　　　胥宏锋（兼，5月2日免）

江苏启东吕四港经济开发区规划建设局
局　长：

江苏启东吕四港经济开发区财政局
局　长：郁德群（兼）

江苏启东吕四港经济开发区渔港管理局
局　长：

启东圆陀角旅游度假区
书　记：樊天勇
主　任：
副主任：戎　武　董　波　黄　宇
　　　　朱张勇（5月2日任）
　　　　于涛方（挂职，9月2日免）

中共江苏省启东圆陀角旅游度假区纪律检查工作委员会
书　记：彭雪滨（5月2日免）

启东圆陀角旅游度假区党群工作局（法制办公室）
局　长：龚红宇（5月2日任）

启东圆陀角旅游度假区旅游事业发展局（招商局）
局　长：王　宁

启东圆陀角旅游度假区规划建设局
局　长：朱国威（5月2日任）

启东圆陀角旅游度假区财政局
局　长：倪忠兵（5月2日任）

启东圆陀角旅游度假区社会建设管理局（社会管理服务中心、政法综治办公室）
局　长：顾伟忠（5月2日任）

启东圆陀角旅游度假区综合执法局（安全生产监督管理局）
局　长：周海城（5月2日任）

启东江海产业园
书　记：陆燕飞
副书记：刘　辉（8月26日免）
副主任：顾向东　沈春华　李　磊

政协启东市委员会工作机构

启东市政协办公室
主　任：陆建新
副主任：张卫华　俞井杰（女）　钱周全

提案委员会
主　任：龚海燕（女）
副主任：

学习与文史委员会
主　任：朱　伟
副主任：陈永生

科技与经济委员会
主　任：秦启明

城乡建设与社会法制委员会
主　任：李　斌
副主任：黄新慧（5月2日任）

教卫文体委员会
主　任：陈　樊
副主任：顾东磊（5月2日任）

港澳台侨委员会
主　任：蔡　辉
副主任：

群众团体

启东市总工会
主　席：陈张贤（女）
副书记：陈　辉（8月26日免）
副主席：陈素伟（女）　陆建辉　倪永利（8月26日任）
纪检组长：倪永利（8月26日免）

启东市妇女联合会
主　席：朱咏梅（女，3月2日任）
副主席：张燕峰（女，5月2日免）
　　　　钱　锦（女，3月2日免）　李爱玲（5月2日任）

中国共产主义青年团启东市委员会
书　记：朱　静（女）
副书记：李灵瑶（女，10月7日免）
　　　　苏　俊（科员级，10月7日任）

张　弛（挂职，科员级，10月7日任）

启东市科学技术协会
主　席：朱咏梅（女，3月2日免）
　　　　赵建辉（12月23日任）
副主席：季祖辉　王　凯　施洪飞（不驻会）
　　　　苏高飞（不驻会）　张晓卫（女，不驻会）
　　　　陈　辉（不驻会）　陈　阳（女，不驻会）
　　　　朱新球（不驻会）　胡　生（不驻会）
纪检组长：张　静（8月26日免）

启东市工商业联合会
会　长：宋　逵（兼）
书记、副会长：周红丹（女）
副会长：周敏华　朱蓉艳（女）　孙　林（5月2日任）
　　　　杨晓东（不驻会）　吴建新（不驻会）
　　　　吴险峰（不驻会）　沈琦博（不驻会）
　　　　陆永华（不驻会）　姚朔斌（不驻会）
　　　　顾志平（不驻会）　顾海健（不驻会）
　　　　徐　浩（不驻会）　蔡水洪（不驻会）

启东市归国华侨联合会
主　席：陈　辉（3月2日任）
副主席：李爱玲（女，5月2日免）　陆誉升（不驻会）
　　　　薛　威（不驻会）　费新士（不驻会）
　　　　戴　宏（不驻会）

启东市文学艺术界联合会
主　席：郁锦标（兼）
副主席：李新勇　施黄捷（不驻会）　汤健辉（不驻会）

启东市残疾人联合会执行理事会
理事长：邓金涛
副理事长：赵雨玉（女）　盛中华
纪检组长：王新裕（8月26日免）

启东市红十字会
会　长：
常务副会长、党组书记：施正辉（3月2日免）
　　　　　　　　　　　王　虹（3月2日任）
副会长：张正兵（5月2日免）　张兴隆
　　　　郁豪杰（不驻会）　赵凯旋（不驻会）
　　　　陆圣华（不驻会）　杜文华（女，不驻会）

垂直管理单位

启东市国土资源局
局　长：丁晓明
副局长：陈　兵　张振兴　徐永华
纪检组长：朱炫炫

启东市土地储备中心
主　任：郁洪刚

启东市国土资源局开发区分局
局　长：施汉成

启东市国土局吕四海洋经济开发区分局
局　长：夏正元

国家统计局启东调查队
队　长：徐永泉
副队长：

启东市盐务管理局
局　长：陈如海
副局长：缪　能

启东出入境检验检疫局
主　任：季远全
办公室主任：顾　英（女）

中华人民共和国启东海关
关　长：缪建军
副关长：姚　秦

启东市国家税务局
局　长：季建新
副局长：费新士　郁立新　黄聚奇
纪检组长：朱少峰

启东市地方税务局
局　长：沈春慧
副局长：严伟明　季红全　林海平　顾　辉
纪检组长：严伟明（兼）

启东市供电公司、启东市供电局
总经理、局长：顾文权
党委书记、副总经理：唐　俊
副总经理、副局长：钮庆红　王轶峰　朱华雄　李　俊
纪委书记、工会主席：汤　健
总工程师：
总经理助理：姚沈兵
副总工程师：陆为民

江苏省电信公司启东市分公司、启东市电信局
总经理、局长：戴建秋
副总经理、副局长：丁建鸣　李　斌　尹海兵

纪委书记：丁建鸣（兼）
工会主席：丁建鸣

中国邮政集团公司江苏省启东市分公司
局　长：王嵩阳
副局长：黄海泉　徐　健
纪委书记：黄海泉（兼）

启东市烟草专卖局、南通市烟草公司启东营业部
局长、经理：刘　伟
副局长：秦亚忠
副经理：沈卫娟（女）

启东市气象局
局　长：张革新
副局长：谢　鹏

吕四国家基准气候站
站　长：黄新时
副站长：张春雷

启东市航道管理站
站　长：黄　辉

启东市公路管理站
站　长：赵庆辉（兼）
书　记：陈　斌

江苏渔船检验局吕四分局
江苏渔港监督局吕四分局
局　长：吴玉恒
副局长：陆　跃

国家海洋局东海分局吕四海洋环境监测站
站　长：施东生
副站长：陆　飞

启东海事处
处　长：李大为
副处长：陈耀辉

中国人民银行启东市支行
行　长：苏俭雄
副行长：徐晓东　李何靖
纪检组长、总稽核：李何靖

中国工商银行启东支行
书　记：王　忠
行　长：王　忠
副行长：卢雪燕（女）　陈尔雷　印　佳　薛勇健
纪委书记：曹伟杰
行长助理：

中国银行启东支行
行　长：陆宇红
副行长：王能斌　朱　亮　刘　琴　姚晓云

中国建设银行启东支行
行　长：王　新
副行长：龚炳康　高　峰　蒋松波
纪委书记：王志彬

中国农业银行启东市支行
行　长：黄　飞
副行长：陆建兵　陈劲松　宋　蕾　陆璟璟
纪委书记：陈劲松（兼）

中国农业发展银行启东市支行
行　长：单卫红
副行长：蒋青云　窦婧逸

启东市农村商业银行
董事长、书记：鲍加耕
行　长：钱海天
监事长：倪建辉
副行长：吉洪彬　黄建东　张卫平　朱海洲
纪委书记：倪建辉

中国人民财产保险公司启东市支公司
经　理：金　华
副经理：汤　勇　江　仪（女）

中国人寿保险公司启东市支公司
经　理：王　炜
副经理：徐陟勋
经理助理：黄欣欣　施　赛

中国太平洋财产保险股份有限公司启东支公司
经　理：陆建东

中国太平洋人寿保险股份有限公司启东支公司
经　理：季　斌

区镇、街道

高新技术产业开发区（近海镇）
党（工）委书记：陆旭辉（12月23日任）

王春华（11月24日免）
党（工）委副书记、主任、镇长：姚赛花（女）
人大主席：黄 嵘（5月2日任） 施元凯（3月2日免）
党（工）委副书记、副主任：黄 嵘（5月2日免）
党（工）委副书记：张 健 张燕峰（女，5月2日任）
党（工）委委员、副主任、副镇长：倪培华
唐 凯（5月2日免）
党工委委员、副主任、副镇长：施宇杰（女） 陈雨春
邓 单 张 杰
副镇长：陈 俐（挂职）
副主任：洪晓武（挂职，10月7日任）
王宗良（挂职，10月7日任）
鲁小东（挂职，9月2日免）
范传杰（挂职，9月2日免）
人大副主席：高 源
党（工）委委员：黄东华 施向东
黄 林（8月26日免） 管向梅（女）
张敏敏（女，5月2日任）
党委委员：姜 维（挂职） 冯 杰（挂职）
纪（工）委书记：黄 林（8月26日免）

海工船舶工业园（寅阳镇）
党（工）委书记：黄红春（12月23日任）
徐永辉（12月23日免）
党（工）委副书记、主任、镇长：黄红春（12月23日免）
姚海燕（12月23日任）
人大主席：朱成竹（女，12月23日任）
姚海燕（12月23日免）
党（工）委副书记：沈裕辉（12月23日免）
党（工）委委员、副主任、副镇长：倪兴辉（1月17日免）
李 忠
党工委委员、副主任、副镇长：黄 皓 陆建辉
徐向军 袁雪松
袁 芳（女）
副主任：沈裕辉（挂职，3月29日免）
倪爱东（挂职，3月29日任）
何树先（挂职，9月2日免）
张伦伟（挂职，9月2日任）
人大副主席：沈春健
党（工）委委员：周卫红（女） 曹圣伟 梁俊锋
梅凤清 梁松波（5月2日任）
顾洪涛（5月2日任）
党委委员：赵 亮（挂职）
纪（工）委书记：周卫红（女）

滨江精细化工园（北新镇）
党（工）委书记：倪凯权
党（工）委副书记、镇长：张 丹（12月23日任）
茅永杰（12月23日免）
党工委副书记、主任：虞 星
人大主席：郁建峰
党（工）委副书记：沈剑刚
副主任、副镇长：邱建石（8月26日免）
党工委委员、副主任、副镇长：沈风华
党（工）委委员、副主任、副镇长：车红兵 陆海华
彭雄辉
党工委委员、副主任：赵凯华
副主任：赵晟琰（挂职） 米浩宇（挂职）
王 杰（挂职，10月7日任）
党（工）委委员：柏永辉 袁晔晔（女） 毛孙房
沈赛兵（5月2日任）
纪（工）委书记：柏永辉

启东市启隆生态科技产业园（启隆镇）
党（工）委书记：龚磊磊
党（工）委副书记、主任、镇长：薛 海
人大主席：朱德新
党（工）委副书记：沈 辉
副主任、副镇长：蒋林健 陈 舰 王 欣 赵建群
副镇长：施东辉（挂职） 唐 威（挂职，9月2日免）
党委委员：陈 利 包俊花（女）

汇龙镇
党委书记：朱卫忠
党委副书记、镇长：龚 健
人大主席：陈 霞（女，12月23日任）
陈卫东（12月23日免）
党委副书记：李 伟
党委委员、副镇长：钱启林（1月17日免）
姚政东（1月17日免） 毛新洪
副镇长：蒋海泉 陆庆兵 李永生 张燕华（女）
李雷兵 黄洪岗（挂职）
夏永洪（挂职，9月2日免）
李 昆（10月7日任） 李 强（10月7日任）
人大副主席：袁允兰（女）
党委委员：施群忠 陈小茂（女） 陆 里
曹远江（5月2日任） 何 旭（5月2日任）
张洁洁（女，挂职，6月28日任）

惠萍镇
党委书记：黄 健（12月23日任）
陈红飞（11月24日免）
党委副书记、镇长：张生华
人大主席：陈 威（12月23日任）
陈天明（12月23日免）
党委副书记：陈 威（12月23日免）
副镇长：徐枫涛（5月2日免） 杨 林（女） 范雪飞
吴永华 施江平（5月2日任） 陈忆思（挂职）
党委委员：倪 芳（女） 黄海彬 孙开金 施豪杰
龚丹丹（女） 蔡朝新（挂职）

东海镇
党委书记：陆忠华（12月23日任）
江海龙（12月23日免）
党委副书记、镇长：陈卫东（12月23日任）
陆忠华（12月23日免）
人大主席：施建辉
党委副书记：陈　霞（女，12月23日免）
党委委员、副镇长：毛雪斌
副镇长：王　辉（1月17日免）　茅东华　施龚人
殷丽华（女）　张方东（挂职）
党委委员：陈　辉　陆红磊　王向辉
王欢欢（5月2日任）
吕　满（女，5月2日任）

南阳镇
党委书记：黄　坤（11月24日任）
王　珹（女，11月24日免）
党委副书记、镇长：陆　健
人大主席：姚锦涛
党委副书记：陈　飞
党委委员、副镇长：施海彬　陈相东　陈　忠
副镇长：曹永华　陈卫华（女）　吴　杰
秦江华（挂职）
人大副主席：王凯杰
党委委员：黄　健　吴佐海　陈　惠（女）　单　华
马骁骏　王华伟（5月2日任）

海复镇
党委书记：茅永杰（12月23日任）
宋亚昌（12月23日免）
党委副书记、镇长：黄海荣
人大主席：金陆健
党委副书记：施海荣
党委委员、副镇长：沈石东
副镇长：李红燕（女）　李海东　张红华（女）
马永兵（挂职）
党委委员：施　冲　陆海军　吴　凯（5月2日任）
昝新波（5月2日任）　高赛昆（5月2日任）
任锴胜（5月2日免）

合作镇
党委书记：李荣昌
党委副书记、镇长：陶卫新
人大主席：张　丹（12月23日免）
沈裕辉（12月23日任）
副书记：陆建兵
党委委员、副镇长：袁　玲（女）
副镇长：龚黄健　陈　宇（5月2日任）　袁华健（挂职）
朱张勇（5月2日免）　朱成竹（女，12月23日免）
党委委员：王永刚　沈春雅（女）　张利国（5月2日任）
黄　为（5月2日任）
周博伟（女，5月2日任）
顾海东（5月2日免）
顾恬恬（挂职）　张利国（挂职，5月2日免）
管　笙（挂职）　管俊喆（挂职）
花凯凯（挂职）　朱　兵（挂职）

王鲍镇
党委书记：黄豪杰（12月23日任）　王峰华（3月2日免）
党委副书记、镇长：陈天明（12月23日任）
黄豪杰（12月23日免）
人大主席：徐张禄
党委副书记：蔡栋梁
党委委员、副镇长：夏晓娟（女）　张卫飞
副镇长：王蕻冰　朱　芳（女）　施程骏（挂职）
党委委员：施华伟　陈　宇（5月2日免）　蒋勤荣
董志松　杨　勇（5月2日任）
杨本发（挂职）

吕四港镇
党委书记：石光辉
党委副书记、镇长：王裕兵
人大主席：杨莹莹
党委副书记：陈红飞（11月24日任，挂职）　尹国华
沈　捷（12月23日任）　陆正明（挂职）
党委委员、副镇长：汤国军　田卫菊（女）
副镇长：袁群生（1月17日免）　陆慧慧（女）
朱芳芳（女）　王兴建　徐　浩
夏正元（挂职）　丁　杰（挂职）
许剑锋（挂职）　唐　威（挂职，10月7日任）
人大副主席：李国强
党委委员：周　勤　丁雪琴（女）　蔡　敏
杨　娟（女）　卢　华

吕四港镇党政办公室（法制办）
主　任：彭颜艳（女）

吕四港镇组织人事和社会保障局
局　长：印　静（女）

吕四港镇政法和社会管理办公室
主　任：茅卫东

吕四港镇经济发展和改革局
局　长：李海江

吕四港镇财政和资产管理局
局　长：林菊星（女）

吕四港镇建设局
局　长：王兴建（兼，5月2日免）　黄　丹（5月2日任）

吕四港镇农村工作局
局　长：

吕四港镇社会事业局
局　长：周黎晖（女）

吕四港镇综合执法局
局　长：顾海峰

吕四港镇安全生产监督管理局
局　长：姚舜禹

吕四港镇便民服务中心（招投标中心）
主　任：陆慧慧（女，兼）
副主任：潘玉芬（女，5月2日任）

汇龙镇南城区街道党工委、办事处
书记、主任：林锋风
副主任：顾培源　虞祖伟　李灵瑶（10月7日任）
党工委委员、纪工委书记：施海霞（女）

汇龙镇南城区人大工作委员会
主　任：林锋风（兼）

汇龙镇北城区街道党工委、办事处
书记、主任：陆红琴（女，12月23日免）
副书记、副主任：陆江华（女）
副主任：黄裕辉　许水红（女）
党工委委员、纪工委书记：沈海华

汇龙镇北城区人大工作委员会
主　任：陆红琴（女，兼，12月23日免）
副主任：陆江华（女，兼）

其他事业单位

启东市国有资产投资控股有限公司
董事长、总经理：张天安
董事、副总经理：陈一峰　仇春雷

启东市城市投资经营中心
董事长、总经理：周　兵
董事、副总经理：范　斌　王　卓

江苏省启东中学
校长、书记：陆圣华（5月21日任）
副书记：陆圣华（5月21日免）
副校长：陆圣华（5月21日免）　钱宏达　陈仲刘
　　　　李　俊　顾春燕（女）
纪委书记：

江苏省启东中学办公室
主　任：陈宏杰
副主任：陈新健（女）　曹传安

江苏省启东中学政教处
主　任：钱　辉
副主任：施晓辉　汪　霞（女，8月26日任）
　　　　黄柳华（8月26日任）

江苏省启东中学教务处
主　任：张玉萍（女，8月26日免）
副主任：徐晓勇　陈海东　陆海峰（8月26日任）
　　　　殷宝霞（女，8月26日任）

江苏省启东中学教科室
主　任：吴建军（8月26日任）
副主任：吴建军（8月26日免）　胡　勇（8月26日任）
　　　　黄群力（8月26日任）

江苏省启东中学总务处
主　任：刘　勇
副主任：邹德敏（8月26日任）

江苏省启东中学团委
书　记：

江苏省启东中学工会
主　席：王雪彬（8月26日免）
　　　　李　俊（兼，8月26日任）
副主席：龚　辉

江苏省启东中学奥赛中心
主　任：曹瑞彬（8月26日免）
　　　　张玉萍（女，8月26日任）
副主任：黄鹤松（8月26日任）

汇龙中学
校　长：徐　辉
副校长：顾学冲　施　超　陆曙斌　顾永超
纪委书记：

第一中学
校　长：陈仲刘

副校长：高德群　宋凯东　薛　健（8月26日任）

大江中学

校长、书记：吴春华（8月26日免）
副书记：徐浩亮（主持工作，8月26日任）
副校长：徐浩亮
校长助理：袁永辉（8月26日免）

东南中学

校长、书记：袁飞天（8月26日免）
副书记：施袁辉（女，主持工作，8月26日任）
副校长：施袁辉
校长助理：罗卫东（8月26日免）

吕四中学

校长、书记：徐正辉（8月26日免）
副书记：李　凯（主持工作，8月26日任）
副校长：周　勇（8月26日免）　李　凯　袁冬晖
　　　　袁永辉（8月26日任）　葛东华（8月26日任）

江海中学

校长、书记：王　平（8月26日免）
副书记：周　勇（主持工作，8月26日任）
副校长：周　勇（8月26日任）　徐菊美（女）　方　浩

江苏省启东中等专业学校

校长、书记：朱雄鹰（8月26日免）　耿一波（8月26日任）
副校长、副书记：叶建辉（8月26日免）
副校长：陈　陆（8月26日免）　耿一波（8月26日免）
　　　　刘　松　彭卫东（8月26日任）

启东市第二中等专业学校

校长、书记：施裕平（8月26日免）　宋晓峰（8月26日任）

启东市人民医院

院长、书记：陆健泉
副院长：韩雪华　倪向阳　唐红萍（女）　张风雷

启东肝癌防治研究所

所　长：陆健泉

启东市中医院

院　长：樊　健
书　记：
副书记：夏卫明
副院长：夏卫明　顾建如（女，3月2日免）　蒋　辉
　　　　魏　洪

启东市卫生监督所

所　长：李伟彬

启东市疾病预防控制中心

主　任：周　超

（市委组织部）

城区新视角　（郁卫兵/摄）

2017年启东市为民实事项目

项目一、聚焦富民类

计划完成：推进大众创业万众创新，加快十大创新平台建设，发放创业就业小额担保贷款1500万元；免费开展就业创业培训30班次，帮扶1500名群众创业；增加群众转移性收入，为全市低保、特困、重残家庭缴纳居民基本医疗保险和大病保险个人筹资部分；实施精准扶贫，建档立卡低收入人口增收达标率超过55%，村集体经营性收入全部超过30万元。

实际完成：推进大众创业万众创新，十大创新平台加快建设，建成南通地区首家离岸孵化器，引进孵化项目23个；发放创业就业小额担保贷款2090万元；开展免费就业创业培训30班次，帮扶群众创业1506名；增加群众转移性收入，全市37607名低保、特困、重残家庭居民基本医疗保险和大病保险个人筹资部分均由财政全额补助，共发放补助金639.3万元；实施精准扶贫，低收入农户脱贫4406户，累计脱贫率达74%，经济薄弱村集体经营性收入均超过35万元，扶持村级集体经济工作全省试点。

项目二、教育发展类

计划完成：全市新建公办幼儿园8所，建成启用3所；全市新建、迁建、扩建中小学4所，3所中小学秋季建成启用，缓解部分学校班额过大问题；开工建设南通大学启东校区二期工程。

实际完成：城乡学校加快建设，长江幼儿园城东分园、慕卿幼儿园学华分园、茅家港幼儿园、久隆幼儿园等8所公办幼儿园开工建设，和睦幼儿园（一期）、和睦幼儿园城南分园、北上海幼儿园竣工启用；鹤城中学、汇龙小学城东分校、汇龙小学学华分校、滨江实验学校等4所学校开工建设，实验小学开发区分校、南苑小学城南分校、紫薇小学英邦分校竣工启用；南通大学启东校区二期工程加快建设，完成总工程量的30%。

项目三、医疗卫生类

计划完成：提升综合医疗服务水平，市人民医院建成三级乙等综合医院，市精神卫生中心和残疾人托养中心建成投用，市妇幼保健院加快建设；提高基层分级诊疗服务能力，创建省示范村卫生室30家；加强乡村医生队伍建设，选聘充实40名农村医学、护理等专业卫技人员；人均基本公共卫生服务项目经费增至100元，免费开展12类46项基本公共卫生服务项目；开展市民应急救护培训，完成公益性救护培训12000人。

实际完成：全面提升综合医疗服务水平，市人民医院三级乙等综合医院创建通过初审，市精神卫生中心和残疾人托养中心主体工程完工，市妇幼保健院主体工程结构封顶；推进新型农村合作医疗总额预付工作，提高基层分级诊疗服务能力，创建省示范村卫生室30家；乡村医生队伍建设不断加强，选聘充实79名农村医学、护理等专业卫计人员到基层医疗单位工作；免费开展12大类46项基本公共卫生服务项目，共计投入7616万元；开展市民应急救护培训，完成公益性救护培训14561人。

项目四、社会保障类

计划完成：实施全民参保计划，城乡基本养老保险覆盖率巩固在96%以上；为1000名困难残疾人配发生活辅助器具，为全市0~14周岁残疾儿童提供免费基本康复训练；社会福利中心主体工程结构封顶，市镇两级居家养老服务中心完成标准化建设；开工建设安置房80万平方米，竣工100万平方米，交付6000套；开工建设“棚户区”改造住房6500套，竣工2600套。

实际完成：实施全民参保计划，城乡基本养老保险参保率超过96%；为1463名困难残疾人配发生活辅助器具1949件，为全市89名0~14周岁残疾儿童提供免费基本康复训练；社会福利中心主体工程结构封顶，市镇两级居家养老服务中心完成标准化建设，建成标准化居家养老服务站28家；开工建设安置房91万平方米，竣工105万平方米，交付7700套；开工建设“棚户区”改造住房6587套，竣工3213套。

项目五、出行畅通类

计划完成：加快打通城市进出口快速通道，开工建设城市环线道路4条，启动人民路、江海路、公园路地下通道规划研究；完善新城区路网框架，开工建设8条、竣工通车4条；启动火车站片区路网建设，开工建设道路4条；实施城区道路盲道改造2公里，增加道路停车位500个。

实际完成：城市进出口快速通道进一步打通，和平南路、建设南路、大兴线西复线、丁仓港南路等4条城市环线道路建成通车，城市地下通道建设工程完成可行性研究方案；新城区路网框架进一步完善，松花江东路、牡丹江东路、金沙江路、岷江路等8条道路开工建设，公园路南延、黄浦江路、钱塘江路、民胜南路竣工通车；启动火车站片区路网建设，中群一路、天龙路、跃龙路完成前期工作，华石北路竣工通车；实施城区主次干道盲道改造15公里，增加道路停车位3700个。

项目六、生态环境类

计划完成：加快打造生态湿地系统，推进蝶湖公园、圆陀角湿地公园、滨江生态林带建设，启动森林公园、植物园规划建设；实施"沿路、沿海、沿河、沿节点"绿化提档升级工程，新增成片造林面积10000亩，其中农村造林8500亩，交通城建绿化1500亩，提升改造城区道路绿化10公里、节点绿地5个；开展"两减六治三提升"专项行动，对全市重点行业8家企业实施清洁化改造，对4家重点企业开展挥发性有机物污染整治，淘汰燃煤锅炉30台；加大畜禽养殖污染治理力度，关闭禁养区畜禽养殖场，限养区、适养区养殖场污染治理全面达标，取缔治污不达标畜禽养殖场；推进城市污水处理厂提标改造，新增污水配套管网10公里。

实际完成：加快打造生态湿地系统，蝶湖公园可施工区域完成工程量的90%，圆陀角滨海湿地获批设立省级湿地公园，完成工程量的60%，滨江生态林带建设完成工程量的95%，森林公园完成新选址的初步规划方案，植物园完成方案设计；实施"沿路、沿海、沿河、沿节点"绿化提档升级工程，新增成片造林绿化18500亩，其中农村造林16910亩，交通城建绿化1590亩，提升改造城区道路绿化10公里，建成节点绿地5个；深入开展"两减六治三提升"专项行动，8家印染企业完成清洁化改造，方鑫化工、东岳药业、科本医药、好收成等11家重点企业完成挥发性有机物污染整治，淘汰燃煤锅炉234台；畜禽养殖污染治理力度进一步加大，关闭禁养区畜禽养殖场28家，限养区、适养区养殖场污染治理工作有序开展，治理规模养殖场196家、非规模养殖场1012家，取缔治污不达标畜禽养殖场241家；城市污水处理厂完成提标改造，新增污水配套管网12公里。

项目七、城市宜居类

计划完成：推进区域供水中线工程，加快建设通久线、启隆线；完成"西气东输"启东段高压管网、启隆镇天然气站建设；加快城区防洪排涝工程建设，新建涵闸泵站3座，智能排水信息系统投入使用；新建农贸市场2个，新建及改造小游园5个，新增城区慢行步道5公里。

实际完成：区域供水通久线、崇启线加快推进；"西气东输"启东段完成前期工作，启隆镇天然气站建成投用；城区防洪排涝工程加快建设，新建涵闸泵站3座，城区智能排水信息系统投入使用；新建邻里中心3家、农贸市场3家，新建及改造东郊三角绿地、中成河滨花园西侧、皇家花园东侧、紫薇二村96号楼南侧、长江新村83号楼北侧5个小游园，新增城区慢行步道7公里。

项目八、农村配套类

计划完成：建设高标准农田19万亩，夯实现代农业发展基础；推进高标准水利建设，重点实施窄沟拓浚、宅垅整治工程，疏浚河道土方450万立方米；完成30公里市乡公路生命安全防护工程，实施12条市乡公路大中修工程，打通农村公路"断头路"30公里。

实际完成：建成高标准农田19万亩，核心示范区土地流转率达100%；推进高标准水利建设，重点实施河道疏浚、沟河贯通、宅垅整治、泯沟填埋工程，累计疏浚河道土方598万立方米；完成30公里市乡公路生命安全防护工程，实施志圩线南段、久新线等12条市乡公路大中修工程，打通农村公路"断头路"30公里。

项目九、文化体育类

计划完成：开展"共乐东疆"百项群众性文体活动，加快文化体育中心建设；加快基层综合性文化服务中心建设，8个区镇、200个村社区完成达标提升；完成10个老小区体育健身设施改造，为70个行政村更新篮球架，开放学校室外体育运动场地15片；提高公共图书藏书量，新增图书6万册，推进全市村社区书屋通借通还；完成农村广播应急系统提升工程、"村村用"信息平台建设。

实际完成：开展"共乐东疆"百项群众性文体活动4600场，覆盖近90万人次，文化体育中心南区结构封顶；基层综合性文化服务中心建设全面推进，汇龙、吕四、近海等8个区镇和230个村社区完成公共文化综合服务中心达标提升基础建设任务；民乐一村、长江新村等10个老小区完成体育健身设施改造，汇龙镇城河村、近海镇建东村等70个行政村篮球架完成更新，紫薇小学英邦分校、长江小学等15所学校室外体育运动场地对外开放；公共图书藏书量进一步提高，新增图书6万册，建成24小时自助图书室1家，完成村社区书屋图书分馆建设80家；累计投入近500万元，完成农村广播应急系统提升工程、"村村用"信息平台建设。

项目十、公共安全类

计划完成：建设公安大数据指挥服务中心，提高网上服务管理、个性化服务管理能力；升级完善技防天网工程，推进2个居民小区智能化技防建设，进一步提升群众安全感；加强畜禽屠宰监督管理，改建、迁建标准化屠宰场2家，关闭生产不达标屠宰场4家；推进水产品、粮油产品检测体系建设，实施"农村集体聚餐提升工程”“学校食堂放心工程”“电梯维护安全提升工程”。

实际完成：制定《启东警务大数据平台建设方案》，大数据指挥服务中心一期工程开展基础数据采集；升级完善技防天网工程，完成紫薇二村（南区）、人才公寓小区智能化技防建设，公众安全感比上年度提升1.5个百分点；加强畜禽屠宰监督管理，关闭生产不达标屠宰场4家，改建、迁建标准化屠宰场2家，启东生猪屠宰服务中心、吕四生猪屠宰服务中心建设有序推进；推进水产品、粮油产品检测体系建设，开展粮油产品检测84批次、水产品检测195批次；推进“学校食堂放心工程”，85家学校食堂完成“明厨亮灶工程”升级改造；农村集体聚餐厨师健康证、食品安全知识培训合格证持证率达98%，完成农村集体聚餐现场评估4669批次；全市4219台在用电梯实现电子二维码安全管理。

（市政府办）

2017年启东市大事记

1月

5日 市委书记、市人大常委会主任徐锋接受南通电视台、南通电台、《南通日报》的联合采访。徐锋表示，启东将深入贯彻落实南通市委十二届二次全会精神，团结拼搏、务实苦干，全面接轨上海，全力促进民富，向着高水平全面建成小康社会阔步迈进。市委常委、统战部部长、市委办主任龚心明参加活动。

△ 市委副书记、市长黄卫锋率住建、交通、环保、水务、城投公司及汇龙镇、惠萍镇等相关单位主要负责人调研城建工作，市领导王凯、袁圣菊、汤葱葱参加活动。

9—13日 中国人民政治协商会议启东市第十五届委员会第一次会议召开。市委书记、市人大常委会主任徐锋发表讲话，十四届市政协主席顾云峰作常委会工作报告。大会选举政协启东市第十五届委员会主席、副主席、秘书长和常务委员。经无记名投票，孙建忠当选为政协启东市第十五届委员会主席，蔡建平、宋逵、龚建涛、潘双林、徐永辉当选为政协启东市第十五届委员会副主席，陆建新当选为政协启东市第十五届委员会秘书长。

10—14日 启东市第十七届人民代表大会第一次会议召开。市委副书记、市长黄卫锋代表启东市人民政府向大会作工作报告。大会以书面形式向代表们提交《关于启东市2016年国民经济和社会发展计划执行情况与2017年国民经济和社会发展计划（草案）的报告》《关于启东市2016年财政预算执行情况与2017年财政预算（草案）的报告》。会议举手表决通过《关于启东市第十七届人民代表大会专门委员会的设立和通过办法》、启东市第十七届人民代表大会法制委员会和财政经济委员会成员名单。大会选举顾云峰为启东市第十七届人民代表大会常务委员会主任，选举张建新、张卫生、潘国红、黄松涛为启东市第十七届人民代表大会常务委员会副主任。选举黄卫锋为启东市人民政府市长，选举王凯、黄忠、袁圣菊、汤葱葱、高红宇、唐海兵为启东市人民政府副市长，选举潘建为启东市人民法院院长，陈新建为启东市人民检察院检察长。大会还选举启东市第十七届人民代表大会常务委员会委员36人，出席南通市第十五届人民代表大会代表71人。

15日 江苏省旅游局公布“2016年江苏十大新景区”评选结果。启东恒大碧海银沙榜上有名，也是南通地区唯一入选景区。

16日 全市高标准农田建设工作会议召开。市领导汤雄、黄松涛、袁圣菊等参加会议。

18日 全省旅游工作推进会在徐州召开。启东市委副书记、市长黄卫锋作为县级市代表在会上作交流发言。

△ 全市富民强企奔小康“走帮报”活动动员会召开。会议动员全市广大党员干部转变作风、深入基层，积极投身全面接轨上海、全力促进民富，高水平全面建成小康社会的实践。

△ 启东港口岸边防检查勤务交接仪式举行。勤务交接后，启东边检站接替南通边检站，担负启东35公里江海岸线、6个开放码头、3个临时开放码头的边防检查任务。江苏省边防总队副总队长蔡锦明参加交接仪式。

20日 市委书记徐锋深入吕四港镇，走访村居、企业，看望困难农户和困难党员。徐锋强调，全市上下要以此次“走帮服”活动为契机，走基层、广发动，充分了解一线情况，倾听企业发展诉求。

25日 全市综合表彰大会召开。市委书记徐锋出席会议并讲话，市委副书记汤雄宣读表彰决定。

1月 启东市获评2015—2016年度“省级平安渔业示范县”。

1月 苏琳晓家庭获首届“江苏省文明家庭”称号。

2月

1—3日 第十八届中国·启东天汾科技五金交易会举行。此次交易会设标准展位650个、门面400多个、地铺200多个，来自全国各地的1000多家参展商参加。交易会期间，参观人数超过6万人次，意向交易额达50亿元。

3日 中共启东市第十三届纪律检查委员会第二次全体会议（第二阶段）在市党教中心召开。市委常委、市纪委书记沈良杰出席会议并作题为《压实责任担当，强化党内监督，全力推动启东全面从严治党向纵深发展》的工作报告。

4日 南通市机关作风建设电视电话会议召开，市领导徐锋、黄卫锋、汤雄在南通主会场参加会议，市委书记徐锋在会上作交流发言。启东市获2016年度南通市“四个全面”综合考核一等奖。

6日 市委副书记、市长黄卫锋率住建、国土、国投公司、城投公司及汇龙镇、惠萍镇、开发区等相关单位主要负责人调研城建工作。

7日 市委副书记、市长黄卫锋

率市委农工办、市水务局、农委、住建局、城投公司及惠萍镇、近海镇等相关单位负责人，调研造林绿化、森林公园建设等情况。

△ 市领导汤雄、袁圣菊、宋逵率市农委等部门负责人，到王鲍镇聚星村、松桥村、洪桥村、安良村等地，调研高标准农田建设。

8日 市委副书记、市长黄卫锋率发改委、财政局、地税局、金融办等相关部门负责人，走访市部分企业，了解企业发展目标和面临的困难，勉励企业加大投入力度，落实全年工作目标任务，为全市经济社会发展做出贡献。

△ 2017年庆元宵万众健步走暨第二十届全民健身节开幕式在广电广场举行。

9日 "希望6号"圆筒型浮式生产储卸油平台在启东中远海工举行开航仪式，标志着中国船厂首个为国外石油公司完整建造的FPSO总包项目正式交付启航。

12日 全市2017年重大项目集中开工现场推进会暨国动产业园二期项目开工仪式在启东经济开发区举行。此次集中开工的亿元以上产业项目共有7个，其中10亿元以上项目2个。

14日 南通市第十五届人民代表大会第一次会议在更俗剧院开幕。南通市人大常委会副主任、党组成员施建中到启东代表团，与徐锋、顾云峰、汤雄、赵男男、王凯、石光辉、黄忠等代表们一起审议《政府工作报告》。

24日 启东对接服务上海投资环境说明会在上海浦东中国金融信息中心举行。230多家企业和行业代表参加推介会，累计签约项目42个，总投资额361.2亿元。

28日 市委、市政府举行重点工作"首月听"活动。市委书记徐锋强调，各地各部门要进一步牢固树立"项目为王"理念，收心再聚力、加压谋发展，全面掀起埋头苦干、真抓实干、紧张快干热潮，力争实现首季"开门红"，为全市工作开好局、起好步打好基础。市四套班子领导出席活动。

2月 农业部、国家安监总局公布"全国文明渔港"名单（第四批），启东市吕四中心渔港通过复评，再度获得"全国文明渔港"称号。

2月 启东中学被评为"2016—2020年度江苏省科普教育基地"，成为南通唯一获此殊荣的学校。

3月

1日 江苏省道德模范与身边好人（南通启东）现场交流活动在启东市广播电视台演播大厅举行。江苏省文明办副主任葛莱，江苏省美德基金会秘书长张仕冲，南通市委宣传部副部长、市文明办主任陈冬梅出席活动。

2日 中央电视台《新闻联播》推出全国两会特别节目"点赞中国"。第一个获得点赞的是由中远船务（启东）海洋工程有限公司自主设计建造的圆筒型浮式生产储卸油平台"希望6号"，被誉为"大国重器"。

3日 市委书记徐锋深入吕四区镇，走访村居、企业和部分农户，开展富民强企奔小康"走帮服"活动。

△ 市委副书记、市长黄卫锋深入汇龙镇，走访村居、企业，看望老党员，掌握基层一线的情况。

5日 "日行一善，随手公益"志愿服务行动暨青年志愿服务主题月活动启动仪式在市图书馆举行。

△ 国家发改委等十部委联合下发《关于同意河北省阜城县等116个县（市、区）结合新型城镇化开展支持农民工等人员返乡创业试点的通知》，江苏省有5个市（区）列入第二批试点，启东市名列其中。

9日 江苏省委常委、常务副省长黄莉新到启东，调研市沿海开发工作。南通市委常委、常务副市长单晓鸣参加相关活动。黄莉新高度评价市沿海开发工作，勉励启东继续当好江苏排头兵。

△ 2017年第一轮巡察工作动员会召开。

10日 市委书记徐锋接受南通电视台专访。徐锋表示，启东将紧紧抓住全面接轨上海这篇大文章，努力在南通建设上海"北大门"的进程中当好"门柱子"，在对接服务上海工作中走在前、干在先，为南通"四个全面"发展做出启东应有的贡献。

13日 市第十七届人大常委会召开第一次会议。会议审议通过市人大常委会2017年工作要点和重点工作安排；审议通过市人大常委会议事规则、人大常委会组成人员守则、人大常委会关于自身建设的实施意见；审议通过关于设立市十七届人大常委会代表资格审查委员会的有关事项；会议听取市镇两级人大换届选举工作情况的报告；会议审议通过市人大常委会2017年度工作评议实施意见；表决通过有关人事任免和辞职事项，新任职人员进行宪法宣誓。

14日 中国首艘军民两用5万吨级半潜船在启东建成，并通过专家验收正式下水投入使用。这是中国首次在民船中实现多军种海上中继保障功能。

△ 捷捷微电在深圳证券交易所创业板上市，为启东市第4家上市公司。

16日 宁启铁路通启段特大桥首片T梁成功架设，标志首宁启铁路启东段正式进入铺轨架梁阶段。

20—21日 省委书记李强在启东调研市产业转型、沿海开发、富民增收、生态建设等情况。省委常委、常务副省长黄莉新，南通市委书记陆志鹏，南通市委常委、秘书长沈雷，启东市委书记徐锋陪同调研。李强强调启东要充分发挥区位、交通、资源要素优势，注重特色发展，积极主动接轨上海，增创新的发展优势。

23日 市委书记徐锋主持召开市委常委（扩大）会议暨市委中心组理论学习会，第一时间传达贯彻省委书记李强到启东调研主要精神，交流南通市市管领导干部学习贯彻习近平总书记系列重要讲话精神读书班学习和开展富民强企奔小康"走帮服"活动体会。

28日 市十七届人大常委会召开第三次主任会议。会议听取市政府关于全市农村土地承包经营权确权登记颁证工作情况的报告，听取市人大常委会农业和农村工委关于全市农村土地承包经营权确权登记颁证工作情况的调查报告等。

30—31日 全省沿海滩涂围垦开发工作座谈会在启东召开。会议对市沿海开发及滩涂综合开发利用取得成效予以充分肯定。省沿海办副主任乔德正出席会议。

31日 市委、市政府举行一季度重点工作"次月看"活动，对全市各镇、园区的重点项目推进情况进行现场观摩。徐锋、黄卫锋、顾云峰、孙建忠、汤雄等市四套班子领导出席活动。

△ 山东省委组织部人才处主任张辉、省科技厅科技合作处处长梁恺龙一行，到启东考察学习市"千人计划"专家工作站建设经验做法。

△ "2016感动中国·江苏十大感动人物"颁奖典礼在南京举行。"板凳女孩"苏晓琳当选。

3月 国家知识产权局发文，认定国家知识产权强县工程示范县（区）36个，市位居榜单第2名。

4月

1日 由南通市文明办、教育局主办，启东市文明办、教育局承办的南通市"我们的节日·清明节"主题示范观摩活动在东南中学举行。

5日 市政府全体（扩大）会议暨廉政工作会议召开。会议要求政府部门以更加进取的精神、更加负责的态度、更加务实的作风、更加高效的服务，推动启东经济社会持续健康发展。

7日 南通市委召开全市富民强企奔小康"走帮服"活动推进电视电话会议。启东市设分会场收看。市委书记徐锋要求各地各部门以更高的自觉落实责任担当，以更实的举措推动活动开展。

11日 亚洲最大容量的海上升压站在启东蓝岛海工正式竣工发运，标志着蓝岛海工海上风电设计制造水平进入世界先进行列。

13日 "逐梦江海·启东接轨上海"媒体见面会举行。来自中央、省、南通市的各级媒体的20多名记者通过集中采风、座谈交流等方式，全方位了解启东市经济社会发展和接轨上海举措成效。

15日 长三角生物医药高层论坛和科技沙龙活动在市环球大厦举行。中科院院士刘新垣、上海生物医药行业协会执行会长陈少雄等全国50多位生物医药领域的专家教授、企业代表出席论坛。

18日 全市领导干部会议召开。市委书记徐锋在会上讲话，动员全市上下坚定必胜信念，强化工作举措，以善于突破、敢于争先、勇于担当的精神意志和务实作为，奋力夺取"双过半"。市委副书记、市长黄卫锋主持会议。

19日 北京新四军暨华中抗日根据地研究会副会长兼秘书长乔泰阳、副会长兼一师分会会长刘华苏率领70多人的寻访调研团到启东参观抗大九分校纪念馆，追寻粟裕师长足迹，再访苏中革命老区。

20日 市委书记徐锋到吕四港镇、王鲍镇、合作镇调研高标准农田建设。

21日 市发放首份电子营业执照，标志着市"互联网+政务服务"政府管理机制正式启动。

△ 盖天力医药控股集团与启东经济开发区正式签约，投资10亿元建设生物医药及保健品生产项目，市领导黄卫锋、孙建忠、王凯、高红宇出席签约仪式。

28日 启东市旅游产业（上海）说明会在上海举行。上海各区旅游局、旅游协会、大规模旅行社等近200人参会。

4月 市获评2016年度南通市质量工作考核优胜单位。

4月 以市民警黄建生为原型创作的微电影《不徒鸟》入选第六届中国国际微电影节参赛影片。

4月 崇明至启东长江公路通道工程获评第十届中国土木工程詹天佑奖。

5月

4日 吕四·魁北克海洋文化艺术之城项目签约仪式在市行政中心举行。金诚集团董事长韦杰，市领导徐锋、黄卫锋等出席签约仪式。

△ "德润江海 善行天下"中央文明办4月"中国好人榜"发布仪式暨全国道德模范与身边好人（江苏南通）现场交流活动在南通更俗剧院举行。市顾建康、吴勇获评"中国好人"。

5日 全市创建全国文明城市工作推进会召开。会议动员全市上下以坚定的信心、扎实的举措、过硬的作风，全力打赢创建全国文明城市攻坚战、决胜战。市领导徐锋、黄卫锋、顾云峰等参加会议。

11日 全市企业上市挂牌工作推进会召开。南通市委常委、市纪委书记韩方，启东市领导徐锋、黄卫锋、顾云峰等参加会议。

△ 启东中远海工的黄剑国家级技能大师工作师通过省专家组验收。

15日 国家卫生城市复审迎查动员会在市行政中心科技楼召开。

△ 省委举办第五期县委书记论坛，以"推动改革落实，释放发展活力"为主题交流推广各地抓改革的经验和做法。市领导徐锋、顾云峰、汤雄等在启东分会场收听收看。

22日 2017中国南通江海国际博览会暨首届通商大会在南通体育会展中心开幕。江苏神通阀门股份有限公司董事长吴建新等10位企业家获评南通"三名"年度人物。

23日 市委召开全市领导干部会议，宣布省委、南通市委关于启东市委主要负责同志职务调整的决定：王晓斌任启东市委委员、常委、书记，徐锋不再担任启东市委书记、常委、委员，另有任用。

24日 市委书记王晓斌先后到启东经济开发区、滨江精细化工园（北新镇）、海工船舶工业园（寅阳镇）调研，强调要积极策应南通建设上海大都市北翼门户城市，打造上海"北大门"的目标定位，切实将项目建设摆在突出位置，聚焦项目建设，助力发展引擎，为全市经济社会好上又好、能快则快发展增添强大动力。

△ 中组部党建读物出版社总

编辑张阳升一行到启东调研市“第一书记”工作。南通市委组织部副部长、“两新”工委书记张辉陪同调研。

26日 长泰海滨城项目在江海产业园开工奠基。

31日 南通市委常委、政法委书记、通吕运河河长姜永华一行乘船到启东，实地调研市通吕运河河长制落实情况。

△ 市委、市政府举行重点工作“首月听”活动。市委书记王晓斌强调，要立足启东长远发展，时刻保持清醒头脑，聚焦聚力强招商，久久为功抓项目，奋力确保项目建设和各项目标任务实现“双过半”。黄卫锋、孙建忠等市领导出席活动。

5月 江苏省发展和改革委员会公布首批25家省级特以小镇创建名单，市吕四仙渔小镇入选。

6月

1日 市委书记王晓斌深入吕四港经济开发区（吕四港镇）调研。他强调，要大抓项目促发展，关注民生增福祉，推动“两聚一高”各项目标任务落到实处。市领导龚心明、石光辉参加调研。

2日 市委召开推进“两学一做”学习教育常态化制度化工作座谈会，深入学习贯彻习近平总书记重要指示精神和中央、省委、南通市委工作座谈会要求，总结交流全市“两学一做”学习教育开展情况，安排部署推进学习教育常态化制度化工作。市委书记王晓斌在会上讲话。

3日 市召开创建全国文明城市暨国家卫生城市复审迎查工作指挥部全体会议。26日，市领导汤雄、姜平、唐海兵率公安、住建、城管等相关部门负责人，现场督查创建全国文明城市暨国家卫生城市复审工作情况，要求6月底前全面落实各项整改措施。

4日 全市安全生产及消防工作紧急会议召开，会议通报乾朔电子发生的火灾事故和1月起安全生产及消防工作情况，要求全市上下进一步提高认识、强化举措，切实维护全市安全和消防稳定大局。市领导黄卫锋、王凯、黄忠、高红宇参加会议。

5日 总投资50亿元的中成启东现代物流产业园区项目正式开工。中国机械设备工程股份有限公司董事长孙柏，市领导王晓斌、黄卫锋等出席开工启动仪式。

△ 市委副书记、市长、通启运河启东段市级河长黄卫锋率水务、环保部门和南阳镇、近海镇负责人，巡查通启运河河长制落实情况。

△ 市委书记王晓斌到南北城区街道办、汇龙镇调研。他强调，要聚焦利民惠民，持续改善民生，不断提升百姓获得感和满意度。市领导龚心明参加调研。

8日 中国·启东农产品流通大数据论坛暨启东农产品国际物流港项目推介会在大自然度假村举行。南通市副市长赵闻斌，市领导孙建忠、汤雄、袁圣菊等出席会议。

△ 南通市委副书记、市长韩立明到启东调研重大项目建设情况。市领导王晓斌、龚心明、王凯、石光辉等参加调研。

△ 南通电视台、南通广播电台、《南通日报》《江海晚报》组成采访团到启东，对市“放管服”改革工作进行集中采访。

10日 圆陀角旅游度假区在上海闵行区举办旅游服务产业合作推介会，碧桂园、常州恐龙园、复星地产、海拉拉等30多家企业代表应邀出席。

12日 市委书记王晓斌先后赴合作镇、王鲍镇、惠萍镇、东海镇、南阳镇、海复镇、圆陀角旅游度假区、高新区（近海镇）、江海产业园等地调研。他强调，全市上下要奋力推进“两聚一高”新实践，加快建设“强富美高”新启东。市领导姜平、龚心明参加调研。

14日 2017年第二轮巡察工作动员会召开。

17—18日 2017UltraS启东·圆陀角国际铁人三项赛在恒大海上威尼斯举行。来自美国、法国、新加坡等国家和上海、浙江、江苏等地的500多名运动员展开比赛。

21日 市委书记王晓斌，市委副书记、市长黄卫锋率市相关部门负责同志，巡查长江启东段、防汛安全和“263”专项整治情况。

23日 2017中国·启东国际经贸洽谈会在环球博圣酒店博圣厅举行。南通市委常委、副市长王剑锋，市领导王晓斌、黄卫锋、顾云峰、孙建忠、汤雄等出席开幕式。来自上海各级政府部门、驻上海商会（协会）、驻上海科研院所、高等院校、沪上企业等200多位客商参加开幕式。此次国际经贸洽谈会以“跨江融合·接轨上海”为主题，累计签约项目34个，总投资185多亿元。

27日 全市“三堂融合”工作推进会暨2017年度“启吾巡讲堂”开班仪式在王鲍镇大生艺术院会议室举行。

28日 市第十七届人大常委会召开第三次会议。会议任命郑琳琳为启东市人民政府副市长（挂职）。

△ 江苏政务服务网上线运行，启东市完成所有业务对接，实现“不见面审批”。

30日 市举行座谈会，庆祝中国共产党成立96周年。市委书记王晓斌出席座谈会并讲话。

6月 市人民医院院长陆健泉做客中国网络电视台《院长话医改》节目演播室，谈县级公立医院医改实践。

6月 市推出首个农产品网购平台“启东优莱”。

7月

1日 启东高新区碧桂园科技小镇项目签约仪式举行。市领导黄卫锋、姜平、高红宇和碧桂园集团执行董事、总裁莫斌出席签约仪式。

△ 市委书记王晓斌率公安、住建、城管等相关部门负责人，现场督查全国文明城市创建暨国家卫生城市复审工作情况。

4日 全市驻村“第一书记”交流座谈会召开。

6日 省委副书记、代省长吴政隆在启东调研时强调，坚持以新发展理念为指引，发挥优势、抢抓机遇，聚力创新、聚焦富民，努力在上海“北大门”建设中展现更大作为。省政府秘书长王琦参加调研。南通市委书记陆志鹏，启东市委书记王晓斌陪同调研。

6—9日 2017年全国沙滩排球锦标赛（启东站）在恒大海上威尼斯举行。来自各省市自治区、香港特别行政区、解放军、行业体协和国青队的65支沙排队参加比赛。

7日 市召开“凤还巢”工作座谈会。

△ 市光伏产业扶贫工作启动。

8日 全市领导干部“旗帜鲜明讲政治”专题培训班在市行政中心党员干部学习教育中心开班。市委书记王晓斌上专题党课。

△ 市交安出租车公司“本地出行”叫车优质服务系统试运行，标志着市首个网约叫车平台上线运营。

10日 市委书记王晓斌主持召开企业家座谈会。王晓斌希望广大企业家牢牢抓住新形势下的发展新机遇，坚定发展信心，奋力开拓创新，加快转型升级，促进经济持续健康发展。

11日 市委副书记、市长黄卫锋率住建、交通、国土、城投及汇龙镇、启东经济开发区、北新镇等单位负责人，实地督查交通建设推进情况。

12日 市公安局报送的微视频《警心如初》在第二届平安江苏微电影微视频比赛中获微视频类二等奖，为南通地区唯一获奖单位。

14日 全市行政村文明创建工作现场推进会在东海镇召开。

△ 北京大学生命科学学院院长吴虹一行到启东考察，就推进北京大学生命科学华东产业研究院建设与启东市进行会商。

17日 直属于工业和信息化部中国电子信息产业发展研究院的赛迪顾问股份有限公司在北京正式公布《2017年中国县域经济百强白皮书》，并发布“赛迪百强榜——县域经济100强（2017）”。启东位列第31位。

△ 南通市举行重大产业项目观摩活动。市委副书记、宣传部部长张兆江等率第二观摩组到启东，实地察看广汇能源LNG分销转运站项目、日立金属电子元器件制造项目、林洋光伏2GWN型高效太阳能电池及组件项目。

20日 以色列住建部部长嘎朗特向江苏南通二建集团有限公司名誉董事长陈建年颁发以色列建筑总承包最高资质——G5资质。南通二建是以色列获此资质的首家外国公司。

△ 福布斯中国在深圳举行新闻发布会，公布2017年中国“30位30岁以下精英”榜单。市电鲸公司CEO徐铭骏入围。

23日 省卫计委副巡视员孙宁生到启东，调研市肝癌防控研究及肝癌早诊早治工作。

24日 隶属于启东市人民医院/启东肝癌防治研究所的启东市癌症登记处获2017年度全国肿瘤登记工作特别贡献奖和2017年度全国肿瘤登记工作杰出贡献奖。

27日 启东在上海举办以“才汇东疆智启未来”为主题的中国·启东高层次人才创新创业对接会。会上签订人才创新创业项目8个、校地合作平台项目5个，并举行上海张江高校协同创新（启东）研究院、驻沪招才引智工作站揭牌仪式。市委书记王晓斌致辞。市委副书记、市长黄卫锋主持会议。

28—29日 中国共产党启东市第十三届委员会第三次全体（扩大）会议召开。市委书记王晓斌代表市委常委会作题为《锚定发展新坐标，打好富民主攻仗，凝心聚力推进“两聚一高”新实践》的工作报告。

28日 2017年启东市“正能量加油站”现场观摩会在市广播电视台演播大厅举行。

7月 农业部公布2017年全国农村创业创新园区（基地）名单，市现代农业产业园、启东市江天生态农庄有限公司创业基地入选。

7月 王鲍镇庙桥村入选第七批全国一村一品示范村。

7月27日，陈宇翔在2017沪启人才对接会上发言　　（姜新春/摄）

8月

3日 南通市高标准农田建设现场观摩会在启东市举行。南通市委副书记、宣传部部长张兆江，副市长赵闻斌，启东市领导汤雄、袁圣菊参加活动。

4日 启东籍青年科学家盛春泉入选2017年度国家杰出青年科学基金建议资助项目申请人名单。

8日 市委书记王晓斌率发改、环保、住建、水务、263办等部门负责人，调研全市生态文明建设和263重点工作。

10日 2017年启东市公立医院管理委员会会议召开，深入推进公立医院综合改革工作。

△ 市委副书记、市长黄卫锋率市发改委、住建局、国土局及安监局、消防大队负责人赴启东经济开发区，实地走访爱普车辆、汇通镀饰、盖天力药业、乾朔电子等企业，协调解决企业发展、项目推进过程中遇到的相关问题，要求园区及相关部门尽心竭力服务项目建设。

12日 北上海经济发展高峰论

坛在先豪国际酒店举行。外交部原部长李肇星应邀出席论坛，市领导高红宇、宋逵参加活动。

15日 市委副书记、市长黄卫锋率住建、城管、市场监管、国土、城投、汇龙镇等相关单位负责人调研城建工作。

16日 市委副书记、市长黄卫锋率市教育局、文广新局、市场监督管理局、公安局等14个部门的负责人，走进南通广播电视台新闻广播民心专列政风行风热线直播室，与群众互动交流，倾听百姓呼声，回应群众诉求。

△ 市第一次全国海洋经济调查工作启动。

21日 市委书记王晓斌，市委副书记、市长黄卫锋率市党政代表团先后到如皋市、海安县考察学习。

22—23日 市委书记王晓斌率党政代表团赴陕西省西乡县开展对口协作交流活动。西乡县县委书记演晓刚、县人大常委会主任纪文杰、县政府县长李耕、县政协主席王琳等领导，启东市领导龚心明等一同参加考察交流活动。

23日 南通市农村基层党建工作现场推进会在启东市召开。南通市领导张兆江、陈斌、冯军等，以及启东市领导黄卫锋、汤雄、赵男男参加活动。

25日 市领导王晓斌、龚心明、高红宇等深入一线，到大润发超市、优思公司、凯旋华府工地、汇龙中心敬老院等地，检查安全生产工作。

29日 由全国工商联主办，工信部、国家工商总局支持的2017中国民营企业500强发布会在济南召开。江苏南通二建集团有限公司排名第88位。

30日 南通市委常委、市纪委书记韩方，副市长陆卫东率调研组到启东，专题调研生命健康科技城建设。

31日 芬兰企业家团组到启东考察。市领导黄卫锋、孙建忠、袁蕊接待。

8月 众诚智库、经观政研院共同研发的2017年中国县域经济50强榜单出炉，启东市名列第33位。

8月 中远海工入选国家首批绿色制造体系绿色工厂示范企业，是江苏省唯一一家入围的海洋船舶制造企业。

8月 印象沙地获评全国休闲农业与乡村旅游四星级企业。

8月 启东肝癌防治研究所获首批江苏省外国专家工作室命名。

9月

2日 全市机关作风建设大会在市党教中心召开。市委书记王晓斌在会上讲话，市委副书记、市长黄卫锋主持会议。

△ 第十三届全运会上，启东籍田径名将吴健夺得男子铁饼冠军。

4日 启东—上海交通大学电子信息与电气工程学院产学研对接会举行。上海交通大学电子信息与电气工程学院院长毛军发，市领导王康力、高红宇、朱晓阳参加活动。

5—7日 市政协主席孙建忠率政企代表团赴陕西省西乡县开展对口协作交流活动。西乡县县委书记演晓刚、县人大常委会主任纪文杰、县长李耕、县政协主席王琳等接待孙建忠一行。市领导高红宇、袁蕊、宋逵一同参加考察交流。

7日 国家海洋督察组（第三组）下沉南通工作组组长袁绍宏带队对启东市开展海洋督察工作。江苏省海洋与渔业局副局长夏前宝、南通市副市长赵闻斌等随同督察。

9—11日 2017江苏启东名特优农产品展销会在上海西郊国际农产品直销中心举行，来自全市60家农业经营主体的300多种农产品组团亮相。

12日 中国企业联合会、中国企业家协会第16次发布中国企业500强排行榜。市南通二建集团榜上有名。

13日 “启东绿皮蚕豆”“启东沙地山药”通过国家农产品地理标志登记评审。

14日 省人大代表、徐州市委书记、市人大常委会主任张国华率部分驻徐省人大代表到启东视察。南通市领导黄巍东、庄中秋、黄卫成，市领导王晓斌、黄卫锋、顾云峰、孙建忠等参加相关活动。

18日 央视迎接党的十九大特别节目《还看今朝·江苏篇》在中央电视台新闻频道播出。节目中，由启东中远海工建造的海洋工程平台，成为代言江苏制造的亮点元素。

△ 第六届江苏省道德模范及提名奖颁奖仪式在南京举行。市退休民警黄建生获第六届江苏省道德模范提名奖。

19—20日 电视纪录片《张謇》摄制组到启东实地取景。

20日 中国启东（上海）水产品专题招商推介会暨吕四—魁北克海洋文化艺术之城项目发布会在上海举行。发布会上，5个项目集中签约，总投资达241.4亿元。

21—22日 全国第十五期校长基础训练营在启东市开营。来自江苏、山东、浙江、四川、贵州等地的80位中小学校的管理层参加培训学习。

22日 全市创建省双拥模范城动员大会召开。

27日 陕西省西乡县县委书记演晓刚、县长李耕率党政代表团到启东考察。市领导黄卫锋、孙建忠、龚心明、王康力、袁蕊接待来宾。

30日 全市创建省法治建设示范县（市）推进大会召开。市委副书记、市长黄卫锋，市委常委、政法委书记朱志强出席会议。

9月 市江天生态农庄有限公司获“全国群众体育先进单位”称号。

9月 市人民医院建立江苏省外国专家工作室，成为江苏省首批、南通地区首家医疗科研单位。

9月 圆陀角滨海湿地公园设立省级湿地公园获省林业局批复。

9月 王鲍镇建群村被中央文明委评为第五届全国文明村镇。

10月

9日 中小城市经济发展委员会、中小城市发展战略研究院、中国社会科学院发展与环境研究所等单位在《人民日报》上发布2017年中国中小城市科学发展指数研究成果。启东市在2017全国综合实力百强县市名单中位列第31位，比上年提升5个位次。

14日 江苏省副省长蓝绍敏到启东，调研市医疗改革情况。蓝绍敏要求，努力突破改革难题，做实做细各项工作，让群众在医疗体制改革中有实实在在的获得感。南通市政府党组成员朱晋，启东市领导王晓斌、黄卫锋、龚心明、王康力、唐海兵等参加调研活动。

19日 南通市政协副主席陈宋义一行到启东，调研市医联体建设工作。

△ 南通市委副书记张兆江率队到启东调研高标准农田建设、土地流转规模经营、产业服务联盟三个全覆盖和现代农业试点镇建设工作。

△ 1~3季度，全市累计完成一般公共预算收入53.42亿元，为年初预算的75.1%，同口径增长17.3%。收入总量及同口径增幅双双位列南通六县市（含通州区）第一。

20日 江苏省精神文明建设指导委员会发布2016年江苏省道德发展状况测评情况的通报，市以82.56分的成绩，在全省41个县（市）中位列第二名。

25日 全市阳光扶贫监管系统运行动员和培训会在市行政中心科技楼召开。

26日 全市农地股份合作社试点工作推进会在市行政中心科技楼召开。副市长袁圣菊出席活动。

28日 全市招商引资、项目建设专题会议召开。市委书记王晓斌强调要以更高站位、更广视野谋划重特大项目建设，推动项目招引再发力、建设再提速、服务再优化，助推经济实现更高质量、更优质态发展。市领导龚心明、王康力、高红宇参加会议。

△ 市召开传达党的十九大精神大会。市委书记王晓斌主持会议，传达党的十九大精神，并就学习宣传贯彻党的十九大精神提出要求。

31日 中央文明办发布中国好人榜10月入选名单，市郭中良获评“诚实守信”好人，张松桥、陈庙先获评“见义勇为”好人。

11月

1日 市政府全体（扩大）会议在市行政中心党员干部学习教育中心召开。市委副书记、市长黄卫锋出席会议并讲话。市政协主席孙建忠，市人大常委会副主任黄松涛应邀出席会议。市委常委、常务副市长王康力主持会议。副市长黄忠、袁圣菊、唐海兵、袁蕊、郑琳琳、许可出席会议。

2日 市召开2018年高标准农田建设动员会。市领导汤雄、黄松涛、袁圣菊、宋逵出席会议。

3日 由中国交建所属中交天津航道局有限公司投资并联合设计，上海振华重工建造的6600千瓦绞刀功率重型自航绞吸挖泥船“天鲲号”成功下水。该船系至2017年为止亚洲最大、最先进的绞吸挖泥船。

3—4日 广西融安县县委书记陈宏、县长陈文敏率党政代表团到启东考察。市领导王晓斌、黄卫锋、龚心明、张建新等接待。

6日 省卫计委副主任李少冬一行到启东，调研市县级公立医院综合改革情况。副市长唐海兵参加活动。

△ 共青团启东市第十七次代表大会在市党教中心召开。共青团南通市委书记王鸣昊出席会议并讲话，市领导王晓斌、黄卫锋、顾云峰、孙建忠、汤雄、龚心明、王康力、朱志强、石光辉、沈良杰、杨青霞、唐海兵、蔡建平、宋逵等参加会议。

△ 市委副书记、市长黄卫锋率市住建局、卫计委、教育局、公安局等相关部门负责人，实地调研2017为民办实事项目推进情况。

8日 新能源、新技术、新引领2017年全球新能源光伏技术创新论坛在市恒大国际会议中心举行。江苏省发改委党组成员、省能源局局长杭海，中国可再生能源学会名誉理事长、国务院原参事石定寰，中国广泛行业协会秘书长王勃华等100多位行业专家、高校教授、企业负责人、投资机构代表，以及启东市委副书记、市长黄卫锋，副市长高红宇出席活动。

12日 香港南通同乡会永久名誉会长方铿、会长杨耀忠，率考察团到启东考察。市领导王晓斌、龚心明、王康力、潘国红、龚建涛陪同考察。

13日 2017中国·启东创新创业大赛在启东先豪国际酒店召开，来自海内外的32名高层次人才按照专业类别分组竞技，一批优秀项目脱颖而出。副市长朱晓阳出席活动。

14日 南通市召开全市政法（综治、法治）工作年终现场推进会。南通市委常委、政法委书记姜永华率南通市政法各部门负责人及各县（市）区政法委领导，到启东观摩市政法综治法治工作情况。

16日 由汇龙镇政府主办的启

11月8日，林洋新能源作为启东经济开发区技术创新的代表企业参加会议
（潘　杨/摄）

东东大文化创意园开园仪式在城北科创园举行。

△ 学习贯彻党的十九大精神省委宣讲团报告会在市党教中心举行。党的十九大代表、省委宣讲团成员、省财政厅厅长刘捍东作报告。市委书记王晓斌主持宣讲报告会。

△ 市委书记王晓斌、副市长高红宇率市环保局、消防大队、行政审批局等部门负责人，到启东经济开发区、汇龙镇，突击检查部分家具企业。

20日 江苏省诗词协会会长凌启鸿一行到寅阳镇，调研江苏省诗词之乡创建工作。

21—22日 2017吴乐论坛暨中国评弹艺术节在启东市举行。

21日 市委中心组学习（扩大）会在市党教中心召开。市委书记王晓斌作党的十九大精神专题辅导报告。

22日 市委书记王晓斌率市发改委、住建局、交通局、水务局、环保局、"263"办等部门负责人，调研全市生态文明建设、"263"专项整治、"三河三行业"专项整治等工作开展情况。

22—25日 在广东（潭洲）国际会展中心举行的第二十二届全国发明展览会暨第二届世界发明创新论坛上，启东中学选送的5件学生发明作品获金奖1项、银奖3项、铜奖1项。

23日 全国电动工具行业第二次联席会议在恒大国际会议中心举行。

△ 南通大学党委书记浦玉忠，校长施卫东一行到启东，就南通大学启东校区建设与启东市进行深入交流。市领导王晓斌、黄卫锋、龚心明、王康力、唐海兵、朱晓阳参加交流活动。

△ 首届中国县域经济高峰论坛暨《中国县域经济报告（2017）》发布会在北京举行。论坛发布《中国县域经济发展报告（2017）》，启东在2017全国综合竞争力百强县（市）榜单中名列第23位。

30日 全市深化监察体制改革试点工作小组召开第一次会议，传达中央、省和南通的有关会议精神，讨论市深化监察体制改革试点工作的实施方案，并对全市改革试点工作进行动员部署。市委书记王晓斌对做好监察体制改革试点工作提出明确要求。

12月

1日 2017中国·启东科技人才节暨国际经贸洽谈会重大项目集中签约仪式在博圣酒店博圣厅隆重举行。市领导王晓斌、黄卫锋、顾云峰、孙建忠、汤雄等出席活动。

△ 启东生命健康科技城规划方案专家咨询会在博圣酒店举行。南通市委常委、政法委书记姜永华及启东市领导王晓斌、黄卫锋、顾云峰、孙建忠、汤雄等出席咨询会。

2日 第二届北京大学生命科学产业启东论坛在市先豪国际酒店举行。北京大学科技开发部常务副部长姚卫浩，北京大学生命科学学院院长、华东产业研究院院长吴虹，北京大学分子医学研究所所长肖瑞平等生物医药领域的行业领袖和投资精英，以及王晓斌、黄卫锋、顾云峰、孙建忠等市四套班子领导出席论坛。

6日 南通市委副书记、市长韩立明到启东调研。市委书记王晓斌，市委副书记、市长黄卫锋，市委常委、常务副市长王康力参加调研。

7日 新华社江苏分社社长王存理率队到启东调研。市领导王晓斌、汤雄、姜平一同参加调研。

11日 苏陕扶贫协作暨启东—西乡干部人才交流会在市行政中心召开。西乡县33名党政干部在西乡县委常委、组织部长陈敏带领下到启东开展交流学习。

13日 启东江海文化景观大道入围2018年江苏省旅游风景道创建名单，全省共有13条景观道入围，南通仅启东江海文化景观大道一条。

△ 南通市科技镇长团工作交流会在启东市召开。江苏省委组织部人才处处长洪浩参加会议。

△ 全市综治法治基层基础工作现场推进会召开。

14日 《中国工业百强县（市）、百强区发展报告》在中国信息通信研究院2018年ICT深度观察大型报告会暨白皮书发布会上隆重发布，市上榜2017年中国工业百强县（市）。

16日 全国县域经济与县域发展专业研究机构、社会智库中郡研究所在北京发布《2017县域经济与县域发展监测评价报告》，在全国县域经济与县域综合发展榜单中，启东市名列第17位。

19日 全市创建国家级森林城市会议召开。市委副书记汤雄、副市长袁圣菊出席会议。

△ 市委副书记、市长黄卫锋率安监、住建、消防等相关部门负责人，对全市部分在建工地进行安全生产检查，要求各地各部门时刻绷紧安全生产这根弦，确保安全生产无事故。

21日 市委书记王晓斌率住建、环保、水务等相关部门负责人，巡查头兴港河整治情况。

△ 市委书记王晓斌率安监等相关部门负责人，到启东经济开发区建设工地、企业，检查安全生产。

26—27日 国家质检总局验收组组长、山东检验检疫局副局长朱兆银率验收组到启东，对启东港口岸核心能力建设开展达标验收。市领导孙建忠、王康力、高广军、朱晓阳参加验收活动。

27日 省委召开全省领导干部警示教育大会。省委书记娄勤俭在会上讲话，省委副书记、省长吴政隆主持大会。会议采用电视电话会议形式举行。王晓斌、顾云峰、孙建忠、汤雄等市四套班子领导在启东分会场参加会议。

（季俊艳　黄亦美）

重要会议

【中国共产党启东市第十三届委员会第三次全体（扩大）会议】 中国共产党启东市第十三届委员会第三次全体（扩大）会议，于2017年7月28—29日举行。市委常委会主持会议。出席会议的市委委员32名，候补委员5名。市纪委委员，有关方面负责同志，部分基层干部、村（社区）党组织书记和致富带头人在主会场列席会议。全会深入贯彻习近平总书记系列重要讲话精神和治国理政新理念新思想新战略，认真落实省委十三届二次全会和南通市委十二届四次全会精神，听取和讨论王晓斌代表市委常委会所作的《锚定发展新坐标，打好富民主攻仗，凝心聚力推进“两聚一高”新实践》的工作报告，专题研究部署富民工作。全会认为，上半年，全市上下深入贯彻落实中央、省委和南通市委各项决策部署，牢固树立新发展理念，突出接轨上海和促进民富两大关键，统筹做好改革发展稳定各项工作，全市经济社会保持平稳健康发展。全会指出，打好富民主攻仗，要突出重点，抓住关键，着力做好五个方面工作。以接轨上海为路径，夯实富民基础，完善基础设施，优化发展环境；聚焦项目建设，增强发展后劲；优化园区平台，拓展发展空间；集聚资源要素，提升发展水平。以产业发展为支撑，拓展富民渠道，向中高端升级，提高财富创造力；向特色化挖潜，拓宽富民受益面；向新业态拓展，开辟增收新领域。以改革创新为动力，打造富民引擎，深化改革，激发内生动力；加快创新，释放增长潜力；扩大开放，增强发展活力。以城乡统筹为目标，提升富民品质，全力加快城市转型，提高居民宜居度；建设美丽镇村，提高居民舒适感；优化生态环境，提高居民满意率。以公共服务为载体，共享富民成果，突出保障利民，发展社会事业；突出文化惠民，引领社会风尚；突出法治安民，维护社会稳定。全会强调，各级党组织是领导发展、推动富民的坚强堡垒。要坚持把全面从严治党作为推进富民工作的根本保障，筑牢加快富民的思想基础，锻造加快富民的骨干中坚，建强加快富民的基层堡垒，锤炼加快富民的务实作风，营造加快富民的良好环境，凝聚加快富民的强大合力，把党的组织优势转化为发展优势、富民优势。

【中国共产党启东市第十三届委员会第四次全体（扩大）会议】 中国共产党启东市第十三届委员会第四次全体（扩大）会议，于2018年1月5日举行。市委常委会主持会议。出席会议的市委委员29名，候补委员6名。市纪委委员和有关方面负责同志列席会议。全会回顾总结2017年工作，研究部署2018年工作。全会认为，2017年全市上下以习近平新时代中国特色社会主义思想为指导，认真贯彻新发展理念，坚持稳中求进工作总基调，全面落实省委省政府和南通市委市政府的各项决策部署，凝心聚力推进“两聚一高”新实践，产业转型成效显著，接轨上海持续深化，深化改革多维突破，城乡面貌不断提升，人民生活日益改善，从严治党全面加强，全市经济社会保持平稳健康发展。全会明确，做好2018年工作，要全面贯彻党的十九大精神，以习近平新时代中国特色社会主义思想为指导，认真落实总书记视察江苏重要讲话要求和中央经济工作会议精神，按照省委十三届三次全会和南通市委十二届五次全会工作部署，坚持稳中求进工作总基调，坚持新发展理念，紧扣社会主要矛盾变化，按照高质量发展的要求，统筹推进“五位一体”总体布局和协调推进“四个全面”战略布局，深入实施“领跑沿海、融入上海、包容四海”发展战略，系统化推进现代产业、开发开放、城乡发展、生态环境、文化建设、民生幸福“六大新高地”建设，坚持“五向”发力，全面从严治党，高质量建设“强富美高”新启东，为南通高水平全面建成小康社会做出新的更大贡献。全会明确2018年经济社会发展的主要目标。全会要求，要把握大势、狠抓关键，加快打造“六大新高地”。以建设现代化经济体系为核心，主攻重大项目，做强载体平台，坚持创新驱动，强化风险防范，打造现代产业新高地。以构筑立体化开放格局为引领，全方位接轨上海，提升发展能级；多层次加快开放，拓展发展空间；大力度深化改革，激发发展活力，打造开发开放新高地。以加快一体化统筹建设为抓手，加快品质提升，让城市更有魅力；加快功能完善，让城镇更具特色；加快乡村振兴，让乡村更加美好，打造城乡发展新高地。以提升绿色化发展水平为导向，打好污染防治攻坚战，推进生产方式绿色化，营造绿色生活新风尚，打造生态环境新高地。以满足多样化精神需求为目标，强化意识形态工作，增强文化引领力；全面繁荣文化事业，增强文化凝聚力；发展文化产业，增强文化软实力，打造文化建设新高地。以共享均等化公共服务为追求，更高标准推进精准脱贫，不断增进人民群众获得感；更高水平保障改善民生，不断增进人民群众幸福感；更高要求创新社会治理，不断增进人民群众安全感，打造民生幸福新高地。

【市委常委会议】 2017年，中共启东市委共召开25次常委会。会议主要讨论2017年度落实信访稳定工作责任制实施方案、2016年星级机关考核情况、跨江融合对接上海工作实施方案、富民强企奔小康“走帮服”活动实施方案、2017年全市国民经济和社会事业指导性目标任务分解情况、2017年机关镇园区效能考核相关文件、2017年度人大工作要点、2017年度政协工作要点、2017—2021年市委巡察工作规划、2017年市委巡察工作计划、2017年度创新奖评选办法、市委全面深化改革领导小组2017年工作要点、市委常委会2017年工作要点和责任分解、2017年全市产业项目建设综合考评办法、完善拥军政策增强军人荣誉感的实施意见、鼓励高层次人才创新创业的若干政策意见、全面推进河长制实施方案、富民增收五大行动计划、落实富民增收政策任务分解方案、进一步做好市、镇（街道、园区）两级党政领导接访包案工作实施意见、信访维稳“百日攻坚”活动方案、市委理论学习中心组学习计划、贯彻执行《中国共产党问责条例》实施细则、开展社会矛盾和安全隐患大排查大整治行动方案、全面落实市纪委向市一级党和国家机关派驻纪检机构的方案、市委巡察机构设置的实施方案、贯彻落实党政主要负责人履行推进法治建设第一责任人职责规定实施办法、2017年全市“双招双引”若干意见及相关办法、促进农民持续增收行动方案（2017—2020年）、城市管理综合执法体制改革工作方案、深化国家监察体制改革试点工作实施方案、实施政府民生实事项目人大代表票决制工作的意见、党员领导干部民主生活会实施办法、对照巡察督查反馈问题自查整改工作方案；研究确定市高标准农田建设标准、2017年度各镇园区街道工作目标管理绩效考核的意见、2017年度镇园区个性化考核办法和有关部门重点突破性工作夺杯竞赛活动实施意见、市委党的建设工作领导小组2017年工作要点、加快推进农业供给侧结构性改革促进农民持续稳定增收的意见、2017年加快发展现代农业的若干政策意见、对接服务上海工作综合考评办法、进一步加强招商引资工作的若干意见、推进楼宇经济发展的政策意见、进一步加快全市服务业转型升级的若干政策意见、市四套班子领导挂钩联系园区推动项目建设责任分工、市委常委推进全面从严治党责任分工、贯彻落实党委（党组）网络意识形态工作责任制实施细则、市委常委会推动“两学一做”学习教育常态化制度化2017年工作安排、省委巡视组巡视发现突出问题自查自纠整改落实工作、在推进“两聚一高”进程中进一步发挥党组织作用的实施意见、进一步完善矛盾纠纷多元化解机制的实施意见、全市学习宣传党的十九大精神方案、市委法律顾问工作规则、市对接服务上海智库实施办法、2017年启东市“东疆英才计划”资助对象和杰出人才成就奖高技能人才贡献奖优秀农村实用人才奖表彰对象、深化供销合作社综合改革实施意见、完善农村土地所有权承包权经营权分置办法实施意见、市委关于贯彻落实《中共中央政治局贯彻落实中央八项规定实施细则》的具体办法；研究召开市委十三届三次全体（扩大）会议、市委十三届四次全体（扩大）会议、全市机关作风建设大会、重点工作“听看考”、2017中国·启东国际经贸洽谈会、2017中国·启东科技人才节暨国际经贸洽谈会等活动；听取学习习近平总书记关于进一步纠正“四风”加强作风建设重要指示精神、省委十三届二次全会精神、省委十三届三次全会精神、南通市委十二届四次全会精神、南通市委十二届五次全会精神、中纪委七次全会、省纪委二次全会精神、全国全省宣传部长会议精神、习近平总书记在政治局民主生活会上的重要讲话精神、崇明世界级生态岛建设推进工作大会精神、省南通市组织部长会议精神、全省县域科技体制改革经验交流会精神、南通市创建文明城市工作会议精神、南通市党建创新重点项目部署会议精神、省第六督查调研组到启东督查“大走访”情况、李强书记在省管干部“旗帜鲜明讲政治”专题轮训班上的讲话精神、南通开发园区创新发展暨开放型经济工作会议精神、省促进农民增收工作会议精神、省开发区改革创新大会精神、南通市宣传工作专题会议精神、南通市县（市）区委组织部长座谈会精神、南通市干部监督工作座谈会精神、省金融工作会议精神、省城市基层党建工作经验交流座谈会精神、南通市国有企业党的建设工作会议精神；听取市委第一轮巡察反馈意见整改落实情况、市委第二轮巡察情况、2017年三季度落实党风廉政建设责任制检查考核情况、“八大专项整治行动”情况等相关汇报；传达省委书记李强到启东调研精神，省委常委、副省长黄莉新到启开展“两学一做”联系点调研有关讲话精神、南通市委书记陆志鹏在听取启东上半年工作汇报时的讲话精神；常委会还讨论有关人事任免事项。

（彭红辉）

重要活动

【上级领导到启东调研】 3月9日下午，省委常委、常务副省长黄莉新到启东，调研市沿海开发工作。南通市委常委、常务副市长单晓鸣，市领导徐锋、黄卫锋、王凯、石光辉等参加相关活动。黄莉新一行先后调研恒大海上威尼斯、华峰超纤工业园、广汇能源LNG分销转运站等项目建设现场，对启东市沿海开发、项目建设的工作举措和显著成效给予充分肯定，高度评价启东市沿海开发工作起点高、手笔大、成效明，取得突破性进展。勉励启东市充分放大资源优势，加快沿海开发速度，着力发展好旅游产业，全力以大项目推动启东沿海开发再上新台阶，不断提升沿海开发品质，继续当好江苏沿海开发的排头兵。

3月20—21日，省委书记李强在启东调研市产业转型、沿海开发、富民增收、生态建设等情况。省委常委、常务副省长黄莉新，南通市委书记陆志鹏，南通市委常委、秘书长沈雷，市委书记徐锋陪同调研。李强一行先后调研华峰超纤、仙渔小镇、圆陀角村、恒大威尼斯、启隆镇崇启花卉城等地，肯定启东市经济社会发展所取得的成绩，并勉励启东市要充分发挥区位、交通、资源要素优势，有效对接好上海高端资源外溢，适应智能化、绿色化、服务化发展趋势，从整体范围研究谋划交通、产业等发展规划，紧盯上海产业转移、加大制造业项目招引力度、加快推进产业转型，实现先进制造业发展更大突破，增创新的发展优势。

6月8日上午，南通市委副书记、市长韩立明到启东调研重大项目建设情况，先后考察吕四东成电动工具兆民工业园、高新区日立金属、广汇能源启东LNG码头、吕四仙渔小镇等项目现场。韩立明指出，要按照南通市委对项目建设的总体要求，盯住省级重大项目、南通市级“双百工程”项目和亿元以上产业项目，强化协调会办、跟踪服务，及时帮助解决项目推进中存在的实际问题，为重大项目建设提供有力支撑和要素保障，通过抓住一批重大项目支撑产业发展、促进富民增收，为“两聚一高”提供强劲动力。市领导王晓斌、龚心明、王凯、石光辉等参加调研。

7月6日，省委副书记、代省长吴政隆在启东调研。省政府秘书长王琦参加调研。南通市委书记陆志鹏、启东市委书记王晓斌陪同调研。吴政隆一行先后考察华峰超纤材料公司、恒大威尼斯项目。吴政隆对启东市经济社会发展取得的成绩表示充分肯定，勉励启东市要充分发挥靠江靠海靠上海的独特优势，做好接轨上海这篇大文章，抢抓机遇、乘势而上，努力在上海“北大门”建设中展现更大作为。吴政隆强调，要大力弘扬求真务实、真抓实干的优良作风，坚持守土有责、守土尽责，做好经济社会发展和安全稳定各项工作，以优异成绩迎接党的十九大胜利召开。

8月30日上午，南通市委常委、市纪委书记韩方，副市长陆卫东率调研组到启东，专题调研“生命健康科技城”建设。市领导王晓斌、黄卫锋、汤雄、龚心明、沈良杰、高红宇等参加活动。韩方一行先后调研水果小镇、启东经济开发区、滨江医药化工园隔离带、北大生命科学华东产业研究院项目、蝶湖片区项目等地，实地察看启东市“生命健康科技城”建设情况。

9月14日上午，省人大代表、徐州市委书记、市人大常委会主任张国华率部分驻徐省人大代表到启东调研。南通市领导黄巍东、庄中秋、黄卫成，启东市领导王晓斌、黄卫锋、顾云峰、孙建忠、龚心明、张卫生等参加相关活动。驻徐省人大代表听取启东市关于对接服务上海、跨江融合发展等情况介绍，实地考察崇启大桥、中远海工、恒大海上威尼斯等地。驻徐省人大代表们认为，启东滨江临海，资源丰富、区位优越，建设上海“北大门”“门柱子”的新定位，更是为启东腾飞插上新的翅膀。省人大代表们表示，将积极建言献策，推动上海市与江苏所辖各市的合作与互动，更好地促进沪苏两地联动发展。

9月27日，陕西省西乡县县委书记演晓刚、县长李耕率党政代表团到启东考察。市领导黄卫锋、孙建忠、龚心明、王康力、袁蕊接待。西乡县党政代表团实地考察韩华新能源、国动产业园、东岳药业、吕四渔港经济区、广汇能源、华峰超纤、吕四规划馆、高新区、恒大威尼斯、中远海工等地。市委副书记、市长黄卫锋向西乡县党政代表团介绍启东市经济社会发展的基本情况，表示启东将按照双方签订的战略协作框架协议内容，围绕产业合作、劳务协作、人才交流、助学助医、旅游合作等方面，完善对接机制，推动协作工作有效落实。演晓刚表示，西乡县将学习借鉴启东的工作举措和成功经验，全力推动西乡脱贫。同时，希望启东与西乡在人才对接、产业对接、资源共享等方面加强对口协作，支持西乡经济社会发展跃上新台阶。

10月14日下午，江苏省副省长蓝绍敏到启东，调研启东市医疗改革情况。南通市政府党组成员朱晋，市领导王晓斌、黄卫锋、龚心明、王康力、唐海兵等参加调研活动。蓝绍敏先后到启东市第三人民医院、启东市人民医院，听取医院在分级诊疗、医疗技术发展等方面的情况介绍，了解医院在医疗体制改革中遇到的问题。蓝绍敏听取启东市医改工作情况汇报，对启东市在医疗卫生体制改革中取得的成绩给予充分肯定，并勉励启东市要围绕解决改革中出现的问题努力突破、探索新路，持续不断地将医疗改革向纵深推进，为全省提供更多更好的经验。同时，医疗体制改革要在做实做细、不断增强群众获得感上下功夫，务实推进各项工作，确保取得实效。

11月3—4日，广西融安县县委书记陈宏、县长陈文敏率党政代表团到启东考察。市领导王晓斌、黄卫锋、龚心明、张建新等接待。融安县党政代表团先后参观胜狮货柜、振华重工和中远海工、神通阀门、吕四港经济开发区、高新技术产业开发区、恒大海上威尼斯等地。市委书记王晓斌向融安县党政代表团介绍启东市经济社会发展的基本情况。

12月6日上午，南通市委副书记、市长韩立明到启东调研，深入了解启东市2017年目标任务完成情况和2018年工作打算。韩立明实地调研海四达新能源、林洋光伏等企业，充分肯定启东市2017年以来经济社会发展取得的显著成效，要求启东市按照南通市委部署，抓好落实，以务实行动学习贯彻党的十九大精神，确保2017年收好官、2018年开好局，为建设"强富美高"新南通多做贡献。市委书记王晓斌，市委副书记、市长黄卫锋，市委常委、常务副市长王康力参加调研。

【全市综合表彰大会】 1月25日上午，全市综合表彰大会在市党员干部学习教育中心举行。会议回顾总结2016年全市各项工作，表彰各条战线涌现的先进典型，动员全市上下以先进典型为榜样，全面接轨上海，全力促进民富，向着高水平全面建成小康社会阔步迈进。市委副书记汤雄宣读《市委、市政府关于表彰2016年度先进集体和先进个人的决定》和《市委关于表彰2016年度党建工作先进集体的决定》。镇、园区综合考核夺杯单位，单项考核夺杯单位，重点突破性工作考核夺杯单位，市级机关星级评定五星级单位，党政群机关先进个人，纳税20强企业，工业企业50强，金牌企业、企业家等一批受表彰单位代表先后上台领奖。市委书记徐锋在会上讲话。徐锋指出，2016年，全市上下深入贯彻习近平总书记系列重要讲话特别是视察江苏重要讲话精神，坚持稳中求进工作总基调，自觉践行新发展理念，主动适应经济发展新常态，突出项目建设和城市转型两大关键，统筹稳增长、调结构、促转型、抓改革、惠民生、优生态、强党建等各项工作，经济社会保持平稳健康发展，实现"十三五"良好开局。

【市对接服务上海工作协调委员会成立】 2月3日上午，启东市对接服务上海工作协调委员会召开第一次会议，市委书记、启东市对接服务上海工作协调委员会第一主任徐锋出席会议并讲话。市领导黄卫锋、顾云峰、孙建忠、汤雄等市四套班子领导，以及对接服务上海工作协调委员会全体成员、六个工作小组组长出席会议。徐锋指出，要把接轨服务上海工作作为全局工作的重中之重，增强责任感和使命感，及早对以后的工作方向、目标任务进行全面的谋划，明确目标、细化任务、狠抓落实，做到不但要"醒得早、还要起得早"；不但要"干在先、还要走在前"，确保跨江融合、对接上海工作不断取得新成效。徐锋强调，接轨服务上海，必须深入实施"参与、联动、服务"三大战略，推进基础设施、科技创新、产业体系、平台载体、城市功能、工作机制六大对接工程，努力在对接服务上海中走在前、干在先。会前，徐锋、黄卫锋为启东市对接服务上海工作协调委员会成立揭牌。

【"希望6号"在启东完工开航】 2月9日上午，"希望6号"圆筒型浮式生产储卸油平台在启东中远海工举行开航仪式，标志着中国船厂首个为国外石油公司完整建造的FPSO总包项目正式交付启航。该FPSO平台主甲板直径78米，高度36.5米，总重近28000吨。总液气处理能力50000桶/天，最大原油处理能力44000桶/天，最大原油存储量为400000桶及40MMscfd的气体处理能力。满足挪威DNVGL船级社规范和英国IVB独立第三方验证的要求，参照挪威NORSOK标准，可连续在海上服役20年。平台自动化控制程度高、安全可靠性强，报警点多达17000多个，同时满足PED压力设备准则及ATEX防爆要求和OSCR安全规范以及PUWER/FPEER/LOL-ER等英国规范要求。填补国内海工设计建造技术的多项空白，在全球FP-SO市场上也属一流水准。平台交付后将投入英国北海区域服役，实现中国制造的FPSO在海况复杂、要求严格的英国北海投入使用的零突破。国家工信部装备工业司副司长杨拴昌，南通市副市长徐新民，启东市委副书记、市长黄卫锋等参加相关活动。

【2017年全市重大项目集中开工现场推进会】 2月12日上午，省委、省政府召开2017年全省重大项目集中开工现场推进会。活动主会场设在南京市，其他12个设区市分别设立分会场。根据上级要求，结合启东市实际，启东市同步举行全市2017年重大项目集中开工现场推进会暨国动产业园二期项目开工仪式。南通市副市长、公安局局长陈旭，启东市领导徐锋、黄卫锋、顾云峰、汤雄、龚心明、王凯、石光辉、黄松涛、黄忠、高红宇、唐海兵、宋逵等出席开工仪式，并为项目开工剪彩。此次集中开工的亿元以上产业项目共有7个，其中10亿元以上项目2个。2月12日下午，市委书记徐锋带队赴启东高新技术产业开发区调研项目建设情况，先后调研锦声电声科技、润轩玻璃、天龙电声等18个项目建设现场，并对全市项目建设提出明确要求。

【启东对接服务上海投资环境说明会】 2月24日下午，启东对接服务上海投资环境说明会在上海浦东中国金融信息中心举行。上海市组合港管理委员会办公室主任徐国毅、上海市合作交流办副主任黄建平、上海市商务委总经济师张国华，以及启东市领导徐锋、黄卫锋、顾云峰、孙建忠、汤雄、姜平、赵男男、龚心明、王凯、石光辉、高红宇等出席说明会。市委副书记、市长黄卫锋主持说明会。恒大旅游集团、上海长甲集团、上海国动通信有限公司、上海申龙客车有限公司等230多家企业、行业代表和市各镇、园区、驻外招商分局和相关部门负责人参加此次说明会。物联网通信、半导体配件、新材料等项目集中签约。当天，累计签约项目42个，总投资361.2亿元。

【江苏省道德模范与身边好人（南通启东）现场交流活动】 3月1日下午，江苏省道德模范与身边好人（南通启东）现场交流活动在市广播电视台演播大厅举行。活动通过短片、讲述、微型舞台剧等形式，展现好人事迹。此次活动由江苏省委宣传部、省文明办、省美德基金会主办，南通市委宣传部、南通市文明办，启东市委、启东市政府承办。活动现场，2016年度“启东好人”代表顾建康获奖励金和帮扶金；2016年度“启东好人”、2016年度“启东好人提名奖”、2016年度启东市“文明家庭”分别获领导颁奖。

【“逐梦江海·启东接轨上海”媒体见面会】 4月13日下午，“逐梦江海·启东接轨上海”媒体见面会举行。来自中央、省、南通市的各级媒体的20多名记者走进吕四港仙渔小镇、华峰超纤、广汇能源、启东高新区、中远船务、恒大海上威尼斯等地，实地探访启东项目建设现场。市委副书记、市长黄卫锋介绍启东市经济社会发展情况及推进跨江融合、接轨上海取得的成效，并回答记者提问。会上，市对接服务上海协调委员会、发改委、启东经济开发区等单位负责人分别介绍接轨上海工作等情况。

【长三角生物医药高层论坛在启东举行】 4月15日下午，长三角生物医药高层论坛和科技沙龙活动在市环球大厦举行。中科院院士刘新垣、上海生物医药行业协会执行会长陈少雄等全国50多位生物医药领域的专家教授、企业代表出席论坛。此次活动旨在推进启东生物医药产业的发展，发挥科技社团优势，通过政产学研结合，建立以企业为主体，市场为导向的生物医药创新体系。使高校和科研所的生物医药成果和人才聚焦企业，增强企业创新能力和科研成果转化能力。论坛开幕式上，副市长高红宇推介启东生物医药投资环境和优惠政策。刘新垣、陈少雄、王克夷、郭志刚、李越希、何冰芳6名专家教授作专题报告。

【恒大童世界项目开工】 6月8日上午，恒大旅游集团恒大童世界项目在圆陀角旅游度假区开工奠基。启东恒大童世界位于圆陀角旅游度假区中部、恒大威尼斯项目西侧地块，总占地面积约5000亩，总投资约400亿元。其中旅游板块占地面积2000多亩，总投资约200亿元，规划打造集海洋公园和水上乐园于一体的大型文化旅游项目，将建设博物馆群、水乐园、商业街、欧式城堡酒店、婚礼庄园等设施。

【2017中国·启东国际经贸洽谈会对接服务上海专家咨询会】 6月23日下午，启东市举行2017中国·启东国际经贸洽谈会对接服务上海专家咨询会，邀请上海有关方面的领导和知名专家，围绕启东全面对接服务上海发表意见。上海财经大学城市与区域科学研究院副院长张学良作《建设上海北翼门户城市》为主题的演讲，上海市浦东新区生物医药行业协会常务副会长王兰忠对启东生物医药产业发展提出建议，上海张江高校协同创新研究院院长倪争技对启东高效对接上海提出建议，上海城市规划设计研究院副院长李强从创新驱动、生态托动、交通撬动、文旅互动等方面提出建议意见，上海市集成电路行业协会高级顾问王龙兴分析集成电路产业发展状况及启东对接张江重点集成电路企业规划发展思路。

【市举行纪念建党96周年座谈会】 6月30日上午，市举行座谈会，庆祝中国共产党成立96周年。市委常委、组织部部长赵男男宣读市委组织部关于命名基层党组织“四有四化”建设示范点、优秀村（社区）党组织书记和“身边好党员”的决定。会议对受到表彰的基层党组织“四有四化”建设示范点、优秀村（社区）党组织书记、“身边好党员”代表进行颁奖。海复镇安东村党总支部、南城区街道世纪家园社区党总支部、国网启东市供电公司党委、江苏神通阀门股份有限公司党委、启东地税局机关党委作交流发言。

【中国·启东高层次人才创新创业对接会在上海举行】 7月27日下午，启东在上海举办以“才汇东疆智启未来”为主题的中国·启东高层次人才创新创业对接会。来自上海高校、科研院所专家、教授，上海人才科技中介服务机构、孵化器负责人，上海市各类高层次人才等350多人参加会议。其中包括两院院士薛永祺、陈芬儿以及欧洲物理学会“菲涅尔”奖获得者、启东籍杰出青年人才代表陈宇翱等30多名国家“千人计划”“长江学者”专家。会上签订人才创新创业项目8个、校地合作平台项目5个，并举行上海张江高校协同创新（启东）研究院、驻沪招才引智工作站揭牌仪式。市委副书记、市长黄卫锋主持会议。市委常委、组织部部长赵男男作人才政策环境推介。

【南通市高标准农田建设现场观摩会在启东举行】 8月3日下午，南通市高标准农田建设现场观摩会在启东市举行。南通市委副书记、宣传部部长张兆江，副市长赵闻斌，市领导汤雄、袁圣菊参加活动。市委副书记汤雄介绍启东市高标准农田建设工作开展情况。会上，张兆江对做好下阶段高标准农田建设提出明确要求，要求围绕“建好、用好、管好”，各地各部门要严格执行标准，加强规划设计，完善招投标工作，强化施工现场监管，规范土地流转和规模利用，科学推进耕地占补平衡工作，明晰工程建后管护责任，重视资金保障，统筹部门协调。会议期间，与会人员参观启东市吕四港镇南星桥村高标准农田项目区、吕四港镇锡康村高标准农田建设项目区、合作镇兴隆村高标准农田项目区。会上，吕四港镇、海门市悦来镇、如东县双甸镇、如皋市城北街道平园池村等地就高标准农田建设工作作交流发言；通州区平潮镇、海安县高新区、如皋市搬经镇等地作表态发言。

【市党政代表团赴如皋海安考察】 8月21日，在市委书记王晓斌，市委副书记、市长黄卫锋的带领下，启东市党政代表团先后到如皋市、海安县考察学习。市党政代表团在如皋市，先后参观龙游湖商务区、凌志软件、汽车文化馆、康迪电动汽车、陆地方舟、如皋国际园艺城等地。在海安县，先后参观考察亚太科技、洋蛮河中心河、东部家具产业基地、机器人小镇、商贸物流园、中坝路旧城改造现场、天楹集团、永通新材料、铭利达科技、圣德曼铸造、体育中心、文化中心等地，详细了解海安项目建设、城市建设、产业发展等情况。市委书记王晓斌要求，希望启东的干部通过考察学习，感受到兄弟县市快速的经济发展态势，看准自己、找准差距，认真思考，厘清发展思路，明晰发展方向，发扬不甘落后的精神，进一步提振信心，鼓足干劲，把启东建设得更好。

【南通市农村基层党建工作现场推进会在启东召开】 8月23日，南通市农村基层党建工作现场推进会在启东市召开。南通市领导张兆江、陈斌、冯军等，以及启东市领导黄卫锋、汤雄、赵男男参加活动。推进会上，启东市委副书记汤雄介绍启东市农村基层党建工作的开展情况。张兆江指出，加强农村基层党建是农村工作的长远之计、固本之策。张兆江要求全市上下突出有效覆盖，让政治生活更严。突出服务引领，让功能发挥更优。突出“一轴四轮”，即以发挥村党组织的领导核心作用为轴心，坚持抓党建、抓富民、抓生态、抓稳定“四轮”驱动，让责任清单更实。突出纪律约束，让整体形象更好。突出保障激励，让工作干劲更足。通过进一步加强组织领导，整合资源力量，狠抓工作落实，形成凝心聚力抓农村基层党建的良好局面，以优异成绩迎接党的十九大胜利召开。会上，与会人员观看《头雁——南通市优秀村（社区）党组织书记掠影》专题片；表彰50名优秀镇（街道）、村（社区）党组织书记；启东市委、海门市委，以及4名优秀镇、村党组织书记作交流发言。

【市党政代表团赴西乡县开展对口协作交流活动】 8月22—23日，市委书记王晓斌率党政代表团赴陕西省西乡县开展对口协作交流活动。考察期间，市党政代表团一行先后深入西乡县五丰省级现代农业园、高土坝移民安置社区、循环工业园、军鑫现代农业园区等地，对西乡县工农业发展、主导产业、移民搬迁与就业安置等经济社会发展情况进行学习考察。在两地对口协作座谈会上，两地相关领导分别介绍各自经济社会发展情况和交流合作意向，双方交流挂职干部汇报挂职工作情况，同时，两地签订战略协作框架协议，移交启东·西乡协作产业园启动资金。

【市新的社会阶层人士联谊会成立】 8月29日上午，启东市新的社会阶层人士联谊会成立大会暨第一届理事会第一次会议在启东宾馆举行。会议审议通过《启东市新的社会阶层人士联谊会章程》《启东市新的社会阶层人士联谊会第一次会员大会选举办法》，选举产生第一届理事会理事和会长、常务副会长、副会长、秘书长。新联会共有会员127名，理事43名，内设企业管理技术人士工作委员会、中介和社会组织人士工作委员会、文艺体育人士工作委员会和新媒体人士工作委员会。会上，北城区街道办、启东科技创业园、南通金人广告传媒有限公司等新的社会阶层人士统战实践基地揭牌。同心律师团部分成员分别与电商、有关专业合作社、北城区街道办交换结对服务协议书。

【全球新能源光伏技术创新论坛在启东召开】 11月8日，“新能源、新技术、新引领”2017年全球新能源光伏技术创新论坛在市恒大国际会议中心举行。江苏省发改委党组成员、省能源局局长杭海，中国可再生能源学会名誉理事长、国务院原参事石定寰，中国广泛行业协会秘书长王勃华等100多位行业专家、高校教授、企业负责人、投资机构代表出席活动。林洋能源发布N型双面单晶半片组件，以及基于N型产品的电站系统解决方案等产品。在论坛对话环节，国家应对气候变化战略研究和国际合作中心原主任李俊峰，中山大学太阳能系统研究所所长、博士生导师沈辉，上海太阳能学会理事长、上海交通大学太阳能研究所所长沈文忠，中国科学院电工研究所研究员、博士生导师王文静等专家，就光伏行业的未来走向，光伏如何突破发展瓶颈、如何更加高效地解决行业痛点等问题进行交流研讨。

【省委宣讲团到启东宣讲党的十九大精神】 11月16日上午，学习贯彻党的十九大精神省委宣讲团报告会在市党教中心举行。党的十九大代表、省委宣讲团成员、省财政厅厅长刘捍东作报告。报告紧扣党的十九大主题，围绕学习宣传贯彻习近平新时代中国特色社会主义思想，从深刻理解和把握党的十九大的主题和主要成果，十八大以来取得的历史性成就和变革，十九大的主要精神和历史贡献，十九大经济社会重要战略部署，坚定不移全面从严治党的要求和任务五个方面对十九大精神进行系统阐释和深入解读。市委书记王晓斌对全市学习党的十九大精神提出要求。

【第二届北京大学生命科学产业启东论坛】 12月2日上午，第二届北京大学生命科学产业启东论坛在市先豪国际酒店举行。北京大学科技开发部常务副部长姚卫浩，北京大学生命科学学院院长、华东产业研究院院长吴虹，北京大学分子医学研究所所长肖瑞平等生物医药领域的行业领袖和投资精英出席论坛。此次论坛由北京大学生命科学学院和启东市人民政府联合主办，以“维护生命健康，促进产业发展”为主题，聚焦生物医药产业的前沿进展和投资机会，为有技术、产业合作和融资合作需求的企业与高校提供绝佳的交流平台。市委常委、常务副市长王康力介绍启东生命健康科技城规划。国家973项目首席科学家、北大教授昌增益，领星生物科技创始人、总裁兼首席执行官许强分别代表离岸孵化器入孵企业、产业院落户企业作交流发言。启东领星医学检验所在论坛上揭牌。北京大学生命科学华东产业研究院分别与上海市免疫学研究所、南通大学生命科学学院、国药控股（杭州）投资管理有限公司签订战略合作协议。肖瑞平、TomKinzel、苏冰、韩厉玲等专家分别作主旨发言。

（彭红辉）

组织工作

【“两学一做”学习教育常态化制度化】 2017年，市委组织部聚焦深学、实做、力改三项重点任务，出台《关于推进全市“两学一做”学习教育常态化制度化2017年工作安排》，明确重点任务和工作举措，专门召开工作座谈会，对学习教育常态化制度化工作进行动员部署。按月明确阶段性工作重点，推进各项任务落实。组织开展“旗帜鲜明讲政治”专题学习培训，实现全市乡科级以上党员领导干部学习培训全覆盖。建立基层党组织主题党日制度，要求机关和企事业单位每月第3周周五、村（社区）党组织每月20日开展主题党日活动，规范党内政治生活。组织党委（党组）围绕“四查四改”、基层党支部围绕“三查三改”、广大党员围绕“五查五改”，查找问题列清单，整改问题见成效。建立推进学习教育常态化制度化工作进展情况半月报制度，定期了解全市面上抓“关键少数”、抓支部主体、查找整改问题情况，结合党建工作季度考核，到220多个机关、村居、企事业单位党组织实地了解工作情况，确保各项要求落实到位。6月22日，省委常委、常务副省长黄莉新到启东调研指导“两学一做”学习教育开展情况，对启东市工作给予充分肯定。

【领导班子和干部队伍建设】 *加强换届后领导班子建设。*抓好领导班子工作运行机制建设，督促指导各级领导班子落实《党组工作条例》以及南通实施细则要求，完善议事规则和决策程序。组织开展换届后镇（园区、街道）、市级机关部门领导班子集中考察调研，全面掌握换届后领导班子运行状况，及时调优配强，有效增强领导班子整体功能。

*推进年轻干部培养选拔。*按照“重点关注、适度倾斜、基层导向”的原则，通过日常考察、专项推荐、分批座谈，梳理形成123人组成的“80后”后备干部库，建立388人组成的“90后”干部基础数据库。实施年轻干部“5512”培养锻炼计划，抽调26名年轻干部到双招双引、信访、拆迁等一线工作。选派17名优秀乡镇机关年轻干部到党组织软弱后进村担任“第一书记”，实现全市党组织软弱后进村和经济薄弱村派驻“第一书记”全覆盖。

*强化干部教育培训。*严格按照中央、省、市干部教育培训工作安排，组织开展党的十八届六中全会和习近平总书记系列重要讲话精神学习培训，先后举办“旗帜鲜明讲政治”专题轮训班和专题讲座，实现乡科级以上领导干部教育培训全覆盖。专题举办2期全市年轻干部能力素质专题培训班。实施领导力提升工程，先后组织开展机关党组织书记、纪检、政法等各级党员干部专题培训班8期，培训领导干部350多人。举办学习宣传贯彻党的十九大精神专题培训班和业务骨干班。

*加强干部日常管理监督。*严格执行领导干部个人有关事项报告制度，按照个人有关事项两项法规要求，完成全市770名正副科级领导干部的信息录入工作，并对其中135名填报对象开展随机抽查核实。严格执行干部选拔任用工作全程纪实制度，先后完成6批次干部选任工作纸质材料的全程纪实留档。严格执行党委书记、纪委书记对推荐人选廉洁情况“双签字”制度，同步加强干部“德”的鉴定工作，从源头上防止“带病提拔”。常态化开展谈心谈话、任前谈话、提醒谈话。全年就出现的苗头性、倾向性以及受到举报等问题，对13名领导干部进行组织提醒谈话。抓好领导干部“三责联审”工作，对17家单位23名党政主要领导进行“三责联审”。

【人才队伍建设】 完善人才政策体系，创新人才发展体制机制，进一步优化人才发展环境，推动人才工作对接上海，不断加大人才招引力度。

*优化人才发展环境。*根据省市最新人才政策，出台《关于鼓励高层次人才创新创业的若干政策意见》，对创业类人才，最高给予1000万元的项目资助，提升人才引进、培养、服务等领域政策含金量。突出“十大创新功能平台”这一重点，加大科技产业园区、孵化器、企业研发中心建设力度，协调推进北大生命科学华东产业研究院、尚华医药科创中心等创新创业平台建设，打造产学研转化的优质平台。推行“东疆英才卡”制度，提升人才服务精细化水平，营造留才用才的良好氛围。

*推动人才工作对接上海。*组织举办以“才汇东疆 智启未来”为主题的上海高层次人才创新创业对接会，签订人才创新创业项目8个、校地合作平台项目5个。组织镇、园区在沪举办人才政策环境推介活动13次，签订产学研合作项目65个，柔性引进专家教授220多人。强化与上海人才市场、人才中介、风投机构的业务对接，与上海寰球人才交流中心等沪上知名人才中介机构签订全面合作协议。加强与上海大院大所、高等院校的联系对接，开展人才项目合作，并从沪上知名高校招募新一批科技镇长团成员。

*加大人才招引力度。*推进“双招双引”工作，精心组织第二届“创新创业大赛”和“院士专家启东行”“海外博士启东行”等系列活动，广泛吸引人才、项目到启落户。深入实施“东疆英才计划”，共评选出16名“东疆英才计划”资助对象。主动对接省“333工程”、南通市“226工程”，开展第二期“312高层次人才梯队培养计划”，形成省、市、县三级联动的高层次人才培养体系。全年共引进各类高层次人才160多人，其

中，国家“千人计划”“万人计划”等顶尖人才8人，入选省“双创人才”10人、省“双创团队”1个，入选数列南通市第一，连续第三年入围江苏省各县（市）人才工作综合竞争力前十。

【基层党组织建设】 深化党建领航站“四有四化”建设。实施评级创星，推动村居党组织建设。全年累计评选出115家示范点，有16家乡镇机关、68家市级机关、32家“两新”组织党组织完成规范化建设。省委组织部部长郭文奇在调研启东市果园生态经济发展区“四有四化”建设后，给予充分肯定；8月，南通市委组织部在启东市召开农村基层党建工作现场推进会，并出台《关于在全市村（社区）党组织中全面开展“五有一化”建设的实施意见》，在南通市推广启东市经验做法。

抓好重点领域党建工作。在“两新”组织，实施“红帆助力”行动，推动“两新”组织围绕生产经营设立党员示范岗和党员责任区。2017年，全市建成园区党群综合服务中心2家、党建微信群102个，设立党员示范岗1047个、责任区480个。在市级机关，以“先锋型机关”创建为抓手，建立季度自查、半年抽查、年终考评及述职评议相结合的“双查双评”机制，制定出台机关党建“三张清单”，深入实施机关党建“书记项目”和党建阵地“五有”规范化建设，有效提高机关党建工作质量。

加强带头人队伍建设。出台《启东市村级党组织星级创评实施办法（试行）》，完善以绩定星、以星定酬、动态管理的村级党组织和党组织书记“双星评定”机制。推进村干部学历提升工程，组织举办薄弱村书记和“第一书记”培训班、社区党组织书记培训班。挖掘培养农村基层新生力量，督促各村级党组织建立后备人才队伍，及时更新完善后备人才库。组织开展启东经济开发区、高新区、滨江精细化工园“两新”组织党务工作者轮训，并进行资格认证。表彰24名优秀村（社区）党组织书记，并通过《启东日报》、“启东组工在线”微信公众号进行宣传报道，发挥先进典型的示范引领作用。

强化基层党建责任落实。牵头制定党建创新杯考核细则和先锋型机关考评细则，出台2017年度镇、园区、街道党（工）委党建责任清单和村（社区）党组织党建任务清单，进一步明确基层党组织抓党建工作内容。深入实施基层党建“书记项目”，指导乡镇党委围绕富民增收、园区党工委围绕助推企业创新转型、街道党工委围绕和谐社区建设，研究确定16个基层党（工）委、303个村（居）党组织“书记项目”，督促两级党组织书记抓好项目推进。严格落实“月度推进、季度考核、半年通报、年终考评”督查考评机制，推动基层党建责任落到实处。

【党员队伍建设】 严格规范发展党员工作。有针对性地分解落实年度计划，加大在农村青年、一线工人等重点群体中发展党员的力度。坚持把政治标准放在首位，严格执行发展党员全程纪实制度，严把发展党员工作预审关，着力规范发展党员工作程序。全年发展党员412名。

强化党员队伍日常管理。严格落实党员“记实管理+积分考评”制度，组织党员如实记录承诺践诺、参加组织生活、交纳党费等方面情况，支部定期核实、签章，督促党员履行义务。每季度开展一次党员积分考评，基层党组织通过“三评两定一公示”方式，给党员评星定级，强化党员的争先进位意识。开展流入、流出党员排查登记工作，组织32名流入党员、3479名流出党员填写基本信息登记表。建立健全流动党员教育管理“四微”工作机制，确保流动不流失、务工不误学。

抓好党员队伍日常教育。以推进“两学一做”学习教育常态化制度化为抓手，组织党员干部认真学习党的十九大精神以及党章党规、系列讲话等内容。成功举办第二届党员教育电视片制片竞赛活动，征集20多部优秀党教片，其中《老阿侄和他的186张照片》《自有清香》等7部党教片在南通市第十六届党员教育电视片评选活动中获奖。常态化开展“寻找身边好党员”活动，对45名“身边好党员”集中命名。

加大党内关爱力度。结合基层党组织组织生活会，普遍开展一轮党内谈心谈话。健全完善生活困难党员和建国前入党的农村老党员数据库动态调整机制，通过党组织结对共建、党员干部结对帮扶等方式，帮助解决生产生活中的实际问题。全年市级层面组织慰问老党员和生活困难党员2052人次，发放慰问金近90万元。

（路少伟）

宣传工作

【概况】 2017年，全市宣传思想文化战线坚持以习近平新时代中国特色社会主义思想为指导，全面贯彻落实党的十九大精神，以围绕中心、服务大局为基本职责，围绕“五位一体”总体布局和“四个全面”战略布局，围绕“两聚一高”“三强两高”目标要求，宣传思想文化各方面工作都有了新进展、新成效、新影响，为建设“强富美高”新启东凝聚强大的精神力量。

【意识形态工作】 出台《意识形态工作责任制实施方案》和《意识形态工作分析研判联席会议制度》，定期组织召开意识形态工作分析研判联席会议，分析研判意识形态责任制落实情况。出台《贯彻落实<党委（党组）网络意识形态工作责任制实施细则>的通知》，定期召开网络舆情研判工作例会，每周编制《网络舆情专报》，为开展网上意识形态工作提供重要依据。成立市网络文化协会。加强对突发公共事件新闻发布工作规范化、制度化建设，及时准确发布信息，主动引导舆论。初步建立各区镇、街道和市级机关各部门新闻发言人体系，全年召开各类新闻发布会50余场次。

【理论武装】 深入学习宣传习近平总书记“7·26”重要讲话以及党的十九大精神，做好党的十九大精神集中学习、分类培训、广泛宣讲等各项工作，多线并推，多点广讲，举办学习十九大精神专题培训班和“百姓名嘴”培训班，组建由900多人组成的市委宣讲团、走帮服宣讲团、百姓名嘴宣讲团和党员冬训宣讲团等“四团”，开展专题宣讲1500余场，把十九大精神宣传到全市每个角落。用好用活“三堂汇学”载体，做好理论、道德和社科讲堂的“三堂融合”工作。启动全市党员冬训工作，研发“冬训加油站”微信程序，方便广大党员随手学、随时学、随地学，“冬训加油站”全网注册25000多人，参与学习23万多人次。南通市党员冬训现场推进会在启东市召开，推广启东市党员冬训经验。王鲍镇和高新区（近海镇）被评为全省基层党员冬训工作示范乡镇。开展全民阅读活动，培树各类先进典型，启东市图书馆被中宣部评为第七届全国服务农民、服务基层文化建设先进集体，海工园（寅阳镇）被江苏省诗词协会评为“江苏省诗词之乡”。

【新闻舆论宣传】 组织“砥砺奋进的五年”专题专栏报道，全市学习宣传贯彻党的十九大精神氛围浓厚。围绕中心服务大局，全方位、多角度宣传建设“强富美高”新启东所取得的实效。全年在南通市级以上主流媒体录用稿件2000多篇。组织全国50余家晚报媒体到启东开展“飞阅圆陀角”大型航拍采风活动，新华报业集团组织40多位专业摄影师开展“大美启东大魅启东”摄影采风活动。加强业务培训、业务研讨和业务竞赛，在南通市“岗位大练兵 技能大比武”活动中，启东市在4个比赛项目中获1个一等奖和3个三等奖。在南通市新闻奖评比中，启东市获1个二等奖和1个三等奖，列南通县（市）区前列。全新策划制作启东城市形象宣传片《梦启东方》。

3月23日，启东高新技术产业开发区（近海镇）开展党员冬训 （市委宣传部/提供）

3月16日，合作镇、王鲍镇、北新镇、吕四港镇正能量加油文艺爱好者给合作镇周云村村民送上“正能量走亲”活动的首场演出 （姜雨蒙/摄）

【文明创建】 完善创建文明城市考核机制，对全市31个项目3000多个点位进行月度测评，每月通报并点评创建文明城市现场实地测评结果。组织开展重点项目专项整治。协调各职能部门对照创建要求，加大资金投入，完善城市功能配套，加大执法力度，强化城市精细化管理，不断健全长效管理。开发“城市啄木鸟系统”，发动全社会参与文明创建。推进“启东好人”“文明家庭”评选活动，2017年，启东有5人获评“中国好人”，“中国好人”当年上榜总量居全省第一。江苏省道德发展状况测评指数，启东位列全省41个县（市）第二名。成功举办启东市首届志愿服务展示交流会暨“志愿益启行”百项公益主题活动。未成年人思想道德建设亮点频现，“东疆好少年”“亲子沟通营”等活动蓬勃开展，“成长在阳光下——‘太阳花’关爱困境儿童公益行动”被评为南通市宣传思想文化工作改革创新奖。文明城市创建工作取得突破性进展，启东正式入围全国文明城市提名城市。王鲍镇建群村获“全国文明村”称号。

【群众文化】 建立党委宣传部门统揽群众文化活动“五统”新机制，被评为全省宣传思想文化工作创新奖提名奖，启东市为南通县（市）区中唯一获奖单位。在全市广泛开展“共乐东疆”文体活动，全年开展活动数量近5000场次。持续推动“正能量加油站”扩面提质，开展“走亲”活动。成功举办马晓晖二胡专场音乐会、2017吴乐论坛暨中国评弹艺术节、江浙沪三地优秀群文节目展演等活动。利用启东滨江临海的独特资源优势，全国沙滩排球比赛、风筝冲浪国际邀请赛、国际铁人三项赛等10多项国内外体育赛事成功举办。抓好文艺精品创作，电视纪录片《走出无声世界》和图书《风乐桃花》入选南通市第七届精神文明建设“五个一工程”。在四川成都成功举办启东版画精品展。“感知启东”主题创作采风活动在各区镇广泛开展。镇村（社区）综合文化服务中心建设基本完成。市文体中心、张謇垦牧文化遗址公园、启东历史名人园等建设加快推进。狠抓文化产业发展，成功举办南通市文化产业发展与统计工作培训班。塔达希时装设计表演产业园、明清古建文化产业园、恒大五国温泉城等11个南通市重点文化产业项目建设强势推进。

【网络宣传管理】 做好网络舆情监控、上报、处置、引导工作。以“启东发布”为龙头，区镇、街道官方微信公众号全覆盖，建成传递政策信息、宣传凡人善举、参与道德评议、助力公益活动的网络工作平台，旗帜鲜明发出正面声音。不断壮大网络发言人、新闻发言人、网络阅评员、舆情信息员“四支队伍”，形成强大网络铁军。开展网络文化公益行动，“互联网+公益：打造志愿服务‘益启行’新模式”被评为南通市宣传思想文化工作改革创新奖。市新闻信息中心被评为全省“文明办网”先进单位。

（钱菁菁）

精神文明建设

【概况】 2017年，启东市落实中央、省、南通市文明委及启东市委、市政府工作部署要求，以深入践行社会主义核心价值观为根本，以创建文明城市为龙头，持续深化群众性精神文明创建，推进志愿服务常态化制度化，培育弘扬道德典型，深化“正能量加油站”平台建设，抓好未成年人思想道德建设，市民素质和社会文明程度都有明显提升。9月，江苏省文明委公布2017年江苏省道德发展状况测评指数，启东以82.56分的成绩，位列全省41个县（市）第二名。

【文明城市创建】 完善常态化考核督查工作机制，制定出台《关于调整启东市创建全国文明城市暨国家卫生城市复审迎查工作机构的通知》，明确十个工作组职能。完善2017年度文明城市创建工作考核办法、考核细则，确定各主要职能部门重点推进项目，多点部署推进文明城市创建基础工作。聚焦文明创建重点、难点问题，通过专项整治活动和职能部门协调，对市区居民小区污水管网堵塞疏通，城市流摊综合整治，马路市场整治，城市机动车与非机动车停车位划设，窗口行业创建，文明养犬，物业管理规范工作，小区毁绿种菜等问题进行专项集中整治，推动一批创建难题有效解决。各职能部门加大资金投入，完善城市功能配套，加大执法力度，强化城市精细化管理，着力做好住宅小区物业管理，市容环境秩序管理，城区主次干道交通组织管理等重点工作。

【正能量加油站】 全市建成2018个“正能量加油站”站点，培育大批群众演员、创编快板、小品等100多部优秀作品。2017年年初，将市级机关、区镇、街道共33家单位合力提供的77个走亲节目做成菜单，包括宣讲、展览展示、歌舞、小品、快板、情景剧等18个走亲品种，供各站点群众点单，根据群众需求统筹走亲场次，实现精准送文化。

2017年，以“启东正能量加油站”微信公众号为龙头，借力各镇、园区、街道开设的20个官方微信公众号，建成一批集政策信息传递、凡人善举宣传、站点展示交流等于一体的网上“加油站”。在实现村居网格全覆盖的同时，走进学校、企业、社团及自组织。每年开展各类宣传教育活动达5000多场次，辐射和服务人群超过30万人。

2017年7月，举行“正能量加油站”展演观摩活动，活动通过讲述海复镇搬场村7个“正能量加油站”典型，让大家更好地了解这种宣传新形式。

【道德典型培育】 坚持每月评选“启东好人”，每季度评选“文明家庭”，每年评选“年度启东好人”“年

东海镇创建文明城市氛围浓厚（姜雨蒙/摄）

度文明家庭”，通过电视专题片、事迹报告会、设置“善行义举榜”“道德讲堂”宣讲、创编文艺作品、新媒体发布等多种形式进行宣传，让“凡人善举”走进乡村、社区、行业、学校。3月1日，承办江苏省道德模范与身边好人现场交流活动，先进典型事迹在基层群众中得以广泛传播。

2017年，全市共推荐出月度“启东好人”187名、“文明家庭”45户。获评南通、省“文明家庭”3户。袁华健等10名（组）市民当选2017年度“启东好人”，宋雁群等10名市民当选2017年度“启东好人”提名奖，范南生等10户家庭获评2017年度“文明家庭”。全市有4组5人获评“中国好人”：顾建康获评“助人为乐中国好人”，吴勇、郭中良获评“诚实守信中国好人”，张松桥、陈庙先获评“见义勇为中国好人”。至年底，启东获评全国道德模范提名奖1人，江苏省道德模范提名奖3人，中国好人20人（组），道德典型数量居南通第一。

【志愿益启行】 全市基本形成以市文明办和东疆志愿者协会为总协调，市、街道（区镇）、社区（村）三级志愿服务站和各级专业志愿服务队为志愿服务网络的组织体系。截至2017年底，全市注册志愿者人数达到城区常住人口的15.77%，年平均开展志愿服务活动近5万次。实施志愿服务组织培育工程，联合民政局、团委、妇联、残联等部门定期召集社会公益组织召开季度例会，提供政策帮助、活动指导以及日常监管。

12月3日，举办首届志愿服务展示交流会暨“志愿益启行”百项公益主题活动，面向社会发布百余个志愿服务项目，成功为十大重点项目与爱心单位（组织）达成对接合作，搭建起政府与社会组织间更加精准对接的共建平台。通过志愿文化节、志愿影像展、爱心义卖集结号等实现志愿服务展示交流；通过精品项目推介、志愿大咖分享志愿课堂、志愿表彰会等多种形式，促进志愿服务项目培育和组织发展。2017年，“志愿益启行”志愿服务品牌获南通市宣传思想文化工作改革创新奖，“情暖夕阳·小老帮老老”银龄互助志愿服务项目获省志交会项目银奖。

将各级文明单位纳入全市志愿服务体系，依托“启东志愿服务平台”，常态化开展“文明交通”及“党员干部进社区”志愿服务活动，发挥好“一张网覆盖、多终端互动、全流程在线”的优势。以社会需求为导向，在市区建成5个志愿服务驿站，同时面向市区窗口单位及爱心商户，征集100个“志愿服务V站·诚信自助吧”，以“中心+分散”的形式，为户外工作者及过往市民提供爱心雨具、图书漂流、微波加热等便民服务，由六大民间公益组织认领进行日常维护管理，形成政府引领文明风尚、公益团队爱心接力、全城积极响应的氛围。

4月1日，市文明办承办南通市“我们的节日 清明节”主题观摩活动
（市文明办/提供）

【未成年人思想道德建设】 以礼仪示范学校为重点，向城乡所有中小学校辐射，分别在和合小学、实验小学、紫薇小学、南苑小学等召开示范观摩会10余场。开展“八礼四仪”校际展示暨文明礼仪示范学校评比活动，全市共开展各项礼仪教育活动300余项，集中展示全年的工作成果，产生10所启东市文明礼仪示范学校。“未成年人社会实践活动智能平台”微信公众号7月正式上线运行，实现线上预约报名和签到。

开展“传统文化巡礼”——“我们的节日”主题系列活动。4月，承办南通市“我们的节日 清明节”示范观摩活动。“亲子沟通营”坚持每周办好一次亲子活动，开展60余次亲子公益活动，有3000个亲子家庭加入其中，期间产生100名志愿者。

推动文明礼仪养成教育进乡村学校少年宫，将中央和省公益金彩票支持的乡村学校少年宫23所，与中央管理平台对接，实现网络智能管理。开展“太阳花”困境儿童关爱行动，针对全市927名困境儿童，进行心理状况评估和筛查。至年底，共开展团体筛查34场，确定心理关爱名单26人，完成与所在学校老师、成长指导中心志愿者的双结对。

（周逸亭）

统一战线工作

【大统战工作机制完善】 2017年，市委全面加强党对统战工作的领导，召开市委统战工作会议，建立健全各级党委主要领导担任组长的统战工作领导小组，建立市委统战工作联席会议制度，召开两次市委统战工作联席会议。调整完善市委民族宗教工作领导小组，并召开领导小组成员会议；制定出台贯彻中央《条例》、省委《实施办法》和南通市委《实施细则》的《实施要点》，明确工作要求，落实工作责任，强化工作督查。

【非公有制经济统战】 2017年，坚持思想引领，强化非公有制经济代表人士队伍建设。开展非公有制企业家“四信”（信念、信任、信心、信誉）教育活动，引导非公有制企业家致富思源，回报社会，投身光彩事业和社会公益事业。130多家非公有制企业向慈善基金会共捐款1176万元。组织非公有制经济代表人士中的人大代表、政协委员围绕“全面接轨上海、全力促进民富”课题开展专题调研，共提交各类提案、议案和建议意见100多件（条）。精心组织“在外启商故里行”活动，邀请46名启东籍在外企业家参加通商大会。推进异地商会建设，成立市在外企业家联谊会、上海启东商会和无锡启东商会，筹建西北、四川和深圳三个异地商会。加强基层商会建设，基本完成换届工作。

【党外知识分子和新的社会阶层人士统战】 2017年，市委高度重视党外知识分子统战工作，在统战部增设党外知识分子工作科，成立南通首家新的社会阶层人士服务中心；组织党外知识分子代表赴浙江乌镇开展“互联网+”考察活动；开展新的社会阶层人士统战工作试点，制定实施方案，建立联席会议制度、联谊交友制度，召开新的社会阶层人士统战工作第一次联席会议，明确职责分工、确定重点任务、建立工作制度；成立市新的社会阶层人士联谊会，在新的社会阶层人士较为集中的园区、街道和新媒体网络企业建立统战实践基地；会同宣传部通过“启东发布”微信公众号“启吾微课堂”专题组织全市机关干部学习新的社会阶层人士统战工作的理论政策；市关于“建立一套机制、搭建两个平台、实行三级联动、服务四类群体、打造五大品牌”的新阶层人士统战“12345”工作法，得到中央和省委统战部的认可，分别在中央统战部网站和“江苏统一战线”微信公众号登载。

【民族宗教工作】 增强民族团结意识，深入开展民族团结进步创建活动。做好少数民族流动人口服务管理。开展生产经营、务工就业、医疗保险、子女求学、技能培训、清真食品管理及社会维权等方面服务；引导宗教界开展社会主义核心价值观教育活动。坚持宗教中国化方向，推进天主教民主办教和基督教神学思想建设，指导佛教团体开展“人间佛教”研讨活动；加强宗教团体自身建设，强化宗教团体领导班子建设，强调制度建设，形成团体制度汇编；加大依法行政力度，将行政权力事项清单及行政服务事项指南向社会公开。履行好民族宗教行政审批职能，确保行政审批事项依法、按时、高效、优质办理。

8月29日，启东市新的社会阶层人士联谊会成立　　（徐　昕/摄）

【海外统战】 实施暖侨工程，开展“冬日暖侨”活动，走访慰问归侨侨眷代表250余户，发放慰问品和慰问金近5万元；利用涉侨资源，助推引智引资，加强对接上海，促进沪启两地涉侨合作交流；加强归国留学人员统战工作，成立市留学人员联谊会，组织参观启东产业研究院、科技馆和开发区科创园，并与上海浦东新区留学人员联谊会对接，开展交流活动。

【港澳台统战】 密切与港澳台联谊交往，支持爱国爱港乡亲社团建设，完成香港启东同乡会换届，成立香港（粤港澳）启东青年联合会。加强对台工作，成立南通市台湾同胞投资企业协会启东市联络委员会，完成市台胞台属联谊会换届，促进对台交流交往取得新成效。

（陈　李）

台湾事务

【概况】 2017年，全市对台工作始终遵循“两岸一家亲、携手共发展”的理念，围绕建设“台资产业集聚、台企创新发展、台商投资环境、两岸交流交往”四个新高地的目标，全市对台经济、交流交往、优质服务、强化宣传等工作取得新成效。

【对台经济】 2017年，全市累计新批台资企业1家，总投资1.4亿元。

开展入岛经贸交流活动。全年办理5批28人公务赴台团组，市委副书记汤雄、副市长高红宇等市领导分别率团赴台开展招商活动。在台期间，拜会台湾工商建研会、台湾LED电子同业公会、台湾计算机商业

同业公会等协会，考察中部科学工业园区、台元科技园、广化科技股份有限公司、万宝禄生物科技有限公司、京冠生物科技有限公司、友嘉集团、台湾糖业股份有限公司、元弘草本科研有限公司、润泰集团、金桥科技股份有限公司、春保钨钢、钰太科技股份有限公司、太极光生物科技等公司。滨江化工园、经济开发区等各自结合园区产业特点开展针对性招商活动。全年共办理4个批次的企业赴台商务考察，主要是参加台湾的有关展会活动及业务洽谈和培训。

利用节会组织对台招商。2017年，先后在上海、昆山等地利用台商联谊会和年会举行启东投资推介会。参与市科技节暨经贸洽谈会，以及南通台商年会，拓展与各地台商台企的对接渠道，构建对台交流与合作平台，介绍启东市的投资环境，让台商进一步了解启东，共享启东的发展机遇，共谋发展，实现互惠共赢。

【对台交流】 扩大对台交流合作，加强与台湾岛内商会、协会、企业集团和大陆地方台协、台资企业的联系，推介市对台招商引资亮点项目，邀请台商到启东考察、洽谈、投资。2017年，市台办参与接待的到启台商、台胞158人次，考察团组16个，重点考察启东市的工农业、海洋经济、教育、社会事业等，团组共达成意向性项目6个。接待台湾中华妇女联合会副秘书长顾丽娟、市“四有”重点人士回启台胞张云飞、李启能、梁三侯等。

【对台服务】 2017年，市台办调整充实启东市对台工作领导小组和台湾同胞投资权益保障协调委员会成员单位，为保护台胞、台属、台企合法权益提供组织保障。开展台资企业大调研、大走访活动，为全市50多家台资企业建立、完善好台账，并走访每个企业，实地了解、掌握各企业经营、生产情况。对调研中发现的问题及时与所在镇、园区沟通，帮助解决。为三家台资企业解决企业发展、管理纠纷等问题，帮助台商郑育承解决子女上学问题，维护台商的合法权益。9月，市成立南通台协会启东联络委员会。

9月27日，南通台协启东联络委员会成立　　（市委台办/提供）

【涉台事务】 2017年，市台办在春节前走访慰问在启重点台商台属、困难台属100多人次；邀请全市台资企业负责人和在启台商参加中秋联谊活动，通报全市经济社会发展及市领导重视对台工作的相关情况。全年共接待政策咨询、寻求帮助的台胞、台属20多人次，协调解决台胞陈福民寻亲，帮助其找到失散多年的亲人，帮助他完成回乡扫墓的夙愿。8月，对启东中学5位优秀高中毕业生发放“李启能助学基金”，基金捐赠人老台胞李启能及亲属黄利与周正英夫妇出席发放仪式。

做好台谊会工作。2017年，在台谊会理事和台界政协委员中开展对台工作。3月，组织召开台谊会理事扩大会议，向台谊会成员宣传台海形势，组织学习中央对台最新政策；举办“两岸一家亲，繁荣共发展”摄影大赛、征文活动，有多篇征文获得省市好评。5月，组织台谊会成员外出参观考察，赴昆山参观工业园区，拓宽台谊会人员的视野。9月，南通台协启东联络委员会成立；12月，组织台谊会成员和台界政协委员参观南通南亚公司，参观学习崇川区两岸青年创业交流基地，为台界政协委员参政议政拓宽思路。

【对台宣传】 全市对台宣传围绕中央对台工作方针进行，通过及时更新网站，宣传对台政策和工作动态，上报工作信息。印制启东涉台经济政策汇编，介绍启东各项经济政策，以及区位优势、土地资源、产业基础，持续放大吕四大港加快开发、启东港一类口岸开放获国务院正式批复等发展优势，宣传推介启东。

（杨峻琳）

老干部工作

【概况】 2017年，市委老干部局以“高标准为老干部服务，尽全力让老干部满意”为宗旨，加强离退休干部思想政治建设和党组织建设，落实离退休干部政治生活待遇，发挥老干部独特优势和作用，促进老干部工作协调、健康发展。至年底，全市共有离休干部336人，其中抗日战争时期参加工作的离休干部45人、副处级及以上离休干部132人；市管退休干部1180人，其中副处级及以上退休干部47人、正科级448人。外省市易地安置在启东离休干部10人。

【离退休干部工作政策落实】 4月，

市委办公室、市政府办公室制定出台《关于进一步加强和改进离退休干部工作的实施方案》，就老干部党组织建设、引导老干部发挥独特优势、创新服务管理等方面作了全面要求，特别是对党组织工作经费、党员教育经费和老干部支部书记补贴作了明确规定。离退休干部党组织活动经费在机关、事业单位部门预算中统筹安排，企业列入主管部门预算。加大党费对离退休干部党组织活动的支持力度，离退休干部党组织收缴党费按60%比例下拨。明确老干部支部书记每月工作补贴不低于400元（党员人数少于50人的，每月300元），确保离退休干部党组织工作经费落实到位，支部活动正常开展。

【离退休干部党建】 2月，市编委核准老干部局增挂离退休干部党工委牌子，并增核专职副书记1名，加强老干部党建工作力量。在北街道幸福二村、南街道世纪家园社区试行"一方隶属、多方管理"党建工作机制，建立非建制性老干部党支部，召开党建工作联席会议，落实党建工作责任，确保离退休干部党员活动、教育全覆盖。

强化思想政治引领。组织四套班子老领导调研考察嘉禾力农业发展有限公司和江苏林洋能源股份有限公司等启东知名企业，组织全市离退休干部党支部书记参观中远海工和恒大威尼斯等，感受启东工业经济发展和旅游城市发展的战略构想，增强信心，振奋精神。组织老干部开展"品味好书，争当先锋"主题读书活动，举办"我为党旗添光彩"征文活动，评优表彰。开展"畅谈十八大、建言十九大"老干部代表座谈会，"增添正能量，献礼十九大"主题活动。

【离退休干部服务保障】 2017年，在全市老干部工作者队伍中开展"面对面、心连心"大走访、大落实活动，老干部局机关工作人员与四套班子老领导、易地安置离休干部、特困离休干部结对，通过上门走访、电话问候、谈心交流多种方式保持定期联系。组织开展对离退休干部和特困老干部及遗属的慰问工作，送上组织关怀。畅通离休干部就医绿色通道，开展"为老服务、健康相伴"公益活动，邀请上海市中医医院专家教授开展健康讲座并进行现场义诊。开展"社会齐奉献、六助进百家"活动，在开展医疗卫生服务的同时，帮助离退休干部解决生活中遇到的实际困难和问题。完善离退休干部困难帮扶机制，加大帮扶力度，市财政局从2017年起每年出资20万元成立帮扶基金，对生活特别困难的离退休干部家庭给予困难救助。重视和妥善处理老干部信访问题，对离休干部反映强烈的工资和补贴调整问题，对应该给予落实的，局领导及时与相关单位沟通协调落实，对没有政策规定的不实传言做好解释工作，争取老同志理解。

5月26日，市委老干部局组织四套班子老领导调研考察工农业生产
（市委老干部局/提供）

【离退休老干部文化生活】 2017年，老干部中心活动室改造紫薇公园4个老干部门球场和公安巷2个老干部门球场、3个老干部羽毛球场，为老干部桥牌协会、乒乓球协会和方牌协会更换桌椅和活动器材。

举办"汇龙杯"老干部门球邀请赛，来自通州、海门等8支球队参加比赛，承办大丰、如东、启东三地老干部桥牌联谊赛，举办庆"五一"羽毛球联谊赛。老干部文艺队在市文化馆举行以"喜迎党的十九大胜利召开，赞美启东新成就"为主题的文艺演出。老干部书画协会和集邮协会开展进军营活动，与武警启东中队全体官兵庆祝建军九十周年，共叙军民鱼水情。

（袁晓燕）

接待工作

【概况】 2017年，市委、市政府接待办以讲政治、重节约、求精细、树形象、上水平为统领，着力在提升服务质量上求突破，用新理念、新思维、新标准、新方式审视全市接待工作，圆满完成各项重大接待任务，发挥接待工作的辅政作用。

【上级各类考察调研】 2017年，国土资源部副部长王广华、国家农业部副部长于康震到启东视察；国家农业部办公厅副主任蒋建平到启东视察；省委书记、省人大常委会主任李强、省委副书记、省长吴政隆、省委副书记、常务副省长黄莉新到启东视察；省委常委、省纪委书记蒋卓庆、省委常委、组织部长郭文奇到启东视察；省委副秘书长、省委研究室主任康旭平、省委宣传部副部长杨志纯、省委办公厅副主任刘步健、省发改委主任朱晓明、省农委主任吴沛良、省国土资源厅厅长李侃桢、省环保厅厅长陈蒙蒙、省财政厅厅长刘悍东、省海渔局局长汤建鸣、省沿海办主任林一峰、省国土资源厅副厅长吴震强、省信访局副局长王传东、省委党建办副主任朱劲松、省住建厅副厅长杜学伦、兰州大学校长王乘到启东视察;南通市委书记、市人大主任陆志鹏、南通市委副书记、市长韩立明到启东调研。

【兄弟县市以及大团队考察】 2017年,接待山东宁阳党政代表团、陕西西乡党政代表团、广西融安县党政代表团、台湾小琉球渔会考察团、中华两岸养老产业项目考察团。

【商务接待】 2017年,药明康德有限公司董事长李革、招商局资本总经理张日忠、江苏润恒物流发展集团董事长毕国祥、平安集团党委副书记兼集团北京管理总部总经理黄宝新、澳大利亚江苏工商联合总会会长陈银新、中国科学院院士、复旦大学教授赵东元、世邦魏理仕董事缪博文、英国剑桥Paulina博士、北京万林创富投资有限公司合伙人吴振华、雏菊机构董事局副主席、总裁潘玉堂、上海英雄(集团)有限公司董事长李立力、柒壹资本集团董事长张春华、杭州新天地集团董事长刘文东、科勒有限公司张俊惠、奥士康公司总经理贺波、海航通航投资管理股份有限公司昝海伟、中国国际金融有限公司总经理刘森林、深圳市铁汉生态环境股份有限公司副总经理杨平、EFI执行董事、总经理Philip Major、中城特色小镇(北京)有限公司总裁王朝晖、加拿大中国商会会长王军明、上海浦东国际金融学会副会长徐平凡、上海抗体药物国家工程研究中心有限公司常务副总倪华、融创集团执行总裁兼上海区域董事长王虹斌、科大国盾量子技术股份有限公司、上海国盾量子信息技术有限公司副总裁何炜、布鲁柴尔德国际控股集团执行总裁李志洋、国家发改委创新投融资专业委员会、汉能控股集团到启东考察。

【重大节会后勤保障】 2017年,市委、市政府接待办按照领导要求,参与筹办2017中国·启东国际经贸洽谈会、2017中国·启东科技节暨国际经贸洽谈会、南通市重大项目建设现场观摩活动。

(王东华)

机构编制管理

【概况】 2017年,全市由编办管理的机构有447个,其中行政机构76个,事业机构371个。全市编制总数16785名,实有人员总数15548人。其中,行政编制3330名,实有在编行政人员3195人;事业编制13455名,实有在编事业人员12353人。

【"放管服"改革】 优化"三证照"办理。2017年,市编办对照《关于全省推行3550改革意见》的改革目标,牵头协调行政审批局、不动产登记中心等部门做好优化办事流程、减少审批环节等工作。制定出台市三证照"2440"目标实施细则,全面推行开办企业2个工作日内完成、不动产登记4个工作日内完成、工业建设项目施工许可40个工作日内完成。一是优化开办企业流程。推行网上名称预先核准、全程电子化登记、发放电子营业执照、银行代办注册、新办企业预刻制公章统一备案、开立银行基本账户快速办理、企业申领发票即到即办等举措,实现开办企业2个工作日内完成。二是优化不动产登记流程。通过推动三方联办、优化窗口设置、增设服务网点、优化税费收缴、办理结果互认、业务数据共享等改革措施及帮办服务、现场业务辅导等人性化服务,落实不动产登记全类型、全流程"一窗受理、集成服务",实现不动产登记4个工作日完成。三是优化施工许可流程。通过整合优化办理流程,落实"多评合一""多图联审""并联审批"等改革措施,实现工业建设项目40个工作日完成施工许可。

编制"不见面审批(服务)"事项清单。在南通六县市中率先出台《加快推进"不见面审批(服务)"改革实施方案》,组织全市各部门编制"不见面审批(服务)"事项清单,牵头法制办等部门对不见面审批(服务)清单事项进行审核。全市明确依申请行政权力事项共有944项,其中不见面审批事项593项,见一次面审批事项有317项;公共服务事项587项,其中不见面服务事项360项,见一次面服务事项207项。"不见面审批(服务)"事项清单经市政府常务会议讨论通过后,首批329项"不见面审批"和181项"不见面服务"事项清单和办事指南在江苏政务服务网对外公布。按照省政务中心和南通市政府"不见面审批事项必须达到85%"的最新要求,协调市行政审批局组织市级各相关部门重新梳理审批事项,全市依申请行政权力事项共有1414项(按照业务项统计),不见面审批事项达1209项,达到85.5%。

编制"标准化"权力清单。按照省政府第100次常务会议通过的全省"三级四同"标准化权力清单,推动市级部门完成行政权力事项的认领确认,经法制办合法性审查后,形成部门标准化权力清单,34个市级部门明确行使行政许可、行政处罚、行政强制、行政征收、行政给付、行政奖励、行政确认、行政裁决、行政征用、其他权力等10个类别行政权力共计6999项(另有子项153项)。经市政府常务会议讨论通过后,标准化行政权力清单在中国启东门户网站上集中对外公布。同时,根据南通会议精神,牵头协调市级各部门对各类政务服务事项进行全面梳理,编制政务服务事项目录清单,其中依申请行政权力事项1089项、公共服务事项587项。

【重点领域改革】 综合执法体制改革。以《启东市关于深化行政执法体制改革全面推进综合行政执法的实施意见》确定的改革路径,推进部门内（环境保护、交通运输、农业林业、人力资源）和跨部门（城市管理、文化体育、市场监管）综合执法体制改革调研，拟订机构整合、编制划转的方案。2017年上半年率先推进城管领域综合执法体制改革，下半年完成文化体育、市场监管、交通运输、农业林业、人力资源和社会保障等领域机构组建、人员编制划转，组建城市管理综合执法大队、文化市场综合执法大队等6支综合执法队伍，年底前实现挂牌运行，初步构建起启东市全面综合执法新格局。

行政职能事业单位改革。作为被中央编办和省编办确定的全国承担行政职能事业单位改革试点县市，按照事业单位分类改革要求，以转变政府职能、理顺体制机制为出发点，将30个事业单位纳入改革范畴。通过调研相关部门，研究改革中涉及的人员、编制难题，制定承担职能事业单位改革方案和涉改部门人员安置方案。截至2017年年底，改革试点任务圆满完成。

巡察和纪委派驻机构改革。研究出台改革涉及的编制划转方案，2017年8月底前完成全市巡察机构、派驻纪检组体制改革工作，设立市委巡察工作办公室和4个巡察工作组，核定行政编制20名；设立18个市纪委综合派驻纪检组，撤销市纪委原有派驻纪检组31家，不再保留机关内设纪检监察机构23家，核定人员编制72名，其中从市级机关部门划转33名编制，单列管理政法专项编制10名。

【机构编制监督检查】 全面完成控编减编任务。完善机构编制实名制管理制度，推进组织、编制、人事、财政一体化平台上线运行。会同组织、审计等部门对2017年确定的15家单位进行“三责联审”。

（陆天琪）

党校教育

【概况】 2017年，市委党校履行“干部培训、思想引领、理论建设、决策咨询”工作职能，坚持党校姓党、从严治校，以改革创新为动力，以质量立校为导向，把学员“请进来”培训、让教师“走出去”送教，统筹推进教学培训、科研咨政、队伍建设、行政保障和党的建设等各项工作，努力实现党校事业新发展，为建设“强富美高”新启东提供智力支持和人才保障。

【干部教育培训】 2017年，市委党校加强培训需求调研，创新培训组织方式，整合优质培训资源，优化培训课程设置，努力提高办班质量。分别与组织人社部门举办各类主体班次11期，培训轮训党员干部650多人次；开拓合作办班，承办汉中市委党校县处级领导干部培训和中青年干部培训班到启东的现场教学任务，合作举办启东农商银行部分党支部书记培训班、大唐吕四港发电公司党支部书记培训班，培训学员300多人次；参与市委宣传部组织的党员冬训活动和“启吾巡课堂”，深入乡镇、部门、企业开展“送教上门”“点菜上课”，共计授课40多场次，直接听众3000多人次；配合市委组织部办好南通科技职业学院村干部学历提升班，做好南林大农业推广硕士班、省管干院函授班和中南大学远程教育班次的收尾工作。

【教学改革创新】 2017年，市委党校加强课程建设，重点抓好十八届六中全会、十九大和习近平总书记系列重要讲话精神的学习研究；以提高培训质量为抓手，持续改进讲授式教学，充实案例式教学，推进研究式教学；完善培训班次的项目化管理，狠抓教学协调、教师选聘、教学质量评估、考试考核等各项教学管理，优化教学管理流程，不断形成规范、有序、高效的教学管理机制。全年推出10多个成熟课题，内容涵盖十九大、十八届六中全会精神解读、社会主义核心价值观、中国传统文化、廉政建设、市情市况、心理健康与调适等方面；重点做好“抗大九分校纪念馆”等红色革命传统教育和现代服务业现场教学点的开发，梳理提升南通沿海开发现场教学的线路安排。

【决策咨询服务】 2017年，市委党校深入研究全市经济社会发展中的热点难点问题；定期组织教师到基层一线调研、座谈，探索蹲点调研、挂职锻炼等方式方法，把握基层实际；强化课题带动，加大与实际工作部门、政策研究部门的合作，争取上级社科基金项目、省委党校重点课题等。全年确立3个市情决策咨询课题，研究方向为对接服务上海、基层党建和现代农业等；获启东市级立项课题7个，其中1个被评为一等奖，2个被评为三等奖；获省委党校、南通市委党校立项课题各1个，均顺利结题。在各类杂志公开发表论文21篇，其中省级以上7篇；在启东市第二届社会科学优秀成果评奖中，市委党校获一等奖1个，二等奖2个，三等奖2个。

【人才强校】 2017年，市委党校实施培训者培训工程，加大对教研骨干和青年教师的培养、挖潜力度，以提高教学水平和科研能力为重点，选派教师到上级党校、行政学院跟班听课，鼓励教师参加学术研讨、教学观摩、外出调研等活动；加强兼职教师队伍建设，不断优化、充实、更新“师资库”。组织教师参加省级“党课名师”培育对象培训班等师资培训，新录用教师1名（研究生学历），1名教师晋升讲师。年末，市委党校专职教师共11名，其中高级讲师5名，讲师5名。

【办学条件改善】 2017年，市委党校加快推进新校区项目工程建设，做好项目立项、招投标、施工管理和配套设施建设。做好办公楼、学员宿舍等老旧设施的维护保养和适应性改造；完善党校网站，建设“网上党校”。

（邱艳娟）

机关党建

【概况】 2017年，各市级机关党组织围绕全面从严治党主线，推进"先锋型"机关创建，推进机关党的思想、组织、作风、制度建设，在服务中心、夯实基础、提高素质、优化作风等方面取得新的成效。

【管党机制强化】 2017年，市级机关党工委会同市委组织部制定市级机关党组（党委）班子成员抓党建"一岗双责"责任清单、市级机关党组织书记责任清单、市级机关党组织重点任务清单等3张清单，对各类责任主体、年度重点任务均明确要求。细化"先锋型机关"考评细则，推行"双查双评"机制，通过"智慧党建系统"线上记实审核和线下观摩点评等方式持续推动，年中牵头开展机关党建工作督查，年底组织开展专项述职和考核。机关党建责任体系运转较好，相关管理模式在南通市委机关工委会议上作经验交流。

【思想政治建设】 以学习贯彻党的十九大精神为重点，组织学习十九大报告宣讲会，对市级机关党组织开展学习作出具体部署，赠阅学习资料1万余册，会同市总工会举办"喜迎十九大，红歌献给党"合唱比赛，传承红色经典。各市级机关党组织累计开展学习宣讲活动200多场次。常态化制度化推进"两学一做"学习教育，依托"三堂汇学"载体、"三会一课"平台等，围绕习近平总书记系列重要讲话、旗帜鲜明讲政治等学习重点，各单位累计上党课300多堂，受众达3万多人次。

【组织建设】 以"先锋型机关"创建为龙头、以"双查双评"机制为抓手，健全完善工作记实、抽查督查等组织生活管理制度，督促落实"三会一课"、组织生活会、主题党日等制度，严格党内政治生活的氛围日益浓厚。组织开展机关党建优秀案例评选等活动，一批优秀案例涌现。严格履行发展党员工作程序，从严把好政审关，确保发展党员质量，共发展预备党员19人，预备党员转正26人，取消1人预备党员资格。坚持从严管理党员，实施党员积分考评+记实管理制度。按照"有场所、有标志、有展示、有制度、有设施"的"五有"要求，完成党组织活动阵地规范化建设。

【队伍建设】 依托上海交大优质教学资源，举办机关党组织书记研修班，提升党组织带头人政治理论水平和履职能力。实施"先锋引领"行动，通过推行党员挂牌上岗、开展岗位技能竞赛、争创满意窗口等举措，促使党员岗位建功。以纪念建党96周年为契机，评选表彰一批先进基层党组织、优秀党员、优秀党务工作者。组织机关党员干部投身"走帮服"、精准扶贫、文明城市创建等服务活动，特别是在"走帮服"活动中，3600多名党员干部共走访城乡家庭10万多户，走访企业180多家，协调处理各类问题1700多个。

【党风廉政建设】 健全党风廉政建设责任落实机制，通过签订党风廉政建设目标责任书、纳入单位目标考核等方式，推动自觉履行"两个责任"。各机关党组织落实"八大整治"要求，开展廉洁过节、"5·10思廉日"等系列教育活动，经常性开展廉政谈话，对机关党员干部中存在的苗头性、倾向性问题，注重关爱提醒教育；严肃查处13名违纪党员，让广大党员引以为戒。抓好中央八项规定贯彻执行，注重抓早抓小、挺纪在前；加强机关内控制度督查，办理12345热线交办工单，机关效能和服务能力进一步提升。

（朱柳柳）

史志工作

【概况】 2017年，《中国共产党启东历史》第三卷专题资料征集，《启东年鉴》、《吕四港镇志》、《老区县发展史·启东卷》编纂等工作有序推进。在第五届江苏省年鉴奖评选中，《启东年鉴（2017）》"农村工作 农业"篇获评优秀类目，"农村工作 农业/综述"【概况】条目获评优秀综合性条目。

【志鉴编纂】 12月，《启东年鉴（2017）》出版发行。全书约95.5万字，设32个篇目，234个分目，有随文图163幅，全面记载启东政治、经济、文化、社会等方面发展的基本情况。

指导《吕四港镇志》编纂工作。《吕四港镇志》是启东市首部列入江苏名镇名村志丛书的镇志。2017年，指导完成镇志篇目的制订及修改工作，对"电动工具""风土风情""吕四港开发"等篇目提出修改意见，规范文字表述等。

【党史工作】 根据《中国共产党启东历史（第三卷）》专题资料征集实施方案的工作安排，做好资料收集整理工作。90%的单位完成材料报送，合计收到58家单位的96个专题稿件。《重要报告选录》是党史三卷本编写的重要补充，选录1978—2002年期间的历次党代会、人代会、政协会议所产生的重要报告。完成110多篇文字编辑校对，累计完成文字校对量达90余万字。1月，《启东红色地名录》出版发行。该书收录全市范围内以烈士英名命名及其他具有红色印迹的110个地名的来历，记载135位在新民主主义革命中牺牲的烈士生平事迹。指导协助各区镇做好镇村史馆的史料及图片收集工作。

【《老区县发展史·启东卷》编纂】 按照中国老区建设促进会《关于编纂全国1599个革命老区县发展史的安排意见》要求，开展《全国革命老区县发展史》丛书启东分卷的编纂工作。完成建国前（1919—1949年）部分和社会主义建设时期（1950—1978年）部分初稿约11万字，收集1979—2012年部分材料。

（黄亦美 陈广辉）

档案工作

【概况】 2017年，市档案局（馆）重点加强馆藏档案管理与利用、档案数字化工作，开展档案业务监督和指导，开发档案信息资源，促进全市档案事业科学发展、协调发展。至年底，市档案馆馆藏225个全宗、91736卷，以件为保管单位档案89364件，录音、录像档案60盘，照片档案6466张。

【档案接收】 4月，市委办、政府办联合印发《启东市档案馆收集档案范围实施细则》和《关于认真做好档案移交进馆工作的通知》，全市新一轮的档案移交进馆工作展开。9月，移交工作正式开始，历时4个月，分批接收各单位1991—2010年的文书档案及重点单位的业务档案。本着“合格一家、接收一家”，局（馆）及早部署，逐个机关、乡镇、街道进行走访、查看，指导各单位开展移交前的准备工作，对问题较多、整改任务重的单位发出书面整改函，确保进馆档案质量符合标准要求。2017年，市档案馆共接收20多家单位5912卷34644件文书档案，丰富馆藏资源。

【数字化档案馆创建】 2006年起，市共投入150多万元，对馆藏档案进行全文数字化，至2017年末，市档案馆馆藏档案数字化率达95%以上。2017年，市财政继续投入预算25万元，用于做好馆藏档案全文数字化工作，项目进行公开招投标，中标价为0.13元/页，完成190万页扫描任务。

【档案安全】 根据全国档案安全工作会议精神，市档案局（馆）在8月开展档案安全专项检查，对档案库房和档案管理制度开展自查活动。制定严格的档案查阅利用登记、库房日常检查、涉密（内控）文件查（借）阅审批制度，同时向市政府做专项申请，要求增加档案库房安全防盗设施，对3~7层库房加装双层隔热防光窗帘；3~7层加装防盗门；3~7层库房可打开的窗户加装隐形纱窗；根据《江苏省档案异地备份暂行办法》对所有馆藏数据进行全部备份并于11月送交湖南省档案馆备份。确保档案实体不丢失、不损坏，档案信息不失密。

【档案行政权力清理】 2017年，市档案局（馆）梳理档案行政权力事项，编制行政权力事项清单、办事指南、权力运行流程图等，同时对于局（馆）的有关场馆设施情况，馆藏档案结构、内容等公共服务事项于第一时间在江苏政务服务网上对社会公布。10月，根据国务院第676号令《关于修改和废止部分行政法规的决定》有关条款，及时调整行政权力事项清单，经市法制办审核，并报市编办备案，删除关于对非国家所有的档案出卖、转让行政许可事项。根据前期调研，结合近年来局（馆）行政权力行使实践情况，将两项依申请行政权力事项全部列为不见面事项，提高行政效率。

【农村土地承包经营权确权登记颁证档案管理】 2017年，全市有240个行政村开展承包地确权档案工作，涉及承包地面积约53万亩。为确保农村土地承包经营权登记档案收集完整、整理规范、归档及时、保管得当、利用便利。局（馆）加强对农村土地承包经营权登记档案工作的业务指导、督办与检查，全市所有行政村的农村土地确权档案完成验收并基本接收进馆。

【乡村记忆档案】 作为2017年度省政府明确的十大主要任务、百项重点工作内容牵头组织实施的项目之一，市档案局（馆）在全市各镇对乡村记忆档案情况开展广泛调研，通过筛选，最终确定具有历史底蕴的百年老镇——海复镇、新农村档案特色鲜明的吕四港镇太阳庙村、近海镇大圩村为全市“乡村记忆档案”试点村。

【档案宣传教育培训】 2017年，市档案局（馆）始终把贯彻实施《档案法》作为依法治档的重要举措，加大档案法律法规的宣传力度，利用报刊、微信、档案局（馆）门户网站、电视等传播媒体以及国际档案日、法制宣传日等重要时间点，组织、开展档案法律法规宣传活动，“6·9国际档案日”宣传周活动期间，通过邮件系统发送档案宣传语，编印档案法律法规和档案标准规范的小册子；编发图文并茂的《启东的这些地图，你见过吗？》文章；组织全市200多名档案人员参加国家档案局（馆）举办的档案法律法规的知识竞赛。组织10多家单位档案专业人员赴苏州大学参加档案业务人员继续教育高级研修班。

【档案征集编研】 2017年，市档案局（馆）创建微信公众号“启东记忆”，发表文章20多篇，其中根据馆藏资料撰写的多篇文章在全国档案微信公众号位居榜单前列。全年征集到1973版的启东县地图、20世纪70年代启东县革委会的行动证、启东各地方剧团的节目单、以及代表启东近几十年来巨大发展变化的各类老照片、社会流通凭证、荣誉证书、印有各乡镇企业名称的牙刷杯、脸盆等几百件民间收藏品。此外参与李素伯纪念馆、启东历史名人园、郁寿丰生平事迹陈列馆等多个馆园的筹建工作。

【档案接待利用】 2017年，市档案局（馆）做到查档接待“零投诉”，全程公开“零差错”的服务目标。全年共接待查档人员3856人次，调阅档案资料2036卷，复印相关资料7126页，为启东市经济社会建设、编史修志、政策落实、机关查考、工龄核实、工作调动、户口迁移等方面提供第一手资料。

（季俊艳）

启东市人民代表大会

责任编辑：沈冬云

综　　述

【概况】 启东市第十七届人民代表大会换届选出市人大代表359名。其中，工农代表151名，占代表总数的42.06%；专业技术人员代表43名，占代表总数的11.97%；党政干部代表98名，占代表总数的27.29%；妇女代表117名，占代表总数的32.59%；少数民族代表1名，占代表总数的0.27%；非中共党员代表127名，占代表总数的35.38%。2017年，启东市有省人大代表4人。常设机构常务委员会由40人组成，有9个内设机构，分别为办公室、研究室、财政经济工委、内务司法工委、人事代表工委、环资城建工委、教科文卫工委、农业农村工委、民宗侨台工委。全年共举行常委会会议8次、主任会议13次，听取和审议“一府两院”专项工作报告28个，开展调研、视察、执法检查46次，作出决议、决定、审议意见16项。

（沙俊杰）

重要会议

【第十七届人民代表大会第一次会议】 1月10—14日，市十七届人民代表大会第一次会议在市会议中心举行。会议听取和审议市人民政府工作报告、市人大常委会工作报告、市人民法院工作报告、市人民检察院工作报告，作出相关决议；审查和批准启东市2016年国民经济社会发展计划执行情况的报告和2017年国民经济社会发展计划；审查和批准启东市2016年财政预算执行情况的报告和2017年财政预算。会议选举顾云峰为启东市第十七届人民代表大会常务委员会主任，张建新、张卫生、潘国红、黄松涛为启东市第十七届人民代表大会常务委员会副主任；选举黄卫锋为启东市人民政府市长，王凯、黄忠、袁圣菊、汤葱葱、高红宇、唐海兵为启东市人民政府副市长；选举潘建为启东市人民法院院长，陈新建为启东市人民检察院检察长。大会还选举启东市第十七届人民代表大会常务委员会委员36人，出席南通市第十五届人民代表大会代表71人。会议期间共收到代表10人以上联合提名的议案9件，建议、批评和意见249件。其中，沈衍冰等代表提出的《大力推进创新创业，加快建设创新型城市》被列为大会议案。

【第十七届人大常委会第一次会议】 3月13日，市十七届人大常委会第一次会议在市行政中心科技楼举行，市人大常委会组成人员共38人出席会议。会议听取和审议市人大常委会研究室主任吴风云所作的《启东市人大常委会2017年工作要点和重点工作安排（草案）》《启东市人大常委会议事规则（草案）》《启东市人大常委会组成人员守则（草案）》《启东市人大常委会关于自身建设的实施意见（草案）》的说明，审议通过以上事项；听取市人大常委会人事代表工委主任龚觉海所作的《关于市镇两级人大换届选举工作情况的报告》；审议通过市人大常委会2017年度工作评议实施意见。会议还表决通过有关人事任免和辞职事项。

【第十七届人大常委会第二次会议】 5月27日，市十七届人大常委会第二次会议在市行政中心科技楼举行，市人大常委会组成人员共35人出席会议。会议听取和审议市人民法院院长潘建所作的《关于法院执行工作情况的报告》，听取市人大常委会内务司法工委主任陈庄所作的《关于法院执行工作情况的调查报告》；听取和审议“一府两院”部分工作人员履职情况的报告。会议决定任命袁蕊为启东市人民政府副市长（挂职）。

【第十七届人大常委会第三次会议】 6月28日，市十七届人大常委会第三次会议在市行政中心科技楼举行，市人大常委会组成人员共31人出席会议。会议决定任命郑琳琳为启东市人民政府副市长（挂职），还通过其他人事任免和撤职事项。

【第十七届人大常委会第四次会议】 7月31日，市十七届人大常委会第四次会议在市行政中心科技楼举行，市人大常委会组成人员共35人出席会议。会议听取和审议市发改委主任吴永东受市政府委托所作的《关于2017年上半年国民经济和社会发展计划执行情况的报告》、市财政局局长杜文华受市政府委托所作的《2016年市本级财政决算（草案）和2017年上半年财政预算执行情况的报告》、市审计局局长邓卫星受市政府委托所作的《2016年度本级预算执行和其他财政收支情况的审计工作报告》，听取市人大常委会财经工委主任徐东林所作的《关于2016年市本级财政决算和同级审计工作及2017年上半年计划和预算执行情况的初审意见》；听取和审议市人民政府副市长袁圣菊所作的《关于我市新型农业经营主体发展情况的报告》，听取市人大常委会农工委主任顾胜豪所作的《关于我市新型农业经营主体发展情况的调查报告》。会议作出关于批准2016年市本级财政决算的决议，通过市人大常委会有关审议意见。会议决定任命许晓星为启东市人民政府副市长（挂职）。

【第十七届人大常委会第五次会议】 9月5日，市十七届人大常委会第五次会议在市行政中心科技楼举行，市人大常委会组成人员共36人出席会议。会议决定任命王康力为启东市人民政府副市长，还通过其他人事任免和辞职事项。

【第十七届人大常委会第六次会议】 9月28日，市十七届人大常委会第六次会议在市行政中心科技楼举行。市人大常委会组成人员共36人出席会议。会议听取和审议市人民政府副市长高红宇所作的《关于我市重大项目建设提质增效情况的报告》，听取市人大常委会财经工委主任徐东林所作的《关于我市重大项目建设提质增效情况的调查报告》；听取和审议市人民政府副市长唐海兵所作的《关于提升我市教育质量工作的报告》，听取市人大常委会科教文卫工委主任工建石所作的《关于提升我市教育质量工作的调查报告》；听取市交通运输局、水务局、安监局关于人大评议整改落实情况的报告。会上，市人大常委会部分委员和代表就重大项目建设提质增效、提升全市教育质量工作等问题向市发改委、商务局、金融办、教育局等部门进行专题询问。会议还任命101位市人民法院人民陪审员。

【第十七届人大常委会第七次会议】 11月29日，市十七届人大常委会第七次会议在市行政中心科技楼举行，市人大常委会组成人员共37人出席会议。会议听取和审议市环保局局长郭建辉受市政府委托所作的《关于我市环境保护和生态文明建设规划（2014—2022）实施情况的报告》，听取市人大常委会环资城建工委主任茅炎生所作的《关于我市环境保护和生态文明建设规划（2014—2022）实施情况的调查报告》；听取和审议市审计局局长邓卫星受市政府委托所作的《关于年中审计工作报告中指出问题整改情况的报告》；听取在启选举的部分南通市人大代表履职情况报告。会议决定任命高广军、佘德华为启东市人民政府副市长，补选杨曹明为南通市第十五届人大代表，还通过其他人事任免和辞职事项。

【第十七届人大常委会第八次会议】 12月22日，市十七届人大常委会第八次会议在市行政中心科技楼举行，市人大常委会组成人员共36人出席会议。会议听取和审议市政府办主任张海荣受市政府委托所作的《关于市十七届人大一次会议代表议案和建议办理情况的报告》；听取和审议市农工办、民政局关于2017年财政预算执行情况与2018年度财政预算（草案）的报告以及2018年预算修编情况的说明，对农工办、民政局2018年的部门预算进行初步审查；听取和审议市财政局局长杜文华受市政府委托所作的《关于调整2017年市本级财政预算的报告》，作出《关于批准2017年市本级财政预算调整的决定》；听取市发改委主任吴永东受市政府委托所作的《关于2017年全市国民经济和社会发展计划部分指标有关情况的说明》。会议作出关于召开市第十七届人民代表大会第二次会议的决定，通过大会建议议程和列席人员范围，还任命市人大财政经济委员会、法制委员会部分委员职务。

（沙俊杰）

监督工作

【经济领域监督】 助推经济提质增效。9月，市人大常委会对市重大项目建设提质增效情况进行调研。赴有关部门和区镇听取关于重大项目建设提质增效情况的报告，察看部分重点项目的建设现场，组织召开相关部门参与的座谈会。市人大常委会第六次会议专题审议政府专项报告，建议市政府及其有关职能部门要进一步统一思想认识，形成整体合力；提升项目质量，促进产业升级；强化要素保障，突破发展瓶颈；提高服务质量，增强服务意识。为优化市投资环境、促进开放型经济发展，11—12月，市人大常委会对市利用海外人才资源搭建引资引智新平台工作情况进行调研，并在第十三次主任会议上听取有关专项报告，建议市政府及其相关职能部门提高思想认识，加强组织领导；完善工作机制，做好“双招双引”；搭建适宜平台，坚持精细服务，整合外事侨务独特资源，为市经济社会发展提供有力支持。对国有资产管理、政府债务管理情况进行调研，建议政府及有关职能部门集中有效资产、整合低效资产、盘活呆滞资产，实现国有资产保值增值；建立更加规范的地方政府债务管理机制，严控新增债务，防范化解地方系统性财政金融风险。

促进产业转型升级。7月，市人大常委会第四次会议专题审议新型农业经营主体发展情况的报告，建议市政府及其职能部门加大培育力

12月22日，市人大常委会组成人员调研重点项目建设（市人大办/提供）

度，加快构建新型农业经营体系，引导新型农业经营主体健康发展。开展高标准农田建设、土地承包经营权确权登记颁证工作等专项调研，并在第三次主任会议上听取土地承包经营权确权登记颁证工作专项报告，督促和支持政府以推进农业供给侧结构性改革为主线，加快基础设施建设、培育新型经营主体、搭建为农服务平台，推动农业增效、农民增收、农村增绿。7—8月，对全市建筑业发展情况进行专题调研，召开龙头建筑企业、小规模建筑企业负责人参加的座谈会，深入了解市建筑业发展情况、面临的困难和问题，并在第十次主任会议上听取政府专项报告，建议市建筑企业改变传统建筑生产方式，加快转型升级，推动建筑业可持续发展。10月，围绕休闲旅游服务及乡村旅游发展情况进行调研，听取市农委、商务局的专题汇报，并深入相关镇区实地考察，了解市休闲农业和乡村旅游发展情况，形成专题调研报告，在第十一次主任会议上汇报。针对规划执行、开发模式、服务管理等方面的问题，建议市政府及相关职能部门力争实现旅游资源的有效开发，提升旅游产业品质水平，打造市经济发展的新增长点。

监督计划预算执行。7月，市人大常委会第四次会议听取和审议计划和预算执行情况、国民经济部分指标完成情况和预算调整等报告，建议市政府及其相关职能部门要根据年初人代会确定的目标任务，促转型，打造新型产业体系；重项目，增强经济发展后劲；扩开放，拓展经济发展空间；抓统筹，推进城乡一体化发展；补短板，保障民生目标实现；聚财力，壮大财政综合实力；重监督，维护财政经济秩序。市人大常委会第四次、第七次会议分别听取和审议审计工作报告、审计查出问题整改情况的报告，要求市政府及其相关职能部门加强对财政预算、部门预算、镇（园区）财政收支、专项资金运行、政府投资项目建设等方面的审计监督。尤其是对历年审计工作中出现的共性问题，要求市政府从制度层面综合分析研究，制定整改落实方案，并持续跟踪监督，确保每个问题得到有效解决。

【民生事业监督】 推进生态建设。2017年，市人大常委会把保障和促进生态文明建设作为人大监督的重点，对水环境整治、危险固废处置、畜禽养殖污染治理、秸秆禁烧与综合利用等情况开展调研，听取政府相关工作报告，要求市政府及其相关职能部门深入实施“263”专项行动，全面打好污染防治攻坚战，更大力度改善生态环境质量。5—6月，市人大常委会开展园林城市创建工作情况调研，第六次主任会议上听取政府专项报告。并首次以“主任会议意见书”的形式向政府发文，建议市政府及其相关职能部门要建立工作机制，明确创建职责；突出工作重点，提升关键指标；强化绿化管护，打造生态绿网；加大宣传教育力度，营造创建氛围，确保顺利通过国家园林城市考评。10—11月，市人大常委会结合新环保法规定，对全市2017年环境状况和环境保护目标完成情况开展调研，召开座谈会、走访部分镇村、视察环保企业，全面了解生态文明规划实施情况，并在市人大常委会第六次会议上听取和审议政府专项报告，建议政府及其相关职能部门抓好生态文明建设，制定行动计划，细化目标措施，提升环境监管能力，突出工业污染排放和农村面源污染治理、城镇污水管道建设等重点工作。

关注社会事业。5月，市人大常委会围绕镇卫生院能力建设情况进行专题调研，第五次主任会议听取市政府相关工作报告，全面分析市镇卫生院能力建设现状和存在问题，建议市政府及其相关职能部门进一步深化思想认识，加强统筹领导；加大硬件设施投入，改善就医条件；充实人才队伍，提升服务能力；建立创新机制，营造良好环境，提高基层医疗服务能力和水平。7月，市人大常委会专题调研市科技创新平台建设情况，考察相关科技创新型平台及企业，听取政府相关部门的工作汇报，赴外地考察学习科技创新平台建设的经验和做法。市人大常委会第七次主任会议听取市政府关于科技创新平台建设情况的报告，建议市政府及其相关职能部门统筹协调，提升科技创新平台建设发展水平；提质增效，壮大区域创新平台实力；注重引导，增强行业研发平台活力；加强扶持，激发企业研发平台潜力；完善功能，提升科技服务平台能力。9月，市人大常委会就提升市教育质量工作情况开展专题调研，实地走访部分中小学校，听取有关部门的工作汇报，广泛征集各方面的建议意见。市人大常委会第六次会议听取和审议市政府关于提升市教育质量工作的情况报告，针对提升教育质量工作中存在的问题，建议市政府及其相关职能部门准确认识启东教育现状，增强重建教育强市的信心和决心；深化教育领域改革，努力为提升教育质量提供坚强保证；加大教育投入，持续改善办学条件；加强教师队伍建设，提升教师专业发展水平。

回应民生诉求。市人大常委会针对代表和群众反映强烈的扬尘污染、非正常抢种苗木、废品回收站点秩序混乱等难点问题，运用调研视察、执法检查等多种监督形式，力促政府整改落实。从代表议案建议、人大调研视察、群众来信来访中收集民生热点问题，将养老服务、食品安全、诚信建设、宗教队伍管理等一些群众关心的问题纳入监督工作内容，组织常委会组成人员点评、分析、建言，督促政府回应社会。

【法律监督】 5月，市人大常委会开展法院执行工作情况调研，并在市人大常委会第二次会议上听取和审议市法院的专项报告。针对法院执行工作面临的新形势、新挑战，建议法院加强执行规范、推进执行联动、突出强制措施、加大宣传力度、强化队伍素质。8月、11月，听取刑事侦查、公诉工作报告，要求公检法三部门进一步明确工作重点,力求把每个案子办成“铁案”。并开展出入境管理、禁毒、涉诉上访化解等工作调研。

9月，市人大常委会对全市“七五”普法规划实施情况进行调研，实地察看相关单位“七五”普法工作开展情况，召开有关部门座谈会，听取市政府关于全市“七五”普法规划实施情况的汇报，提出针对性建议，为政府进一步推进法治宣传工作提供依据。对《中华人民共和国消费者权益保护法》《中华人民共和国老年人权益保障法》《江苏省消防条例》贯彻实施情况进行调研，针对当前执行法律法规过程中存在的问题，常委会组成人员建议市政府及其相关职能部门加强宣传，提升社会公众对相关法律的认识；加强领导，建立完善部门协作机制；完善机制，建立健全各部门信息沟通和联合执法机制，引导全社会尊法、学法、守法、用法，增强全社会厉行法治的积极性和主动性。对市政府报送的《启东市口岸限定区域管理办法》等7件规范性文件，就其合法性和适当性进行备案和审查，促进政府依法行政。

8月17日，南通市人大常委会到启东调研公立医院综合改革情况

（市人大办/提供）

组织人大代表对交通运输局、水务局、安监局的工作进行评议。全市共有1200多名市镇代表参与评议，整理归类形成79条评议意见，并及时答复代表，解决了一批如危桥改造、路灯安装、农村河道整治、烟花爆竹销售管理、公交线路优化设置等群众关心的热点、难点问题。

【人事任免和监督】 2017年,市人大常委会组织24人参加任前法律知识考试，依照法定程序任免国家机关工作人员147人次，接受辞职4人，撤职1人，补选南通市人大代表1人、启东市人大代表4人。实行人大任命干部宪法宣誓制度。探索加强干部任后监督的途径和措施，全年安排11位“一府两院”工作人员在人大常委会会议上报告履职情况，并接受满意度测评，推动任免权与监督权的有机结合。

【代表议案和重点建议办理督办】 2017年，市人大常委会推动十七届人大一次会议大会议案的办理落实，多方面了解议案办理情况，广泛听取各方面的意见和建议，并在第10次主任会议上听取市政府《关于市十七届人大一次会议大会议案办理情况的汇报》，要求市政府及其相关职能部门推进议案办理，把代表议案办出实效。选择10件建议作为年度重点督办建议。市十七届人大一次会议期间代表提出的1件议案和266件建议，以及闭会期间代表在“主任接待日”活动中所提的34件建议，全部办结，建议办成率和代表满意率进一步提高。

9月，市人大常委会第六次会议对政府重大项目建设和教育质量提升这两个议题启动专题询问，这既是市十七届人大常委会开展的首次专题询问，也是本届人大常委会在监督方式和方法上的一次重大探索和创新。这次专题询问所选议题，有政府工作的重点、难点，也有老百姓普遍关注的热点问题，涉及发改、教育、商务、财政等多个部门，不但为常委会组成人员、人大代表提供与政府部门负责同志面对面交流的机会，也为市人大常委会依法履行职责搭建新的平台，增强人大监督工作的针对性和实效性。

【代表工作】 2017年，市人大常委会开展新任代表履职学习培训，强化对代表履职的管理和监督，组织代表向选民述职并接受测评。扩大代表对市人大常委会工作的参与度，根据代表的职业特点和专长优势，邀请部分市人大代表列席人大常委会会议，近千人次各级人大代表参加人大常委会开展的视察调研、执法检查、工作评议、座谈交流等活动。各镇在年初举行人代会的基础上，依法召开年中人代会，保障代表知情权、参与权和表达权，提高代表执行职务的主动性、积极性。建立市人大常委会组成人员联系代表、代表联系选民的“双联系”制度，推动全市“人大代表之家”硬件设施标准化、软件建设规范化。开展“我的履职故事”征文、代表优秀议案和建议评选等创先争优活动。组织人大代表开展以“联系选民访民情”“富民增收做表率”“扶贫帮困当先锋”为重点的履职实践活动。

【创新工作】 2017年,市人大常委会根据预算法的规定和上级人大的部署，首次开展市人大常委会对农工办、民政局两个部门预算的初步审查工作，同时组织部分常委会组成人员、人大代表，邀请部分选民和有关方面专业人士，通过民主恳谈、征询座谈、专题调研等形式，就项目资金安排是否与部门职能及年度工作相适应、预算编制是否科学规范等方面提出建议意见。12月,市人大常委会第八次会议听取和审议市农工办、民政局关于2017年财政预算执行情况与2018年度财政预算（草案）的报告以及2018年预算修编情况的说明，对农工办、民政局2018年的部门预算进行初步审查。

（沙俊杰）

议案和建议办理

【概况】 市十七届人大一次会议上，代表们认真履行宪法和法律赋予的职责，依照法定程序，围绕事关全市经济社会发展大局和人民群众切身利益的重要问题，积极建言献策，提出许多宝贵的建议和意见。会后，经市人大人事代表工作委员会整理并移交市政府及各职能部门办理的大会议案1件，建议、批评、意见（以下简称建议）266件，其中经济科技方面14件，城建交通方面96件，农村建设方面31件，文教卫体方面40件，社会保障方面24件，政务法制方面39件，其他方面22件。经过各方面的共同努力，所有建议均按时办理完毕。所提问题已经解决或基本解决的115件，占43.23%；所提问题在解决或已列入计划准备解决的135件，占50.75%；所提问题因受当前条件限制或其他原因只能待后逐步研究解决的10件，占3.76%；所提问题留作参考或不可行的6件，占2.26%。从反馈意见看，代表们对市政府及各承办单位办理工作的过程和结果给予肯定，初次答复满意率达96.8%，二次满意率达100%。

【议案办理情况】 市十七届人大一次会议上，沈衍冰等代表提出的《大力推进创新创业，加快建设创新型城市》被列为大会议案。对此，市政府高度重视，成立由相关条线分管副市长挂帅的办理工作领导小组，制定详实的工作方案，以大会议案的办理为抓手，注重整体联动、协同配合，共同推进创新型城市建设。

营造浓厚氛围，增进创新共识。通过评选推荐“东疆英才”、南通“三名”年度人物等活动，弘扬创新创业文化；组织开展创新创业大赛、高端装备研制赶超工程等各类活动，营造创新创业良好氛围；组织全市100多名企业家参加创新专题培训班，并实地考察先进地区创业实训基地，提高本土企业家的管理水平和创新意识。

加大改革力度，整合创新资源。深化产学研合作。精心办好科技节等一系列重大产学研活动；提升产学研合作水平，做到企业项目需求早调研、早掌握，高校科研机构成果早收集、早发布；建立健全共同投入、风险共担、利益共享的合作模式，建设一批高水平产学研合作基地；加强专家库建设，提高同更多国内外高校、科研机构的交流合作水平。强化招才引智。出台《关于鼓励高层次人才创新创业的若干政策意见》等政策，不断整合创新资源，助力科技创新。全市新增“千人计划”专家工作站3个，引进各类高层次人才130人。同时，成功举办“才汇东疆 智启未来”高层次人才创新创业对接会，签订人才创新创业项目8个，校地合作平台项目5个。突出企业创新主体。加大对科技领军型企业的培育和扶持力度，发挥其典型示范作用。建立完善企业技术创新对话制度，鼓励引导企业加大研发投入、建设研发机构等；加大研发投入加计扣除、高企所得税优惠等政策的落实力度，释放企业创新活力。

完善服务体系，优化创新环境。加大财政扶持力度。相继出台《关于加快科技进步促进创新创业的若干政策意见》《关于加强金融支持实体经济的意见》等政策，加强对科技创新的奖补力度。同时，设立多个产业发展基金，引导创投、风投等社会资本投资优质创业项目，以企业为主体、多渠道、高效率的科技投入机制不断完善。强化项目服务。加强与上级部门沟通对接，及时掌握相关政策导向，组织项目申报，争取各类扶持资金。蓝岛海工3-10MW重型海上风能装备研发及产业化项目成功申报省战略性新兴产业发展专项资金项目，北大生科院、中科院启东光电遥感中心项目获省新型研发机构建设项目立项。创新政务环境。推进行政许可权改革试点，深化“2440”工作方案，不断简化办事流程，提高服务效率。融入省政务服务“一张网”，加快构建“不见面审批”办事模式；重大项目“绿色通道”全面开通；政务服务线上线下深度融合、功能互补。

【重点建议办理情况】

1.关于石光辉等代表提出的《关于启东进一步接轨上海、融入上海的建议》。

政府办理情况：一是完善体制机制。强化组织保障，不断提高全面接轨上海工作的组织化水平。2017年年初，成立启东市对接服务上海工作协调委员会，设立生物医药、基础设施、科技创新等6个对接小组，由相关市领导牵头，配备专职工作人员，实行集中统一办公。制定对接服务上海“1234”年度工作目标，对各大板块对接工作进行考核，确保量化推进、责任到位。二是突出项目招引。强化政策引导，出台“双招双引”综合考评文件，完善推进机制，优化激励措施，“双招双引”工作成效不断提升。全市15个区镇与上海55个片区建立对接合作机制，在沪举办各类招商活动119场次、新签约亿元以上产业项目139个、引进上海产业协作项目资金453亿元。三是加快平台建设。以启东生命健康科技城规划建设为龙头，加快概念性规划编制等前期工作。围绕打造融入上海“2468”升级版目标，加大江海产业园、上海自贸区启东产业园、浦东祝桥启东产业园等沪启合作园区开发建设力度，产业承载能力和项目示范作用不断提升。发挥北大生科华东产业研究院、上海张江高校协同创新（启东）研究院等载体的“强磁场”作用，推动创新平台建设。

2.关于倪凯权等代表提出的《关于加强生态文明建设，提升启东区域竞争力的建议》。

政府办理情况：一是多措并举，打好污染防治攻坚战。深入开展大气污染防治，加强秸秆禁烧和综合利用，加快新能源车辆的推广运用，倡导绿色出行，环境空气质量继续保持南通领先。巩固水环境综合整治成果，开展“三河三行业”整治，加强备用水源地保护，强化污水处理厂运行监测，提升水环境质量。落实土壤污染防治，完善土壤环境质量检测网络，建立全市土壤环境状况基础信息库。二是统筹规划，夯实环境保护工作基础。推进生态文明建设工程，启动首批省生态文明建设示范乡镇、村创建工作，巩固提升生态镇、村创建成果。统筹推进污染物总量减排，加快禁养区规模化养殖场等六大重点减排项目建设。全面提升环境监测监控能力，重点做好大气、水质自动监测质量管理工作。三是强化监督，不断巩固生态文明成果。持续开展环保执法“亮剑行动”，重点打击偷排偷放等一批环境违法行为。组织开展中央环保督察组交办事项以及南通交办环境突出问题“回头看”，做好省环保督察交办事项办理，确保在规定时限内整改到位。开展“263”专项行动，“河长制”全面推行，关闭畜禽养殖场269家，淘汰燃煤锅炉234台，完成25家化工企业整治任务，关停印染企业4家，拆除、整治非法码头26家，拆除河岸违章建筑421处。

3.关于徐张禄等代表提出的《关于加快高标准农田建设的建议》。

政府办理情况：一是强化组织保障。出台《关于全面推进高标准农田建设工作的意见》，对相关工作进行全面部署；成立高标准农田建设领导小组及办公室，按照“属地管理、分级负责、谁主管谁负责”的要求推进落实；发挥新闻媒体宣传作用，提高镇村干部群众的知晓率和参与面。二是狠抓建设质效。严格规划设计，采取专业设计并邀请专家进行评审，通过评审才可进入项目实施；严格质量标准，制定《启东市高标准农田建设标准（试行）》，为项目推进与达标验收提供依据；严格工程管理，建立市镇村三级工程质量监管体系，出台相关考核办法，发现问题从重从严处罚；严格投入控制，要求所有项目必须达到亩均2500元的投资强度，明确各区镇至少建设一个2000亩以上的示范区。三是加快推进速度。强化制度保障，制定相关指导性文件和管理制度，严格落实定期汇报、定期通报、请示会办等五大制度；强化资金筹集，积极向上申报项目，争取更多资金用于高标准农田建设，通过增加本级财政投入、拓展创新融资模式等方式保障建设资金；强化督查考核，将高标田建设纳入全市重点工作考核和农业农村工作综合考核，通过现场督办、会议督办、发文通报等形式推动工作落实；强化建后管护，对项目竣工形成的固定资产进行登记备案，明确管护主体，及时办理移交，确保项目工程长期发挥效益。

4.关于王建石等代表提出的《关于进一步夯实基础提升教育质量，再创市教育新辉煌的建议》。

政府办理情况：一是不断改善办学条件。2017年，全市累计投入7.05亿元，整体新建和睦幼儿园、鹤城中学等城乡配套学校12所，单体新建、加固校舍面积65586平方米，紫薇小学英邦分校、南苑小学城南分校等6所学校全面启用；投入2559.6万元实施教育装备项目68个，新增南通市数字化校园30所。二是不断丰富教育内涵。组织开展“八礼四仪”“阅读吧，少年”等各类教育活动200多场次，举办“江海潮涌·班主任工作大家谈”“智慧父母大讲堂”等活动50多场次，“亲子沟通营”“东疆好少年”等家校沟通平台初具品牌效应。“东疆之春”“江海星光”等五大教科研训平台日益完善，“三段四模块”高效课堂教学模式不断丰富。“一校一品”办学特色逐步显现。三是不断优化师资队伍。组织开展“最美教师”“园丁奖”等评选表彰活动，弘扬师德建设正能量；实施乡村教师定向培养计划，优化农村教师队伍；开展“启东好课堂系列活动”“东疆名师大讲堂”等活动，3位名师获批建立南通市名师工作室，4名教师入选省第五期“333高层次人才培养工程”。四是不断彰显教育惠民。推行“阳光教育”工程，对招生、分班、收费等师生和社会高度关注的关键环节，用制度规范运行。实施外来人员子女入学“同城待遇”政策，所有符合条件的外来务工人员子女均免试进入公办学校就读。在全市广大教育工作者的共同努力下，学科教学质量稳步提升。2017年高考，市文、理科均分分别超出省本科线39.05分、59.9分；普通类本一、本二上线率分别超出省平均19.69、33.41个百分点。

5.关于杨晓东代表提出的《关于采取扶持政策，进一步促进我市建筑业持续发展的建议》。

政府办理情况：一是加强调查研究。2017年，市政府多次召集住建、财政等部门，对全市主要建筑企业进行专题调研，听取相关意见建议，加大服务力度，落实政策措施。二是协调多方力量。针对前期调研中发现的问题与建议，及时协调研究落实。规范招投标市场，推行企业信用分值投标差异化措施，注重将建筑施工企业市场信用动态考评得分作为评分因素，试行评定分离定标、企业法人和项目负责人约谈答辩等制度，为启东建筑业企业创造更大的发展空间。同时，发展装配式建筑，推动建筑业发展转型升级。三是出台激励政策。出台《关于进一步促进建筑业加快发展的激励意见》(以下简称《意见》)。《意见》在建筑企业做大做强、“走出去”发展、创新发展等方面加大政策扶持力度，明确并细化各项激励奖励措施，提高在创优创牌方面的奖励标准，激发企业再创佳绩的热情，鼓励企业为促进启东经济发展多作贡献。

6.关于陈卫东等代表提出的《关于加强全市农村道路交通安全管理的建议》。

政府办理情况：一是消除道路安全隐患。先后对G328线、S336线、S221线等道路持续开展基础隐患治理，及时整改隐患点15个。实施安全生命防护工程，对农村公路交叉路口、沿河路段设置标识标牌及警示桩，对沿河路段实施永久性保塌工程，部分路段安装防撞护栏，农村道路安全通行能力不断提高。二是惩治交通违法行为。持续开展农村道路秩序整治活动，以微型面包车、学生接送车、农用车、变型拖拉机等为重点，集中查处超员载客、违法载人、人货混装、无牌无证、酒后驾驶等各类违法行为。对客车超员、货车超载、机动三轮车违法载人等违法行为进行严管重罚。三是推进交通安全宣传。深化交通安全“五进”活动，深入农村居民家庭讲解乘车常识、发放宣传资料、组织群众观看警示教育片；开展宣传教育活动，营造交通安全出行氛围，使交通安全常识、道路交通安全法深入人心，着力提升广大群众的安全意识。

7.关于黄士兵等代表提出的《关于加强废品回收集中管理的建议》。

政府办理情况：市城区及周边区域共有各类废品收购站点336家，普遍存在违章搭建、乱接电线、直排废水等现象，给周边环境带来污染，也存在严重的安全隐患。对此，市政府高度重视，市政府主要领导多次对重点区域进行视察，并提出明确整改要求。一是疏堵结合，限时整改。组织专人对收购经营户进行逐一走访调查，劝说无证经营户在规定时间内自行停业关闭，引导有证经营户按整治标准进行整改；下发《启东市人民政府关于开展废品收购（加工）站点专项整治的通告》，对整治的范围、对象、标准、时间作了进一步明确。二是突出重点，分步实施。按照先市区后城郊、先集中后分散的整治步骤，将市区内27家、长安路25家35个站点列入第一阶段重点整治对象，对上述区域内的经营户进行多部门联合检查。在此期间，市管局对该区域内的无证经营或超范围经营户发出责令改正通知书，对无证经营户形成笔录材料；汇龙镇对全部经营户的违章建筑发出强拆决定书；环保局对其中8家塑料造粒加工的经营户发出行政处罚告知书；消防大队对长安路废品收购站点的消防安全问题进行查处，指导8家收购站点进行整改。三是奖惩结合，加快推进。针对长安路区域废品收购点较为复杂的实际情况，在全面调查了解的基础上，制定具体的奖励措施。同时，对部分拒不配合的经营户，综合施策、协调联动，督促其搬离，确保整治工作顺利开展。至2017年底，市区内的27家站点全部整治完毕，长安路上的25家全部搬迁完毕。

8.关于朱卫忠等代表提出的《关于加强农民承包地管理依法打击非正常苗木种植的建议》。

政府办理情况：近年来，社会上苗木抢种现象屡屡发生，不仅影响工程进度，而且妨碍公平正义，在社会上造成极坏的影响。对此，市政府高度关注，组织力量，全力整治。一是认真开展调研。组织力量多次赴各重点规划区进行调研，并明确各建设用地规划区内除政府生态造林外，不得进行苗木抢栽抢种；组织相关部门和重点区镇赴浙江省金华市婺城区进行学习考察，借鉴该地在处置规划区域内抢栽抢种苗木恶意行为中的先进做法和经验；各重点区镇根据自身实际，开展调研，做好抢栽抢种情况统计汇总。二是制订完善方案。出台《加强规划区农民承包地管理开展恶意抢栽抢种苗木专项整治工作的实施方案》，明确工作目标，综合运用法律、经济、行政、教育等手段，严厉打击恶意抢栽抢种苗木行为；加大工作举措，明确部门责任分工，排出整治的时间节点和要求；完善保障机制，充实区镇建设线工作力量，加大宣传和考评力度，形成专项整治的高压态势。三是全面动员部署。2017年8月初，由市政府办牵头，市农委、公安局、城管局、住建局、国土局等多个部门围绕自身职能进行沟通对接，形成联动机制；9月中旬，市政府召开专题会议，部署推进抢栽抢种苗木专项整治；12月初，市政府分管领导专门召集相关部门，听取前期工作进展，明确下阶段要求。12月8日，市政府再次专题召开全市规划区整治苗木推进会议，要求抢抓当前造林季节，开展专项整治月活动，确保舆论宣传及整治长效管理。2017年，市政府对新增的恶意抢栽抢种苗木进行全面整治，共清理规划区抢栽抢种苗木573亩，抢栽抢种行为得到有效遏止。

9.关于吴凤云等代表提出的《关于进一步加强扬尘污染治理的建议》。

政府办理情况：加强扬尘污染治理对于改善大气环境质量，维护道路交通安全，建设宜居宜业城市具有重要意义。对此，市政府组织相关部门，多措并举、加快推进。一是抓好源头治理。加大工程监管力度，对新开工项目进行严格审查，明确要求施工单位编制扬尘控制方案；要求提供渣土运输许可证、建筑垃圾处置许可证等，并且安装监控设施接入数字城管，实时监测施工扬尘污染情况。二是加强部门联动。通过数字城管及12345热线，加强主动监管，畅通举报渠道，形成全社会共同参与的良好氛围。强化部门联动，推行联合执法，凝聚齐抓共管的工作合力，重点整治渣土车运输途中抛洒滴漏问题，实现渣土运输从施工现场到垃圾场的管理协调联动全覆盖。三是加大查处力度。针对扬尘污染举报，第一时间安排专人前往现场查处；采取经济处罚、停工整改等措施，对扬尘整治不力或违反规定的企业进行严肃查处。2017年，共开出整改通知书31份、责令停工单4份。

10.关于茅炎生等代表提出的《关于加强对畜禽养殖污染治理的建议》。

政府办理情况：一是完成禁养区养殖场关停工作。经过前期排摸调查，启东市列入禁养区的养殖场共有28家。年末，全部关停拆除，成为南通六县市（区）中第一个完成畜禽养殖污染治理任务的县市，为南通推进畜禽养殖污染治理提供样本。二是推进非禁养区养殖场关停工作。经过前期调研、摸排梳理，共列出241家非禁养区养殖场。通过多次送达“告知单”、说服解释、依法处罚等措施，已将241家养殖场全部关停。三是深入开展非禁养区养殖场治理工作。围绕2017年初制定的治理目标，市政府将任务一一分解到各区镇，对治理重点提出明确要求。对验收列入整改的养殖场，由各区镇在规定时间内自行组织复验，市级层面组织抽验，验收仍不合格的一律关停。

2017年启东市人大代表优秀建议

表4

建议号	标　　题	建议人
001号	关于启东进一步接轨上海、融入上海的建议	石光辉等
002号	关于加强生态文明建设，提升启东区域竞争力的建议	倪凯权等
003号	关于加快高标准农田建设的建议	徐张禄等
004号	关于进一步夯实基础，提升教育质量，再创我市教育新辉煌的建议	王建石等
005号	关于采取扶持政策，进一步促进我市建筑业持续发展的建议	杨晓东等
006号	关于加强全市农村道路交通安全管理的建议	陈卫东等
007号	关于加强废品回收集中管理的建议	黄士兵等
008号	关于切实加强农民承包地管理依法打击非正常苗木种植的建议	朱卫忠等
017号	关于增加我市城乡居民收入的建议	徐东林等
019号	关于利用海外侨胞资源优势，搭建我市对外引资引智新平台的建议	潘炜华
027号	关于解决市区停车难的建议	陈建葵
034号	关于老小区改造安装电梯的建议	黄　平等
050号	关于缓解市区停车难的建议意见	姚海燕等
061号	关于尽快培育启东特色建筑群的建议	钱学诚等
068号	关于加强居民小区物业管理的建议	龚金花
069号	关于进一步加强扬尘污染治理的建议	吴风云等
074号	关于燃放烟花爆竹长效化管理的几点建议	茅炎生
077号	关于规划建设和管理城区农贸市场的建议	钱巍等
098号	关于为居家养老提供福利用餐的建议	张建平等
145号	关于保护租地绿化生态林、发展林下经济的建议	潘雪华等
161号	关于兴垦地区农田水利建设改造的建议	顾邦祥
174号	关于进一步加大我市乡村旅游发展力度的建议	顾胜豪等
189号	关于进一步加大对乡镇卫生院扶持的建议	倪益美
217号	关于加大依法打击非访力度，切实维护社会稳定大局的建议	袁素群等
221号	关于加强全市养犬管理的建议	郁立新
235号	关于加强电动车交通安全的建议	黄晓丹
251号	关于扩大法律援助人群的建议	陈　庄

（沙俊杰）

市政府重要会议

【市政府全体（扩大）会议】 4月5日，市政府召开全体（扩大）会议暨廉政工作会议，围绕政府部门如何讲担当、转作风、抓落实，动员政府系统全体上下以更加进取的精神、负责的态度、务实的作风、高效的服务，推动启东经济社会持续健康发展。

市委副书记、市长黄卫锋提出四个方面意见。一是不忘初心，继续前进。要深刻理解"不忘初心、继续前进"的深刻含意，增强加快发展的理念，增强敢于担当的勇气，增强服务发展的意识，保持谦虚、谨慎、不骄、不躁的作风，勇于变革、勇于担当、勇于创新，努力向历史、向人民交出新的更加优异的答卷。二是撸起袖子加油干。把这个要求作为开拓奋进的冲锋号，认清形势、用心做事，把应担的职责担起来，努力干出一份实实在在的业绩。抓落实的行动要快，以只争朝夕、立说立行、快马加鞭的工作状态，传承好作风、跑出加速度，再创各项工作新辉煌，开创政府工作新局面；抓落实的力度要大，对每一项工作都要定标准、定责任、定时间、定进度，以目标倒逼进度，以时间倒逼程序，定期反馈实施进度，及时排查目标差距，保持工作推进力度，凡是落后的工作必须限期跟上；抓落实的氛围要浓，时刻以加快发展为己任，牢固树立"一盘棋"思想，发扬团队精神，发挥整体优势，自觉把各自的工作放在全局中审视、把握，积极作为，主动谋划。三是世间事，做于细，成于严。从严是做好一切工作的重要保障。廉洁从政，就是要有严以律己的意识，把廉洁作为底线，作为立身之本和干事创业的首要前提。坚定理想信念，严守政治纪律，时刻忠诚于党和人民赋予的崇高事业，努力创造"仰不愧党、俯不愧民"的业绩；坚持依法行政，主动接受监督，学法、懂法、守法、用法，在法治范围内想问题、作决策、办事情，自觉把行政行为纳入法治化轨道；坚守廉政底线，树立良好形象，认真落实党风廉政建设责任制，严格履行"一岗双责"，把党风廉政建设和反腐败工作纳入全局工作，确保经济社会发展和廉政建设同步落实。四是蹄疾而步稳。要求政府各部门对认准的事情、确定的目标、部署的工作，始终保持"钉钉子"的精神和韧劲，一抓到底、抓出成效，对接上海、项目建设、民生实事、安全稳定抓紧抓实，确保按照或者超过序时要求推进工作，为全年工作"满堂红"打下坚实基础。

11月1日，市政府召开全体（扩大）会议，深入学习贯彻党的十九大精神，落实省、南通市对当前工作的最新要求和市委十三届三次全体（扩大）会议部署，动员全市上下进一步振奋精神、坚定信心，奋发有为、全力冲刺，确保完成全年目标任务。

市委副书记、市长黄卫锋指出，认真学习宣传贯彻党的十九大精神，是当前和以后一个时期全党的头等大事和首要政治任务。全市政府系统要按照市委传达党的十九大精神大会的安排部署，迅速行动起来，掀起学习宣传贯彻十九大精神热潮；深刻领会和准确把握十九大精神，贯彻落实到政府各项工作中；以党的十九大精神为指导，抓好当前各项工作；以党的全面领导为统领，加强政府系统党的建设。

黄卫锋回顾总结年初以来全市经济社会发展情况。全市上下坚持稳中求进工作总基调，深入践行新发展理念，统筹做好稳增长、促改革、调结构、惠民生、优生态、防风险各项工作，经济社会保持"稳中有进、稳中向好"的发展态势。黄卫锋强调，全年工作收尾阶段，要做到"三个保持"：保持定力、保持精准发力、保持可持续发展的竞争力。全市上下要以志在必胜的决心完成全年任务，巩固提升主要指标，稳住良好增长势头，加快补上薄弱环节；以只争朝夕的劲头主攻重大项目，抓好项目建设，推动项目落地，深化对接争取上海项目；以攻坚突破的举措提升城乡建设水平，做好生命健康城科技城规划建设，推进城市建设，加强生态环境保护；以统筹兼顾的要求抓好其他工作，打好精准扶贫攻坚战，全面落实安全生产责任制，组织开展好各类送温暖活动；以深入细致的调研谋划2018年工作，站位更高、思考更深、目标更准、措施更实。黄卫锋要求，全市政府系统要自觉践行以人民为中心的发展思想，强化“四个意识”，改进工作作风，不忘初心，牢记使命，持续增强科学理政和服务发展的本领，全面提升政府自身建设水平。加强学习、提高能力，积极作为、攻坚克难，严明规矩、严守纪律，营造政府干事创业的浓厚氛围。

【市政府常务会议】 2017年，市政府共召开常务会议11次。

市政府第1次常务会议。1月14日召开，讨论《启东市人民政府工作规则（修订稿）》《启东市人民政府常务会议议事规则》《启东市人民政府重大行政决策程序规定》以及市长、副市长分工，听取分解落实2017年度重点工作任务及为民实事项目情况汇报。

市政府第2次常务会议。3月1日召开，讨论《启东市交通干线沿线环境综合整治实施方案》《启东市农村公路提档升级实施办法》《关于进一步加强招商引资工作的若干意见》《启东市2017年金融工作考核意见》《启东市行政事业单位国有资产管理办法》《启东市高标准农田建设项目管理办法》《启东市高标准农田建设项目招标主要条款指导性意见》以及农业农村工作有关政策，通报蝶湖酒店项目转让有关情况。

市政府第3次常务会议。3月29日召开，讨论《关于进一步加强农村环境综合整治和长效管理工作的实施意见》《启东市全面推进河长制实施方案》《关于进一步加快全市服务业转型升级的若干政策意见》《关于推进楼宇经济发展的政策意见》《启东市创建国家级学校安全教育示范区实施方案》《启东市第三批“千人计划”专家工作站建议名单和首批“千人计划”专家工作站建议通过验收名单》《启东市专利资助奖励办法》，听取全市安全生产和市本级2017年部门预算编制工作情况汇报。

市政府第4次常务会议。4月25日召开，讨论《关于进一步推动企业利用资本市场加快发展的若干政策意见》《关于鼓励高层次人才创新创业的若干政策意见》《启东市因病支出型贫困家庭救助暂行办法》《关于完善拥军政策增强军人荣誉感的实施意见》《启东市安全生产工作职责规定》《2017年全市产业项目建设综合考评办法》，传达省县域科技体制改革经验交流会精神。

市政府第5次常务会议。5月27日召开，讨论《关于促进我市砖瓦隧道窑产业健康发展的指导性意见》《启东市“两减六治三提升”专项行动工作方案》《启东市口岸限定区域管理办法（试行）》以及有关人员行政处分决定，听取市土地利用总体规划调整完善情况、2016年启东市市长质量奖评审工作、解决启东边检站随军干部住房、政府系统党风廉政建设和反腐败工作情况汇报。

市政府第6次常务会议。6月20日召开，讨论《启东市食品摊贩备案管理办法（试行）》《市级部门行政权力清单、启东市“不见面”和“见一次面”审批（服务）事项清单》《关于统筹推进城乡义务教育一体化促进优质均衡发展的实施意见》《江苏省启东市人民政府、上海张江高校协同创新研究院关于合作建立“上海张江高校协同创新（启东）研究院”协议书》，听取全市食品安全、医改工作情况汇报。

市政府第7次常务会议。7月13日召开，讨论《关于做好结合新型城镇化开展支持农民工等人员返乡创业试点的实施意见》，听取2017年为民实事项目工作进展、森林公园项目选址、2016年度工业开放型经济相关奖励政策兑现情况汇报。

市政府第8次常务会议。8月24日召开，讨论《启东市城市管理综合执法体制改革工作方案》《启东市生活垃圾分类管理试点方案》《2017年全市“双招双引”工作若干意见及相关办法》《2017年促进经济发展提质增效若干政策措施》《启东市生态环境保护工作责任规定（试行）》《启东市公共租赁住房管理实施办法》，听取2016年度外贸、服务外包奖励政策兑现、全市公共租赁住房申请条件及保障标准和调整、建立社区居委会审查情况汇报。

市政府第9次常务会议。9月29日召开，听取当前信访稳定形势、社会矛盾大排查大整治开展和督查、安全生产、地方性债务、全省金融工作会议精神、2018年度城乡居民基本医疗保险筹资标准调整、进一步规范社保费征缴基数的工作情况汇报，讨论《2017年全市生态文明建设目标任务书》《关于实施健康扶贫工程的若干意见》《启东市幼儿园布点专项规划（2016—2030）》《启东市中小学布点专项规划（2016—2030）》《关于进一步促进建筑业加快发展的激励意见》。

市政府第10次常务会议。10月24日召开，讨论《启东市“十三五”环境保护和生态建设规划》《关于深化供销合作社综合改革的实施意见》《2017中国·启东科技人才节暨国际经贸洽谈会总体方案》、政府投资工程建设领域构建阳光防范体系系列文件，以及2017年启东市“东疆英才计划”资助对象和“杰出人才成就奖”“高技能人才贡献奖”“优秀农村实用人才奖”表彰对象名单，听取2017年度启东市科技进步奖评审、落实机关事业单位工作人员带薪年休假制度，以及有关案件情况汇报。

市政府第11次常务会议。12月18日召开，讨论《关于完善农村土地所有权承包权经营权分置办法的实施意见》《关于启东市推行行政执法公示制度执法全过程记录制度重大执法决定法制审核制度试点工作方案》《启东市土壤污染防治工作方案》，听取全市食品摊贩区域划定、国投公司与深圳天择资本管理公司共同设立股权投资基金，以及有关案件情况汇报。

（黄　健）

市政府重要政务

【概况】 2017年，市政府完成各项目标任务，实现此届政府良好开局。全年实现地区生产总值989.5亿元，较上年增长7.7%；一般公共预算收入71.1亿元，同口径增长8.4%；全社会固定资产投资634.6亿元，增长9%；社会消费品零售总额352.8亿元，增长8.8%；城乡居民人均可支配收入分别达40759元、21691元，增长9%、9.1%。启东市居全国综合竞争力百强县市第23位。

*产业层次与结构同步优化。*推进“中国制造2025启东实施计划”，产业体系加速向中高端迈进，完成工业应税销售842.7亿元，比上年（下同）增长17%，列中国工业百强县市第24位。服务业提速增效，实现服务业增加值445.28亿元，增长9.6%。整合旅游资源，推动全域旅游，接待游客455.21万人次，实现旅游总收入58.96亿元，分别增长12.8%、16.1%。现代农业持续加快发展，实现农业总产值138亿元，新增高标准农田19万亩；实现渔业总产值66亿元，获评全国平安渔业示范县。实现建筑业总产值800亿元，荣获“鲁班奖”2个、“国优奖”2个、“詹天佑奖”1个。

*项目推进与招引齐头并进。*开展项目建设提质增效年活动，完成工业投资351.3亿元，增长6.2%。新开工亿元以上产业项目114个，其中10亿元以上项目9个；新竣工亿元以上项目56个。“双招双引”工作机制不断完善，实际利用外资4.42亿美元；引进创新创业领军人才130人，其中国家“千人计划”专家5人。争取、协调各类用地指标6350亩，复垦土地3950亩。

*载体建设与能级协同突破。*园区平台工业投入、应税销售分别占全市的78.2%、85.6%。启东生命健康科技城概念规划、产业规划形成初步成果。启东经济开发区列全省经济开发区综合评价第一。滨江医药化工园安全环保整治成效明显。海工船舶工业园被认定为省级先进制造业基地。江海产业园发展体制机制得到理顺。圆陀角旅游度假区旅游品牌知名度持续提升。启东港口岸核心能力建设通过国家验收。

*重点改革纵深开展。*深入供给侧结构性改革，着力推进“三去一降一补”，降低企业运行成本1.9亿元。“不见面审批”和政务服务“一张网”建设积极推进，“2440”改革取得明显成效，商事制度改革获省级嘉奖。城市综合执法体制改革有序实施，综合管理执法水平持续提升。农村土地“三权分置”落地见效，土地承包经营权流转面积5万亩。医药卫生体制改革不断深化，分级诊疗制度纵深推进，公立医院综合改革成效获国务院通报表扬，市人民医院获“中国县域医改·样板医院”称号。

*接轨上海更加深入。*成立对接服务上海协调委员会，扎实推进六大对接工程，在沪举办各类招商活动119场次、新签约亿元以上产业项目139个、引进产业协作项目资金453亿元、接待上海游客402万人次。组建对接服务上海智库，成立上海启东商会，15个区镇与上海55个片区开展合作。北沿江高铁前期工作全力推进，省铁路办启动工程预可、桥隧方案专题论证工作。加强沪启医疗合作，医疗服务水平有效提升。江海文化与海派文化融合互动，“文化走亲”活动蓬勃开展。新增供应上海的农产品直销基地3万亩、农产品直销点20个。

*创新驱动不断强化。*推进企业自主创新，全社会研发投入占地区生产总值比重达2.62%，高新技术产业产值占规模工业产值比重达54.4%。科技成果加速转化，组织实施产学研合作项目168项，新认定省高新技术企业36家，新增省重大成果转化项目2个、国家“两化融合”企业1家。创新载体加快建设，新增省新型研发机构建设项目2个、省级院士工作站1家、省级以上企业技术研发平台8家；建成南通地区首家离岸孵化器。深入实施知识产权战略，万人发明专利拥有量达22.68件，国外专利申请量南通第一，获评国家知识产权强县工程示范县。

*城乡一体发展扎实推进。*综合交通体系进一步优化，宁启铁路启东段开始铺轨，海启高速启东段路基部分基本完成，干线公路建设加快推进，实施农村公路提档升级150公里；黄浦江路、和平南路、公园路南延等6条道路完工通车，民乐中路完成改造，牡丹江东路、金沙江路等7条道路加快建设。基础设施建设稳步实施，长江岸线整治工程、连兴港改造工程进展顺利；区域供水通久线、崇启线加快推进；“西气东输”启东段完成前期工作，广汇能源接入市政天然气管道；久隆输变电工程开工建设。基层文化设施不断完善，建成公共文化综合服务中心230个。

*城市环境面貌持续改善。*加快“南进东拓”步伐，城市框架进一步拉开。推进省优秀管理城市创建，开展城市环境综合整治，通过国家卫生城市复审验收。不断美化城市景观，新增小游园5个、城市绿带10公里，亮化桥梁22座。加强便民服务设施建设，新建邻里中心3家、农贸市场3家，改造老小区停车位1500个。推进城区水系规划建设和生态修复，保持河道畅通清洁。加强重点路段监管，开展治堵治乱专项行动，交通秩序有效好转。保持控违拆违高压态势，遏制增量、减少存量，拆除违章建筑103万平方米。试点垃圾分类处理工作，促进源头减量和资源利用。

*生态环境治理成效明显。*开展“263”专项行动，坚决落实中央、省环保督察和国家海洋督察要求，加大环保执法力度，集中力量解决群众关心的环境问题，立案查处案件154起。加强大气污染防治，深入开展扬尘污染、砖瓦企业、秸秆禁烧等专项治理行动，淘汰燃煤锅炉234台；空气质量达标率81.5%，持续保持南通领先。全面推行“河长制”，加强长江生态保护，开展水上过驳、非法码头专项整治，实施重点断面水质达标治理，关闭畜禽养殖场269家，城乡河岸环境和水质明显改善。加强土壤环境保护，制定出台土壤污染防治工作方案。实施造林绿化工程，新增成片造林绿化面积1.85万亩、城市绿地面积70万平方米。圆陀角滨海湿地获批设立省级湿地公园，仙渔小镇入选省首批特色小镇，吕四港镇获评“中国最美渔村”。

*民生实事有效落实。*实施富民增收“五大行动”，推进基层基

本公共服务功能配置标准化，全年民生投入占公共财政支出比重达75.6%。落实就业创业政策，推进“支持农民工等人员返乡创业”国家级试点工作，新增就业8100人。社会保障体系逐步完善，城乡基本养老保险参保率超过96%，基础养老金标准提高至125元，城乡低保标准统一提高至600元。坚持精准扶贫、精准脱贫，完成4406户家庭脱贫任务；在全省率先实施因病致贫家庭救助办法，发放救助金1406万元；扶持村级集体经济工作全省试点。对口帮扶陕西西乡工作取得积极成效。安置房竣工105万平方米，交付7700套；完成危房改造1105套。精神卫生中心主体工程完工，社会福利中心、妇幼保健院、文化体育中心南区结构封顶。

社会事业协调发展。加快教育现代化建设，教育布局调整优化，6所城区学校启用；深化教育教学改革，培养高素质教师队伍，教育质量有效提升。深化“三医联动”改革，医保实现全国异地联网结算，建立新型农村合作医疗总额预付机制。完善养老服务体系建设，落实政府购买困难高龄老人居家养老服务制度，建成标准化居家养老服务站28家。文化体育事业蓬勃发展，“共乐东疆”百项群众文体活动广泛开展，评弹、版画等传统艺术不断传承弘扬；加强历史文化场馆开发保护，“三园四馆”建设加快推进；承办全国沙滩排球锦标赛、中国羽毛球超级联赛总决赛等体育赛事。

社会治理不断创新。入围全国文明城市提名城市，道德发展状况测评指数排名全省第二，获评“中国好人”5人，上榜数全省第一。开展社会矛盾和安全隐患大排查大整治行动，优化分级分层调处机制，推进“阳光信访”，有效预防化解社会矛盾纠纷；全面落实安全生产责任，实施十大领域专项整治，安全生产形势保持稳定。深化社会治安防控体系建设，推进系列平安创建活动，群众安全感和满意度不断提高。加强食品药品安全监管，有效保障群众饮食用药安全。强化应急管理体系建设，应急处置能力全面提升。启东市获评省现代民政示范市。

（黄　健）

外事侨务

【概况】 2017年，市外侨办共受理党政干部出国团组9批40人/次，其中自组团8批，随团团组1批，分别赴德国、意大利、挪威、希腊、以色列、法国、西班牙、英国、乌克兰、白俄罗斯、墨西哥、巴西、南非、纳米比亚等地开展多场特色产业推介会；主动为市民营企业办理APEC商务旅行卡，便于市民营企业与APEC国家的经贸往来，全年共办理企业APEC商务旅行卡19人次；鼓励企业申报南通市外侨办第二届APEC商务旅行卡企业诚信等级评价，全市共有3家企业被评选为诚信企业，可以自行管理APEC商务旅行卡；通过南通外侨办的平台，推荐相关企业参加中国·江苏现代农业科技大会、北海道—中国环保与养老产业商务洽谈会等国内外产业交流会。

【对外交往】 在助推企业“走出去”的同时，以“走出去”的企业为媒介，开辟新的合作方向，加深在生物医药、机械制造、港口开发、生态农业等领域的产业合作和人才的良性流动，以民间交往带动政府间互动，实现资本、生产和人才等市场要素的优化配置。2017年共办理邀请外国人到华54人次，涉及电动工具、海工船舶、机械制造等市特色产业，方便企业的投资方、供应商等到华考察、再投资等商业活动，为地方经济发展牵线搭桥。配合省侨办开展园区校区基本侨情专题调研、新归侨知识分子情况调研等工作；推荐有关人士参与评选第三届南通市“海外创业风云人物”、世界通商大会海内外南通知名人士的评选以及邀请侨商赴南非约翰内斯堡参加2017首届海外通商峰会；选送汤玛斯·肯瑟勒教授以及启东市多名外国企业家参选“南通市荣誉市民”。

【侨胞乡情维系】 2017年，市外侨办重点接待中国海外交流协会理事、美国爱默蕾大学教授顾履冰、美国加州大学中国区招生首席代表顾黎辉博士、已故爱国华侨王梅瑛的儿女王氏兄妹等；定期深入各乡镇走访慰问归侨侨眷，加强年老归侨和空巢、患病、贫困侨眷的关爱工作，全年共走访慰问归侨侨眷200多人次，慰问金额近8万元；受理华侨、侨眷来信来访3起；配合做好“郁氏奖学基金”20周年颁奖仪式的筹备工作，同时跟进实验幼儿园梅瑛楼、音乐厅以及善成小学等其他华侨捐赠项目的运行情况；做好归侨侨眷身份认定、华侨身份认定和华侨捐赠等相关涉侨权力事项在政务服务一张网的录入和维护工作，“不见面审批”率达到100%。

（张婧婧）

旅　　游

【概况】 2017年，启东市有省级旅游度假区1家——圆陀角旅游度假区。A级景区3家，其中AAA景区1家——黄金海滩、AA景区2家——紫薇公园、盈康农庄。省星级乡村旅游区13家，其中四星级3家——江天生态园、大自然度假村、金港农庄，三星级10家——盈康农庄、呆住蕃茄俱乐部、田仓农庄、滨海村渔家乐、如意农庄、目田农场、水果小镇、渔家风情、嘉仕有机农场、印象沙地。

全市有星级酒店5家，其中四星级酒店1家——启东宾馆，三星级酒店3家——吕四宾馆、吕四港大酒店、大唐宾馆，二星级酒店1家——中煤商务酒店。旅行社10家，分社2家、服务网点30家。全市宾馆饭店拥有床位数13000张，餐位数35000个。

2017年，启东市商务局贯彻落实《国务院关于加快旅游业发展的意见》和《省政府关于全面构建“畅游江苏”体系促进旅游业改革发展的实施意见》，以规划为引领、项目为支撑，转变发展方式、提升产业品质，努力实现旅游业态从观光旅游型向观光旅游休闲度假复合型转变。完成《启东市旅游产业发展总体规划（2010—2020）》修编初稿。全年接待旅游总人数455.21万人次，同比增长12.83%，旅游总收入58.96亿元，同比增长16.57%。

【项目建设】 五国温泉城、绿地长岛梦幻岛两个项目纳入2017年江苏省50个重大旅游项目库。惠萍水果小镇列入省旅游风情小镇创建培育名单，圆陀角省海韵小镇列入南通市级旅游风情小镇创建名单；恒大碧海银沙、绿地长岛梦幻岛启动A级景区创建；江天生态园创建省五星级乡村旅游区通过资源评审；金港农庄、印象沙地分别获评省四星、三星级乡村旅游区。

【市场宣传】 4月28日，在上海静安举办“启东旅游上海说明会”。上海生活时尚频道“拜托了·煮夫”在启东拍摄3天，制作两期时长25分钟的节目，分别于10月7日和14日播出，使上海市民了解启东美食，让更多上海人到启旅游。“2017美丽中国行·聚焦江苏沿海生态之美”媒体采风活动，中央电视台、中央人民广播电台、中国网、央视网、《中国日报》《中国文化报》《经济日报》搜狐网、今日头条、中国江苏网、新浪江苏、《扬子晚报》、一点资讯、《中国旅游报社》等全国20多家知名媒体的资深编辑、记者等参加此次活动，在全媒体上发表宣传启东旅游的推文15篇。完成“2017南通江海国际旅游节”系列活动，重点做好启东分会场相关工作，视频连线3分钟。参与“水韵江苏”系列活动，恒大碧海银沙获评2016年江苏十大新景区。出版一期《乐游启东》杂志，“乐游启东”微信公众号发布信息各类启东旅游推文72篇。

【行业管理】 2017年，市商务局对旅行社不合理低价游开展专项整治，抽查旅游大巴车使用情况，对食品安全组织专题培训，对旅游企业实施安全检查，发现问题及时整改，确保全年未发生一起安全事故；处理旅游投诉18起，完结及满意率100%。

（张兴贵）

电子政务

【概况】 2017年，市政府信息中心整体规划，合理布局，做好电子政务外网的升级改造、政府门户网站普查及集约化工作，加强信息公开，建设移动办公一期项目，抓好信息安全管理，强化网络舆情建设，提升全市信息化建设水平。

【政府网站建设】 *政府网站集约化建设。*中心对启东市政府门户网站的栏目设置和技术后台进行优化调整，统一建设标准规范，确保集约化的单位政务公开有窗口、互动交流有渠道、便民服务有载体。按照省及南通市的统一部署，在完成部门网站向启东市政府门户网站整合的基础上，按期规范永久关停市34个部门网站。

*政府门户网站日常维护。*中心每日安排专人及时更新政务要闻、部门动态、镇区动态和市长重要活动等栏目信息，定期发布政府采购、在线访谈、政策解读和民生信息等内容。2017年，网站共发布12302条信息，访问量达1657701人次；全市40个部门报送3239条信息，录用1446条信息；开展7次调查征集活动：“关于对《启东市食品摊贩管理办法（试行）》公开征求意见的公告”“开展国土资源节约集约模范县（市）第三方调查测评工作”“关于交通秩序管理的意见征集”“关于启东市中小学、幼儿园布点规划公示意见征集”“关于市区马路市场治理的意见征集”“关于征集2018年为民办实事项目建议的公开信”“关于启东市城区食品摊贩经营区域、经营时段及学校周边食品摊贩禁设区域设定的意见征集”，较好保障公众的知情权、参与权及话语权。

*政府网站普查。*加大部门信息报送考核力度，督促各政府部门做好责任栏目的信息发布，提供信息报送平台接收部门各类信息报送，丰富各栏目信息；严格对照政府网站普查评分细则，定期开展自查工作，并聘请普查方面的专业公司对政府网站进行全面检查，确保市所有政府网站全部达标。

【政务公开】 *信息主动公开。*2017年，市政府门户网站主动公开政府信息6536条，其中主动公开市本级政府文件134个，65项政府信息公开事项1314条，财政专项资金信息152条。

*依申请公开。*中心在做好市政府本级依申请公开工作的同时，指导各部门提高相关人员的政策把握、舆情导控、解疑释惑、依申请办理和应对处置能力。截至2017年10月

9月6日，上海生活时尚频道《拜托了煮夫》在启东市取景

（潘　杨／摄）

30日，全市共收到465件政府信息依申请公开，其中市政府本级收到43起。在市级机关中，申请量列前5位的是国土局、住建局、公安局、行政审批中心、农委；在镇政府中，申请量列前3位的是汇龙镇、经济开发区、吕四港镇。从申请的内容来看，主要围绕征地文件、征地补偿安置方案、房屋拆迁补偿安置信息等方面。从申请人的情况来看，存在一人多次申请的情况，其中有些是信访重点人员，另有律师事务所为诉讼需要申请的情况存在。

【移动办公系统建设】 2017年，中心完成移动办公系统一期建设，完成移动办公手机客户端开发，实现办公室环境下的电脑办公和外出移动环境下的手机或平板办公的无缝衔接。实现市委、市政府及两办各类收文、通过移动端（手机、平板）等终端进行实时联动办理，并与电脑端协同办公系统进行无缝衔接。完成制定部门通用标准收发文流程，截至12月1日，经济开发区、统计局、城管局进行移动办公试点。

【电子政务外网改造】 启东市于2005年5月建成覆盖全市党政机关、镇乡、园区、街道的电子政务外网，2014年延伸至所有村（居）委会。2017年，按照江苏省及南通的电子政务外网地址及对接规划，对市电子政务外网进行规划改造，4月完成与南通市的对接，9月完成所有IP地址的切换。

【安全保障】 中心为确保云计算平台正常稳定运行，部署云计算平台无代理备份容灾一体机，实时备份重要信息系统的应用和数据，在系统宕机时能够在短时间内启动，支撑起基本业务，避免应用长时间中断，减少系统宕机所造成的影响，增强云平台的安全性；开展启东市政府门户网站风险测评、等保测评，定位风险点，采取各类措施消除安全隐患。

【设备及系统托管】 2017年，中心新增8个部门的11个托管系统，主要有行政审批局“中介应用系统”“审批应用系统”、代建中心“政府投资项目建设管控平台”、12345热线“云桌面电话”、城管局“智能渣土车管控系统”、人社局“社会保险管理信息系统”。涉及各类设备36台，其中服务器27台。在规划部署部门托管系统时，优化技术方案，优先使用中心云计算中心资源，共为4个部门分配云计算虚机6台。

【信息化技术方案审核】 2017年，中心审核11个部门的信息化建设项目方案，提出合理化建议27条，剔除部门不合理需求，提升部门信息化建设规划设计质量。

【信息安全管理及指导】 中心转发南通市信息中心、南通市信安办信息安全事件通报，2017年，全市有3家单位被通报，数量较上年显著降低。协助被通报单位整改，并及时反馈整改情况。十九大期间，全市党政机关信息安全态势稳定，未发生信息安全事件。

【视频会议系统运行】 2017年，启东市视频会议系统共召开正式会议12次，其中转播南通应急会议2次，市应急会议10次，利用远程视频监控设备，服务于维稳应急指挥2次。

【网络舆情管理】 中心依托启吾东疆论坛“关注启东”“民生问答”“12345公共服务热线”等常设板块，吸引社会各界人士围绕发展经济、改善民生、建设文明启东、美丽启东发表观点、阐明看法、提出建议、交换意见。对机关部门的工作，通过实名论坛接受社会评议和监督。全年启吾东疆市民论坛共有网友政策咨询、投诉等内容的网帖共3318条，54家单位的网络发言人按期答复3105条，按期答复率93.6%。

围绕全市重点工作，根据微博特点，做好部门信息的审核、编辑及日常微博编写、发布，针对部门报送信息不明晰之处，主动与部门联系，多方确认，确保发布的信息真实有效。同时，针对部门信息报送的相关情况，进行微博月度点评通报。特别在台风暴雨等灾害性天气期间，多角度发布部门相关应急进展情况。此外，根据市民关注的热点，及时发布各类与百姓生活相关的政策及便民措施。日常管理中，积极与网友互动，对网友提出的相关问题给予及时解答。2017年，发布原创微博903条。

（沈晓敏）

政务服务

【概况】 2017年，市行政审批局（政务服务中心）抓住全面深化改革契机，以强势推进相对集中行政许可权改革试点工作为核心，以持续巩固提

4月22日，市行政审批局（政务服务中心）为窗口单位开展文明礼仪培训

（市行政审批局/提供）

升“三集中、三到位”工作成效为重点，打造行政效率高、审批环节少、发展环境优、市场活力强的政府工作部门形象，为启东全面接轨上海、全力促进民富，高水平全面建成小康社会营造优良的政务服务环境。全年，中心共办理各类行政许可和其他公共服务事项148.1万件，日均办件量5600多件。累计完成公共资源交易工程招投标项目762个，完成政府采购项目473个，交易总额113.46亿元，节约财政资金7.15亿元。

2017年，市行政审批局先后获得“南通市党建工作示范点”、效能建设“五星级机关”单位、全市党建工作先进集体、创建全国文明城市提名城市工作先进单位等荣誉称号，获全省创新创业环境评价第五名，创新工作“开通重大项目服务绿色通道”在全市创新奖评选活动获得“一等奖”。

【重大项目服务专区开设】 2017年，市行政审批局（政务服务中心）在行政审批服务大厅开设重大项目服务专区，专门服务重大项目业务对接、协调工作。从建设项目立项到竣工备案，落实全程帮办代办。对代办项目实施跟踪服务，落实专人负责，详细跟踪项目的办理进度、分析影响进度的原因、各环节的办理情况以及需要解决的问题。并对重点服务项目提前介入、主动对接，实行从简、从快、优先办理，确保项目建设健康、快速运行。全年共完成立项504个，其中亿元以上项目145个，发放施工许可证216个，重特大项目33个。

【“2440”改革品牌】 根据省审改办提出的“3550”工作目标，市自我加压创新提出“2440”工作实施方案（即实现企业2个工作日内注册开业、4个工作日内获得不动产权证、40个工作日内取得工业生产建设项目施工许可证），专门制定《启东市优化开办企业流程实施方案》《启东市不动产登记网上联办实施方案》《启东市建设项目“多评合一”审查指导意见》《启东市建设工程施工图联合审查暂行办法》等多个实施意见，提高企业群众改革感受度。

【商事制度改革】 2017年，在商事制度改革中，市行政审批局（政务服务中心）推行网上名称自助查询和申报，实现网上受理、审核、发照、存档的全程电子化登记模式，使注册登记由“面对面”转变为“键对键”。初步形成实体大厅与网上服务平台融合发展，构建线上、线下信息共享、功能互补、深度融合的新体系。创新开启银行进驻审批局和设立银行网点代办模式，打造开办企业全链条式服务体系，实现一窗式集成服务。梳理证照联办事项，整合审批资源，取消前置审批，按照“一窗受理、并联审批、内部流转、证照同发”的模式，破解企业“办照容易办证难”的问题，商事制度改革成果获得省级“嘉奖”。将投资建设项目全流程审批，整合为项目立项、规划设计、施工许可、竣工验收四个阶段，推行“多评合一”“多图联审”“施工许可并联审批”，投资建设项目审批环节减少，审批效率提高。

【政务服务管理平台升级】 2017年，启东市行政审批服务平台升级改造成启东市政务服务管理平台，29个部门1021个事项由工作人员从平台接受外网申请办件，确保审批信息实时推送至监管部门，实现审管联动闭环模式。多途径宣传“江苏政务服务网”，开通“综合服务旗舰店”，开发“套餐服务、不见面审批、大厅VR实景、地图导航”等特色服务，让市民和法人可以足不出户申报具体事项、查询惠民政策、了解办事流程、监督审批进度。专门设立EMS速递窗口，完成EMS物流信息、身份认证账号无缝对接。

【阳光防范体系构建】 2017年，按照市县一体、透明高效、规范廉洁的要求，市在南通各县市区中率先将土地使用权、国有产权交易、检验试剂采购、排污权交易、海域使用权交易并入市公共资源交易平台，完成与南通市公共资源交易中心的系统、流程、业务和制度对接。投资1000多万元对交易中心进行升级改造，将交易场所划分为办事大厅、开标区、休息区、评标区、办公区、活动区等六大功能区，配备全省一流的智能化设备，提升“互联网+公共资源交易”能力。

【工程招投标规范】 2017年，根据《中华人民共和国招投标法》及《江苏省招投标条例》，对投资额50万元以上的建设工程政府投资项目招投标，完成工程招投标项目651个，标底总价99.81亿元，中标总价89.78亿元，节省财政资金10.03亿元，节支率10.05%；其中实施网上招标项

6月28日，江苏政务服务网正式开通，启东市完成所有业务对接，服务市民（姜雨蒙/摄）

目571个，工程标底总价为93.33亿元，招标控制价为90.03亿元，中标价为83.43亿元。中标价与标底价相比，节约财政资金9.9亿元，节支率为10.6%；与招标控制价相比，节约财政资金6.6亿元，节支率为7.33%；另外直接发包104个，发生额44.61亿元。

（翟小华　陈　涛　施凌晨）

人力资源管理

【招才引智】　2017年，市人力资源和社会保障局开展启东当地人力资源市场28场，提供岗位7000个，应聘人数达9500人。组织103家企业赴50多所高校及地区开展招聘100场次，引进紧缺急需人才近3000名，其中硕士以上265名，本科2139名。启东人事人才网的点击人数已经接近1200万人次，同时借助微信公众号推送、自助求职招聘服务等，实现网络市场自主就业。免费提供人事代理，档案转入7269份、转出2893份，至年末，在库档案数达76770份。全年获评国外引智项目21个，柔性引进外国专家65名，占南通总量的三分之一。林洋能源获评省级国外引智示范单位，是南通唯一一家（全省仅14家）。市人民医院成为江苏省首批、南通市首家建立外国专家工作室的医疗科研单位。接收17名清华大学研究生到启东参加社会暑期实践活动，共在5家单位对10项课题进行攻关，启东实践基地被清华大学授予三星级实践基地荣誉称号（全国仅13家）。全年共有江苏林洋电子股份有限公司、南通太平洋海洋工程有限公司、苏州肯德基（启东）有限公司等12个就业见习基地开展为期3个月毕业生就业见习工作，基地申报见习岗位350多个，吸收见习人数250个。对全市55家单位、261名享受产业紧缺人才资助金的人员做好审核发放工作，全年发放生活津贴305万元，购房补贴10万元，职称奖励5.7万元。

【服务对接上海】　通过搭建政府互动平台、校地合作平台、市场互融平台、共建科技产业园区等形式与上海在人才智力上深度融合。组织企业在上海多家知名院校组团招聘，并参加长三角地区春季人才招聘会。引育各类人才中介，引进诺姆四达、寰球人才交流中心、上海外服、上海天都人力资源公司4家，聘请多名与市产业对口的上海重点高校学生处长担任市招才引智顾问。开展产学研合作。先后与复旦大学、上海交大、华东理工大学等签订产学研合作项目，邀请上海学生事务中心副主任、就业部部长和重点知名高校的就业中心主任参加“上海学生处长启东行”“人才服务进校园”等系列人才交流合作活动，得到积极反馈。

【人力资源服务】　开展基层人社平台标准化建设，通过优质高效的就业创业服务，促进人力资源需求有效对接。高标准规划、快节奏推进，推动人力资源市场建设。与陕西西乡县等劳务输出地区开展劳务对接，建成外省劳务基地14家，聘请各地招才引智顾问29名，解决企业招工难、用工难问题。

【人事工作】　配合上级人社部门及时完成公务员招录、事业单位通用类工作人员公开招聘报名、体检、政审等相关工作。全年完成招录公务员93名，事业单位169名。做好机关事业单位工资审批，完成全市机关事业单位3万多名工作人员的正常晋升、调资、绩效工资分配、奖金审批等工作。

【科技人员管理】　全市新增专业技术人员7420人，完成专业技术人员知识更新培训18278人次。审核并中转各系列高级职称272份、中级500份；初定大中专毕业生806人。

（李　晨）

信访工作

【概况】　2017年，全市信访工作立足解决问题，着力改革创新，完善工作机制，强化责任落实，全市信访形势呈稳中向好的态势。市信访部门共接待群众到市上访497批4110人次，其中集访172批3639人次；劝返去省上访92批237人次；劝返赴京上访237批367人次，其中集访7批66人次，送到马家楼和久敬庄47人次。接待初访群众349批次，发卡349张，发卡率100%。办理群众来信1132件。办理市人民政府信访复查件96件，化解信访积案69件，召开信访事项协调会、会办会、调解会和联合接访67次。市信访局被评为信访工作先进集体、城市建设工作先进单位、文明单位、社会治安综合治理和平安建设工作先进集体。

【群众满意窗口创建】　5月26日—5月27日，南通市信访局在启东召开争创“群众满意窗口”工作现场会暨信访维稳“百日攻坚”活动动员会。与会人员参观启东市人民来访接待中心创建“群众满意窗口”现场、吕四港镇政法综治中心和圆陀角村的信访接访窗口。市信访局被评为2017年度全省信访系统“群众满意窗口”单位。

【工作责任压实】　市按照“属地管理、分级负责，谁主管、谁负责”的原则，建立健全领导包案和目标管理责任制，形成“一级抓一级、一级对一级负责”的信访工作体系。市镇两级根据职责分工和联系挂钩片区划分，落实包案领导和责任人，2017年梳理的100件信访事项，8个信访突出问题，64名重点退役志愿兵，13个重点信访工作专班，全部落实市领导包案。建立健全信访工作目标考核机制，严格兑现奖惩，在全市形成有权必有责、权责相一致、有责要担当、失责必追究的导向，有效促进各级领导信访工作责任制的落实。

【信访积案化解】　2017年，市梳理交办的重点信访事项100件，化解53件，化解率53%；全国“两会”期间南通交办“E租宝”“涉军群体”“出国劳务”等群体及重点稳控人员292人，化解24人，化解率8%；“百日攻坚”活动中南通交办信访积案25件，化解14件，化解率56%；“大化解大突破”专项行动中南通交办信访突出问题17件，化解5件，化解率29.4%；省综治信息“三融合”平台重点管控人员123人，化解46人，化解率37.4%。

【越访非访压降】 针对2017年国家和省、市重大政治活动较多的实际，全市各级信访部门把控制越级访、集体访作为工作重点，妥善处置涉军、民代幼、三峡移民、欠薪人员等群体规模集体访，维护社会大局稳定。十九大期间，执行矛盾风险排查和分析研判制度，坚持对有可能引发群体性越级上访的不稳定因素进行排查分析，对排查出的不稳定因素进行重点监控，把矛盾解决在当地。2017年，全市共发生被通报群众赴京上访108批146人次，与上年（141批307人次）同比批次、人次分别下降23.4和52.4%。

【信访秩序规范】 市镇两级党委政府和各部门依托“阳光信访”系统，严格执行各项法律和《信访条例》，依法做好信访事项的登记、受理、交办和答复、处理，全方位落实信访工作法治化要求。规范信访秩序，制定《开展依法处置进京滋事扰序专项活动的实施方案》和《进京赴省越级访、集访人员教育处置规范》，对进京赴省越级访、集访人员第一时间进行教育引导处置。公检法三部门联合在《启东日报》刊登《关于规范信访程序依法处理违法信访行为的通告》，成立公检法联合办案的专案组，依法打击信访违法行为，2017年共治安处罚43人，刑事拘留4人。

【信访联席会议办公室实体化运作】 7月，实现信访联席会议办公室实体化运作，发挥联席会议发文交办、联合督办、专项督办、跟踪督办等作用，召开12次会议协调疑难复杂信访问题，推动区镇、街道、部门各司其职、各负其责，提升全市信访工作水平。

（杨凯峰）

政府投资项目工程建设

【概况】 2017年，启东市政府投资项目工程建设中心紧扣代建过程中设计、施工、监管等各个环节的要素，对政府投资项目工程进行科学管理，实现工程建设的质量、进度、投资的三大控制。至年末，建设中心在建项目19个，竣工项目13个。其中2016年结转项目18个，2017年新开工项目14个，项目总投资约7.5亿元。累计接受代建项目近100个，总投资额60多亿元。建设中心代建的项目共取得“扬子杯”5个、“紫琅杯”3个。

（钮向东）

机关事务管理

【概况】 2017年，市机关事务管理局围绕保障党政机关高效运转的目标要求，紧扣后勤管理、服务、保障三大职能，推动改革创新，加强科学管理，实现行政中心后勤服务质量的提升突破和全市的公车、公房、公共机构节能的有效监管。2017年度《规范化建设，智能化管理，努力打造标准化公车管理服务平台》获南通市机关事务管理工作创新项目三等奖；行政中心物业管理项目获南通市优。

【后勤服务保障】 局管理服务保障行政中心机关干部职工1800多人，物业管理面积约10万平方米，食堂供餐行政中心和纪委派驻纪检组党校办公点2个食堂约2200人。2017年，重点在食堂管理、物业管理、设施设备管理、科技馆管理、资产管理、局部改造、中心便捷服务等方面进行优化提升，设置行政中心南门、医务室和菜鸟驿站等。平安建设常抓不懈，安全工作网络、责任体系、应急机制不断健全，安全综合治理能力不断提升，实现全年安全生产零事故。

【统一集中管理】 组织开展党政机关办公用房清理、整治。通过自查自纠，全面排查、重点抽查、“回头看”专项检查等举措，办公用房清理整改取得实效，无违规使用现象。加大办公用房统筹调剂力度。行政中心内腾退出来的办公用房和公共服务用房，由机关事务管理局统一管理调度，以提高办公用房的利用率。安监局、总工会等10多个单位安排进驻行政中心。行政中心外办公用房，由市公有资产管理办和机关事务局统筹管理。通过合理调配办公用房租金大幅下降。近60个市级机关办公用房纳入局“五统一”的管理范围。

推进公车改革后的集中统一管理和服务保障。2017年底，着手准备全市企事业单位公车制度改革有关准备工作，深化公车改革。通过公开拍卖有效处置上缴车辆，组建公车管理服务平台集中统一管理使用保留车辆，及时印发《关于进一步加强公务用车管理的通知》，规范公务用车配置、使用和有关补贴等规定。通过平台保障和部分市场化方式保障涉改单位公务用车的日常需求。2017年，车管平台共出车5155多次，行程87.15多万公里。

推进公共机构节能工作的全覆盖。2017年，全市公共机构单位建筑面积能耗、人均综合能耗和人均用水量分别同比下降2.5%、3%、4%。启东市中医院入围“江苏省公共机构节能示范单位及能效领跑者”行列。

推进财务经费预算的集中统一管理。加强局、两办、驻外办及各临时机构的财务集中统一管理，实现经费统一核算、统一记账、统一预决算和统一财务管理。

加强工程建设和服务保障中的货物、服务的招标与采购管理。达到公开招标数额标准的项目如物业服务、餐饮服务、公车维修投保、行政中心局部工程改造等涉及行政中心后勤管理、保障服务方面大额资金使用的委托公共资源交易所进行招标采购，局配合公共资源交易所做好相关工作。

（樊　燕）

综　　述

【概况】 2017年，启东市有省政协委员1人，南通市政协委员23人，启东市政协委员313人，分布在17个界别。增聘委员7人，解聘委员7人，自然减员1人，调整界别委员2人。全年共召开常委会议5次，主席会议12次;开展重大协商议政活动20多次，提出建议意见80多项。

【制度建设】 围绕加强党对政协工作的领导，制订《中共启东市政协党组议事规则》，修订《市政协主席会议工作规则》，从市政协党组中心组学习、履职、廉政等方面，加强市政协领导班子思想、理论、能力和廉政建设。把遵守政治纪律和政治规矩放在首位，落实重大事项请示报告制度。政协办公室党组也制订《中共启东市政协办公室党组议事规则》，加强党对政协机关工作的领导。明确市纪委纪检组应邀参加市政协主席会议、常委会议，列席办公室党组会议的制度，完善政协委员辞免、增补须由市委组织部、统战部提名的工作机制。

【食品安全调研】 坚持把改进调研作风作为提升整体履职水平的切入点，提高建言献策的精准度。在食品安全工作调研中，分别围绕“种养殖环节、流通环节、餐饮环节”三个方面展开深入调研。历时三个月，开展20多次考察活动，召开30多场座谈讨论会，形成《关于食品安全专题调研报告集》和《关于进一步加强食品安全的建议案》，提出农残快检全覆盖、建设中央厨房等建议意见。市委主要领导专门批示：“市政协围绕食品安全主题，以问题为导向，深入调查研究，在健全监管体系、加强执法检查、发挥技术支持等方面提出很好的建议意见。希望全市各地各部门要做到源头严防、过程严管、风险严控，确保人民群众‘舌尖上的安全’。”市政府成立由市长任组长的建议案办理工作领导小组，制定“进一步加强全市食品安全建议案”办理工作方案，召开办理工作会议，编印《政协建议案办理工作简报》。上述做法，在全省政协主席会议上，以《改进调研作风，实现精准建言》为题作了交流，《中国政协》用两个版面介绍启东政协调研作风的经验，《江苏政协》则刊登建议案。

【对接服务上海】 围绕对接服务上海献计出力。提出2017年度对接服务上海“1234”年度目标和分类考核方案的建议意见，供市委市政府决策参考。打破地域、层级限制，由专家委员会和七个专家库组成“对接服务上海智库”，制订对接服务上海智库实施办法。牵头组织对接服务上海课题研究，与上海财经大学共同开展《启东市接轨上海发展总策划研究》，重点研究交通规划、园区共建、港口合作、产业承接、医疗服务等课题。

（施江华）

重要会议

【市政协十五届委员会第一次会议】 中国人民政治协商会议启东市第十五届委员会第一次会议于2017年1月9日至13日在市会议中心举行。1月9日上午，在会议中心举行开幕式，中共启东市委书记徐锋出席会议并讲话，市十四届政协主席顾云峰向大会作工作报告，副主席蔡建平作提案工作情况报告。10日上午，市政协委员列席市十七届人民代表大会第一次会议开幕式，听取市委副书记、市长黄卫锋作的政府工作报告。11日、12日分别进行协商讨论。13日，举行闭幕式，选举产生市十五届政协主席孙建忠，副主席蔡建平、宋逵、龚建涛、潘双林、徐永辉，秘书长陆建新，常委49名，通过政协启东市第十五届委员会第一次会议决议。

【市政协十五届第一次常委会议】 1月13日，政协启东市第十五届委员会常务委员会第一次会议在启东宾馆华夏厅召开。会上颁发常务委员当选证书，审议通过市政协副秘书长和办公室、各专门委员会主任、副主任名单。

【市政协十五届第二次常委会议】 6月15日，政协启东市第十五届委员会常务委员会第二次会议在行政中心党教中心召开。会议听取调研组关于市食品安全情况的调研报告，审议通过《关于进一步加强全市食品安全的建议案》，审议通过《政协启东市委员会重点提案办理与督办办法》，审议通过有关人事任命。

【市政协十五届第三次常委会议】 8月21日，政协启东市第十五届委员会常务委员会第三次会议在行政中心科技楼501会议室召开。会议听取市政府副市长许晓星代表市政府所作的《关于2017年上半年全市国民经济和社会发展情况的通报》，听取城区扬尘治理各评议组民主评议意见的汇报。会议审议通过关于《城区扬尘治理民主评议意见书》。

【市政协十五届第四次常委会议】 10月26日，政协启东市第十五届委员会常务委员会第四次会议在行政中心科技楼501会议室召开。会议听取市政府副市长高红宇同志作的《市政协常委会关于进一步加强全市食品安全建议案办理情况通报》，听取市政府办公室主任张海荣同志所作的《关于市政协十五届委员会第一次会议委员提案办理情况的报告》，听取市文广新局局长郁锦标所作的《关于市政协民主评议"文化惠民"工程"回头看"情况的汇报》。

【市政协十五届第五次常委会议】 12月29日，政协启东市第十五届委员会常务委员会第五次会议在行政中心科技楼501会议室召开。会议审议通过《关于召开中国人民政治协商会议启东市第十五届委员会第二次会议的决定》（草案），审议通过《中国人民政治协商会议启东市第十五届委员会第二次会议议程》（草案）和日程（草案），审议《中国人民政治协商会议启东市第十五届委员会常务委员会工作报告（草案）》，审议《中国人民政治协商会议启东市第十五届委员会常务委员会关于政协十五届一次会议以来提案工作情况的报告（草案）》，审议通过《关于中国人民政治协商会议启东市委员会常务委员会工作报告、提案工作情况报告报告人的决定》，审议通过中国人民政治协商会议启东市第十五届委员会第二次会议大会秘书长、副秘书长建议名单，审议通过政协委员调整建议名单。

（施江华）

重要工作

【理论学习】 通过政协党组会议、主席会议、政协办党组会议、机关支部活动等形式，深入学习贯彻中共十八届六中全会精神和习近平总书记"7·26"讲话等系列重要讲话精神。中共十九大胜利召开后，市政协党组成员轮流宣讲十九大精神。全委会议上，邀请相关专家就委员履职能力建设作专题培训；常委会议上，邀请市政府有关领导就全市经济社会发展情况进行专题通报；各专委会通过举办学习讲座、经济形势报告会等多种形式，邀请有关部门领导解读宏观经济形势、启东扶持激励政策。

【服务发展大局】 着眼培育经济发展新动能，组织全体常委视察重大项目建设，深入日立金属、林洋能源等重点工程建设现场实地察看，听取市政府相关情况通报，提出强化推进措施、改善项目建设服务等建议。围绕促进企业整合重组，推动中集安瑞科破产重组太平洋海工工作。聚焦创新驱动发展，就"产学研合作"课题，组织召开产学研需求咨询座谈会，提出营造良好的产学研合作环境、建立产学研合作信息平台、加大公共科技服务平台建设的财政支持力度等建议，推动多家企业与大专院校、科研机构合作。密切关注实体经济运行，针对企业反映的物流成本等问题，邀请专业机构参与成本分析调研、整理百家企业运行成本数据，为市物流业发展提供参考。围绕发展现代农业这个目标定位，主席会议就"高标准农田建设"与市政府进行专题协商，提出树立系统化思维的理念，推进高标准农田建设与农业产业化发展有机衔接等建议意见。

【促进民生改善】 围绕城区水环境整治，提出城区污水管网全覆盖、完善城区雨水泵站和河道外围水闸的联调功能、加大头兴港河整治力度等11条建议意见。围绕吕四古镇保护与开发等议题，与吕四港镇联合召开议政会，提出编制古镇开发利用总体规划、加快古建筑修复、加强基础设施建设等建议意见。围绕拆

10月17日，市政协领导调研高标准农田建设　（市政协办/提供）

违控违工作，开展专题视察，提出以点带面有序推进、增强合力依法联动、完善考核加强监督、落实机制长效管控等建议，相关建议在全市拆违控违工作中得到采纳和吸收。围绕农村绿化工作，组织专题协商，提出强化农村绿化规划引领、优选种植品种、落实管护责任等建议。密切关注民生热点。围绕校餐供应问题，组织专题视察，提出建设“温暖校餐工程”，解决市区学校校餐缺失和农村学校校餐保温问题等意见建议。市政府安排专项资金，落实“温暖校餐工程”。围绕养老社区建设，提出建设养老社区、老旧社区增加养老设施、引进专业服务队伍、推进智慧养老等建议，形成主席会议建议案。市政府主要领导、分管领导分别批示，要求相关部门抓紧研究具体落实措施。围绕推进中医药事业发展，提出加大政策扶持和财政投入、加强中医人才队伍建设、扶持中医医院应用和生产中药制剂等5条意见建议。2017年，还就公立医院试点改革、农村公路安全等热点问题开展调研视察。

9月15日，市政协组织市人民医院医卫界政协委员走进市老年公寓义诊（潘　杨/摄）

【监督机制完善】 跟踪建议案办理。第4次常委会议听取市政府关于食品安全建议案办理情况的通报，听取市管局相关重点工作的专题汇报，推动建议案的办理落实。

民主评议扬尘治理。选择城区扬尘治理作为民主评议课题，就建设工地扬尘管控、道路扬尘治理、建筑垃圾消纳场所管理三个方面展开评议，提出加强施工现场标准化管理、渣土运输过程管理、建筑垃圾“三化”处置管理等11条建议意见，推动城区扬尘治理。

专题监督“二河二行业”整治。根据南通市“263”专项行动的总体部署，市政协承担通吕、通启运河和化工、印染行业的“二河二行业”专题监督任务。制订整治专项督察工作方案，成立由30多名政协委员和部门负责人、效能办同志组成的督察组，开展多次视察调研。

改进提案办理。修订《重点提案遴选与督办办法》，对重点提案的确定、办理等作了明确规定。创新重点提案遴选方式，从市十五届政协一次会议以来提交的提案中，遴选出12件重点提案与主席会议、专委会调研协商课题相结合，开展调研视察，并完善办理机制，采取市政府分管市长领办，市政协分管主席督办等方式，推动重点提案转化。

【自身建设】 发挥委员主体作用。完善委员联系机制，出台“三联系”工作制度，推行政协主席会议成员走访联系常委、专委会联系界别（委员）、委员联系群众制度。搭建委员履职平台，组织委员担任行风监督员、人民陪审员，参加“法院开放日”、道德模范推荐等活动。加强委员履职管理，制定委员履职考核细则。

彰显界别特色优势。侨界加强与港澳同胞、海外侨胞和归侨侨眷的联系，通报启东经济社会发展情况。民族宗教界开展民族工作交流和宗教场所规范化管理的视察。台界开展在启台商企业调研走访活动。工会界、妇女界、共青团、青联界围绕企业工会红娘工作、人民法院家事审判庭专业化情况等课题开展委员视察；特邀界组织委员“走进海关”座谈交流；文艺界开展送书送戏进军营、进警营活动；医卫界组织开展义诊、健康讲座等主题活动。

做好政协宣传工作。在《启东日报》上开辟“政协提案办理追踪”专栏，先后推出11篇提案办理的系列报道。利用上级政协报刊杂志，传递启东政协声音。2017年，《中国政协》以《江苏启东：筑牢“舌尖安全”防护网》为题，用两个版面介绍市政协调研食品安全的做法；《人民政协报》以《河畅波清，是我们的目标》为题，介绍市政协委员履职建言的情况；《江苏政协》全文刊登常委会食品安全建议案。重视文史资料应用。启动《启东文史》重印工作，2017年，完成18辑的文史资料重印。开展文史资料赠阅交流，向各镇（区）、机关事业单位赠阅，与江苏、浙江、上海等县（市、区）政协作了交换。推动政协文史“走出去”，赴学校、镇村宣讲启东历史故事。

（施江华）

提案办理

【概况】 市政协十五届一次会议以来，全体政协委员和政协各参加单位，围绕市委、市政府的中心工作和人民群众普遍关心的热点、难点问题，深入基层，调查研究，运用提案形式建言献策，反映社情民意，共提出建议意见273件。经提案审查委员会审查，立案移交市委、市政府相关职能部门办理的提案264件，作为来信转有关部门参考的9件。所提问题中，已经解决或基本解决的103件，占39.01%；在解决或已列入计划准备解决的151件，占57.2%；因受当前条件限制或其他原因有待以后逐步解决的8件，占3.03%；按当前政策暂不具有可行性而留作参考的2件，占0.76%。

【办理情况】 关注市经济发展。特别是转型升级、产业发展、项目建设、科技创新、金融信贷等各个方面的发展。委员施永飞建议“拓宽引导支持渠道，助推新常态下经济转型升级”；委员丁晓明提出“建立市级重大项目评审制度”的建议；科技界委员联名提出“加快我市‘大众创业、万众创新’平台建设”的建议。这些提案对推动全市经济工作都有着较强的针对性和指导性。2017年，面对复杂多变的宏观经济形势，市政府重视委员们关于经济发展方面的建议，稳增长、调结构、促转型，推动全市经济社会平稳健康发展。坚持产业引领，强化运行监测，加大扶持力度，加快转型升级步伐，促进经济运行平稳向好。深入开展“项目建设提质增效年”活动，发挥市领导挂钩联系、“听看考”活动、重大项目定期会办等七大工作机制作用，强化过程管理，初步形成步步咬合、高效运转的项目推进格局。强化“实”字引领，以实实在在的项目和投入，推进全市重大项目建设。加大金融改革创新力度，鼓励支持企业借助多层次资本市场做大做强。

关注接轨上海。委员吴春华提出“深度融入上海，加快启东发展”；委员顾红时提出“全面接轨上海，建设现代化养老基地”；委员顾海健建议要发展美丽乡村特色村镇旅游；委员周春雷建议“进一步推进农业对接上海”。此外，委员们对建设过江通道、产业深度对接等问题较为关注。市政府及有关部门将这些宝贵的意见建议融入具体工作，成立启东市对接服务上海工作协调委员会，设立生物医药、基础设施、科技创新等6个对接小组，提高全面接轨上海工作的组织化水平。2017年，启东市与上海51个片区建立友好协作关系，新签约亿元以上项目139个，引进上海产业合作资金453多亿元。加快平台建设，以启东生命健康科技城规划建设为龙头，加快概念性规划编制等前期工作。加大江海产业园、上海自贸区启东产业园、浦东祝桥启东产业园等沪启合作园区和项目开发建设力度，产业承载能力和项目示范作用不断提升。

关注城乡统筹建设。委员周红丹、王振宇、陆周等提出加快市区道路建设的建议；委员梁枫建议“提升市区绿化水平，改善空气质量”。另外，委员们对物业管理、老小区住宅改造、城市景观打造、安置房建设等问题较为关注。市政府及有关职能部门倾听委员们的建议和意见，围绕新城扩容、老城提质等方案，加快城市“南进、东拓、北延”步伐，城市形象和综合服务功能得到全面提升。规划编制加快推进，新城区布局规划编制初步完成。新增城市绿地70万平方米，城市环境面貌有效改善。基础设施日趋完善，“西气东输”工程加快推进。生态环境持续改善，开展“263”专项行动，“河长制”全面推行，统筹推进扬尘污染治理、重点断面水质改善和农村面源污染治理，打好大气、水体、土壤污染防治三大攻坚战。

关注教育、医疗、就业、养老、文化等社会事业发展。委员陈柯帆、张菊英、张逸芳等提出要关注社区居家养老、民办养老机构、农民工技能培训、青年创业就业等问题；委员吴建军、倪晶晶、袁丽娟等就学前教育、市区中小学建立食堂、医疗改革等方面提出建议；委员黄鸣敏建议“挖掘吕祖文化，打造特色小镇”。市政府对这些提案进行认真研究，推进体制机制创新，制定出台一系列文件，并通过为民实事项目予以落实。完善保障体系，城镇医保和新农合实现整合，市镇两级居民养老服务中心标准化建设有力推进，城乡低保标准实现一体化。城乡学校建设加快推进，医药卫生体制改革持续深化，“三医联动”不断推进。开展“共乐东疆”文体活动2000余场次，参与群众近30万人次。创新社会治理，法治启东建设扎实开展，精神文明建设持续深化，依法行政水平提升。安全生产、食品药品安全监管强化，人民群众生命财产安全得到保障。

【工作机制】 市政协十五届一次会议以来，政协提案工作在市政协常委会和主席会议的领导下，坚持“围绕中心、服务大局、提高质量、讲求实效”的工作方针，注重研究新情况，探索新方法，发挥提案办理在协商民主中的重要平台作用，推动提

6月22日，市政协调研组实地调研城市水环境治理情况，图为城市污水处理三期现场，听取水样本解析及工程实施建设情况　（倪　艳/摄）

案办理协商工作有力有序有效开展。

强化组织领导，提案工作合力集聚。各级领导重视是做好提案工作的前提和保证。政府推动有力。2017年，市委、市政府始终把提案工作作为支持政协委员履职、密切联系群众、接受社会监督、实现科学民主决策的重要途径。市政府全体（扩大）会议对提案办理工作作了专门部署；多次召开市长办公会、现场推进会、提案专题协商会，对加强食品安全监督管理、加强建筑扬尘治理、统筹协调推进高标准农田建设等重点提案，予以全力推进落实。市政府办公室扎口统筹提案的办理、督查工作。政协内聚合力。市政协领导坚持把提案工作作为全局性工作来抓，市政协常委会议、主席会议多次研究部署提案工作，各专委会参与重点提案的督办。提案工作政策给力、集聚合力、助推有力的良好氛围形成。部门办理得力。各承办部门深入调查研究，创新办理举措，增强承办工作的针对性、实效性。市民政局、住建局、农委等部门通过走访、调研、座谈等形式，听取提案者意见，开展协商交流，提案的满意率和落实率得到进一步提高。市城管局、公安局等单位把立足点放到为人民群众办实事、多解决实际问题上。从反馈情况看，委员们对市政府及各承办单位的办理工作给予肯定，初次答复满意率或基本满意率达99.2%，二次答复满意率或基本满意率达100%。

注重源头引领，提案质量不断提高。提案质量直接反映着政协委员的整体素质和履职水平。市政协十五届一次会议以来，市政协常委会始终把抓好提案质量作为提高政协履职水平的首要任务，创新工作方法，确保提案质量的稳步提高。强化培训，提高提案质量。采取全体委员集中培训和专委会、界别分散培训等形式，加强提案知识培训，增强委员提案意识和责任意识，引导委员围绕市委、市政府的中心工作，撰写高质量提案。超前谋划，广泛征集线索。在全会召开前夕，通过会议座谈、发放信函、媒体公告等方式，汇集党政领导意见、社会公众建议、部门工作难题、社情民意信息，在此基础上精选汇编成提案线索目录，为委员提供选题参考。同时做好集体提案征集，利用政协各参加单位、各专门委员会和界别的组织和人才优势，开展专题调研，并把调研成果转化为高质量的建议案。严格审查，把好立案关。全会期间坚持对提案实行提案组初审、提案委员会复审的办法，严把提案审查立案关。全会闭幕后，提案委员会对提案再次修改，确保提案质量。评比表彰，发挥典型作用。开展优秀提案评比活动，通过层层筛选，将具有代表性、质量高的提案评为优秀提案，并予以通报表彰，激励委员撰写高质量的提案。

11月14日，市政协调研吕四古镇（市政协办/提供）

探索创新，提案办理成效扩大。市政协健全提案办理协商制度，把协商贯穿“提、立、办、督”各个环节。创新重点提案遴选、督办制度。为了更有效地督办重点提案，创新重点提案遴选方式，将重点提案遴选和常委会、主席会议和专委会调研课题相结合，商请市政府领导分别领办，并以文件形式下发到各承办部门，形成市政府领导结合分管工作牵头承办重点提案和市政协领导督办重点提案的工作机制，产生良好的社会效应。丰富提案督办协商形式。开展市政府与市政协联合督办、市政协专委会和界别小组专题调研视察等不同形式、不同层面的督办协商，丰富将提案办理和视察调研、专题协商、民主评议等活动相结合的形式，使督办机制更加完善和规范。2017年，市政协常委会围绕“加强食品安全”这一重点提案，展开为期3个多月的专题调研，形成《关于进一步加强全市食品安全的建议案》，得到市政府领导高度重视，专门召开市政协建议案交办会，部署5大项28条工作措施，取得阶段性成效。科经委、城建法制委、教卫文体委、港澳台侨委、学习文史委等专门委员会结合重点提案就市推进高标准农田建设、中医药传承和创新、挖掘吕祖文化、推进社区居家养老工作等进行专题视察调研，推动提案的办理。定期向承办部门发出提案办理进度通报，2017年的提案办理工作比上年提前两个月完成。完善提案协商机制。坚持重点提案督办协商，面上提案规范协商，特殊提案联合协商，推进提案办理协商制度化、规范化、程序化。2017年就《市区中小学建立食堂》《加强中医药传承和创新》等重点提案专门召开由分管市长和承办部门、政协相关专委会和提案者参加的专题协商会。推动市民政局、农工办等承办部门召开提案办理面商会，发挥提案委在办理协商中的桥梁纽带作用。对一次答复“不满意”的提案，提案委组织提办双方沟通、协商，增进理解，使二次办理取得满意的效果。

规范服务程序，提案工作活力

激发。强化宣传工作。从2017年6月起，在《启东日报》开辟《提案追踪》栏目，加大提案特别是重点提案的宣传力度，以图文并茂的形式推出11篇系列报道，宣传政协运用提案履行职能的有效做法，宣传各部门办理提案的经验和取得的成效，营造浓烈的舆论氛围，扩大提案工作的社会影响。创新交办方式。实行预交办方式，提高交办的准确率和科学性。即在交办会议召开前，所有提案先预交办给承办部门，承办部门根据各自的工作职能，对于认为交办不合适的提案，反馈给政府办重新交办，有效提高交办的准确率。修订重点提案工作制度。修订《重点提案遴选与督办办法》，对重点提案的确定、办理进行明确细致的规定，推动重点提案的督办。完善提案办理激励机制。提案办结后，由市委办、人大办、政府办、政协办形成联合考核组对承办单位办理工作进行综合考评，提高提案办理工作规范化、制度化水平。

2017年启东市政协优秀提案

表5

序号	提案号	标　题	提案人
1	75	关于加强食品、药品安全监督管理，满足群众健康安全绿色需要的建议	沈红华
2	151	关于加强建筑扬尘防治，改善环境空气质量的建议	吴胜昔
3	228	关于加快推进我市社区居家养老工作的建议	陈柯帆
4	147	关于市区中小学校建立食堂的建议	倪晶晶
5	17	关于在我市沿路沿河两侧增种树木的建议	蔡　辉
6	53	关于挖掘吕祖文化，打造特色小镇的建议	黄鸣敏
7	24	关于打造市区景观河的建议	李　斌
8	162、168	关于发展美丽乡村特色村、镇旅游的建议	顾海健　陈永生
9	197	关于统筹协调推进高标准农田建设的建议	张利国
10	90	关于加强农村公路维修管理的建议	朱圣辉
11	69	关于我市中医药传承和创新的建议	医药卫生界
12	81	关于放大区位优势对接张江药谷全力推进生物医药产业发展的建议	王耀辉
13	243	关于加快形成沪崇启铁路过江通道规划建设推进合力的建议	台　界
14	159	关于巩固文明城市创建成果引导群众自觉遵守文明出行规范的建议	秦祖平
15	231	关于大力推进政府购买社会组织服务的建议	戴　宏
16	177	关于加大精准扶贫力度，齐心协力奔小康的建议	教育界
17	102	关于加强幼儿园建设　推动学前教育均衡发展的建议	吴建军
18	61	关于提升市区绿化水平　改善空气质量的建议	梁　枫
19	50	关于采取有力措施，进一步发挥我市金融对实体经济的支撑引领作用的建议	金志坚
20	2	关于整治电动车驾驶人违法违规行为的建议	施永飞

（施江华）

纪律检查与行政监察

责任编辑：沈冬云

纪检监察体制改革

【巡察机构改革】 2017年，市纪委贯彻落实十八届三中全会关于纪律检查体制改革精神，围绕巡察监督全覆盖的目标要求，在市委支持下，设立市委巡察工作办公室（设在市纪委），并成立4个巡察组，核定编制20个，年末到位18人。组建巡察人才库，明确巡察人才库人员准入条件、能力要求、考核标准等，把政治靠得住、作风过得硬、群众信得过、工作能力强的干部优先选配到巡察队伍中来，择优选拔108名人员充实巡察人才库。

【派驻机构改革】 2017年，市纪委贯彻落实十八届三中全会关于纪律检查体制改革精神，围绕派驻监督全覆盖的目标要求，在市委支持下，撤销原有31家派驻纪检组和23家单位内设监察室，新设置18个综合派驻纪检组，核定编制72个，年末到位39人，实现对64家市一级党和国家机关及直属单位、国有企业的全覆盖。在办公模式上，采取集中办公与驻点办公结合的形式，以集中办公为主，年末13个纪检组实行集中办公。同时，整合内设机构，撤销机关纪检监察工作室，新增1个农村纪检监察工作室，4个农村纪检监察工作室管辖联系全市17个镇区街道，设置更趋合理。

【监察体制改革】 2017年，市纪委深入贯彻落实十九大关于深化国家监察体制改革精神，围绕对所有行使公权力的公职人员监察全覆盖的目标任务，全面推进监察体制改革试点工作，协助市委成立工作小组，加强与组织部、编办、人大等机关沟通，会商研究机构设置、编制划转、人员转隶、监察委组建等事项，及时制定具体工作方案，深入开展谈心谈话活动，做好转隶人员思想工作，转隶工作顺利完成。

（谢黎明）

“两个责任”落实

【创新举措】 2017年，启东市纪委推进全面从严治党“两个责任”落实，全面实行纪实手册制度，严格清单化管理，确保履责全程留痕、动态监管。强化省纪委“两个责任”履责记实信息平台的信息录入工作，通过组织培训、督促检查等方式，确保及时记实、过程监督。研究出台《关于深入推进村、社区党组织落实“两个责任”的实施意见》，推动全面从严治党责任在村、社区基层党组织层面落地生根。

【健全考核】 2017年，启东市纪委建立“月月检查、季度考核、年终考评”检查考核机制，组织开展检查11次，发出季度通报4期，对50家单位和部门点名通报，并由分管市领导对履责不认真的10家单位党组织负责人提醒谈话。市委常委、党员副市长带队开展年度党风廉政建设责任制检查考核，对14家重点单位进行检查，结果与党建考核、效能考核和人员任用相挂钩，对67家单位主体责任和监督责任报告进行审核把关。

【严格问责】 2017年，市纪委推动党内问责工作，协助市委制定《关于贯彻执行〈中国共产党问责条例〉实施细则（试行）》，出台市纪委机关《问责工作管理暂行办法》，对履行全面从严治党主体责任不力的28个党组织进行问责。严把干部廉政审查意见回复关，对存在违纪行为的53名干部据实出具情况说明，坚决防止“带病表彰”“带病提名”“带病提拔”。

（谢黎明）

作风建设

【监督检查】 2017年，市纪委围绕节假日等重要节点，牵头商务等职能部门，组织党风政风监督员开展监督检查82批次，发现问题29条，处理12人，并对8起违反中央八项规定精神问题、8起侵害群众利益和腐败问题进行公开通报曝光。畅通群众诉求表达渠道，每周组织1家单位参与“政风行风热线”，解决群众反映强烈的突出问题185个；协助市长参加南通“政风行风热线”节目，及时解决问题21个，群众满意率100%。重视“12345”公共服务热线运行，开出告知单434张，问责208人。“12345”公共服务热线官方微博在2017“政务V影响力峰会”上获全国“十佳基层政务微博”。

【专项整治】 2017年，市纪委坚持自查自纠与集中督查相结合，纠正问题与建章立制相结合，有针对性地在全市开展党内政治生活弱化、财经纪律执行不力、吃空饷等“八大专项整治行动”，并根据上级要求，开展违规吃喝问题专项整治“回头看”、农村基层不正之风和腐败问题专项治理、领导干部近亲属从业情况调查清理，总计11项专项整治活动，突出重点抓整治，聚焦难点抓整改，着力解决党内政治生活弱化、有章不循、侵害群众利益等制约和影响改革发展稳定大局的突出问题，共对197家单位开展检查，发现问题1975个，落实整改措施1690条，函询15人，问责322人，追回“吃空饷”问题资金22.74万元，112人上交挂证取酬所得209.47万元，健全完善规章制度692项，解决一批群众反映强烈的突出问题。

【扶贫监管】 2017年，市纪委推动“阳光扶贫”监管系统运行，及时集中动员培训，落实专人负责该项工作，每周听取信息录入进度和系统运行情况汇报，对存在问题提出处理建议。同时，将推进“阳光扶贫”监管系统运行情况，作为落实党委（党组）主体责任的重要指标，纳入对全市各镇区、街道和相关部门党风廉政建设责任制检查考核，派出多个小组现场督查整改，紧盯对象识别、项目选择、资金使用等关键环节，督促各单位健全完善扶贫领域长效管理机制，共计完成信息录入1190442条，入户核查信息326181条，手机APP核查9388户，对核查中发现的问题督促限期整改。

（谢黎明）

惩治腐败

【严格案件查办】 2017年，市纪委共受理群众来信来访616件次，立案审查违纪案件492件，结案499件，处分490人（免予处分19人），涉及副科级以上干部17人。严肃查处环卫、社保、司法等领域发生在群众身边的腐败案件，移送司法机关4人。通过执纪调查，为破产企业万广置业的债权人挽回经济损失1.1亿余元，有效化解社会矛盾，该案获评江苏检察机关“2017年度保障民生十大典型案例”。加强“一案双查”，对发生严重违纪违法案件部分单位启动“一案双查”程序，7名相关责任人被问责。强化执纪审查安全，把预防作为重中之重，通过在执纪审查中成立临时党支部、加强一般性谈话场所监督检查，不断压实责任，确保安全文明办案。

2月3日，市纪委十三届二次全会召开，部署党风廉政建设和反腐败工作
（市纪委/提供）

【用好“四种形态”】 2017年，市纪委正确处理“树木”与“森林”的关系，坚决查处“极极少数”，重拳出击拔“烂树”；坚持把纪律和规矩挺在前面，抓早抓小抓苗头，通过约谈、函询等方式，“咬耳扯袖”护“森林”。2017年共约谈、函询681人次，咬耳扯袖、红脸出汗成为常态；党纪轻处分453人次，占91.52%，属于大多数；重处分38人，占7.68%，属于少数；移送司法机关4人，属于极极少数，体现对党员的严格要求和关心爱护。按照“四种形态”分析，第一种形态681人次，第二种形态453人次，第三种形态11人次，第四种形态31人次。“四种形态”中的常态、大多数、少数、极极少数呈“倒金字塔”的合理形态，较好处理惩治少数与警示教育多数、减少腐败存量与重点遏制增量的关系。

【推动标本兼治】 成立监督执纪案例综合分析中心，梳理分析案发原因与制度漏洞，研究监督意见和整改措施，形成3篇案件剖析报告。落实监督执纪工作规则和省纪委“1+N”制度体系，出台12项配套文件，规范谈话函询、自办案件立案前会商等工作。建立审理人才库，推行案件季度评审制度，不断规范案件办理程序，严把案件质量关；汇编《案例分析及权威答疑》，指导基层组织执纪审查。

（谢黎明）

行政监察

【效能监督检查】 2017年，市纪委监察局严明换届纪律，在年初人大、政府、政协换届期间，抽调专门人员对换届活动进行全程监督，确保换届风清气正。针对严峻的信访形势，全面加强信访维稳督查，督促落实稳控措施，对稳控不力的54人进行问责，有效压降赴京访数量，维护社会稳定。强化责任担当，围绕市委市政府中心工作，以效能督查为抓手，紧扣全市重大项目建设、对接上海、263专项整治、违法用地整改等19类问题进行重点督查296次，严肃问责29人，确保政令畅通。

【效能考评体系优化】 2017年，市纪委监察局发挥效能考评的导向作用，注重过程考核、过程监督，开发建设“星级机关参评单位目标管理效能考评系统”和“重点工作微信督查管理系统”，有效提升效能考核的科技化水平。鼓励担当作为，协助市委市政府出台《创新奖评选暂行办法》，经过项目申报、项目初审、评委打分、社会公示等六个环节，最终从75家单位申报的158个项目中，择优评选38个各类奖项，推动全市机关形成创先争优、干事创业的浓厚氛围。

【阳光防范体系构建】 2017年，市纪委监察局加强与相关单位沟通，协助市政府推进政府建设工程领域“阳光防范”体系建设，由各职能单位牵头，制定下发政府投资工程建设领域“1+4”阳光防范体系文件，规范集中代建和招投标工作。同时，结合启东实际，出台《实施办法》，规范项目集中代建和公共资源交易活动的督查问责工作，牵头成立公共资源交易督查室，加强对各单位落实项目集中代建和公共资源交易工作要求的督查指导；并根据工程建设领域廉政风险点排查情况，开展专项督查，完善相关代建工作制度，规范公共资源交易秩序。

（谢黎明）

巡察工作

【概况】 2017年，市委巡察机构开展4轮巡察，通过常规巡察、联动巡察、交叉巡察等方式，完成对26家单位和环保、水利、农业资源开发3个专项资金的巡察，实现对镇巡察全覆盖，共发现问题586个，发送巡察建议书49份，提出建议意见164条，运用第一种形态82人次，党纪政纪处分12人。组织对4家单位进行巡察“回头看”，形成巡察的再震慑。

【规范工作开展】 2017年，市委巡察机构建立健全机构运行、工作流程、日常管理等工作制度，制定《2017年启东市委巡察工作计划》和《2017—2021年启东市委巡察工作规划》，从制度层面确保巡察工作有章可循。强化巡察工作管理，出台《巡察工作人员考核实施细则》等12项制度，规范巡察工作开展。推动巡察向基层延伸，督促指导各镇（园区）、街道和7家市直单位党组织，对71个村、社区和21家下属单位党组织开展巡察，发现相关问题306个，问题线索85条，纪律处分68人，巡察工作上下联动、同频共振的格局初步形成。

2月17日，全市巡察工作培训会召开 （市纪委/提供）

【深化问题整改】 2017年，市委巡察机构定期向书记专题会、市委常委会汇报巡察工作情况，针对巡察中发现的党的领导弱化、党的建设缺失和全面从严治党不力等方面的问题，严格按照“共性问题集中整治、个性问题约谈反馈、典型问题立案查处”的要求，强化巡察成果运用，发挥治本效应。市委专门发文督促整改落实，全市90家单位对照问题清单全面建章立制，制定和完善相关制度169项，市委主要领导专门约谈3个被巡察单位党组织主要负责人，其他市委常委分别就巡察中发现的挂钩联系区镇的问题，对联系区镇领导班子进行集体谈话，压实巡察整改责任，推动全面从严治党主体责任落到实处。

（谢黎明）

源头预防

【廉政教育】 2017年，市纪委在节假日期间，通过下发专门文件、上好专题廉政党课、媒体专栏报道、发送廉政短信等多种形式，加大廉洁过节宣传教育力度，共发送廉政提醒短信26600多条次。春节过后上班第一天召开全市党员干部警示教育大会，以案为鉴，播放自制警示教育片《蜕变的人生》，以身边的违纪违法典型案例警示广大党员干部。发挥启东廉政网、清廉启东微信公众号的宣传窗口作用，全年网站更新852条，推介基层工作动态147条；微信推送166期，原创191条。

【文化建设】 2017年，市纪委以

“5·10”思廉日、算账月活动为载体，组织“扬清风颂廉洁”专场文艺演出，开展廉政书画摄影作品征集、主题征文比赛、廉政谈话等活动，全市共征集各类书画摄影作品206件，收集征文35篇，不断夯实文化育廉的基础。重视与南通廉政文化研究中心合作，加强廉政基础理论和反腐败工作机制研究，在《中国纪检监察报》上发表2篇理论文章，1篇论文在第九届反腐倡廉学术研讨会获二等奖。深入开展廉政文化建设示范点创建活动，全年新创建南通市级示范点6家，对原有5家省级廉政文化建设示范点进行“回头看”。

6月28日，市纪委组织纪检监察干部进行廉政宣誓活动　（市纪委/提供）

【夯实思想基础】　2017年，市纪委推行领导干部上廉政党课制度，市纪委领导和市纪委宣讲团成员深入党校、机关、企业、学校、农村，带头为各单位党员干部上廉政党课50次，引导教育党员干部增强纪律规矩意识。实施领导干部任前廉政知识测试制度，对拟提拔的4批共78名副科以上干部进行任前测试，促进新任领导干部廉洁履职。建立党风廉政建设应知应会知识测试制度，每季度对各级党组织进行测试，要求各级党委（党组、党工委）班子成员、中层干部、一般党员干部按25%的比例参加，确保各级党员干部每年测试不少于一次，增强党员干部学党章党纪和遵守制度规定的自觉性。

（谢黎明）

队伍建设

【思想建设】　2017年，市纪委始终把思想过硬放在队伍建设的关键位置，针对人员队伍不断壮大的现实，以机关党支部升格党总支为契机，成立7个党支部，狠抓机关自身党的建设，严肃党内政治生活，严格“三会一课”制度，推动机关“两学一做”学习教育常态化制度化。以旗帜鲜明讲政治为主题，委领导为机关干部上专题党课，纪检监察干部的“四个意识”进一步增强。开展机关文化建设，通过实施党员“政治生日”制度，组织开展知识竞赛、写作沙龙、合唱比赛等文娱活动，增强机关党组织的凝聚力和纪检监察干部的活力。

市民广场江海清风园　（苏　楠/摄）

【内部管理】　2017年，市纪委在全市纪检监察组织开展“打铁还需自身硬”专项行动，以完善监督执纪各项工作具体流程为主线，全面排查监督执纪各个环节工作的风险点，有针对性地进行重点管控。同时，对纪检监察干部请托说情行为进行专项治理，坚决防止“灯下黑”。以虚心的态度迎接南通市纪委的内部巡察，根据巡察初步反馈情况，即知即改，完善财务报支管理和监督。强化委局规范化建设，将57项制度汇编成册，其中，政治工作制度3项，干部管理制度3项，行政管理制度16项，业务工作制度35项，促进内部日常管理规范化。

【教育培训】　2017年，市纪委重视干部能力素质提升，加强与院校、专业培训机构合作，委托相关机构举办纪检监察干部素质提升研修班，40人分两期进行脱产培训。加大业务培训力度，围绕监督执纪、实践“四种形态”、巡察业务、财务审计等内容，采取“走出去”与“请进来”相结合的方式，通过参加上级部门专题培训、邀请业务专家上课、组织专题研讨形式，教育培训900人次。

（谢黎明）

市总工会

【概况】 2017年，全市新增工会252家，建会总数达5533家，职工总数291535人，工会会员286942人（新增会员16108人），其中农民工206758人。工会组建率达95%，职工入会率达98%。

【工会活动】 2017年，市总工会举办全市工会干部学习十九大精神报告会，开展心得体会展评。开展“职工阅读月”“职工经典诵读比赛”“书香企业”创建等活动，举行“喜迎十九大 红歌献给党”全市职工合唱比赛。启东工会微信公众号发布信息近700篇，传播力和影响力在南通工会系统微信排名中位居前列。“琴之梦”女子手风琴、“海之灵”职工舞蹈团等工会社团送演出、送培训下基层。以“技能比武显身手、岗位建功争先锋”为主题，开展劳动竞赛、比武练兵等活动，引领和激励全市职工为启东发展贡献智慧力量，全年参赛单位达350多家，参赛职工2.8万人次。举办“为劳动者喝彩”市级技能竞赛8项（次），12名技术尖子晋升技术等级。重视和发挥劳模先进人物的导向作用，31名职工获“南通市劳动模范”“南通市先进工作者”称号。

【法律维权方式创新】 2017年，市总工会发挥法制宣传、法律援助、争议调解三项职能作用，依法维护职工群众合法权益，妥善协调各类劳资纠纷。组织开展全市“劳动法律知识竞赛”活动。以“沙主席职工维权咨询工作室”和“启东市职工维权咨询志愿者协会”为中心，向全市企业辐射，形成7大片区管理网络，将工会劳动关系预警员、劳动法律宣传员、劳动争议调解员、劳动保护监督员，一并纳入成为片区工作组成员。在全市范围内开展基层工会主席和人事经理业务培训，全年共培训500多人次。发挥“互联网+工会”的作用，实现“沙主席职工维权咨询工作室”线上线下同步服务。

【职工服务】 2017年，全市工会投入资金近50万元，走访有困难的职工、劳模、工会干部等近400人。实施“夏送清凉”“金秋助学”等品牌活动，慰问援助面不断扩大，菜单式的援助方式深受欢迎。在202名特困职工中收集整理微心愿信息，通过工会网站、微信等平台定向发布，帮助78位特困职工完成自己的一个心愿。开通医疗绿色通道。邀请上海市中医院15位教授专家到启东义诊。夏季高温慰问，采购慰问物资1.6万份，投入金额89.96万元，慰问一线职工1.6万名，发放劳动法律法规宣传资料2万多份。中国银行启东支行创建成全国“职工书屋示范点”，鸿得利、天楹环保、高新区、恒升化工挂牌为南通市“职工书屋”。

（戚　蕴）

共青团启东市委员会

【概况】 2017年，全市基层团（工）委45个，14~35周岁青年20.5万人，团员37827人，新发展团员2108人。建成青年之家9个，圆梦行动为26名学生发放11.7万元助学金。团市委被团省委评为2017年度团属报刊宣传工作先进单位，《强基固本从严治团 全力锻造“磐石工程”》获2017年度全省共青团工作“10100”创新创优工程优秀项目优胜奖。

【基层基础建设】 2017年，组织实施全市基层团组织集中换届，选优配强团干部，巩固深化基层团组织团建工作；建立团干部配备情况定期通报制度，协同各单位党组织从优选拔配备团干部。开展“走支部连百心”活动，落实“1+100”团干部直接联系青年制度，全市360名专兼职团干部，直接联系青年共计4万余名，开展活动5000多次，“1+100”工作位居南通前列；定期举办“共青团与人大代表、政协委员面对面”活动。在圆陀角旅游度假区、江海产业园、市一中等团员青年较多的单位成立团组织，扩大团组织覆盖面。恒大海上威尼斯打造成青年交友品牌活动“益启团聚吧”的首家线下活动基地；建设共青团影院，共享“青年商圈”，打造“青年身边的共青团”；构建“职业+地域+社会交往”三维组织格局，项目获评“2017年度南通市共青团工作创新创优成果奖一等奖”。实施以团支部建设为着力点的“磐石工程”，团员青年评议支部书记；强化制度建设，开展全市基层团组织星级评定工作，一季度一考核，考核结果通报所在单位分管领导。

以“‘五度’微拍”视觉转换、“一图读懂”话语转换、“寻访好青年”角色转换等活动，转变信息传递方式，完善“启东共青团”微信公众号。至年底，微信公众号粉丝数超7万人，开展线上活动30余次，多次登上团省委微信风云榜。“青年之声”网络平台提档升级，400多位来自教育、心理、法律等多个领域的专家线上为青少年答疑解惑，平台累计点击量18万余次，直接服务青年2万余人；在青少年集中区域建成服务阵地“青年之家”9家，其中省级2家、南通市级6家，推进线上线下一体化服务体系建设。

【青少年思想引领】 2017年，团市委开展“中国梦”理想信念教育，在中学开展入团第一课、十八岁成人礼等仪式教育，在少先队开展“红领巾相约中国梦”教育实践活动；启东市优秀青年代表苏晓琳获第十二届“江苏省五四青年奖章”，评选出一大批“启东好青年”“启东市新长征突击手”，通过“奋斗的青春最美丽”好青年故事分享会让青年典型成为学习榜样。编制《“学习总书记讲话 做合格共青团员”教育实践读本》，开展“榜样在身边”青春故事分享会，举办“青春喜迎十九大，不忘初心跟党走”系列主题团日活动，号召全市团员青年认真学习习近平总书记系列重要讲话精神。

【青年文化产品】 2017年，团市委策划制作《致敬五四》《爱我中国心 秀我中国梦》《青春献礼十九大》等多部青春微电影，满足青少年多元化的文化需求；原创MV《遇见》在“中国青年网”“江苏共青团”微信平台展播；原创公益广告作品《我们，就是志愿者》获南通公益广告一等奖；东疆好少年新媒体中心纳入省青少年新媒体发展联盟成员单位。

【青年创新创业】 2017年，团市委构建创业培训、项目遴选、基地建设、融资对接4级联动机制，推动项目落地5个，发放农村青年小额创业贷款300万元。举办启东市青年创新创业大赛，“青创驿站”众创空间获南通市团属“青创空间”三等奖。召开“匠心回归 共谋发展”启东市青年企业家发展大会，组建“金融顾问服务团”“知名企业家顾问团”，助力青商会发展；深度对接上海，与BU资本签订战略交流协议，帮助启东青年创新创业；运行“青商守望 微爱众筹”项目，鼓励青年企业家反哺社会。开展“情系桑梓，才聚东疆”——东疆学子家乡行大学生暑期社会实践活动，提供100多个见习岗位，组织开展参观考察交流、岗位社会实践、公益公考培训、暑期汇报演出等系列活动；组建启东籍驻外大学生人才联合会，建立联络联动长效机制；建成市级青创驿站，与北大、复旦等名校共建实践基地，组建创新创业导师团，开展课题调研，打造创新工厂。强化“青年文明号”创建、“青年岗位能手”评比，开展“青工技能”竞赛，推动岗位建功。

【青少年成长服务】 2017年，团市委成立青年社会组织公益联盟，壮大青年社团。联系青年公益组织12个、志愿者1200余人，“长安心防工程”项目获江苏省青年公益项目大赛优秀奖。成立“启明星”志愿者服务团，开展“七彩大篷车 志愿社区行”志愿服务行动。开展精准扶贫，结对帮扶贫困青少年230余人。实施“大手拉小手 快乐迎新年”关爱孤儿晨光项目，整合青年文明号、爱心人士、公益组织、青商会成员等社会资源，深入贫困、孤残、服刑人员未成年子女等特殊群体，开展助困帮扶、心理疏导活动40余次。“希望工程”“圆梦行动”“济困助学”等活动深入开展。

发挥市未成年人保护办公室、

7月20日，参加暑期社会实践的大学生参观吕四港经济开发区 （团市委/提供）

预青办职能，创建"启航"青少年事务服务中心，入驻启东市综治中心大楼。联合市综治办，与公检法司、民政等部门统筹推进青年社会组织建设和重点青少年群体维权工作；推进中小学安全自护教育、青少年维权岗建设，实施重点青少年群体"成长护航工程"，开展"阳光班级"建设工作，法律知识、禁毒知识进校园实现常态化。

强化"益启团聚吧"交友品牌项目，建立青年信息库，举办专场青年交友联谊活动10余次，固定青年粉丝500余人，直接联系青年2000余人；"亲子沟通营"公益活动项目吸引2246个亲子家庭加入，成功开展活动30余场；开展"阅读吧，少年！""七彩夏日"等活动，提升共青团的吸引力和影响力。

（黄凌燕）

市妇女联合会

【概况】 2017年，镇级妇联区域化建设水平提升，构建区域化的组织网络，全市镇、村（居）两级妇女组织组建率100%。机关事业单位、"两新"组织妇委会组建率大幅提升，新建人大、政协、消防大队妇联、南通大学杏林学院妇联4个，共有机关事业单位妇女组织42个，"两新"组织妇工委10个。法院家事少年审判庭等10个岗位被命名为南通市巾帼文明岗，行政审批局等3个单位被评为南通市巾帼建功先进集体，4人被评为南通市巾帼建功先进个人。引导、壮大服务妇女儿童的女性社会组织队伍，新培育启人医女高知协会、"天使之翼"女护士联谊会2个市级女性社会组织，有妇联团体会员单位12个。

市妇联紧扣市委、市政府"全面接轨上海，全力促进民富"的工作重点，精准把握基层导向、需求导向和服务导向，实施"巾帼建功助力圆梦计划和巾帼群英筑桥引凤计划"两大创新项目，开创妇联工作新局面。

【文明创建】 2017年，市妇联开展"传承好家风，践行好家训"家风家训书画作品征集评选、"童心共筑中国梦、家风家训伴成长"文艺演出、最美家庭故事会等"最美"系列活动，共征集家风家训书画作品263幅、最美家训191条、最美家庭故事77篇，线上"最美"活动点击量累计突破3万次。全年评选出"教子有方""孝老爱亲"等市级以上最美家庭59户，其中合作镇徐献高家庭获"江苏省最美家庭"称号，北新镇杨云凤家庭的家训入选省最美家规家训，南城区街道范南生家庭、近海镇管新宇家庭获评南通"教子有方"最美家庭。常态化举办"智慧父母大讲堂"，开展大型家庭教育讲座7场，受益家长超过1000人。制作父母课堂广播节目18期，累计时长超过500分钟。围绕"爱诚敬善"实施亲子沟通营项目，在52个活动场地，举办97场亲子活动，拥有7891位注册家庭，参与人次超过8000。在全市开展巾帼志愿河长制工作，有905名巾帼志愿者加入巾帼志愿河长队伍。推进"邻里守望 情暖夕阳"为老服务项目，开展"小老帮老老"银龄互助、"111"助老等特色志愿服务活动。

【妇女维权】 2017年，在报纸、网站、微信、电视等媒体端开辟普法宣传专栏，全年举办宣传活动7场，发放各类宣传资料6000余份，覆盖群众超过3万人。召开妇女议事会现场推进会，观摩北新镇律西村妇女议事会现场。全市305个村（社区）均建立妇女议事会，妇女议事会议制度成为全市妇女参与基层民主管理的有效平台。开展"法律服务进万家"活动，78名律师志愿者与城乡"妇女儿童之家"结对，为基层妇女提供精准法律服务。2人被评为南通市金牌"老舅妈"。

【"巾帼建功助力圆梦"精准扶贫项目】 针对"走帮服"活动中梳理出的妇女儿童发展的主要困难和突出问题，整合部门资源，实施"启悦·微梦坊"妇女儿童公益项目，发挥社团志愿服务作用。该项目得到《江海晚报》南通专版宣传报导和江苏大走访微信公众号"踏石留印"专栏推送。结对村的1个家庭通过养殖家禽逐步脱贫，并为1个家庭申请低保；举办家政月嫂培训班5期，培训妇女368名；募集社会爱心善款21.55万元，新建春蕾班5个，累计为240名困境儿童圆梦夏令营、助力微心愿。新培育省级巾帼示范基地14个，联合相关部门，共发放妇女小贷770万元，扶持102名妇女创业，冬娟家庭农场负责人于冬娟获"江苏省巾帼建功标兵"称号。

【"巾帼群英筑桥引凤"沪启对接项目】 2017年，市妇联利用启东各界女性精英资源优势，通过"请进来"考察洽淡、"强业务"专题培训、"走出去"拜访推介、"谈项目"引凤

12月19日，启东市最美家庭故事会在市少年宫举行，图为颁奖现场

（市妇联/提供）

落地等形式，全面对接上海，搭建合作平台，捕捉投资信息，助推项目落户。引荐上海女企协、义源（上海）节能环保科技企业等7批次、70余人次到启东考察洽谈启东投资环境和投资优惠政策。举办“总经理管人管事管利润”等培训沙龙3次200余人次，先后赴崇明、虹口等地考察学习群团改革、公益项目创投、全面融入上海等工作。赴上海安吉流休闲企业发展有限公司合作商谈；引进的上海文化创意设计团队参与策划启东东大文化创意服务有限公司，公司于11月16日开业运营；引荐的沃姆制冷设备（上海）有限公司在启东高科技产业园落户，并完成一期土地的招拍挂手续。全年市妇联落地项目2个。

（朱黄娟）

市科学技术协会

【概况】 2017年，市科协由12个乡镇和2个街道科协、23个企业科协、1个学校科协、22个学会（协会、研究会）组成。全市共有注册科普志愿者1916人，市级科普推广团专家50名。

【科普宣传】 2017年，市科协办好科普宣传周、科普日、科技节等活动。南通大学杏林学院启东校区举行校园科普“4G+”开放日实验展示，吸引启东滨海实验学校数百名小学生代表参加活动。启东中学举办以“科技创新梦，启东家乡‘水’”为主题的创新体验月活动，成立启东中学第四届科技创新先锋队。科技创新活动历时一个月，开展“科技创新的研究策略与案例分析”“科技创新从何处下手”“创新的环境、情境、心境”“浅谈电子制作”等专题讲座，举办创意水火箭现场制作和发射大比拼。启东中学在第二十二届全国发明展览会暨第二届世界发明创新论坛上，共获金奖1项、银奖3项、铜奖1项。全市青少年科技创新大赛增加机器人和3D打印等比赛项目。开展“缤纷冬日”和“七彩夏日”活动，与永乐影域合作加推科普微信，插播科普公益广告，开展科幻电影影评活动。暑假期间开展“科普读书”活动，吸引2000名学生参与。开办“启东科协”科普微信平台，完善“启东科普网”建设，加速科普宣传传输速度。

【科普志愿者活动】 2017年，市科协开展科普志愿培训，组织162名科普志愿者参加2017年科普志愿者服务专题培训班（网络）。规范科普志愿服务活动，运用互联网与新媒体手段，开展志愿服务工作。融入宣传部的正能量走亲活动，制定科普服务菜单，提供科技创新、健康保健、农技推广等各类科普宣讲主题，并向全市所有村、社区、学校以及其他相关单位的“正能量加油站”，提供卫生、健康、防灾减灾、农技推广等各类科普宣传资料，科普动漫、科普直通车等科普影视。与启东市第三人民医院合作开展“健康科普社区行”活动，完成12场健康科普宣传活动。

【学会协会】 2017年，市科协调研县级学会协会组织建设工作，探索新形势下基层学会工作。根据《全面推进市属行业协会商会与行政机关脱钩工作实施方案》，市科协与多吃点农业技术推广协会、地产三宝协会和科技创业园科技信息协会完成脱钩工作。一批长期不活动、不年检的学会（协会）被注销。启东市老科协成功召开第五次代表大会。继续开展厂会协作，推荐优秀科技论文。启东市老科技工作者协会与南通市南方润滑液压设备有限公司合作的“高性能风机调节润滑装置”项目获2016年度南通市优秀厂会协作三等奖。2篇科技论文分别获2015—2016年度南通市自然科学优秀学术论文一等奖和三等奖。

【服务创业创新】 在神通阀门、林洋电子公司完善科技工作者之家，发挥企业科协在技术创新中的作用。启东中专在“职业体验课程包”建设项目中，9个项目被立项，其中电子工程创客、电工安全用电常识和物联网创意设计3个项目立项为重点建设项目。在2017年“江苏省职业学校创业能力大赛”中，2名学生获“学生优胜奖”。

（范春华）

市侨联

【概况】 2017年，市侨联坚持国内海外工作并重和老侨新侨工作并重，

7月14日，启东实验小学3D科创夏令营上，孩子们在观摩3D打印技术

（姜雨蒙/摄）

在服务经济发展、依法维护侨益、拓展海外联谊、有序参政议政、弘扬中华文化、参与社会建设中积极作为，完成各项工作任务。市侨联获南通市侨联“优胜单位”称号。

【暖侨工程】 2017年，市侨联走访慰问困难归侨侨眷、侨界空巢家庭、海外高层次人才家庭等500多人次，发放慰问品和慰问金，送去侨联组织的关怀和温暖。帮助遇到困难的华人华侨和归侨侨眷。为华人华侨、港澳同胞办理老人入住敬老院、祖坟搬迁、子女办理入学证明、购买商品房、生病住院联系等实事20多件次。

【引智引资】 2017年，市侨联召开海外高层次人才亲属代表座谈会，发挥海外高层次人才智力优势，为家乡发展建言献策。开展对接服务上海工作，与上海浦东新区、崇明区侨联结成友好单位，并签约。邀请中国侨联副主席、上海市侨联主席沈敏率上海市各区侨联主席一行20多人到启东考察交流。全年共接待海外侨胞、港澳同胞、海外留学人员30多批次，100余人次。根据商务活动、寻根问祖、探亲等不同来由，合理安排行程，细致周到地做好接待。参与南通新侨口述史、南通归老归侨口述史编撰工作，入编10多篇稿子。

【侨界联谊联络】 召开启东市新华侨留学生眷属联谊会换届会议。成立启东市归国留学人员联谊会。组织侨界迎国庆中秋文艺汇演，全市150多位归侨侨眷观看演出，活跃侨界业务文化生活。

（陈　辉）

市残疾人联合会

【概况】 2017年，市残疾人工作围绕康复服务、兜底保障、培训就业、载体活动、队伍建设五个方面重点工作，深化残疾人社会保障体系和服务体系建设，实现精细精准助残，推进残疾人同步小康。全市有残疾人专门协会5个，有持证残疾人24026人。其中，肢体残疾13413人，视力残疾3098人，听力言语残疾1561人，精神残疾2340人，智力残疾人3614人。全市共有1家市级、7家镇级公办托养机构，2家民办残疾人托养机构，全部纳入年终考核范围。新建3家市级扶贫基地，对新建和已建的扶贫基地，每年给予1.5万元和0.5万元资金扶持。有2家扶贫基地被评为省一星级扶贫基地，辐射带动周边350多名贫困残疾人就业。新建7家“残疾人之家”，累计有11家，均正常运行，日间照料残疾人180人，从事辅助性就业111人。深入开展“走帮服”和“找补改提”活动，累计走访村民440户，梳理解决问题54个。

【康复服务】 2017年，全市实现残疾儿童康复全覆盖，对0~14周岁肢体（脑瘫）儿童进行全面筛查评估，全年共转介89名残疾儿童进行康复训练。扶持康复机构提档升级，拓展启东市特教学校培智、语训中心，面积从150平方米扩大到500平方米。推进辅助器具适配全覆盖，全年为1400多名残疾人适配辅助器具1892件。出台成人康复补助办法，对就业年龄段因中风、车祸等导致肢体偏瘫、截瘫的患者，在启东市中医院进行康复治疗训练的，给予每人3000元的经济补助，有20多位受助对象接受康复治疗。出台精准康复服务行动实施方案，开展精准康复录入工作。全年服务3426人，康复服务率达66.91%。实现千名精神残疾人免费服药的目标，为307名低保户、五保户、低收入户以及易肇事肇祸重性精神病人做好免费服用二代药工作，人均用药标准3000元/年。对715名普通困难精神残疾人，实行650元/年的服药救助。全年完成206例贫困白内障患者复明手术任务。为22名肢残人免费装配假肢，为17名0~6岁残疾儿童免费适配矫形鞋。

【残疾人保障】 2017年，市残联会同市特教学校开展随班就读和送教（康）上门工作，政策惠及166名残疾学生，投入资金18万元。规范发放教育补贴，全年为250名学生发放补贴16.48万元。会同市慈善基金会开展“携手养老”项目，为重残人员养老保险缴费提供每人每年100元的资助，全年共计6600多名残疾人享受资助。

【就业培训】 2017年，市残联实施点单式培训，开展残疾人电子商务培训、手工工艺品培训等活动，全年共计培训残疾人500多人次。向全

7月6日，市150多位残疾人运动员在市职中体育场，参加第五届残疾人运动会

（郁卫兵/摄）

市所有企业发放6000多封信，告知企业进行按比例安排残疾人就业年审，做好残疾人就业保障金征收工作。全市征缴残保金近2000万元。举办2场残疾人专场招聘会，达成就业意向约50人次。走访20多家企业，推动残企对接。开展残疾人自主创业先进典型评选工作，共有30多名先进典型受到表彰奖励。落实初始创业奖励政策，给予5名初始创业者每人2000元补贴。对55家按比例超比例安排残疾人就业的企业进行奖励，全年奖补金额共7.39万元。

【残疾人活动】 在《启东日报》和启东广播电视台开辟专栏展示残疾人风采。参与“政风行风热线”走进直播间活动。举办法律宣传活动。市残疾人维权案例“不会停顿的援助——梁某道路交通事故赔偿案”入选全国优秀案例。在助残日、残疾人预防日等，通过市残联微信公众号制作宣传网页链接向大众进行推送，累计推送10万人次。组织开展第六届残疾人田径运动会，142名残疾人运动员参赛。选拔4名运动员参加省第七届特殊奥林匹克运动会暨江苏省残疾人田径竞标赛，获两金一银。残疾人运动员钱王伟获全国残疾人自行车锦标赛C1级女子3公里追逐赛金牌。开展南通地区首个县级市残疾人电子竞技赛，30余名残疾人参加比赛。开展市第四季“秀出真风采 共建好家园”残疾人才艺表演赛。组织“残健牵手 喜看新貌”东疆行活动，带领35名优秀残疾人代表参观启隆镇嘉仕有机农业生态园等地。开展“阳光扶贫”活动，结对帮扶8名建档立卡的低收入户，实行对贫困户的动态跟踪。

（倪灵琳）

市文学艺术界联合会

【概况】 2017年，启东市文学艺术界联合会新增国家级会员1人、江苏省级会员5人、南通市级会员6人。累计有国家级会员25人、省级会员101人、市级会员273人；有团体会员13个，其中，文艺家协会10个、区镇文联2个、行业文联1个。全年举办10次“深入生活·扎根人民·感知启东”创作采风活动。图书《风乐桃花》、电视纪录片《走出无声世界》获南通市第七届精神文明建设“五个一工程”奖。开展文艺交流。7月8日，启东文化接轨上海研讨会召开。各方就“瀛洲之恋”剧本作品的修改，广泛听取意见，与剧本人物——“中国好人”苏晓琳见面。11月18日，市文联到绍兴作协《野草》杂志社，与绍兴文联进行业务交流。

【展演活动】 2月8日，“启东版画院2016年度新作展”在市图书馆展出。共展出启东版画院8位画师的39幅版画精品。4月21日，启东市第三届全民读书节启动仪式在启东市图书馆举行。启动仪式上，“爱上阅读，书写梦想”全民阅读征文获奖作者颁奖，宣读全民阅读倡议书。“启吾大讲堂”开讲，南通大学文学院院长、教授丁富生作题为“传统文化与人生修养”的讲座。5月16日，“诗画启东 越韵江海”第四届经典越剧折子戏专场演出。活动是启东市文联“五月风”系列活动之一。整场演出的演员包括本土及上海、浙江等地的知名演员。整场共演出8个折子戏，1000余名观众观看。8月10日，“清廉启东”廉政书画摄影作品展。活动共收到作品160余件，评选出一、二、三等奖和优秀作品共70件。4月19日—10月31日，市纪委监察局、市文联、市新闻信息中心联合开展“清廉启东 精彩故事”主题征文活动。活动共收到作品38件，评选出一、二、三等奖作品共12件。12月29日，启东市第八届美术作品展览在市图书馆举行。展览共收到作品近200幅，展出50多幅，其中获荣誉奖6幅、金奖2幅、银奖5幅、铜奖10幅、优秀奖15幅。

【文艺活动】 2017年，文联“深入生活·扎根人民·感知启东”主题创作采风活动列入市委、市政府对区镇的百分考核。文联在镇区、街道开展创作采风，每次均有文联所属的10个艺术协会、3个区镇及行业文联的20多名艺术家参加。艺术家采风的创作成果，在《启东日报》刊登。收录184件作品，汇编成《感知启东》（第二辑），出版发行。“书香启东·悦读与畅谈”活动在全社会营造浓厚的读书氛围。“文学的二十四节气”引向基层区镇、军营、企业和学校。文联邀请本土作家到乡镇、学校、图书馆等地，交流创作感悟，举办文学阅读、写作，新闻和政务信息写作辅导。全年开展14期。

【创作成果】 李新勇的长篇小说《风乐桃花》第三版加印上市，被评

5月16日，“诗画启东 越韵江海”第四届经典越剧折子戏专场演出

（市文联/提供）

为江苏省优秀版权作品二等奖和南通市第七届精神文明建设"五个一工程"奖。李新勇的长篇小说《乡村少年》、李灿作词杨晓燚作曲的歌曲《蓝天下，大写的人》等文艺作品获南通市"五个一工程"重点扶持。出版李新勇的长篇纪实文学《风向与信仰：金佛庄烈士传》、沈杰的散文集《最美的岁月遇见最美的你》、顾亚钊的《故纸里的爱情》等4部文学作品。

朱建辉、宋燕辉、王帅创作的3件作品入选第二十二届全国版画作品展览，占全省入选数的30%。朱海燕的作品入选第九届全国体育美展。27件作品入选第二届江苏美术奖作品展和第二届南通市美展，其中章水雄的作品获"江苏美术奖"。12月8—17日，"相•生"朱建辉第八次个人版画展在上海外滩百老汇艺术中心举行。朱燕、王帅入选江苏艺术基金2017青年艺术培养项目并参加水印版画文献展。

市摄影家协会会员在省级摄影各类影展（比赛）中，获金奖2幅、银奖3幅、铜奖6幅。其中顾伟杰的作品《欢奔》，在省文联和省摄影家协会主办的"喜迎十九大·新江苏新辉煌"摄影作品大展中获金奖。市书法家协会施惠新的隶书六尺对联入展第四届全国隶书展览，行书对联入展第二届江苏书法奖。

【文艺惠民】 春节前夕，市书法家协会举办为读者送春联活动。启东市民间文艺家协会组织33场以弘扬启东民间民俗文化为宗旨的非遗现场展示活动。市作家协会组织本土作家赴各乡镇举行"书香启东·悦读与畅谈"读书交流与签名赠书活动。市曲艺家协会、戏剧家协会等协会参与送文艺下基层活动100余场次。

（王思林）

市红十字会

【概况】 2017年，市红十字会在12个镇建立红十字会，实现镇（区、街道）基层组织全覆盖。新建红十字会养老照护、心理咨询等志愿者队伍。建立、完善"三重一大"工作制度、"人道救助"工作制度，完成建会以来的建档归案工作，建立158盒标准化纸质档案。全年发放宣传资料5000份。开通"博爱启东"微信公众号，推送宣传资料3万字、130张图片。承担的公益性应急救护培训，被列入政府为民办实事项目。促进救护培训进村居、入机关，全年完成初级救护员培训1100名，普及性应急救护培训13461名，超额完成目标任务。在全市共采集造血干细胞血样168份。

【关爱儿童老人】 2017年，市红十字会通过"人道万人捐"等项目，全年共募集资金46.55万元，其中市红十字会与南通二建共同设立"南通二建·天使之翼"爱心基金，是启东市红十字会设立的第一个基金。全年市红十字会共发放各类救助资金63.35万元，其中"关爱困境儿童六个一工程"获得省红十字会5万元拨款，共使用项目经费10.56万元，帮扶85名困境儿童，该项目获市"创新项目"优秀奖。将养老照护与爱心服务相结合，全年共培训养老照护人员507人，为老人开展敬老爱老活动，送去价值1.4万多元的食品和生活用品，受益老人达千人。

（沈超杰）

4月10日，红十字会现场采集造血干细胞样本　　（潘　杨／摄）

市哲学社会科学界联合会

【概况】 2017年，启东市社科联有团体会员24个。重点开展社科普及、应用研究、哲社奖评比等方面的工作。与市文明办合作的"光芒行动"获南通市宣传思想创新奖，与市卫计委合作的"太阳岛"、市司法局合作的"金不换"项目获省相关部门关注。市社科联获南通市"社科普及工作先进单位"称号。

【"一路阳光"社科知识进校园、进村居】 2017年，由心理咨询中心主体参与"启吾大讲堂""智慧父母大讲堂""正能量加油站""社科讲堂""太阳岛""金不换""光芒行动"，"一路阳光"社科讲座（心理健康）遍布全市学校、社区、农村的各大平台和载体。"一路阳光"社科讲座（心理健康）关心和关注学生、家长、教师、社区群众、农村群众、失独群体、孕妇群体、刑释解教群体、困境儿童群体的身心健康。全年累计开展讲座100余场，受众近5万人次，被江苏省社科联确定为2017年度社科普及资助项目。注重运用新媒体进行宣传，累计推送报道"一路阳光"活动100余次。"一路阳光"社科知识讲座编成《一路阳光》书籍发放基层。

【首届中华诗词大会】 6月25日，启东市首届诗词大会开幕，分网络海选、晋级赛以及总决赛三个环节，晋级赛和总决赛采用微信现场直播方式，5场晋级赛平均每场微信直播点击量超过2万人次，总决赛点击量则超过10万人次，总计20万人次的网络观看数量。有414名选手参加角逐，最终5名诗词达人进入总决赛。启东市折桂中学黄吴薇获启东市首届中华诗词大会总冠军。

【"亲子沟通营"系列活动】 2016年1月起，市社科联联合市教育局、文明办、妇联共同组织"亲子沟通营"，围绕"爱、敬、诚、善"四大主题，每周开展四五场，至2017年底，累计注册家庭8956个，累计开展亲子活动223场次，参与家庭9000多个，参与人数超20000人次。汇编《2017启东市"亲子沟通营"活动案例集锦》，发放到各相关部门。

【社科研究】 2017年，市社科联开展2017年度经济与社会发展重点应用课题研究。立项课题46项，其中重大课题2项，重点课题11项，一般课题33项。收到课题成果55项（包括11项未立项成果），比2016年多10项。增加立项资助3万元，重大课题资助2000元，重点课题资助1000元，一般课题每项300元资料费补助，激发各单位课题研究的积极性。优秀成果汇编成《东疆论丛》。组织全市申报"南通市2017年度经济与社会发展热点问题研究"3项，其中被立项2项；获2017年度热点重点课题评审三等奖1个；申报2017年度"江苏省社科应用研究精品工程"市县专项课题1项，并顺利结题通过评审。

【启东市第二届哲学社会科学成果奖评选】 2017年，社科联对2015—2016年度全市哲学社会科学研究优秀成果开展评审。评奖共收到申报材料62项，其中著作8部，论文及调研报告54篇。分经济组、政治组、文史教组三大类进行评审，最终评出一等奖2项，二等奖4项、三等奖9项。

8月25日，启东市首届中华诗词大会颁奖仪式在市少年宫举行

（市社科联/提供）

【南通市级社科普及示范基地活动】 2017年，消防大队开展消防知识展览、消防演习，亲子活动；市图书馆开展各类读书活动以及地方书画展览；王鲍烈士陵园开展王澄、鲍志椿两位烈士故事讲述；市新华书店开展各类亲子读书活动、朗读者主题节目展演等，展示社科知识普及的启东特色。

（张丽芬）

市工商业联合会（总商会）

【概况】 2017年，启东市工商联推进参政议政、经济服务、组织建设以及中心工作，在大统战格局中较好地发挥工商联的桥梁、纽带作用。市工商联获"全国'五好'县级工商联"称号。

【基层商会建设】 2017年，市工商联做好基层商会换届工作，赴常州武进区、如皋市、海安县等地，学习考察。联合市委统战部专门召集各镇（园区）分管统战工作的领导，就基层商会换届与基层商会党建工作进行工作部署，并要求按照双重管理原则，同步建立镇（园区）商会党组织。合作、王鲍、海复、近海（高新区）、惠萍、汇龙、寅阳7个镇（园区）完成换届。

【异地商会建设】 8月，在上海浦东召开启东在外企业家联谊会暨上海启东商会成立大会。推进其他异地商会筹建，与无锡启东商会发起人就相关筹建工作进行交流商讨；两次赴陕西省西安市，开展西北地区启东商会的筹建工作；赴深圳，开展深圳启东商会筹建工作，并初步确立商会发起人，筹建工作有序推进。

【非公人士队伍建设】 推进理想信念教育。以"两个健康"为主题，深入开展非公企业"四信"教育活动。组织民营企业家赴贵州省参加"坚持党建引领、坚定理想信念"专题培训班；做好创二代青年企业家的理想信念教育工作，引导会员企业树立正确的社会责任观，致富思源，回报社会，投身社会公益事业和光彩事业。7月，青商会牵头举办启东青年企业家发展大会，启动"青商守望微爱众筹""青商助力金凤还巢"项目。

倡导企业履行社会责任。林洋集团、银洲房地产、神通阀门、东岳药业等130多家企业，向慈善基金会共捐款1150万元。其中林洋集团成立"林洋好人缘"基金会，与市多个村结成帮扶村，还采用光伏扶贫模式，在全国多地投资建设扶贫光伏电站。高新区商会组织广大小微企业会员捐款100万元。组织启东企业家代表团赴陕西省汉中市西乡县，与当地工商联结成友好商会，并开展一对一助学活动。合作镇商会筹集20多万元成立合作商会慈善基金会，举办“爱心撒播、德润学子”活动，为优秀学子发放奖学金、对贫困学生发放助学金。慰问困难群众、驻启部队。

*非公人士建言献策。*非公有制经济代表人士中的人大代表、政协委员围绕“全面接轨上海、全力促进民富”“对接上海”等课题开展专题调研，共提交各类提案、议案和建议意见100多件（条）。

*“531”培养工程。*启动新生代企业家“531”培养工程，旨在通过3~5年，培养5名左右领军新生代企业家、30名左右骨干新生代企业家、100名左右创业新星企业家，建设一支年轻一代非公有制经济代表人士队伍。

*开展专题培训。*在上海华东理工大学举办启东青年企业家培训班，市55名青年企业家参加培训活动。联合政协举办“当前经济形势及扶持实体经济政策报告会”，邀请市发改委、商务局、税务局等多个部门的领导介绍经济形势及市相关对策措施，90多名经济届、工商届的非公经济代表人士参加讲座培训。

【交流合作】 2017年，市工商联组织会员企业参加各类国内外经贸交流活动。协助举办第十八届科技五金交易会，组织企业参加“广交会”等经贸活动，助推企业展示自主品牌，拓展国际市场。会同市发改委、经济开发区等单位、镇、园区，走访调研重点企业，专题研究产业培育工作举措，加快推进产业发展。牵头江苏启东经济开发区等部门和单位，在上海浦东举办2017·启东电子信息产业专题推介会。

【万企“大走访大调研”】 2017年，市工商联制定《启东市万企“大走访大调研”活动实施方案》，市工商联领导班子分成2个调研小组，按照执委以上企业全覆盖的要求，遍访常委、执委企业和直属商会，召开吕四港镇（吕四港经济开发区）企业座谈会、建筑房地产企业座谈会，发放企业基本情况信息表、民营企业家思想状况调查表、营业收入50亿元以上企业调查表。调研报告报市委、市政府，提出合理化建议和意见。开展民营经济发展情况调研，形成的《启东民营经济发展报告》入选《南通民营经济发展报告2016—2017》。

【在外通商故里行活动】 2017年，市工商联组织参与通商大会活动，配合南通市工商联，做好首届通商大会的相关工作，邀请北京、上海、深圳、山东、无锡等地的启东籍企业家参加在南通的各项活动。

（张裕群）

市关心下一代工作委员会

【概况】 2017年，全市建有关工组织1177个。其中，镇区（街道）关工委16个、村（社区）关工委304个；教育、民营企业等系统关工委组织分别为88个和273家，民营企业建立校外辅导站21家，规模企业关工组织58家，“五有五好”民企关工组织35家，一流民企关工组织7家。参加关心下一代工作和活动的“五老”（老干部、老战士、老专家、老教师、老模范）1万余人。市关工委被表彰为南通市宣传工作先进集体、南通市“五老”网吧义务监督工作先进集体。2个校外教育中心辅导站获“全省校外教育工作优秀辅导站”称号，1个校外教育中心辅导站获“全省校外教育工作示范辅导站”称号；2人获“全省校外教育辅导站工作先进个人”称号。海复镇季明村校外辅导站活动纪实《纪念解放军90华诞，增强青少年责任担当》拍成视频，获评全省校外教育辅导站优秀活动推广项目和特色活动品牌评选一等奖。

【“学史立志 崇德向善”主题教育】 2017年，市关工委在全市组织开展“学史立志 崇德向善”主题教育活动。全市编写宣讲材料352篇，参加宣讲的“五老”632人，听讲青少年9万多人次，参加征文、演讲比赛青少年4万多人次。在省关工委主办的阳光少年网“喜迎十九大 童心向党”征文、演讲比赛及“童心向党 圆梦行动”电子小报比赛中，有22件学生作品获等级奖。市关工委与市文明办、市教育局联合举办全市中小学生“学史立志、崇德向善——红星闪闪照我心”主题演讲比赛，评出小学、初中和高中组一等奖8名、二等奖13名、三等奖18名。

【法治教育和关爱服务】 2017年，全市各级关工委配合综治办、预青办，以“五失”（失足、失管、失学、失业、失亲）青少年和“三困”（德困、学困、贫困）学生为重点，开展工作。全年共组织502名法治教育报告员作普法宣讲报告604场次，听讲青少年4.6万余人次；组织1507名“五老”结对帮教帮扶346名失足、后进青少年，转好率达85%；配合文化部门，组织148名“五老”对网吧、电子游戏室进行义务监督；发动社会力量资助贫困学生311人。

【宣传工作】 全市关工工作动态及“五老”事迹在省、市报刊和电台刊登播出。通过校外辅导站电子阅览室管理员QQ群和关心下一代微信平台，实现各地关工活动、新闻信息的即时报道和互动。QQ群成员增加到300人，微信群成员增加到59人。由市关工委主办的《情况交流》全年出刊6期，字数达17.2万字。2017年，省关工委在《薪火》杂志上录用5篇，南通市关工委简讯上录用45篇。

（施洪辉）

法治启东建设

【概况】 2017年，启东市贯彻落实省、南通市法治建设工作要求，围绕“争创省法治建设示范县（市）”“提升人民群众法治建设满意度”两大目标，不断提升法治启东建设成效。严格落实法治提示函制度，全年对未严格执行行政机关负责人出庭应诉、败诉以及行政复议被撤销的8家单位分别予以提示。继续实施特困干警教助制度，共救助特困干警11人，使用救助资金19万元。

【依法行政】 2017年，市委政法委科学编制年度规范性文件制定计划，将涉及民生保障、社会事业、城市建设、社会管理等方面的9个规范性文件纳入计划。规范市政府常务会议议题法制审核工作，对10次市政府常务会议涉及的38个议题进行全面法制审核，出具38份法制审核意见书。完善政府法律顾问制度，法律顾问充分参与政府重大项目建设、招商引资、土地征收等重要事项的可行性论证，审查各类经济合同45余件，参加各类协调会65余次。深化行政审批制度改革。审核公布市《市政府部门随机抽查事项清单》，建立“双随机一公开”制度。组织开展2016年度执法案卷评查、2017年度执法人员资格考试，全面清理规范市行政执法人员队伍。健全行政执法和刑事司法衔接机制，推进“两法衔接”信息共享平台运行工作。会同政府法制办、海门市法院组织开展“千名领导干部观百庭”庭审观摩活动，并在会后召集市公安局、人社局、住建局、市管局等重点执法部门和部分涉诉乡镇代表召开依法行政工作座谈会，共同研究探讨推进全市依法行政工作的举措，为参会对象在强化自身业务水平以及运用法治思维和法治方式解决问题的能力方面敲响了警钟。规范和加强行政机关负责人出庭应诉工作，不断提升行政复议公信力。在启东召开南通行政复议交流座谈会，主要就征地、拆迁过程中的法律问题进行座谈，帮助部门解决执法中的实务问题。

【公正司法】 2017年，启东市完善主审法官、合议庭、主任检察官、主办侦查员办案责任，确保案件“全程留痕”。建立执法办案业绩档案，作为评价执法人员法律素养、执法水平、工作业绩的重要载体。市检察院创新建立危机状态应急监督机制和社会风险信息无缝对接机制，建成化解矛盾、平息诉争的检察工作对接平台；强化推进虚假诉讼监督工作，广泛收集案件线索，拓宽案源。市公安局以网上巡检、飞行临检、视频抽检、重点频检、信访倒检监督手段全面检查案件办理规范情况、接处警处置登记情况及各项执法制度落实情况监督管理的全流程全覆盖；开展企业周边治安环境专项整治、打击非法集资犯罪等专项行动，集中力量查处针对重点企业案件。市法院通过创新破产审判工作方式、打造府院统一协调机制，促使金双喜等6家企业合并和解，豪威重工、力德集团等5家企业“以破引资”，引导太平洋海工“破产生产”并举，重整计划获得批准。

【法治文化宣传】 2017年，市构建“大普法”工作格局。实施重点人群普法。推行党委（党组）中心组学法、政府常务会议学法等制度，建立国家工作人员学法考法新机制。按规定每季度抽查部分领导干部和公职人员进行集中考法，考试结果与单位评先评优、年终奖金直接挂钩。全年共组织三场集中考法活动，有40家单位200多人参加考试。以青少年模拟法庭、法治歌曲唱响校园、评选百份法治小报等活动为载体，开展法治学校创建，连续9年实现在校学生“零犯罪”。组织“沙地普法名嘴东疆行”巡回宣讲活动，在村居法治纳凉晚会上表演200多场次，观众达20多万人。推进法治文化阵地建设。市级层面，筹备建设市级法治教育馆；镇村层面，提档升级“一镇（村）一品”法治文化阵地、法制宣传教育辅导站、家庭普法站、法治文化示范点等。全市建成省级民主法治示范村（社区）129个，南通级和启东市级民主法治村（社区）均实现全覆盖。建立精准普法提示机制。

按照部门的普法任务分工，提前向各部门发送普法提示，对落实不到位的部分进行普法提醒，全年共发送普法任务提示100份。开展“以案释法”典型案例征集评选活动，共收到18个单位的52件典型案例，其中“盗用他人支付宝及蚂蚁借呗的行为定性分析”等10个案例被评为“十佳典型案例”。

【法治为民服务】 2017年，根据南通市关于深入实施法治惠民项目的要求，市专门召开法治惠民实事项目部署会，对10件实事项目逐项进行目标细化。把为民办实事项目落实情况作为部门、单位年度法治型机关考核的重要依据之一。完善道路交通事故处理机制，建立一体化工作平台，全面实行“窗口化运作、快速化处理、一站式调处、一体化服务”，形成集保险理赔、矛盾调解、立案审理、法律服务、财产评估、社会救助于一体的交通事故调处联动机制。全年共处理轻微事故2997起，受理交通事故调解477起，调解成功133起。设立“一站式”诉讼服务中心，实现从立案窗口、立案大厅向诉讼服务中心升级。研发“案件程序性信息主动推送”系统，通过短信的方式及时准确主动发送给案件的辩护人、诉讼代理人。

【法治惠企志愿者联盟】 2017年，市建立一支由200余人组成的法治惠企志愿者队伍，并将志愿者队伍以园区为中心划分为六大片区，为企业提供法治志愿服务。成立市法治惠企志愿者联盟办公室，并在市、镇（园区）综治中心设置窗口，安排志愿者轮流值班，提供涉企法律法规及政策咨询。利用新媒体建立微信群、QQ群、微信公众号等固定的线上线下互动交流平台，解答企业、职工涉法问题。成立法治惠企志愿者联盟理事会，联盟理事会有成员69名，创设法治惠企“流动车”“工作站”“大讲堂”“微沙龙”“啄木鸟”“观摩庭”六大载体。至年底，开展涉企法律法规培训100多场（次），举办研讨交流活动50场（次），组织涉企法律法规、政策等咨询活动60多场（次），为企业、职工解决劳资纠纷、涉税问题、消防安全隐患相关问题1000多个，帮助企业规避法律风险200多起，受惠企业达900多家。法治惠企志愿者联盟工作得到省委政法委、省依治办领导的充分肯定，并在《江苏政法》专题刊登。

【社会诚信工作】 2017年，市委政法委组织数十家行政执法单位和司法部门全面开展个人和企业信用信息归集工作，共归集各类信用信息120万余条。开通“信用启东”公众号和APP。市委、市政府将社会信用体系建设纳入对市级机关各部门年度星级机关考核和镇、园区、街道基层基础杯考核范畴。考核主要围绕健全组织机构、规范归集信息、诚信主题活动、先进典型培植等方面展开。加强诚信宣传，普及和宣传个人征信知识，提升全民信用意识。

【优秀政法干警健康疗养制度】 2017年起，市建立优秀政法干警健康疗养制度。市财政每年拨款30万元作为专项资金，并列入预算。规定实施健康疗养的范围限于在执法、司法和维护社会稳定一线工作且年满35周岁的在职在编人员，以一线工作人员为主，同时还必须具备上年度获得省部级以上先进个人等荣誉称号、前5年中有2年被市厅级评为先进个人、前5年中有3年分别被启东市委、市政府表彰为先进个人等条件之一。健康疗养活动由市委政法委组织实施。全年共组织39名信访维稳一线的同志赴外地疗养。

（金海荣　马　昕　徐长林　谢良汇）

6月12日，法治惠企志愿者联盟庭审观摩活动在市人民法院举行

（市委政法委/提供）

综治平安建设

【概况】 2017年，启东市加强基层社会治理机制创新，网格实体化运作“五个一”工程（搭建一个实体化平台——网格民情驿站；组建一支多元化队伍——网格志愿者队伍；创立一个规范化制度——网格邻里议事会；厘清一份标准化清单——网格员责任清单；推广一个常态化行动——网格互助行动）取得新突破，服务管理工作全省领先；“三站两会一中心”（平安法治志愿服务站、平安法治护航站、网格平安法治加油站、民情分析会、协商议事会、综治中心）综治体系化建设启动实施，市镇村三级综治中心“省一级标准”达标率居南通各县（市、区）前

列。深化重点人群服务管理，对全市137名严重精神障碍患者监护人按照每人每月300元标准实行“以奖代补”，社区服刑人员定位率、刑释人员接回率均为100%。加快治安防控体系建设，“雪亮工程”建设和“天网工程”升级改造有序推进，在2个居民小区开展人脸识别门禁系统智能小区建设试点。健全矛盾纠纷多元化解机制，“日排查、日报告”制度巩固优化，交通事故处理一体化中心高效运行。6月，“人民调解+医责险”医患纠纷调处工作经验在全省基层社会治理创新推进会上交流。打击和防范违法犯罪，刑事发案总数同比下降5.2%，侵财性案件总量同比下降6.9%，社会治安稳定可控。

【领导责任制落实】 2017年，市出台《关于贯彻落实〈江苏省健全落实社会治安综合治理领导责任制实施办法〉的通知》。市委、市政府主要领导分别与全市16个镇（园区、街道）、43家综治成员单位、40家市直单位的党政“一把手”签订综治责任书，并将落实情况纳入“基层基础杯”和法治型机关考核指标，记入党政“一把手”实绩档案。市综治委对2个单位实施一票否决，对6个镇（园区、街道）予以黄牌警告，摘去2个单位、16个村（居）“平安机关”“平安村居”的牌子。市综治办向2个单位发出《综治和平安建设》提示函，向4个单位发出整改通知书。

【安保维稳】 2017年，围绕保障十九大安保维稳工作，市委政法委在全市范围内集中开展社会矛盾和安全隐患大排查大整治行动，全面实现“三个不发生”（不发生重大公共安全事件、不发生重特大安全生产事故、不发生重大群体性上访事件）。深化国家安全人民防线建设，加大对国防科工单位、重点船企等重点领域的走访摸排力度，发动广大渔民发现和打捞海上间谍装备。加强反邪教斗争，全面实施“211”专案会战和“2017震慑”两大专项行动，侦办4起邪教“法轮功”人员利用微信群进行非法活动案件，审查启东涉案人员20余人，依法打击9人。

【基层社会治理创新】 2017年，全市打造村居综治“三站两会一中心”，构建以群众需求为导向，以村（居）综治中心为枢纽，以平安法治志愿者为主体的村居治理新模式，推动形成群众问题由群众解决的新机制。加强组织领导、机制运行、功能布局和队伍建设，将市镇村三级综治中心打造成职责明确、协调有序、督导有力、反应快捷的实战平台。市镇村三级综治中心“省一级标准”达标率分别为100%、81%、94%，超额完成南通市要求的目标任务。加强网格化社会治理创新，推动实施网格化治理“五个一”工程。

【社会矛盾纠纷化解】 2017年，市委政法委全面开展社会稳定风险评估，对事关群众切身利益、容易引发社会矛盾的261个重点项目进行风险评估，稳评率达100%。加强对矛盾纠纷的分析研判，召开矛盾纠纷分析研判会23次，有效防止民转刑案件10起，防止群体性事件73起1191人次。建立健全村民组—网格—村（社区）—镇（园区、街道）—市调解中心的矛盾纠纷逐级“日排查、日报告”制度，强化汇总、分析、督办。优化矛盾纠纷分级分层调处机制，市、镇、村分别受理调处矛盾纠纷168件、292件和1862件。成立交通事故一体化处理中心，打造“六位一体”的交通事故纠纷快速调处机制。全年处理轻微交通事故3334多起，受理人伤交通事故矛盾纠纷523起，调解成功140起，法庭立案354件，调解83件，审结77件。

【治安防控体系升级】 2017年，全市加快推进“雪亮工程”建设，市财政投入1450万元对社会面技防监控进行补盲加密和升级改造，累计新增视频监控点位409个，升级视频监控点位90个。以市公安局指挥中心为平台，对市综治中心、市信访局、市政府、市民广场、教育局等部门的516路视频监控，进行统一汇聚联网，现实共建共享。加快推进人脸识别智能体系建设，在市人才公寓和紫薇二村（南区）开展人脸识别门禁系统智能小区试点，在人民路、民乐路等4个重要路口以及长途汽车站等重点部位安装人脸识别系统。加快推进“平安联盟”建设，成立纵向覆盖到市、镇、村、网格四级，横向拓展到城管、环保、教育、交通、物业、住建等行业的平安法治志愿者队伍，累计注册人数6.4万人，占实有人口总数的5.3%。以“平安联盟”APP和“平安江苏”手机客户端为依托，推动群防群治与现代科技对接，提高平安志愿服务效能。

【实有人口服务】 2017年，全市全面实行流动人口居住证制度，坚持以房管人、以证管人，深入开展流动人口春季管控会战、出租房屋和流动人口管理集中攻坚、出租房屋隐患排查集中整治行动等专项工作，新登记出租房屋1.2万户、注销1980户，核对变更5485户。以“回归工程”为抓手，着力破解特殊人群服务管理难题，对重点社区服刑人员推行电子腕表定位监管和手机定位监控相结合的双重监管模式，对137名严重精神障碍患者监护人按照每人每月300元标准实行“以奖代补”，严重精神障碍患者监护管理率达100%。加强生活失意、心态失衡、行为失常、性格偏执、暴力倾向、扬言报复等非典型人群的排查管控，成立服务管控工作组，制定个性化工作方案，建立分级稳控机制，帮助化解心结、纠正心态、调整行为。对1名暴力倾向和1名扬言报复的非典型人员，启动应急预案，建立“实时跟踪、一日双报”机制，将潜在不稳定因素遏制在萌芽状态。

【公共安全秩序维护】 2017年，全市政法系统保持对严重暴力犯罪、多发性侵财犯罪的严打高压态势，摧毁涉案金额达亿元的潘某某等人跨国境网络赌博团伙，侦破戴某某等人跨区域贩毒案及涉案金额超千万元的刘某某等7人制售假药团伙。批准逮捕各类刑事犯罪嫌疑人301人，提起公诉655件，依法批捕起诉社会影响恶劣的曾某某故意杀人、强奸案。审结各类刑事案件682件、民商事案件9785件，依法审结宋某销售有毒、有害食品案17件危害食品安全的案件。开展寄递物流、出租房屋、道路交通、消防、危化物品、食品药品等专项整治，全面落实寄递行业实名登记、开箱验视和过机安检3个100%，集中整治出租房屋安全隐患3585起，查处各类交通违法行为21.7万起，督促整改火灾隐患数1.3万处，查处剧毒易制爆危险化学品单位行政案件206起。

（金海荣　马　昕　徐长林　谢良汇）

法治政府建设

【概况】 2017年，启东市政府围绕江苏省、南通市法治政府建设工作要点，结合实际，研究制定《启东市2017年推进依法行政建设法治政府工作要点》。贯彻落实南通市依法行政工作会议精神，市政府常务会议就全市法治政府建设工作专题研究，并对全年重点工作作全面部署。建立法治政府建设责任制，推进政府部门主要负责人切实履行第一责任人职责。调整扩展市级部门"法治型机关"和乡镇园区"法治型乡镇"的考核内容和评分标准。加强政府法制机构规范化建设，推动重大执法决定法制审核制度。落实领导班子集体学法制度，组织实施新任领导干部任前法律知识测试，提高政府工作人员运用法治思维和法治方式解决问题的能力。加强全民普法。

【政府职能转变】 2017年，市法制办推进"放管服"改革。梳理市级行政审批事项，调整取消4个部门6项行政许可事项。加快政务服务"一张网"建设，梳理确定政务服务行政权力事项中"应上尽上"事项全部实现单点登录、网上办理。

强化市场监管体制改革，合并商务旅游与市场监管综合执法。加快推进"双随机、一公开"监管，全年共"双随机"检查市场主体539个，检查结果全部公开。"先照后证""多照合一""一照一码"改革持续深入，继续推进市场主体信用信息公示工作。加大行政权力运行、财政资金使用、公共资源配置、重大建设项目批准和实施、社会公益事业建设等重点领域信息公开力度，保障社会公众知情权和监督权。妥善答复依申请公开，加强问题研究和协调，严格按照规范格式，按时准确做好政府信息依申请公开答复工作。市政府本级全年共收到信息公开申请50件，申请内容主要涉及房屋拆迁、环境保护、物业管理、承包土地等方面，按时办结率达100%。

【公正文明执法】 2017年，全市各级行政执法机关强化法制监督，推进严格执法、公正执法和文明执法。实行行政执法人员持证上岗和资格管理制度，建立健全行政执法证件管理和执法人员档案制度。组织全市新申领执法证件人员和2016年全市执法人员集中考法中不合格的人员共158人进行执法资格考试，通过率为96.8%。全市所有持证执法人员均通过南通市执法证件管理系统，对执法证件实行动态化管理。开展行政执法三项制度（行政执法公示制度、执法全过程记录制度、重大执法决定法制审核制度）试点工作。采取现场评查和集中评查相结合的方式，对全市36家执法单位214件行政处罚和许可案卷进行评审。对市农委和市管局出现的行政执法争议进行协调，并化解争议，理顺执法机制。启用信息共享平台，开展专项工作培训，完善"两法衔接"机制。

【复议应诉】 全年收到行政复议申请103件，受理94件，不予受理9件。受理案件办结80件，其中维持32件，驳回17件，撤销9件，确认违法1件，终止16件，中止3件，移送2件。办理市政府为被申请人的行政复议案件8件，南通审结案件中维持3件，驳回1件；办理市政府为被告的行政诉讼案件93件。

【规范性文件日常管理】 2017年，市法制办向南通和同级人大报备市政府规范性文件8件，备案镇（街道）部门规范性文件6件，及时反馈立法征求意见10件，审核市政府重要文件53件，常务会议议题42件。按照两年一次规范性文件清理工作要求，制定清理方案，完成2015年1月1日至2016年12月31日制发的规范性文件及2015年经清理保留的规范性文件的清理工作。全市共清理规范性文件356件，其中继续有效198件，失效99件，废止59件。

【政府法律顾问服务】 2017年，市政府法律顾问审查各类经济合同26余件，参加各类协调会36余次，出庭应诉民事、经济和行政案件20多件，为政府决策和化解争议提供重要的参考意见建议，有效防范法律风险。

（郭海健）

公　安

【概况】 2017年，全市公安机关重点实施"警务机制改革攻坚、重点人员管控会战、全面从严治警、打黑除恶深挖"四项工作，抓好反恐防暴、防邪反邪、社会面稳控、安全监管等工作，顺利完成党的十九大、香港回归20周年、建军90周年、抗战全面爆发80周年、"一带一路"高峰论坛、金砖国家领导人会晤等一系列安保任务，确保全市社会的持续平安稳定。12月7—8日，苏、浙、沪15市（区、县）第69次警务合作会议在启东市召开。全局核心绩效稳居南通第一方阵。3名民警获二等功，2名民警被评为全省优秀人民警察，顾光被公安部授予"全国优秀人民警察"称号。鼓励基层创新，加强品牌经营，启东警务协作平台获中央电视台授牌。固化警种练兵竞赛，14个警种部门进入南通市局练兵比武竞赛第一方阵。

12月7—8日，苏、浙、沪15市（区、县）第69次警务合作会议在启东市召开
（市公安局/提供）

【案件侦破】 2017年，市公安局统筹"打黑除恶深挖""打击盗抢骗""百日攻坚""冬季攻势"等专项行动，全力攻现案、破积案、带串案，打处绩效呈现"三个高峰、两个低谷"：即全年移送起诉犯罪嫌疑人1020名，摧毁犯罪团伙62个，查处食药环案件犯罪嫌疑人76名，均为历史最高值；全年刑事发案总数、侵财性案件总数分别同比下降5.2%、6.9%，均为8年来最低值。

【治安防控体系】 2017年，市公安局持续深化社区警务，严密开展治安重点地区和突出问题整治，组织重点人员管控会战和无户口人员核实登记。实施智能小区和视频补盲工程，开展"雪亮工程"前期论证，推动全市技防监控由"治安标准"向"反恐标准"升级。加快基层基础设施建设，技术业务用房、看守所、海复所、开发区所建设取得实质性进展，交警城区一中队新办公用房建成启用。借力文明城市创建，增设严管路段，强化重点管控，加密抓拍系统，完善交通标识标线和安全基础设施。

【警务机制改革】 2017年，市公安局推进公安机关运行机制改革，探索"所队合一"和职能相近机关合署办公机制，基层警力得到充实，机关警力得到精实，总体实力得到增强。主动适应以审判为中心的刑事诉讼制度改革，建立公安公职律师制度，加强案管中心和基层所队案管室建设，严格执行执法责任追究等制度，执法工作基础得到夯实。持续深化车驾管及户籍制度改革，落实一次性告知、高峰期窗口轮值制度等，不断拓宽管理服务广度深度，群众满意感得到提升。借力镇级服务中心平台，强化基层窗口服务承载能力，公安服务体系进一步完善。

（王　卫）

检　察

【概况】 2017年，启东市人民检察院依法履行法律监督职责，扎实推进司法体制改革，各项检察工作取得了新进展、新成绩。全年共获得市级以上集体奖项22个，有49人次受到市级以上表彰奖励，市检察院获"全国文明接待室""全国检察宣传先进单位""省级文明单位"等称号。

【刑事犯罪审查】 2017年，市检察院突出严惩危害公共安全犯罪，重点打击重大盗窃、抢劫、抢夺等多发性侵财型犯罪，从快从重打击故意杀人、聚众斗殴等严重暴力犯罪。全年共受理审查逮捕各类刑事案件272件373人，审查后批准逮捕213件280人；受理侦查机关移送审查起诉案件683件941人，审查后提起公诉628件835人。成功办理社会影响恶劣的曾某某故意杀人、强奸、寻衅滋事、盗窃案；涉案人数众多、影响民生的龚某某等人非法吸收公众存款案；将1000多公斤工业盐作为食用盐销售的施某某销售不符合安全标准的食品案；王某、马某等人电信网络诈骗案等。

【诉讼监督】 2017年，市检察院加大批捕起诉审查监督力度，转变工作重心，提前介入，不断引导公安机关加强对客观性证据的收集固定。如在提前介入罗某、龚某某非法控制计算机信息系统案时，建议侦查机关及时封存计算机、提取电子数据。完善非法证据认定和排除机制，采取"看、问、听"的模式，坚决监督纠正侦查违法、不规范问题。如在审查施某盗窃案时，通过讯问犯罪嫌疑人和审查侦查机关讯问的同步录音录像，发现侦查人员指供现象严重，并有威胁性语言，即排除相关非法证据，书面纠违并要求侦查机关更换侦查人员重新取证。全年共向公安机关发出书面《纠正违法通知书》8份，纠正公安机关查封、扣押程序不合法、提取证据不合法等行为。监督公安机关违法立案、违法不立案问题，向公安机关发出《要求说明不立案理由通知书》4份、《要求说明立案理由通知书》1份，公安机关立案侦查2件，追诉漏罪5件。

【民事行政监督】 2017年，市人民检察院构建多元化的监督格局，灵活运用督促履职、提请抗诉、检察建议等手段，维护群众切身利益。依法开展行政执法行为监督，发出检察建议19件，督促有关行政部门切实履行法定职责，均被相关机关采纳并予以整改落实。发出执行监督检察建议17件，被市法院全部采纳。经审查认定裁判正确的，主动做好当事人的服判息诉工作，维护司法权威。持续开展虚假诉讼专项监督活动，共查处和移送恶意串通、损害法院权威和其他当事人合法利益的虚假诉讼案件14件，涉案金额1.1亿元，民行部门办理的虚假诉讼案件分别被评为启东市“以案释法”十佳典型案例、南通市检察机关“十大”保障民生典型案例、江苏省检察机关“十大”保障民生典型案例。

【刑事执行活动监督】 2017年，市检察院办理羁押必要性审查案13件13人，成功变更强制措施8件8人。开展指定居所监视居住执行监督10件10人，办理指定居所监视居住执行违法违规案件2件，进行强制医疗执行检察监督2次，办理监管场所在押人员控告、举报和申诉案件2件，进行监外执行检察，办理收监执行提请审查案件2件2人、监外执行（社区矫正）执行违法（违规）案件1件1人。对监外执行检察工作中发现的审判机关未按规定交付执行导致罪犯漏管的问题及时发出检察建议，得到法院采纳和回复。

【公益诉讼】 2017年，市人民检察院围绕食品药品安全、生态环境和资源保护、国有资产保护和国有土地使用权出让等领域，审查公益诉讼案件线索9件，发出公益诉讼诉前检察建议3件。其中针对企业非法填埋污染物的情形，建议环保部门责令污染企业处置污染物、修复受损的生态环境，见证环保部门与污染企业签订《生态环境损害赔偿（修复）协议》，并持续跟进监督，确保受污染环境得到及时整改修复。针对国有资产流失问题，协助财政部门向某中学和某公司成功催缴拖欠的城市基础设施配套费、国有土地出让滞纳金共计百万余元。

【反腐倡廉】 2017年，市人民检察院立案侦查贪污贿赂、渎职侵权案件15件24人，挽回直接经济损失340余万元。紧盯民生领域职务犯罪动向，严办发生在群众身边、影响群众利益的贪腐案件，先后查处该类案件7件11人。严肃惩治行贿犯罪，重点打击多头、多次、“围猎”干部的行贿犯罪，依法立案侦查行贿犯罪3件5人。开展职务犯罪追逃追赃专项行动，将潜逃两年半涉案金额近百万元的南通市某盐业公司计财科原科长顾某抓捕归案。反贪部门办理的原锡通科技产业园副主任、通州区张芝山镇党委书记丁某受贿案被评为全省检察机关反贪“十大精品案件”。加大查办渎职侵权犯罪力度。依法查办冯某滥用职权、私分国有资产案，江某、龚某玩忽职守案。履行反渎职侵权工作职能，参与安全生产事故处置7次，督促市安监局及其他相关职能部门及时公布安全生产事故调查结果，做好舆论的疏导工作，把安全生产事故的社会影响降到最低。

加强职务犯罪预防。开展预防分析调查活动6次，形成预防调查报告2篇、类案分析报告1篇、检察建议2份。为市政、交通、水利等工程提供“法律体检”，查询行贿犯罪档案2254次。组织检察长宣讲团走进市国土局、行政审批局、卫计委、人民医院、边境检查站等部门开展警示教育宣传活动。制作的预防职务犯罪警示教育专题片《迷失航向的渔政执法船》获评南通市优秀专题片。

【社会管理综合治理创新】 2017年，市人民检察院引入律师参与化解和代理涉法涉诉信访案件，建成化解矛盾、平息诉争的检察工作对接平台。全年共妥善处理各类群众控告、申诉、举报371件、202人次。试行的“受理审查报告制度”受到江苏省、南通市检察院的肯定，并在南通市推广使用。控申接待室连续9年被最高检察院评为全国文明接待室。

【检察体制改革】 司法责任制改革。实行以员额制为核心的检察人员分类管理。共遴选出39名员额检察官，全部配置到司法办案一线，建成三类人员（员额检察官、检察辅助人员、司法行政人员）管理体系。检察权运行新机制不断完善。按照“谁办案、谁负责”原则和案件终身负责制要求，明确权力清单、健全案件质量评查、错案责任追究和检察官业绩考评机制，以检察官为主体的办案模式基本形成。坚持入额领导办案常态化、制度化，入额院领导共办理各类重大疑难复杂案件64件，入额中层干部实体性办案数量均占所在部门办案数量70%以上。“礼飞案管工作室”实现检察官司法档案流程监控情况档案自动化。全年自动生成员额检察官流程监控司法档案220条。

监察体制改革。做好反贪污贿赂、反渎职侵权、职务犯罪预防等部门的机构、编制、人员、装备、案件线索、档案资料情况的调查摸底工作，做好监察体制改革试点前期筹备工作。

【社会矛盾化解】 2017年，市人民检察院妥善处理各类控告举报线索371件。创新建立危机状态应急监督机制和社会风险信息无缝对接机制，引入律师参与化解和代理涉法涉诉信访案件，建成化解矛盾、平息诉争的检察工作对接平台。25起案件因及时启动风险预警，有效避免因矛盾激化影响办案效果。

（黄诗谕）

法　院

【概况】 2017年，启东市人民法院共受理案件15883件，审执结15042件，同比分别增长15.75%和12.17%，案件受理数、结案数再创新高，总结案数、法官人均结案数继续保持南通前列。市人民法院先后获“全省法院档案工作先进集体”“南通法院系统集体三等功”等10余项荣誉，20余名干警分别获“全省优秀人民法庭庭长”“全省法院执行系统先进个人”“南通好青年”等称号。22篇论文被《人民司法》等刊物录用，12篇论文在省法学会、省法官协会等学术研讨会中获奖，6篇案例被最高法院年度案例录用。

【刑事审判】　2017年，市人民法院受理刑事案件682件，审结652件。依法审结王某持刀抢劫案、成某贩卖毒品案、“龙鼎”聚众斗殴案等一批社会关注度较高的案件。审结食品安全犯罪案件17件19人，对被告人均判处有期徒刑以上刑罚，并下达从业禁止令。审结贪污贿赂犯罪案件7件7人。组织交通肇事案件巡回审判和毒品类案件集中宣判等专题活动，增强公民守法意识。

【民商事审结】　2017年，市人民法院注重区分案件复杂程度，合理分配审判资源，做到“简案快审、繁案精审”。共受理民商事案件9983件，审结9785件。其中小额诉讼和简易程序适用率73.95%，审理速裁案件792件，结案704件，调撤率65.48%。运用调解方式解决婚姻家庭、邻里纠纷、损害赔偿等民事纠纷，该类案件调撤率62%。

针对房价波动引发的房屋买卖纠纷频发趋势，审结378件涉房屋买卖纠纷，发布房屋买卖合同纠纷审判白皮书，维护交易秩序、强化诚信意识。审结民间借贷、借款合同纠纷1858件，规范民间融资行为，防范金融风险和群体性事件发生。成功化解盖天力制药、东成工具、宏强重工等一批重点企业群体性劳动争议案件，构建和谐劳资关系。举办第24期“幸福家庭讲习班”，做强家事审判传统品牌，运用“群众说事、妇联说理、法官说法”模式调处婚姻家庭纠纷。发挥物业纠纷多元化解机制，与市城管局、街道办、居委会、物业公司及业主代表召开物业案件协调会，发挥“物业纠纷调处微信群”作用，推进物业纠纷社会自治，使80%以上的物业纠纷化解在诉前。

【案件执行】　2017年，市人民法院执结案件4330件，执行到位金额18.79亿元。与市人民银行、市金融办等金融机构召开“基本解决执行难”联席会议，完善配合机制，提高执行效率。推行“一案一账号”案款管理系统，实现案款和案号相对应，解决执行案款清理难问题。建立“执行110”值班制，全年出警1500余人次。推进执行悬赏工作，共发布悬赏公告3批，对36名被执行人线索进行悬赏。开展夜间集中执行5次，集中强制腾房、腾地12次，共腾房100余套、腾地5块。

【便民诉讼服务】　2017年，市人民法院整合服务职能，完善诉讼服务大厅、诉讼服务网、12368司法服务热线“三位一体”的诉讼服务体系，将诉讼服务中心建成综合性服务平台。畅通诉讼服务通道，采用上门立案、邮寄立案、网上立案等方式，为弱势群体及外地群众开辟立案“绿色通道”，全年共上门及网上立案57件。加强律师工作站和人民调解工作室建设，开展法律咨询和诉前调解等服务，为当事人提供法律咨询400余次，值班律师代写诉状及执行申请487份，参与诉前调解24次。

【司法公开】　2017年，市人民法院通过新闻发布会、微博、微信等形式，公开发布法院重要工作和重大案件。通过12368声讯、电子触摸屏、法院微博等载体，向当事人公开审判、执行流程信息。推进生效裁判文书上网和庭审网络直播工作，通过中国裁判文书网发布生效裁判文书8011份，进行庭审直播1012次。健全网络司法拍卖工作机制，全年157件拍品均在淘宝网挂拍，共成交132件，成交额达4.26亿元。

【民生保障】　2017年，市人民法院依法审结劳动争议、追索劳动报酬纠纷等案件188件，追索劳动报酬700余万元。参与交通事故一体化中心建设，设立巡回审判法庭，对不能调解的案件及时立案、快速裁决，提供交通事故“调诉赔一站式”服务。一体化中心全年审结案件204件，其中调解撤诉92件，确认人民调解协议效力29件。做好司法救助工作，为59名困难当事人发放司法救助金84.28万元，依法减、缓、免交诉讼费57.25万元。

【服务经济转型】　2017年，市人民法院依法及时审结股权转让、投资权益确认等纠纷，规范企业治理结构，提升企业竞争能力。借助破产重组、破产清算等司法手段推动企业转型升级，化解过剩产能。全年审结破产案件25件，召开债权人会议15场，加快“僵尸企业”清理，助力供给侧结构性改革。促成金双喜实业发展有限公司等6家关联企业达成合并和解协议，首创全国关联企业合并和解方案。完成太平洋海洋工程公司重整，促使其重整期间实现产值35亿元。加快出清破产资

7月6日，市法院召开新闻发布会发布房屋买卖合同纠纷审判白皮书
（市法院/提供）

产，促使中源特种货柜、豪威船舶、全益食品等8家破产企业资产被合理收购，促进资源整合。

【全国首创破产合并和解新模式】 2月13日，金双喜实业发展有限公司等6家企业合并和解债权人会议在启东法院召开，会议高票通过合并和解协议草案。这是全国首个企业破产合并和解案例。

2014年，因盲目扩张，举债过多，金双喜集团资金链断裂，包括金双喜实业、南通博金电器、金双喜建材、南通冠金置业、南通威廉姆电器、启东钢瓶厂在内的6家企业相继进入破产程序。

案件进入破产清算后，启东法院认为该企业仍然具有挽救价值，在听取审计评估等中介机构意见后，积极予以引导，先后多次召开会议与债权人债务人反复调解沟通。6家企业的实际控制人向法院表达和解意愿。启东法院决定尝试合并和解新模式。

2015年，启东法院入选全国破产审理方式改革试点单位，着力开展诉转破改革试点，通过在实践中引入"破产不停产"、构建府院联动机制等方式，走出一条具有"启东特色"的破产审判之路。相关经验获最高人民法院、江苏省高级人民法院的肯定。

【知识产权保护】 2017年，市人民法院发挥知识产权审判对科技创新的保护作用，受理侵害商标权、著作权权属、商标合同等知识产权纠纷31件，依法及时审结30件。重点加强对创新程度高、促进产业发展强的知识产权保护，通过司法裁判、巡回普法等形式，强化企业知识产权意识，防范和制止侵犯知识产权行为。与工商行政部门建立保护知识产权联系机制，实现行政查处、司法维权的有效对接。

【诚信建设】 2017年，市人民法院重视防范虚假诉讼，严格证据审查，强化庭审调查，依法惩治虚假诉讼当事人，引导社会公众诚信诉讼。

2月13日，金双喜实业发展有限公司等六公司合并和解债权人会议召开
（市法院/提供）

实施失信人员名单披露制度，在LED显示屏、法院微信公众号等载体公布失信被执行人黑名单，公开曝光失信人员241人，限制1788名失信被执行人乘坐高铁飞机、高消费、对外投资和贷款等行为。严厉制裁违约失信行为，实施司法拘留166人，限制出境31人，司法罚款5人，移送公安机关追究刑事责任19件23人，作出有罪判决2件3人。

【法院体制改革】 2017年，市人民法院开展员额法官增补工作，新选任员额法官7名。建立员额法官动态管理机制，4名法官退出员额。出台《法官、审判辅助人员和司法行政人员绩效考评办法》《聘用制书记员绩效考核方案》等文件，规范院庭长审判监督管理职责。全面落实院庭长办案，院庭长办结案件6991件，占结案总数的46.48%。

（倪栋威）

司法行政

【概况】 2017年，全市司法行政系统办理法律援助案件1064件，其中刑事案190件、民事案874件，办理司法鉴定120件。全市律师事务所有8家，有执业律师75人，其中专职律师74人、法援律师2人。全市建成市级法治文化阵地89个。市法律援助中心获评全省法律援助工作先进集体。

【基层建设】 2017年，市司法局组织开展司法所业务装备配备情况和装备需求调查、标准化建设需求调查，加强基层装备，推进标准化建设。新建或扩建镇级公共法律服务中心7家。在启隆镇"绿地长岛"建设工地、吕四港渔港市场、启东市长途车站、文峰大世界、启东市第三人民医院设立5个"法律诊所"，自5月底起正式运行，由律师、法律服务工作者、调解员每月开展1次以上服务，并做好服务记录。

【社区矫正管理创新】 2017年，市司法局结合社区服刑人员易犯罪人群的年龄结构、犯罪类型、矫正表现等因素，制定《启东市社区服刑重点人员管控办法》。对社区服刑人员开展排摸，锁定重点人员，实施分级处遇，提高教育管控实效性。全市有社区服刑人员335人，其中重点人员38人。在南通地区首家启用生物智能考勤系统，对社区服刑人员的教育学习、社区服务全面启用线上考勤。对手机定位监控系统进行项目升级，增加范围监控提醒功能和电话呼叫子系统功能，提高定位监控的频率和数据的保存。对重点社区服刑人员推行电子腕表定位监管和手机定位监控相结合的双重监管模式。加强执法记录仪、矫务通等执法设备的使用，确保执法活动的规范和相关证据的有效保存。开通启东司法微矫务公众平台，用于社区矫正管理活动的交流及展示。

【安置帮教】 2017年，市司法局依托司法部和江苏省安置帮教信息管理系统，加强资源共享和信息互动，及时核实反馈新入监服刑人员基本信息，对预释放人员及时发送衔接回执，核实率、回执率均达100%。落实重点对象的必接措施，将重点对象的必接工作纳入综治基层基础杯考核，最大限度预防和减少重新犯罪。开通远程视频会见，方便服刑人员家属。帮扶特困人群及其未成年子女，市镇两级共发放帮扶金1.9万元。

【公共法律服务】 2017年，市司法局对村（居）“一对一”法律服务人员进行调整，共有62名律师参与“一对一”服务。完善村（居）“一对一”法律服务工作方案，引导律师和基层法律工作者重点在接待咨询、法制授课、参与矛盾调解等方面做好服务工作。强化督查考核，坚持每月一考核、每季一评定，平时不定期组织督查。各村法律顾问与村委、村民建立“法润民生微信群”，进村入户宣传法律、提供法律服务的积极性普遍提高。

服务行业建设，建立健全司法行政机关、行业协会和法律服务机构三个层次的投诉查处工作体系。开展“法企同行”活动，结合“走帮服”活动，动员全市律师、法律工作者走访法律顾问单位，深入了解企业遇到的经营和涉法问题，为企业经管人员开设法制课。律师参与涉法涉诉信访化解100余件。

【法律援助】 2017年，市司法局共办理法律援助案件1064件，接待来电来访咨询10706人次。开展法律援助“巡援”活动。为60多位行动不便的受援人提供调查取证、代书、办理法律援助手续等相关法律服务。开展“法治阳光温暖老龄”服务活动，为符合法律援助的50多名老年人提供法律援助。健全完善法律援助点援制，为182人提供法律援助点援服务。联合民政、总工会、残联，开展助残扶残、职工工伤法律援助一站式服务。对涉及农民工工伤及劳务报酬纠纷的案件，实行“零门槛”办理。实施法律援助“免审互通”工程，与有关部门对接数据，建立受援人信息共享平台，对农民工、孤儿、低保困难群众、重度残疾人等弱势群体申请法律援助，无需提供经济困难证明材料，直接受理审查指派办理。

12月12日，启东市《沙地普法名嘴》微联盟专场汇报演出在市文化馆举行
（潘　杨／摄）

【公证服务】 2017年，市公证处落实便民措施，减少公证证明材料，减免办理公证费用。全年办理各类公证11550件。其中，国内民事类8520件、国内经济类540件、涉外涉港澳台类2490件。

2017年，启东房地产交易量持续火爆，涉房委托公证大量增加。公证人员严格审查当事人的身份信息以及不动产信息，办理近千件涉房公证。开展“公证进农村”“公证助残月”活动，宣传公证法律知识和公证基本事项、程序。

【法治宣传品牌建设】 2017年，市司法局推进“沙地普法名嘴东疆行”“法润东疆·春风行动”“美好生活·德法相伴”等品牌活动，扩大法治宣传的覆盖面和影响力。“沙地普法名嘴东疆行”活动，用宣讲和文艺表演的方式到各村居开展普法，演出200多场次。组织“法治惠企”活动，引导律师和法律工作者为企业提供律服务，加强企业经营管理人员学法用法。

（卜跃明）

军事

责任编辑：黄亦美

人民武装

【国防后备力量建设】 2017年，启东市人武部推进国防动员准备。严格落实改革期间战备工作要求，突出抓好重大节日和敏感时段战备值班。组织国防工程普查，系统完善全区135个工程资料档案。组织全市民兵教练员集训竞赛，6个科目在军分区竞赛中获得好成绩。组织全市民兵防汛分队骨干集训，提升防汛技能。动员组织306艘次渔船参加东部战区海上联合侦察行动，在省军区编成内，结合生产作业完成随遇侦察任务。依据潜力拟制民兵组织编组方案，严格把好人员进出关、政治考核关和干部配备关，组织全市312名专武干部、民兵营长民兵基层建设应知应会理论考核。与政府职能部门协调，对全市7大类潜力资源、387项分支内容进行详实调查统计，掌握市国防潜力调查的数量、质量及分布。

【征兵工作】 2017年，市人武部协调市公安局户籍科、市教育局招生办等部门开展适龄青年普查工作，下发兵役证2.5万张，全市18周岁男性公民登记率达到100%。发放征兵宣传册6000多份，悬挂征兵条幅600余条，张贴标语5200多条。制作建军九十周年展板，深入校园开展国防教育和征兵宣传。《启东日报》每周刊登征兵宣传稿件，及时宣传征兵工作中涌现出来的好人好事。9月21—27日，在启东中等专业学校，组织体检、政治考核“双合格”的应征青年役前训练。市人武部完成征兵任务，其中大学生占新兵总数的74.5%，高于上级58%的指导比例。

【双拥共建】 2017年，市人武部继续推进“双百双建”活动，先后投入26万元用于挂钩村盐城市花园街道冒港村道路维修和慰问“五保”户。协调市委宣传部、市文广新局、市教育局等单位开展“共乐东疆”文化拥军活动，协调市广播电视台赴北京、大连、烟台、宁波等地相关部队拍摄启东籍现役军人典型宣传素材，制作播出14集专题片《东疆卫士》。

（全　磊）

人民防空

【概况】 2017年，启东市人民防空工作抓人防工程建设目标任务，创新人防工作举措，各项预期工作目标圆满完成，综合指标在南通各县（市、区）中名列前茅。结合防灾减灾日、警报试鸣日等，组织各类人口疏散及防空防灾演练活动3次，参与人数达2000人。加强全市防空警报体系建设，更新安装13台电声警报一体机，实现防空警报器普查检测工作制度化，警报发放控制智能化，“9·18”防空警报试鸣工作圆满完成。落实人防专业队伍建设和整组工作要求，416名专业队员实名到位。加强人防专业队训练大纲学习，开展“实战化、实案化、实名化”训练演练5次。

【人防工程建设与管理】 2017年，人防工程行政审批工作落实“一站式服务、一站式审批”要求，全年办件218件。所有竣工人防工程资料电子档进入省人防工程普查系统。加强人防工程平战结合使用工作，按照“谁使用、谁负责”的原则，每一个竣工项目都签订人防工程安全使用责任书，明确责任和义务，人防工程平战结合率达90%以上。接受社会监督，对使用中存在的违规行为坚决予以纠正。依法筹集人防易地建设费，完成年度任务841.7%。严格人防经费管理，全面落实人防经费专款、专户、专用规定。全年共检查在建工程49次，参与在建工程各隐蔽阶段的检查。开展汛期检查和专项检查3次，发出整改通知书6份，检查督促相关责任单位整改到位，确保战时有效进行平战转换。完成全市人防工程拉网式安全巡查，并录入人防信息管理平台。

【指挥通信体系建设】 2017年，人民防空组织指挥机制进一步完善，重要经济目标防护和指挥通信保障工作加强，人防指挥所指挥通信平台运行良好，车载机动指挥系统正式启用，和上级民防实时联通无差错、无失误，保障参与“通防-2017”演习圆满完成。

【宣传教育】 2017年，市人防办在“5·12”防灾减灾日、“9·18”防空警报试鸣日、“12·4”法制宣传日，开展人防宣传活动。人防进社区、进乡镇工作有效推进，协助王鲍镇人武部加强规范化建设，提供救灾物资近万元、宣传资料300余份。与东珠新村居委会开展“5·12”防灾减灾宣传活动和应急疏散演习。人防知识教育普及到中小学校，渗透到幼儿园，共展出宣传展板两期，发放宣传手册、人防知识读本1200多份。参与在南苑中学举行的“启东市防灾减灾综合演练”活动。组织机关、学校和社会各界参加全省民防知识竞赛，共有42人在竞赛中获奖。

（陈 华）

消 防

【概况】 2017年，启东市公安消防大队共接警836起，出动消防车1533辆次、消防员7612人次，扑灭火灾748起，抢救被困群众30人，抢救财产价值8250万余元。共检查单位4839家次，发现火灾隐患数10947处，督促整改火灾隐患数11030处，下发临时查封决定书25份，责令“三停”34家，罚款209.9万元，拘留10人，挂牌督办的重大火灾隐患单位2家销案；各派出所共检查单位7087家次，发现火灾隐患2607处，督促整改火灾隐患1862起，罚款31.23万元，拘留9人。全市8支政府专职消防队，全部完成星级评定的申报工作。

【社会单位消防安全管理】 2017年，市公安消防大队及公安派出所持续加强对社会单位消防管理工作指导，督促社会单位落实“六加一”（开展一次消防安全风险评估，组织检测一次电气和燃气线路设施，签订一份消防安全承诺书，对维护保养一次消防设施，全面清洗一次油烟管道，集中培训一次全体员工，并在此基础上建立一支志愿消防队）措施。完善“户籍化”消防安全管理档案，至年底，98%的重点单位落实“户籍化”制度。联合市信用办，将不依法履行消防安全职责的单位纳入诚信系统，对存在隐患的100余家单位集中约谈，对存在较大隐患的8家单位单独约谈指导整改。推动社会单位安装独立式感烟火灾探测报警器1350只、简易喷淋40套、电气火灾监控系统35套、电动车集中停放点50个。指导推进全市二、三级消防安全重点单位完善微型消防站规范化建设，对单位微型消防站定期进行拉动演练，加强与专职队的联勤联动。深化2个商业集中区、1个化工园区的4个区域联防联勤组织建设，定期检查指导，落实区域联防组织相关工作。推进行业系统消防安全监管工作，指导养老场所、医疗机构、教育、宗教系统等开展消防安全管理达标创建活动，针对各行业单位发现的火灾隐患，及时抄告相关行业部门，发出交办单、建议函等20余份。

【消防监督管理及执法】 2017年，市公安消防大队开展电气火灾隐患综合治理，对在自查自纠过程中发现问题的30余家单位，联合相关部门进行复查和指导帮扶。联合市住建局、公安派出所开展高层公共建筑隐患排查，联合市城管局指导高层小区物业服务单位开展示范小区评比活动，督促高层小区落实消防楼长制。指导全市70个小区开展自查自纠，联合公安派出所、住建局、城管局等检查高层建筑300栋，发现隐患30余条，督促整改隐患30余条。落实消防支队行政审批“6+1”（窗口受理，任务分工，项目承办，复核审批，盖章送达，告知回访和重点项目）措施，与行政审批局、重大项目办协作，服务好驻地重大项目、“双百”工程。

【消防应急救援】 2017年，市公安消防大队完善“营区、单位、基地”三位一体组训体系，共修订消防应急救援预案103份，开展“六熟悉”（熟悉消防队责任区的交通通道、水源情况；熟悉责任区内重点单位的分类、数量及分布情况；熟悉责任区内主要灾害事故处置的对策及基本程序；熟悉责任区内重点单位建筑物使用及重点部位情况；熟悉重点单位内部的消防设施情况；熟悉重点单位的消防组织及其灭火救援任务分工情况）600余次，实战演练465余次，大队级“全过程、全要素”实战演练11次。加强应急救援装备配置，争取市财政支持，投入420余万元购置豪士科高层供水车，投入960余万元购置53米云梯车，并根据“4+X”作战编成配置标准以及轻型化工编队器材配备标准，投入212余万元采购缺配的器材装备，推动装备建设从数量规模型向质量效能

3月16日，消防大队开展“3·15”假冒伪劣消防产品集中销毁活动

（潘 杨/摄）

型转变，提升灭火救援核心战斗力。

【消防宣传教育】 2017年，市公安消防大队消防宣讲团联合市委宣传部、市安监局、公交公司、街道办、市市管局等部门开展消防宣传“进企业”“进村（居）”“进公交”“进电梯”“3·15”消防产品打假宣传等活动。消防宣传教育培训中心共授课100余次，培训5万余人，消防站开放50余次；发放、张贴宣传资料5万余份，投放（悬挂）宣传标语、视频3万余条，微信平台每日发布宣传信息。

（王季林）

公安边防

【概况】 2017年，启东市公安边防大队不断深化爱民固边战略，群众见警率、识警率与满意度得到显著提升。部署开展固边系列专项活动、五项基础管控集中攻坚会战、出海船舶边防治安管控专项整治等专项活动，全年侦破查处各类刑事治安案件164起，抓获网上逃犯6人。做好十九大期间安保工作。连兴港边防派出所先后代表大队接受公安部边防管理局量化考核组、江苏省委维稳工作领导小组、江苏省社会矛盾和安全隐患大排查大整治行动第六督察组的检查督导，得到领导的肯定。吕四边防派出所被公安部表彰为全国优秀公安基层单位，并作为公安部唯一代表汇报文明创建经验。五仓港边防派出所联合驻地党委政府完成法治微电影《身边人》拍摄工作。茅家港边防派出所2016年9月“救助深陷滩涂老人”新闻获评部局2016年度“好新闻”十佳电视类新闻，并被评为江苏省电视类新闻一等奖。连兴港边防派出所救助国家保护动物系列报道先后被中央、省、市媒体刊载。吕四港边防派出所抗击台风、救助群众等事迹先后被中央电视台、江苏电视台等媒体报道。

【公共安全监管】 2017年，市公安边防大队推进安全隐患大排查大整治，确保辖区不发生重大公共安全案事件。加强易制爆危险化学品和寄递物流业治安监管及安全监管整治，各级先后召开重点行业集中管理会，对宾馆、网吧、出租房等治安复杂场所进行滚动式排查整治，对涉危涉爆企业、加油站等安全隐患突出的场所开展明察暗访。年内，大队各级共组织清查211次，对辖区32家重点部位开展检查200余次，登记流动人口2300余人，排除安全隐患121处。市公安边防大队侦查办案队会同塘芦港边防派出所共同破获一起盗窃现金10万元案件。连兴港边防派出所成功捣毁一非法销售、存储成品油窝点，现场抓获犯罪嫌疑人5名，当场查扣柴油15.34吨、汽油9.38吨，涉案价值200余万元。吕四边防派出所捣毁一处非法存储烟花爆竹仓库，当场收缴非法存储烟花741箱、鞭炮606盘，查获一非法运输成品油油罐车，查扣国Ⅴ标准柴油20.5吨。

加强辖区涉访重点人员、涉恐涉疆人员以及高危人群的管控。十九大安保期间，确保辖区172名重点人员和10名肇事肇祸精神病人列管到位，成功劝反6名重点人员。塘芦港边防派出所会同反恐部门第一时间掌握新疆籍维吾尔族人员进入边防辖区动态。

【港船管理】 2017年，市公安边防大队探索推行船舶分级分类管理、信用积分制管理等新模式，加强与涉海职能部门的联勤联动，先后组织7次海上联合执法，打击违法浮子筏作业生产的行为。全年查扣、拆解违法浮子筏16条，办理船管案件232起。针对港口区域治安乱点盲点以及消防安全隐患，采取走访摸排、重点管控、建立档案和联合处置等方法，严格打击违法行为，消除港区生产安全隐患，港口治安状况较往年有明显改观。年内，成功破获5起非法捕捞水产品案，抓获犯罪嫌疑人15人。十九大安保期间，茅家港边防派出所成功劝阻一起“三无”船舶违规载客10余人出海事件，及时消除港口安全隐患。

【爱民固边】 2017年，市公安边防大队围绕完善群防群治力量、促进沿海经济发展、密切警民鱼水关系三项工作目标，支持吕四港镇创建“爱民固边模范镇”。围绕沿海现代农业、先进制造业、新能源产业等产业发展方向，牵头驻地政府，完善社会管理、加强公共服务，户籍办理、出海船舶管理、暂住人口管理等方面成效显著。连兴港边防派出所探索外来流动人口“候鸟式”管理新思路，得到上级肯定。

【矛盾纠纷调处】 2017年，市公安边防大队各级共调处各类纠纷2353起。连兴港边防派出所联合劳动保障部门，海工园、高新区园区管委会等多家部门，在恒大警务室建立劳资纠纷调解站，年内成功调解各类劳资纠纷26起，协调工资款项3200余万元；塘芦港边防派出所成功调处一起因池塘承包问题上访9年的纠纷；十九大安保期间，茅家港边防派出所、连兴港边防派出所分别成功化解一起疑难信访积案。

【重大项目工程服务】 2017年，吕四·魁北克海洋文化艺术之城奠基开工，广汇LNG码头启用，长甲集团长泰海滨城项目开工建设，另有一大批百亿元以上项目在边防辖区开工或投产。大队各级对辖区省、市级重大建设项目逐一指定责任民警，全权负责该项目的管理服务工作，定期了解企业项目生产经营情况，掌握相关诉求，靠前帮助解决生产经营难题，规范内部管理秩序，净化治安环境。蒿枝港边防派出所发挥警地共建优势，倡导建立政府牵头、各职能部门主导、企业参与的涉企纠纷联调联处机制，整合相关资源形成纠纷联调合力，建立不同层级的响应机制，分级分类开展调处工作。连兴港边防派出所根据治安防控需求，指导辖区企业项目对内部视频监控系统进行扩容升级、整合优化，实现对厂企重点场所、要害部位视频监控的全覆盖，全面提升治安防范水平。

（陈海鹏）

综 述

位于启隆镇的嘉仕有机农业发展有限公司蔬菜大棚 （潘 杨/摄）

【概况】 2017年，全市“三农”工作取得显著成绩，全年实现农业总产值138亿元、渔业总产值65.8亿元、农民人均可支配收入21691元。完成规模农业项目投入29.3亿元，新增高效设施农业面积1.5万亩，新建高标准农田面积19.01万亩，农业科技进步贡献率达65.8%，列南通各县（市）第一。新增完成造林绿化1.85万亩，圆陀角滨海湿地获批设立省级湿地公园。农村土地承保经营权确权颁证基本完成。坚持精准扶贫、精准脱贫，完成4406户家庭脱贫任务。在全省率先出台因病致贫家庭救助办法，首批救助1871人，发放救助金1406万元。2个农产品获国家农产品地理标志认证。至年底，全市累计有5个国家农产品地理标志。3个镇入选省农业特色小镇，启东市获评全国平安渔业示范县。

全市完成项目农业投入29.3亿元，比上年增长28.3%。高效农业面积达70万亩，供沪农产品直销基地面积发展至3.1万亩，创建全国一村一品示范村、全国农村创业创新园区（基地）数量占南通市二分之一。实现农产品电商销售额1.38亿元，比上年增长20%。市获评中国最美渔村、全国休闲渔业示范基地、国家四星级休闲农庄各1个，建成休闲农业项目110个，全年接待游客300多万人次。一二三产融合发展获省级试点。新增远洋渔船6艘，减少近海捕捞渔船29艘，市获评全国

2017年启东市获省级以上认证或荣誉称号单位（产品）

表6

所获认证或荣誉	获评单位或产品
全国一村一品示范村	王鲍镇庙桥村
全国农村创业创新园区、江苏省级现代农业产业示范园	启东现代农业产业园
全国农村创业创新基地	江天生态园
全国“最美渔村”	吕四港镇
全国休闲渔业示范基地	启东黄金海滩景区
全国休闲农业与乡村旅游四星级示范企业	启东市印象沙地文化发展有限公司
国家农产品地理标志	启东绿皮蚕豆、启东沙地山药
江苏省农业特色小镇	惠萍水果小镇、合作花海小镇、启隆乐享有机小镇

平安渔业示范县（市）。新增省级农业龙头企业2家、家庭农场6家，新增“全托管”服务主体76个。

全市新建高标准农田19.01万亩，农村河道疏浚、沟河贯通、宅坺整治、浜沟填埋等工程持续推进，疏浚土方589万立方米，完成占补平衡面积5996亩，获得省小型农田水利工程管理绩效考评优秀等次。中央财政小型农田水利重点县工程、省级农村河道疏浚整治项目全面竣工。农村道路、供水、供电、通信等基础设施不断完善，实施农村公路提档升级150公里，区域供水通久线、崇启线加快推进。

市整治畜禽养殖污染，关闭畜禽养殖场269家。推进秸秆收储利用，秸秆机械化还田面积超过15万亩，还田率达82%。新增成片造林绿化面积1.85万亩。重点开展河坡桥头、公墓、老集镇等环境专项整治行动，全面实施农村生活垃圾收集设施提升工程，农村环境整治信息化管理、服务外包、农村生活垃圾分类处置等工作走在南通前列。全市创建南通市农村环境长效管理工作示范镇2个、南通市级“美丽乡村”2个。推行河长制，实现河道整治全覆盖，市连续多年获得省农村河道长效管护考核第一等次。

农村土地“三权分置”改革稳步实施，土地确权登记颁证工作基本完成；农业适度规模经营有序推进，土地流转面积达50万亩，占总耕地面积的47%。全面推进农村集体资产资源流转进场交易，市镇两级农村产权交易平台完成交易额1.25亿元。农业保险覆盖面不断扩大，高效农业保费占比达70%。创新农村集体“三资”管理，“阳光行动”、第三方审计、村级用工管理经验做法在南通推广。供销合作社综合改革、农村水利改革扎实推进，水利工程划界确权工作全省领先。

2017年，农民人均可支配收入增幅连续7年高于城镇居民，城乡居民收入比例缩小到1.88:1。实施省扶持村级集体经济发展试点项目，整合南通市第二批薄弱村建设项目，获得上级财政资金4480万元。新增村级固定资产8000多万元，全市村营收入超1亿元，所有村村营总收入超35万元。“阳光扶贫”监管系统建成运行，在全省率先实施因病致贫家庭救助办法，建档立卡低收入农户中4406户6805人脱贫，累计脱贫率达74%。

（刘锦华）

【高标准农田建设】 2017年，全市建成高标准农田19.01万亩，占比比上年提高18.5个百分点，全面完成建设任务。建成的高标准农田通过集中流转，推进土地规模化、集约化经营，规模效益明显增加，高效农业面积占比达54%。

【农业技术服务】 2017年，市农委继续开展以科技一村一名农技员、“科技三下乡”、农业职业技能培训和“农技110”咨询为主要内容的为农服务工作，普及农技知识，推广新技术、新品种，加强基层农技推广服务体系建设，推动农业科技成果进村入户、落地见效。共举办农业职业技能和农产品电子商务培训26期，培训4402人。全年共组织农技人员100多名驻村蹲点，确保村村都有农技人员。推进农业与科技对接，促进产学研协同创新，与市科技局联合发布启东市农业新品种新技术推广指南。全市四大主导产业良种覆盖率达98%以上，新技术应用覆盖率达97%以上。

【农业行政执法】 2017年，全市开展春季农资打假护农专项整治行动、种子市场专项整治行动、肥料市场专项整治行动、春季农药（除草剂）专项整治行动、夏季百日行动五个专项整治行动。全年累计出动执法582人次，检查农业投入品销售场所235家，共抽检农资样品127个，其中种子38个、肥料27个、农药45个、兽药17个，共查处案件11起，其中农药2起、肥料6起、兽药3起，已结案11起，办案准确率100%，涉案金额6.02万元，挽回经济损失17万元。全年受理电话、来信、来访投诉、举报案件及督办案件2起。

（张凯杰）

种植业

【概况】 2017年，全市农业实现产效并举。现代农业稳步发展。全市高效设施农业面积新增1.5万亩，累计达23.92万亩，占总耕地面积的22.34%。全市新建规模以上设施大棚（钢架大棚、钢架连栋大棚、竹架大棚、智能温室等）面积0.35万亩。传统农业生产形势总体平稳。结构调整取得初步成效，四青产业、果蔬产业、特色产业稳步发展，露地蔬菜生产特色凸显。启东绿皮蚕豆、启东沙地山药获评国家农产品地理标志。

3月14日，近海镇海丰镇村开展高标准农田建设　（潘　杨/摄）

【粮棉油生产】 2017年，农作物生产形势平稳。全年粮食总产量27.81万吨，比上年增长6.4%。其中，夏粮产量8.46万吨，比上年增长3.4%；秋粮产量19.36万吨，比上年增长7.8%。油菜亩产213.5公斤，比上年增7.32%；小麦亩产359.9公斤，比上年增9.68%；水稻亩产506.9公斤，比上年减5.80%；玉米亩产420.6公斤，比上年增2.91%；大豆亩产144.7公斤，比上年增2.77%；棉花亩产74.9公斤，比上年减2.79%。

【蔬果生产】 2017年，全市蔬菜播种面积稳定在70万亩，蔬菜总产量120万吨左右，蔬菜总产值18亿元以上，总体上蔬菜产品较为丰富，市场供应充足。根据全市10个蔬菜生产信息监测点调查，青蚕豆、青毛豆等豆类蔬菜产量与效益相对稳定，部分茄果类、瓜类、豆类、叶菜类蔬菜生产受天气和价格行情影响较大。以青毛豆、绿皮蚕豆为主的“四青作物”种植面积稳步增加，“地产三宝”（香沙芋、香芋、山药）、韭菜、洋扁豆、青皮长茄等启东特色蔬菜知名度不断提升，其特点表现为产品优势明显，市场需求发展潜力较大，生产规模渐增；农业生产接轨服务上海市场不断深化，蔬菜安全生产水平整体有所提升。

【农产品质量建设】 2017年，全市获无公害农产品认证的农产品352个，比上年增加55个，产量105.86万吨，比上年增加55万吨，占可食用农产品(种植业）产量比重为55%；获绿色食品认证的农产品有7个，产量为3175吨，占可食用农产品比重为0.255%；获得有机食品认证的农产品为48个，占可食用农产品比重0.0543%。开展无公害农产品监督抽检和蔬菜农残例行监测工作，对食用农产品生产基地进行农药残留监测，至年底，共检测农产品样品7300个，其中定性检测6600个、定量检测样品700个，检测合格率为98.8%。完成省、市级农产品例行抽样、监督抽样任务18次，共抽取样品350个，合格率达98.50%。

（张凯杰）

养殖业

【概况】 2017年，全市生猪出栏量33.67万头，其中大中型规模养殖出栏量24.38万头，规模占比72.39%（超过省定规模比重72%的目标），大中型规模养殖场出栏量占比不断加大，比上年高出5个百分点。全年家禽总出栏量1472.27万羽，肉鸡总出栏量1085.80万羽，其中规模出栏量985.47万羽，规模出栏占比90.76%；年末蛋鸡存栏169.55万羽，其中规模养殖存栏146.36万羽，规模占比84.32%，比上年增加0.09个百分点。年末奶牛存栏1040头，其中规模养殖1040头，规模占比100%，比上年增加1.35个百分点。山羊全年总出栏量86.88万头，其中规模养殖出栏量6.86万头，规模占比为7.89%。完成动物疫病免疫工作，全市未发生一起重大动物疫情。

【动物卫生监督】 2017年，市农委加强生猪产地检疫和屠宰检疫的管理，全年共检疫生猪55.48万头，其中产地36.3万头、产品19.18万头，全部实行电子化出证。加强对规模养殖场的防疫监督和畜产品质量监管，开展禽蛋质量安全、饲料生产经营和养殖环节非法添加物紧急清查、兽药残留等畜产品质量安全专项整治行动，确保全市不发生一起重大畜产品质量安全事故。继续开展生猪“瘦肉精”检测和病死动物无害化处理工作，全市共抽检生猪2.34万头份，无害化处理病死生猪2.21万头。

【畜禽粪污治理】 2017年，市农委统筹畜禽养殖与环境保护协调发展，深化推进畜牧业结构调整和转型升级，指导全市畜牧业绿色发展。制定并下发《启东市畜禽养殖布局调整优化方案》，禁养区内28家养殖场全部关停，非禁养区内关停不合格养殖场239家。全年规模养殖场治理率达79.1%。

（张凯杰）

林　业

【概况】 2017年，全市重点实施绿色通道造林、农村区域造林、城建交通绿化、省级村庄绿化示范村建设、省级生态湿地公园建设、造林绿化管护等七大工程，森林资源增速明显。根据南通市检查结果，全市新增成片造林面积1.2万亩，创建省级绿化示范村15个。

【林政管理】 2017年，全市共开展林政执法检查40次，放生野生动物7次。开展森林植物检疫工作，检疫调运植物或植物产品150次，开出

11月6日，合作镇锦荣专业合作社实现规模化大葱种植，图为工作人员操作机械设备为大葱培土　（李存根/摄）

植物检疫证150张、木材运输证150张。严格执行林地征占用审批制度，依法办理林地占用手续。

（张凯杰）

蚕 桑 业

【概况】 2017年，全市投产桑园面积2000亩，共发蚕种2307张，生产蚕茧99吨，平均张种产茧42.9公斤，蚕茧总产值404.52万元，平均茧价40.86元/公斤。通过推广蚕桑资源综合利用技术，稳定蚕桑生产综合效益，全市蚕桑总产值503.52万元，亩均产值2517.6元。全市参加保险蚕种2156.57张，投保率为93.5%，蚕农户获保险赔偿约3.2万元。

（张凯杰）

海洋与渔业

【概况】 2017年，全市下辖渔业镇1个、渔业村8个、渔业服务有限公司7家，有渔业户35852户，渔业人口53203人，其中专业渔民18143人。全年渔业总产量34.92万吨，同比下降3.72%；渔业总产值65.8亿元，同比增长0.02%；渔业直接出口创汇额7800万美元，同比增长11.6%。实施“科技兴渔”工程，全年新型职业渔民培训3000多人次。全年渔民人均收入2.8万元，同比增长16.67%。启东市获评全国平安渔业示范县（市）。

【海洋捕捞】 2017年，全市拥有海洋捕捞渔船（苏启渔）603艘，总功率10.34万千瓦，总吨位85870吨；刺网464艘、拖网36艘、张网55艘、其他48艘。渔获物运销船48艘，养殖渔船18艘。启东渔（乡镇管理渔船）66艘，总功率5453.9万千瓦，总吨位2433吨。渔获物资源特征为鲳鱼、带鱼、小黄鱼等经济鱼类，渔获量14.31万吨，其中鲳鱼1.76万吨、带鱼3.15万吨、小黄鱼1.14万吨，小杂鱼等次生资源产量为5033吨。

【高效现代渔业】 2017年，市新增高效设施渔业面积7500亩，实现渔业项目投入量1.57亿元。江苏源友远洋渔业公司6艘远洋金枪鱼延绳钓船出航生产，这是江苏省唯一的金枪鱼延绳钓远洋项目。接轨上海实现融合发展，与中国水产科学研究院东海水产研究所就建立市、所渔业科技合作达成框架协议。发展养殖新模式，新建2500平方米养殖水槽及120亩循环水面积进行草鱼池塘工业化养殖，惠萍镇庙港村建设100余亩的“稻+扣蟹”“稻+龙虾稻鱼”养殖示范点。2017年，市海渔局被评为江苏省现代渔业建设先进集体。

8月8日，出海捕捞的渔船满载而归　（姜新春　潘　杨/摄）

【休闲渔业】 2017年，市海渔局开发圆陀角旅游度假区、恒大威尼斯水城、吕四仙渔小镇等海洋渔业旅游资源。吕四仙渔小镇经省委、省政府批准，成为江苏省第一批建设的25个特色小镇之一。吕四港镇获评全国“最美渔村”，启东黄金海滩景区获评全国休闲渔业示范基地。

【水产品质量安全监管】 2017年，市海渔局开展水产品质量监督检查，全年完成省级水产品抽检73批次、启东市级水产品质量抽检200批次，合格率均为100%。推进水产品质量可追溯体系建设，全年共有8家单位获“江苏省水产品质量可追溯生产企业”称号。开展全国水产健康养殖示范创建活动，全年新增水产健康养殖示范场2家，复核审证1家。

【强渔惠渔政策】 2017年，市海渔局经过渔民确认、公示，分两批发放2015年国内渔业捕捞和养殖业油价补贴4623万元、566艘渔船。做好2016年渔业柴油补助申报审核和上报工作。开展渔船船东互助保险工作，船东互助保险保额提高到80万元。全年船员保费1732万元，理赔522万元；船只保费750万元，理赔45.5万元。

【减船转产】 面对渔业资源趋紧，渔业减量化生产的趋势，启东市在中央减船转产补助标准基础上，提高地方统筹资金补助标准，逐步实现海洋捕捞强度与渔业资源再生能力相协调。2017年，全市减少近海海洋捕捞渔船29艘，总功率944千瓦。重视帆张网的作业转型，引导渔民不再更新帆张网作业船只，并重点支持转产，全年补助金额431万元。

【渔业行政执法】 2017年，市海渔局加强电力捕鱼管理，联合公安部门开展打击电力捕鱼专项执法行动，电力捕鱼违法行为得到初步遏制。严格执行最小网目尺寸和禁用渔具管理规定，组织开展港口和海上执法，严厉打击“绝户网”等各种违规网具。开展“史上最严的伏休管理”，出动执法人员572人次，渔政船20航次，航程3800海里，查处各类违规捕捞案件89起，移送司法机关19人。

【沿海开发项目服务】 2017年，市海洋生产总值498亿元，成为市国民经济快速发展的重要支柱。市海渔局以沿海开发重点项目为抓手，强化服务意识，促进海洋经济发展。长甲集团在江海产业园建设的龙湾小镇项目、润恒集团投资的中国吕四国际水产品交易中心、恒大集团在圆陀角旅游度假区建设的恒大童世界项目均开工奠基。中远（启东）海洋工程有限公司的项目通过南通海洋经济创新发展示范城市建设项目合规性审查。

【海洋生态建设】 2017年，市海渔局开展兴隆沙生态保护与修复工程，加强海岛属性、形态和资源等保护。工程全部完工，待通过国家海洋局验收。在吕四港海域持续推进现代化海洋牧场建设，实施周围海域人工鱼礁投放和渔业资源增殖放流工程，创新海洋生态发展模式，带动海上休闲旅游产业，推动海洋渔业实现弃捕转牧式良性发展。

【海洋环境监管】 2017年，市海渔局做好通吕、通启运河入海口水质在线监测工作，加强渔业船舶污染与渔港码头废水的收集控制，逐步提升近岸海水水质。强化海洋环境监测工作，通过对海洋环境尤其对近海海域环境污染的监测预报，为整治海洋环境污染和养殖业的病虫害防治提供科学依据。开展“碧海”专项执法行动，加强对管辖海域的巡查执法力度，依法严厉打击破坏海洋环境的行为。全年查处案件6起，处罚240余万元。

【河道管理】 2017年，市海渔局参与治理黑臭水体，对全市所有一二级河道进行执法巡查，摸清真实情况，坚决打击电毒炸等非法捕捞行为。落实“河长制”，对新港河全面巡查。加强对非法捕捞设施（网簖、网箱、拦网、摇网、围网等）的拆除力度，全年查处非法捕螺27起，拆除阻水设施65处。投入30万元资金在市内河开展人工增殖放流活动，放流区域涉及全市所有二级河道及园区，逐步恢复内陆水域渔业资源，保护水域环境生态平衡，实现沟河的长效管理。

（冯　琪）

农田水利

【概况】 2017年，启东市水务局争取省以上水利建设补助资金5022万元，加大水利基本建设。其中北部海堤加固工程补助资金1148万元，水利重点县项目资金2394万元，河道疏浚专项资金530万元，水利工程管理范围划定244万元，省级水利工程维修养护经费290万元，水利建设管护专项资金317万元，河湖采砂执法资金40万元，水资源专项资金59万元。全年水利建设总投入1.39亿元，用于建设农田水利工程、水利重点县工程、堤闸改造工程和防汛抗旱工程等，市水利工程基础设施进一步改善。

【河道疏浚整治】 2017年，全市计划完成河道疏浚土方450万立方米。共计完成疏浚横河135条、泯沟7214条，整治宅坵7436个，累计完成疏浚土方598万立方米；完成沟河贯通涵4071座；完成“占补平衡”填埋泯沟1905条、宅坵1542个，新增耕地面积6451.25亩。省级农村河道项目顺利完工。疏浚整治县乡级河道2条，完成土方3.58万立方米，新建河道护坡2.16公里；疏浚整治村级横河7条，共计疏浚土方5.8万立方米，新建护坡5.27公里，总投资716万元。开发河道管护系统，对市1~4级河道和重点区域的泯沟进行录入和更新工作。全市河道管护系统共有94098个监测点。

【中央财政农田水利重点县项目】 2017年，全市实施2批小农水重点县项目。2011—2013年中央财政小农水重点县结余资金增补项目涉及合作、汇龙、南阳3个镇，工程投入资金1937.85万元。工程主要建设内容为整治河道7条，约长10.6公里；实施护岸工程21.19公里；河坡绿化2.46万平方米；种植乔木、灌木2460株；新建泯沟6米过路涵155座，9米过路涵221座。2017年中央财政农村水利重点县项目，项目区涉及启隆、惠萍、东海3个镇，工

水利重点县项目护岸工程　　（市水务局/提供）

程概算投资约3374.8万元，实际投入资金3396.98万元，工程主要建设内容为疏浚河道1条，长度2.3公里，土方2.01万立方米；整治河道13条，整治总长度约16.7公里，实施护岸29.82公里；草皮护坡5.88万平方米，种植乔木、灌木0.42万株，高效节水灌溉面积700亩。

【"河长制"管理体系】 2017年，全市建立覆盖全市所有河道水系的市、镇（区）、村三级"河长制"管理体系，共有县级河长15人、镇（区）级河长119人、村级河长400人。开展巡河整治。市级河长巡河63人次，交办河长制任务8个大类、772个问题。开展入河排污口整治、岸线治理工程、阻水设施百日清零行动，拆除河岸违章建筑421处，清理岸坡垃圾共665处，清理大型摇网105只、地笼2366只、网簖677只、坝头9处、杂船180多艘。针对河道问题制定"一河一策"整治措施。引入"民间河长"力量，组织建立"社会河长""巾帼河长"和"企业河长"，全市共有40位基层巾帼志愿河长受聘。

【水利工程建设与管理】 2017年，市水务局完成连兴港套闸施工，及桃花洪闸拆建工程省级审计工作。实施启海界至大洋港西海堤加固工程、寅兴垦区及黄海滩涂公司外侧海堤加固工程、启海界至三和港江岸除险加固工程、滨海工业园区外侧大堤内坡防护工程等重点堤段的除险加固工作，总投资约1.3亿元。完成2017年长江水下地形测量项目；完成滨江传化围垦工程施工图审查、长江水域水文监测方案转报批转，做好滨江传化围垦工程的涉水工程施工现场监管工作。完成2016年省级水利工程维修项目、三条港下游护坡维修和蒿枝港码头维修工程的招投标和建设管理工作。继续做好京沪重工码头、崇启大桥至三和港长江岸线综合整治工程等涉水工程建设的监管工作，并配合做好中远船务海工坞扩建项目、蓝岛码头二期施工审查、国瑞置业水系规划等涉水项目改扩建的报批咨询工作。做好启隆镇新河港北延伸配套工程的业务指导；配合新湖集团公司做好圆陀角围堤堤线调整的相关工作；配合圆陀角管委会创建省级水利风景区，该项目通过省水利厅组织的现场考核评估。

【水利工程规划】 2017年，市水务局完成新港闸安全鉴定的审查与报批、新港闸拆建工程初步设计报告的编制和初审。落实启东市城市防洪规划编制单位；完成中央河贯通工程方案编制；完成防汛决策系统二期工程方案编制。配合完成《南通市长江堤防能力提升工程堤线规划》《江苏省入海河口治导线规划》《南通市沿江生态带规划》等规划的现场调研、征求意见和资料收集等工作。

【防汛排涝】 2017年，市水务局对江海堤防、水闸等水利工程设施以及防汛物资配备等进行全面检查，做好各类水利工程水工建筑物、机电设备及其配套设施维护和检修，组织完成水利工程薄弱环节的修复，完成三条港下游东、西侧护坡应急处理工程（2017年中央特大防汛抗旱补助经费项目），及时消除隐患，为防汛及排涝安全做好准备。全市共储备块石3000吨，防汛编织袋18.4万只（含镇、园区）、土工布2.5万平方米、铁丝1.25吨、木材15立方米，帮助省级储备块石1.8万吨。组织大洋闸引江调水40个潮次，排水量为7476万立方米，节制闸引水2746小时，引水量6230.13万立方米，改善内河水质；配合环保部门做好南城河国控断面的换水工作，确保合格水质；针对2017年年夏季集中性强降雨及18号台风"泰利"、20号台风"卡努"所带来的强降雨天气，安排各闸全力排水，保障全市水位平稳。至10月底，共计排涝236闸潮次，排水量为19045.25万立方米。

启海界至三和港江岸除险加固工程　（市水务局/提供）

【水政水资源管理】 2017年，市水务局开展各种执法巡查267次，出动执法人员1130人次、执法车辆256次、执法艇11次，现场处理案件128起，立案查处3起。开展"护江行动—2017""清江行动"、长江河道非法采砂专项整治"回头看"和河湖保护专项执法行动等专项行动，共出动采砂监管执法人员600余人次、执法船艇6艘次、执法车109辆次，摸清境内采砂船舶的数量和停靠位置，完成长江启东段和19条市管河道的基本情况统计汇总工作及头兴港河备用水源地4户码头6座吊机设施拆除工作。做好崇启大桥至三和港岸线综合整治工程采砂现场监管项目。完成胜狮能源装备有限公司二期工程和新村沙绿地集团工程性采砂现场监管工作，通过省级验收。严格水行政审批工作。全年共办理行政许可事项4件（1件不予许可、2件准予许可、1件上报件行政），处罚3件，行政征收共61件。实施最严格水资源管理制度，对30口地下水取水井完成井台标准化建设。开展国家和省级水质监测断面的水质达标整治工作，配合做好入河排污口监管工作。全年共计征收水资源费1159.72万元，水利工程工业水费63.49万元，水利工程农业水费624.61万元。

【小型水利工程登记】 2017年，通过调查摸底确定全市河道及其上建筑物、闸站、灌溉泵站、护岸等6类108057处（座、条）小型水利工程，共计发放小型水利工程登记证1795本。根据工程使用权限，确立市、镇、村三级管护主体，通过服务外包落实管护责任，全市有62个管护公司、1800余名管护人员。小型水利工程登记、工程管护实现全覆盖。小型水利工程登记工作通过南通市级验收。

【农业水价改革】 2017年，根据南通市下达市农业用水总量2.07亿立方米的指标，按照各镇、园区耕地面积，结合农作物用水定额，初始水权分配总量为1.77亿立方米。根据市种植结构及农作物耕种情况，确定吕四港镇锡康村土地流转后水稻种植明渠灌溉、南阳镇农业园区高效节水灌溉2个较典型的试点区，试点区域28台灌溉泵站计量设施安装到位。初步制定《农业水价核定办法》，建立南阳、合作镇用水合作组织2个。

【水利工程划界确权】 2017年，全市完成2016年河道和水利工程划界确权数据录入、市级抽检工作。完成2017年河道和水利工程项目划界范围线桩位和桩牌埋设工作，保持南通市乃至江苏省领先。

（史 璐）

农业机械化

【概况】 2017年，全市农机装备总量持续增长，新增各类农机具1862台（套）。其中大中型拖拉机56台，各类联合收割机26台。全年农机总动力达61.88万千瓦。全年共计发放中央、省补贴资金484.48万元、启东市级财政补贴资金119.76万元，购机补贴惠及全市803户。

【农机安全】 2017年，市农委举办农机获证奖补培训班6期，举办新型职业农民农机培训班1期，培训农机操作人员1060人。发放农机驾驶证31本，审验换证104人，新上牌入户拖拉机63台、联合收割机26台，检验变型拖拉机270台、手扶及小型拖拉机85台、大中型拖拉机334台、联合收割机209台。当年新增拖拉机、联合收割机上牌率为100%。参加农机政策保险农机共436台，无挂车手扶拖拉机实行备案管理1237台。注销变型拖拉机203台、手扶和小型拖拉机47台、大中型拖拉机2台、联合收割机4台、驾驶证8本。全年共开展农机安全检查68次，出动农机监理人员220人次。6月起，与公安、安监等部门开展变型拖拉机联合专项整治，共计检查变型拖拉机700多辆，交警大队累计查扣变型拖拉机130多辆，农机监理所发出挂外省牌照的变型拖拉机查询函145封。

（张凯杰）

农业产业化

【对接服务上海】 2017年，市委农工办主动与上海农业委员会、蔬菜批发市场、上海蔬菜协会等沟通协调，分别和上海市浦东新区农业委员会、中国水产科学研究院东海水产研究所签订战略合作关系，构建全方位、深层次沪启合作新模式。开展现代农业专题招商会28场次，签约项目65个，总投资达120亿元。新引进上海各类农业项目近20家。

【农业产业项目】 全市项目农业投入总量29.3亿元，新增扩建农业项目130个。其中新增扩建农产品加工类项目64个，投入资金9.56亿元。一批重大项目有力支撑全市农业结构调整和产业转型升级。千万元项目投入超25个，总投资10亿元米歌酒庄项目试生产，总投资1.3亿元盖天力中成制药项目建设加快推进。启东君地等企业争创国家一二三产业融合试点。

【适度规模经营】 2017年，全市培育农地股份合作社等新型经营主体60多家，鼓励新型经营主体流转高标准农田，各类新型经营主体在高标准农田项目区流转面积10.5万亩，其中核心区流转土地1.8万亩。王鲍镇庙桥村被评为第七批“全国一村一品示范村”。至年底，全市共有3个村获此荣誉。启东市现代农业产业园、启东市江天生态农庄有限公司分别创建首批全国农村创业

12月26日，启东米歌酒庄黄酒生产线上，工作人员查验封装好的黄酒

（郁卫兵/摄）

创新园区、基地。

（刘锦华）

农村经济管理

【土地确权】 2017年，通过创办农地股份合作社等新型主体，建立土地流转风险防控制度、构建新型经营主体政策扶持体系、推进高标准农田建设等举措，探索土地集约经营新模式，进一步激发土地资源活力。农村土地承包经营权确权登记颁证基本完成，农户证书发放率达93%，基本完成市级整体验收和档案装订扫描工作，土地确权工作质量和进度位居南通前列。

【“三资”管理创新】 2017年，启东市创新农村财务公开方式。开展农村集体“三资”管理“阳光行动”试点。137个村建立“三资”微信公众号，占比达53%。推进村级非现金结算试点。4个镇66个村开始启动村务卡结算，杜绝村级现金支出。试点第三方审计机制，提升对村级财务专项审计的专业化、规范化水平。牵头开展“扶贫民生领域补贴发放不规范问题专项整治行动”，开展全市性农村“三资”管理整改，对13个镇（区）农经站和25个村进行抽查，整改问题1000个以上，进一步提升农村“三资”管理水平。“阳光行动”、第三方审计、村级用工管理在南通全市推广。

【合作组织规范】 2017年，启东市通过竞争立项，争创省农地股份合作社试点，争取省级扶持资金2000万元。制定农地股份合作社实施意见，指导10个村成立村集体经济组织领办的农地股份合作社，实行村集体自主经营的模式。指导“苏合”联社创建南通六县（市）第一家“优菜”网专业农产品电商平台。发展合作社新业态，指导成立2个民宿合作社和5个综合社，助推乡村旅游和村级经济的发展。创建省合作社整体规范县，优化调整合作社名录库，实行名录内合作社代理服务全覆盖，规范合作社的组织机构、民主管理、财务核算、经营服务，培育农武、恒富隆、多吃点等一批国家级重点合作社。

【村级集体经济】 2017年，市通过竞争立项，争取省级村级集体经济发展试点项目，获得省财政资金3200万元。确定30个村开展试点工作，其中10个村由集体领办农地股份合作社，20个村发展物业经济，探索村集体经济发展新模式。加强对江苏省、南通市扶持的188个经济薄弱村物业项目实施绩效管理，确保物业项目取得长效收益。发展村级物业项目的20个村，其中16个村每村新增固定资产300万元，每年可新增集体收入15万余元；4个村每村新增固定资产200万元，每年新增集体收入10万余元。对王鲍镇新购置的村级物业项目，及时落实财政扶持资金，市财政给予补贴160万元。通过资源利用、资金增值、土地流转、资产运营等方式，多渠道增加村营收入，新增村级固定资产8000万元以上，全市所有村收入超35万元，50%的村达50万元，20%的村达70万元，全市实现村营收入超2.2亿元。

【精准扶贫脱贫】 2017年，市委农工办统筹落实扶贫政策，继续为建档立卡低收入农户缴纳居民基本医疗保险、免除城乡居民医疗保险和大病保险个人缴费部分，共计241.54万元，免除低收入人口一事一议筹资筹劳29.90万元，秋季补助困难学生26.36万元。免除低收入农户缴纳政策性农业保险个人缴费部分1.17万元，增强低收入农户保障能力。重点支持103户低收入农户因地制宜发展种植、养殖业和传统手工业，实现户均年增收1万元左右。推进光伏扶贫试点，为4户低收入农户发放光伏扶贫贷款9.6万元。落实有劳动能力的低收入人员公益性岗位520个。忠辉合作社理事长倪忠辉获省“十佳脱贫致富奖”。开展低收入动态调整。组织实施扶贫领域专项整治，对建档立卡低收入农户逐户开展核查，逐一比对收入、车辆、住房等信息，实现精准识别有证可查、精准扶贫有据可依。将符合条件的全部纳入低收入人口系统，不符合的及时清退。开展扶贫手册专项检查工作，精准掌握各结对帮扶单位和个人帮扶情况，督促提升帮扶成效。推进“阳光扶贫”监管系统建设。牵头对2016年、2017年的8个部门30类资金和8万多人的119万条数据录入、导入，建立结对帮扶APP督查体系，全面开展结对帮扶走访活动。

【失地农民保障】 全年完成9个批次7896名的保障安置工作，保障安置对象同比增幅60.42%，提高被征地农民生活保障标准，调整1.7万人生活补助，妥善处理保障纠纷600多起，保障失地农民利益。

【土地增减挂钩】 2017年，市推进城乡建设用地增减挂钩工作，全年完成3600亩，是2005年开展土地拆旧工作后，完成数量最多的一年。

【农业保险管理】 2017年，新开设淡水鱼和仔猪二个高效险种，新增高效农业保费700多万元。至年底，累计上缴各类农业保费3671.7万元。高效农业保费占比达71.45%。全年农业保险签单保费理赔款2066万元。做好紫菜保险大案理赔，发放理赔款397.04万元。提升农险服务水平，充实调整市镇两级农技专家名录库，组建104名村级专职协保员队伍。重新建立畜禽验标、理赔队伍，实行双人查勘，杜绝道德风险的漏洞。加强农业保险的规范化服务，完善畜禽快速理赔机制，畜禽理赔时间控制在20天内，是南通六县（市）中唯一达标单位。

（刘锦华）

综 述

【概况】 2017年，全市共有工业企业4312家（税务部门一般纳税人口径），累计完成应税销售842.65亿元，同比增长17%，增幅列南通九县市区第五；共有规模以上工业企业487家，累计完成规模工业应税销售795.25亿元，同比增长20.7%。全市完成规模工业产值1874.15亿元，同比增长11.8%；完成工业增加值382.03亿元，同比增长8.1%；完成工业用电20.37亿千瓦时，同比增长6.81%。全市达到应税销售净增2000万元序时进度的企业105家。累计完成应税销售增量123亿元，拉动全市应税销售增长14.6个百分点。全市50强重点企业累计实现工业应税销售401.76亿元，50强企业中呈正增长的企业有34家，增长面达68%，其中增量超亿元的企业有15家，德威涂料、华峰超纤、蓝岛海工应税销售增幅强劲，分别达550.6%、257.8%、122.4%。

【转型升级】 产业集聚加速。全市重点行业呈现不同程度的增长趋势。全市三优三新产业集群累计实现应税销售434.98亿元，占工业总量的51.62%，新材料产业、新医药产业、精密机械及电子产业分别完成应税销售43.23亿元、29.31亿元、152.95亿元，分别同比增长154.4%、12.9%、16.9%。

单位绩效产出不断优化。关注工业经济运行质量和绩效产出，全市工业经济每千瓦时电产出的应税销售和入库税收仍达到历史较高水平，在南通各县市保持领先。全市每千瓦时电产生的工业应税销售41.3元。

【组织管理】 加强预警监测。强化运行监测分析，密切关注经济运行的外部环境和市场预期，加强对各镇、园区和工业企业的指导和服务。对全市规模工业企业实行“上旬预警、中旬监测、下旬汇总”制度，将“三欠”（欠薪、欠债、欠税）和亏损企业纳入监测。推进“三优三新”（三优：海工及重装备产业、电力及能源装备产业、精密机械及电子产业；三新：新材料产业、新医药产业、通用航空产业）产业发展，确保优势产业提质增效，不断提高研判调度的前瞻性和有效性。

实行星级管理。对全市工业企业实行科学发展能力星级评价，主要对全市工业企业的核心指标、现代化管理、市场开拓、科技创新等内容进行综合评定，并根据评价结果对全市工业企业进行分类指导和服务。全市共有三级以上工业企业107家，其中五星级企业26家，四星级企业25家。

强化政策支持。贯彻落实好《关于降低实体经济企业成本的实施意见》《关于加快推进项目建设的实施意见》等文件，鼓励企业开拓市场、技术改造、稳定生产，配合制定出台《2017年促进经济发展提质增效若干政策措施》，尤其在鼓励企业做强做优、鼓励新上重点产业项目等内容上加强激励和指导。

（朱晓霞）

产业发展

【概况】 2017年，全市“三优三新”产业集群累计实现应税销售434.98亿元，占工业总量的51.62%，新材料产业、新医药产业、精密机械及电子产业分别完成应税销售43.23亿元、29.31亿元、152.95亿元，分别同比增长154.4%、12.9%、16.9%。

【海工及重装备产业】 依托滨海工业园，拓展海工船舶配套产业，重点培育具有较大规模、部分类别产品领先的海工船舶配套产业。2017年，海工及重装备产业累计实现应税销售75.2亿元，同比下降14%。由于石油价格下跌的影响持续，海工装备市场订单偏少，融资困难较大，产业中龙头企业应税销售普遍出现较大降幅，中集太平洋、中远海工、宏强船舶等应税销售跌幅均超过50%。

【电力及能源装备产业】 韩华新能源、林洋光伏等企业巩固光伏电池及组件产品制造能力，研究新一代光伏核心技术及产品，突破集中监控、微电网、光伏储能等光伏发电应用、并网技术。神通阀门加快发展大型核电机组的配套设备，以核电阀门为重点，打造新一代核电设备相关配套产品。海四达电源等企业发展高功率动力型电池和高温、低温、标准能量型电池系列产品。东泰新能源等发展新一代风电整机及碳纤维风机叶片、关键铸件、大型塔架、高性能复合材料等风电产品。以已有产业及产品为基础，发展合同能源管理、智能电力监控及能耗管理系统等制造业服务化产业，实现能源装备产业高端化发展。受光伏组件价格下调等形势影响，2017年，电力及能源装备产业累计实现应税销售134.27亿元，同比下降12.9%。

【精密机械及电子产业】 东成、国强等电动工具企业采用锂电池、无刷电机、新能源电子、新材料在电动工具生产制造中的应用，开发人性化环保型电动工具、机电一体化的智能工具。加强产业链上下游延伸，推进电动工具公共服务平台建设，探索电子商务、互联网营销等现代营销手段，建成具有全国影响力的电动工具研发中心、生产中心、营销中心。以总集成、总承包和核心零部件为核心，重点发展节能装备、环保机械向高端化、系列化、配套化方向发展，突破润滑设备、油泵阀门、智能数控等国内一流、世界先进水平的关键共性技术及部件。林洋电子等企业重点发展包括智能开关（柜）、智能导线、智能电表等在内的智能电网输变电设备及柔性输变电设备。捷捷微电子、吉莱电子、优思通讯、华乐光电等企业重点发展大面积宽带隙半导体材料与器件、大功率LED芯片及其封装模块、大尺寸晶圆等集成电路的全套关键材料，发展集成光电子与微纳电子封装用高分子材料。在产业龙头企业带动下，2017年，精密机械及电子产业累计实现应税销售152.95亿元，同比增长16.9%。产业中精密机械企业受新增长点不足、房地产市场低迷等原因的持续影响，资金日趋紧张，发展速度持续放缓，得益于东成电动工具等龙头企业稳定的带动，产业保持稳定增长速度。

【新材料产业】 华峰、方鑫化工等企业，重点发展超纤非织造布超纤材料、新型环保超纤材料、新型金属材料、PM2.5过滤材料、可降解树脂等功能性及高分子先进复合材料。重点推进卓达建筑新材料产业园建设，重点发展原材料废物利用、生产过程节能环保的低碳、环保、节能的新型建筑材料项目，着重培育新型建筑装饰装修材料、新型建筑防水材料、新型保温隔热材料、新型墙体材料等产品。德威涂料等企业发展新型防腐涂料及面向资源再生的材料。2017年，新材料产业实现应税销售16.27亿元，增幅102%，新材料产业成为市经济发展的重要增长极。

【新医药产业】 以启东经济开发区、滨江医药化工园、上海自贸区启东生物科技创新协作园为依托，加快海洋生物技术及产品的研发和产业化，努力发展特色海洋药物，推动海洋生物制品及保健品在治疗癌症、心脑血管疾病和抗艾滋病、衰老等方面的产业化进程；鼓励现有的中间体生产企业重点向原料药和制剂方向发展，希迪制药向甾体激素类原料药和新型抗生素制剂方向发展，东岳药业、诚信制药等企业发展新型原料药，提高技术含量，填补国内产业和技术空白；拜耳、盖天力等制药企业重点发展一批抗肿瘤、抗肝病、治疗心血管疾病药物以及治疗感染的抗生素药物；秋之友、尚华等生物科技企业加大研发创新力度，推进小核酸、干细胞、大分子抗体等基因工程药物的开发利用。2017年，新医药产业累计完成工业应税销售29.31亿元，同比增长12.9%。产业20家重点企业中有12家为正增长。随着一批重点企业从生产中间体向原料药的转型，新医药产业规模逐渐壮大，市场竞争力显著增强，在全市产业格局中的地位不断凸现。

【通用航空产业集群】 依托江海产业园吸引国际、国内知名通用航空企业，重点引进商务机运营与托管、飞行培训、航空套材和装备项目等，鼓励研制中小型飞机、无人驾驶飞机等整装制造和飞机维修改装，发展航空装备电缆等配套产品。

（朱晓霞）

重点企业选介

【韩华新能源（启东）有限公司】 公司主要提供全面的光伏产品、应用和解决方案，包括组件、成套设备、系统和大规模太阳能发电站。拥有世界领先的光伏技术，成功量产10亿片Q.ANTUM太阳能电池，电池专利技术，远远优胜于普通晶硅电池及组件。2017年，公司实现应税销售57.07亿元，上缴税收2.55亿元。

【江苏大唐国际吕四港发电有限责任公司】 公司由大唐国际发电股份有限公司、中国大唐集团公司、南通国有资产投资控股有限公司共同出资设立的有限责任公司，负责大唐吕四港电厂项目的建设、生产、经营。一期工程建设4台660兆瓦超超临界燃煤机组，总装机容量2640兆瓦。2017年，发电量为3544万千瓦时，实现应税销售39.44亿元，上缴税收2.01亿元。

【中远船务（启东）海洋工程有限公司】 公司是中远船务工程集团旗下的海洋工程装备制造企业。公司主要从事海洋工程装备制造、改造、维修等业务，为国际石油公司提供海洋工程装备设计和建造一站式服务，是中国海洋工程装备制造业的先行军和领军者。生产的产品几乎覆盖从浅海到深海、从油气平台到海洋工程船舶的全部类型。2017年，公司实现应税销售7.43亿元，上缴税收0.68亿元。

【江苏林洋能源股份有限公司】 公司是国内知名的智能电表及用电信

息管理系统终端产品、系统解决方案提供商之一。公司业务涵盖智能、节能、新能源三大领域，产品及解决方案主要包括智能电表及AMI系统、LED及智能照明系统、能效管理平台及节能服务、光伏组件及分布式光伏电站系统、分布式电站运营平台、微电网系统等。2017年，公司实现应税销售27.48亿元，上缴税收1.72亿元。

【江苏东成电动工具有限公司】 公司是国内专业电动工具制造重点骨干企业之一，为中国电器工业协会电动工具分会副理事长单位。公司主要生产各类电动工具产品及转子、定子等零配件，所生产的电动工具产品凡是在国家3C认证范围内的，均已通过认证并取得认证证书。东成的产品被广泛运用于建筑装修、家居装潢、石材加工、船舶工业、水利工程等众多领域。2017年，公司实现应税销售41.83亿元，上缴税收2.86亿元。

（朱晓霞）

重大项目选介

【林洋2GWN型高效太阳电池及组件生产项目】 位于启东经济开发区，由江苏林洋光伏科技有限公司投资兴建，计划总投资20亿元，总占地面积438亩，分三期实施。一期600兆瓦，投资6亿元，新建厂房32000平方米；二期600兆瓦，投资6亿元，新建厂房27000平方米；三期800兆瓦，投资8亿元，新建厂房36000平方米。2017年底，一期项目竣工投产。

【雅威科技家用商用空气净化和工业除尘净化设备制造项目】 位于启东经济开发区，由雅威科技（江苏）有限公司投资兴建，计划总投资13.2亿元，新建生产车间6万平方米，新增家用和商用空气净化器生产线各5条。2017年底，该项目土建竣工。

【上海鼓风机制造项目】 位于高新技术产业开发区，该项目由上海鼓风机厂启东有限公司投资兴建，计划总投资3.52亿元，新增建筑面积约3.2万平方米，添置电动双梁桥式起重机、低压电动平板车、数控定梁龙门镗铣床等设备180台（套）。到2017年底，该项目主体工程建至2层。

【日立金属电子元件制造项目】 位于高新技术产业开发区，该项目由日立金属三环磁材（南通）有限公司投资兴建，计划总投资10亿元，购置生产、辅助及检测设备约200台（套），新建高性能烧结钕铁硼稀土永磁体生产线，生产的高性能钕铁硼永磁材料为稀土功能材料，主要用于新能源汽车和节能家电等低碳领域，属于新型功能材料。初期产能为2000吨/年，达产年新增营业收入10亿元，新增利润13300万元。后期根据行业成长和市场需求情况，以烧结钕铁硼磁体生产量6000吨/年为目标。2017年底，项目竣工投产。

东成电动工具有限公司生产车间 （郁卫兵/摄）

【海四达新能源动力电池项目】 位于王鲍镇，由江苏海四达新能源有限公司投资兴建，计划总投资10亿元，新建锂电生产大楼及附房等建筑面积3.1万平方米，引进分切机等进口设备58台（套），添置极片连轧生产线等国产设备1346台（套）。该项目投产后，形成年产5亿Ah高比能高安全动力与储能锂离子电池及电源系统的生产能力，预计年新增销售收入15亿元。2017年底，项目竣工投产。

【胜狮能源全球教育基地项目】 位于海工船舶工业园，由启东胜狮能源装备有限公司投资兴建，计划总投资30亿元，占地约900亩，一次规划分期建设。涵盖能源装备制造、胜狮学院、数字化报税物流园。其中，一期工程近海集装箱（特种箱）制造项目，总投资2亿元，新建厂房2万平方米，建设海工箱装修车间、数字化物流仓库，添置切割机、冷作组装线、监测设备等250台（套）。2017年底，一期项目竣工投产。

【广汇能源LNG分销转运站项目】 位于吕四港经济开发区，该项目由广汇能源综合物流发展有限责任公司投资兴建，计划总投资7.4亿元，建设2座5万立方米LNG储罐及配套工程设施，7.6公里市内中压管道，海域建设1个3890米长引桥连接的10万吨级LNG码头，建成后预计年LNG周转量60万吨。二期计划总投资16亿元，建设2个16万立方米的LNG储罐项目。2017年底，中压管道、码头建成，第一个16万立方米储罐工程储罐主体结构完成，第二座16万立方米储罐完成基础工程。

【红星家居小镇】 项目位于惠萍镇，由启东港龙家居有限公司投资兴建，

2月15日，广汇能源项目建设现场　（郁卫兵　潘　杨/摄）

计划总投资10亿元，占地面积100亩，建筑面积约13万平方米。该项目融家具批发、零售、建材及装饰品销售为一体，2017年底，主体工程建至2层。

【中农批农产品国际物流港项目】 项目位于南阳镇，由启东中合农产品市场建设开发有限公司投资兴建，计划总投资83亿元，总占地1000亩，总建筑面积70万平方米。项目具有农业产品国际采购、会展会务、电子商务、物流集散、加工服务等综合平台功能。一期蔬果批发市场计划总投资10亿元，占地100亩，建筑面积10万平方米，至2017年底，一期蔬果批发市场项目竣工。

【半步堂公园道项目】 项目位于汇龙镇，由江苏半步堂文化投资发展有限公司投资兴建，计划总投资10亿元，占地48.3亩。2017年底，项目竣工。

（高　峰）

民营经济和中小企业

【概况】 2017年，全市中小企业和民营经济保持平稳健康的发展态势。全市新增个体工商户7411户，同比增长26.2%，新增私营企业3122家，同比增长25.5%。新增小规模纳税人3538个，新增一般纳税人1179个。完成固定资产民间投资额达到547.4亿元，同比增长12.4%。引进超千万元以上市外民资项目143个，引进投资超亿元市外民资项目22个。

【组织推进】 2017年，市加强调查研究，到重点园区、镇乡和部分民营企业，通过走访、座谈会等形式，摸清民营经济基本情况和企业在行业中的位置，建立50家企业为龙头的民营经济行业领军企业库，149家企业为代表的科技型、成长性中小企业发展数据库，每月对120家中小企业开展运行监测。对主要经济指标，逐月抓进度、赶序时、搞讲评，每月公布民营经济发展实绩，组织开展民营经济季度考核竞赛，调动各镇、园区发展民营经济的积极性，实现民营经济工作由突击性推进向持续性推进转变。坚持外资、民资并举的双轮驱动战略，把上海作为招商引资的主攻区域，围绕“三优三新”产业，开展专业化、精准化招商，引进对沿江沿海开发关联度高、辐射力大、带动性强的龙头型、基地型大项目。

【转型驱动】 2017年，市推动中小企业加大研发投入，加快技术革新，提高企业核心竞争力。开展科技型中小企业创建活动，促进中小企业生产经营管理走上科学化、网络化和智能化的轨道，中小企业创新培育成效明显，蓝岛海洋工程有限公司、江苏嘉盟电力设备有限公司、启东心动传媒科技有限公司、启东鑫业网络科技有限公司、南通布洛思生物科技有限公司5家企业获“江苏省科技型中小企业”称号。组织开展2017年度科技小巨人企业和专精特新产品的申报认定工作，江苏捷捷微电子股份有限公司、南通巴兰仕机电有限公司2家企业被认定为省科技小巨人企业，启东乾朔电子有限公司、韩华新能源（启东）有限公司、启东市恒安防爆通信设备有限公司、江苏嘉盟电力设备有限公司、南通蓝岛海洋工程有限公司、启东锦桥轴承有限公司6家企业被认定为南通科技小巨人企业。推进两化融合工作，林洋能源通过国家两化融合贯标认定，神通阀门入选省“两化”深度融合创新示范企业，海四达电源、嘉盟电力入选省“两化”深度融合创新试点企业。

【服务优化】 2017年，市发改委贯彻执行上级政府和部门提出的化解中小企业融资难的各项政策措施，加大对中小企业的信贷支持力度，推进融资担保工作，新成立启东景盛担保有限公司，全市共有担保公司3家，分别为启东国投担保有限公司、启东市银洲担保有限公司和启东景盛担保有限公司，全年共计担保企业59户，担保笔数67笔，新增担保额2.6亿元。协调发动中小企业参加省、南通市举办的各种助推企业发展的培训、考察、会议等活动，开展民营企业家素质提升培训活动，全年开展公益性免费培训400人次以上。4月、5月，与上海交通大学海外教育学院合作，在上海交大举办两期“2017年启东市企业高级经营管理人才培训班”，共培训重点工业企业负责人108名。配合市工商联，组织开展东疆大讲坛暨企业家培训班，50多位企业家参加培训。开展“深化税收改革、助力民企发展”培训和交流会，参加培训人员共有120人。部分园区、镇自主开展企业家培训活动。

（李庆伟）

开放型经济

责任编辑：陈广辉

综　　述

【概况】 2017年，启东市先后举办国际经贸洽谈会、科技节暨国际经贸洽谈会、在北京、上海、深圳、台湾举办2017中国人才·启东投资环境推介会等128场境内外专题招商活动，在挪威、希腊、德国、意大利、西班牙、英国等国举办启东投资环境说明会。全市累计新批外商投资企业38家，增资扩股企业7家，其中新批总投资超千万美元项目32个；实际到账外资3亿美元，同比增长5.6%。

12月25日，绿色能源（CLEAN ENERGY）轮在广汇能源启东LNG码头顺利靠泊 （潘　杨/摄）

全市完成进出口总额169.87亿元。其中，出口138.57亿元；进口31.3亿元，同比增长28%。医药化工和电动工具产业进出口增幅较上年同期有一定增长，但海工船舶和新能源两大板块有所下降，其他产业板块（如食品、纺织品、农产品板块）国际需求均有一定幅度的增长。

制定《口岸限定区域管理办法》；12月，口岸核心能力建设通过国家考核；广汇能源启东分销转运站LNG接卸专用码头列入新增开放码头计划并推进上报、审批。2017年，国际航行船舶进靠启东口岸62艘次，新船出口11艘。集装箱新箱24万标箱，外贸货运量达127.62万吨，相比2016年同比增长77.99%。主要贸易国家有印度尼西亚、澳大利亚、俄罗斯及加拿大等国家。

启东市企业走出去开展境外投资明显加快，全年新批境外投资企业2家。累计实现境外投资中方协议投资总额2166万美元，实现对外承包劳务营业额3188万美元。共审批备案项目13个，备案人员131名。江苏南通二建在以色列获得住宅建设的五年资格，推进与尼日利亚、沙特、加纳、缅甸等国家相关项目的洽谈；江苏启安建设在阿尔及利亚市场参与两个项目的招投标；劳务合作公司主动“走出去”拓展泰国业务，解决国内招工困难的局面。

全年实现社会消费品零售总额352.97亿元，同比增长8.8%。全市新增上限企业28家；被长江三角洲城市市场信息协作网评为“2016年度长三角最具商业发展潜力十大县市”之一。总投资400亿元的童话主题公园——恒大童世界在启东圆陀角奠基，城市综合体启东新城吾悦广场项目，为社会消费品零售保持增长奠定基础。

围绕“畅游江苏”建设任务，强化市场开拓、项目推进和景区提升，加快打造“畅游启东”体系，旅游产业继续保持平稳健康发展，努力实现旅游业态从观光旅游型向观光旅游休闲度假复合型转变。完成《启东市旅游产业发展总体规划（2010—2020）》初稿修编。推进项目建设，五国温泉城、绿地长岛梦幻岛两个项目纳入2017年江苏省50个重大旅游项目库，惠萍水果小镇进入省旅游风情小镇创建培育名单。市场宣传成效显著，上海时尚频道“拜托了煮夫”到启东拍摄专题节目，“2017美丽中国行·聚焦江苏沿海生态之美”媒体到启东采风。“水韵江苏”“国际旅游节”等活动吸引更多游客到启东。全年累计接待游客455.21万人次，实现旅游总收入58.96亿元，同比增长分别为12.83%、16.57%。

启东市2017新认定服务外包企业2家，总数达到34家，全年累计完成服务外包执行额4095.90万美元，比上年增长41.88%。瑞帆节能科技、南方节能科技、南方润滑股份、鑫业网络科技、启东建筑设计院等一批外包企业开拓服务外包业务，促进启东市服务外包产业的发展和壮大。

（薛泠凤）

沿海开发

【概况】 2017年，市沿海前沿区域主要经济指标稳步增长，完成固定资产投资420.18亿元，增长13.6%。实现一般公共预算收入22.57亿元，增长31.7%。完成工业应税销售523.29亿元，增长21.2%。完成规模以上工业产值1008.13亿元，增长12.7%。

【开发规划】 2017年，市沿海办做好对接省“一带一路”（江苏沿海）发展投资基金的相关事宜，推动市沿海开发有限公司、城市建设投资开发总公司等参与筹备设立投资基金。完成省沿海滩涂围垦开发工作座谈会在启东召开的各项筹备和会务接待，组织参会人员参观启东市沿海开发项目建设和滩涂围垦现场。配合省沿海办编制《江苏沿海滩涂“十三五”围垦开发利用规划（评审稿）》，根据实际情况提出修改建议和意见。按照南通市2017年度沿海开发重点工作，同时结合《南通市沿海开发2016—2018年行动计划》以及市沿海开发实际，制定启东市2017年度沿海开发重点工作，促进各项重点工作按照序时进度顺利实施。市沿海开发工作在南通“四个全面”战略布局综合考核中名列第二。

【基础设施建设】 吕四港港口核心环抱式港池形成岸线22.4公里，陆域22.97平方公里；小庙洪10万吨级进港主航道一期工程完工，环抱式港池一期5万吨级进港航道疏浚完工；环抱式港池疏浚吹沙接近尾声，推进中交合作总投资20亿元的PPP项目工程；港区5万吨级公共码头、进港铁路工程报批全面展开。沿海基础设施不断完善，宁启铁路启东段，海启高速启东段土路基部分接近尾声。新材料产业园供汽、供电及污水处理等供辅设施竣工投运，港区承载能力不断增强。

【重大项目建设】 2017年，启东市以“双百工程”重大项目建设为抓手，开展“重大项目提质增效年”活动。胜狮能源全球教育基地、海四达锂电池、华峰超纤二期、尚华医药、上海电气鼓风机等一批项目列入省沿海开发2017年重大项目投资计划，全年累计投入62亿元，完成年计划的101%。

（张　耀）

对外及港澳台贸易

【概况】 2017年，全市完成对外及港澳台贸易进出口总额169.87亿元，同比下降14.5%。其中，出口138.57亿元，同比下降20.5%；进口31.3亿元，同比增长28%。

龙头企业支撑作用明显。2017年，启东市有对外及港澳台贸易进出口实绩企业为350家，其中超100万元企业259家，超500万元企业163家，超千万元企业119家，超亿元企业22家。进出口前二十强企业共计实现进出口126.20亿元，占全市进出口总额的74.3%。20强企业中有17家企业实现正增长。

2017年启东市外贸进出口前20强企业情况

表7

单位：万元

序号	企业名称	进出口	同比%
1	韩华新能源（启东）有限公司	375647.3	–38.7
2	启东胜狮能源装备有限公司	347869.7	23.1
3	江苏好收成韦恩农药化工有限公司	107683.7	18.7
4	广汇国际天然气贸易有限责任公司	98055.4	--
5	南通润邦海洋工程装备有限公司	45567	54.9
6	江苏东成机电工具有限公司	41262	5
7	江苏康耐特光学有限公司	28723.9	14.8
8	江苏皇室食品工业有限公司	28368.8	–4.3
9	江苏国强工具有限公司	24113.3	36.6
10	南通艾德旺化工有限公司	19699.4	33.8

续表7

序号	企业名称	进出口	同比%
11	江苏林洋电子有限公司	18707.9	198.9
12	江苏林洋光伏科技有限公司	18492	26683954
13	广汇能源综合物流发展有限责任公司	16187.3	—
14	江苏稻拓国际贸易有限公司	15889.7	1582.1
15	东进电子材料(启东)有限公司	14070.1	18
16	启东市久正支架制造有限公司	14011.6	83.3
17	南通仟得电动工具有限公司	12917.8	64.5
18	中远船务(启东)海洋工程有限公	12583.6	–92.6
19	欧爱克斯(南通)服饰有限公司	11385.8	7.3
20	江苏华峰超纤材料有限公司	10769.5	–43.1

负增长企业较多，部分大户下滑严重。全市350家外贸进出口企业中负增长企业共123家，占比35.1%。外贸国际形势恶化，造成部分骨干企业进出口量下滑。50家外贸进出口骨干企业中有10家企业进出口同比负增长。

2017年10家骨干企业负增长情况

表8 单位：万元

序号	企业明细	进出口	进出口同比	2016年进出口
1	中远船务(启东)海洋工程有限公	12583.6	–92.6	170022.9
2	江苏华峰超纤材料有限公司	10769.5	–43.1	18931.5
3	江苏科本医药化学有限公司	7406.5	–40.5	12445.9
4	韩华新能源(启东)有限公司	375647.3	–38.7	612464.9
5	江苏启航箱包有限公司	4769.3	–13.5	5513.4
6	江苏东成服装进出口有限公司	4751.5	–12.1	5407.5
7	江苏海四达电源股份有限公司	8454.6	–7.1	9101.1
8	江苏皇室食品工业有限公司	28368.8	–4.3	29644.3
9	南通金鼎海苔有限公司	5249.3	–3.9	5460.5
10	江苏欣捷衬布有限公司	6798	–2.8	6991.0

主要外贸板块有小幅回落。2017年，新能源和海工船舶两大板块的进出口总量占比分别为29.9%和25.7%，累计进出口同比较上年分别下降17%、39.9%。医药化工和电动工具板块增长略为明显，全年进出口总量占比分别为14.2%和7.2%，累计进出口同比分别增长11.3%、12.9%。食品板块增长略为明显，全年进出口累计同比增长4.2%，占比为4.1%；纺织品和其他板块全年进出口同比增长9.4%、32.1%。

机电产品出口有小幅回落。机电产品是启东市第一大类出口产品，出口总量占比达70.9%，全年累计出口98.21亿元，同比下降29.2%；高新技术产品作为启东市出口第二大类产品，全年累计出口46.86元，同比下降32.5%；纺织产品、农产品出口有所增长。

亚洲市场出口小幅回落。2017年，启东市对亚洲、非洲、北美洲、大洋洲、欧洲、拉丁美洲及东盟组织、欧盟组织144个国家和地区有贸易往来，其中亚洲依然是启东市最大的出口市场，占比58.8%，全年累计出口额99.87元，同比下降15.2%。三大传统市场中，欧洲市场出口同比下降58.7%，日本市场同比下降52.7%。美国市场同比增长8.5%。

加工贸易有小幅回落。加工贸易一直在启东市出口产品贸易方式中占主导地位，全年累计出口42.43亿元，占比30.6%，同比较下降55.4%。一般贸易出口96.13亿元，同比增长21.3%。

2017年启东市外贸七大板块进出口情况

表9

单位：万元

七大板块	进出口	同比%	占比%
新能源	508597.6	-17.0	29.9
医药化工	240472.6	11.3	14.2
海工船舶	436412	-39.9	25.7
电动工具	122212.3	12.9	7.2
纺织品	87773.9	9.4	5.2
食品	70241.3	4.2	4.1
其他板块	233021.9	32.1	13.7

2017年启东市按行业分进出口情况

表10

单位：万元

行　业	累计进出口	进出口同比%	进出口占比%	累计出口	出口同比%	出口占比%
纺织	99670.8	12.8	0.6	97082.7	12.7	7.0
高新技术	522425.7	-28.3	30.8	468564.1	-32.5	33.8
机电	1080529.8	-30.7	63.6	982068.5	-29.2	70.9
农产品	69551.7	-0.4	4.1	60565.7	-4.5	4.4

2017年按产销洲别、国别分进出口情况

表11

单位：万元

洲/国	累计进出口	进出口同比%	进出口占比%	累计出口	出口同比%	出口占比%
亚洲	1192782	-14.5	0.6	998712	-15.2	58.8
非洲	12843	-19.9	0.8	12662	-21.0	0.9
欧洲	193727	-49.7	0.8	122147	-58.7	8.8
拉丁美洲	73872	-16.2	63.2	73832	-16.3	5.3
北美洲	115832	11.5	6.8	105254	8.3	7.6
大洋洲	109676	61.2	6.6	73047	7.8	5.3
美国	111094	11.3	6.5	101042	8.5	7.3
日本	145751	-50.8	8.6	132193	-52.7	9.5

2017年按产品贸易方式分进出口情况

表12

单位：万元

贸易方式	累计进出口	进出口同比%	进出口占比%	累计出口	出口同比%	出口占比%
一般贸易	1201284	37.7	70.7	961313	21.3	69.4
加工贸易，其中	496615	-55.1	29.3	424277	-55.4	30.6
1.来料加工装配贸易	5125	71.7	0.36	2274	14.6	0.2
2.进料加工贸易	491490	-55.5	28.9	422003	-55.5	30.4

【进出口超亿元重点外贸企业进出口运行情况】 韩华新能源：全年实现进出口37.56亿元，同比下降38.7%；出口34.41亿元，同比下降40.3%；进口3.15亿元，同比下降13%。12月组件产量209MW，销售57879万元，利润144万元，出口137MW，生产情况正常。

胜狮能源装备：全年实现进出口34.78亿元，同比增长23.1%；出口32.99亿元，同比增长43.7%；进口1.8亿元，同比下降66.1%。

润邦海洋：全年实现进出口4.56亿元，同比增长54.9%；出口4.52亿元，同比增长231%；出口挖泥船1艘，进口385.6万元，同比下降97.6%。

好收成农化：全年实现进出口10.77亿元，同比增长18.7%；出口10.75亿元，同比增长19.4%；进口180.8万元，同比下降74.4%。12月份市场宽幅上行，整体市场供应紧张，价格出现攀升，随着需求陆续增加，后续价格仍将维持高稳。

广汇国际天然气贸易：全年实现进出口9.8亿元（上年同期数为零）出口为零；进口9.8亿元（上年同期数为零）。

（姚晓波）

利用外资及港澳台资

【概况】 2017年，全市利用外资及港澳台资稳步推进，量质并举。全市累计新批外商及港商澳商台商投资企业38家，增资扩股企业7家，其中新批总投资超千万美元项目（含增资）共32个；累计实际到帐外资及港澳台资3亿美元，同比增长5.6%，完成南通市下达的全年目标任务的100%。在南通利用外资及港澳台资综合考评中，获得第一、三季度第一名和年度第三名。

【项目库建设】 依托"南通市招商信息管理系统"，每周汇总并筛选出成熟度较高的外资项目，不断更新外资及港澳台资项目库信息。提升在启投资外企及港澳台企的服务水平，鼓励企业做大做强、增资扩股。突出大项目储备。与南通市考核体系相衔接，引导区镇、驻外招商分局做好大项目招引。2017年，全市总投资超3000万美元的重大外资及港澳台资项目28个，同比增长115.4%。其中：总投资超1亿美元的外资及港澳台资项目7个，同比增长133.3%。被南通市认定为外资及港澳台资大项目的有7个，即日立金属、雅威科技、新城万博、国瑞置业、恒大童世界、新湖置业、龙信置业。

（郁艳艳）

服务外包

【概况】 2017年，通过政策引导、宣传培训、强化招商、培育园区，启东市的服务外包取得突破，发展后劲逐步显现。全年新认定服务外包企业2家，全市累计完成服务外包执行额4095.90万美元，比上年增长41.88%。

※附※

2017年新认定服务外包企业

江苏华滋海洋工程有限公司子公司 公司位于江苏省启东市船舶工业园区，投资总额约20亿元，占地面积约800亩。专注开发建造具有高技术、高附加值的85000立方米液化乙烷气体船液罐、海工模块等海工特种装备产品，实现产业升级和跨越式发展。投产后，公司将形成年产85000立方米VLEC船用液罐6船套和2000t级海工模块4个的能力。

上海铠韧气体工程股份有限公司（CGT） 公司是一家专注于船舶海洋油气储运的工程设计公司，是江苏华滋海洋工程有限公司子公司的外包单位。

启东领星医学检验所有限公司 公司注册资本4000万元，拥有博士2名、硕士8名。公司由上海领安生物科技有限公司在启东开发区建立，同时获得中国和美国政府认证、为中国患者直接提供临床监测服务的精准医学实验室，致力于打造"全方位、一体化"以提供精准治疗，结合基因检测和其他辅助监测的临床检验服务技术平台，为面向中国肿瘤患者的临床服务提供严格的质量保障。该公司致力于向南通市及长三角地区为主的全国肿瘤患者或医疗机构提供以精准治疗为目的、以基因检测为核心的个性化检验项目与服务。

（沈超杰）

对外及港澳台经济技术合作

【概况】 2017年，全市新批境外投资企业2家，中方协议投资额2166万美元，实现对外承包劳务营业额3188万美元。共审批备案项目13个，备案人员131人，分别是江苏南通二建集团有限公司派往以色列备案项目1个涉及100人，江苏八方经济技术合作有限公司派往日本备案项目12个涉及31人。为外经公司、八方公司、二建集团、外派劳务服务中心申报国家对外经济技术合作专项资金，共获扶持资金20多万元。

【境外投资】 通过广泛宣传政策、一站式服务、及时回访等方式，推进现有境外投资企业的中方投资主体。2017年中方协议投资额2166万美元。报批境外投资企业2家。分别是江苏东亚欧陆贸易有限公司在香港设立欧陆香港发展有限公司中方协议投资额198万美元；江苏南通二建集团有限公司在以色列设立境外投资企业，中方协议投资额2000万美元。

【境外承包工程】 2017年，市商务局帮助长裕建设集团有限公司取得对外承包工程经营资格，全市拥有10家承包劳务经营权企业，其中2家劳务合作、5家建筑承包、2家设备安装、1家船舶制造。经营的规模、涉及的行业不断扩大。做好跟踪服务，支持企业品牌建设。鼓励开拓对外承包工程市场，提升对外承包工程规模和质量。国别市场有拓展，在手总承包项目有进展。江苏南通二建在以色列获得住宅建设的五年资格，推进与尼日利亚、沙特、加纳、缅甸等国家相关项目的洽谈，力争早日拿到总包项目；江苏启安建设在阿尔及利亚市场参与两个项目的招投标；劳务合作公司主动拓展泰国业务，解决国内招工困难的局面。引导外经企业参加“走出去”政企校合作，与南通职业大学挂钩，促进毕业学员就业，提升外派人员的整体素质。

【境外劳务市场集中整治】 根据市政府办要求召开部门联席会议下发《关于开展规范外派劳务市场秩序专项行动的通知》。第一时间通知辖区内所有涉外企业。通过多种形式发布集中整治公告和《对外劳务合作管理条例》《对外承包工程管理条例》，公布各参与部门投诉举报电话，动员全社会共同参与此次行动，检举揭发违规违法对外劳务行为，通过发送公益短信、播放广播电视公益广告、电子显示屏播放预警信息、网上发贴、启东日报、手机微信宣传报道、开展政策咨询、发放宣传资料等活动。

【服务质量提升】 2017年，两台对外劳务自助查询机正常投入使用，18米的电子显示屏宣传经营权企业、招工信息、预警信息等，在启东电视台和《启东日报》上刊登外派劳务服务中心公告。印制5000份出国劳务须知、5000份《对外劳务合作管理条例》《对外承包工程管理条例》宣传手册进行大范围发放。根据实际情况及时与公安出入境窗口、人才市场联系，把宣传资料放到出入境办理处、人才招聘处进行发放。提醒劳务人员通过正规途径出国务工，通过微信、移动以短信形式提醒出国务工人员谨防上当，引导出国务工人员通过正规渠道报名。

（黄东辉）

招商引资

【概况】 2017年，启东市先后成功举办国际经贸洽谈会、科技节暨国际经贸洽谈会、在北京、上海、深圳、台湾举办2017中国人才·启东投资环境推介会等128场境内外专题招商活动，并在挪威、希腊、德国、意大利、西班牙、英国等国举办启东投资环境说明会，进一步扩大启东的知名度和影响力。邀请国内外大企业、大公司到启东考察。全年，应邀到启东考察企业近千家，其中上市企业、央企、中国500强企业、世界500强企业近百家。通过开展系列招商引资宣传推介和重要客商拜访活动，取得较为明显的效果，一批外来投资项目签约落户启东。全市新增注册项目216个，其中投资主体来自上海的有139个，项目涉及生物医药、新能源及光电、电子信息、新材料等新兴产业。项目的签约、落户将为启东市经济转型升级、创新发展注入新的活力。

【重大项目招商】 2017年，市商务局把招大引强作为招商引资工作的重点，把国企、央企、世界500强和行业龙头企业作为招商引资的主攻方向，全力攻坚、奋力突破。建立健全重大项目工作推进机制，每个重特大项目都由市领导挂帅、相关部门跟踪推进。全年新引进并开工建设亿元以上项目有59个，其中10亿元以上内资项目6个（国动通信、长泰海滨城、霓辉物流、武船重工、港龙家居、中集太平洋），1亿美元以上外资项目2个（雅威科技、新城万博）。拟开工亿元以上项目有30个，其中10亿元以上内资项目8个（中成物流、金城魁北克、启微半导体、盖天力医药、捷捷微电子、申龙客车、天帆孵化园、北欧E家），1亿美元以上外资项目3个（国瑞置业、恒大童世界、新湖酒店）。在手在谈项目164个，总投资超10亿元内资项目28个，总投资超1亿美元的外资项目3个。其中成熟度较高或项目质量比较高的有15个（总投资超10亿元内资项目13个，总投资超1亿美元的外资项目2个）。

【境内投资推介会】 2017年，市委、市政府先后在北京、上海、深圳、台湾等地成功举办启东投资环境推介活动。全年有160多批境内客商到启东考察并达成合作意向。此外，南通市加大“走出去”招商力度，开展上海千人招商大会、南通通商大会、深圳招商大会等活动，同时开展北京、上海、苏州、深圳、广州、珠海、台湾和香港等地投资促进周系列活动。对绿地集团、海航集团、来伊份、恒大集团、润恒、金诚等在手在谈重特大项目上门拜访，加快项目推进进程，累计开展上门拜访活动40余批次。

【国（境）外招商】 2017年，市先后在德国、意大利、挪威、希腊、西班牙、英国等国家开展“2017年中国启东投资环境说明会”“港口物流招商会”“海工船舶招商会”等境外招商活动，有50多批次的境外客商到启东考察，并表达浓厚的合作意向，一些企业签订合作意向书。

【招商队伍建设】 全市共有42支驻外招商团队、124名专职招商人员，分布在上海、北京、深圳、苏州等地，开展招商活动。举办3期“双招双引”工作业务培训班，就产业政策、招商路径、谈判技巧、商务礼仪等内容进行集中辅导，提升全市招商人员的业务水准。

（陆沈平）

口岸管理

【概况】 2017年，口岸管理工作以发展外向型经济为主线，以服务企业为宗旨，紧抓口岸安全和创新管理两个工作重点，协调抓好口岸建设和口岸管理。制定《口岸限定区域管理办法》，8月1日正式实施；口岸核心能力建设12月通过国家考核；将广汇能源启东分销转运站

LNG接卸专用码头列入新增开放码头计划并推进上报、审批;邀请专家到启东实地调研,考察吕四港经济开发区和高新产业工业园,开展综保区发展规划研究。

【基础建设】 2017年,启东海关、启东检验检疫局大楼加固工程及幕墙建设完成。装修工程、空调系统工程等按序时进度推进。电梯、厨房设备等配套设施及时采购。智能化工程发布招标公告。启东海事、启东边检大楼完成竣工验收。基建工程全年投入4240余万元。

【口岸运行】 2017年,国际航行船舶进靠启东口岸62艘次,新船出口11艘。集装箱新箱24万标箱,外贸货运量达127.62万吨,相比2016年同比增长77.99%。主要贸易国家有印度尼西亚、澳大利亚、俄罗斯及加拿大等国家。

(蒋青云)

海　　关

【概况】 2017年,启东海关各项业务大幅增长。征收税款1.45亿元,同比增长230.17%;监管货运量122.78万吨,同比增长67.89%;监管货物总值8.66亿美元,同比增长58.37%;监管国际航行船舶53艘次,同比增长70.97%;监管进出境人员1127人次,同比增长50.47%;出口新造集装箱13.9万只,同比增长68.64%;备案加工贸易合同159份,同比增长8.2%,合同备案金额3.08亿美元,同比增长25.07%。辖区有800余家外贸注册企业,7座开放码头、9个海关监管场所和1个公共保税仓库。2017年,启东海关获评"江苏省文明口岸先进单位"。

【通关监管】 2017年,启东海关完善验估作业模式,实现全通模式切换和单一窗口申报。货物通关时间压缩1/3,出口平均通关时间降至1.52小时,进口平均通关时间降至10.36小时。对辖区海关监管场所严密巡查,完善视频监控制度,做好移动查验单兵系统的推广使用,强化对煤炭、LNG等易燃易爆货物的协同管控。对进出境船舶监管采取"重点船舶重点项目重点抽查"方式,联合国检、边检对辖区首条LNG船装卸作业、省内首支捕捞金枪鱼渔业船队出境开展联合登轮检查。集中打击"洋垃圾",开展"国门利剑2017"行动,推动启东市成立打击走私综合治理工作领导小组。

【服务经济】 2017年,启东海关建立关长挂钩重点企业和园区的服务制度,开展关区"找补改提"抓落实行动,累计走访企业近40家,组织召开企业座谈会5次,收集并解决问题30余个。贯彻落实南京海关支持江苏开放型经济发展20项措施,第一时间向地方政府作专门汇报,细化落实措施。向启东市党政领导报送《海关工作专报》11期,定期提供外贸进出口数据并开展分析研判,为地方开放型经济发展出谋划策。支持广汇能源LNG海关监管码头设立并试运行。该公司2017年进口总值7.8亿元,占同期启东市外贸进口额的29.8%,成为启东外贸新的增长点。协调华峰超纤和广汇能源办理进口设备的减免税审批,企业获减税款4389万元。支持南通太平洋海工公司在破产重整期间不停工不停产,协调该公司优质项目产品LNG储罐正常出口,及时核销遗留手册减轻税款压力2亿多元。与市商务局联合开展开通启东至上海集装箱内支线班轮的前期调研,助推胜狮能源公共内支线班轮项目。

【改革创新】 2017年,启东海关紧跟全国通关一体化改革,细化启东海关通关一体化具体措施,稳步实施"一次申报、分步处置",通过关企微信群全天候开展宣传、解答咨询,保障通关顺畅。参与南通地区中心制海关一体化改革和隶属海关功能化建设改革,加强沟通协调,提高地区海关运行效率。推进加贸内销集中征税改革,对辖区一般认证以上企业推行"内销集中征税"改革,4家加贸企业试点内销征税自报自缴。探索外勤作业机动机制,全关人力资源按照"双随机一公开"原则,加入外勤机动小分队开展查验、巡查等外勤作业40余次。

(毛欣康)

6月4日,海关报关厅通关服务现场　　(启东海关/提供)

出入境检验检疫

【概况】 2017年,启东检验检疫局共检验检疫进出口货物4150批次/9.6亿美元,同比批次下降9.9%/金额增长80.41%；其中出口2950批次/7亿美元，同比批次下降10.2%/金额增长46.62%，进口185批次/2.6亿美元，同比批次下降11.48%/金额增长369.72%；包装鉴定1015批次。签发各种货物原产地证书5660份/7.13亿美元，为企业获得国外关税减免近1500万美元。其中，一般原产地证书1471份/4.3亿美元；普惠制原产地证书798份/0.52亿美元；自贸区优惠原产地证书3021份/金额2.3亿美元，同比分别增长6.94%/21.87%。2017年，启东检验检疫局被评为启东市文明单位、2015—2016年度南通市文明单位。

【检验检疫】　全年共组织38人次参加各种学习和资质培训，获得进口商品重量鉴定等国家级和省级资质16种。3月起独立开展大唐电厂进口煤炭的重量鉴定和检疫、广汇能源进口LNG的船舶入境检疫、货物计量、全流程在线监测、实验室检测，以及入境船舶查验等检验检疫工作。局质量管理体系在建局后第一次CQC外审中获外审专家充分肯定。检验检疫业务实现全覆盖。从产地业务向口岸业务延伸，从检验向检疫跨越，拓宽服务地方经济发展的平台。开展进出境船舶口岸卫生检疫、进出口货物重量鉴定等国境卫生、口岸查验和出口饲料等动植物及其产品的检疫业务，共查验船舶入境19艘次，出境33艘次，签发入境检疫证20份，免控证书13份、数重量鉴定证书12份。

【质量提升】　2017年，启东检验检疫局加强食品安全监管。不合格检出率成效明显，共检出不合格出口食品6批/20.1吨/13.1万美元，发出不合格通知单6份，实施加严检验5厂次，出具不符合整改项200个，取消1家备案企业资质，暂停1家企业出口。加强地抽监测。配合启东市政府创建食品安全城市，监督抽查食品600批次，完成率达100%。加强进出口工业品安全风险排查。加大进出口工业品的检验力度，全年共检验检疫工业品3100批次，危险品包装1050批次，检出不合格进出口货物125批次/12458.2万美元，不合格检出率同比批次下降56.29%/金额增加163.16%。做好企业帮扶工作。通过召开举办培训班、入企宣传、QQ群推送等形式，向企业传递优惠政策信息。全年共组织宣传活动8次。

【口岸核心能力建设】　口岸动植检规范化建设顺利通过省局验收。举办“守吾东疆—2017”南通—启东口岸核与辐射应急处置演练。通过省局对启东港口岸核心能力建设预验收。高分通过国家质检总局对启东港口岸核心能力建设达标验收。基建进度有序推进。土建工程、绿化工程、供电增变工程均完成，实验室仪器设备完成招投标，装修、暖通、智能化工程基本完工。

【服务发展】　2017年，启东检验检疫局开展检企液化天然气联合检测实验室合作共建，完成广汇能源码头首船14万立方米进口LNG的全部检验检疫工作。全年检验检疫12艘94.24万立方进口LNG，货值达14602.52万美元。

制度化帮扶“华峰超纤”项目，为其进口货值7500万美元的12条生产流水线累计开箱400多只标箱，加班达40多天，全部投产，年产3500万米超纤基布。政策引导和扶持启东天汾出口电动工具质量安全示范区建设，推进示范区产业向规模化、品牌化方向发展，全年实现产值281.16亿元，同比增长8.1%，出口额11731万美元，同比增长2.5%。示范区建设顺利通过省级续延考核。

推进出口食品和工业品企业分别上线国家和省级“三同”（同一生产线、同一标准、同一品质）平台，继上年华泰陶瓷上线消费品“三同”以后，7家食品企业上线国家出口食品“三同”公共服务平台，上线企业占南通的27%。

为“希望6号”海工平台开航、“捷捷微电子上市”“启东首支远洋捕捞船队出航”等全市重大项目提供专人对接、政策解读、货到即检、快验快放等服务，务实高效的作风得到企业和当地政府的高度评价。

【改革创新】　2017年，启东检验检疫局开展“企业申报、检验检疫、放行”无纸化工作，无纸化申报实现全覆盖。推广江苏电子口岸“单一窗口”申报。申报率达75.5%，列全省第10名。率先试行原产地无纸化备案。新增31家原产地签证企业全部实现无纸化备案，企业备案时间平均缩短1天，每批次节约成本至少100元。建立“三统一”签证管理规则。统一放行做法、证书用语、证单种类，业务风险得到有效控制。压缩流程时长。根据商品类别，分别制定检验检疫工作流程时长压缩方

6月7日，启东检验检疫局工作人员开展检验工作，保障启东港口岸首船LNG顺利卸载
（启东检验检疫局/提供）

案，通关效率进一步提升，平均流程时长列全省前列。

（陈　凯）

边　检

【概况】　2017年1月18日，启东港口岸边防检查勤务交接仪式举行。勤务交接后，启东边检站接替南通边检站，主要担负启东口岸35公里长江岸线、9个码头11个泊位的边防检查任务。做好口岸动态和数据评估，及时为政府提供形势和数据参考。专题向驻地政府和相关部门汇报口岸限定区域管理的工作思路，按照法规制定流程多次协调召开论证会。8月1日，《启东市口岸限定区域管理办法》正式施行。圆满完成江苏首支远洋船队出境、广汇码头临时开放及首艘LNG船舶边防检查等重大勤务。1人获评全省口岸工作先进个人、5人被驻地表彰。

【口岸管控】　2017年，启东边检站分类分层次开展全警走访，完成口岸基础数据采集，开展背景资料滚动审查，拓宽预警性信息获取渠道，严防涉边、涉恐、涉爆等违法案件发生。组织召开码头企业座谈会2次，与长航公安、国保等单位召开情报调研会3次，摸排重点企业2家，开展背景审查人员300余人次，上报情报信息2条。11月21日，根据情报线索，破获一起成品油走私案，查扣成品油70余吨，案值50余万元。全面升级9个泊位69个视频监控探头，推进船舶外弦监控系统建设，建成350M数字集群通讯系统，开通车载和单兵4G图传系统，建立一船一档巡查台账，与巡查队形成动静结合、点线结合、人机结合的监管格局。密切警警、警地、警企联动，签订《口岸反恐协议书》，组织开展各类假想情形处突拉练15次，与各职能部门、码头企业开展口岸联合演习3次。十九大安保期间，边检站联合驻地长航公安、消防大队、边防派出所和码头保安等单位共40余人，在中远海工码头开展十九大安保反恐处突联合演习，达到预期效果。

10月17日，启东边检站在海工船舶企业开展边检服务品牌推介活动

（启东边检/提供）

【企业服务】　2017年，启东边检站成立开放码头服务队，推广“边检V通关”“互联网+”等边检服务举措，主动服务修造船企业转型升级，将业务手续前移至码头一线，最大限度减轻企业负担。受理预约服务120余次，开通企业服务绿色通道11次，完成临开码头重大勤务保障9次，开展边检品牌宣传1场次。

【规范执法】　2017年，启东边检站运行“阳光执法”机制，出台《启东边检站口岸巡查工作规范》，规范执法记录仪使用，完成执法办案场所标准化改造，定期召开社会监督员座谈会，拓宽执法监督渠道，发放调查问卷300余份，电话询访50余次，开展集中座谈5次，收集各类意见建议11条，及时整改日常执法过程中发现的问题3个。

【队伍建设】　2017年，启东边检站实行24小时全天候巡查执法服务，累计出动警力400余人次，口岸巡视巡查5000余公里，查处违法违规事件1起4人次，化解矛盾纠纷3起。组建一支71人的边检协管队伍，配合执勤官兵开展口岸管控、巡查和反偷渡工作。协管员协助管理船舶占来港船舶总数的80%，提供情报线索10余条，接受群众咨询、求助30余次，收到锦旗2面，驻地市政府专门对边检站“协管助勤”工作作出批示肯定。组建后台核查队伍，形成提前排查、前台筛查、后台核查、跟踪倒查的重点人员管控工作机制。年内，共检查出入境（港）船舶55艘次，人员1094人次，办理各类证件902份，未发生一起失控漏管事件。

（陈春霖）

江苏省启东经济开发区

【概况】 2017年，启东经济开发区按照“积极争创国家级经济开发区”的要求，围绕“全面接轨服务上海”，在科技创业创新、产业转型升级、产城融合发展、园区运行提效上不断加力，全区经济社会发展取得显著成效。全年完成一般公共预算收入6.29亿元，完成规模工业应税销售163.54亿元，全社会固定资产投资72.31亿元，全年实际到账外资4458万美元。在启东市年度夺杯竞赛中，共获得1金、2银、3铜。在2017年度南通省级经济开发区创新发展考核和2016年度全省经济开发区科学发展综合考核评价中，均位居第一。

【产业发展】 2017年，启东经济开发区发挥互联网产业园、国家级科技孵化器和科创大楼的平台作用，吸引高精尖人才落户创业。借力北大生科华东产业研究院、上海交大启东产业研究院和锦绣申江等合作机构，推动微生源、欣百诺、领星科技等项目加快建设，吸引更多的北大、交大老师和校友到启创业，形成高精人才创新创业的良好氛围。全年入选“省双创人才”2人，“省双创团队”1个。

【招商引资】 2017年，启东经济开发区围绕新能源、半导体电子信息两大主导产业，壮大生物医药战略性新兴产业，集中资源、集聚要素、集群突破，进行差别化的资源配置，定向吸纳符合园区转型发展、带动力强的重大项目，确保特色产业留得住、做得大、见效快。落实项目落户预审制度，将产业层次、投资强度和税收贡献度作为新进项目的硬性指标、前置条件和考量依据。全年共成功签约引进超亿元项目14个，含外资项目3个，内资项目11个。其中总投资超10亿元（外资超1亿美元）项目10个。

【项目建设】 2017年，南通认定新开工亿元以上工业项目共23个，其中南通市重特大项目2个。南通认定新竣工亿元以上产业项目12个。新认定转化项目7个。加强对征而未供、闲置空闲土地的摸底调查和监督整改工作，2017年，向6家企业、共123.5亩，送达闲置土地调查书，其中收回土地10亩，有效促进低效用地再开发。在省内省级工业主导型开发区集约节约评价中排名第13位。

【园区配套】 2017年，启东经济开发区完成善成三村南区、林洋好家园东侧等5个地块拆迁任务，交净地4277亩。以实现拆迁安置零过渡为目标，安置房建设加快推进。安置房在建项目总量创开发区历年之最，共涉及8个地块，7774套，116.94万平方米。拆违控违工作成效显著，取得全市各镇及园区控违排名第二名。完善园区市政路网，扩大项目建设平台。海洪南路、牡丹江西路、新洪南路、滨江大道（恒丰路—通江路）互联网中心环路等道路在年内实现全线竣工通车，道路全长7680米。韩华路夜排档工程、善成小区停车位改造工程全部完工并投入使用。按照“道路植绿、沿河布绿、空地造绿、见缝插绿”的绿化全覆盖原则，完成人民路绿化改造、锦绣家园二期、南苑西路节点改造等绿化工程。

2017年江苏省启东经济开发区各行政村基本情况

表13

村　名	人　口	耕地面积（公顷）	党组织书记	村委会主任
城西村	3598	0	陈佩兰	陈佩兰
华石村	2097	0	沈春辉	沈春辉

续表 13

村 名	人 口	耕地面积（公顷）	党组织书记	村委会主任
大洪村	4300	4000	杜春辉	杜春辉
瑞章村	2089	0	许红梅	许红梅
新村村	2325	2300	卞忠平	卞忠平
小效村	4394	0	陈锦康	陈锦康
庙效村	2662	2600	季成辉	季成辉
三星村	1433	1897	周 利	周 利

（夏 辉）

江苏启东吕四港经济开发区

【概况】 2017年，完成全社会固定资产投资130亿元，同比增长11%。完成工业总产值486.8亿元，同比增长13.8%。实现工业应税销售收入110亿元，同比增长17%。规模工业入库税收6.22亿元，实现一般公共财政预算收入33522万元，其中国税23936万元，地税9586万元。

【产业建设】 2017年，大唐电厂完成4台660兆瓦机组的供热改造，大唐脱盐水改造项目完成改造并具备供热能力，全年实现销售41.49亿元。华峰超纤有11条生产线进入生产，全年实现应税销售12.56亿元。广汇能源项目一期工程第一艘LNG靠岸并进入试运行，一期扩建项目全面开工建设，全年实现应税销售20.88亿元。全年共有在建工业项目125个，其中新开工项目98个，新竣工项目预计完成16个，新投产项目预计完成7个。

【对外开放】 全年累计签约大项目5个，其中超10亿元项目3个；新注册项目8个，协议总投资89.3亿元；在手在谈项目12个；新增工商注册外资4796万美元。外经外贸实现新突破，成功促成启东广汇能源在项目建设阶段先行开展自营进口业务，5月成功尝试LNG液化气的进口业务，新增进口2625万美元。华峰广汇分别进口生产设备1600万欧元、900万欧元。

【港口建设】 环抱式港池控规编制完成。东港池疏竣土方1400万立方米。10万吨进港支航道一期工程完成，PPP项目吹沙工程开始实施。渔港经济区“中国吕四国际水产品交易中心”获批，吕四渔港品牌体验馆、海鲜美食街土建基本结束，如意大道绿化完工，三岛膜结构卸鱼棚完成招投标并开工建设。新材料产业园，供汽、污水处理及供电等供辅设施加紧推进，港区承载能力不断增强。

（沈威宇）

3月16日，华峰超纤二期工程的生产车间，工人在导丝 （姜雨蒙/摄）

启东高新技术产业开发区（近海镇）

【概况】 2017年初，园区由启东滨海工业园正式更名为启东高新技术产业开发区。全年实现一般公共预算收入25763万元，同比增长37.8%；全社会固定资产投资82.50亿元，同比增长15.2%；其中工业固定资产投资63.95亿元，同比增长12.7%；服务业固定资产投资为18.54亿元，同比增长24.8%；实现应税销售88.86亿元，同比增长45.99%；高新产业产值78.01亿元，同比增长14.1%。

区镇人口近10万人，其中园区务工数近2万人，当地务工人员占45%左右，外地务工人员来源地主要为陕西、安徽、四川、山西等地。园区企业普通工人平均工资约为4000元/月，技术工人平均工资约为5000元/月。

【工业经济】 2017年，园区投产企业

高新区一景　（郁卫兵/摄）

共计320家，约82%来自上海，其中规模以上企业87家，高新企业19家，亿元以上企业15家。重点亿元以上企业销售额：康耐特3.59亿元，皇室食品2.98亿元，西西艾尔2.46亿元，世邦机器2.07亿元，百特电器2.04亿元。

招商引资。全年共举办各类投资环境说明会15场。签约项目完成62个，占地2211.8亩，其中内资项目57个，总投资88.83亿元，注册资本31.52亿元。另有在手在谈重大项目42个。

项目建设。优化项目服务，持续开展"520""六个二"工作法，推进"周汇报、月点评、季考核"项目机制，快速联动协调解决发展难题。2017年，共有上海鼓风机厂启东有限公司风机制造项目、英内物联网科技启东有限公司RFID电子标签天线生产项目等37个经南通考核认可的亿元项目开工建设。

高新科技。2017年，累计认定高新技术企业19家，南通市工程技术研究中心4家，省级研究生工作站2家，省级新型研发机构1个；共有科技创新企业73家。引进领军人才4人，入围东疆英才计划6人，认定省双创人才5人，申报双创博士1人，引进留学归国人才2人。完善原有淘金创谷、博士园一期等科技平台，加快建设占地80多亩、两万平方米的博创园二期工程。

【农业经济】 2017年，区镇共举办农业投资招商推介会4场，新签约农业项目12个。7个村合计1.7万亩土地全部完成占补平衡（宅垅填埋）项目2%的目标；"四网"工程全部完成。规模化发展高效农业，集群化发展项目农业，形成新型农业科技类、海产品加工类等5大类、13个小类的集群规模。

【实事工程】 围绕建设宜商宜居的滨海新城的目标，优化完善南功能配套区、智造小镇、南海路建筑物升级改造设计方案，推进规划展示馆、文体中心建设，完善"直通滨海"线路、区镇公交体系、客运站设施。全面建设完成350亩的盐生植物园，完成150亩南通大学绿化，完成"三化"基地森林小镇项目苗木种植。推进综合整治，拆除存量违建面积总共约30026平方米。"263"环境提升整治行动、"河长制"管护行动、污水厂改造行动不断深化。推进深化农村环境"六位一体"长效管理制度，不断完善管理机制。

【社会事业】 2017年，区镇深化"德耀滨海"建设，推进"好人"选树机制。实施"三学惠农"工程，开展各类学习教育活动。全面推进11个村级综合文化服务中心改扩建，实现区镇"正能量加油站"网格全覆盖。卫生健康、教育、养老服务事业加快发展，开展各类慈善救助，购置各类助残器材赠送给贫困持证残疾人。开展精准扶贫活动，全年完成181户285人的脱贫任务。夯实平安法治阵地，平安法治护航站实现全覆盖，省级法治文化园建设开展创建。推进安全生产大检查、隐患大排查、大整治活动，实现安全生产零事故。

【党建和精神文明建设】 针对机关、农村、企业不同特点，开展"午学一刻钟""舞前一刻钟""工间一刻钟"等"一刻钟"党建活动，优化区镇党建工作形态。开展"滨海好声音"歌唱比赛、"海滨之夜"纳凉晚会、"小候鸟夏令营"等群众喜闻乐见的"共乐东疆"80项文体活动。开展"感动滨海"好党员、好媳妇、好邻居等十大类新人新风尚典型评选活动，涌现出"中国好人"郭中良，南通市"教子有方"最美家庭管新宇家庭，南通市"孝老爱亲"最美家庭施兰平家庭，启东市"三八红旗手"宋汉兰，启东市月度好人黄雅芳、沈亚洪、翟素芳、陆萍、沈岩石、吴健等一批先进典型。

2017年启东高新技术产业开发区（近海镇）主要经济社会指标

表14

项目	单位	数量	项目	单位	数量
总面积	平方公里	109.6	高标准农田面积	公顷	1966
年末户籍人口	人	61524	粮食总产量	吨	24370
耕地面积	公顷	5070	蔬菜总产量	吨	47607

续表14

项　目	单　位	数　量	项　目	单　位	数　量
地区生产总值	万元	490163	水产品总产量	吨	32610
第一产业增加值	万元	54655	工业总产值	万元	1592370
第二产业增加值	万元	284671	社会消费品零售总额	万元	191310
第三产业增加值	万元	150837	小学校数	所	3
财政总收入	万元	42325	中学校数	所	1
农民人均可支配收入	元	21691	医疗卫生机构	个	23

2017年启东高新技术产业开发区(近海镇)各行政村基本情况

表15

村　名	人口(人)	耕地面积(公顷)	党组织书记	村(居)委会主任
公益村居委会	2662	221	韩卫红	韩卫红
塘芦港村	3310	232	陆建英	陆建英
临海村	2065	231	沈翠如	沈翠如
爱民村	2156	159	黄建兵	黄建兵
大圩村	2029	181	龚克娜	龚克娜
海丰镇村	2485	215	苏冲飞	苏冲飞
川流港村	2415	204	王凤华	陈　新
杨香圃村	2627	181	陈　华	陈　华
合兴圩村	2758	219	顾　群	顾　群
利民村	4018	318	黄红香	黄红香
黄海村	4230	418	张晓燕	张晓燕
东进村	4230	418	范本思	范本思
小闸口村	3872	370	薛美珍	薛美珍
海界村	2437	215	顾江赛	朱海健
协兴港村	3172	272	杨　勇	杨　勇
向阳村	3429	342	陆燕飞	陆燕飞
新阳村	2728	259	杨　琳	杨　琳
建东村	2221	190	李炳生	李炳生
向北村	3335	343	张裕玉	张裕玉
向西村	2674	271	陆亚声	陆亚声

(马　鸣)

启东滨江医药化工园(北新镇)

【概况】　2017年,启东滨江医药化工园(北新镇)全区镇实现生产总值8.59亿元,其中一产增加值0.34亿元,二产增加值5.25亿元,三产增加值2.99亿元,一般公共预算收入2.87亿元。农村人均纯收入实现21718元,同比增长8.89%。

【工业经济】　2017年,区镇完成规模工业应税销售99.8亿元,同比增长42%;完成工业税收4.9亿元,同比增长69%;完成全社会固定资产投资23.5亿元,其中工业投资22.7亿元;化工园区有22家企业销售超亿元,2家企业销售超10亿元;规模以上服务业营业收入2.1亿元,增幅23%;限额以上企业零售额1.9亿元,增幅22.2%。

滨江医药化工园一景　（郁卫兵/摄）

【产业招商】 围绕生物医药、化工新材料等产业，主要通过引进优质项目、盘活闲置资产、促成资产收购、举办招商推介会等多种方式开展招商引资。全年举办7次专题招商活动，招商小分队赴上海、杭州等地开展投资推介和拜访活动，邀请相关公司参加2017年启东对接服务上海投资环境推介会，在浦东和上海交大举办行业专题招商会和产学研投资推介会，招商氛围浓烈。2017年，与上海浦东川沙经济园区有限公司、上海桃浦投资促进中心、上海市崇明区新村乡人民政府、上海市崇明区经济委员会签订友好合作协议。全年新增注册企业7家，签约企业2家，总投资12.6亿元，注册资金3.26亿元，招商引资工作取得初步成效。

【项目建设】 坚持"一切围绕项目转、一切围绕项目干"的工作主线，保障要素供给，提高项目服务水平，加快项目推进速度，夯实项目对经济发展的基础带动作用。全年实现南通市亿元以上认定新开工项目3个（云帆化工、天楹环保、泓泽添蓝），竣工项目5个（方鑫化工、道明化学、德威涂料、欣捷衬布、国启环保），转化项目3个（道明化学、方鑫化工、德威涂料）。其中转化项目中，德威涂料实现应税销售16.88亿元，入库税收1.28亿元。做好科本、创诺、宏慈等技改扩建项目的报批工作，形成项目储备一批、开工一批、竣工一批、转化一批的良性循环。

【现代农业】 推进农业供给侧结构性改革，以绿色、生态、循环农业为发展方向，以接轨上海为重点，努力培育壮大新型农业经营主体，积极进行招商引资，加快农产品加工业和现代农业园区建设。全年新（扩）建"恒昌隆一万吨冷库"建设等农业项目21个，完成投资额1.45亿元；新建蔬源等农产品上海直供基地9个，全年完成农产品销售6.05万吨、销售收入5.02亿元；新增家庭农场6家，新增种养殖专业大户15户，经营面积达到3.98万亩。全年完成启源蔬果专业合作社、春笋家庭农场、恒昌隆食品有限公司等三家农产品电子商务的申报工作，其中启源蔬果专业合作社线上交易额超100万元。完成6个村1.5万亩高标准农田建设，新增高效设施农业面积达3000亩，高效设施渔业面积150亩。

【中心镇建设】 明确总体规划功能定位、重新布局综合配套区域、调整土地利用总体规划。"中鑫花苑"展开施工；4万平方米"西郊花园二期"建成并投入销售；"绿洲嘉园"小区25幢安置房于5月竣工交房；"绿洲嘉园"南侧景观横河工程建设完成，其配套商业、物业用房工程完成主体结构；占地80亩的"丽都名邸"安置房项目完成项目招标和方案设计；完成北新、民主镇区及周边道路建设、维修；民主镇区400米"民人路"完成绿化和亮化，实现通车。

【社会事业】 社会保障体系逐步完善，新农保共收缴19682人，参保率达到87%；做好低保工作，对全镇低保户实施动态管理，新发展低收入家庭7户，低保动态变更62户；做好老年人安抚工作，为640名老人办理老年优待证，为1万多名老人办理老人保险；做好社会福利工作，为困难群众发放冬令、春节慰问救济金21万元，为152名困难群众提供临时救助，金额达15.54万元，为22名低保对象办理大病医疗救助，发放医疗救助金6.06万元。

【党建工作】 学习贯彻党的十九大精神，全面落实从严治党要求，积极推进"两学一做"教育常态化制度化，做到以理论塑造思想、以思想引领行动。开展富民强企奔小康"走帮服"活动，打通服务群众"最后一公里"。加强政风行风建设，强化执行意识，推动工作创新，提高履职效能。打造阳光政务自觉接受镇人大的监督，通过多种方式听取基层和社会各界的意见，及时公开各类政务信息，提高信息公开的质量，依申请公开做到及时回复、准确答复。落实党风廉政建设责任制，严格执行中央八项规定《实施细则》精神、省委《具体办法》。

2017年启东滨江医药化工园（北新镇）主要经济社会指标

表16

项　目	单　位	数　量	项　目	单　位	数　量
总面积	平方公里	105.45	粮食总产量	吨	20635

续表16

项　目	单　位	数　量	项　目	单　位	数　量
年末户籍人口	人	76345	高标准农田面积	公顷	4086
耕地面积	公顷	6055	蔬菜总产量	吨	100628
地区生产总值	万元	859078	水产品总产量	吨	4161
第一产业增加值	万元	34123	工业总产值	万元	2964727
第二产业增加值	万元	525479	社会消费品零售总额	万元	170837
第三产业增加值	万元	299476	小学校数	所	4
财政总收入	万元	55523	中学校数	所	1
农民人均可支配收入	万元	21718	医疗卫生机构	个	41

2017年启东滨江医药化工园（北新镇）各行政村基本情况

表17

村　名	人　口	耕地面积（公顷）	党组织书记	村委会主任
三和村	2338	166.38	沈赛兵	王春花
北新村	1904	113.37	钱永珍	钱永珍
建西村	2348	165.16	曹　俭	陈　锋
光卫村	2623	193.62	范华华	范华华
富民村	2367	183.52	李红俭	李红俭
灯杆村	4222	364.38	陆亚昌	陆亚昌
介英村	1879	162.45	陈洪钢	陈洪钢
普东村	2283	162.74	龚　辉	龚　辉
轶昌村	2556	173.61	方玉英	方玉英
庙南村	1865	143.36	施建香	施建香
新桥村	3012	277.10	李卫忠	李卫忠
双仙村	3063	233.36	沙忠美	沙忠美
永济村	5155	410.86	杨向红	杨向红
花效村	2368	84.19	袁赛杰	袁赛杰
邦道村	2407	156.26	倪晓红	倪晓红
永丰村	4878	421.90	袁惠新	袁惠新
振兴村	2524	202.14	薛永斌	薛永斌
民丰村	2491	168.40	杨春风	陈松兵
新庄村	2599	210.09	陈　华	丁春辉
建新村	2513	209.25	张　健	张　健
安联村	3018	229.73	曹　辉	曹　辉
万安村	2377	174.71	袁永香	袁永香
永安村	4121	340.71	何红燕	何红燕
红阳村	2532	239.99	顾海飞	顾海飞

（陈燕华）

启东海工船舶工业园（寅阳镇）

【概况】 2017年，启东海工船舶工业园（寅阳镇）实现规模工业总产值263亿元，同比增长13.2%；实现地方公共财政预算收入4.24亿元，同比增长58.1%；工业投资58.39亿元，同比增长13.6%，完成全年目标的101.5%；工业应税销售122.9亿元，同比增长8%，实际到账外资3000万美元，完成全年目标的100%。

【园区建设】 2017年，全年完成新开工项目16个，新竣工项目10个，新投产项目3个；中心功能区农武安置小区三期工程主体工程完成，农武村安息堂工程和中心功能区菜场完工；海欣商铺消防整改、海欣花苑商铺产权办理完成；中心功能区展览馆完成初步装修；西功能区江欣家园蓝领装修工程、江欣家园一期景观绿化工程、商业街立面亮化工程、篮球场和羽毛球场工程和活动中心均完工；东和线街道景观整治工程竣工验收；10公里寅和路和戤滧路农村公路提档升级工程竣工通车；和合镇区人民路、兴和路集镇广告牌基本完成。

【工业经济】 2017年，推进惠港重工、爱德华重工等破产企业的重组整合，合理拒绝传统低端过剩产业的参与，吸引科技含量高、产业优势明显的龙头企业参与拍卖重组。3月，霓辉物流成功收购豪威船舶重工；6月，武船成功收购顺恒造船；8月，中集安瑞科成功重组太平洋海工；9月，泰山石化成功收购宏强重工；11月，筑城远大装配式建筑制造基地项目成功签约。

抓住上海产业转移带来的契机，招引重大项目落户园区。在手在谈项目12个，其中重点推进中铁建23局轨道工程上海有限公司入驻惠港重工等一批重大项目。全年完成招商活动8场，与上海的4个园区、乡镇达成战略合作协议。先后在上海召开对接上海招商会8次，共接待来自上海的客商近200批次600多人。

【农业经济】 2017年，新（扩）建农业项目10个，完成现代都市农业投入12800万元。农产品加工类项目完成投入9000万元，农业园区项目完成投入3800万元。举办在沪农业专题招商推介会3场。实施高标田建设2.29万亩；占补平衡填埋泯沟及宅垄598条，完成面积637亩；拆旧挂钩完成面积201亩；项目区内完成土地流转1.17万亩，占高标田总面积的51%。新增绿化面积730亩。农村环境长效管理措施到位，沟河清障工作成效显著。完成连兴港172艘僵尸船的清理，拆除养殖污染户17家。

【社会治理】 2017年，抓民生，促稳定，社会事业协调发展，调处外包劳务农民工拖欠工资10多起。开展各类安全生产大检查，船舶企业共计代理检查4轮，书写现场检查记录58份，共排查隐患410处。推进强基固本工程，148个网格的平安法治加油站、26个村居的平安法治护航站全面建成。各类人民调解组织共接待来访群众212批次、628人次，共开展矛盾纠纷排查157次，受理纠纷156件，调处成功156件。

【民生实事】 2017年，镇城乡低保、医疗救助、临时救助等保障到位，合作医疗收缴率达99.96%以上。城乡居保参保缴费人数21758人，新增新农保参保人数1229人；到龄领取人数10700人，其中新增领取人数1488人；基础养老金发放人数22176人。全年发放各类民政资金2081.9万元。

2017年启东海工船舶工业园（寅阳镇）主要经济社会指标

表18

项　目	单　位	数　量	项　目	单　位	数　量
总面积	平方公里	106.66	高标准农田面积	公顷	2559
年末户籍人口	人	85326	粮食总产量	吨	24847
耕地面积	公顷	6124	蔬菜总产量	吨	69129
地区生产总值	万元	732756	水产品总产量	吨	70856
第一产业增加值	万元	62242	工业总产值	万元	2852140
第二产业增加值	万元	383505	社会消费品零售总额	万元	190251
第三产业增加值	万元	287009	小学校数	所	5
财政总收入	万元	31672	中学校数	所	3
农民人均可支配收入	元	20242	医疗卫生机构	个	24

2017年启东海工船舶工业园（寅阳镇）各行政村基本情况

表19

村　名	人数（人）	耕地面积（公顷）	党组织书记	村委会主任
林启村	3560	286	朱红星	王海荣
寅南村	2850	169	张　健	张新宇
寅中村	2940	250	张新雄	张新雄
寅北村	2538	221.9	施红辉	鲁俊生
江夏村	2249	238	郑芳如	郑芳如
寅西村	3248	220	陆亚辉	陆亚辉
侯字村	2595	210	施风雷	施风雷
戤效港村	2626	225	周春柳	郁　娟
稷字村	2700	263	陆正彬	陆正彬
江楼村	2306	188	陆　英	陆　英
和合镇村	4800	334.4	袁　洪	袁　洪
农武村	2328	216	施全花	施全花
裕丰村	3636	286.7	黄凯萍	黄凯萍
和丰村	2197	163.7	陆武兵	陆武兵
建丰村	1802	157	黄建飞	黄建飞
庆佳村	2820	264	周范忠	周范忠
洪飞村	2740	236.7	沈　燕	沈　燕
临海桥村	2971	287	黄凯健	（暂缺）
晁汀村	2780	256	任渊博	沈　浩
东清河村	2596	240	秦汉兰	秦汉兰
步梯村	2168	216	郁水华	郁水华
益成村	2882	205.8	吕　娟	吕　娟
拥政村	2750	196	陆刚强	陆刚强
常乐村	4508	375	黄　飞	黄　飞
长兴村	5785	327.4	黄晓宇	黄晓宇
白港村	4454	336	施泳帆	倪小勇
和合居委会	4800	0	陆正平	陆正平
寅阳居委会	2181	0	吴允辉	吴允辉

（吴　琼）

启东江海产业园

【概况】 启东江海产业园是上海、江苏两地呼应国家江苏东部沿海开发和长三角一体化两大国家战略的重要战略举措，是江苏与上海优势互补、直接合作的典范，致力打造成为“沪苏合作、接轨上海、面向国际的产业高地、生态新区”。园区位于启东中部沿海区域，北靠吕四港经济开发区，南邻启东高新区，西至临海高等级公路，东至围堤岸线，总规划面积约39平方公里。

【启动区建设】 2017年，首期启动区加快建设。规划展示楼地上4层，地下1层，总建筑面积9200平方米，基本完工，规划展示楼室外配套及绿化工程开展建设中，形成投资1000万元。

【项目建设】 总投资100亿元的长泰海滨城开工建设，长泰海滨公园平整土地约5000亩，备土约50万立方米，投入资金约5亿元，龙湾新天地进

建设中的江海产业园 （袁　竞/摄）

场施工，完成50%的工程量，温泉假日酒店完成征地前的控规编制及评审，土地准备挂牌出让，迎宾大道完成迁农户的丈量工作和道路施工图的设计。通航产业园完成总规、控规修编工作，机场项目能评、稳评通过审批，环评上报至省环保厅，待批复。

【招商引资】 2017年9月，成立园区招商局驻上海浦东分局和上海浦西分局。园区围绕通用航空、科创、文旅等产业展开对点招商，赴上海、北京、浙江、厦门、深圳等地开展招商活动。全年累计举办8场对外招商活动，与上海老港镇、三星镇等4家园区、镇、街道建立协作关系，主动对接、多渠道获取项目信息。至12月，完成注册（备案）项目5个，签订战略合作框架协议项目5个，在手在谈重大项目16个，竣工转化项目1个，新开工项目1个。在2017年度“对接上海竞赛活动”考核中，园区获铜杯奖。2017年，园区实际到账外资181万美元。

（梁馨丹）

启东圆陀角旅游度假区

【概况】 江苏省启东圆陀角旅游度假区位于江苏省最东部，东临黄海，西至连兴港河，南依长江，北至国道336线，规划总面积约45平方公里，下辖三个自然村。这里是长江的入海口，也是长江、黄海、东海三水交汇之地和长三角地区最早迎接日出的地方，旅游资源丰富，生态环境优美，区位条件优越。2017年，接待游客达380万人次，同比增长26%；实现旅游收入6.8亿元，同比增长20%。全年累计到账外资8000万美元，新签约亿元以上产业项目6个，其中外资项目2个。总投资400亿元的恒大童世界正式签约。

【园区建设】 2017年，园区凸显“水韵”理念，深挖水元素，打造度假区景观新面貌。五国温泉城对外展示，包含泰国、日本、土耳其、芬兰、意大利五个不同国家风格，打造长三角地区最具特色的温泉产业集聚区。景观通道主体完工，形成一条总长约12公里、集聚长江文化、凸显江海特色、融合观光休闲、独具个性魅力的标志性文化景观大道。园区道路框架全面拉开，中央大道在内的5条道路和6条河道的建设拉伸园区纵横发展的框架，服务于园区旅游开发，加速区域经济的发展。渔人码头推进建设，利用连兴港地处江海交汇处的天然优势，建成集商务办公、休闲旅游、观光购物、文化创意等多功能的休闲旅游集聚区。黄金海滩打造观景胜地，一期市政工程游园道路6600米，景观桥8座，驳岸12500米；一期建筑工程的主入口游客服务中心，滨海广场游客服务中心和观鸟台；二期景观绿化工程，建设滨海湿地特色植物园。

2017年启东圆陀角旅游度假区各行政村基本情况

表20

村　名	人数（人）	耕地面积（公顷）	党组织书记	村委会主任
连兴港村	4800	400	李　平	蔡赛理
胜丰村	3603	292	高　峰	高　峰
圆陀角村	3890	533	施拥军	施拥军

（杨青菁）

产业发展

【概况】 2017年，全市完成建筑业总产值816.7亿元，同比增长6.41%。全市各建筑企业承建或参建的项目共获“鲁班奖”2项、“国优工程奖”2项、“詹天佑奖”1项、其他国家级优质工程奖7项、省级优质工程奖47项。二建集团第13次获“中国企业500强”称号（第296位），连续7次进入中国建筑业竞争力百强企业（第13位），并列“中国承包商80强”第13位；建筑集团连续多年保持“江苏省建筑业百强企业”称号；启安集团连续8年蝉联省“建筑业百强企业”建筑安装类第1位。二建集团、建筑集团、启安集团蝉联“全国优秀施工企业”称号。3人获“江苏省优秀企业家”称号，2人获“全国优秀项目经理”称号，3人获“全国创建鲁班奖工程先进个人”称号，1人获“全国建筑业先进工作者”称号，1人获“南通市劳动模范”称号。

2017年获创优夺杯奖的部分建筑工程及企业

表21

奖项名称	获奖工程名称	获奖企业
鲁班奖	新疆高端人才服务大厦工程	江苏南通二建集团有限公司（承建） 江苏启安建设集团有限公司（参建）
	南京生物医药谷会展中心（会展中心、办公楼及地下车库）工程	江苏南通二建集团有限公司（承建） 江苏启安建设集团有限公司（参建）
国家优质工程奖	青岛欧亚中心工程	江苏南通二建集团有限公司东联事业部（承建）
	津源信德西青辛口镇一期18MWP渔光互补光伏发电项目	江苏南通二建集团有限公司东裕事业部（承建）
中国土木工程詹天佑奖	南通华润橡树湾四期	江苏南通二建集团有限公司（承建）
中国安装工程优质奖（中国安装之星）	南昌绿地国际会展中心	江苏启安建设集团有限公司（参建）
全国化学工业优质工程奖	张家港保税区华泰化工仓储有限公司新建315800立方化工罐区工程	江苏启安建设集团有限公司（承建）
全国用户满意工程	昌茂·朝庭（城邦）2号、3号、4号楼项目	江苏南通二建集团有限公司（承建）
全国建筑业绿色施工优秀示范工程	盐城凤凰文化广场	江苏南通二建集团有限公司（承建）
全国建筑业绿色施工优良示范工程	金域王府一期（一标段）工程	江苏南通二建集团有限公司（承建）
华东地区优质工程奖	青岛国际啤酒城改造项目二期(1)工程T3办公楼	江苏南通二建集团有限公司（承建）
	聊城水城大道(聊杨路升级改造)	江苏南通二建集团有限公司（承建）
	绿洲雅宾利花园三期（B地块）2标段7号楼	江苏南通二建集团有限公司（承建）

※附※

2017年启东市十强建筑业企业名单

江苏南通二建集团有限公司
启东建筑集团有限公司
江苏骅东投资有限公司
江苏启安建设集团有限公司
南通恒润建设工程有限公司
江苏中润建设集团有限公司
江苏银洲建设集团有限公司
江苏南通二建集团东耀建设工程有限公司
启东建筑集团第一工程有限公司
江苏启安建设集团金舜建设工程有限公司

【产业规模】 全年累计承建施工面积7845万平方米，其中新开工面积2365万平方米；承建10万平方米以上项目195个，超高层（29层以上）项目612个。新签合同额806亿元，同比增长19%。其中，二建集团完成产值538亿元，同比增长15.5%；建筑集团完成产值92.3亿元，同比增长26.7%；启安集团完成产值75.8亿元，同比增长7%；银洲集团完成产值12.16亿元，同比增长50%。

【市场拓展】 启东建筑铁军在东北、天津、上海、南京、苏州等市场牢牢占据外地企业第一方阵。东北市场打造“城市群经营”模式，完成产值77.7亿元，新签合同额100亿元，同比分别增长8.9%、42.5%，成为第一个百亿区域市场。天津市场拓展阵地，形成津、冀、豫及湘、鄂、青“一主二副三辅”的市场新格局，完成产值73亿元，新签合同额76.3亿元，同比分别增长7.8%、28.7%。上海市场不断放大区域效应，完成产值52.1亿元，新签合同额55.4亿元。苏州市场整合内外资源抱团取胜，完成产值68.9亿元，新签合同额69亿元，同比分别增长5%、17.6%，继续保持小区域大市场的良好态势。南京市场完成产值56.6亿元，新签合同额65.9亿元。西北、西南等市场集群扩张，发展节奏进一步加快。海外市场开拓能力显著增强，二建集团成功获得以色列建筑总承包G5资质，成为该国首家拥有此资质的外国企业；柬埔寨3亿美元住宅项目开工建设，阿尔及利亚1.5亿元住宅项目积极推进；老挝、印尼、科威特等海外市场加快布局。

【结构调整】 2017年，二建集团尝试PPP项目，与中国黄金集团建设有限公司共同出资组成联合体，中标6.7亿元乌海市城市棚改项目；与天津外贸集团达成混合改制战略合作，以增资形式持有天津市贸易房地产开发公司70%的股权，实际掌握承揽项目的主动权；尝试“开发+建筑”模式，通过独资或参股形式，既开发又施工，拓展盈利空间。提升地下综合管廊、光伏产业等专业项目施工能力，二建集团成功中标2.4亿元新疆乌鲁木齐市东进场高架路综合管廊2标段工程和1.2亿元苏州太湖新城吴中片区综合管廊2期工程；自行开发50兆瓦新疆北塔山光伏项目及100兆瓦北京西花园光伏项目，总投资达12亿元。建筑集团与远大住工集团、启东城投公司合资成立市首家装配式建筑企业，总投资10亿元，进入厂房建设阶段。骅东公司加强资本运作，放大投资理财功能，盘活存量资产，在房地产开发、租赁、商贸服务等方面取得发展。

【科技创新创优】 全年共获国家级QC成果12项、部省级工法12项、发明专利3项、实用新型专利18项、省级新技术应用示范工程12项。二建集团以“互联网+”为核心的“智慧工地”建设，实现项目管理智能化；BIM技术在投标施工模拟、可视化交底、节点分析、管线碰撞中得到普遍运用，参与编写的《建筑施工企业BIM技术应用实施指南》由中国建筑工业出版社公开发行。启安集团的BIM技术获2项国家级大奖。

（陈　华）

获奖工程选介

【新疆高端人才服务大厦】 位于乌鲁木齐高新区（新市区）北区工业园区中心功能区B地块，由江苏南通二建集团承建、江苏启安建设集团有限公司参建。工程于2014年8月24日开工，2016年7月16日竣工验收并交付使用，总投资4亿元。建筑面积48319.12平方米，地下二层，地上南塔二十一层，建筑总高度99.6米；地上北塔十六层，建筑总高度78.6米；裙房二层，建筑高度15.45米。大厦集公共服务与行政办公于一体，是一座设计新颖、功能齐全、施工精细、智能节能的公共建筑工程。施工过程中采用先进的高层多曲面异形建筑施工技术，确保结构定位放线的精准度。2017年，工程获评“鲁班奖”。

【南京生物医药谷会展中心】 位于南京高新技术产业开发区生物医药谷B2-4地块，由江苏南通二建集团承建、江苏启安建设集团有限公司参建。工程于2014年5月1日开工，2015年12月21日竣工并交付使用，总投资超3亿元。建筑面积55509平方米，地上十九层，地下一层，高度80米。2017年，工程获评“鲁班奖”。

【青岛欧亚中心】 位于青岛市市北区敦化路136号，由江苏南通二建东联事业部承建。青岛欧亚中心是青岛中央商务区的核心地带，是一座集金融、商业、办公为一体的超高层商务综合楼。项目占地面积6976.1平方米，总建筑面积80122.36平方米，其中地上建筑面积66264.36平方米，地下建筑面积13858平方米；地下三层，裙房四层，地上四十二层，建筑高度152.5米。主楼为框架—核心筒结构，加强层为型钢混凝土结构。立面设计采用简洁明朗的直线条，外围用石材外墙和条窗取代大面积的玻璃幕墙。2017年，该项目获“国家优质工程奖”“青岛市优质结构工程”等多个奖项。

❶ 青岛欧亚中心
❷ 南京生物医药谷会展中心
❸ 华润橡树湾四期工程
❹ 津源信德西青辛口镇一期光伏发电项目
❺ 新疆高端人才服务大厦
（市住建局/提供）

【津源信德西青辛口镇一期光伏发电项目】 位于天津市西青区辛口镇第六埠村，由江苏南通二建东裕事业部承建。项目占地面积约为600亩，为渔光互补光伏发电项目。工程桩成排成列，光伏支架牢固可靠，光伏组件倾角一致，平整如一，光伏方阵，排列整齐。2017年，该项目获“国家优质工程奖”，还获2017年度“中国电力优质工程奖”及省部级论文、QC成果、国家级项目管理成果、实用新型专利等多项科研成果。

【南通华润橡树湾4-2期】 位于江苏省南通市开发区宏兴路南、天长路西，为高层住宅项目，由江苏南通二建集团承建。项目由4幢高层以及人防地下车库（地下二层）组成，总建筑面积为12.03万平方米。工程总造价为20504.07万元。2014年7月1日开工，2016年12月30日竣工交付。该项目是集团公司在南通地区取得的第一个“詹天佑奖”。

（陈　华）

行业管理与服务

【概况】 2017年，市安排639万元专项资金，对建筑业企业创优夺杯、科技创新等进行奖励，全年评出金牌企业4家、银牌企业1家、铜牌企业1家。市住建局常态化开展安全质量隐患整治工作，推动建筑工程安全生产。各镇区、相关部门和金融机构在人才、资金和技术支持等方面，优化资源配置，助推建筑业快速发展。推进企业诚信信息平台与行业管理部门信用平台对接，加强与社会信用体系互联互通，逐步实现对企业诚信信息的即时检索查询。

【行业发展指导】 2017年，市住建局对主要的建筑业企业进行实地调研，听取建筑业协会、南通二建、建筑集团、启安集团、江苏八建集团等主要建筑业企业相关负责人的建议意见。根据市建筑业发展的实际情况，修改制订《关于进一步促进建筑业加快发展的激励意见》，加大对建筑业企业做大做强、创优夺牌、创新发展等方面的奖励力度，并新增鼓励企业“走出去”发展及推进产业现代化发展的相关激励措施。市建筑产业研究院挂牌成立。根据省政府《推进建筑产业现代化和促进建筑产业转型升级的意见》精神，启东建筑集团拓展新型装配式建筑发展领域，在启东海工船舶工业园征用土地300亩，与远大住宅工业集团股份有限公司合作筹划建设启建智造—远大住工PC生产线项目。一期5条生产线开工建设。

【行业服务】 2017年，市住建局做好建筑业企业资质管理工作，调整原有资质标准中的建造师、职称人员、技术工人等人员要求，和施工总承包一级及以下的企业业绩标准。全年共受理各类资质申请62件，其中初始申请总承包资质16件、专业承包16件、劳务企业资质14件、资质增项申请16件。及时为企业审核好主要人员、资质代码、有效期、地址、建造师等基础信息，加强“四库一平台”建设，为企业进入市场提供服务。组织企业参加上级部门的各项行业评先评优和业务培训工作，二建集团、建筑集团和启安集团跻身百强企业行列。及时稳妥处理农民工工资问题，稳定建筑施工市场。强化安全生产管理，制度化开展“打非治违”专项行动。共查出事故隐患3000条，开具整改通知书342份、停工通知书66份，依法移交67个项目，约谈6个单位。建筑工程质量稳步提升，安全生产形势持续稳定。市内建筑业项目共获评“AAA级安全文明标准化工地”17个、省级以上安全文明工地9个。

（陈　华）

企业选介

【南通二建集团】 2017年，南通二建集团在手合同额1400亿元，同比增长14%；承建施工面积5785万平方米，同比增长14%。全年实现企业总产值573亿元，完成施工产值538亿元，同比分别增长13%和15%；新签合同额580亿元，同比增长14%；结转合同额576亿元，同比增长18%。集团曾获"鲁班奖"3项、国优奖2项、"詹天佑奖"1项，全年创省级以上优质工程70个，获国家3A级安全文明标化工地7个项目，绿色施工示范工程4项，创省级以上文明工地62个，承建市级以上现场观摩会45次，国家级QC成果16项，省级QC成果44项，国家级项目管理成果奖33项，全国BIM大赛成果3项，发明专利3项，实用新型专利6项，新技术示范工程20项。集团获"中施协2017年中国工程建设诚信典型企业"称号，通过中施协全国3A信用企业、省工商局的"守合同、重信用"企业年检。

2017年，沈阳公司完成产值75亿元、新签合同额100亿元；天津公司实现产值73亿元，新签合同额76亿元；苏州公司产值和新签合同额均达70亿元；南京、上海公司产值分别达69亿元和67.8亿元，新签合同额分别为66亿元和55亿元；无锡、南通、新疆区域新签合同均超过40亿元，分别是41亿元、40.6亿元、40.3亿元，同比分别增长51%、105%、78%。

集团加快向关联产业转型升级，2017年进军地下综合管廊领域，承建乌鲁木齐东进场高架路综合管廊2个标段、苏州太湖新城吴中片区、苏州城北路等4个地下管廊工程，合同额6亿元。开拓地铁、隧道、桥梁等方面超深基础业务，承建近1亿元的广东汕头海上风电智能制造项目桩基工程，投资近2000万元购买液压双轮洗铣槽机等设备，承建广州轨道交通18号和22号线连墙及旋挖桩工程、湖北旗盘州长江公路大桥锚碇地下连续墙工程、镇江五峰山长江公路大桥南锚碇地连墙工程等。与中铁隧道、中铁十二局、中铁七局、中交机电工程局签订合作意向书，参与青岛地铁、南通地铁、苏北铁路等多个标段联合投标，分包中交机电工程局青岛地铁十三号线红岛与胶南城际铁路工程。

创新承接方式。集团从施工总承包向PPP、EPC和专业方向发展。承接内蒙乌海东山棚户区改造、浙江长兴美丽小镇、新疆反恐基地、新疆高新生物医药孵化产业园等多6个PPP项目，共计合同额30亿元。承建日本似鸟（太仓）商贸中心、启东市士清村安置房、绍兴宝湾物流仓储及多个光伏EPC工程，合同总额56.4亿元。承建青海国投广场室内装修二标段1.1亿元、南京紫金公共配套服务中心装饰工程1亿元、上海嘉定新城一标段精装修4000万元等工程。

推进高端客户的合作。集团与战略单位及二次经营的合作伙伴有132家，面积达3223万平方米，造价821亿元，占集团总量的55%和58%。

开拓海外业务。7月、10月，分别取得以色列建筑业最高G5资质和外籍劳工许可证，承建巴特亚姆塔楼、海亚姆、阿伟思诺等多个超高层住宅项目，合同额超5亿元。东诚事业部与中水电集团合作，承建迪巴萨地块粮仓项目，合同额1亿元，进入施工阶段；东裕事业部在柬埔寨承建的40万平方米、3亿美元的富力项目动工；中润东群事业部在东南亚注册集团海外分公司，筹备多个援外项目。

【启东建筑集团】 2017年，启东建筑集团完成施工面积746.97万平方米，竣工面积104.99万平方米；完成企业产值92.3亿元。所承建或参建的工程中，获江苏省"扬子杯"优质工程奖3项、宁夏回族自治区"西夏杯"优质工程奖2项、青海省建设工程"江河源"杯1项，获全国安全生产标准化建设工地1项、江苏省文明工地4项、宁夏回族自治区建筑施工安全文明标准化工地3项。

【江苏启安建设集团有限公司】 2017年，江苏启安建设集团有限公司完成建筑业总产值75.8亿元，同比增长7.1%；新签合同额90.05亿元，同比增长23.9%；营业收入57.88亿元。

2017年，集团参建的新疆高端人才服务大厦、南京生物医药谷研发中心2项工程获中国建设工程"鲁班奖"；参建的津源信德西青辛口镇一期18MWp渔光互补光伏发电项目获"国家优质工程奖"；参建的南昌绿地国际会展中心（安装工程）获"中国安装之星"；承建的张家港保税区华泰化工仓储有限公司新建315800立方化工罐区工程获"全国化学工业优质奖"；参建的海澜财富中心项目、XDG-2007-37号地块A块A-3组团3号楼项目、南通华润橡树湾四-2期58号楼3项工程获"江苏省扬子杯"奖；承建的上海由由东岛广场项目安装工程，参建的上海家化联合股份有限公司青浦基地迁建项目中草药提取车间安装工程、液洗车间安装工程、高霜车间安装工程4项工程获"上海市申安杯"奖等。

集团科技创新成绩显著。《医疗洁净空间的工业一体化施工新技术》《"安装通"企业云服务平台在企业管理中的应用》2项获中安协科技进步三等奖，《斜底钢制储罐工厂化预制施工工法》《C型钢龙骨组拼式干挂石材安装施工工法》2项获省部级工法，《一种新型垫块预制工具》《一种拼装式配电箱预埋工具》《一种轻型钢结构房屋外墙装饰节能板系统》《一种基于冷弯薄壁型钢的装配式房屋钢结构》4项获国家实用新型专利；7项QC获省部级以上优秀成果奖。

（陈　华）

综　　述

【概况】　2017年，市坚持拓功能、重治理，着力深化生态建设，城市品质在统筹发展中稳步提升。城乡规划科学实施，快速路网、景观风貌等规划形成最终成果。综合交通体系进一步优化，宁启铁路启东段开始铺轨，海启高速启东段路基部分基本完成，干线公路建设加快推进，实施农村公路提档升级150公里；6条道路完工通车，1条道路完成改造，7条道路加快建设。基础设施建设稳步实施，长江岸线整治工程、连兴港改造工程进展顺利；区域供水通久线、崇启线加快推进；"西气东输"启东段完成前期工作，广汇能源接入市政天然气管道；久隆输变电工程开工建设。基层文化设施不断完善，建成公共文化综合服务中心230个。全年完成城乡建设总投资100亿元，其中市政基础设施建设25亿元。

城市环境面貌持续改善。加快"南进东拓"步伐，城市框架进一步拉开。推进省优秀管理城市创建，开展城市环境综合整治，通过国家卫生城市复审验收。推进城区水系规划建设和生态修复，保持河道畅通清洁。加强重点路段监管，开展治堵治乱专项行动，交通秩序有效好转。保持控违拆违高压态势，遏制增量、减少存量，拆除违章建筑103万平方米。试点垃圾分类处理工作，促进源头减量和资源利用。

（陈　华）

不断优化的市域路网　　（潘　杨/摄）

城乡规划

【规划编制】　2017年，在城市总体规划的框架下，加快完善城乡规划体系。市域快速路网、城市景观风貌、新城区布局规划、停车场规划、农贸市场布局规划、头兴港河建设规划等城乡规划编制全部完成最终成果；东平、海永、启东城镇圈协同规划完成文本，生命健康科技城完成概念性规划，总规实施评估报告由省规院编制完成最终成果。督促完成吕四港镇总体规划修编，实现镇区控规全覆盖；指导编制滨海工业园区控规修编和圆陀角旅游度假区近期建设用地控规，以及10个特色小镇控规。

【规划审批与管理】　2017年，市住建局完成用地红线技术性审查545宗、规划条件意见书344份、建设工程设计方案电子审查226份、规划指标核定190份（核定面积超500万平方米）、完成规划验线项目276个（验线单体建筑1852幢）、规划核实项目91个（核实面积近350万平方米）。启东市地下管线信息系统建成并投入使用，2016年市域航空影像资料完成入库，并及时更新到局图形审批系统及移动PAD终端。

(陈　华)

城市基础设施

【市政道路】 2017年，城市路网不断完善，老城区瓶颈路、断头路逐步打通，新城区、火车站片区道路加快推进。开工建设城市道路11条，大兴线西复线、和平南路、公园南路、黄浦江路、钱塘江路、民胜南路、华石北路7条道路竣工通车，全年新增道路12公里、36万平方米。民乐路完成瓶颈路段改造，河南路、人民路瓶颈路改造加快实施。城区共有主次干道72条，总里程达238公里，面积493万平方米，人均20.45平方米。

【城市绿化亮化】 2017年，启东市以争创国家级园林城市为目标，打造“绿色启东、生态启东”。全年新增城市绿地70万平方米。蝶湖公园初具规模，丁仓港滨河绿带建成开放，植物园完成设计招标。启东历史名人园、烽火楼景观节点建成开放，新增中成河滨花园西侧、皇家花园东侧等5个小游园和7公里慢行步道，新建城市绿带20公里，完成9万平方米安置房绿化。建成区绿地总面积1222.7万平方米，其中公园绿地290.9万平方米，建成区绿地率38.9%、绿化覆盖率41.8%，人均公园绿地面积11.59平方米。建制镇建成区绿化覆盖率30.79%。实施城东花园C标、中央大道桥等14个安置房和桥梁水景亮化。

【水环境治理】 2017年，市住建局加强河道整治，完成南郊家园北侧河道生态修复、庙港河护岸、团结路北侧河道整治等工程。加快推进老小区管网改造建设，对城河新村、紫薇三村、滨江花园等4个区域易淹易涝片区实施改造，完成南苑一村局部区域、金水苑、城河新村、紫薇三村等小区的积水整治工程。建设庙港河与蝶湖排水泵站、江海南路河与南引河涵闸泵站，完善封闭式排水系统。头兴港河、中央河、丁仓港河、世纪大道范围内智能排水调度系统建成投用。加强排水许可监管，全年共计完成建设工程排水方案审批184项，排水设施竣工验收34项。

【基础设施维护】 2017年，市住建局做好市政基础设施维护管理工作，对养护任务下达、现场签证、竣工验收等各项流程制订规范标准。改造人民路、公园路等7条道路盲道，改造世纪家园、名都苑等8个小区无障碍设施122个，划设道路停车位标志线5500多个。改造升级紫薇公园、民胜路人民桥、灵秀路等15处公共厕所。完成市区背街小巷维修改造，修复破损道路3.5万平方米、破损人行道1.5万平方米。维护路灯的正常照明，对市区路灯进行节能改造，更换路灯光源1.4万多套，确保亮灯率≥98%。落实12345来电、“数字城管”反映的问题，全年派单完成率100%。

【公共服务设施】 2017年，大润发商业中心建成营业；文化体育中心、妇幼保健院、社会福利中心等一批重大民生工程开工建设。克明村、汇东村等邻里中心和花卉市场、农贸市场加快建设；夜排档市场建成投用。

(陈　华)

复建后的启东第一楼“烽火楼”　　(郁卫兵/摄)

房地产业

【概况】 2017年，市住建局制订下发《关于进一步促进市房地产市场平稳健康发展的意见》《市政府办公室转发市住建局等部门关于进一步推动市房地产市场平稳健康发展的意见(试行)的通知》《市政府办公室关于进一步规范房地产市场经营秩序遏制各类炒房行为的通知》，遏制炒卖期房的行为。全年共批准商品房预售许可70个，批准预售面积358.36万平方米，批准商品房现售备案36个，批准现售备案面积167.75万平方米。累计销售商品房40173套，同比增长22%；销售面积402.42万平方米，同比增长51%；销售金额384.05亿元，同比增长51%。二手房累计交易8809套，同比增长33%；销售面积88.88万平方米，同比增长15%。完成商品房网上合同备案40173份，商品房网上合同变更、撤销455份。新版商品房网签系统上线运行，组织全市所有在建、拟建楼盘的营销人员进行培训，系统运行正常。完善房地产热线网站建设，把法定需要公示的信息和市民需要了解的信息及时在网站上公示，基本做到市房地产市场信息的双向透明，网站新开通商品房网签合同的查询功能。全年新申报房地产企业14家，完成资质年检、换证76家。

【住房保障】 安置房建设。2017年，市安置房建设初步实现“零过渡、零脱幅、零差距”的目标。庙港新城东区、西区、科创嘉园等7个地块开工，累计新开工面积91万平方米，加上结转地块，全年实际施工总面积达266万平方米。凯洪家园B区C区二期、人才公寓安置区、北上海花园A区、克明花园南区等10个项目竣工，全年竣工总面积达105万平方米，交付7700套。

公共租赁住房和廉租住房并轨。制订出台《启东市公共租赁住房管理实施办法》《启东市公共租赁住房申请条件及保障标准》，解决中等偏下收入家庭的住房困难问题。形成住房困难家庭分类分档保障体系，即低保家庭主要以实物配租为主；低收入家庭、中等偏下收入家庭主要以租金补贴为主，由其自行到市场租赁住房，政府每季度将租金补贴打卡至其银行卡，并对住房、收入实行动态管理，每个年度实行年审，如不符合条件的停止打卡。2017年，市实际享受补贴32户，累计发租金补贴7.4万元。

危旧房屋改造。2017年，完成省政府下达的棚户区改造新开工4000套、竣工3500套任务，实际新开项目4100套，竣工3830套。出台《市政府办公室关于切实做好城市既有房屋安全管理工作的通知》《市政府办公室关于开展城市危房和老旧房屋安全大检查及治理工作的通知》，组织全市各镇、园区、街道对所属辖区内危旧房屋进行全面排查，累计排查房屋5926幢，目测疑似危房1130幢，面积70多万平方米。全年完成农村危房改造1104户，其中新建217户，修缮887户。

【房屋产权交易管理】 2017年，市住建局加快房屋产权交易和登记数据互联互通的建设，完成服务器架设和数据库建设，实现数据推送和接收利用。租赁备案、经纪机构备案和商品房合同备案系统分别上线运行，为房地产经纪机构管理和商品房交易管理提供良好的技术支撑。与地税、不动产、银行等部门协作，修改完善存量房交易合同网签和交易资金托管系统的设计。推进房地产经纪机构和中介行为正规化、规范化。研究出台房地产经纪机构备案的相关要求和程序，印发《关于贯彻落实房地产经纪机构备案规定的通知》，全年备案经纪机构180家，举办2期房地产经纪机构负责人培训。及时处置中介机构违规炒房行为，约谈11家。规范房产面积测算。完善房产预测绘成果的审核管理，全年共完成单位实测绘80宗，测绘面积80万平方米；商品房实测算56宗，测算面积280万平方米；商品房预测绘审核42宗。

【房屋征收】 2017年，市住建局推进全市房屋拆迁实施与安置工作。做好新开项目的方案报审工作，对惠萍镇2个项目、汇龙镇5个项目进行审核。全年共计拆迁腾房3004户，完成交净地48块，腾房数量为计划数的86%。强化市场准入，对符合准入条件的47家拆迁实施机构、6家拆迁评估机构完成备案。启用市房屋动迁管理系统，进一步完善房屋征收网络管理。处理各类信访与诉讼，全年共参加各类诉讼7次，接受各类咨询、信访近百人次，作出书面信访答复20件，12345热线等答复8件。

【白蚁防治】 全年完成施药150万平方米，计1089幢房屋。接待来电来访白蚁危害并上门鉴定45户，灭治施药14户，灭治处理面积1500平方米。重点做好三四月份白蚁分飞繁殖期灭治工作，有效率达100%。在人民公园广场、长江社区、文峰广场等开展白蚁防治科普宣传3次。宣传服务工作得到市电视台等媒体的跟踪报道。

※附※

房地产项目、企业选介

恒大海上威尼斯 项目占地9000亩，建筑面积约700万平方米。以水岸、水域、水体为中心的园区规划理念，配套建设国际综合性公共建筑项目与服务设施，有恒大威尼斯酒店、国际会议展览中心、娱乐中心、运动中心、饮食中心、健康中心等十大中心及碧海金沙等配套服务设施，是功能齐全、设施完善、面向国际的会议旅游休闲接待区。2017年，销售住房1万套，销售额约80亿元。

绿地长岛 项目位于崇明岛，由世界500强企业——绿地集团建设。项目注册公司为启东崇和置业有限公司，项目总投资约2000亿元，总占地面积约2.35万亩，建设用地面积约1.1万亩。由四大主题区：精英度假区、中央休闲区、乐活运动区、生态游乐区组成，集生态旅游、度假休闲以及居住物业等为一体。总体开发周期为10年。2015年5月起，全面开发中央休闲区（B区），占地面积约362万立方米。B区销售总额约200亿元。

中邦上海城 2016年4月21日，启东中邦房地产开发有限公司正式转股碧桂园，中邦上海城项目于2016年10月6日开盘。2017年，洋房累计签约561套，销售额共计19.47亿元，去化率78%；累计缴纳税收0.86亿元。

御江湾庄园 由姚记（南通）实业有限公司开发建设。项目位于启东市启隆镇永兴路北侧、江申路西侧。主要为低密度花园洋房和联排别墅。项目占地约99万平方米，新增建筑面积约104万平方米。总投资约80亿元。2017年10月开工建设。

南通林洋房地产有限公司 公司的注册资金6000万元，具有房地产开发二级资质，被评为2016—2017年度南通市房地产诚信企业。公司有员工30多人，其中高级建设工程师1人，中级建设工程师11人，助理工程师2人，中级经济师3人，中级会计师2人，会计员1人，中级房产经纪1人。公司开发的林洋好家园项目，建筑面积约3.3万平方米，总投资额1.02亿元。北上海至尊庄园豪华独栋别墅项目，计划总投资额8.5亿元，东侧靠蝶湖酒店，北侧临近750亩蝶湖与规划中的金融中心，西侧为启东一中。项目总占地面积为13.58万平方米，总建筑面积（计容）为14.90万平方米，建造92栋别墅、5栋高层、2栋商业，共分三期开发。

启东市建都房地产开发有限公司 公司成立于1997年10月，注册资本5000万元，具有房地产开发一级资质。先后开发15个小区，建设商品房160多万平方米，工程竣工合格率达100%，总投资60多亿元。开发建设的福海新城三期位于市高新区内，总建筑面积为4.32万平方米，总户数为402户；福港公寓二期位于吕四港镇天福家园北侧，总建筑面积为2.45万平方米，总户数225户。

启东市金新泰房地产开发有限公司 公司成立于2013年6月27日，是由瑞德集团有限公司（香港）及启东市荣泰商业管理有限公司共同投资的中外合资企业，注册资本1298.9万美元。2014年1月17日，公司通过拍卖购置启东市汇龙镇汇东村东至彩臣巷，南至灵秀中路，西至民胜中路土地，共45.7亩宗地。该项目由大润发入驻，占总建筑面积2.14万平方米。该项目地块东侧建设一条商业街，建筑面积7410平方米，另建设建筑面积1.69万平方米精品住宅。建设的英皇国际二期工程，其中高档住宅小区占地5.36万平方米，共计386户大中小型精品户型；商业面积为2万平方米。

南通润江置业有限公司 公司成立于2011年1月18日，注册资金2000万元。开发的伊顿公馆项目，共建设6层住宅7幢、18层高层住宅2幢、20层高层住宅2幢、22层高层住宅4幢，总用地5.18万平方米，总建筑面积15.11万平方米，其中地下建筑面积4.76万平方米。伊顿蓝庭项目共规划建设16~28层住宅7幢，项目总用地4.82万平方米，总建筑面积13.39万平方米，其中地下建筑面积2.55万平方米。伊顿雅苑项目共规划建设28层住宅1幢，项目总用地8801平方米，总建筑面积2.38万平方米，其中商铺建筑面积1800平方米。

启东市新城万博房地产开发有限公司 公司成立于2017年1月6日，注册资本10亿元，主要从事房地产开发与经营、自有房屋租赁服务和工程管理服务。2017年2月开发建设吾悦广场项目。项目占地面积11.09万平方米，总建筑面积约35万平方米，包含住宅24万平方米和商业综合体11万平方米。

南通银洲房地产开发有限公司 公司成立于1991年，为国家一级开发资质企业，企业资信等级为“AAA”级。在职员工200余人，注册资本6000万元。公司开发苏州国际服装城、万豪花园、世纪家园、城市一品、皇家花园等一批大中型项目，公司连续多年获“江苏省房地产开发企业综合实力50强”“南通房地产开发企业综合实力20强”“启东市金牌企业”等称号。2006年，开发的世纪家园获省建设厅颁发的江苏省优秀住宅奖，2007年被评为全国明星楼盘。2009年，开发的锦绣华庭、世纪家园获“南通市市级园林式居住区”称号。2015年，开发的银洲·金融中心5号楼工程被评为2015年度南通市优质结构工程。南通皇家花园二期工程CR9040-15号楼、17号楼工程被南通市建设工程质量管理协会评为2016年度南通市优质结构工程。2017年，总开发面积18.07万平方米，全年竣工面积25.33万平方米。

（陈　华）

工程建设管理

【基本建设管理】 2017年，市住建局加强基本建设程序的管理工作，组织对瑞德广场二期、庙港新城西区安置房、新城吾悦广场、惠萍家园二期、东方维也纳二期等8个项目的深基坑支护工程的评审。落实施工许可管理办法，全年共核发施工许可证276份，许可建筑面积923万平方米。严格施工图审查，全年发放施工图设计审查合格证187份，审查面积390万平方米，报建项目施工图设计审查合格率达100%。加大对建筑工程抗震设计审查力度，全年发出抗震审查证书201份，审查面积667万平方米。做好建筑节能推广，民用建筑节能专项验收备案102.8万平方米，其中居住建筑73.5万平方米，公共建筑29.3万平方米。惠萍家园1号、2号、5号楼及启东滨江实验小学两个项目获“绿色建筑设计标识项目”二星称号，启东新城吾悦广场1~17号、吾悦广场S1、S2、S3号项目获“绿色建筑设计标识项目”一星称号，总面积达46.5万平方米。

严把项目信誉保证金、工程款支付保证金的交纳关。全年收缴建设单位信誉保证金和项目支付保证金，办理保证金退款3812万元。加强勘察设计市场管理力度，办理勘察设计合同备案556份。加强施工合同及监理备案管理，共办理施工合同备案299份、监理合同备案238份、施工合同人员变更62份、监理合同变更46份。

【质量监督】 2017年，市住建局受理建设工程质量报监项目1958个，建筑面积1738万平方米，其中新开工508个，建筑面积877万平方米。住宅工程分户验收覆盖率、合格率均为100%。全面落实工程项目负责人质量终身责任。全市受监项目均按要求签署或补办责任单位法定代表人授权书、项目负责人承诺书。全年竣工733个项目，均按要求设置永久性责任标牌。推进质量行为标准化和实体质量管控标准化活动，开展示范工程创建。健全工程质量监督检查制度。全年检查各类工程968项，共发现质量隐患1095处，发出质量检查情况通报311份。

【安全监督】 全年安全监管在建项

目总数为315个，其中市政基础设施项目11个，房屋建筑工程项目304个。组织开展建筑施工安全检查，累计检查项目408个，发出整改通知书342份，开具全面停工、局部停工整改通知书66份。依法移交67个项目。全年完成12345群众投诉19起，数字城管转交办理47起。加强危险性较大的分部分项工程管理。全年累计监管相关项目22个，开具停工或局部停工通知书4份。针对控制建筑工地扬尘污染，开出整改通知书31份。

【建设工程造价管理】 2017年，市住建局加强咨询市场监管，受理造价咨询企业、招标代理企业编制的招标控制价233个项目，处理造价纠纷3起，完成工程类别、建筑面积、定额工期核定项目17个，完成现场安全文明施工措施费的核定项目369个，完成现场安全文明施工措施费的考评项目18个。发布《启东建设工程造价信息》6期，增发《启东建设工程造价信息》2015—2016年合订版共40份，出台《自卸汽车运碴补充定额》，发布教学楼和宿舍楼的工程造价2项经济指标。材料价格信息管理系统、现场安全文明施工措施费核定管理系统并入启东工程造价信息网管理平台，并于9月正式运行。

【城建监察执法】 围绕城市建设、工程管理、房产开发、村镇建设、公用事业五大监察重点，开展城建监察执法工作。共查处各类案件367起，其中规划建设类2起，建设类77起，市政公用事业类1起，住宅装饰装修288起；立案查处38起，结案38起，罚款总额434万元。加强相关法律法规宣传，共制作下发宣传册3000余册，发放燃气、住宅室内装修等方面宣传单4000多份。

【城建档案管理】 全年接收、审核并进馆343个单体工程的竣工档案，完成4689卷档案的著录、组卷和入库，建设工程档案进馆率达100%。签发《建设工程档案报送责任书》116份，出具《建设工程档案接收证明》124份，接待查阅来访557人次，提供档案524卷，出具复印凭证7656份。推进合作、北新镇创建省特级村镇建设档案室，两个镇分别完成3850卷、3700卷档案的整理、入库，通过省特级村镇建设档案室验收。

【教育培训】 2017年，市住建局组织二级建造师、小管师、安全、中岗人员、特种人员继续教育培训4605人次。在新证考试中，438人获二级建造师资格，通过率达77%；三批次共计820人参加中岗人员考试，423人获新证；组织3次B、C类安全员考试，共计390人次，合格率60%；特种人员考试356人，330人合格过关。完成3527名安全员和134名特种人员变更、换证。组织212人参加建设工程专业技术中级资格评审，共计128人通过评审。

（陈 华）

供排水

【供水】 2017年，全市供水总量为6626万吨，同比增长9.67%，水质合格率达100%。水费回收率96.59%，自来水漏损率19.86%，抄表准确率99%，全年完成经营总收入21965万元。区域供水通久线总投资5.7亿元，设计供水能力15万吨/天，海门、启东段管线铺设全部完成，海门常乐泵站、启东久隆泵站加快建设，启隆线管线、泵站建设不断推进。全年新建南郊家园、海洪新村、光华苑、克明村、欣乐城、吕北村拆迁安置区、江苏华峰、吕四中心渔港美食街、翰林苑房地产项目等供水工程61个，累计新设DN200以上的管道长度达103.7公里。实施供水管网改造26.4公里，户表改造423户。完成大小修理1.79万处，抢修及时率100%。

加强规范用水抽查，全年共抽查大用户表1609只、小用户表1762只，处理违章144起，追缴水费38.5万多元。加强应急供水保障，强化相关设施设备经常性的巡检，对取水口水源进行定期采样和检测，检测数据同时上报公司网站和省厅网站。推进网络缴费功能，全市通过支付宝、微信缴费的用户达35%，现金缴费的用户<20%。

【污水处理】 全市建成污水处理厂11座，实现城镇生活污水处理全覆盖。9个建制镇全年新增集污管网15公里，城市建成区新增污水管道12公里。全年城市污水处理厂共处理污水1757.49万吨，化学需氧量（COD）累计削减量2716.71吨，日平均处理污水量达4.8万吨，平均进水COD为169.2毫克/升，平均出水COD为14毫克/升，污水经处理后各项指标均达到国家排放标准。城市污水处理率91.3%。

（陈 华）

供 气

【概况】 2017年，新增居民用气户14070户、工商业123户，新增市政管道38.7公里，累计供气2740万立方米，供应液化气1.6万吨，城区管道天然气气化率达到98%，燃气普及率进一步提升。“西气东输”项目完成施工图设计、施工招投标等前期工作。启隆站建成使用。

【安全管理】 2017年，市住建局组织与全市11家液化气公司、3家管道企业、2家汽车加气站签订相应安全责任状，落实安全职责。落实企业的安全生产主体责任，开展不定期的安全巡查、节前安全普查等70次。促进各瓶装企业诚信规范经营，杜绝充装不合格钢瓶、掺杂充加二甲醚等不规范行为。钢瓶充装合格率一直保持100%。落实燃气经营许可证制度，严格市场准入制，对2家燃气企业进行申报、初审和现场核查。对10处非法存放钢瓶窝点进行查处。会同市市管局、运管、公安、镇（园区）安监所等职能部门取

6月28日，市城管、交警部门开展道路“僵尸车”专项整治行动

（李朱雳/摄）

缔2辆非法跨地区营运车辆。

（陈 华）

城市管理

【概况】 2017年，启东市深化环境综合整治，以满分的成绩通过南通市城市环境综合整治检查考核小组的考核验收。开展“江苏省优秀管理城市、城市管理示范路、城市管理示范社区”三项创建工作，公园中路通过南通检查组验收，获评南通市城市管理示范路。民乐中路、世纪家园分别创建成省级城市管理示范路、示范社区。

【城管体制改革】 9月8日，经启东市政府第8次常务会议讨论通过《启东市城市管理综合执法体制改革工作方案》。根据方案要求，于2017年底前，在原相对集中行政处罚权基础上，增加集中行使住房城乡建设领域、人民防空等方面法律、法规、规章规定的全部行政处罚权及相关行政强制措施权。12月，市城管局与市住建局就职能划转、人员编制完成协调、对接。

【市容市貌管理】 2017年，市城管局取缔紫薇二村、长兴街、黑市桥、清风路等一批马路市场。长效治理露天烧烤，保持动态监管，组织校园周边、市场周边市容专项整治和小区“僵尸车”清理行动，开展“创文迎检”综合整治，市容市貌大为改观。加大控违拆违力度，全年督促当事人自拆及强拆违法建设2.5万多平方米。推进市容街景提升工程，公园路、和平路、河南路、团结街、建新路等第四批店招牌统一改造项目顺利完工，紫薇中路、公园南路、南苑中路、江海南路等新一批改造工程进入编标阶段。完善道路精细化长效管理机制，签订新版市容环卫责任状近6000份，各主次干道门店商铺及单位市容环卫责任状签订率达98%。规范便民摊位管理。规划设置37处季节性地产瓜果销售点、5处节庆期间民俗文化用品摊点疏导点；在城区23所幼儿园及中小学周边划设食品摊贩禁止区，调整便民早点摊的选址，办理便民早点摊、水果摊106个；联合汇龙镇政府设置法音寺夜排档经营疏导点，管控夜排档擅自占道经营及出店经营现象。引入社会资金，对城区75个公共自行车网点中具备条件的46个网点加装雨棚，全年完成初步改造升级15个。加强公共自行车的运营维护和管理，至12月底，借车卡发卡量达14215张，日均使用量达1400辆次。

【环卫保洁】 2017年，市城管局推行机械清扫为主、人工捡拾为辅的环卫作业模式，巩固和完善16小时、12小时、8小时分级保洁制度，实现城区508多万平方米的主次干道、公共场所全天候无缝隙保洁。落实城区65万平方米河道、57座公共厕所的日常保洁及日均80多吨化粪便污水的收集处理工作。完善城乡一体化的垃圾收集、中转和无害化处理体系，全市日均日产日清生活垃圾约700吨。集中整治城区死角垃圾，先后扫除卫生死角、环卫保洁盲点2000多处。开展非生活垃圾集中治理，清运建筑垃圾6.03万吨。城区新建成一座垃圾中转站，10月下旬试运行。推进启东天楹生活垃圾焚烧处置扩建项目建设，提升生活垃圾日处理能力。

【垃圾分类试点】 2017年，市城管局通过公开招标方式确定垃圾分类服务单位。在市政府、世纪家园北区、世纪家园南区、城市一品、皇家花园、锦绣华庭、南苑中学、文峰大世界等单位约9000户业主中开展首批分类试点，至年底生活垃圾分类设施覆盖率达24%。

【环卫管理】 2017年，市城管局完成市餐厨废弃物专项规划的编制。起草《启东市餐厨垃圾管理实施细则》《加强市区餐厨废弃物管理的通告》报市政府讨论。对城区500多家住宿餐饮经营单位进行入户调查，基本摸清城区餐厨垃圾的产量及流向。开展渣土运输车辆密闭改装工作，有7家单位的72辆改装车辆通过验收，信息化监控平台同步调试上线。强化部门联合执法，整治建成区范围内渣土运输车辆引起的扬尘污染问题。同时建立健全动态应急保洁机制。

【优秀物业项目建设】 2017年，市城管局推进省、南通市优秀物业项目创建工作，培育龙头物业管理项目。全年培育省级示范项目1个、南通示范项目4个。小区环境持续改善，物业投诉率明显下降，业主满意度平均达80%。

（崔译文）

供　电

【概况】　2017年，启东境内共有35千伏及以上变电所32座，其中220千伏变电所5座，110千伏变电所13座，35千伏变电所14座，主变容量303.22万千伏安，35千伏及以上公共输电线路921千米。另有110千伏用户变3座，35千伏用户变14座。全年国网启东市供电公司累计完成全社会用量34.32亿千瓦时，同比增长10.66%，电网调度最高负荷75.3万千瓦，同比增长22.56%；完成售电量32.38亿千瓦时，同比增长10.65%。

【电网基本项目】　2017年，市供电公司完成固定资产投资0.96亿元；业扩报装完成2.74万户，新增容量49.99万千伏安，同比增长1.01%。竣工投运35千伏海复至南阳线路开断环入沿海变工程，完成220千伏红阳港变扩建工程前期工作，开工建设110千伏久隆输变电工程。

【配农网建设】　2017年，市供电公司编制《启东"十三五"配电网滚动规划报告》。推进配农网建设改造，累计完成配农网项目1897个，合计投资3.27亿元，新增更换配变323台，新建10千伏线路38.52公里。户均配变容量提升至3.88千伏安，同比增长15.48%。10千伏线路联络率达99.6%，城乡电网结构进一步优化。

【供电服务】　2017年，市供电公司加强服务一体化管理，前移服务流程，重大项目接电周期平均缩短9天。拓展"互联网+"营销服务，线上互动用户超过17万户，完成"电e宝"交费2.75亿元，"三表合一"采集接入8700户。推进"5A级电力客户创建"和电力体检，协助整改用电安全隐患175条，为用户节约成本2071万元。服务光伏新能源并网1047户，新增容量1.3万千瓦。完成电能替代项目22个，累计实现替代电量0.97亿千瓦时。市供电公司获"全国实施用户满意工程·服务类用户满意企业"称号。

（王道刚）

交通运输

【概况】　至2017年底，全市公路总里程3550.56公里，公路密度达207公里/百平方公里。其中，国家级公路111.78公里，省级公路98.04公里，县级公路385.87公里，乡村公路2954.86公里。公路客运站场8个，其中一级站1个，三级3个，四级站4个。航道总里程649.3公里，其中五级航道53.85公里，六级航道88.15公里，七级航道73.42公里。通航船闸1座。港区2个，其中吕四港区规划岸线33.3公里，启海港区规划岸线18.3公里。码头泊位64个，其中生产性泊位6个，修造船、海工码头58个。

【交通工程建设】　2017年，宁启铁路路基施工全面完成，桥梁基础基本完成，开始铺轨，完成工程总量的92%。海启高速启东段拆迁、备土工作基本完成，实现无障碍施工目标。土路基施工基本完成，桥梁完成近80%。采用外购土方的形式，化解宁启铁路和海启高速用地政策上的矛盾，节约财政资金2亿多元。市区东北出口主要通道丁仓港路北延（6.1公里）完成拆迁、让地工作，路基填筑累计完成9.5万立方米，占总量的32.1%。启隆镇区东西向主要通道永兴路东段（12.5公里），完成半幅施工。天江公路（24公里）路基填筑累计完成41.45万立方米，占总量的51.5%。志圩公路中段（8公里）路基填筑累计完成9.8万立方米，占总量的50.8%。国道345启东段（47公里）贯通汇龙、南阳、东海、寅阳，初步设计经省发改委批准，施工图设计上报待批。吕四外环线省道335吕四改线段（16公里），初步设计通过省发改委审查。2017年，全市完成150公里农村公路提档升级工程建设，将原有的4.5米宽农村水泥路拓宽至5.5~6米。

【港口工程建设】　吕四港区10万吨级进港航道工程，一期5万吨级航道完工验收，二期的抛泥区选划、回淤检测、招投标等各项前期工作完工，施工单位进场，并按计划开展维护性疏浚工程，完成工程量的25%。环抱式港池10万吨级进港航道工程开展二期前期报批工作，完成前置性文件编制。局港口管理部门会同所属镇区清除沿江非法码头，并恢复原有岸线。19家非法码头企业整治工作到位，相关设备设施全部拆除，陆域砂石料堆场全部清场，码头

11月27日，海启高速海吕线特大桥施工现场　（郁卫兵/摄）

4月，启东高新区区内定制公交开通（潘　杨　严程飞/摄）

拆除工作全面完成。

【公路环境管理】 2017年，市交通局以221省道为试点，对省道221南阳镇至大唐电厂段，共计20.2公里的路域环境进行重点整治，拆除破旧建筑，整治马路市场等。在公路主要平交口打造绿化景点，开展国道328，省道356、336、221四条干线公路两侧的废品回收站、马路市场等专项整治。

【运输生产】 2017年，全市境内公路客运量1198万人次，旅客周转量9.30万人公里，货运量548余万吨，货物周转量8.65万吨公里。水路货物运输量125万余吨，货物周转量9.43万吨公里。

【城乡客运管理】 2017年，市交通局优化完善公交线路，开通开发区定制公交、高新区定制公交和区内公交，10条镇村公交年内开通；完成出租汽车的更新更型工作，推进出租汽车专项整治，提升服务质量；开展“263”（即“二减六治三提升”。“两减”指减少煤炭消费总量和减少落后化工产能；“六治”指入江入海河流整治、治城市生活垃圾、治黑臭河道、治畜禽养殖污染、治挥发性有机物、治环境隐患；“三提升”指提升生态保护水平、环境经济政策调控水平、环境执法监管水平）和“四个一批”（即关停一批、转移一批、升级一批、重组一批）整治工作。对全市12个沿江非法码头实行关停，化工企业运输实行全程监控，有效确保危化品运输及辖区环境安全。

【航道管理】 2017年，全年共收取航道补偿费59.74万元，其中收取固定设施及浮吊船补偿费22.01万元，建设桥梁、临时设施等补偿费37.73万元。审批临跨过河设施5起，其中报南通市航道管理处审批3起，航道管理站审批2起，实施行政处罚1起，罚款1500元。加强航道巡查，做到上航有记录及时掌握第一手资料，市等级航道10条计215.42公里，等外级航道46条计433.88公里，合计649.3公里，全年上航天数210天，巡航总里程1.95万多公里。加强对航标的维护保养，对全市4座发光航标的资料进行整理，做到上标检查与遥测检查相结合，随时掌握航标的工作运行情况，确保航标正位率100%。

（陈永兵）

铁路建设

【概况】 2017年，启东市加快宁启铁路启东段建设，推进北沿江高铁沪崇启通道前期研究工作，并积极向上争取。同时，做好吕四港铁路专用线的前期工作，与中铁上海院签订框架协议，推进环评、稳评、节能等各个单项评估报告的编制工作。

【宁启铁路建设】 至2017年底，宁启铁路二期启东段投入施工总产值约12亿元，完成总工程量的92%。铁路全线845户拆迁户全部完成拆迁，拆迁面积约12.7万平方米，发放拆迁补偿资金1.53多亿元。发放土地补偿和青苗补偿费4800万元，缴纳补充耕地费5.89亿元。完成各镇各村组进保人员的测算和推荐工作，主线和集中安置区共安置1453人。自建安置的老百姓全部住上新房，并基本完成安置区的配套工程，发放配套费675万元。集中安置区公建房建设有序推进，汇龙镇集中安置区高层结构封顶，海复镇集中安置区抓紧配套。

【北沿江铁路】 2017年，市交通局与江苏省铁路办、上海市交委、规土局等相关职能部门的沟通、衔接，做好北沿江铁路的前期推进工作。省铁路办于12月5日完成北沿江高铁的勘察设计招投标公告。

（陈永兵）

9月17日，通启高速特大桥，工人安装栏杆。该桥是宁启铁路通启段9座特大桥之一（郁卫兵/摄）

综　述

【概况】 2017年，市生态环境治理成效明显。开展“263”专项行动，加大环保执法力度，集中力量解决群众关心的环境问题，立案查处案件154起。加强大气污染防治，深入开展扬尘污染、砖瓦企业、秸秆禁烧等专项治理行动，淘汰燃煤锅炉234台；空气质量达标率81.5%，持续保持南通领先。全面推行“河长制”，加强长江生态保护，开展水上过驳、非法码头专项整治，实施重点断面水质达标治理，关闭畜禽养殖场269家，城乡河岸环境和水质明显改善。加强土壤环境保护，制定出台土壤污染防治工作方案。实施造林绿化工程，新增成片造林绿化面积1.85万亩、城市绿地面积70万平方米。圆陀角滨海湿地获批设立省级湿地公园，仙渔小镇入选省首批特色小镇，吕四港镇获评“中国最美渔村”。

（茅文湖）

环境质量

【环境空气质量】 2017年，对照《环境空气质量标准》（GB3095-2012）标准，日综合评价达标天数为282天，达标率为81.5%。具体结果如下：二氧化硫年均值为13μg/m^3，24小时平均第98百分位数为13μg/m^3，均达到年均值一级标准和日均值一级标准，日评价达标天数365天，达标率100%。二氧化氮年均值为17μg/m^3，24小时平均第98百分位数为49μg/m^3，均达到年均值一级标准和日均值一级标准，日评价达标天数365天，达标率100%。可吸入颗粒物年均值为59μg/m^3，24小时平均第95百分位数为114μg/m^3，均达到年均值二级标准和日均值二级标准，日评价达标天数358天，达标率98.4%。细颗粒物年均值为35μg/m^3，达到年均值二级标准，日评价达标天数343天，达标率94.0%。一氧化碳年均值为0.6mg/m^3，24小时平均第95百分位数为1.1mg/m^3，均达到年均值一级标准和日均值一级标准，日评价达标天数365天，达标率100%。臭氧日最大8小时滑动平均值的第90百分位数为173μg/m^3，日评价达标天数320天，达标率87.7%。

市区自然降尘平均值为6.7吨/平方公里·月，比参照标准（8.0吨/平方公里·月）低1.3吨/平方公里·月，与上年持平。

全年共收集降水样品53个，降水量为816毫米。PH值范围为4.78~6.11，年平均值为5.52。全年酸雨出现频率为34.0%，与上年相比下降8.2%。

【水环境质量】 水源水。饮用水源地南通洪港水厂取水口：2017年南通市环境监测中心站的监测结果表明，南通洪港水厂水质达到Ⅲ类水质标准，全年12次监测水质的达标率为100%。备用水源地汇龙地面水厂取水口：2017年监测结果表明，汇龙地面水厂各项监测指标年均值能达到Ⅲ类水质标准，全年7次监测

吕四大洋港与通吕运河交汇　　（吕四海洋经济开发区/提供）

水质的达标率为85.7%。

长江水。2017年长江北支启东段（国控）的总体水质符合《地表水环境质量标准》（GB3838-2002）中的Ⅱ类水质标准，达到其水质功能类别的要求。近岸水域（距北岸500米）各项水质指标年均值均符合《地表水环境质量标准》中的Ⅱ类水质标准，水质状况为优。中泓两侧水域（距北岸1000米、2000米）的水质：各项水质指标年均值均符合《地表水环境质量标准》中的Ⅱ类水质标准，水质状况为优。与上年相比，长江北支启东段水质无明显变化。

主要内河水。2017年，市主要内河水水质整体有所改善。通启运河、通吕运河、三和港、头兴港河整体水质符合Ⅲ类标准，水质为良，与上年相比，水质状况无明显变化。

蒿枝港、南引河总体水质符合Ⅲ类标准，水质为良，与上年相比，水质状况有所改善。

城镇地表水。头兴港河头兴港桥断面（南通市控）总体水质符合Ⅲ类水质标准，水质状况为良好。与上年相比，水质无明显变化。南城河和平南桥断面（省控）总体水质仅为劣Ⅴ类，水质状况为重度污染，主要污染物为氨氮（1.2）、总磷（0.2），与上年相比，水质无明显变化。两条河水质相比较，头兴港河的水质明显好于南城河。

地下水。2017年，市潜水层设1个测点：永阳村70号；第三承压层设2个测点：东元水厂深井和吕四水厂深井，于5月、8月各监测一次，分析项目22项。监测结果表明，永阳村70号浅井水质类别符合《地下水质量标准》（GB/T14848-1993）Ⅲ类标准，污染程度为良好（Ⅰ类），主要污染物是氨氮、亚硝酸盐氮、锰，说明启东潜水层受到地表径流有机污染影响，且含盐较高，属矿化型水质。东元水厂深井水质符合Ⅲ类标准，为良好（Ⅰ类），主要污染物是氨氮、亚硝酸盐氮、锰；吕四水厂深井水质符合Ⅲ类标准，为良好（Ⅰ类），主要污染物是氨氮、亚硝酸盐、锰。从两口深井水质状况可以看出，启东市第三承压层总体水质符合地下水标准Ⅲ类，水质级别为良好（Ⅰ类），水质受到一定程度的地表径流有机污染影响，且含盐偏高，属矿化型水质。

【声环境质量】 功能区噪声。2017年，市区共设7个功能区噪声测点，其中居民文教区3个测点、混杂区2个测点、工业区1个测点、交通干线两侧1个测点。监测结果表明，各个功能区环境噪声年均值均符合《声环境质量标准》（GB3096-2008）中的相应标准，各测点季度的测定结果也均符合《声环境质量标准》（GB3096-2008）中的相应标准。和上年同期相比，功能区噪声质量等级没有变化。

交通噪声。2017年，市区主干道昼间交通噪声平均值67.9分贝，符合《声环境质量标准》（GB3096-2008）中4类区昼间标准，道路交通噪声质量等级为好，所有监测路段的交通噪声值均达标，与上年相比，交通噪声质量等级无变化。

区域环境噪声。2017年，市区设置128个区域环境噪声监测点，覆盖面积18.0平方公里。昼间等效声级平均值为54.8分贝，噪声质量等级为较好，与上年相比，区域环境噪声质量等级没有变化。声源构成以生活源为主，占58.6%，其次是交通源，占21.9%，工业源占11.7%，施工声源为7.8%。

（茅文湖）

环境治理

【大气污染防治】 2017年，市环保局开展非电力行业脱硫、脱硝、高效除尘提标改造，启东天楹环保完成脱硝除尘改造。推进10蒸吨/小时及以下的燃煤锅炉淘汰或以清洁能源替代工作，完成南通市下达的210台淘汰任务。采用结构调整以及原料替代、过程管理、末端治理全过程污染控制等措施，开展全行业挥发性有机物（VOCs）整治，指导化工园区62家企业实施废气检漏与修复项目，11家企业完成重点行业VOCs整治，11家企业完成低VOCs含量涂料胶黏剂替代。

【水污染防治】 2017年，市环保局参与“三河三行业”（泰运河、通吕运河、通启运河；传统的化工、印染、钢丝绳行业）整治，加强饮用水源保护区的环境整治力度。强化断面达标管理，编制完成《启东市聚南大桥断面达标方案》《启东市和平南桥断面达标方案》，推进重点断面水质改善。扩大清洁生产审核范围，对纺织印染行业的8家企业实施强制性清洁生产审核。开展入海排口排查、入海河流及排水沟渠排查，共排查出5个入海排口、23条入海河流及排水沟渠。做好地下水、备用水源地环境状况调查评估。

整洁的中央河滨水环境 （徐　昕/摄）

【土壤污染防治】 2017年，市环保局制定市土壤污染防治工作方案，编制土壤污染治理与修复规划。完善土壤环境质量监测网络，在启隆永隆社区、寅阳和合镇村、汇龙台角村3个村庄各布设5个土壤监测点。对281家土壤污染重点行业做好土壤污染状况详查，建立市土壤环境状况基础信息库。防控历史遗留污染地块环境风险，完成对已关闭的41家化工企业和6家涉重企业遗留地块的核实和排查。对已关闭搬迁加油站和相关行业遗留地块的名单进行筛选，确定市疑似污染地块的明细。

【污染物总量减排】 2017年，围绕主要污染物年度减排目标，广泛收集各区镇、部门减排材料，在对全市减排项目摸底的基础上，严格筛选减排项目，编制年度减排计划。将污水处理厂、禁养区规模化养殖场、农村生活垃圾处置项目、环保疏浚项目、结构关停项目、火电企业超低排放工程六大块工程确定为全市重点减排项目，通过建立区镇、部门联络沟通机制，每季度汇总减排信息，结合季度减排督查，及时跟踪推进项目进展，确保完成年度减排任务。

（朱文津）

【农村环境长效管理】 2017年，市委农工办开展河坡、桥头、公墓周边、老集镇等专项整治行动，改变重点、难点区域的环境，农村面貌整体得到提升。实施农村生活垃圾收集设施提升工程。指导各镇区购置规格一致的垃圾桶，统一部署改建村级生活垃圾收集房，改善农村生活垃圾收集设施。开展信息化管理系统的试点工作，推进近海镇、北新镇农村环境信息化管理系统建设，不断完善监管机制，优化工作举措，提升工作绩效。启东市是南通第一个试点信息化管理的县（市）。强化督查机制建设。全市有10个镇区成立镇、村两级专职巡查员队伍，市、镇、村三级农村环境长效管理巡查人员每日明查暗访、每旬点评分析、每月考核排名的工作机制基本形成。推进市场化运作。引导镇区开展农村环境服务外包，强化政府监管职能，发挥保洁公司的专业作用，全市有12个镇区开展市场化运作，是南通市场化覆盖面最广的县（市）。实施垃圾分类减量试点，全面推进建筑垃圾、生产垃圾、生活垃圾分流减量，在启隆镇试点农村生活垃圾分类处置。全市创建南通市农村环境长效管理示范镇（区）2个。

（刘锦华）

环境监管

【环境监测监控】 2017年，市环保局做好大气、水质自动监测质量管理工作，强化对自动监测第三方托管运维的监督考核，定期组织自动监测比对与标样考核活动。推进通启运河的国控、省控监测断面2个水质自动监测站的建设工作，完成设备调研、方案编制和政府招标工作，实施站房基础设施建设，做好监测实验室质量管理体系的运行工作，开展质量管理体系内部审核工作，及时整改内审中发现的不符合项。

【环境执法监管】 2017年，市环保局开展环保执法亮剑行动。重点打击偷排偷放、不正常使用污染防治设施等一批环境违法行为。全年共计立案查处154起，同比上升94.9%；建议处罚金额1129.46万元，同比上升149.9%。发出责令停止排污决定书19份，发出责令改正违法行为决定书21份。运用四个配套办法数18起（同比上升50%），包括行政拘留4起，涉嫌刑事犯罪2起，查封扣押9起，限产停产3起。跟踪落实中央、省环保督察整改要求，完成整改任务。对突出环境问题实行清单管理，组织开展砖瓦行业专项整治、打击固体废物违法转移、印染行业专项整治等专项行动。省环保督察期间，共接交办信访22批43起，依法行政处罚39起，罚款80.1万元，对3家违法小家具生产单位强制断电、断水。随机抽查对象库、执法检查人员名录库和统一的环境执法监管信息平台，合理确定抽查比例，对存在突出环境问题、受到行政处罚等情况的企业增加抽查次数，共计对全市268家污染源进行双随机监管。

【环境风险防范应急】 2017年，市环保局开展区域环境风险评估，摸清市区域内累积性和突发性环境风险的布局和特点，制定适合的风险防控方案，控制和防范突发环境事件。落实环境风险防范制度，督促区域内生产、储存、运输、使用危险化学品和危险废物等的单位进行应急预案备案，建立环保局—园区—企业三级较为完善的环境应急救援网络。加强环境应急值守，严格执行24小时集中值班，确保12369热线畅通。抓好环保业务能力培训，配齐配强值班监察监测人员，落实重要信息报告制度，确保突发事件第一时间响应。妥善处置乾朔电子、德威涂料两家企业火灾事故的环境应急处置任务，未对事故周边区域环境产生影响。

【危险废物规范化管理】 2017年，全市136家危险废物产生、利用、处置重点单位实现网上申报。深入开展危险废物专项整治，对全市企业危险废物分类安全贮存、联单制度执行等情况进行拉网式执法检查。推进危险废物集中焚烧处置设施项目的建设，全面提升危险废物处置水平，南通国启环保新建危废处置项目年处理危险废物2.5万吨、医疗废物800吨，完成相关审批手续，项目土建基本完成；启东市金阳光固废处置扩能技改项目年处理危险废物25000吨、医疗废物3000吨，完成项目建设和设备调试，向省环保厅申领危废经营许可证。

【企业环境安全达标建设】 2017年，市环保局开展企业环境安全隐患排查治理及重点环境风险企业环境安全达标建设工作，完成全市66家企业现场隐患排查，超过50%的企业纳入省环保厅风险源数据库。开展重点风险源单位的查改工作，

8月，市环保局对市4家持证的危险废物经营企业进行现场监督

（马姝姝/摄）

对核查出的风险隐患等问题交由企业整改，辖区分局、中队督促企业按时完成整改任务，并组织专家对企业整改情况进行现场核查，对已完成的企业回头看，确保整改到位。

【排污权有偿使用和交易管理】 2017年，市环保局完善排污权有偿使用和交易管理体系，推动企业通过市场化途径提升节能减排动力。加强排污权有偿使用和交易相关政策的宣传，对交易过程全程跟踪，先后指导金阳光固废处置有限公司、启东米歌酒庄有限公司2个重大项目完成排污权有偿使用及交易。与启东市农商银行就排污权抵押贷款的实施细节进行探索，制定《启东农商银行抵押贷款管理办法（试行）》，增强企业的融资能力。

【环境信用评价】 2017年，市环保局将全市301家企业纳入评价范围，对参评企业在污染防治、环境管理、社会影响3大类指标20个小项上进行评分，对评为绿色、蓝色的企业，采取鼓励性措施；对评为黄色、红色、黑色的企业，采取警示性措施。同时，建立信息通报、诚信记录的共享机制，与银行系统合作落实绿色信贷政策，与物价部门实行差别水价、电价政策。

（朱文津）

生态文明建设

【概况】 2017年，市环保局制定《启东市生态环境保护工作责任规定（试行）》《2017年度全市生态文明建设工程目标任务书》，协调全市生态文明建设相关工作。启动首批江苏省生态文明建设示范乡镇（街道）、村创建工作。组织4个镇14个行政村参与覆盖拉网式农村环境综合整治试点，主要工程为5个村的农民集中居住区生活污水集中处置工程和9个村的非规模化畜禽养殖场畜禽粪便处理工程，解决农村生活污水治理、畜禽养殖污染治理等突出问题。

【生态红线区域保护】 2017年，市环保局贯彻落实《启东市生态红线区域保护监督管理暂行办法》《启东市生态红线区域保护专项资金管理暂行办法》，开展生态红线区域保护的监督、管理与考核工作，对涉及红线区域项目严格监管，定期对生态红线区域进行评估。下达年度全市生态红线保护方案和资金使用计划，省级生态补偿资金、南通市水环境区域生态补偿资金等各种补助资金、返还资金，均全额用于生态环境保护领域，开展生态恢复工程及环境基础设施建设等。

（朱文津）

【“美丽乡村”建设】 2017年，全市推进“美丽乡村”建设，制定创建实施细则和扶持政策，鼓励镇村创建积极性。全年有3个行政村创建成启东美丽乡村，2个行政村创建成南通市级美丽乡村。以创建活动为载体，推动农村基础设施、公益事业、人居环境、精神文明、基层组织建设、村民自治提档升级。实施一事一议财政奖补项目86个，投入资金3383万元，完善农村基础设施功能。

（刘锦华）

“美丽乡村”寅阳镇拥政村 （潘　杨/摄）

综　　述

【概况】　2017年，全市完成服务业增加值455.28亿元，同比增长9.8%，完成服务业GDP占全市增加值比重达45.4%；完成服务业投入285亿元，同比增长13%；累计实现服务业应税销售287.3亿元，同比增长9.3%；113家软件和信息技术、文化体育和娱乐等五大营利性服务业企业实现营业收入50.46亿元，同比增长8.9%。

【项目建设】　2017年，全市新开工亿元以上服务业产业项目31个，累计完成投资41.6亿元，其中总投资超10亿元的重特大项目5个，分别为恒大碧海银沙、红星家居小镇、吾悦广场、渔人码头和中农批蔬果批发中心。

【企业培育】　按月分析重点企业运行情况，促进服务业企业提高能级。2017年，市规模以上服务业企业共有246家，其中全市销售收入超5000万元的企业67家，超亿元企业20家；全市应税销售超千万元的企业共307家，其中超5000万元的企业47家，超1亿元的企业48家，超5亿元的企业8家。

【产业发展】　新兴产业发展加快，2017年，市现代物流、科技服务、商务服务等新兴产业加快发展，全市交通物流产业完成应税销售8.07亿元，同比增长53.07%，其中正方基础工程、东杰物流、康泰物流、永生货运等企业发展势头迅猛，增幅均超过100%；科技服务业产业发展加快，累计实现应税销售19.98亿元，同比增长172%，其中苏春通信工程、麦浪建设科技、林洋光伏运维等企业增幅均超100%。

（季　辉）

商贸流通

【概况】　2017年，全市实现社会消费品零售总额352.97亿元，同比增长8.8%；限上社会消费品零售总额108.85亿元，增长1%；限额以上企业社会消费品零售总额84.53亿元，增长1.3%。镇乡、园区限额以上社会消费品零售总额111.86亿元，同比增长8.6%。全市新增限上企业28家，商贸流通增势平稳。市被长江三角洲城市市场信息协作网评为“2016年度长三角最具商业发展潜力十大县市”。

【重点商贸流通项目】　6月8日，总投资400亿元的世界顶级童话主题公园——恒大童世界在启东圆陀角奠基。城市综合体启东新城吾悦广场项目竣工，项目总建筑面积36万平方米，其中商业经营面积约9万平方米，是启东最大的城市综合体项目。红星美凯龙项目选址确定，进入前期相关审批和施工阶段。

【市场运行监测预警】　根据商务部和省商务厅对2017年主要生活必需品、生产资料和重点流通企业进行监控的要求，全市网上直报企业共有37家，全年报送月度（专题）分析201篇、周分析58篇、商务信息358条，先后完成药品流通统计、商务服务业、商务流通业、再生资源回收行业等统计工作。开展典当、拍卖等行业风险排查，上门了解企业的运营模式。做好再生资源经营企业备案登记和报废汽车拆解监管，2017年共完成黄标车核查219辆。

【成品油市场管理】　全市新建迁建加油站（点）进行“十三五”规划编制和年度建设发展计划的确认工作，2017年建设加油站（点）3家。完成1家迁建加油站拿土地和迁建项目申报。协调上级商务部门为吕四中心渔港加油点的建设提供支持。做好全市加油站点的成品油经营批准证书年检，指导加油站的管理工作。全市109家加油站（点），83家通过年检，26家因有迁建、歇业、改造、有证无站等具体情况，无经营活动，没有参加年检。2017年，组织51次重点检查，其中消防和安监共同参与的14次，由局分管领导带头参与的12次。组织对全市109家加油站（点）负责人进行年检辅导和安全知识培训，组织消防演练活动，发放加油站安全工作台账和法规手册500多套，推进规范化管理。社会加油站进行安全技术升级改造，消除加油站安全隐患，全年对1家企业进行安全改造。

加强对发卡企业的日常检查，重点检查发卡企业的信息公示制度、三项制度、报告制度、资金管理制度的落实情况。全年共出动检查人员36人次，检查企业83家（次）。办理1起群众投诉反映最低消费情况，对经营企业进行批评教育。办理1起预付卡消费投诉。

【“双打”工作】 结合全市侵犯知识产权和制售假冒伪劣商品行为的特点，明确全市“双打”工作重点。开展以春节及两会期间侵权和假冒专项整治、车用燃油专项整治工作、农村和城乡结合部位假冒伪劣专项整治、加强零售商交易监管工作等为主要内容的专项整治。共出动检查人员1万余人次，检查单位7657家，查处案件280余起，罚款358万余元。针对当前互联网治理的热点和难点，集中开展网络文学、私人影院、APP、电子商务平台、网络广告联盟等多个领域的专项整治行动。

（徐　健　林建飞）

供销合作

【概况】 2017年，供销总社牵头组织完成21家为农服务社提档升级工作，完成南通市政府下达的考核任务。为农服务社的建设，基本形成全市农村布局比较完整、服务功能齐全的为农综合服务网络体系。共建立农民专业合作社6家、农民专业合作社联社2家，完成薄弱基层社改造1家。提前和超额完成南通市社下达的计划任务。至年末，全市累计建立农业专业合作社1478家，农民专业合作社联社7家。累计建成31434亩启东蔬菜上海直销基地，直销基地涉及12个乡镇，蔬菜种植品种达20多种。开展启东农产品直销点建设活动，在上海上农批市场、江桥市场、江阳市场、七宝市场等批发市场共建立10个农产品直销点。

【农产品电子商务】 依托启东市供销商业总公司，建立启东市农产品电子商务运行服务中心。服务中心上承全国e家供销网城的业务指导，下接各镇、村农村信息站网络体系建设，通过全国性农村电商网络系统，建立起全市农产品新型流通体系。建立“启东优菜网”，由启东城市建设投资集团公司与启东苏合农产品销售合作联合社投资400万元建立的农产品生鲜网络销售及线下配送平台。建立“启东兴农”农产品生鲜微商销售平台，微商平台联合全市100多个蔬菜生产基地，并在上海农产品批发中心建立销售窗口，实现启东农产品线上线下销售的双线运行。

（施新建）

粮油贸易

【概况】 2017年，全市粮食系统加快转型升级，推动科技创新，团结拼搏，真抓实干，狠抓科学保粮，推进仓储设施建设，深化放心粮店管理，落实市场监管职责。开展放心粮店创建，做好放心消费创建，组织食品安全宣传周活动。加快储备库信息化建设。编制规划，筹措资金，投入100多万元用于储备库项目，开展智慧粮食建设，夯实“粮安工程”基础。

【粮食流通监管】 2017年，市加大储备粮检查力度，促使企业在粮食安全、台账资料、库区环境、粮温监测等各个方面强化管理。创新粮食收购秩序、粮食库存、放心粮店、成品粮油销售、粮食质量安全监测等专项检查，共检查各类粮食主体的粮食100多批次，维护市场秩序稳定。

【地方储备粮管理】 贯彻落实省政府丰产增储行动计划，适度调整地方储备粮规模，严格执行储备粮轮换管理制度，创新轮换方式，按照粮食市场供求和需要轮换的实际情况，确定轮换数量，保证轮换目的，增加市场供应。夯实政府调控粮食的物质基础，为销区粮食安全提供有力保障。

（季　辉）

盐业盐政

【概况】 2017年，启东市盐务管理局（南通市江口盐业公司）强化食盐市场监管职责，规范食盐批发环节专营流程，保障启东食盐市场的供应和食盐安全。全年实现销售总量9400吨。加强工业副产盐的监管。针对工业副产盐供大于求的情况，加强全市境内化工企业工业副产盐的监管，确保不流入食盐市场。

【食盐市场监管】 2017年，市盐务局加强食盐安全监管，做好放心消费创建，确保市民吃上放心食盐。2017年，累计检查碘盐零售户2000余户，走访食品加工点150家，餐饮点500家，各类食堂300家，共查处盐业违法案件35起，移交公安刑事侦查1起，刑事处罚3人，查处盐产品70吨，没收盐产品5吨。全市未发生任何食盐安全事故。

【盐业政策宣传】 2017年，针对食盐生产企业和个别不法商贩，借盐业体制改革之机，搞虚假宣传，进行预收盐款和保证金等非法活动，市盐务局在《启东日报》开辟专栏，重点对盐业改革政策进行宣传与解读，保证食盐安全，避免经销商和用盐终端遭受损失。

（陆永生）

烟草专卖

【概况】 2017年，启东市烟草专卖局

（分公司）共完成卷烟销售32526.39箱（每箱250条，下同），同比减少0.68%；实现销售额103610.41万元，同比增长5.38%，税利34870万元，同比增长6.92%，单条值149.06元/条，同比上升6.09%；费用率2.37%，同比下降0.15%。

【专卖管理】 2017年，市烟草局（分公司）强化专卖管理，维护市场秩序，履行市场监管主体职责。全年查获涉烟违法案件223起，同比上升129.9%，查获各类违法卷烟7328条，其中假冒烟2043.5条，案值219.46万元；假烟案件数179起，案值71.29万元，到账罚没款4.42万元；查获5万元以上案件6起，上报网络案件1起，涉案金额103万元，判刑5人。强化专卖内管，坚持眼睛向内，市场净化率保持在98.5%以上。强化证件管理，落实“许管并重”要求，新办许可证270份，不予许可6份，延续784份，停业229份，恢复营业9份，注销许可证404份，无证经营率控制在1%以内。

【卷烟营销】 2017年，市烟草局（分公司）优化销售结构，突出消费环节、终端管理、品牌培育。全年重点品牌销售30645箱，占比94.22%；销售名列前茅的品牌：中华2268.81箱，同比增长18.75%，利群2120.09箱，同比增长7.66%，云烟2059.64箱，同比下降15.33%，黄鹤楼798.33箱，同比增长11.18%，苏烟4090.1箱，同比增长13.26%；细支烟销量748.04箱，同比增长162.16%，低焦油卷烟销量2685.87箱，占比8.26%；人均销量保持南通地区前茅。

【精益管理】 2017年，市烟草局（分公司）突出目标管理、对标管理、标准管理、创优管理，精益管理水平不断提升。精益营销，加强分析研判，不断挖掘零售客户经营能力；专卖管理突出市场监督，发挥联合打假作用，开展专项整治行动，维护市场秩序，全年受理12345热线39起，12313举报55起，处理满意率均为100%；财务管理突出定额管理，加强成本费用控制，三项费用率优化；安全管理加强安全文化建设，被评为南通市安全文化建设示范企业。

（苏建辉）

石油经营

【概况】 2017年，中石化启东石油分公司加油站完成销售总量12.49万吨，其中零售经营10.71万吨（汽油7.493万吨，柴油3.217万吨），直分销1.78万吨，实现非油销售3100万元。IC卡充值2.79亿元，发卡18778张。

【业务经营】 2017年，成品油销售保持强劲增长，批发业务稳中有升，易捷第一批业绩增长，98#汽油在12座加油站有售（其中自有站10座，轻资产站2座）。中石化启东石油公司50%以上的站点实现24小时营业。2017年，新增轻资产站1座，至年末启东石油公司共有2座轻资产站。启东城区汇龙加油站因政府拆迁关闭。

（钱玉红）

邮 政

【概况】 2017年，全市实现邮政业务总收入2.03亿元，同比增幅9.4%，列全区第二位。其中金融业务收入1.59亿元，同比增幅10.62%；邮务类业务收入4144万元，同比增幅4.85%。

【机构设施】 启东邮政有营业网点51处，其中金融类服务网点45处，均配备齐补登折机、ATM（CRS）自助机具，纯邮政服务网点6处。2017年，邮政平均每一营业网点服务面积为24.2平方公里，平均每一营业网点服务人口为2.24万人。邮乐购加盟店349个，电商运营中心1个，共建成具备“报刊邮件投递+邮件自提功能”的村邮站86个，其中2017年新建51个，累计发展快递包裹自提点197个。全市共有邮政信箱（筒）539个，邮政报刊亭25处，各类服务用车36辆。有计算机（在用）190台，终端机301台，投递手持终端149台。

【通信网络】 全市汽车邮路9条（其中南通邮路1条），投递邮路总条数112条，其中农村投递线路92条，全部摩托化，农村投递线路长度（单程）7756公里。城市投递线路20条，全部更新为电动自行车，城市投递线路长度（单程）828公里。城市小包专投线路7条，专投线路长度（单程）364公里。邮政城区投递无休，每日平均投递2次，农村快递包裹投递无休，每日投递2次。

（石佳艳）

电 信

【概况】 2017年，中国电信启东分公司（以下简称启东电信）推进互联网化转型，加快全业务有效益规模发展步伐，加大社会渠道牵手拓展运营力度，加速新型智能通信网络升级换代。公司被中国电信江苏公司评为“2017年度市场经营先进县分公司”，被南通市、启东市政府评为“文明单位”。

【经营发展】 2017年，启东电信投身启东行业智能化、农村信息化、家庭智慧化建设，业务涵盖4G移动、宽带接入、电信电视、固定电话、网元出租以及各种行业信息化。启东电信全面完成南通市公司下达的收入预算指标；加大社会渠道牵手拓展运营力度，代理零售网络覆盖得到补充和优化；开展“通信升级、满意服务”系列活动；推进新兴业务发展，启东政府、企事业单位运行“智慧化”程度进一步提升，建成12345热线云桌面、消防中队云桌面、海洋渔业局100核云主机等一批项目。

【网络保障】 启东电信推进新型智能通信网络升级换代，逐步调整投资结构，重点投资全市光网建设、4G网络建设。率先启动“光网城市”建设，在全市范围内有计划、逐步推进电信用户光网迁改工作；4G网络覆盖进一步优化，网络质量指标在全行业领先，无线中心一项QC成果获江苏省质量协会QC活动一等奖。

【服务提升】 2017年，启东电信加强客户响应及重大项目支撑保障工作，缩短响应时限，提升服务感知，圆满完成市公安五期建设、省政法专网开通、教育网升级改造等重大项目的建设和响应工作；提升客户服务能力，推进宽带“当日装、当日修、慢必赔”服务承诺，完善各项服务规范，落实“首问负责制”，使服务管理规范化、制度化，不断提升客户满意度，公司被江苏省消费者协会评为“2015—2016年度诚信单位”。

（张　端）

移动通信

【概况】 2017年，中国移动江苏公司启东分公司4G基站总数超900个，实现城市、县城和乡镇的连续覆盖，数据业务覆盖率达95%以上。加强服务布点，全市共有300多家营业厅和特约代理点。通过10086、网上营业厅和掌上营业厅打造线上服务模式，立体化的服务模式。

【信息化能力提升】 2017年，启东移动依托自身完善的集团综合信息服务能力和互联网服务能力为各行业提供固定电话、互联网专线、数据专线、室内无线覆盖、监控网络以及智能化工程、软件平台开发、信息系统集成等综合信息化服务。“蓝天卫士”监控平台为政府部门实时监控秸秆焚烧，助力文明城市建设；水务局防汛项目实时监控水位，为防汛决策提供重要依据；公安局社会面监控分布于各重要路口、小区及公共区域，为“平安启东”保驾护航。

【服务体系优化】 公司落实全过程品质管理，以投诉处理为抓手，以责任考核为手段，加强服务标准落地，通过不知情定制管控、垃圾短信治理、伪基站集中治理等具体工作，保障用户信息安全。公司响应国家对电话用户真实身份信息规定登记的要求，至2017年末，公司用户实名率100%。

（卞红华）

联合网络通信

【概况】 2017年，中国联合网络通信有限公司启东市分公司完成收入约6800万元，用户数约25万户。规范客户服务、安全生产管理、参与社会公益等，坚持全方位发展，得到社会的支持与认可。公司获南通市“文明单位”称号。

【网络建设】 公司推进固定网络和移动网络的宽带化，实施“沃超越”精品网络建设工程。完成语音网工程，共开放2G基站200多个、3G基站200多个、4G基站350多个。

（袁海洪）

中广有线

【概况】 2017年，全市有广播电台1座，通广播村数为261个，村通播率100%；广播喇叭合计31万只；有线广播专线杆路6400杆公里，电缆长度5680公里，光缆长度2398公里；有线电视用户39.89万户。

【业务拓展】 2017年，中广有线信息网络有限公司启东分公司（以下简称分公司）推广高清机顶盒置换和有线宽带业务，结合不同时段和不同用户群体推出优惠政策，为用户提供高品质的数字电视和宽带上网。拓展视频监控、数据专线和信息化项目等市场，高标准完成各项工程，严要求落实维保承诺，打造“智慧广电”品牌。

【优质服务】 紧紧围绕市政府开展的“人民满意服务示范窗口”创建和“政风行风”评议等活动，加强队伍建设，强化服务意识。完善呼叫中心话务员管理考核制度、用户回访制度和大片故障分级报告制度，提高服务用户的响应速度和综合能力。处理好12345热线、网络等其它渠道的用户报修和咨询，无超时、无回访不满意的情况发生。

【事业建设】 结合全市农村有线电视网络建设现状，参照其它县市双向网改建设经验，融合设备供应商意见和建议，按照《启东市农村广电网络改造规划方案》，先后完成吕四、寅阳、南阳、王鲍、近海等镇的双向网改造，为推进农村三网融合和开展全业务奠定基础。完成机房动力运行环境监控系统和网络管理系统的建设、数字电视三级播控平台的优化调整、城域网升级改造等工程。

【安全播出】 以“不间断、高质量、既经济、又安全”安全播出总方针为指导，做好广播电视安全播出。建立一套快捷有效的调度和应急指挥机制。完善安全播出制度，实行安全播出责任制。定期组织安全播出培训，开展安全播出演练。通过制度、流程、预案的完善和学习交流，确保安全生产万无一失。完成“全国两会”等重大活动、春节等重要节日、中央台《新闻联播》等重要时段的安全播出保障工作。

（陈晓燕）

综　述

【概况】 2017年，启东市金融组织体系进一步健全和完善，金融业态不断丰富。至年底，全市共有19家市级银行业机构和188个银行业机构网点，从业人员2387人；保险从业机构27家，其中财险公司16家，寿险公司11家，保险中介公司12家，服务网络覆盖城乡，保险的密度和深度不断提高；证券营业部2家，分别是华泰证券营业部和中信证券营业部，共托管投资人账户21505个；农村小额贷款公司6家，融资性担保公司3家，融资租赁公司2家，典当行1家，通过备案的股投、创投企业6家。

2017年，围绕扩大信贷规模，鼓励金融机构加大对制造业和小微企业投放力度，启东市出台《2017年度全市金融工作考核办法》，引导金融机构提升服务实体经济发展的能力和水平。至12月底，本外币各项存款余额为1332.96亿元，比年初增加84.42亿元，增长6.76%。本外币各项贷款余额为826.89亿元，比年初增加114.11亿元，增长16.01%。贷款余额增量在南通六县（市区）中排名第四，其中实体经济贷款余额205亿元，比年初增加3亿元，增幅为1.37%。其中制造业贷款余额为103亿元，在南通六县（市区）排名第四，比年初增加6亿元；建筑业贷款余额为102亿元，比年初减少3亿元。外汇管理服务不断强化。全年启东市进出口收付汇总量27.29亿美元，同比减少0.34亿美元，降幅1.23%。外商直接投资流入权益确认80笔，累计流入3.7亿美元，同比增加1.6亿美元，增幅76.19%。国库核算服务不断优化。支行加强国库核算软硬件建设，优化升级财税库银横向联网系统，全年共办理预算收入业务69.53万笔。入库预算收入（全口径）166.93亿元，其中中央级预算收入22.18亿元，省级预算收入0.83亿元，地方级预算收入143.92亿元；共办理预算支出业务9.48万笔，支出金额197.83亿元。

（朱怡蓉　龚宝妹）

【企业上市挂牌】 2017年，市金融办研究出台《关于进一步推动企业利用资本市场加快发展的若干政策意见》《上市挂牌后备企业管理办法》《上市挂牌入轨企业问题协调解决工作流程》等政策文件，推进企业上市挂牌工作。全年新增上市挂牌企业5家，其中捷捷微电在深圳创业板成功上市，朗峰新材、通易航天2家企业获准在新三板挂牌，江苏恒绿、南方节能2家企业在江苏股交中心挂牌。至年底，全市上市企业累计达4家，新三板挂牌企业有7家，区域性股交中心挂牌企业7家。全市企业利用资本市场获得直接融资46.93亿元，其中捷捷微电首发融资6.52亿元，神通阀门定增融资4.63亿元，华虹电子发行可交换债5亿元，久正工学定增融资0.21亿元，林洋能源30亿元可转债，爱普电器股权融资0.47亿元，通易航天定增融资0.1亿元。

【小贷发展与监管】 至2017年底，全市6家小贷公司贷款余额6.83亿元，其中小额贷款6.26亿元，占比91.65%，涉农贷款6.8亿元，占比99.5%，平均年利率10.8%，惠及1687家农户。4家小贷公司主动申请评级，经现场和非现场检查，嘉鸿小贷获评AA级，嘉润小贷、广发小贷获评A级，开来小贷获评BBB级。嘉润小贷和嘉鸿小贷开展不良资产证券化的创新业务，小贷公司的创新发展实现新突破。

【金融风险防范和处置】 2017年，市金融办围绕非法集资源头控制和构建非法集资信息收集、核查、研判、交办、督办双主线，开展金融风险防范和处置工作。严格执行投资理财类公司商事登记预审制度，对23家机构新办或变更营业执照进行审核；建立打非舆情监测体系和24小时情况报告制度，会同公安、市管、人行等部门，组织各镇、园区先后开展3次针对非法集资和非法互联网金融行为的拉网式排查行动，向全市300多家投资理财机构和企业发放《非法集资风险提示》；建立非法集资风险企业信息数据库，将市42家企业列为重点关注和监测对象，每周抽查走访；核查上级处非办交办的7个风险线索，自行开展2次对涉嫌非法集资机构的联合执法，化解区域内风险。

（龚宝妹）

中国人民银行启东市支行

【概况】 2017年，中国人民银行启东市支行推进土地承包经营权抵押贷款工作，累计发放6314万元，在增量扩面上有所突破。开展核心供应链应收账款质押贷款工作。9月，江苏东成机电工具有限公司接入应收账款融资服务平台，并签订接入协议。指导启东农商银行在生物医药、基础设施、科技创新、产业体系、平台载体、城市功能六大产业项目上加大投放力度，先后新增信贷投放资金超过20亿元。指导邮政储蓄银行启东市支行加大对江苏大唐国际吕四港发电有限责任公司和江苏林洋能源股份有限公司的支持力度，信贷投入10亿元。落实外汇政策红利。5月，国家外汇管理局启东市支局（简称支局）为韩华新能源（启东）有限公司办理2笔境外放款，金额分别为1800万美元和1.35亿元，及时解决企业实际需求；助力江苏林洋能源股份有限公司参与"一带一路"项目建设，支局为其办理首笔100万美元的境外投资，用于支出企业开办费用；继续推进跨国公司外汇资金集中运营试点，做好试点企业韩华新能源（启东）有限公司的政策业务辅导。

【金融精准扶贫】 2017年，支行和市金融办联合举办4期金融"走帮服"专场活动，并同102家企业对接洽谈，贷款意向金额13.4亿元，落实投放近10亿元。督导启东珠江村镇银行开发"太阳贷"光伏扶贫金融产品，缓解农户生产发展的资金短缺问题。至年底，成功发放4笔共10万元。

【金融产品创新】 2017年，支行向2家地方法人金融机构发放支小再贷款2.9亿元、支农再贷款5.9亿元。指导启东农商银行创新推出"船易贷"，该产品是利用再贷款资金以低利率专项发放的支农产品。全年共发放"船易贷"24户，抵押船只38艘，余额合计4600万元。推动地方政府建立科技型中小企业贷款风险补偿基金，全市共有21家科技型企业成功申请"苏科贷"项目，贷款总额4950万元，缓解部分中小微科技企业的资金压力。

【金融普惠】 2017年，支行联合市卫计委、启东农商银行及市中医院集团公司组织开展"银医通"服务项目，将金融IC卡的效用延伸到医院。在农村金融综合服务站中推出预约挂号功能，11月初，1家农村金融综合服务站预约挂号试运行。全年支行接到消费者投诉件1起，结合金融消费者权益保护法相关条例，多次召开专题会议研究金融消费者投诉请求，进行调解处理，对违反规定的金融机构严肃追责，通过书面质询、约见谈话等形式规范从业行为，加大问责力度。

【金融生态建设】 2017年，支行与启东市信用办对全市社会信用信息归集情况进行联合督查，推进启东市社会信用体系建设工作。12月，在启东农商银行科技支行增设征信报告代理查询点，有效分流征信查询量，征信管理服务更加便捷化。6月和11月，支行联合市法院、市金融办召开启东市金融案件执行专项座谈会，提升金融案件执结率和标的兑现率。参与市政府牵头召开的协调会20余次；推动政府成立邦盛转贷服务公司，对到期归还贷款暂时有困难的企业给予低息快捷的转贷资金支持，避免企业进行高利贷；配合市政府做好南通太平洋海洋工程有限公司的破产重整协调工作，及时化解潜在金融风险，竭力维护辖区金融稳定。

【依法行政】 2017年，支行根据市行政审批局的相关要求，推进政务服务事项调查摸底、梳理制定事项清单、维护权力事项办事指南、权力事项同步江苏政务服务网等工作，主动向社会公开，实时更新、动态管理，完成办事指南各项要素完整化目标。全面落实以案释法制度，利用"3·15"、普法宣传月、金融知识宣传月等面向社会公众集中开展金融消费者权益保护、金融法治等知识宣传10余次，督导金融机构利用宣传栏、LED电子屏等载体开展法治宣传教育活动。加强对银行业金融机构的综合执法，年内对南京银行启东支行、民生银行启东支行分别开展综合执法检查，并对南京银行启东支行进行行政处罚。加强货物贸易外汇流出管理，开展货物贸易项下流出专项核查，核查企业3家，金额1.13亿美元；推进货物贸易非现场监测记录全覆盖，现场核查企业55家，对中远船务（启东）海洋工程有限公司等5家企业下发风险提示函；推动监测约谈，对5家银行开展约谈6次；开展打击"逃骗汇、非法套汇"专项行动，重点查处外汇流出违规行为，查办龙腾鹏达重复贸易融资等案件3起。

【人民币净化工程】 2017年，支行推动全市人民币流通管理机制创新，畅通人民币流通环节，全面实现银行营业窗口现金收支两条线，对外支付的现金经清分公司专业化集中清分，提升流通中各券别人民币票面整洁度。10家试点银行提前实现收付两条线总体目标，启东珠江村镇银行、交通银行启东支行完成增量扩面工作。

【国库集中支付改革】 2017年，支行配合市财政局强化国库集中支付电子凭证库建设，召开国库、财政及代理银行专题会议，配备专机进行联调测试。10月25日，启东电子凭证库在南通辖内县支库中率先上线运行，实现国库集中支付电子化，改变以前半电子、半手工的处理方式，有效解决效率低、成本高等问题。

（朱怡蓉）

中国工商银行股份有限公司启东支行

【概况】 2017年，中国工商银行股份有限公司启东支行本外币各项存款余额133.64亿元，较年初增加10亿元；本外币各项贷款余额86.16亿元，较年初增加9.53亿元；完成中间业务收入1.06亿元；实现拨备前经营利润3.44亿元。

【个金业务】 2017年，支行抓代发工资业务，全年新增代发工资单位45户。主动服务建筑分配市场，一季度共组织批量存款4.91亿元。加强个人理财产品营销，完善理财经理的考核体系，年末个人金融资产达101.5亿元，比年初新增4.94亿元。全年为企业高管组织私人银行路演专场活动7场。公司客户经理新拓展的私人银行客户达21户，发放联名卡7000张。

【对公存款】 2017年，支行加强同市行政审批部门合作，做好招商信息跟踪和落地营销，全年新开户新增存款3.4亿元。推进对公业务竞争力提升项目，加强考核通报，全年日均5万元以下客户比年初净增94户，日均50万元以下客户净增35户。加强有贷客户存款留存管理，关注下游客户存款情况，提升有贷客户存贷比。加大上市公司营销力度，成功归集某上市公司可转债23亿元。启动部门联动支行的网格化团队营销模式，做好产品资金对接，实现新开户20户，新增存款3000多万元。

【资产业务】 2017年，支行加强优质项目服务，融资支持启东重特大项目建设，新增投放超过12亿元；支持制造业发展，新增贷款近7亿元。优化中小企业服务，确定全市各大开发区、园区为服务重点，推进“金融走帮服”活动，新增中小企业信贷客户30余户。拓展个贷市场，加快发展消费信贷业务，全年个人消费贷款比年初增加382笔，金额7837万元；加大机关、事业、学校等六类优质客户拓展力度，年度导入个金信用消费贷款（含现金分期）白名单6250户。巩固和扩大住房信贷市场优势，累计发放个人住房贷款1120笔，金额5.71亿元。

【中间业务】 2017年，支行加强电子银行业务拓展，全年净增融e联客户11394户、融e行客户7972户。强化贵金属营销，参与江苏省分行贵金属专项营销活动，“幸福小苹果”营销列南通市分行第一。抓好对公理财产品销售，销售超短期产品6000万元、法人保本理财30多亿元。拓展国际业务市场，依靠“T+3”、网银结售汇产品运用，拓展新客户。通过爱购周末、码上赢、公务卡职场等渠道，全年共发信用卡11000多张卡，完成率列南通各支行第一。

（周 健）

中国农业银行股份有限公司启东市支行

【概况】 至2017年12月31日，中国农业银行股份有限公司启东市支行各项存款余额161.82亿元，比年初增加11.01亿元。其中，个人存款比年初增加4.15亿元，列“四行”第一，南通系统第三；个人理财资金比年初增加3.76亿元，列系统第一；对公存款比年初增加6.86亿元。全市进出口总额1000万美元以上的企业33户，外汇存款结算额20.27亿美元。各项贷款余额71.15亿元，比年初增加10.31亿元。其中，个人贷款比年初增加3.86亿元，对公贷款比年初增加6.45亿元。实现中间业务收入5779万元，实现营业收入32255万元，实现拨备前利润2.36亿元。全行社会保障卡发放总量达30.42万张，成功开卡28.86万张。全行共清收处置不良贷款2525万元，不良贷款年末控制在南通市行的管控目标内。全年未发生重大风险和责任性事故。

【资产业务】 2017年，支行累计发放“三农”贷款6971万元，其中农业、渔业类贷款2400万元，新增“三农”贷款2680万元，列系统第二。支持实体经济发展，在海启高速、棚户区改造、生态渔业、光伏发电等领域发放项目贷款6户13.23亿元，新增小微企业客户贷款5户2800万元。

【产品营销】 2017年，支行新增个人贵宾客户3221户、掌上银行活跃客户10080户；新增信用卡14126户，新增分期1.19亿元;第四季度推广“E收款”产品，至年底认证商户868户，其中新增有效商户59户，占市行有效户的50%，列系统第一。新增惠农卡有效客户23497户，新增“惠农通”工程服务点397户，升级10户，实现行政村缴纳电费全覆盖，列系统排名第一。拓展移动支付项目，共上线9个E商缴费商户、7个E商核心商户，电商平台交易量745万元。推出农行“E收款”产品，三“码”（支付宝、微信、农业银行掌上银行二维码）合一。成功拓展神通阀门、林洋新能源定增募集资金4.6亿元和1.9亿元，新开对公结算账户517户，新增法人折效客户234户。

（邓凯玲）

中国银行股份有限公司启东支行

【概况】 2017年，中国银行股份有限公司启东支行本外币各项存款余额为100.99亿元，较年初增长6.88亿元。人民币各项贷款余额为73.08亿元，较年初增长7.43亿元，其中公司贷款较年初增加1.20亿元，零售贷款较年初增加6.23亿元。实现营业净收入2.95亿元，拨备前利润2.36亿元。推进“平安中行、平安金融”创建工作，在全市安全评估自评和监管评价工作中，支行安全评估达标率、优秀率为100%。5名成功制止电信诈骗的员工受到启东市见义勇为表彰。

【服务地方经济】 2017年，支行成立对接上海金融工作服务组，全面融入政府提出全面接轨上海“1234”目标的各项招商服务活动。全年累计实现上报项目34个，新增授信额度9.71亿元；在手叙做项目9个，新增授信额度14.5亿元；累计投放政府融资平台项目2个，金额2.5亿元，实体经济贷款5.3亿元。扶持市中小企业，推广“结算通宝”“苏科贷”“扶农通宝”“税贷通”金融产品，累计投放3828万，中小企业新增31户，较上年翻一番。

【产品运用】 2017年，支行配合中银证券，为企业定制合适的发债方案，使其非公开发行可交换债券4.97亿元托管资金成功落地。做优外资资本金合作方案，共开立外资资本金账户8户，入账资本金1.44亿美元，较上年增加380%。通过基金健诊、盘存、四季关怀活动，全年实现基金销售2.97亿元（全口径），较上年同期增幅达75%。全年实现新增表内贸易融资客户7户，新增贸易融资产品6项，共开立本外币保函7.37亿元，保函业务量在市辖系统排名第一。

（王 健）

中国建设银行股份有限公司启东支行

【概况】 2017年，中国建设银行股份有限公司启东支行完成主营业务收入4.66亿元，同比净增4148万元；中间业务收入1.48亿元，列四行第一。实现拨备前利润3.82亿元，同比净增4418万元；税前利润3.23亿元，同比净增3386万元，均列四行第一。加强规范经营。全年共组织各类现场检查35次、非现场检查18次，自查自纠930多条，合规约谈7人次，全年零案件、零事故。

【存款业务】 2017年，支行针对代发工资、结算账户、客户新增等基础短板业务，建立任务型团队，推进底线目标管理和“最后一公里”考核。全年新增个人代发工资有效户71011户，对公基本结算户796户。实现全口径存款日均余额145.46亿元，新增6.47亿元；一般性存款日均余额145.4亿元，新增6.49亿元；对公存款日均余额59.42亿元，新增4.58亿元；个人存款日均余额85.98亿元，新增1.91亿元。四行余额相比，对公存款列第一，其余三类均列第二；四行新增相比，个人存款列第二，其余三类均列第三。

【信贷业务】 2017年，支行各类贷款年日均余额86.21亿元，四行占比28.44%；日均新增11.91亿元，四行占比32.91%，均列第一。通过与市金融办对接、与税务机构联动，以及业务培训、大数据挖掘和网点联合营销等方式，做好小微企业和个体工商户融资创新服务，当年新增有效授信客户102户，累计179户；新增普惠金融贷款1.19亿元，列南通系统第一，实现余额2.93亿元。全年完成个人贷款投放1.9万余笔、22.87亿元，其中个人住房商贷3000笔、18.1亿元，个人消费助业贷款1.6万笔、4.77亿元。年末个人贷款余额43.07亿元，占全行各类贷款的46.11%，较年初净增15.04亿元，提升11.51个百分点。

【国际业务】 2017年，支行成功营销全省首笔出口透支贷、南通分行首笔内保外贷业务，填补市分行系统内两项空白。全年完成跨境人民币业务量5.61亿元，列四行第一；金宏口径外汇结算81164万美元，结售汇量33758万美元，列四行第二。

（吴玉章）

江苏银行股份有限公司启东支行

【概况】 至2017年12月31日，江苏银行股份有限公司启东支行各项存款余额达56.66亿元，较年初减少1.18亿元，其中储蓄存款余额较年初新增2.18亿元，对公存款余额较年初新增6.86亿元，保证金存款余额较年初减少10.21亿元；各项贷款余额达42.97亿元，比年初减少6547万亿元，其中个贷较年初新增2.04亿元，消费贷新增8128万元，公司类贷款较年初减少2.7亿元。实现国际结算3.59亿美元，跨境人民币4.55亿元，个人信用卡分期金额1669万元，代销保险3407万元，代销基金1842万元，手机银行新增8792户，个人优质客户新增574户，实现中间业务收入1701万元。做好对不良贷款的化解和清收，全年清收个人不良贷款221万元，清收启益集团不良贷款1000万元，对全部逾欠息贷款启动法律处置程序。

【资产业务】 2017年，支行重点加强与启东城投、交投、经济开发区、滨海工业园、滨江化工园、海工园、江海产业园等客户关系维护，成功投放棚改基金12.05亿元、江海污水1.5亿元、启星水利1.5亿元、嘉致源项目1.5亿元、江海园5000万元、蓝岛8000万元、尚华2.3亿元、金和光电2000万元。加大对表外资产业务营销，成功营销御河湾主动负债1亿元。加大税e融、科技金融等低资本消耗的小微企业信贷营销力度，与启东市国税局、滨海工业园合作开展“税e融”等小微产品推介会，超额完成支行的小企业指标。组织客户经理驻扎绿城香格、翡翠苑、御河湾、北上海至尊、海悦府——阳光城等售楼中心办理个人住房贷款，成功拓展城投中心保障房新楼盘准入，批量受理保障房房贷业务。重视卡易贷、分期付的营销，发动全行员工通过微信朋友圈推广新的“串串赢”营销平台，营销政府机关、医院、学校等优质单位员工办理卡易贷、“金e融“业务，超额完成分行下达的个贷指标。

【负债业务】 2017年，支行班子领导赴上海、苏州等地上门拜访建筑施工大客户，确保总额2亿多元的施工分配规模；通过公私联动成功营销城投公司8000多万元施工储蓄存款。营销理财产品、惠多宝、智存宝等特色产品，开展对零售基础客户群的维护与转介，发展一大批30万元以上存款及理财VIP客户。拓展绿色存款，维护成长型实体企业客户关系。3月，捷捷微在深交所成功上市，支行成功营销该企业募集资金监管账户2.12亿元绿色存款。推进江海旅游产业带规划建设，关注各大优质投资商入驻启东的信息，落实专人与吕四仙渔小镇、长泰海滨城等多个项目负责人对接，成功营销上海长甲集团旗下的宏昌商业公司基本户累计转入1亿元投资款。

【中间业务】 2017年，支行开展投行、票据、资管等新业务。新增城市发展基金3.5亿元，新投结构化融资4.7亿元，叙做二建的融易管业务1.5亿元，新办多家企业的资金管理业务。

（张 艳）

上海浦东发展银行股份有限公司启东支行

【概况】 至2017年12月末，上海浦东发展银行股份有限公司启东支行各项存款余额23.85亿元，比年初增长4.52%，其中对公存款余额20.54亿元，对私存款余额3.31亿元；个人金融资产余额11.31亿元。各项贷款余额21.61亿元，比年初增长87.29%，其中对公贷款余额17.53亿元，对私贷款余额4.08亿元。实现营业净收入6162万元。实现中间业务收入1304万元，其中对公中间业务收入668万元，对私中间业务收入636万元。

（沈翠娥）

中国邮政储蓄银行启东市支行

【概况】 至2017年12月末，中国邮政储蓄银行启东市支行存款总规模达128.7亿元，年净增13.8亿元。其中自营个人储蓄存款余额22.5亿元，位列南通第四，公司存款余额11.3亿元，位列南通第四。贷款总规模达34.7亿元，位列南通第二，年净增5.4亿元。其中个人零售贷款余额24.1亿元，公司信贷余额10.41亿元，小企业贷款余额1.19亿元。全行不良贷款总额616.7万元，较年初增加365万元，不良率0.13%，较年初下降0.12%，资产质量持续保持南通前列。全年未发生资金案件和安全责任事故，也未发生重大操作风险事件，风险可控。累计实现自营业务收10443万元，位列六县（市、区）第二，同比增长21.94%。

个金、零售、公司三大业务板块收入占比分别为：33.56%、37.53%、28.86%，其中公司业务收入实现同比56.27%的增幅。累计实现拨备后利润5652万元，位列南通第三。抓保险、理财产品销售，至年底，共计销售期缴险产品227万元。开展小企业金融业务营销大走访活动，支行成为南通第一个完成中征系统平台注册任务的支行，至年底推广注册6户。

完成国土土地拍卖系统银企直联，成为南通第一家完成国土开户和系统对接的支行。为非税账户安装POS机，应用于老百姓不动产登记证工本费的缴纳。加大对房地产企业的开发力度，实现售房资金全部入账。推出扫码付、邮惠付业务。全年扫码付及邮惠付共入网428户，资金沉淀492.19万元。

【信用卡业务】 2017年，支行通过抓信用卡用卡环境及特惠商户建设、网点综合营销、深化邮银合作等，促进信用卡业务发展。与速递公司合作共同推荐EMS卡，速递公司合作单位进件180张。抓直营团队、渠道拓展团队发展，全年共计发卡5368张。

【零贷业务】 2017年，支行做优产品结构和做优客户群体，发挥家庭农场（专业大户）等小贷新产品优势，利用强担保方式提高单笔授信额度，加大新产品投放占比，家庭农场（专业大户）投放占比和结余占比均超65%。抓快捷贷，年度净增4656万元；渔船抵押贷款，年放款19748万元，净增-2758万元，年末结余15847万元。开展“阳光信贷”经营贷客户走访活动，其中城区支行商贷储备量和净增数明显上升，储备超2500万元，其中新客户占比超50%，快捷贷共净增1507万元。扩大房贷份额占比，房贷净增较上年同期增加1.56亿元，年末结余17.22亿元。以“白领贷”为重点做好非房消费贷的精准营销，非房消费贷净增6874万元，位列南通第一，同比多增4371万元。加快车贷发展，与一汽丰田、别克、长安3家单位合作，另准入2家二级经销商和1家一级经销商，至2017年底，共放款15笔，金额110万元，在南通占比近50%。

【公司授信业务】 2017年，支行做好存量客户的维护工作，完成大唐吕四的额度重检，林洋能源的额度重检方案提交总行审查，中交投资开发的额度重检方案提交南通市分行复核。加大对新项目的拓展力度，做好辖内PPP入库项目的跟踪工作，把握其融资进度。联合邮储银行新疆分行，对广汇能源启东项目进行深入调研。为江苏海四达电源股份有限公司核定授信2000万元。

（陈蓓蕾）

中国农业发展银行启东市支行

【概况】 2017年，中国农业发展银行启东市支行累放贷款14.93亿元，贷款余额33.71亿元；年末存款余额17.60亿元，比年初增加9.24亿元；全年存款日均余额17亿元；实现账面利润8173.67万元；继续保持无不良贷款。支行连续三年获依法经营、合规管理创建达标行称号，为南通市唯一。严格执行相关地方储备粮油信贷工作的通知精神，确保信贷资金的及时足额供应，保障地方粮食安全。及时投放地方储备贷款6302万元，收购储备小麦6000吨，储备稻谷11030吨。

【项目创新】 2017年，支行先后在融资模式、企业性质、支持领域、贷款品种创新等方面进行创新。全年获批创新类贷款项目2个，金额14亿元。至年底，投放贷款金额3亿元。申报创新类贷款项目2个，金额5亿元。支行是南通市唯一完成南通市分行创新工作“放一批二备三”目标任务的支行。

（陈思屹）

江苏启东农村商业银行股份有限公司

【概况】 2017年，江苏启东农村商业银行股份有限公司资产总额458.77亿元，比年初增加16.52亿元，增幅3.74%；负债总额434.10亿元，比年初增加15.33亿元，增幅3.66%；所有者权益总额24.66亿元，比年初增加1.19亿元，增幅5.09%。各项存款余额378.08亿元，比年初增加24.35亿元，增幅6.89%；各项贷款余额230.51亿元，比年初增加20.94亿元，增幅9.99%，其中实体经济贷款207.58亿元，比年初增加30.78亿元。五级分类不良贷款余额4.56亿元，占比1.98%。全年实现营业收入21.70亿元，净利润2.93亿元；资本充足率12.14%。银监部门监管评级相关指标达到二级标准。文峰建筑、汇龙、天汾支行被评为江苏银行业普惠金融五星级网点，吕四、久隆支行被评为江苏银行业普惠金融四星级网点。

【服务重大项目】 2017年，启东农商行将信贷服务市重点产业项目建设纳入年度信贷投放指导意见之中。全年信贷规模向民生类重大产业项目倾斜。优化调整信贷资源布局，将原分布于45个网点的信贷服务功能集聚到28个支行，其中形成文峰建筑、和合海工、北新化工、吕四海洋经济、天汾电动工具、滨海工业园区6个特色支行以及公园中路小贷中心、城南按揭中心2个专营支行。海四达新能源以及吾悦广场、欣乐城商业中心等城市综合体建设项目均有启东农商银行的信贷资金支持。

【信贷支农支小】 2017年，启东农商行压降10亿元票据腾出空间持续做好小微企业、“三农”经济及城乡居民消费金融等领域的信贷投放，实体经济贷款余额比年初增加30.78亿元。拓展“阳光信贷”应用领域，推动“阳光信贷”规范化、标准化建设。全年完成“阳光信贷”建档户数69057户，预授信19160户，预授信108.8亿元，用信户数17903户，用信金额103.13亿元。开展“送宝典、助融资”金融服务万企行活动和“走帮服”金融专项对接活动，主动深入4322家企业对接信贷需求，举行专场活动6次。申请再贷款，全年累计取得5.8亿元支农再贷款、2.9亿元支小再贷款，支持制造业、批发零售业、种养殖业及海洋捕捞行业发展，降低小微企业及农户融资成本近20%。

【智慧金融服务】 2017年，启东农商行拓宽电子银行服务渠道，在人民桥菜场试点推广智慧菜场，至年末拓展活跃商户30户；结合“码上付”推进营销拓展工作，至年末“码上付”覆盖商户达4641户，在全省名列前茅；根据省联社部署推广VTM设备，至年末安装并正式运行55台；上线中医院“银医通”项目。全省首推公网POS系统及融合支付A8POS机，支持微信、支付宝及刷卡等多渠道收单，提升启东收单市场份额，至年底累计布放A8POS机905台。推进市民卡、社保卡载体服务，出台市民卡发行及管理配套制度，与南通市民卡公司合作完成所有发卡准备，发行市民卡；配合市人社局完成70多万张社保卡制卡工作，在全市发放。ETC联名贷记卡网上申请、贵金属微信公众号销售、理财产品上线手机银行与启富东疆APP等零售业务产品上线销售，满足客户方便、自助、线上线下融合的需求。

【金融产品创新】 2017年，启东农商行针对农户建设分布式电站的融资需求推出分期还款“绿能融”产品，全年累计发放43户金额206万元。针对依法准时缴纳税款、生产经营良好、信誉度良好的小微企业，推出“税易贷”产品，可提供50万~200万元以内的信用及准信用贷款，全年累计发放15户、710万元。针对优质企业员工推出“薪易贷”产品，满足其教育、家装、旅游等消费资金需求。优化“流转贷”降低小企业转贷压力，全年共办理“流转贷”350户、11.81亿元。优化营销“船易贷”产品，全年累计发放“船易贷”42户、6435万元。依托贷记卡推广“随心分”产品，全年累计发行1537张，用信余额1.34亿元。

【信用风险管控】 2017年，启东农商行加强对逾期欠息违约客户、风险转化客户、担保圈客户的日常监测和管控；利用客户风险预警管理系统，加强对贷款风险防控的效率。完善集团客户授信管理体制，加强大额贷款限额管理。除特色支行、专营支行对相关行业、区域贷款实施专业化管理外，其他所有3000万元以上的大额贷款均由大客户中心集中管理。设计按揭贷款“双录”（录音录像）问卷并在城南支行按揭中心推行“双录”管理；与市不动产登记服务中心联网，实时查询抵押房产权利限制信息；严密操作流程，权证外借归还后重新联网查询抵押登记情况，防范二次抵押等操作风险。与不动产登记中心沟通，启用“贷款合同专用章”，替换原“合同专用章”，规范印章使用。强化清收执行力度。逐期逐行召开不良贷款摸底分析会，明确清降目标，落实专人跟进。加强专业清收力度，将表内不良及核销贷款移交资产保全部集中清收。与市法院沟通，强化清收执行力度，累计司法拘留2人、强制腾房5户、失信人曝光28人。探索清收新举措，对1080万元不良贷款实施公开悬赏清收。全年累计通过现金方式收回不良贷款1.28亿元。

（陶帅君）

中国民生银行股份有限公司启东支行

【概况】　至2017年12月31日，中国民生银行启东支行各项存款余额20.55亿元，比年初减少9.61亿元。其中公司存款余额14.79亿元，较年初减少10.53亿元；储蓄存款5.75亿元，比年初增加0.92亿元。贷款余额16.02万元，比年初增加1.46亿元。其中公司贷款12.44亿元，比年初增加1.39亿元；个人贷款余额3.58亿元，比年初增加0.07亿元。

【公司业务】　2017年，支行参加南通市分行百业攻坚活动，上报实体客户5户，分别为银洲集团1亿元、长裕建设集团0.2亿元、启东汇通镀饰有限公司0.2亿元、启东建筑集团0.6亿元、江苏好收成韦恩农化股份有限公司1亿元。发展中小企业担保业务，上报启东国投担保公司担保额度1亿元，并摸排储备优质中小企业客户。为南通二建集团提供3亿元理财直接融资，为其上游企业配套商业承兑汇票的保贴业务近2亿元。利用"同业通"产品为启东市自来水厂投放1.5亿元。为启东城市投资建设开发总公司的重点棚改项目获批5亿元PPN，并上报北京交易商协会。为市国投公司提供美元债的金融产品方案，拓宽企业的融资渠道、降低企业融资成本。

（陆红池）

招商银行股份有限公司启东支行

【概况】　2017年，招商银行股份有限公司启东支行自营存款余额23.65亿元，比上年增长4.27亿元，其中对公存款余额21.63亿元，比上年增长4.04亿元；储蓄存款余额2.02亿元，比上年增长0.23亿元。自营贷款余额20.76亿元，比上年增长2.72亿元，其中对公贷款余额18.73亿元，比上年增长2.34亿元；个人贷款余额2.03亿元，比上年增长0.38亿元。加强合规经营，全年无安全事故。

（施晓燕）

江苏启东珠江村镇银行股份有限公司

【概况】　截至2017年12月末，江苏启东珠江村镇银行股份有限公司各项存款余额7.26亿元，比年初增加5189万元，增幅7.69%。其中，对公存款5.63亿元，占存款总额的77.46%；储蓄存款1.64亿元，占存款总额的22.54%。日均存款为6.17亿元，较年初增长1.29亿元，增幅26.30%。

贷款余额7.43亿元，比年初增加1.03亿元，增幅16.12%。其中，对公贷款余额3.52亿元，比年初增加616万元，增幅1.78%；个人贷款余额3.90亿元，比年初增加9693万元，增幅33.04%。增对公账户69户，其中有效户22户，超额完成全年考核任务；新增个人储蓄2579户，其中有效户259户。按五级分类口径统计，有6笔不良贷款，金额为603万元，不良率0.81%。银行营业部成功通过江苏省银协评估及验收，成为南通地区首家获得"四星文明服务网点"的村镇银行。

【营业收入】　截至12月末，银行营业收入3714万元，比上年同期增加583万元，增幅18.62%；营业支出2354万元，比上年同期增加54万元，增幅2.35%；实现净利润1204万元，比上年同期增加602万元，增幅100%；拨备前利润为2043万元（资产减值损失为414万元，上年同期为205万元），比上年同期增加1011万元，增幅97.97%。

【产品创新】　2017年，银行实施"进村入户"做微贷，推进"精耕计划""整存建档"普惠金融工作，全面走访辖区小微及"三农"客户，建立目标客户档案，围绕客户需求进行资源配置。推进业务产品创新，针对农户和小微企业，结合经营实际推出"员工贷""农机贷""收购贷""光伏贷"等产品。成功向南通市人民银行申请3笔"信贷资产抵押支农再贷款"，共计9000万元。3月29日，在吕四港镇东皇山村村委会设立首家"银行便民工作站"，为当地村民提供金融咨询、授信业务办理、支付结算等金融服务。6月底，在王鲍镇久西村启动"太阳贷光伏扶贫"项目。

（李玲玲）

中国人寿保险股份有限公司启东支公司

【概况】　2017年，中国人寿保险股份有限公司启东支公司实现总保费收入6.08亿元，同比上年增长0.92亿元，增长17.9%，成为中国人寿保险股份有限公司县域发展"实力百强"公司，当地市场份额占比为55.03%。首年期交保费收入1.52亿元，同比增长22.24%。短期险保费收入3611.73万元，同比增长39.26%。个险业务，首年期交保费收入1.19亿元，同比增长16.96%，其中10年期及以上首年期交保费收入7674.24万元，同比增长18.25%。银保业务，首年期交保费收入3169.22万元，同比增长44.5%。团险业务，短期险保费收入2150.49万元，同比增长35.49%。营销持证人力1629人，较上年底增长152人。公司全年理赔给付2772.02万元。

【实施"安康关爱行动"】　2017年，公司继续实施"安康关爱行动"，为市55周岁（含）以上的老年人提供农村小额意外伤害保险。全市参与"安康关爱行动"136884人次，总保费821.3万元。向143位百岁老人赠送意外伤害保险，赠送保额286万元。全年共有2152人获赔，赔付金额550.09万元。

（宋泽源）

责任编辑：黄亦美

财　　政

【概况】 市十七届人大二次会议审议通过的2017年全市一般公共预算收入71.13亿元，同口径增长8.4%。全市一般公共预算总来源129.66亿元。其中全市一般公共预算收入71.13亿元、税收返还收入9.31亿元、一般性转移支付收入9.14亿元、专项转移支付收入9.55亿元、地方政府债券收入21.11亿元、预算稳定调节基金1.06亿元、上年结余结转8.36亿元。全市一般公共预算总支出129.66亿元，其中全市一般公共预算支出92.67亿元，上解上级支出11.31亿元，地方政府债券支出21.91亿元，结转下年支出3.77亿元。全市省下市地方政府债务限额190亿元，其中一般债务127亿元，专项债务63亿元。截至年底，市地方政府债务余额179.55亿元，其中一般债务122.18亿元，专项债务57.37亿元。地方政府债务风险总体可控。

【财政政策】 2017年，市财政局制定相关财政政策，支持企业发展。对工业企业新开工总投资1亿元以上，项目设备投入不低于总投资20%的重大工业项目，按项目设备投资额的10%~15%给予财政奖励。对应税销售2亿元以上，并符合相关条件的工业企业，按应税销售净增量的1%~1.5%给予财政奖励。对应税销售2亿元以上，并符合相关条件的工业企业，按应税销售净增量的1%~1.5%给予财政奖励。支持企业建设创新中心和研发机构，对国家级、省级工程技术研究中心分别给予200万元、50万元奖励。鼓励金融服务支持实体经济。对各银行机构制造业贷款当年新增量按其增量给予万分之四的财政奖励，对各银行机构当年发放制造业中长期贷款按其增量再给予万分之二的财政奖励，对各银行机构发放的小微企业贷款按其增量再给予万分之一点五的财政奖励。

【财政资金保障】 2017年，全年累计投入财政资金19.87亿元，推进“校安工程”项目实施；更新学校教学设施设备，建设维护学校基础设施；新（扩）建和睦、城南、久隆等幼儿园；科学确定并足额保障各类学校公用经费；完善扶困助学机制，资助各阶段家庭经济困难学生。投入财政资金14.51亿元，提高国家基本公共卫生服务人均补助标准；推进医疗卫生体制改革，足额保障医疗卫生机构运营、人员经费，全面提升医疗卫生综合服务水平。投入财政资金13.11亿元，加强社会保障体系建设。投入财政资金8.09亿元，加大农业农村基础投入，支持现代农业园区建设、更新改造渔业捕捞船舶、推广农业适度规模经营、扶持农业产业化龙头企业发展、推进高标准农田建设，落实强农惠农政策，通过“一折通”及时发放各类财政涉农补贴。

【预算管理体系】 2017年，市财政局加强全口径预算编制，将政府全部收支纳入预算管理，加大各类资金预算安排的统筹力度，提高预算完整性和政府统筹能力。转变政府采购监督职能，指导和帮助预算单位更好地履行政府采购主体责任。调整政府采购限额标准，加强货物质量监督检验。全年完成政府采购总量21.05亿元（含货物、工程、服务），同比增长16%，节约财政资金2.33亿元。加强预算绩效管理工作，预算绩效目标编制全覆盖30万元以上所有项目。选取55个项目作为重点项目进行预算绩效管理目标申报，并定期对绩效目标完成情况实施跟踪监控，及时发现并纠正目标偏离问题。选取2个单位进行部门整体支出绩效目标管理试点，并根据总体支出评价报告调整下一年度的整体支出预算。

【基本建设财务管理】 2017年，市财政局通过开展估算及资金来源审批，对项目规模、标准、造价等严格评审。全年完成估算及资金来源审批211个，审批资金63亿元。通过强化项目预算评审，对590个预算评审项目，科学核减7853万元。通过重大项目结算审核，对安置房、吕四港外拓等8个重大项目标底评审、结算审核，科学核减3.7亿元。通过严格资金拨付审核，在保障建设项目顺利推进的同时，确保财政资金安全运行。

【财政改革创新】 国库集中支付电子化改革。2017年，市财政局开发建设国库集中支付信息系统，创建电子支付安全支撑体系，借助电子签名等信息化技术手段，实现财政资金从申请、审批到支付、清算全流程"无纸化"。构建以电子指令操作为核心的财政资金支付管理新模式，实拨支付系统、直接支付系统和授权支付系统全面上线，并平稳运行。国库集中支付电子化改革在南通六县(市、区)属首创，改革进展顺利，达到预期目标。

行政事业单位国有资产管理改革。2017年，市财政局制定《启东市行政事业单位国有资产管理办法》，明确行政事业单位对本单位占有、使用的国有资产实施具体管理的主体职能，明确各主管部门、市财政局对行政事业单位国有资产的相关监督管理职能，对资产配置、使用、处置、评估、清查、信息化及绩效管理作具体规定，初步建立与市公共财政管理相适应的资产管理体制，维护国有资产安全和完整。

地方政府投融资体制改革。2017年，市财政局制定《启东市政府性债务风险应急处置预案》，建立政府性债务风险应急处置工作机制，及时发现和处置可能存在的债务风险。探索全新的市场化融资模式，以企业自身经营资金覆盖债务的方式，解决项目建设资金需求与当前融资政策环境的矛盾。支持帮助平台公司市场化转型，通过依法注入优质资产或资本金、规范财政补贴、完善治理结构、加强经营管理等措施，推动融资平台公司逐步实现市场化转型。在公共领域推广运用政府和社会资本合作模式(PPP)，在吕四环抱式港池基础设施项目与吕四东港池基础设施项目中创新实践PPP模式。

(王 雷)

国家税收

【概况】 2017年，全市国税系统共计入库工商各税61.15亿元，同比增长46.23%，首次突破60亿元。入库地方级国税收入58亿元，同比增长45.13%。其中，国内增值税入库47.03亿元，同比增长52.12%，增长的主要原因是韩华新能源、中集太平洋海洋工程、崇和置业、东成机电工具有限公司4家企业增长亿元以上。入库四大行业"营改增"税款17.1亿元，其中建筑业4.83亿元、房地产业9.15亿元、生活服务业1.25亿元、金融业1.83亿元，"营改增"增量8.6亿元。市本级企业所得税入库10.88亿元，同比增长21.5%。累计完成地方公共预算收入27.71亿元，同比增长64.38%。全年完成地方公共预算收入总量在南通六县(市、区)中排名第一，增幅第二。

2017年南通六县(市、区)一般预算收入情况

表22 单位：万元

单 位	本 期	同 期	增 幅(%)
海 安	228670.01	146453.23	56.14
如 东	198092.86	133112.73	48.82
启 东	277054.87	168542.46	64.38
如 皋	254226.67	162042.78	56.89
通 州	251572.80	161273.15	55.99
海 门	230213.86	128772.94	78.78

【增值税结构】 2017年，市入库100万元以上增值税的纳税人共496户，入库增值税39亿元，占全市增值税总收入的82.9%。其中1亿元以上企业5家，入库增值税8.97亿元，位列南通六县(市、区)第一。5000万~1亿元企业12家，入库增值税7.77亿元，位列南通六县(市、区)第一；1000万~5000万元企业51家，入库增值税9.68亿元，位列南通六县(市、区)第五；100万~1000万元企业428家，入库增值税12.6亿元，位列南通六县(市、区)第四。

【固定资产抵扣】 2017年，市一般纳税人共申报固定资产抵扣5.67亿元，同比增长90.89%，抵扣总量名列南通六县(市、区)第四、增幅名列第三。随着市加强与上海等地客商的联系，全市固定资产投资收入呈不断攀升趋势。

【工业用电量】 2017年，全市工业用电量实现20.37亿千瓦时，同比增长6.81%，总量位列南通六县(市、区)第六，增幅位列第二；实现工业应税销售额860.5亿元，比上年同期增长21.71%，应税销售总量在六县(市、区)中排名第五，增幅排名第二。工业用电量量的相对较少，反映市产业结构较其他兄弟县(市)优化。

【服务业销售总量】 2017年，市实现服务业应税销售额271亿元，比上年同期增长57.82%，应税销售总量在南通六县(市、区)中虽排名最

2017年南通六县（市、区）服务业销售收入情况

表23　　单位. 万元

单 位	销售额	同 期	增减率（%）
海 安	9271295.70	5747237.21	61.32
如 东	5288153.75	3609867.01	46.49
启 东	2710493.28	1717405.79	57.82
如 皋	10232650.32	6562389.28	55.93
通 州	5436739.28	3689287.51	47.37
海 门	3308188.41	2067133.61	60.04

后，但增幅排名第三。

【"营改增"收入】 2017年，全市共计入库四大行业"营改增"17.1亿元，远远高于其他五县（市、区）（海安9.76亿元、如东5.9亿元、如皋10.8亿元、通州12.98亿元、海门12.69亿元）。

2017年，市本级企业所得税入库10.9亿元，同比增长21.5%；地方级收入总量达58亿元，比2016年40亿元增加18亿元，总量实现新的突破。其中入库超1000万元的共有15个行业，共计入库所得税10.23亿元，占全部企业所得税的94.01%。尤其是房地产业形势大好。全年入库2.11亿元，同比增长331.41%，占全部企业所得税的19.39%。2017年下半年，市房地产行业形势较好，房价节节攀高，市企业所得税的增长主要靠此重点行业的拉动。

2017年启东市重点行业所得税入库情况

表24　　单位：万元

行 业	累计所得税	同 期	增减%
房地产业	21102.93	4891.62	331.41
通用设备制造业	14766.05	10605.03	39.24
货币金融服务	14685.9	7939.01	84.98
电气机械和器材制造业	12074.58	11748.52	2.78
化学原料和化学制品制造业	10840.92	6642.96	63.19
医药制造业	8088.69	5853.65	38.18
电力、热力生产和供应业	5247.76	20644.04	−74.58
金属制品业	3144.91	909.45	245.80
仪器仪表制造业	2500.31	4710.09	−46.92
商务服务业	2112.18	5308.94	−60.21
专用设备制造业	2013.51	503.33	300.04
批发业	1970.11	610.93	222.47
印刷和记录媒介复制业	1537.06	2158.44	−28.79
非金属矿物制品业	1137.23	465.61	144.24
纺织服装、服饰业	1109.49	975.8	13.70
小计	102331.63	83967.42	21.87

【三小税种】 2017年，三小税种增减互现，且增减变动情况较大。消费税降低2.1%，减收的主要原因是权重企业海四达电源调整产业结构，镉镍电池销售占比减少，使得消费税减收100万元；利息个人所得税受中央政策影响，入库税款几近为零，此税种收入近几年一直在万元上下，基本可忽略；车辆购置税增长19.6%，主要是2017年1月1日起1.6升及以下的乘用车由5%减按7.5%的税率征收车辆购置税，总体增幅放缓。

（杨天涯）

地方税收

【概况】 2017年，全市累计征收全口径地方税收357667万元，同比增长52378万元，增幅17.3%，其中公共财政预算收入260212万元，同比增长49226万元，同比增幅为23.5%。南通市启东地税局获全国巾帼文明岗、江苏制造突出贡献奖先进单位等多项荣誉。

【税收征管】 2017年，启东地税局开展“奋战一百天、征管争一流”税收征管质量竞赛活动，出台自然人纳税诚信等级评价管理办法。强化立体式税源监控，全年入库耕契两税45537万元，土地增值税65721万元，同比增幅高达58.0%。服务股权转让、资产转让，完成股权转让474户，入库税款7071万元；资产转让221户，入库税款5170万元。实施社保费“税式管理”。单位缴费基数同比增长26.62%。全年入库社保费205608万元，增长11.6%，社保费征缴率始终保持99.6%以上，居南通前列。相关做法得到省地税局、省人社厅的肯定，获南通市政府改革创新奖和启东市政府年度创新奖。

【依法治税】 启东地税局全年采集52个单位综合治税数据49632条，关联税款11.3亿元。稽查全年入库2646万元，查处100万元以上大要案7起。积案清理率达100%，在南通六县（市、区）中名列前茅。做好执法公示平台资料收集和报送，依法及时主动向社会公开有关税收执法信息，接受社会监督。出台欠税管理办法，建立欠税分类方法，规范欠税欠费清理流程，明确时点要求，化解执法风险。强制执行社保费欠费3户，入库社保费1206万元，其中单笔入库1142.73万元，成为南通地税史上强制执行社保费入库单笔最大金额。

【纳税服务】 启东地税局联合启东市国税局打造全新自助办税体验的“启东市办税服务大厅”，设置咨询导税、自助办税、线上体验、实体办税、集约化处理中心五大功能区域。围绕“一窗一人一机办两家事”目标，国地税统一设置窗口，将原76个有效缩减至36个。建立“朱平工作室”，成为地税纳税名片。该做法在南通市地税局推进会上做专题经验介绍。与房产交易所、国土局等部门合作，建设“不动产交易大厅”，为一手房、二手房交易办理平均每套节约90分钟和120分钟。与多部门合作，建成“产权交易信息中间库”和“不动产联办交互系统”两个网络平台，该做法先后在新华网首页、省政府内刊发表，并在全省推广。

【风险应对】 启东地税局强化涉税情报收集运用，共计52个单位综合治税，2017年共推送中风险1191户，入库税款25478万元。全年采集数据量为49632条，录入数据保障平台882条，关联税款11.3亿元，超额完成年度录入信息及关联税款的考核目标。选取市区分局及各县（市）的房地产典型户30户进行深入分析，行业风险人工分析团队化运作在启东展开。依托系统加工风险点、涉税情报平台、财务报表、互联网等信息，分税种归集涉税风险点，并列明疑点来源，提出风险应对建议，形成单户风险分析报告，共计产生明显税款指向的风险近1.1亿元，并进行风险推送确认。

（徐坚笙）

国土资源管理

【概况】 2017年，启东市国土局为华峰超纤、恒大童世界项目争取到重大产业项目用地计划629亩，为新村沙等项目争取到省留新增建设用地计划900亩。完成国信热电等18个单独选址项目及10个村镇建设用地批次的用地报批工作，征地报批总面积8313亩。《启东市土地利用总体规划（2006—2020年）调整完善方案》获省政府批准。争取到1.8万亩规划流量指标。占补平衡项目通过验收5900亩，增减挂钩项目通过验收3800亩，工矿废弃地复垦项目通过验收1200亩。编制完成三年土地储备规划。完成土地收储新增总量1965亩，完成土地出让172宗。

【土地资源保护】 2017年，市全域永久基本农田划定方案编制工作完成，方案通过省级验收并报国土部备案。划定后市全域永久基本农田面积为92.91万亩，超额完成0.33万亩。市政府与各镇、园区签订责任书13份，镇与村民委员会签订责任书252份，村民委员会与村民小组签订责任书5657份。国家土地督察南京局例行督察各项任务圆满完成，以高整改率通过验收。

【节约集约用地】 2017年，市国土局开展2008—2016年度土地征收和土地利用情况排查，清理处置征而未供土地中边角地44宗17.21公顷，通过督促开工、签订延期协议、收回等方式，处置土地59宗250.82公顷。年度公开挂牌出让378.93公顷供地中存量建设用地达147公顷，存量土地供应占比达38.79%。通过转让、作价入股、工业用地增加容积率等方式盘活存量建设用地53.23公顷。工业用地与低效产业用地调查成果通过上级核查，中心城区节约集约利用评价成果通过上级验收。完成高标准厂房建设并投入使用46万平方米，启东市获“2016年度全省高标准厂房建设和使用先进地区”称号。

【改革创新】 “智慧守土”实时视频监控系统正式运行，实现对全市用地情况实时跟踪监管。国土资源“一张图”系统正式运行，各项业务流程定制开发和数据整理入库完成，实现“一张图”系统与“智慧守土”工程融合。优化商品房转移登记“三审”（初审、复审、核定）为“两审”（初审、核定），将转移登记和抵押登记时限分别压缩至2.5个工作日和1.5个工作日，实行查解封、异议登记即时办结。在江苏省市县简政放权创业创新环境不动产交易登记环节评价中获全省第三名。寅阳镇、启隆镇“四全服务”（全流程优化审批、全区域便民服务、全业务网上办理、全节点效能监督）联办窗口建成运行。会同住建、地税等部门联合创新，开发“不动产登记交互系统”中间库，实现“信息共享”和“一窗一人多系统”不见面审批。受理各类登记业务62467件，其中发放证书31440本，发放证明15272份。市农村建设用地调查工作全面完成，调查成果经省国土厅检查合格。不动产权籍调查两个试点村王鲍镇新开村、寅阳镇农武村外业工作基本完成。制定《富民强企“走帮服”“三联三分”工作法创新与实践》“书记项目”，走访结对村居2处、城乡家庭1200户、企业3家、外来常住人口137户、贫困家庭23户，梳理及收到交办问题15项，完成办理和答复反馈，实现销号。

【服务社会】 市国土局编制、下发《国土资源管理相关文件汇编》，开展各项业务培训10期，结合“一张图”系统，编制《业务工作手册》。以南阳国土所为先行试点，推进并引导“六优创建”（队伍政治坚定，能力素质优；制度健全管用，贯彻执行优；设施齐备完善，办公环境优；服务文明规范，作风形象优；履职尽责高效，工作实绩优；管理创新争先，示范带动优），打造“人民满意国土资源所”升级版。南阳国土所获“2017年度南通市国土资源示范所”称号。组织开展“国土业务咨询站进社区”“书香慰问开学季”“关爱老人·情暖重阳”“6·25”土地普法宣传等主题公益活动6次，局志愿者服务队年度志愿服务时长420小时。

（丁　一）

国有资产投资管理

【概况】 2017年，启东市国有资产投资控股有限公司总资产87亿元，净资产达11亿元，至年底在建工程实际完成投入26.3亿元，公司营业收入突破1.5亿元。

【重大投资项目建设】 2017年8月底，南通大学启东校区二期工程完成15号宿舍楼竣工验收并交付校方使用，教学楼、宿舍楼装饰装修及配套工程超80%。体育馆基础建设基本完成。人才公寓项目完成主体竣工验收，室外配套工程基本完成。克明花苑南区安置房项目完成交房任务。国投金融大厦项目完成初步设计。协兴港综合开发项目完成港道两侧吹沙，一期工程整体竣工，二期路网海堤南路西延吹沙工程完成竣工验收。吕四车辆检测与考试中心完成前期手续。

【金融工作】 2017年，国投公司重点推动直融业务和中长期贷款业务，新增贷款7亿元。锁定债务底数，控制债务率在最低位置。通过股权投入、合作开发等形式引进优质国有和民营企业，成立引导股权投资基金。成立南通东拓创业投资企业、南通天锋康启创业投资企业、启东汇海股权投资企业，基金规模达22亿元。探索类金融业务，全年新增担保额17650万元，出保额10788万元。至年底，在保余额16950万元，在保企业17家。扶持市小微企业健康发展，成立转贷服务公司，为全市中小企业提供转贷续贷等服务，资金总量为5000万元，可以提供单笔最高1000万元的转贷资金。

【蝶湖商务酒店转让】 2017年，国投公司对蝶湖商务酒店项目进行清产核资、审计评估。该项目成功转让给启东国瑞置业有限公司，成交价4亿元。双方按照合同完成资金结算及项目移交，实现国有资产的保值，并规避后续经营的亏损风险。

（王　栋）

城市投资经营管理

【概况】 启东市城市建设投资开发有限公司总资产304亿元，净资产132亿元，是全市城市基础设施建设、安置房建设和重点工程建设的重要平台。2017年，城投公司完成项目投入40亿元，净增融资近73.01亿元，实现收入15.8亿元。

【项目建设】 安置房项目。完成文汇新村三期、南郊家园D区邻里中心、庙港新城东区、制药厂东侧4个项目新开工，累计实现开工面积43.7万平方米；完成东疆婚房、台角新村、惠萍家园二期、永阳村、北上海花园A区、南郊家园、文汇新村三期7个项目的竣工交房，全年累计竣工面积60多万平方米，安置套数5000多套。

市政项目。全年14条道路完工实现通车，通车里程达14860米。完成世纪大道东延、建设路南延、大兴线西复线、华石北路、黄浦江东路

12月，市妇幼保健院建设项目封顶　　（潘　杨/摄）

等主干路建设，打通城市环线。完成民胜路南延、公园路南延、民乐中路改造等建设。完善路网打通交通瓶颈，特别是民乐中路改造完成后，较好地缓解人民医院区域道路的严重拥堵状况。

绿化项目。全年共实施公园绿地、道路绿化、安置房小区绿化等项目20多个，完成绿化面积约117万平方米。加快推进蝶湖公园建设，完成工程量达75%以上，景区基本成形。

重点民生项目。年底，重点民生项目妇幼保健院、社会福利中心项目完成主体结构封顶，文体中心项目进入主体施工阶段。

【融资工作】 2017年，城投公司新增融资额度102.2亿元，其中资本市场直接融资15亿元，政策性银行贷款29.5亿元。提升信用评级，2017年上半年将信用等级提升为AA+。

【事业发展】 2017年，二手车市场交易量达8000余辆，交易额超1.8亿元，同比增长15%，全年收入超300万元。新增新车六年免检业务、新旧车抵押业务，设立交通事故一体化处理中心，形成集保险理赔、矛盾调解、立案审理、法律服务、财损评估、社会救助等服务为一体的多元化服务平台。城建物业公司规范化发展，实现小区片区化管理，提升服务质量，全年工单处置率、维修及时率均达100%，业主满意率达90%以上。加快全资市政建设子公司新越市政的建设，完成市政三级资质的申办工作，组建企业管理班子，承接母公司部分项目的建设，实体化运行启动；农业发展公司设立生鲜农产品分拣配送中心，建立鲜活农产品电商标准体系及质量安全追溯监管体系，上线"优菜网APP"平台，开展"线上""线下"农产品经营业务，带动本土品牌发展。推进热力公司管线施工，全年可供热量52万吨，服务企业超百家，实现销售收入超亿元。衡盛股权基金投资800万元认购韩后化妆品公司0.5%的股权，另有2个项目洽谈。衡麓投资以启东经济开发区人才公寓安置房建设项目为实施主体，2017年通过发行私募基金的方式募集2.649亿元。城投公司出资3000万元参与投资省智能制造产业投资基金，注资1500万元与长沙远大住工集团、启东建筑集团合资成立装配式建筑生产企业，合资公司进入前期筹备阶段。

（陆　星）

市场监督管理

【概况】 2017年，全市市场监管工作突出抓好食品药品、特种设备、市场消费三方面的安全监管，未发生重大安全事故。推动"质量强市""技术标准""商标品牌"三大战略，实施"水产品、粮油产品检测体系建设""农村集体聚餐提升工程""学校食堂放心工程""电梯维护安全提升工程"四项市政府为民办实事项目。启东市场经济环境继续保持稳定有序的发展态势。

【食品安全监管】 2017年，市场监管局以创建食品安全城市为目标，以提升食品安全基础为重点，落实食品安全主体责任和监管责任，与食品经营主体签订责任状8523份，发出行政提示书1085份、责令整改通知书258份。对食品从业人员、村居食品安全协管员培训累计8000多人次。开展夏季旅游餐饮食品安全专项检查、小餐饮专项整治、食品安全基础提升月等专项行动。对发现食品安全风险隐患的网络订餐平台等行业43家单位开展行政约谈。加强食品检测工作，全年完成食品监督抽检2266批次，合格率95.1%；完成食用农产品农残快检52676批次，合格率98.2%。强化食品安全应急防范处置能力，整合专业监管执法力量，组建食品药品监管所，完善应急处置机制，全年及时有效处置10起食品安全应急事件，完成中高考、启东国际经贸洽谈会、科技节等多个重大活动期间的食品安全保障，全市未发生重大食品安全事故。推进"农村集体聚餐提升工程"，出台《农村集体聚餐提升工程实施方案》，全市各区镇（街道）食安办共备案登记农村集体聚餐厨师693名，公示率达97%，厨师及从业人员健康证持证率达98%。各区镇食品安全协管员开展集体聚餐现场评估4159次，评选出10名农村集体聚餐诚信厨师。推进"学校食堂放心工程"，全市85家学校食堂完成"明厨亮灶工程"升级改造，18家学校食堂实施"五常""6T"等先进管理模式，85家学校食堂通过量化分级A级评定，11家学校食堂通过"学校示范食堂"验收并公示。全市学校食堂食品安全信息公示率达100%，从业人员持证率达100%。

2月13日，市场监管局检查宝宝幼儿园食堂食品安全（市场监管局/提供）

【药品安全监管】 2017年，全市完成300多家零售药店、10家医疗机构、20家社区卫生服务站、20家次药品生产企业、22家隐形眼镜经营企业、30多家化妆品专营专卖店的监管检查。开展疫苗使用管理、城乡接合部药店诊所、学校卫生室药品安全“回头看”等专项检查。完成对全市368家零售药店的药品安全信用评定，共评出A级109家、B级241家、C级14家、D级4家。提高药品、医疗器械不良反应监测水平，全年全市上报药品不良反应报告838份、医疗器械可疑不良事件报告286件。及时有效处置市喜炎平注射液不良反应事件。

【特种设备安全监察】 2017年，市场监管局向企业发出落实主体责任告知通知1708份。开展特种设备隐患治理，加强人员密集场所、重点行业、重点监控单位的监督检查力度，开展气瓶、简易升降机、涉危化品企业特种设备等专项整治行动，全年检查特种设备相关单位1093家，排查出存在隐患302条，发放特种设备安全监察指令书152份，对排查出的隐患全面实施闭环治理，基本保持全市特种设备安全平稳运行的态势。做好特种设备作业人员考试工作，全年组织考试1257人次，发出作业人员合格证1035张。做好特种设备开工告知注册登记工作，全年办理开工告知2076件，注册登记设备2338台，登记气瓶14000多只。加强应急体系建设，成立特种设备安全现场应急处置工作组，配备现场处置所需的专业设备。全年参与处置特种设备相关事故1起、燃气爆燃事故12起。推进“电梯维护安全提升工程”，全市4000多台电梯使用电梯激光防伪二维码电子标签进行管理。全市电梯安全责任险投保率超90%。电梯96333应急响应平台覆盖全市99%的电梯，全年成功解救被困人员256人次。

【产品质量监管】 2017年，市场监管局加强检验检测机构、管理体系认证企业、强制性产品获证企业等重点单位的质量监督检查。对日用消费品、电线电缆、食品相关产品三大领域开展质量安全隐患排查整治，共风险监测产品23批次，风险排查企业38家。抓好一般产品质量监测，全年组织对遥控玩具、眼镜、服装、钢材、珠宝、电动工具、学生用品、成品油、日用品等商品进行质量监督抽检455批次，约谈质量不合格企业4家。强化政府采购货物的质量监督，全年检查财政资金采购项目181个，实施抽检产品93个批次，针对抽检出不合格的产品立案20件。

10月27日，崇启市场监管部门联合检查启隆镇气瓶充装站

（市场监管局/提供）

【计量监督管理】 2017年，市场监管局全面开展集贸市场和基层医疗机构计量器具免费检定工作，完成45家集贸市场的1833台电子秤、36家乡镇医院、202个村卫生室的903台血压计的免费检定。组织开展计量监督专项检查，共检查超市、饭店在用计量器具220台件。加强预包装、定量包装产品净含量的监督抽检，共抽检水产品、肉制品等零售预包装产品，糕点、乳制品及小食品等定量包装产品298批次。落实强制检定计量器具免费检定政策，全市90%以上企业重点计量器具纳入全省计量监管信息系统，全年备案涉及强制检定计量器具企业167家，受理检定申报37356件。指导市5家重点能耗企业加强能源计量器具的配备，并加强对检测数据的应用。

【市场综合监管】 2017年，市场监管局建立健全市场主体名录库和行政执法人员数据库，全年共“双随机”检查市场主体539个，检查结果全部向社会公开。推行农贸市场长效管理，在城区各农贸市场全面实施诚信经营管理，全年在8个市场开展文明诚信经营户季度星级评比。开展互联网金融广告、非法医疗广告、教育培训类广告等广告专项整治，共查办各类广告案件24件。开展废品收购站点整治，共摸排废品收购站点336家，清理整治38家。

【市场领域案件稽查】 2017年，市场监管局保持对市场监管领域违法行为的打击力度，全年立案查处各类经济违法案件417件，罚没款入库682.5万元。其中，查办证照案件33件、商标侵权案件30件、产品质量案件67件、不正当竞争案件11件、食品案件126件、药品案件27件、特种设备案件60件、标准计量案件21件、医疗器械16件、广告案件24件。加强沪启两地市场监管一体化对接，6月，同崇明区市场监管局签订《沪启市场监管合作备忘录》；10月，在启隆镇开展首次崇明—启东市场监管联合执法行动。

2017年启东市获评名牌产品企业

表25

名牌产品类型	企业名称	产品名称	备注
江苏省名牌产品	江苏海四达电源股份有限公司	“海四达”牌电池	新评
	韩华新能源（启东）有限公司	“烁旺”牌太阳能光伏组件	
	江苏好收成韦恩农化股份有限公司	“银收成”牌草甘膦水剂	
	南通国安水产有限公司	“GASC”牌梭子蟹、安康鱼	复评
	江苏神通阀门股份有限公司	“蝶球”牌阀门	
	江苏东成电动工具有限公司	“东成”牌电动工具	
	江苏宏强船舶重工有限公司	“宏强重工”牌海洋工程设备	
	江苏苏洋机电工具有限公司	“苏洋”牌单相两极不可拆线插头	
	南通市南方润滑液压设备有限公司	“指南”牌稀油润滑装置	
	江苏启尖丝杠制造有限公司	“启尖”牌滚珠丝杠	
南通市名牌产品	江苏海四达电源股份有限公司	“海四达”牌电池	新评
	江苏好收成韦恩农化股份有限公司	“银收成”牌草甘膦水剂	
	南通千鹤食品有限公司	“千鹤屋”牌烤海苔	
	启东恺峰农副食品有限公司	“恺峰”牌农副食品	
	南通津达液压有限公司	“津达”牌柱塞泵	
	启东市永圣医疗用品厂	“启圣”牌一次性使用止血带	
	南通国安水产有限公司	“GASC”牌梭子蟹、鮟鱇鱼	
	南通市南方润滑液压设备有限公司	“指南”牌稀油润滑装置	
	江苏康耐特光学有限公司	“Conant”牌树脂镜片	
	启东乾朔电子有限公司	“LCN”牌连接器	
	江苏浙南装备技术有限公司	“ZENA”牌焊接设备	
	江苏启尖丝杠制造有限公司	“启尖”牌滚珠丝杠副	
	南通金鼎海苔有限公司	“博多屋”牌海苔	
	南通鑫磁机械制造有限公司	“鑫磁”牌电磁辊筒	
	江苏神通阀门股份有限公司	“蝶球”牌阀门	
	南通森田消防装备有限公司	“海神威”牌消防水带圆织机	
	启东亚太化工厂有限公司	“A&P”牌盐酸苯肼	
	江苏嘉盟电力设备有限公司	“MELEC”牌双节穿刺线夹	复评
	江苏嘉盟电力设备有限公司	“MELEC”牌耐张线夹	
	启东市三花环境工程公司	“三花”牌重叠环螺旋压滤脱水机	
	南通市久正人体工学股份有限公司	“悠视”牌液晶电视挂架	
	启东市恒怡电源有限公司	“恒怡电源”牌电池隔板	
	启东高压油泵有限公司	“精工”牌液压轴向柱塞泵	
	南通凯雷达金属科技有限公司	“Carida凯雷达”牌模具及压铸件	
	江苏陆氏金刚石工具有限公司	“陆氏王”牌金刚石圆锯片	
	江苏富勒水泵系统有限公司	“富勒”牌电泵	

续表25

名牌产品类型	企业名称	产品名称	备注
南通市名牌产品	江苏江海润液设备有限公司	“唇齿”牌燃气轮机润滑油模块	复评
	启东吉莱电子有限公司	“JILAI”牌可控硅、晶体管	
	南通三信塑胶装备科技股份有限公司	“三信”牌多层共挤流延薄膜机组	
	启东市群英制帽有限公司	“QUNYING”牌针织帽	
	南通恒立机械设备有限公司	“HENNLY”牌行星式混合机	
	江苏广能重工有限公司	“广能”牌输送机械	
	南通恒昌隆食品有限公司	“恒昌隆”牌速冻四青作物	
	兆东机电（启东）有限公司	“三和”牌砂盘	
	江苏启力锻压机床有限公司	“启力”牌冷挤压压力机	
	江苏捷捷微电子股份有限公司	“捷捷”牌功率半导体分立器件	
	江苏昂彼特堡散热器有限公司	“昂彼特堡”牌高压铸铝散热器、智能暖吧（室内加热器）	

【质量品牌创建】 2017年，市市场监管局开展的“质量品牌提升启东行”活动获评2017年度启东市创新工作三等奖。开展首个“中国品牌日”主题活动，举办首届QC（质量控制）小组成果发布赛。全市获管理体系认证企业213家，能源管理体系认证企业2家；林洋电子、东成电动工具入选全省50个高端制造品牌；获评江苏省名牌产品10个、南通市名牌产品37个；新申报省著名商标8件、南通市知名商标14件；获评省质量信用AAA级企业1家、南通市质量标兵企业4家、南通市现场管理良好行为企业6家；新发展首席质量官110名；6家企业在南通市“天楹杯”QC成果发布赛中获奖。

【技术标准管理】 2017年，全市共有125家企业完成网上备案产品标准420个。飞虎针业、启东润滑成功获批组建国标委工作组。市企业主导参与制修订国家标准、行业标准30个，创历年来最好纪录。市采用国际标准的重点工业产品新增30个。启力锻压获批省级标准化试点。启东水产业加工商会发布2项水产加工团体标准。

【检验检测】 2017年，市综合检验检测中心新增食品、电动工具、室内空气、农产品快检车等检测设备，规范检验检测流程、检验人员、仪器设备、消耗性材料、实验室安全管理，提高检测能力。全年完成各类检验任务2622批次，检定（校准）仪器设备13841台，出具证书、报告12173份。完成水产品、粮油产品检测体系建设，填补市水产品、粮油产品检测项目的空白，全年检测水产品150批次、粮油产品73批次。

【企业信用体系建设】 2016年度市场主体信用信息公示工作于2017年6月30日截止。全市个体工商户年报率98.8%，企业年报率90.6%。全市17家省级“重合同守信用”企业完成年度复查，新申报省级“重守”企业6家、南通市级“重守”企业25家。

【消费投诉举报处置】 2017年，市市场监管局共登记分流处置12345、12315、12331各平台消费者投诉举报信息4779件（其中投诉3363件、举报1416件），流转来信举报投诉168件，接待来人投诉141件，接听来电咨询投诉举报269件。在吕四、恒大和启隆等旅游景区高标准建立消费维权服务岗，加强节假日期间景区现场接处工作。制订出台群体性投诉处置办法，有效处置乐天超市等多起群体性投诉事件。

（茅双双）

物价管理

【价格指数】 2017年，启东市居民消费价格总指数为101.1%，商品零售价格总指数为101.9%，相比上年有升有降。其中，食品烟酒类98.7%，医疗保健类101.8%，教育文化和娱乐类101.2%，居住类103.4%，衣着类101.9%，生活用品及服务类103.7%，交通和通讯类101.0%。食品类中食用油99.1%，粮食类99.4%，蛋类91.7%，水产品类102.1%，鲜菜类91.6%，干菜类99.5%，畜肉类94.2%，禽肉类97.9%，畜肉制品101.1%，禽肉制品99.5%。其中食品烟酒类、蛋类、鲜菜类、畜肉类、畜肉制品均下降明显，其余相对平稳。

【平价商店管理】 2017年，市物价部门完善平价商店长效管理机制，规范平价商店运行，落实平价商店考核退出和增补机制。全年退出1家，增补2家。累计检查150余次平价商店的经营管理情况，规范拨付省级平价店奖励经费共计9.5万元。各平价商店累计向城区居民销售蔬菜19.72万公斤，低于市场价18%；销售平价猪肉、大米、鸡蛋、食用油20.97万公斤，低于市场价7%，受益人数14.29万人次以上，减少群众支出86.64万元。

【价格调控】 2017年，市物价部门落实国家和省出台的一系列取消、停征、降低的部分行政事业性和经营服务性收费项目、标准的政策，加强价费调控政策执行情况的跟踪督查，确保各项价费政策落到实处。核定电动汽车（七座以下）充电设施服务价格和启东公交充电站电动汽车充电服务价格，核定市第一中学住宿费正式标准，调整殡仪馆殡葬服务车辆运价标准。制订《关于进一步加强商品房销售明码标价工作的通知》，规范开发商的销售行为。调整市管道天然气销售价格，对市燃煤锅炉改造项目实行管道天然气价格优惠政策。推进市农业水价综合改革，制订《启东市农业水价综合改革项目水价核定管理试行办法》。落实2017年高污染企业差别水价政策，对2016年企业环保信用评价确定为“红色”和“黑色”等级的5家企业，污水处理费在原有基础上分别加收0.60元/立方米、1.00元/立方米。

【价格秩序维护】 2017年，市物价部门开展节假日价格政策宣传提醒活动及市场价格检查，发放《关于规范节日期间市场价格的行为、稳定市场物价的政策提醒函》。开展对商品房、药品等行业明码标价的专项检查，对涉企收费减免落实、高速公路免费放行政策等价格政策执行情况进行专项检查。加强监督网络建设，在各行政村（社区）设立价格监督服务点，建立市、镇、村三级社会价格监督网络体系，打造价格公共服务优质平台。组织执法人员参加省、市组织的关于价格执法检查等多项培训，提高执法预见性。

【价格维权】 2017年，市物价部门价格举报中心共受理办结价格举报及政务热线转办的价格咨询或投诉案件100多件，主要涉及职业举报人网络购物、停车收费和物业收费等问题，成功办结。

【价格监测】 2017年，市物价部门严格落实平价商店农副产品价格每日一报制度，加强对农贸市场和平价商店价格监测的工作督查。对生猪、农药、食用油、鸡蛋、海鲜、春茧、油菜、棉花等市场价格进行专题监测分析，对禽流感疫情发生后市的禽类养殖和市场供销情况作跟踪监测。顺应市商品房宏观调控的严峻形势，完善商品住房价格监测机制，定时做好价格信息发布。推进地方特色种植养殖品种的农本调查工作，设置“四青作物”种植和梭子蟹养殖农本调查点，深化价格服务。

【成本监审】 2017年，市物价部门完成对启东殡仪馆殡葬接尸服务收费、市第一中学住宿收费、国信启东热电公司热力销售价格、启东华润燃气公司管道天然气销售价格以及出租汽车客运收费等定价成本监审或调查工作。完成南通市局委派的启东中学高中教育收费成本监审任务。为市水务部门推进农业水价综合改革提供成本支持。配合南通市局开展粳稻种植意向专项调查。

【价格认证公共服务】 全年价格认定中心共完成公安部门委托刑事案件价格鉴证315件，价值516万元。完成地税部门委托涉税土地、房地产交易个案202件，价值9.2亿元，其中涉税企业股权转让案件68件，价值6.2亿元，非居房交易个案134个，认定金额3亿元。对评税系统内的142个住宅小区的基准价格进行更新调整，对39个别墅类住宅小区进行基准价格认定，完成各类行政执法案件16件，价值165万元。总计533件，约9.27亿元。

（陈赛群）

统计管理

【统计改革】 2017年，市统计局创新统计指导协调机制。建立完善GDP核算、全面小康监测分析和决策咨询等联席会议制度，及时有效对重点统计调查基础数据联合进行分析、研判、预警，分析研究经济运行薄弱指标以及主要存在问题，提高数据间的逻辑性、协调性、匹配性、支撑性。建立长效考核激励机制。完善镇区统计工作考评办法，加强统计组织保障、规范化建设、数据质量、统计服务等方面考核，把能否支持统计机构和统计人员依法独立行使职权、是否善于利用统计数据指导经济工作纳入市对各镇区年度目标责任制考核，引导镇区重视统计工作。

【第三次全国农业普查完成】 2017年，第三次全国农业普查开展现场登记、数据处理、数据复查和验收等工作。全市2873名普查指导员和普查员参与工作，查清全市33万户普通农户、3800户规模户、1800户农业生产单位的情况。普查办以数据质量为主线，组织开展数据质量审核查询工作，安排业务骨干多次深入乡镇指导乡级普查机构开展数据审核工作。在省、南通市农普办事后质量抽查中，市综合差错率远低于全省平均水平，普查汇总结果符合预期。启东市农普工作获江苏省先进。

【统计“双基”规范化建设】 2017年，市统计局持续开展县乡企三级统计规范化建设“回头看”活动。对全市14个镇级统计站进行“回头看”，督促各统计站在信息化建设上扩容升级，更新换代，符合统计信息保密要求。抽查50家左右的企业进行行政指导和执法检查，发现问题及时纠正和查处。至年底，14个村（社区）完成规范化建设试点工作。

【项目入库和转化】 2017年，市统计局多次召开培训会议，下发辅导材料和申报注意事项，帮助镇区尽快实现项目入库和转化。按季与市大项目办、镇区对接，对下季度拟申报的亿元产业项目入库情况和转化进行摸排。全年共申报新开工亿元以上产业项目112个、转化项目25个。对开发区等亿元产业项目较为集中的镇区上门指导转化工作，确保项目转化认定不受影响。

【统计服务】 2017年，市统计局开发运行“数据启东”信息化服务平台，取得国家、省、市有关重点指标数据，并提供兄弟县（市）社会经济发展程度的比对，供各级领导和社会公众使用。强化分析研究。围绕市经济发展中的重点、难点问题，开展工业企业节能和物流业发展等多项调研。先后形成《启东工业企业节能现状和问题简析》《启东物流业发展的SWOT-PEST分析》《启东市全面小康建设统计监测评估报告》等一批统计调研报告。借助“走帮服”活动形成《启东市农村居民家庭生存状况调查报告》（作者：钱剑波），该篇文章在南通市统计学会举办的第七届县（市、区）青年统计干部（人员）论文交流评选活动中获一等奖。2017年，市统计局向各级统计网站和报刊杂志报送分析报告、统计信息394篇，其中被省级以上网站录用107篇，被省级以上杂志录用4篇。编印《党的“十八大”以来启东经济社会发展巡礼》《统计月报》《统计手册》《统计年鉴》《统计公报》等统计产品，及时做好统计数据发布和解读，为社会各界提供统计信息的咨询服务。

（汤丹花）

※附※

国家统计局启东调查队

调查数据质量提高。2017年，国家统计局启东调查队各专业修订完善数据质量检查办法和数据质量控制办法，强化统计执法监督检查，从源头上规范统计调查活动，健全数据质量责任制，着力提高调查数据质量。各专业开展辅调员、记账户等工作培训，启东队分别召开遥感面积调查和粮食测产样本点轮换培训会议，秋冬播、夏播遥感面积调查培训会，夏熟、秋熟作物实割实测业务培训会。开展数据质量检查。根据总队关于开展价格统计调查、农村统计调查数据质量检查工作的通知精神，各专业针对基础工作开展情况、规章制度执行情况、样本网点管理情况、数据采集操作流程规范化情况、数据加工处理环节、数据评估等环节进行自查与抽查。通过查阅台账、实地督查、电话抽查等方法，梳理存在的问题，落实具体整改措施，分期整改到位。

统计执法检查。配合南通队对启东规下工业、采购经理调查、工业品价格等专业开展统计执法检查。抽取部分样本企业进行执法检查，重点检查2016年年报及2017年季报数据与企业实际的主营业务收入、营业利润、税金总额、购进价格、出厂价格等是否完全一致，对数据存在差异的企业及时了解情况并作出说明。

业务指导与走访调研。在粮食收割期间，启东队业务人员到抽中的样本单位区配合辅调员开展踏田估产、地块抽选、样本割取等工作。居民消费价格调查业务人员每月实地赴部分调查网点对上报数据进行核实。住户专业每季度走访两到三个调查网点对记账户记账情况进行实地指导。采购经理、规下工业、工业生产者价格等专业全年抽选20%的样本企业进行实地走访调研。通过深入基层，对辅调员、企业、记账户等进行业务指导，掌握企业和农户的实际生产经营及记账情况，科学有效地对上报数据进行合理评估，提高数据质量。

住户样本轮换工作。选取20名村（居）工作人员担任辅调员，做好调查摸底、开户试记账等工作。对国家和总队抽选出的村级单位逐个上门落实，画出村级单位所有建筑物和边界线的简图，按照国家抽样方案科学拆分调查小区，保证各拆分调查小区范围大小均匀、收入水平相近。组织召开摸底调查培训、辅助调查员业务培训、开户培训、试记账培训等8次。

调查研究。2017年，启东队开展化工企业生产经营状况、小微工业企业降成本情况、中小企业优惠政策落实情况等调研。全年共撰写工作动态50多篇、经济信息50多篇、统计分析17篇，被总队内网录用工作信息30篇、经济信息30篇、统计分析13篇。出刊《调查专报》。加强与地方两办、报社、媒体、政务平台的部门协作，定期发布猪肉、禽蛋、两节期间物价变动、每季度城乡居民收入等相关信息。

（范蓓蓓）

审计管理

【概况】 2017年，启东市审计局实施完成审计项目45个，查出违规和管理不规范金额15.13亿元，促进政府增收节支5.62亿元。实施的市环卫处审计项目案件线索于2017年4月结案，3人被追究刑事责任，挽回经济损失62万元。12月，市审计局下属事业单位市公共投资审核服务中心经启东市编办批复同意设立，核定事业编制5名。

【重大政策措施落实情况跟踪审计】 2017年，市审计局组织实施2016年度国家和省创新政策措施落实情况跟踪审计，走访调查8家实体经济企业，实地查看启东市5个创新项目的申报、资金到账使用及项目进展效益情况，相关部门根据审计建议收回未按项目进度提前拨付给企业的省拨资金300万元。

【预算执行审计】 2017年，市审计局着重关注市本级财政管理情况，指出在收入管理、国有资产管理、财政资金管理等方面存在的问题，被审计单位采纳建议，清收城市基础设施配套费16.83万元；补缴国有资产租赁收入相关税费393.88万元；对由政府相关部门或临时机构使用的公物仓资产补办调拨、借用手续，对部门单位之间的调拨资产，完善资产调拨审批手续；对社保定期存款少收利息问题追收利息12.91万元，在此基础上财政部门修订完善长效管理制度。延伸审计环保专项资金和科技专项资金。市环保局根据审计建议完成征收2016年11家企业排污费8.84万元；会同市财政局出台《启东市市级生态建设专项资金管理办法》，规定生态建设专项资金使用范围，并明确专项资金的预算编制原则、项目申报要求和评审机制、资金拨付流程以及全过程的预算绩效管理机制。参与全市财经纪律执行不力和管理不规范专项整治行动。配合市监察局、财政局，对纳入市级预算管理的146个财务单位，开展2016年7月国库集中支付改革以来财务运行管理情况专项检查，指出部分单位公务接待、预算支出、往来款、固定资产管理等6个方面24个问题，以督查通报形式向全市通报。

【经济责任审计】 2017年，市审计局实施完成经济责任审计项目14个。注意从被审计单位的工作计划、工作总结、会议纪要记录、业务档案资料、考核检查结果，以及通过访谈调查，全面了解掌握被审计单位领导干部履行经济责任情况。排查被审计单位所在系统是否存在非独立法人、非独立核算的单位，确保审计全覆盖。相关被审计单位根据审计建议及时清退向个人集资的12750万元，清退违规发放的奖金、补贴及加班费98.15万元，规范财务管理、物资采购、机关内控制度等，提升服务水平。

【政府投资审计】 2017年，市审计局开始实施政府投资建设项目委托中介机构协审办法，实现工程审计组织方式的重大转变。通过公开招投标，确定11家社会中介机构参与政府投资建设项目审计。市审计局制定印发《启东市审计局社会中介机构参与政府投资建设项目审计管理办法》《启东市审计局社会中介机构参与政府投资建设项目审计考核办法》，加强对协审机构不定期的质量检查，严格审计复核，同时以审计项目为单位实施动态监管，促进项目审计过程管理科学规范。委托软件公司开发“启东市数字化工程审计管理平台”，掌握项目审计过程实时动态，提高政府投资审计的信息化程度。2017年，政府投资项目送审金额为42.75亿元，市审计局通过审计为政府核减投资4.88亿元。

【异地交叉审计和上级抽调工作】 根据江苏省审计厅安排，市审计局派出1名审计干部参与全省扶贫专项资金审计。根据南通市审计局安排，派出审计组4人实施如东县人民法院原院长娄某某经济责任审计；派出审计组5人实施通州区保障性安居工程跟踪审计，同时配合海门市审计组在启东开展审计工作。

【审计与巡察】 2017年，市审计局选派审计干部16人次参与启东市委巡察办组织实施的15个单位和2项专项资金的巡察工作，其中8个单位和2项专项资金同时作为审计项目实施。市审计局安排相关审计项目的主审加入巡察组，负责被巡察（审计）单位的财政财务审计工作，按规范程序有效实施了审计，确保审计与巡察共赢。

【审计质量提高】 2017年，市审计局把审计现场作为防控重点，确保审计计划、实施、审理和报告各环节既相互制约又协调有序。加强业务培训，提高审计干部综合素质。选派1名审计业务骨干到省审计厅挂职半年，参与江苏省民防教育体验馆建设项目概预算执行情况、江苏省大剧院建设工程跟踪审计和江苏省2017年重大项目进度情况跟踪审计3个项目的实施，以干代训提升业务水平。继续选派1名计算机骨干参加江苏省审计厅与南京邮电大学联合举办的在职软件工程硕士班专业学习。举办“对标、找差、提质、争优”专项活动，组织审计人员学习优秀审计项目评分标准和《审计质量过错责任追究办法》。全面自查自纠2016年审计项目质量，随机抽查13个审计项目29卷审计档案。市审计局推送的启东市环卫处财务收支审计项目被南通市审计局评为优秀审计项目。

（沈晓燕）

安全生产监督管理

【概况】 2017年，启东市强化基层基础，完善责任体系，开展安全生产大检查大排查以及百日执法大行动，加大事故隐患排查治理力度，不断提升安全生产监管能力水平。共执法检查企业1151家次，安全生产事前处罚346件，事前处罚数在全省各县（市）中名列前茅。其中5万元以上处罚案件10件，责令停产停业整顿企业27家，采取强制停电措施13家。全市全年共发生生产安全亡人事故11起，死亡11人。全市安全生产保持总体稳定的良好势头。

【安全生产大检查】 2017年，在春节、“两会”、高温汛期、十九大等重点时期，市安监局多次组织开展全市性安全生产大检查。从8月起，开展为期3个月的“拉网式”安全生产大检查。2948家企业全部完成自查自改，自查整改一般安全隐患9390个。20个重点行业管理部门根据行业领域的特点进行执法监管，共复查生产经营单位1507家，排查整改一般隐患9297个。东海镇人丰基督教堂等7家南通市级、王鲍镇农贸市场等33家启东市级挂牌督办的重大事故隐患全部完成整改。

【重点行业领域专项整治】 2017年，市安监局推进道路交通、水上交通、危险化学品、海洋渔业、建筑施工、港口码头、职业卫生、消防、特种设备、旅游10个方面的安全生产专项整治。吸取山东临沂“6·5”重大事故、连云港“12·9”重大爆炸事故教训，推进危险化学品安全综合治理工作；分行业、分领域开展消防安全大排查大整治，消除火灾隐患。其中，危险化学品方面，检查58家化工企业和11家经营单位，排查事故隐患518个，发出限期整改指令书7份，立案查处25家化工企业和19人。道路交通方面，累计查处各类交通违法14万余起，吊销驾驶证124本，暂扣驾驶证616本，行政拘留72人。消防安全方面，责令“三停”企业30家，罚款174.6万元，拘留6人，挂牌重大火灾隐患单位2家。

【安全生产标准化建设】 2017年，全市7家工贸企业、1家船舶制造企业通过江苏省考评机构的二级标准化考评，完成年度目标的160%。3家工贸企业列入省考评计划，17家化工企业通过省创建考评。278家企业完成标准化复评工作，新增达标小微企业458家。1157家企业完成标准化创建工作。

【安全生产宣传培训】 2017年，市安监局加强安全生产教育培训，对小微企业集中开展全员安全培训，增加“三项岗位”人员培训频次。全市共培训“三项岗位”人员4162人，其中主要负责人2153人，安全管理人员2236人，特种作业人员1314人。全国第16个“安全生产月”期间，市围绕“全面落实企业安全生产主体责任”主题，开展安全生产事故警示教育周、安全文化周、安全生产宣传咨询周、应急预案演练周等活动。

（陆辉标）

水上安全监督管理

【“船畅其行”电煤航线服务品牌】 2017年，启东海事处继续推行“船畅其行”电煤航线服务品牌，逐条梳理电煤运输特点和电力企业个性化需求，帮助企业减负增效。全年共计发放各类宣传材料300余份，发布气象信息6800条。从北方运往吕四大唐电厂煤炭总量达520余万吨，电煤运输船进出港311艘次，未发生一起安全事故。

【规范执法】 2017年，启东海事处强化现场巡查，规范执法行为，加大执法力度，确保对辖区各级网格、通航要素每周一次全覆盖。在保障水上交通安全和防污染职能之外，开展综合执法，加大对航道、通信类违法行为的查处力度。对当场可以纠正的事故隐患责令其立即整改，情节严重的依法实施行政处罚。执法人员严格执行双人执法制，高度重视调查取证，注重多方位取证，充分使用执法记录仪等信息化手段，确保程序合法，提升行政处罚效果。联合崇明海事局北支办、长航公安启东派出所、渔政、安监等部门开展联合执法，保障辖区水上交通安全形势持续稳定。

【专项整治】 2017年，启东海事处开展十九大期间特别安全监管、金砖峰会期间入厦船舶专项安全监管、汛期百日安全活动、港内船舶防污染专项整治等专项活动27次，同时配合好地方政府开展非法码头专项整治、浮吊船专项整治、吕四沿海非法旅游船艇专项整治工作，加大对辖区内建设单位、施工单位、码头业主单位、船舶、船员宣传贯彻力度，指导辖区涉水单位开展自查自纠，并按照时间节点开展督查，排查辖区安全隐患，督促企业落实安全生产主体责任，推进从企业和政府两个层面建立健全隐患排查治理及重大危险源监控的长效机制，夯实安全生产基础，提高安全管理水平。

【恶劣天气防控】 2017年，辖区风力沿江6级以上、沿海8级以上天气共计131天，其中台风外围影响大风天气7天，雷暴雨大风等强对流天气24天，连续35℃及以上高温天气29天，雾霾黄色预警1次，橙色预警1次。启东海事处加强应急处置，全面开展防抗工作，共计出动执法人员563人次、执法车辆260余车次。巡查沿江沿海企业、船舶、施工单位共计350余处，疏散船舶170艘次，撤离人员628次。由于应急处置得力，恶劣天气影响期间，辖区未发生人员伤亡和一般以上水上交通事故。

【服务企业发展】 2017年，由中交天津航道局有限公司投资并联合设计，上海振华重工（集团）股份有限公司建造的亚洲最大、最先进的绞刀功率达6600千瓦的重型自航绞吸挖泥船“天鲲号”、中远海工自主设计建造的具有世界最先进水平圆筒型浮式生产储油平台“希望6号”、宏强重工为韩国船东建造的3500DWT系列钢制运输船等海工平台、新造船在辖区完成下水、靠泊、移泊、试航等涉水作业。启东海事处主动走访，督促指导船舶修造企业及时到南通海事局、启东海事处办理申请报备手续，并协助企业制定完善水上安全作业方案，结合防台工作，加强信息服务和现场巡查；对作业现场进行监控，对作业拖轮的船舶状况、配员等情况强化现场检查。6月，广汇能源在启东沿海建立LNG码头，启东海事处主动协助企业解决法定手续、外轮航行、进港靠泊、装卸作业等70多个环节的工作和省级以上层面的近20项海事审批，使LNG码头成功对外开港。针对辖区部分单位相关海事行政许可手续尚不完善的情况，汇报、协调上级海事领导现场办公、在启东召开协调会、安全例会30余次。走访启东地方政府、相关部门及相关手续不完善企业50余次。发放各类宣传材料、指导性文件、专题报告130多份。启东辖区海事行政许可完成率达80%以上。

【支持地方建设】 2017，启东海事处邀请上级领导到启东沿江沿海考察，搭建和启东市政府领导交流的平台。利用海事优势，协助政府谋划好江海整体布局，在港口功能的定位、航道的建设、岸线的使用、码头的建造等方面献计献策。促成启东市政府与南通海事局签订战略协议，推进港口安全配套基础设施建设，促进启东沿江沿海科学开发。

（彭玉章）

科技管理与服务

【概况】 2017年，市科技局发挥企业、政府、高校院所的主体作用，完善项目、平台、知识产权的要素支撑，实施创新驱动战略，加大高新企业培育，加快高新技术产业发展，积极对接服务上海，全市科技创新多项工作取得突破。全年新增南通市级工程中心12家、省级新型研发机构2家。累计全市拥有省级工程技术中心39家、南通市级工程中心150家、省院士工作站7家、省企业研究生工作站28家、省重点实验室1家、省重点研发机构9家，双创博士企业创新类有9个。每万名劳动力中研发人员达130人，每万名劳动力中人才数达3200人。

【高新技术产业】 2017年，全市实现高新技术产业产值1019.28亿元，占规模工业的比例达54.39%，较上年同期提升1.08个百分点。企业研发投入占GDP比例达2.62%。有94个产品被认定为省级以上高新技术产品，36家企业新被认定为高新技术企业。

【产学研合作】 2017年，市科技局组织开展"启东—上海地区高校产学研合作洽谈会""2017启东市重点企业走进中科院研究所系列活动""启东—中科院宁波材料技术与工程研究所产学研合作洽谈会"等较大规模的产学研活动9次，实施产学研合作项目49个。

2017年启东市产学研活动情况

表26

时　间	活动内容	参与单位及人数	活动成果
3月3日	上海交通大学—启东"现代农业"产学研对接活动	上海交通大学、启东市相关企业，25人	签订意向合作协议5项
3月24日	华东理工大学—启东高新区产学研对接活动	华东理工大学、启东市相关企业，73人	签订意向合作协议10项
3月29日	启东市人民政府—上海海洋大学产学研对接活动	上海海洋大学、启东市相关企业，64人	签订意向合作协议8项
3月31日	启东—上海地区高校产学研合作洽谈会	上海交通大学、华东理工大学、上海理工大学、启东市相关企业，76人	签订意向合作协议12项
5月24日	启东—中科院宁波材料技术与工程研究所产学研合作洽谈会	中科院宁波所、启东市相关企业，27人	签订意向合作协议7项
6月30日	2017年启东市重点企业走进中科院研究所系列活动	中科院自动化所、电工所等12家北京地区科研所、启东市相关企业，66人	签订意向合作协议15项
7月11日	上海飞天众智启东协同创新产学研合作洽谈会	中科院智能所、上海航天控制研究所、启东市相关企业，19人	签订意向合作协议5项
8月29日	启东—华东理工大学、上海理工大学产学研对接活动	华东理工大学、上海理工大学、启东市相关企业，33人	签订意向合作协议7项
9月4日	启东—上海交通大学产学研对接会	上海交通大学、启东市相关企业，105人	签订意向合作协议16项

【知识产权工作】 2017年，市科技局研究出台《启东市专利资助奖励办法》，全市知识产权工作得到快速发展。推进知识产权强县工程建设，启东市以全国榜单第2名的成绩获“国家知识产权强县工程示范市”称号。运用多种媒体，加大知识产权宣传教育力度。全年举办专利知识培训班8期，参训1000多人次。全年培育14名知识产权工程师、6名知识产权总监。开展企业试点示范工作，全市有国家级知识产权示范企业1家、试点企业2家。开展专利强企试点示范工作，有77家企业通过南通市级专利强企试点认定，有30家企业获评南通市级专利强企示范企业。企业开展知识产权工作，江苏神通阀门股份有限公司承担省知识产权高价值专利培育计划项目；参与企业知识产权标准化建设，参加贯标的企业达92家，其中通过第三方认证企业20家。全市实现专利申请量7286件，授权量1858件，其中发明专利申请2437件。万人发明专利拥有量达22.77件。江苏风神空调集团股份有限公司的发明专利“利用盘式空气生太箱的空气调节方法”，获第十九届中国专利奖优秀奖；韩华新能源（启东）有限公司的发明专利“应用于沙漠和热带地区的光伏组件”获南通市专利奖优秀奖，潘银根获南通市发明人奖。

【科技项目与科技成果】 全年立项省以上项目11项。获南通市以上科技进步奖12项，其中省科学技术奖二等奖1项，南通市科技进步一等奖1项，南通市科技进步二等奖1项、三等奖9项。全年共向高校、科研院所输送企业项目需求信息500多项，向企业发布高校、科研机构最新成果信息3000多项。

2017年启东市获省级以上立项项目

表27

序号	项目类别	项目名称	承担企业
1	省成果转化	右美沙芬制备工艺集成创新及产业化	启东东岳药业有限公司
2		高效节能电机用低损耗纳米晶软磁合金的研发与产业化	朗峰新材料科技股份有限公司
3	省重点研发计划（现代农业）	湖羊高效绿色安全养殖技术集成与创新	启东瑞鹏牧业有限公司
4	省政策引导类（农业科技社会化服务）	启东设施蔬菜产业分店	南通恒昌隆食品有限公司
5		启东海洋水产产业分店	江苏双林海洋生物药业有限公司
6	新型研发机构建设项目	中国科学院上海技术物理研究所启东光电遥感中心建设	中国科学院上海技术物理研究所启东光电遥感中心
7		北京大学生命科学华东产业研究院建设	北京大学生命科学华东产业研究院
8	知识产权项目	高价值专利培育	江苏神通阀门股份有限公司
9	省重点企业研发机构绩效评估	新能源电动汽车用高比能动力电池及管理系统开发与应用	江苏海四达电源股份有限公司
10		重点企业研发机构绩效评估	启东东岳药业有限公司
11		江苏省电力电子应用工程技术研究中心	江苏林洋能源股份有限公司

2017年启东市获南通市级以上科技进步奖项目

表28

序号	项目名称	申报单位	获奖类别
1	宽温幅高容量车用锂离子动力电池	江苏海四达电源股份有限公司	江苏省科学技术三等奖
2	高比能长寿命方型多极耳磷酸铁锂锂离子汽车电池	江苏海四达电源股份有限公司	南通市科技进步一等奖
3	LNG用波纹管密封上装式球阀	江苏神通阀门股份有限公司	南通市科技进步二等奖
4	高性能紧凑型眼镜阀	江苏神通阀门股份有限公司	南通市科技进步三等奖
5	氢溴酸右美沙芬合成工艺集成创新	启东东岳药业有限公司	南通市科技进步三等奖
6	可编织成耐高压大口径斜纹软管织物圆织机	南通倍佳机械科技有限公司	南通市科技进步三等奖

续表28

序号	项目名称	申报单位	获奖类别
7	电动汽车用锂离子动力电池管理系统	江苏海四达电源股份有限公司	南通市科技进步三等奖
8	主动筛查及组合干预技术防控多药耐药菌（MDROs）感染的临床研究	启东市人民医院	南通市科技进步三等奖
9	12550DWT多用途重吊船	江苏宏强船舶重工有限公司	南通市科技进步三等奖
10	高润滑、高水分离性轴承磨削加工用超精油	启东尤希路化学工业有限公司	南通市科技进步三等奖
11	高冲击性能低漏电密度的单向低压TVS器件	江苏捷捷微电子股份有限公司	南通市科技进步三等奖
12	带负载回路检测的高性能智能电能表	江苏林洋能源股份有限公司	南通市科技进步三等奖

【农业与社会发展】 2017年，市科技局组织申报实施各类农业和社会发展科技计划项目，开展可持续发展实验区建设及科技“强农惠民”工作。全年列入省重点研发计划农业项目1项、省政策引导类计划农业科技社会化服务奖补资金项目2项；全市累计拥有国家农业科技园区1个、省级技术创新战略联盟1个、省级现代农业科技园1个、省级农业科技型企业9家、省级科技型农业专业合作社4家、省级农村科技服务超市分店2家、便利店5家、南通市级农业科技型企业14家。抓好启东设施蔬菜产业分店和便利店建设，开展科技服务活动，带动农民增收致富。在2017年度省科技服务超市考评中，市省级设施蔬菜产业科技超市分店被评为优秀，1家分店、5家便利店被评为合格。

全年共组织开展各类送科技下乡活动12次，展出160多板次，发放科技图书和科技资料3800多份，解决各类农业技术难题18个，签订农业技术服务合同27个。与农业部门组织推广农业新技术新成果12项、农业新品种36个。

【科技创新服务体系建设】 3月，启东产业技术研究院展厅正式对外开放，至年底，接待各级领导、客商、专家100多批1200人次；北大生科华东产业研究院推进建设，成功签约项目5个，在谈项目20多个，在北京注册成立并运营首家离岸孵化器，首期引进孵化项目23个，资助金额1900多万元；上海交大电子信息与电气工程学院（启东）产业技术研究院、尚华医药科创中心等平台建设有序推进。创新对接上海创新资源新模式，上海张江高校协同创新启东研究院正式成立并运营，招商引资、招才引智以及对接交流活动有序开展。开发区“君启筑梦空间”被南通市科技局认定为南通市级众创空间。全市累计拥有国家级科技企业孵化器1家、省级科技企业孵化器4家、南通市级众创空间2家。

【科技宣传】 2017年，市科技局组织召开高新技术企业推进会，分析形势，宣传政策，落实各项工作措施。加大科普宣传力度，营造创新创业氛围。科普宣传周和科技节期间，编印《科技创新政策百问》宣传手册，发放到全市科技型企业手中。组织开展科技节期间的科技进村入户、科技融入社区等活动，发放科普资料8000份。各镇（乡）印发科普小报、科普资料近1.5万份。

（胡轶忠）

新建成启用的创新型经济园大楼 （潘　杨/摄）

气象测报

【概况】 2017年，启东市气象局全面推进气象现代化建设和县级基层气象业务体制综合改革，加强软硬件和人才队伍建设，进一步提高公共和决策气象服务能力和水平，社会效果显著。继续推进农业气象服务体系和农村气象灾害防御体系建设，加强气象为农服务，在直通式服务的基础上，根据市委农工办农业保险的需求推出相关服务。

【现代化建设】 2017年，根据中国气象局统一部署，启东国家基本站和吕四国家基准站采用启用双套新型自动气象站进行地面大气探测，其中吕四国家基准气候站担负为中国气象局测试天气现象自动观测仪、雨滴谱仪、称重式雨量筒等先进设备的任务，摸索总结新装备使用和维护经验，以备在全国推广。经社会化保障的23套全新区域自动气象站和3套农田小气候自动观测站（含光合作用指数、二氧化碳浓度等要素观测）运行稳定，数据准确，上传及时，全年未出现数据错误，为启东市气象灾害预警和农业生产提供重要数据参考。沿江、沿海及G40国道沿线均更新多套交通气象站用于实时观测长江、黄海和高速公路上的各类气象数据，为公路运输、航运和渔业生产直接提供服务。在完成机房气象数据传输专用内网与党政网、工作用互联网正式分离的基础上，进一步提高气象数据内网的安全性，同时CMAcast卫星小站系统接收的风云二号C/D/E卫星数据正式接入预报服务平台，提升气象信息传输和天气预报制作效率。全市布置于各村公共服务中心和重点企业的共计123块气象信息显示屏运转良好，及时播发气象预报、预警信息与各类宣传、通知，方便气象与其他信息的传播。

【气象服务】 2017年，在全新预报服务业务平台支撑和运行机制下，市气象台做好每天常规天气预报的制作和发布与传递，加强与广电和报纸等传统媒体的合作，开通“启东气象”新浪和腾讯微博、“启东天气”微信公众号。通过学习辅导，岗位培训和竞赛，提高灾害性天气、节假日和重大社会活动期间的服务能力与质量。推进气象灾害应急准备认证工作。市气象局与市农委作栽站、植保站、蔬菜站、市蔬菜专业合作社、市家庭农场、镇农村服务中心等举办座谈会，吸收农村专项气象服务意见和建议。与市农工办合作，将种养殖大户和参加农业保险的用户纳入气象专业服对象，普及农业保险知识，推进农保工作。与中远海工、太平洋海工以及大唐电厂等沿江沿海企业签订气象服务合同，为其提供定时、定点和随时的气象服务。

【气象宣传】 在“3·23”世界气象日前后，市气象局开展气象宣传活动。在人民广场开展定点宣传，针对2017年度“观云识天”的世界气象主题，市气象局加强对天气监测、天气预报、天气预警等方面的科普工作，提高群众气象防灾减灾意识和能力。

（王　辉　龚溪峤）

防震减灾

【概况】 2017年，市地震局围绕健全地震监测预报、震灾预防和地震应急救援三大工作体系，不断加强防震减灾能力建设。加强台站建设维护与监测环境保护。定期对汇龙镇五四村测震台、园陀角强震台的地震监测仪器运行情况进行检查，做好日常维护、保养工作，确保运行正常。做好宏观测报管理、异常的核实工作。共接报井水水位异常报告2起，及时调查核实，分析原因，作出判断。做好新建、扩建、改建建设工程的抗震设防监督管理工作。对必须进行地震安全性评价的重大工程项目实行跟踪管理，确保监管到位。

【地震应急】 2017年，市地震局制定2017年度震情监视及短临跟踪工作措施，强化震情监视和短临跟踪工作。健全组织机制，严格执行处置异常报告不过夜的原则。

【防震减灾社会动员】 2017年，市地震局组织全市各社区开展地震安全社区示范建设工作。紫薇花苑社区开展省级地震安全示范社区创建工作。紫薇花苑社区被评为启东市地震安全示范社区。开展防震减灾法律法规及地震科普知识的宣传。参与科技送下乡、科普宣传周、防灾减灾日宣传等活动，全年共发放宣传资料2000多份，赠送防震减灾书籍200套。

（胡轶忠）

5月11日下午，市南苑中学举行防灾减灾综合演练　（潘　杨/摄）

综 述

【概况】 2017年，全市共有中小学校幼儿园136所，其中包括小学49所，初中18所，普通高中4所，职业高中2所，特殊教育学校1所，注册幼儿园62所。建成省现代化学校60所、数字化校园83所、省优质幼儿园53所，所有高中阶段学校全部达到省三星级及以上办学标准。小学在校学生共计37742人，一年级至六学级学生数分别为6503人、6280人、6266人、5882人、6366人、6445人；初中在校学生18956人，初一至初三学生数分别为6084人、6603人、6269人；普通高中在校学生8905人，高一至高三学生数分别为2870人、3026人、3009人；职业高中在校学生总计为4534人，职高一年级至三年级学生数分别为1448人、1374人、1712人；特教学校在校

❶ 和睦幼儿园城南分院
❷ 南苑小学城南分校
❸ 实验小学开发区分校
❹ 紫薇小学英邦分校

（袁　竞/摄）

学生共有117人；在园幼儿17003人。全市共计在校学生87257人。全市共有在职教职工7137人，离退休教职工6159人。全市学校占地面积270万平方米，校舍建筑面积122万平方米。

【办学条件改善】 2017年，启东市的省教育现代化建设监测数据为85.27分，比上年提高5.48个百分点，南通市排名前进3个名次。投入资金7.05亿元整体新建和睦幼儿园、汇龙小学学华分校、鹤城中学、滨江实验学校等城乡配套学校12所，单体新建、加固校舍面积6.56万平方米。和睦幼儿园（一期）、和睦幼儿园城南分园、北上海幼儿园、紫薇小学英邦分校、南苑小学城南分校、实验小学开发区分校6所学校2017年秋季学期启用。修订完善《启东市幼儿园布点专项规划（2016—2030）》和《启东市中小学布点专项规划（2016—2030）》。投入资金2559.6万元，实施教育装备项目68个。全年新增南通市数字化校园30所，完成8所学校厨房设备采购。

【教育改革】 2017年，市调整初中学校办学体制，3所农村高中成功转制，乡镇初中从2017年秋季学期起统一调整为教育局直属管理。围绕"三段四模块"高效课堂建设主题，举办校长沙龙、教学研讨、"启吾大讲堂"等活动60多场次。结合"东疆之春"教研平台，举办小学数学专题研讨活动，吸引省内外500多位专家学者与会。开展"启东好课堂"教学比武活动，提升课堂教学效率和教师教学水平。深入开展课程改革，义务教育阶段学校实现梦想课程全覆盖。启动中小学语文主题学习研究，12所学校开展先行先试。创新人才培养模式，启东中学创新实验班创新人才培养全面实施。城乡教育逐步实现优质均衡，农村学校、薄弱学校得到长足发展。实施管理体制改革，建立县管校聘联席会议制度，统筹协调教师流动，逐步解决人编分离、岗位聘用等问题。

【教学质量】 2017年高考，市文、理科均分为320.05分、328.90分，分别超出省本科线39.05分、59.9分。普通类本一、本二上线率42.88%、97.62%，分别超出省平均19.69个百分点、33.41个百分点。全市理科400分以上考生10人。对口单招本科率连续六年位居南通市前三名。2018届高二学生学业水平测试，4A人数列南通市第二名、占比列南通市第一名。建成幼儿园课程游戏化省级项目1个、南通市级8个。19个省级课题、44个南通市级课题获准立项。学科竞赛成果丰硕，启东中学2名学生分别签约北大数学学院或入选化学奥林匹克国家集训队。

【教师队伍】 2017年，招录新教师34名，安排58名定向生进入农村学校任教，均衡城乡师资配备。继续实施乡村教师支持计划，定向培养本科起点乡村教师50名。组织开展2017年优秀教育人才评选工作，新增启东市学科带头人260人、骨干教师540人、教坛新秀400人。4名教师入选省第五期"333高层次人才培养工程"，其中1人入选第二层次领军人才。在"一师一优课"评选中，市国家级、省市级优课占比列南通市第二名，其中63节获评部级优课。

【特色建设】 2017年，全市组织开展"八礼四仪"现场推进会、"阅读吧，少年"等社会主义核心价值观教育活动200多场次。举办"江海潮涌·班主任工作大家谈""智慧父母大讲堂"等活动50多场次，"亲子沟通营""东疆好少年"等家校沟通平台初具品牌效应。实验小学、汇龙小学等学校获评"江苏省文明校园"。启东中学、紫薇小学等学校在27届省青少年科技创新大赛中获一等奖2项、二等奖10项、三等奖10项。长江小学等6支合唱团在南通市中小学生"江海天籁"合唱节展演中荣获2个特等奖，3个一等奖，1个二等奖。新增和合小学、永和小学、茅家港小学3所"全国青少年校园足球特色学校"。江苏省青少年沙滩排球锦标赛、南通市中小学校园足球联赛决赛等赛事在启东市成功举办。15所学校的运动场对外开放。9月，组建启东市教师艺术团。

【教育治理】 2017年，市教育局完成新一届责任督学的选聘，对全市中小学校实现责任督学挂牌督导全覆盖，建成"江苏省中小学校责任督学挂牌督导创新县（市）"，并获评全国中小学责任督学挂牌督导创新县（市）。召开教育系统综治安全工作会议，分解细化安全工作责任。加强学生安全知识教育，市中小学生在南通市安全教育平台学习完成率达100%，列南通市第一。开展学生接送车辆整治工作，共排查车辆488辆。加强学校制度建设，学校章程

8月18日，四所市直幼儿园抽号招生在实验幼儿园举行 （潘 杨/摄）

审核、公布率100%；建成省、南通市依法治校示范校43所。开展“学校食堂放心工程”创建活动，建成启东市级A级学校食堂34所，南通市级A级学校食堂10所。全年无重大食品安全事故发生。

（费雷雷）

学前教育

【概况】 全市有幼儿园62所，办园点15个。在园幼儿17003名，幼儿毛入园率98.15%。新增公办幼儿园1所，成功创建江苏省优质幼儿园4所，32所幼儿园通过省优质幼儿园复审。所有规划幼儿园全部实现独立法人资格。启东市教育局接受江苏省、南通市“幼儿园规范办园行为专项督导”检查。新增课程游戏化南通市级项目4个、启东级项目8个，3对南通市级幼儿园课程游戏化项目建设单位接受南通市教育局的项目专项督查。组织开展10次专题研讨活动，发挥名师的示范引领作用，在南通市各项教学比赛中，2人获一等奖，4人获二等奖。

（费雷雷）

小学教育

【概况】 全市有小学49所，其中直属小学2所，镇小学47所。教学班872个，在校学生数37742人，毕业生数6445人。

【教研活动】 2017年，市教育局分阶段举办启东市“最美课堂”评比活动。4月，举办小学语文“主题学习”实验研训暨第十七届“东疆之春”教学研讨活动。6月，举办小学语文“主题复习”的实践与研究专题研训活动。11月，举办小学语文主题学习背景下的课堂言语实践专题研讨活动。

【教学比赛】 5月，在南通市小学语文青年教师课堂教学比赛中，1人获一等奖。6月，在南通市小学科学优课比赛中，1人获一等奖。6月，在南通市小学品德教师基本功比赛中，1人获一等奖、2人获二等奖。9月，江苏省第二届基础教育教学成果奖揭晓，2人获特等奖，2人获一等奖。10月，在江苏省小学综合实践活动优质课评比活动中，1人获一等奖。11月，在江苏省基础教育青年教师基本功大赛中，1人获一等奖。

（费雷雷）

初中教育

【概况】 全市有直属初中18所。教学班394个，在校学生数18956人，毕业生数6269人。

【校本教研培训】 3月，市教育局组织初中校长参加全国品牌学校高效课堂及德育创新现场会。7月，组织参加江苏省李庾南“自学议论引导”教学法初中数学教师培训活动。8月，举行初中各学科暑期全员培训。10月，开展南通市乡村初中数学“三学”课堂启东市专题研修活动。11月，召开2017年启东市初三教育工作会议。11月，召开启东市第六届初中“江海星光”教科研系列活动。

【教育教学竞赛】 3月，全市组织启东市初中语文、历史教师基本功竞赛活动。4月，组织教师参加南通市第八届“行知杯”中青年教师教学技能比赛。10月，举办启东市初中生作文现场作文比赛、启东市“领航杯”初中生英语口语比赛，6名优秀选手组成启东市代表队，参加南通市“领航杯”英语口语比赛。12月，组织开展启东市初中“最美课堂”教学评选活动，全市18所初中14个学科共197名教师参加。全年，1人获江苏省初中语文青年教师基本功比赛一等奖，9人获南通市青年教师基本功比赛一等奖。

（费雷雷）

高中教育

【概况】 2017年，全市共有普通高中4所。共有教学班194个，其中毕业班66个。在校学生8905人。

【高考成绩位居全省前茅】 高考全市文科均分320.05分，超出省本科线39.05分；理科均分328.90分，超出省本科线59.9分。全市普通类本一上线率42.88%，超省均19.69个百分点。普通类本二上线率97.62%，超省均33.41个百分点。9—12月，在全市4所高中开展寻找“最美课堂”系列活动，评选出“最美板书”“最美教案”“最美答题卷”获得者各10名。

（费雷雷）

中等职业教育

【概况】 全市共有中等职业学校2所，即江苏省启东中等专业学校、启东市第二中等专业学校。开设机械、电子、信息技术、财经商贸、建筑等10多个大类30多个专业，在校生4534人。2017年全市招收新生1448人，职高学生毕业率为100%，毕业生就业率为98.8%。对口高考报考人数为652人，本科上线率为43.9%，是省平均的2.5倍，总上线率达100%。中职学生参加中级工考核通过率为97.6%。实施中高职衔接，启东中专与有关高职院校进行7个专业的“3+3”中高职对接，机电和数控2个五年制高职专业继续招生；启东第二中专与2所高职院校进行“3+3”中高职联合培养。

在2017年南通市职业学校技能大赛中，职校师生获6金23银41铜，在省技能大赛中获4银6铜。在2017年南通市职业教育教学大赛中，信息化教学设计比赛获3金6银3铜；微课比赛获2金10银7铜；课堂教学大赛中获3金3银14铜。在江苏省教学大赛中，获省一等奖第一名，实现市信息化大赛的新突破；微课比赛获2项银奖；课堂教学比赛获1项铜奖。在2017年第七届江苏省中等职业学校“文明风采”大赛中，获1金3银6铜的成绩。在南通市职业学校创业能力大赛中获5银2铜的成绩，第二中专在南通市纵横码比赛中蝉联中职组团体第一，连续七年夺得南通市中职组团体第一。

（费雷雷）

普通高等教育

【南通大学启东校区】 南通大学启东校区位于启东市滨海工业园，占地面积1200亩，校区总体规划建筑面积32.7万平方米。办学层次以本科办学为主，校区有杏林学院21个专业，在校生人数2460人，教职员工177人。2017年，启东校区录取1393人，录取率100%，其中首次向省外招生396人，最终报到人数1315人，报到率为94.4%。5月5日，南通大学启东校区作为移动遥测站，完成C919国产大型客机首飞任务的测控保障工作。12月17日，完成第二架C919国产大型客机试飞任务的测控保障工作。

学校基础建设。1月中旬，学生宿舍、教学楼桩基工程正式施工。2月14日，省发改委和省教育厅下发《关于南通大学杏林学院启东校区二期工程项目初步设计的批复》。南通大学启东校区二期工程开工建设。二期工程主要包括2幢教学楼、4幢学生宿舍、1幢中型体育馆，总建筑面积约4万平方米。8月28日，二期工程一标段15号宿舍楼通过竣工验收。

（徐惠忠）

特殊教育

【概况】 全市有特殊教育学校1所，班级14个，在校学生117名，毕业生18名。

【教育教学】 9月，学校新增智障青少年职业教育高中班，招收学生6人，重点进行广告设计与制作、汽车美容的学习培训。成功承办南通市的“送教（康）上门”专题研讨会。全面推进融合教育，召开随班就读工作推进会。11月，学校舞蹈队排练的舞剧《长大后我就成了你》在启东市第四届残疾人才艺表演比赛中获残疾人组第一名。12月，在南通市第五届特殊教育学校学生阳光体育运动会比赛中获团体一等奖。

（费雷雷）

成人教育

【概况】 7月，启隆镇、海复镇、近海镇、东海镇4家社区教育中心建成市级社区教育中心。12月，7家单位创建成省级社区教育中心，全市12家社区教育中心全部建成省级标准化社区教育中心；市成功创建成省级社区教育示范区。汇龙镇汇东村居民学校、吕四港镇十二总村居民学校等33所居民学校全部创建成省级标准化居民学校，全市有93家建成省居民学校。北新镇社区教育中心建成全国首批“城乡社区教育特色学校”。

【社区学习培训】 2017年，实施“一镇一品”工程，扩大社区教育效应；超额完成“农村妇女网上行”任务，全市共有144名农村妇女获现代女性网络技能初级证书。启东开放大学做好职业技能培训，2017年度共组织各类培训班9个，培训人员2185人。

【学习型启东建设】 10月，成功举办南通市暨启东市全民终身学习活动周开幕式；开展启东市全民学习周。活动周期间，全市共举办市级教育培训、各类展览、比赛活动计21场次，镇级学习培训活动22场次、校级学习宣传活动43场次；推动学习型组织建设，吕四港镇、惠萍镇两镇建成“全国学习型乡镇”，北新镇邦道村建成“全国学习型村（居）”，合作镇社区教育中心建成全国学习型部门；开展“学习之星”评比，全市共有46人被评选为“2017年启东市百姓学习之星”；推进居民在线学习，全市新增“江苏学习在线”注册学习用户294个，全年累积学分115597万分，学习证书348张，获“学习之星”共153个；开展结对互学活动，促进社区教育均衡发展，12家单位全部建成省级标准化社区教育中心。

（费雷雷）

民办教育

【概况】 年初，全市民办幼儿园24所，民办非学历教育培训机构20个。5月，启东市教育局注销启东市成功培训学校、启东市天一培训中心、启东市凤凰英语培训中心、启东市吕四青少年艺术培训中心和启东市北外奥尼英语培训中心5家单位的民办学校办学许可证，全年启东市行政审批局未批准设立新的民办学校。至年底，全市民办幼儿园24所，民办非学历教育培训机构15个。

（费雷雷）

直属学校选介

【江苏省启东中学】 2017年，学校有学生2186人，班级51个，教职工324人。其中，专任教师292人、江苏省特级教师5人、硕士研究生48人、南通市级以上学科带头人及骨干教师12人，启东市学科带头人及骨干教师52人。学校升学率100%。

办学特色。学校形成以学科竞赛为龙头，艺术、体育、科技创新特色并举的办学特色，深化教学改革，构建实践性、体验性、自主性教学相结合的“新课堂”，促进学生全面发展。2名学生入选全国中学生数学、化学奥赛江苏代表队，其中施朱鸣入选国家化学集训队。以发明创造为主的科技创新项目在各级各类比赛中成绩突出。科创作品获全国奖5项、省级奖10项、南通市级奖10项和启东市级奖23项。其中，选送的5件作品在第22届全国发明展览会暨第2届世界发明发明创新论坛上获金奖1项、银奖3项和铜奖1项；在第28届江苏省青少年科技创新大赛中获一等奖3项、二等奖6项。

教、学、研互动提升。以科研促进教师培训，以教师专业成长促进教学有效性的提升，以教学的高效促进学生学习质量的提高。教师自制课件并拍摄多堂高质量的教学观摩及微课，上传国家专业平台。3人获江苏省青年教师基本功大赛一等奖，1人获江苏省优课奖，15人获南通市教师优秀课比赛及基本功大赛一等奖。南通市校园足球联赛总决赛（高中男子组）一等奖。

【启东市汇龙中学】 2017年，学校有教职工320人，专任教师272人。其中，江苏省特级教师1人，中高级教师242人，研究生学历30人，南通市学科带头人8人，南通市骨干教师6人，南通市名师培养对象7人。2017年，汇龙中学获“南通市中小学教师发展示范校”称号。1人获第八届“感动南通·教育人物”称号，并成为2017“中国好教师”推荐人选；1人获评南通市十佳师德之星；1人获评2017年度“启东好人”；2人获启东市“园丁奖”；4人获评启东市优秀教育工作者；1人在启东市班主任年会论文评比中获一等奖。

教学工作。学校围绕绿色课堂模式，深化课堂教育改革，狠抓课堂教学实践，提升课堂教学质量。在启东市高中教师基本功大赛中，2人获一等奖，4人获二等奖；2人获“一师一优”市级“优课”；6人次获南通市优秀微课奖；在启东市 “寻找最美”系列活动中，10人获一等奖；6人获读书征文等级奖。

科研工作。学校突出“聚集课堂、深化特色、创新绿色”的科研主题，发挥教科研的先导作用。发表论文65篇；获奖论文15篇，其中国家级深度教学研讨会论文一等奖1人，省“行知杯”论文等级奖3人，“师陶杯”论文评比一等奖1人，黄浦杯论文评比一等奖1人；2本校本教材获省优秀校本课程等级奖；有省级立项课题1项，1项省级课题结题；1项课题获评南通市第二届教育改革创新案例（高中组唯一）。

【启东市第一中学】 2017年，学校有学生2800多人，班级55个，教职工320人。其中特级教师、正高级教师1名，启东市级以上优秀教育人才75名。有省级课题6个、南通市级课题8个、启东市级课题35个。学校被省教科院确立为“普通高中科研基地”。学校在教育部第二届“全国青少年法治知识网络大赛”中获杰出组织奖。坚持特色办学，创办美术班、传媒班、韩语班，实施多渠道多途径培养人才的教学模式。

【启东市大江中学】 2017年，学校学生数803人，班级数20个。教职工数195人，其中教师185人。学校有全国模范教师、江苏省特级教师1名，南通市学科带头人1名，启东市级学科带头人、骨干教师12人，中、高级教师120多名。《学会发明》获江苏省优秀校本课程一等奖。在江苏省青少年创新大赛中，1件作品获三等奖。

2017届高考是学校最后一届高考，本科率近100%。8月成建制整合常胜初中、合作初中，竖河初中，开始初中教育的转型。

【启东市东南中学】 2017年，学校转型为初中办学，实行寄宿制模式。全校有班级14个，学生718人，教职工人数95人，专任教师77人，其中启东市学科带头人3人，骨干教师10人，教坛新秀6人。教师撰写教科研论文，并在省市级刊物发表，参与好课评比、寻找最美课堂、教案、片段等活动，多人获奖。学生参加各级各类活动，1人获江苏省初中生现场作文大赛一等奖，1人在启东市“成长吧，青春”演说比赛中获二等奖。学校依托省爱国主义教育基地、省学校德育基地，形成鲜明的德育特色。

【启东市吕四中学】 2017年，学校有学生1623人，班级32个，教职工191人。其中，专任教师177人，硕士研究生10人（另有12人在读），南通市学科带头人1人，南通市骨干教师6人，名师工作室成员9人，启东市级优秀教育人才50人，国家注册心理咨询师20人。

2017年，教师有114人次在省级以上刊物上发表论文，有55人次在各项教学技能比赛中获奖，有64篇教学征文在各级比赛中获奖，有33人申报主持启东市级“十三五”课题；教师辅导学生参加各级各类比赛有111人次获奖。

实施文化高考、春季高考、艺术高考并进的人才培养措施，艺术班考生艺术本科上线率达100%，春季高考报名人数达254人。学校“多元发展，提升质量”的办学经验多次在南通市教育工作会议上做专题介绍。

【启东市江海中学】 2017年7月，学校最后一届高中毕业， 9月，和合初中、寅阳初中并入江海中学，学校完全转型为教育局直属义务教育初中。学校有19个教学班，900多名学生，130名教职员工，其中，专任教师126人，硕士研究生4人，南通市骨干教师1人，启东市骨干教师5人，有国家二级心理咨询师5人。

学校全面实行层级管理制度，以基本功大赛、优课评比等为载体，增强激励机制，挖掘和发挥教师工作潜力和热情，中考成绩优异。2017年，1人获启东市“园丁奖”，2人被评为启东市优秀教育工作者，1人获南通市基本功大赛二等奖，15人次在启东市各类优课评比中获等级奖。

【江苏省启东中等专业学校】 2017年，学校在校学生2429人（其中成人教育学生647人），专任教师270人，生师比为8.99。“双师型”教师比例为85.61%，兼职教师（外聘）6人，专任教师本科以上学历比例为100%，专任教师硕士以上学历比例为15.8%，专任教师高级职称教师比例为22.6%。学校有中职班43个，专业15个；有五年制高职大专班4个，分属于数控技术、机电一体化技术两个专业；有5个专业5个班级与高职院校实施“3+3”试点项目。推进现代学徒制项目建设，16电子班与林洋电子牵手进行现代学徒制项目试点。

教学成效。成功创建省职业教育名师工作室——耿一波名师工作室；19人入选第四届南通市职业教育教科研中心组成员；1人入选第二期江苏省职业教育信息化教学能力提升研修班；2人入选启东市新一批312高层次人才第二层次培养对象；2人入选第三层次培养对象；6人评为启东市学科带头人，16人评为启东市骨干教师，8人评为启东市教坛新秀。

课题研究。2017年，学校新增省级课题4项，有2项省级课题、1项南通市级课题结题。教师获省“行知杯”论文评比一等奖2个；获省职业技术教育学会2017年学术年会征文评比活动一等奖2个，二等奖1个，三等奖3个；获省职业技术教育学会“现代化专业建设及质量提升”主题征文活动三等奖4个。

教学竞赛。2017年，在教学大赛中获省一等奖1项，南通市一等奖4项、二等奖6项、三等奖16项；1人参加青年教师基本功教学大赛，获南通市一等奖、省二等奖。1篇论文获省教学成果奖二等奖。在南通市技能大赛中，获4金15银25铜；在省技能大赛中，获3银5铜；在省青少年科技创新大赛中，获1金4铜。在南通市职业学校基于“做学教合一”的“职业体验课程包”选题征集活动中，9个项目成功立项为建设项目。在南通市首批职业教育“做学教合一”实验点的申报中，学校计算机应用基础课程和电子电工专业群2个项目立项。

【启东市第二中等专业学校】 2017年，学校共有学生2480人，班级61个，在编教职工217人,其中专任教师197人，硕士研究生22人。学校现有南通市骨干教师1人，启东市学科带头人3名，启东市骨干教师14名，启东市教坛新秀19名。学校本科升学率50.19%，专科升学率100%。

学校共有84人次在省、市技能大赛、课堂教学大赛、信息化教学大赛、微课比赛、文明风采大赛、班主任基本功大赛、纵横码比赛、创新大赛中获等级奖。28人获全国及江苏省赛的等级奖。学校有9个省市级课题和17个启东市课题开题。2个省级课题、1个南通市课题、10个启东市课题成功结题。教师发表论文67篇，编制2套校本教材，17位教师成为南通市职业教育教科研中心组成员

学校实施专业课教师“技师化工程”，鼓励专业教师利用节假日进企业实岗训练。按照《学校骨干教师示范课活动方案》，推动教研活动。开展好课评比，各专业办开展专业教师的技能比赛，提高教师教学素养。重点做好建筑类施工预算等培训，开设建设岗位统一管理岗位考前培训3期，合计培训77人次。实施“校校联合”“校企合作”，探索“订单式”人才培养模式。南通市迪皮茜公司与该校的合作被评为南通市校企合作最佳组合。

【启东市折桂中学】 2017年，学校有班级39个，在校学生2000多人。教职工202人，有专任教师178人，其中有硕士16人，南通市级学科带头人、骨干教师、教坛新秀11人，启东市级优秀教育人才45人，中高级教师156人。2017届中考，208名学生达启东中学录取分数线。2017年1月，56人被启东中学创新班录取。学校获“全国青少年校园足球特色学校”、“江苏省优秀少先队集体”“江苏省健康促进学校（银牌）”“江苏省青少年科技教育先进学校”“江苏省优秀少年科学院”“南通市基础教育课程改革先进集体”“南通市语言文字示范学校”“南通市心理健康教育先进集体”、南通市“绿色学校”等称号。

【启东市百杏中学】 2017年，学校有学生1889人，班级36个，教职工170人。其中，专任教师148人、硕士研究生4人、南通市级以上学科带头人及骨干教师2人、启东市学科带头人及骨干教师14人。2017年，学校蝉联启东市中考教学质量“学校综合”考核第一名，并获“江苏省绿色学校”“南通市党建工作示范点”“南通市第四批艺术特色学校”“南通市学校安全管理工作先进集体”等称号。

学校把德育教育和学校共青团、少先队工作有机结合，通过少先队入队、离队仪式，家庭才艺大赛、校园文化艺术节、百杏之声广播站、校园戏剧团等平台，促进学生素质多方面发展。开发使用《汉字听写大赛题库精编》《乡土美术——蓝印花布》等校本课程，发展学生社团，共有社团26个。优秀社团成员参与各级各类作文大赛、书画作品展、文艺汇演，并代表学校在市级以上比赛中屡获大奖。学校连续三年蝉联南通市初中组男子排球赛一等奖。

【启东市长江中学】 2017年，学校有学生1596人，班级32个，教职工209人。其中，专任教师190人、硕士研究生4人，南通市骨干教师3人，启东市学科带头人及骨干教师21人，启东市教坛新秀3人。学校升学率100%。

学校全面培养学生的能力，在启东市青少年科技大赛中获团体银奖，多名学生获单项奖。在教育局组织的“独奏、独舞、独唱”、校园艺术节、初中生英语口语比赛、“初中生与社会”现场作文比赛、“关爱成长、法治护航”演讲比赛、南通市中小学网络读书等活动中多人获奖。组建启东市第一支学生门球队，参加各种比赛。女子排球队在南通市级各项比赛中八连冠。学校注重教师队伍建设。有多人执教校级、启东市级和南通市级公开课。在微课比赛中，1人获部级优课奖，3人获省级奖、多人获市级奖。

【启东市南苑中学】 2018年，学校有学生2160人，班级38个，教职工

191人。学校184名专任教师中，中学高级教师59名，一级教师106名，具有本科及以上学历的教师170名。获首批全国学校体育工作示范学校、江苏省绿色学校、南通市文明礼仪示范学校，南通市足球特色学校、南通市第二批规范汉字书写教育特色学校等称号。

学校以“弟子规”为国学经典教育特色。推进“三段四模块”高效课堂模式。参加第十三届少年儿童书信文化活动获优秀组织奖，在启东市第十三届中小学生“独唱、独奏、独舞、器乐组合”比赛中获优秀组织奖、参加2017年启东市中小学“校园心理剧”优秀剧目征集活动特等奖，女子篮球队获南通市冠军。注重“教、学、研”相结合，以科研带动和促进教师培训，以教师提高促进教学有效性的提升，以教学有效性的提升促进学生学习质量的提高。

【江苏省启东实验小学】 2017年，学校有教学班86个，学生3580人，教职工267人。学校培养江苏省特级教师5人，省333高层次人才培养对象3人、省级领航名师项目成员1人、南通市名师培养第一梯队成员2人、南通市学科带头人10人，南通市骨干教师12人，南通市教坛新秀22人；启东市学科带头人25人，启东市骨干教师27人。学校先后被评为全国生态文明教育示范学校、“中国好老师”公益行动计划基地校、全国四星级幸福学校、小学生学习报小记者活动基地、新世纪小学数学华应龙和化错教育研究中心联盟学校、江苏省文明校园、南通市文明校园等。

主持的课题《基于数学史的小学数学教育实践研究》《旨在核心素养提升的数学智性学习研究》分别获江苏省教学成果奖特等奖、一等奖；举办“智性课堂”专题研讨活动2次；承担省、市“十二・五”教育规划课题26项，“十三・五”教育规划课题10项。学校幸福驿站“正能量加油站”被评为优秀站点；学校凭借少儿版画项目被教育部评为第二批全国中小学中华传统艺术传承学校，组织出版版画教学32年专著《锲镂的魅力》；学校机器人社团共有120人次参加竞赛，获冠军1人次，一等奖15人次，二等奖32人次，三等奖36人次，参与奖36人次，等级奖获奖比例为70%；“幸福1+2”课程的实施与研究获江苏省校本课程评比一等奖；第十二届江苏省少年儿童书信文化活动中学校获团体奖；“碧桂园杯“启东市第二届汉字听写大赛中获优秀组织奖；2017年度启东市“八礼四仪”现场观摩活动获优秀组织奖。

【启东市南苑小学】 2017年，学校共有学生2693人，49个教学班，教职工145人。其中专任教师143人，研究生2人，本科学历121人。南通市学科带头人及骨干教师以上9人。启东市学科带头人及骨干教师以上15人。

学校获2017年度“雏鹰空间站”广播节目评比特等奖；在启东市第六届“小学英语文化周”活动中，获优秀组织奖；喜迎十九大童心向着党少儿现场书画大赛优秀组织奖；选送的“王者荣耀”在市中小学生自护情景剧大赛中，获“优秀剧本奖”；在教育部举办的第二届“全国青少年学生法治知识网络大赛”中，获小学组杰出组织奖。

【启东市实验幼儿园】 2017年，全园幼儿948人，班级24个，教职工97人。其中，专任教师53人、南通市级以上学科带头人及骨干教师3人，启东市学科带头人及骨干教师、教坛新秀13人。获江苏省“三八红旗集体”、江苏省“巾帼示范岗”、江苏省“青年文明岗”、江苏省“优秀家长学校”、江苏省“平安学校”，南通市“创造性游戏实验学校”、南通市“幼儿教育先进集体”等称号。

幼儿园“家园互动”“幼儿自主游戏”为两大办园特色。参加课程游戏化项目建设，与大兴幼儿园共建项目“生态果园 绿色成长”为首批江苏省级课程游戏化项目。承担3个南通市级课程游戏化项目和多个启东市级课程游戏化项目建设的共建任务。省“十二・五”课题“美术游戏与幼儿个性发展”、南通市“十二・五”课题“幼儿园游戏文化的园本研究”结题，幼儿园获得“南通市先进教科研集体”称号。申报并获批省级“十三・五”规划课题“幼儿园游戏促进幼儿健全人格培养的实践研究”。教师教育教学基本功较强，有30多篇论文在省市级刊物上发表。

【启东市和睦幼儿园】 2017年，和睦幼儿园新园区一期工程检测合格正式启用，城南分园招开园，南区分部稳步发展。共有30个班级，其中城南分园有2个班级，南区分部有9个班级，北区总部有19个班级。三个园区共有994名幼儿，其中有6个大班、9个中班、10个小班。全园教职工121人，有专任教师65人，教师本科学历达97%，有省特级教师1名、省优秀教师2名，南通市十佳教师2名、学科带头人2名，启东市骨干教师、十佳幼儿教师、师德标兵、教育新秀18名，是南通市首批教师专业成长优质学校。

2017年，申报1个省级课题《幼儿数学课程领域中的体验学习研究》；3个南通市级课题《幼儿教师专业判断力提升的实践研究》《“多元式体验学习”在幼儿数学课程领域中的应用研究》《自主游戏中师幼互动研究》；5个启东市级课题。有16篇论文发表于省级刊物。

创设“快乐体操”活动。在南通市第十一届运动会第二届全民健身中小学生快乐体操比赛中，囊括幼儿组男子、女子、混合徒手操三项比赛的第一名，获南通市快乐体操幼儿组的总冠军。小班组及大班组制作的玩教具分别获南通市一、三等奖，成为启东首个获南通市一等奖的作品。在南通市第八届幼儿园优秀教育活动评比中，获南通市城镇组二等奖、启东市一等奖。

（陆允辉）

文化综述

【概况】 2017年，市文化体育中心加快建设，230多家村级综合文化服务中心完成土建施工任务。图书馆、文化馆等公共服务设施建设不断完善，原12个区镇综合文化站、66个农家书屋完成一卡通系统硬件建设。儿童乐园24小时自助数字图书馆建成并投入使用。20多个漂流书屋在市区投放。“百姓自助舞台”灯光、音响等设施完成提档升级。共投入500多万元，对全市应急广播系统实施提升工程建设。“村村乐”“百姓自助舞台”、全民读书节系列活动、第二季中国新歌声、第三季启东好声音、舞动江海乡村舞蹈大赛等“共乐东疆”百项文体活动丰富多彩，文化“五送”和农村数字电影放映工程全面完成。以“启吾大讲堂”为载体，全年举办各类讲座共20场。“江风海韵一脉相亲——启东崇明嵊泗三地文化交流活动”、沪启文化交流系列活动之马晓晖二胡专场音乐会、马晓晖二胡音乐论坛、激情民乐之夜活动、崇启海主题摄影联展、2017吴乐论坛暨中国评弹艺术节等活动成功举办。版画创作成绩显著。朱建辉、宋燕辉、王帅创作的3件作品入选第二十二届全国版画作品展览，占全省入选数的30%。朱建辉的36件版画作品分别在伦敦、圣彼得堡、基辅、香港、上海和重庆等地的美术馆、艺术中心展出。“相·生”朱建辉版画展在上海外滩百老汇艺术中心举行。分别在启东图书馆、成都永陵博物馆、四川美术馆举办“启东版画院作品展”。文艺创作成果丰硕。长篇小说《风乐桃花》第三版加印上市，并被评为江苏省优秀版权作品二等奖和南通市第七届精神文明建设“五个一工程”奖。长篇纪实文学《风向与信仰：金佛庄烈士传》、散文集《最美的季节遇上最美的你》《故纸里的爱情》等4部文学作品出版。在省级摄影各类影展（比赛）中，启东市参赛作品获金奖2幅、银奖3幅、铜奖6幅。其中顾伟杰的作品《欢奔》，在省文联和省摄影家协会主办的“喜迎十九大·新江苏新辉煌”摄影作品大展中获金奖。开展“中国梦·深入生活·扎根人民·发现启东”主题创作采风，并选编艺术家创作成果，刊登在《启东日报》上。9月，将收录的184件作品，汇编成《感知启东》（第二辑），出版发行。举办“书香启东·悦读畅谈”活动14期。新增中国美术家协会会员1名、省作家协会会员1名、省曲艺家协会会员3名、省摄影家协会会员1名、南通市摄影家协会会员6名，3名艺术家被评为南通市“226”拔尖人才。全市有文物保护单位18处，其中省级1个、南通市级3个、启东市级14个。有省级“非遗”项目4个、南通市级“非遗”项目9个、启东市级“非遗”项目34个。南通全

11月21日晚，2017吴乐论坛暨中国评弹艺术节在启东举办，启东清韵评弹专场演出拉开序幕
（郁卫兵/摄）

市共排定文化产业重点项目77个，计划总投资130.19亿元。其中，启东市项目11个，计划总投资51.5亿元，占比近40%。张謇垦牧文化遗址公园、明清古建文化产业园、启东历史名人园、郁寿丰（芑生）纪念馆、沈铁公纪念馆、李素伯纪念馆、启东历史陈列馆"三园四馆"建设稳步推进。加强文化市场管理。开展"净网""固边""秋风""护苗""清源"五个专项行动，"扫黄打非"进基层，全年共出动检查1210多人次，检查经营单位2320多家次，收缴非法音像制品4000多张，政治性非法出版物3本，其他非法出版物2800多册，行政处罚案件13起，罚没款2.33万元，党纪处理1起，取缔地摊流摊4个。

（韩全永）

文化活动

【"共乐东疆"百项文体活动】 2017年，市文广新局及时总结上年"共乐东疆"百项文体活动的经验和做法，会同有关部门合理安排、精心设计近百项文体活动。至12月，完成文化进军营主题活动5场、民歌戏曲进校园22场、第三届全民读书节较大型读书活动6个、依托"启吾大讲堂"举行的系列讲座20场、各种书画摄影展18场、第二季中国新歌声启东赛区城市海选活动11场、第三季启东好声音活动12场、舞动江海乡村舞蹈大赛9场等。"百姓自助舞台"全年演出近80场次。到12月底，"共乐东疆"百项文体活动场次达3500场，参与人数近80万人次。

【"诗画启东　越韵江海"第四届越剧折子戏专场】 5月16日下午，由中共启东市委宣传部、启东市文广新局、启东市文联主办，启东市戏剧家协会、启东市越剧团承办的"诗画启东　越韵江海"第四届越剧折子戏专场演出在启东宾馆举行。演出作为启东市文联"五月风"系列活动的重要组成部分，涵盖"梁山伯与祝英台——草桥结拜""孔雀东南飞——惜别离""祥林嫂——问天""李娃转——责子""柳毅传书——湖滨惜别""红灯记——光辉照儿永向前""梁山伯与祝英台——楼台会""梁山伯与祝英台——化蝶"8个节目。

【江风海韵一脉相亲——启东崇明嵊泗三地文化交流活动】 7月10—12日，"江风海韵　一脉相亲——启东崇明嵊泗三地文化交流活动"在启东成功举办。浙江嵊泗县委常委、宣传部长刘永革，嵊泗县文广局张勇等一行19人，崇明区相关领导及风瀛洲人声乐团创演人员参加活动。7月11日晚，"江风海韵一脉相亲——启东崇明嵊泗三地优秀群文舞台作品展演"在启东市南苑小学举行。启东、崇明、嵊泗共同演绎优秀群文舞台作品。启东选送的节目有越剧折子戏《孟姜女过关》、戏曲舞蹈《夜深沉》、歌曲《生命原乡》、评弹表演唱《心梦飞》、歌舞《江山》、越剧《孔雀东南飞》选段"惜别离"、女声独唱《明天你好》等。崇明选送的节目有舞蹈《媒婆迎花轿》；阿卡贝拉《情非得已》，表演者为崇明区风瀛洲人声乐团。嵊泗选送的节目有渔歌表演唱《东南西北风》《亲亲小岛》等。

【"碧桂秋韵　弦上东方"沪启文化交流系列活动之马晓晖二胡专场音乐会】 9月22—23日，沪启文化交流系列活动之马晓晖二胡专场音乐会、马晓晖二胡音乐论坛、激情民乐之夜等活动在启东宾馆会议中心举行，近3000多市民观看演出。专场音乐会上，著名二胡演奏家马晓晖与她的音乐团队用二胡跨界的风格演奏16首中外名曲。启东市少年宫的20多名学员同台参加演出。音乐会上，开展二胡音乐论坛活动，以现场访谈的形式与市观众分享马晓晖的艺术历程和音乐感悟，并进行现场二胡教学演示。23日晚上举行的"激情民乐之夜"现场，启东籍二胡演奏家陆铁文、王晓犇上台演奏，上海浦东新区周浦镇文化中心的丝竹乐队、市老干部民乐团、市少年宫二胡学员等一大批民乐团队同台演出。

【"江风海韵　锦绣中华"第四届崇启海摄影艺术作品联展】 10月18日下午，由上海市摄影家协会、江苏省摄影家协会及崇启海三地宣传部、文广局、文联共同举办的"江风海韵锦绣中华"第四届崇启海摄影艺术作品联展在上海崇明区图书馆开幕。此次联展共展出200幅摄影作品，其中崇启海摄影艺术作品联展展出作品120幅，"天眸·崇明志"航拍摄影展展出航拍摄影作品80幅，分别陈列于崇明区图书馆和崇明美术馆。

11月22日，由上海评弹团表演的原创中篇评弹《林徽因》在南通大学杏林学院上演

（市新闻信息中心/提供）

【2017吴乐论坛暨中国评弹艺术节】 11月21—22日，启东市成功举办2017吴乐论坛暨中国评弹艺术节。国家文化部民族民间文艺发展中心学术委员会主任张刚，作曲家、音乐学家樊祖荫、上海非物质文化遗产项目代表性传承人、著名评弹艺术家秦建国等40余名专家学者共同探讨吴乐文化的传承与保护。期间，举行“启东清韵”评弹专场、中篇评弹《林徽因》、中国评弹名家演唱会3场演出。

【“中国梦·深入生活·扎根人民·发现启东”主题创作采风活动】 2017年，市文艺工作者深入开展“中国梦·深入生活·扎根人民·发现启东”主题创作采风活动，先后赴合作镇、海复镇、合作牡丹园、北城区街道、南阳镇、启隆镇、海工园（寅阳镇）、南城区街道、王鲍镇等地开展创作采风，并选编艺术家创作成果，刊在《启东日报》上，每次2个整版。9月，收录的184件作品，汇编成《感知启东》（第二辑），出版发行。

（韩全永）

文化市场管理

【概况】 至2017年12月，全市共有娱乐场所77家，其中歌舞厅（KTV）33家、游戏机44家，网吧73家，出版物发行经营单位161家，印刷企业142家，演出经营单位5家，电影放映单位10家，文化市场经营单位468家，从业人员4000多人。

推动上网服务行业、文化娱乐行业的转型升级。在全市文化市场经营场所中，开展以“平安场所”“文明场所”“诚信场所”为内容的“星级场所”创建活动。加强文化市场信用监管，建立健全文化市场监管工作机制。开展行政审批规范化建设。配合完成江苏省政务服务网建设，与市行政审批局建立联合协调工作机制。组建社会治安综合治理、安全生产等创建工作领导机构，签订安全生产工作责任状，组织开展消防灭火演练，确保整个文化市场平安有序；宣传、保护知识产权，做好一般作品登记工作，进一步巩固政府机关软件正版化整改成果，推动建立软件正版化工作长效机制。加强市文化市场综合执法，开展寒暑假期间、文明城市创建期间网吧市场专项整治、出版物市场集中整治、印刷行业专项整治、卫星地面接收设施专项整治以及“两会”期间、“十九大”文化市场保障行动等一系列专项行动。强化日常监管，推广运用全国“扫黄打非”信息管理系统，开展“清源”“净网”“护苗”“秋风”等专项行动，有效规范市网络文化、新闻出版市场经营秩序。推进“扫黄打非”进基层，开展“双打”工作。全年共出动检查1210多人次，检查经营单位2320多家次，收缴非法音像制品4000多张，政治性非法出版物3本，其他非法出版物2800多册，行政处罚案件13起，罚没款2.33万元，党纪处理1起，取缔地摊流摊4个。

（韩全永）

图书发行

【概况】 2017年，启东新华书店完成发行包括《党章》《党的十九大辅导读本》《习近平谈治国理政2》等政治读物13.64亿册，共计码洋75万余元。以读者为导向，以服务为重点，推进服务升级。组织系列文化营销活动，全年实现营业收入5368万元，占集团公司下达基础指标的119%。公司获“南通市社会普及示范基地”称号。

【读书活动】 2017年，启东新华书店举办多场“朗读者”阅读活动，2组家庭在第七届江苏书展“亲子共读”朗读——南通地区选拔赛中取得好成绩。参与组织全市青少年读书征文活动，吸引近千名中小学生参加。6月，邀请著名儿童作家秦文君到启东部分学校开展校园人文行活动，听讲学生达数万人次。

（曹金金）

市图书馆

【概况】 2017年，启东图书馆累计办理新证3727张，验证6693张，接待外借读者131594人次，接待内阅读者122350人次，借还图书531367册次，新增馆藏42149种，新增图书93076册次。市图书馆获“全国服务农民服务基层文化建设先进集体”称号。

【读者活动】 2017年，市图书馆共组织开展各类阅读推广活动近100次。春节前后，开展“金鸡报喜 迎新纳福”现场送春联活动、大年初一开门赠书活动、少儿新春猜谜，“金凤迎春 乐享寒假”少儿数图线上活动等。3月，开展“爱上阅读 书写梦想”征文活动，共收到征文202篇。4月21日，第二届全民读者节启动。随后的“启吾大讲堂”邀请南通大学教授丁富生，作了主题为“传统文化与人生修养”的专题讲座。4月23日，第二届经典诗文诵读大赛决赛，比赛共收到报名表237份，其中少年组186份，成人组51份。经过初赛，最终选出少儿20名，成人10名参加决赛。5月11日，开展启东市2017“亲子共读 诚实守信”主题活动，长江、实验等幼儿园的18组选手争夺3名参加南通市总决赛的名额。7月，举办“红领巾读书征文”活动，共收到百杏、长江、折桂、紫薇等12所学校的征文131篇，评选一等奖2名、二等奖3名、三等奖5名，并择优报送南通。暑假期间，开展“七彩夏日”少儿系列活动，有少儿电影展映、走进诗词天地、设计未来图书馆、宝宝智库欢乐行等一系列少儿数字图书线下活动及“乐享暑假，E学一夏”线上活动。11月，组织开展“阅读让生活更精彩”征文演讲比赛，收到征文116篇，29篇入围演讲环节。参加数推工程、“网络书香过大年”“童音诵古韵·经典有新声”2017年全国少儿诗词在线诵读活动、“我听我读少儿朗读大赛”等。新开设低幼活动版块——阅阅姐姐故事坊，每周一次，邀请有经验的幼儿园老师担任阅阅姐姐，每次给小朋友讲述1~2个故事。

【"启吾大讲堂"】 2017年,"启吾大讲堂"共计举办各主题讲座20场。内容有:上海少年儿童出版社童书编辑陈朝华的《绘本阅读二三事》,南通大学文学院教授丁富生的《传统文化与人生修养》,江苏省文联委员、江苏省摄影家协会驻会副主席、秘书长吉龙生的《在纪实和艺术之间》,还有南京中医药大学卫生经济管理学院党委副书记、副院长沈永健的《心理健康要素及心理健康培养》等。

【精品展览】 2017年,市图书馆举办各类主题展览18场。其中,4场季度图片展,主题分别为文明礼仪图片展、濒危野生动植物图片展、铭记未来,开创历史喜迎十九大图文展、海上丝绸之路图片展,另有启东市第七届中国画作品展、"迎新春·家乡情怀"摄影作品展、劳动者之歌摄影展、启东市老干部书画展等展览14场,参观者共计5.17万人次。

【总分馆和24小时图书馆建设】 2017年,农家书屋分馆建设完成100家。南北街道图书分馆高标准建成,有藏书1万册以上。11月,市首个24小时自助图书馆在市儿童乐园建成。

【志愿服务】 2017年,市图书馆开展"书香溢东疆"志愿服务活动,第一季度设计志愿服务项目与岗位及礼遇办法,并通过网站、微信平台、大厅展板等形式面向社会招募志愿者。第二季度在大厅设置服务引导台,并提供开水、药箱、针线包、应急充电、失物招领等服务,同时做好志愿者的服务安排及岗前培训工作。志愿服务常年开展。

（顾　蕾）

市文化馆

【概况】 2017年,启东市文化馆在文艺创作、品牌建设、非遗保护、文艺对接上海等方面,做到全面发力、多点突破、纵深推进。全年创作歌曲10余首、小品5个、舞蹈作品20余个。

【文艺创作】 2017年,启东市文化馆群文创作队伍在深入生活、扎根人民中创作一批富有时代价值的文艺作品:女声小组唱《滩涂剪影》、女声独唱《海婆娘》在苏北民歌邀请赛中获优秀奖。杨晓燚的摄影作品在上海市摄影家协会、江苏省摄影家协会等单位主办的"江风海韵,锦绣中华"第四届崇启海摄影艺术作品联展中获二等奖。尹一玲辅导的广场舞《哈达》《来吧冠军》参加南通市第二届全民健身运动会获二等奖;广场舞《爱我中华》《如意东方》参加南通市"喜迎十九大 幸福舞起来"广场舞大赛获一等奖。马瑞雪创作歌曲《真情走帮服》,创作歌曲《大海不负打鱼人》参加启东2017年少儿春晚,获最佳创意奖。季天然辅导市发改委参加"喜迎十九大 红歌献给党"全市职工合唱比赛,获三等奖,作品《渔歌——嗨滚下海》在中国广播电视协会电视文艺工作委员会、中国文化管理协会演艺工作委员会主办的"歌舞中国——2017民族中秋文艺晚会"中获优秀作曲奖。

【品牌阵地建设】 2017年,文化阵地免费开放时间达2500个小时。春节期间开展第五届市民文体周暨2017年新春文体活动和启东第二届青年歌手大赛。"百姓自主舞台"全年上演80场,由原来的"一周一演"增加为"一周双演",扶植培育一批业余文艺团队。"少儿梦想舞台"全年演出8场。"第四届象棋擂台赛"共进行40场周赛、12场月赛、1场总决赛。"启东民俗文化进校园"展示活动共开展33场,走进启东32所中小学,开展广场展示1次,活动采取传承人现场教授的互动模式。开展"戏曲进校园"21场,活动中与孩子们亲密互动,现教现学。

【文艺对接上海】 4月,参加"服务大上海,建设北大门"——南通旅游推介会,带去节目评弹《心梦飞》。7月,举办"江风海韵,一脉相亲——启东、崇明、嵊泗三地文化交流活动"。9月,参加上海农展会,为上海市民展示一台具有浓郁启东乡土特色的文艺节目;10月,赴崇明参观学习崇明土布纺织技艺大赛和崇明蟹文化节,学习先进经验。

【非物质文化遗产保护】 2017年,市文化馆非遗中心在第五批南通市非物质文化遗产代表性传承人申报中,共有4个项目5位传承人申报成功,分别是:洋钎说书传承人陆锦昌;沙地灶头画传承人陆锦辉、高黄鑫;南通色织土布技艺传承人袁水玉;启东芦编工艺传承人袁水玉。

位于市儿童乐园的24小时城市书房　（郁卫兵/摄）

加强非遗宣传，市非遗中心组织“民俗文化进校园”33场。10月，非遗中心组织启东“喜迎十九大、文脉颂中华”非物质文化遗产网络传播专题活动，全市16家自媒体平台参观体验启东非物质文化遗产，多家自媒体运用手机进行现场直播，4家媒体在微信平台上传文字图片推送。12月4日，开展以评弹北调为主题的“评弹姐妹回娘家”专场演出。

【网络群文建设】 2017年，市文化馆网站共上传各类活动信息、文艺作品、网上展板等共计800余件，网站总点击量超过50万次。6月，推出“启东市文化馆”官方微信公众号，每一期的《启东文艺》和《夜莺报》电子版、“百姓自助舞台”“少儿梦想舞台”以及大型活动视频第一时间上传至公众号。微信公众号自上线起共发布可浏览信息35条，总阅读人数达4265人，阅读次数达7006次，转发次数达3194次。

（江　帅）

启东版画院

【概况】 2017年，启东版画院版画创作成果显著。专兼职画师朱建辉、王帅、宋燕挥的3件新作入选第二十二届全国版画展；朱海燕的作品入选第九届全国体育美展；朱建辉（评委）、章水雄、陈刚、丁静时、王帅等画师的5件作品入选“第二届江苏省美术奖美术作品展览”，其中章水雄的作品获“江苏美术奖”，王帅的作品获“江苏美术奖提名”，23件作品参加“第二届南通市美术作品大展”，9件作品入选在上海举办的“江海艺境·南通市美术书法作品展览”，13件作品参加“南通市青年版画作品展览”，朱燕、王帅的6件作品参加“2017江苏艺术基金人才培养·水印版画创作研修班作品文献展”。朱建辉的作品应邀参加“香港版画协会成立40周年作品展览”“第32届伦敦国际原创版画博览会”“中英版画交流展”“紫气东来·一带一路2017国际美术交流展”“中国江苏·文化艺术交流展览”“容量·张力”第四届上海国际版画双年展、“中国制造·第二届工业美术作品展览”等展览。另有20多件作品发表于国内外报刊杂志和专业画集。

参与或组织交流活动，提升画院的影响力。先后举办3次院展。1月，在启东市图书馆举办“启东版画院2016年度作品展”；9月，组织全体画师赴内蒙古参观全国版画展并进行采风活动。10月，在成都永陵博物馆举办“江风海韵·启东版画院精品展”；12月，在四川美术馆举办“印相·启东版画院作品展”“印相·启东版画院作品展学术研讨会”；朱建辉分别在香港视觉艺术中心、成都永陵博物馆、江苏省美术馆、启东图书馆作4次学术讲座。举办“第八届启东市美术作品展览”，通过公益性美术活动发现一批热爱美术事业的青年作者，推动市美术事业和版画事业的发展。

12月8日，“印相·启东版画院作品展”在四川美术馆举行

（市版画院/提供）

（朱建辉）

广播电视

【概况】 2017年，启东市广播电视台坚持正确政治方向，推进媒体深度融合，统筹做好新闻宣传、事业建设、广告经营和党的建设等工作，圆满完成各项目标任务。广播电视分获南通一等奖8个，广播专题《红色老区开启“绿色长征”》、电视系列报道和广播系列报道《搁浅的鲸》分获省三等奖，《“重见天日”的病猪肉》和《跨越千里的特别护送》分获全国电视法制创优节目专题类三等奖和纪录片类三等奖，纪录片《走出无声世界》获南通“五个一”工程奖。全年20多条新闻被中央电视台、中央广播电台录用，同比增长3倍，100多条新闻被江苏电视台录用，比上年翻一番，南通电视台用片近100条，还有多条报道被上海台、东方台录用。

【主题宣传】 2017年，市广播电视台聚焦全市发展中心，推出《全面接轨上海，全力促进民富》《喜迎十九大，共筑中国梦》《走进启东智造》等主题性报道专栏100多个。社教专题《东疆闲话》《百姓人家》《法治广场》《江海潮涌》《金色大地》等节目贴近民生，关注百姓。八一前夕，记者赴北京、辽宁、山东、浙江等地，采访驻守在祖国各地的启东籍官兵，推出十集系列片《忠诚卫士》。新媒体发展迅速，推出原创品牌《读你》和《飞越启东》系列专栏。全年“启东台”微信公众号自采推文1000多条，微信活跃粉丝近2万人。台网总浏览量突破200万次。

【节目创新】 《启东新闻》按照“3个5分钟”目标精编细采，即5分钟时政报道+5分钟经济报道+5分钟社会新闻，实现头条去会议化。《东疆闲话》改变原来单纯的演播室主持形式，走上街头，推出《方言大家说》。广播节目与公益爱心携手，打造“FM106.3志愿益启行”活动品牌。

【媒体融合】 2017年，新媒体联合电视、广播，及时推送电视台采制的新闻与直播，很多新闻经过两微平台发布，取得很好的传播阅读量。特别是在11月13—15日援救鲸鱼的大型新闻报道中，广播、电视、新媒体联动采访报道，全程跟踪采访记录，第一时间发出大量视频、现场报道。央视、省市级电视台、新华社、中新网、央视新闻、新京报等新媒体予以关注和转发。

【技改投入】 2017年，市广播电视台完成融媒体直播间、演播室改造，技防监控系统，全高清摄录设备和广告部高清非编系统等10个技改项目申报和立项，所需资金近2000万元，全部由市财政拨款。UPS电源、供电电缆等部分技改项目落实到位。

【广告经营】 2017年，市广播电视台开展“2017新春贺岁套播广告”“2017启东市少儿春晚”“启东好声音·第3季”等大型活动，搭建活动创收平台，与上年相比，收益翻番。为镇园区、机关拍摄制作各类专题节目30多部，打破直播车零创收的纪录。全年创收1322万元。

（张春雨）

《启东日报》

【概况】 2017年，启东市新闻信息中心坚持正确舆论导向，实施移动优先战略，突出“启报工匠”“融媒小厨”“媒体+N”“启报先锋”等项目建设，创新创优，推动融合发展、转型发展，提高党的新闻舆论的传播力、引导力、影响力和公信力。

【新闻宣传】 主题宣传。2017年，市新闻信息中心组织开展“砥砺奋进的五年 强富美高启东实践·区镇行”大型新闻行动。在党的十九大会议召开期间及时编发《砥砺奋进的五年》特刊。会议后，推出各地兴起宣传贯彻十九大精神热潮的动态报道，宣传十九大报告提出的一系列新的重大思想观点、重大判断、重大举措。策划推出“开局这一年”特别报道、“富民强企奔小康·走帮服”“聚力创新，加快转型，全面落实双十三行动计划”系列报道、“跨江融合 对接上海”“263在行动”“文明创建 直通现场”等主题宣传。

典型报道。围绕全市各地各部门在产业转型、对接上海、招商引资、项目推进、民生改善、生态建设、党建创新等方面的具体部署和工作实践，坚持策划先行、栏目带动、精品跟进。在推进“聚力创新、加快转型，全面落实双十三行动计划”报道中，对各镇园区重点项目进行现场采写报道；围绕接轨上海重点工作，持续跟进“跨江融合 对接上海”栏目，关注并及时采写、编发对接服务中的最新动态和身边典型，全面展示市融入上海的新举措、新经验和新成效；在“奋力夺取首季开门红”的报道中，及时反映各区镇、部门的最新动态和创新举措，激发全市上下只争朝夕、奋力攻坚克难的责任感。

民生新闻。健全记者联系点制度，教育引导记者善用精彩故事、鲜活事例、感人场景、生动细节、精彩对话进行表达。推出《志愿服务情暖东疆》《寻找启东好人》《社区故事汇》《街谈巷议》《12345热线》等民生栏目。

【新闻采编流程重构】 2017年，市新闻信息中心全面优化全媒体采编平台，统一用户、内容、选题、任务和数据库管理。完善“中央厨房”组织架构，制作采集的内容包含文字、图片、音视频等素材，自动同步输出到PC端、APP端等，实现新闻信息一次采集、多种生成、多元传播，提高新闻采集、加工、发布的“时、度、效”。

【移动传播平台创新】 2017年，市新闻信息中心除打造启东日报微博、微信、手机报、启东新闻网、“无启不有”等传播载体外，11月推出“你早启东”微信公号。该微信号专注于新闻语音播报，每天早晨7点30分准时推送，设有《新闻早班车》《天气早知道》和《晨读》三个版块。同时，以代理运营“清廉启东”“启东组工在线”“仙渔小镇”“乐游启东”为着力点，抢占政务微信加工市场，扩大受众群，提升宣传实效。

（张春柳）

《启东通讯》

【概况】 2017年，《启东通讯》重点宣传贯彻市委第十三届二次全体（扩大）会议、市委第十三届三次全体（扩大）会议、第十七届人民代表大会第一次会议、全市综合表彰大会、全市工业开放型经济暨对接服务上海工作会议、创建国家文明城市工作推进会、全市机关作风建设大会、市政府全体（扩大）会议等重大会议精神，设置《领导要论》《重要报告》《政务论坛》等栏目，作较大篇幅的宣传报道。围绕市委提出的“全面接轨上海，全力促进民富，向着高水平全面建成小康社会阔步迈进”“锚定发展新坐标，打好富民主攻仗，凝心聚力推进‘两聚一高’新实践”工作主题，设置《工作研究》《接轨上海》《三农发展》《文明创建》《特别关注》《富民典型》《调查思考》《市“双十”三年行动计划重大项目展示》《作风建设》等栏目，对市委、市政府推进沿江沿海开发开放、狠抓项目建设、深度对接融入上海、大力发展文旅产业、推进新型城镇化、加快民生事业发展作深入细致的报道。

加强全面从严治党教育，开设《学思践悟》《“走帮服日记”》《民情日记》《驻村第一书记论坛》《党建创新》《从严治党》等栏目，深入思考全面从严治党的必要性，提出切实可行的监督措施，用生动现实的例子警示教育广大党员干部廉洁奉公、勤政为民，发挥党刊在思想宣传阵地中应有的教育作用。

重点办好《瀛东漫笔》《城市记

忆》《江海文化》《旧史钩沉》等特色专栏，并围绕启东江海地域特色文化，专题探访部分区镇历史，设立《东疆骄子》栏目，对启东优秀儿女作了报道，深受读者的喜爱，丰富杂志内容，增加杂志的可读性。

（彭红辉）

体　育

沙滩排球赛　（市新闻信息中心/提供）

【概况】　2017年，市体育部门为140个行政村更新篮球架，为城区20个老旧小区添置健身路径。建成城区“10分钟体育健身圈”，建成一类体育公园1个、二类体育公园1个、省级乡镇体育公园1个（启隆镇），新建健身步道10.6公里。培训三级社会体育指导员以及送培国家级、一级、二级社会体育指导员近200多人。新增汽摩、登山等6个单项运动协会，开展以“共乐东疆”为主题的全民健身系列活动，以政府名义向社团购买服务的相关体育协会组织开展全民健身活动20多项次。全市有省级传统项目学校1所、南通市级体育传统项目学校4所、启东市级体育传统项目学校10所。

【竞技体育】　2017年，全市举办各种运动会16场次，承办体育赛事5场。参加市级以上体育比赛9场次。

中国羽毛球俱乐部超级联赛总决赛。2月1—2日，2016—2017年中国羽毛球俱乐部级联赛·启东恒大海上威尼斯总决赛在恒大海上威尼斯酒店羽毛球中心举行。此次赛事由中国羽毛球协会与中央电视台体育中心共同举办，恒大海上威尼斯鼎力承办，中央电视台全程现场直播。里约奥运会冠军、青岛仁洲俱乐部当家球星谌龙，里约奥运会男双冠军张楠、傅海峰，及全国多名顶尖羽毛球运动员参与赛事的最终角逐。中国羽毛球俱乐部超级联赛（CBSL）是中国高端体育职业联赛之一。经过多轮角逐，青岛队、世纪城队、浙江队和厦门队胜出。

国际铁人三项赛。6月17—18日，2017启东圆陀角UltraS国际铁人三项赛在启东圆陀角恒大海上威尼斯旅游区举行，来自美国、加拿大、法国、澳大利亚、英国、新西兰、德国、俄罗斯、意大利等国家及中国大陆、香港、澳门、台湾等地区的500多名选手参赛。赛事得到中国铁人三项运动协会的协助与支持，被列为中铁协C级赛事。比赛分为奥林匹克距离、半程奥林匹克距离、奥林匹克距离接力、挑战组四个组别。还新增跑骑组和小铁人赛。奥林匹克距离组需游泳1.5公里，骑车40公里，跑步10公里；半程奥林匹克距离需游泳0.75公里，骑车20公里，跑步5公里；挑战组需游泳100米，骑车20公里，跑步5公里。经过激战，UltraS2017年度代言人、“中国铁三第一人”党琦获男子全程全年龄组冠军；中国90后铁三实力代表孙世怡获女子全程18~29岁组冠军。

风筝冲浪国际邀请赛。10月5—7日，启东圆陀角风筝冲浪国际邀请赛在启东黄金海滩开赛，来自美国、澳大利亚、新西兰、法国和中国大陆、香港、澳门等国家和地区的58名风筝冲浪爱好者参赛。此次比赛采用组委会提供统一的装备比赛，为国内首次。经过激烈的比赛，男子组：2人并列获得冠军，1人获季军；女子组：1人获冠军，1人获亚军。

2017全国沙滩排球锦标赛。7月6—9日，2017年全国沙滩排球锦标赛（启东站）在恒大海上威尼斯酒店碧海银沙开赛。来自各省市自治区、香港特别行政区、解放军、行业体协和国青队的65支沙排队伍参赛。全国沙滩排球锦标赛是经国家体育总局批准列入《全国性单项体育协会竞技体育重要赛事名录》的重要赛事，每年度举办一次，是国家体育总局排管中心主办的最高级别的全国沙滩排球赛事之一。此次赛事由国家体育总局排球运动管理中心、江苏省体育局、启东市人民政府主办，启东市委宣传部、启东市教育局、江苏省启东圆陀角旅游度假区管理委员会承办。八一浙江联队、新疆旺源队分别获男子组和女子组冠军。

【体育社团】　全市县级以上体育社团总数达37个、民办非企业11个，团体会员250个、个人会员2.1万人。万人拥有社会体育指导员35人。启东市全民健身协会开展全民健身送下乡活动，历时50多天，共演出38个场次。

【体育产业】　2017年，市共淘汰体彩站点11家，新增体彩16家，总体规模100家。全年11选5销量4778万元，大乐透销量1860万元，7位数销售367万元；竞彩销量725万元，即开型销量375万元，排列3销量315万元，排列5销量194万元，比上年同期增长2.41%。

（吴　伟）

※附※

启东历史名人园人物简介

为进一步挖掘启东历史名人资源，展现启东历史名人风采，提升文化软实力和综合竞争力，启东市于2015年开工建设启东历史名人园。该园占地面积13万平方米，总投资1700万元。从西向东依次安放张成龙、李磐硕、顾西樵、郁芑生、袁希洛、施方白、陶桂林、沈轶公、施简、李素伯、顾民元等11位启东历史名人雕塑。

本版照片由徐昕摄

张成龙（1784—1847）

清代水师名将。字云岩，上和合镇人。1837年，任浙江黄岩镇总兵。1840年6月，痛击进犯英军，取得闽浙海域首次大捷。1846年11月，升任浙江提督。1847年8月病故，诰赠建威将军。

李磐硕（1850—1909）

清末进士。原名李安，后改名审之，号磐硕，吕四镇人。1890年考中进士，授户部陕西司主事。1896年考入总理各国事务衙门，任总理衙门章京。1900年回乡，协助张謇兴办垦牧、教育事业。

顾西樵（1855—1934）

启东沙地最早拓荒者。学名汉儒，大同乡人。1895年起，在家乡创办学校，造下和合镇市房，在大同村创办游民习艺所，收容游民习艺，开启东职业教育先河。

郁芑生（1873—1926）

实业家、慈善家。原名世丰，后改名寿丰，字芑生，曹家镇人。候选道、朝议大夫。1901年起追随张謇兴办实业。1913年加入伦敦总商会，为该会首位华人会员，沪上知名买办。实业成功后大兴慈善，在沪启两地捐建医院、教堂，兴办学校，捐造道路、桥梁等。

袁希洛（1876—1962）

启东首任县长。字素民，上海宝山人，清末秀才。1907年在日本加入同盟会。曾为孙中山授"中华民国临时大总统印"。1928年3月1日启东分治设县，任首任县长，撰《启东设县碑记》。

施方白（1887—1970）

中国农工民主党创始人。北新镇人。1910年在上海加入同盟会。1929年初接任启东县长。后与邓演达共同发起组建“国民党临时行动委员会”（即第三党，中国农工民主党的前身）。1950年5月，任农工民主党中央监委会参事。

陶桂林（1893—1992）

著名建筑大师。字逢馥，吕四镇人。1916年考入美国人创办的中国营造公司。1922年，在上海创办陶馥记营造厂。承建上海国际饭店、南京中山陵三期工程、广州中山纪念堂、导淮工程等一批知名建筑。1961年，担任亚洲暨西太平洋地区营造业公会联合会主席。

沈轶公（1902—2001）

东南中学创始人。大兴镇人。1938年3月，和费一夫等人组建启东抗日义勇军，4月初打响启东抗日第一枪。1945年5月，在崇启海联中的基础上创办东南中学。其后在上海多所学校教书育人。

施简（1906—1932）

中国工农红军新十二军政委。原名施溸旌，黄仓镇人。1925年加入中国共产党，参加上海工人三次武装起义。1927年受中央派遣赴苏联学习。1930年回国进入中央苏区，任中国工农红军新十二军政委。1932年5月牺牲。

李素伯（1908—1937）

现代小品文研究开拓者。原名文达，字素伯，笔名所北，海复镇人。1928年毕业于通州师范，历任通州师范等学校国文教员。革新语文教学，培育青年成长。积极投身新文学运动，传播五四新思想。诗文书画，均有造诣。其专著《小品文研究》为中国现代文学史上小品文研究的开山之作。

顾民元（1912—1941）

启东抗日民主政府首任县长。字弥愚，南通市人。1927年加入中国共产党。1940年11月，任启东县抗日民主政府第一任县长。1941年1月29日牺牲。

综 述

【概 况】 至2017年底，全市有医疗卫生机构421家，其中三级医院2家、镇中心卫生院（社区卫生服务中心）11家、分院24家、村卫生室（社区卫生服务站）268家、社会和个体医疗机构（含民营医院）112家、卫生单位4家（卫生监督所、疾病预防控制中心、妇幼保健和计划生育服务中心、卫生进修学校）。全市卫生技术人员4418人，每千人拥有卫技人员4.65人，高级职称445人，中级职称1118人，执业医师（助理）2263人，注册护士2191人，平均每千人执业（助理）医师2.38人，每千人注册护士2.3人；每千人拥有床位数4.22张。市三院通过省级示范乡镇卫生院创建验收，30家村卫生室按照省级示范村卫生室标准完成建设，6家村卫生室通过省示范化验收。全市按照省级示范村卫生室标准建设的村卫生室达130家，占村卫生室总数的53.7%。汇龙、海复通过南通市卫生应急规范化乡镇验收，全市卫生应急规范化乡镇覆盖率达50%以上。

【医疗机构监督管理】 2017年，市加强医疗机构、人员、技术、设备准入管理，全面梳理医疗服务要素审批标准、审批流程，组织开展医师定期考核，规范临床技术管理。加强临床合理用血管理，推进院前急救网络建设，加强急救资源配置，完善院前院内急救移动监护平台。开展住院医师及全科医师规范化培训工作，完善人才梯队建设。提高抗菌药物临床应用管理水平，第四、五、六、七人民医院非基药采购实现与省平台对接。加强临床医师“三基、三严”培训，定期开展基本技能操作考核及临床基础理论考试，提高临床医师专业技术。医患纠纷处置规范有序，完善以医疗纠纷人民调解为主体，医疗纠纷院内调解、人民调解、司法调解与医疗责任风险分担机制相衔接的医疗纠纷处理体系，加强责任追究力度。科技创新成效显著，完成国家重大专项课题3个。滚动申报十三五国家重大专项3个、国家精准医学研究项目1个。发表或联合发表SCI论文10篇。申报南通市科技进步一等奖1项、三等奖7项。

【公立医院综合改革】 2017年，市医药卫生体制改革向纵深推进，公立医院综合改革示范县创建成果不断巩固，年度医改重点任务圆满完成，被国务院办公厅表彰为真抓实干地区，市人民医院获“中国县域医改·样板医院”称号。两大医疗管理集团规范运行，集团各成员单位分工协作，实现优势互补，形成整体合力。巩固取消药品加成成果，市级医院平均药占比降至35.25%，群

6月20日，由国家卫生和计划生育委员会体改司和宣传司组织拍摄的电视纪录片《大国医改》摄制组到市人民医院拍摄采访

（市新闻信息中心/提供）

众看病就医负担明显减轻。创新人员编制管理，深入推进人员备案管理，强化人员待遇保障，提高医院选才用才自主权。深化人事薪酬分配制度改革，调整工资总量核定方式，规范收入分配秩序，合理体现医务人员技术劳动价值。加强综合目标责任制考核和三级考核力度，逐步拉开不同医院间、不同岗位间收入分配差距，分配杠杆向临床一线和重点岗位倾斜，试行院长年薪制。

【分级诊疗】 2017年，全市分级诊疗制度全面构建，基层首诊、双向转诊、急慢分治、上下联动的就医新格局基本形成，城乡医疗卫生资源得到合理有效使用，“小病不出村、常见病不出镇、大病到市级医院”的目标逐步实现。全市市级医院住院病人同比增加4.87%，基层医院住院病人同比增长13.65%，基层占比52.3%，县域内就诊率达到90.71%。

【医保支付方式改革】 2017年，按照“群众得实惠、基金能承受、医院得发展”总体要求，全市新农合实施总额预付管理，新农合基金在提取风险金、扣除门诊补偿基金和市外就医补偿基金后，按照服务人数将剩余的基金按月预付给集团，医院结合诊疗规范合理就诊，结余留用，超支自负。

（徐卫菊）

公共卫生

【公共卫生服务项目】 2017年，人均基本公共卫生服务项目补助提高到80元，高效实施14类55项基本公共卫生服务，加强重大疾病防控，全力保障公共卫生安全。基本公共卫生服务均等落实，居民电子健康档案建档率93.47%。60岁以上老年人免费健康体检率90.81%。严重精神障碍患者规范管理率88%，高血压、糖尿病规范化管理率分别达73.93%、72.63%。重新修订家庭医生签约服务实施方案，为签约居民提供基础服务包和个性化服务包。全市常住人口签约率46.8%，重点人群签约率71.73%，超额完成国家规定的全人群30%、重点人群60%的目标任务。个性化服务包签约率6.61%，全市建档立卡低收入人口签约率100%。

【妇幼保健】 市妇幼保健院结构封顶。市孕产妇危急重症救治中心建成运行，成功抢救危急重症孕产妇9名，抢救成功率100%。吕四、寅阳、海复、王鲍、北新、东海、惠萍、南阳8家镇社区卫生服务中心完成数字化儿保门诊建设，爱婴医院通过省级复核。全市幼儿园卫生保健合格率达100%。推进妇幼重大卫生服务项目，全面开展HPV检测方法进行宫颈癌初筛，筛查适龄妇26975人，任务完成率107.9%，筛出宫颈癌浸润癌17人、乳腺癌16人；新增叶酸服用3454人，服用率99.17%，任务完成率为139.78%；农村孕产妇住院分娩补助完成率128.24%，补助金额303.51万元；为5100例孕妇免费检测艾滋病、梅毒和乙肝两对半，发现梅毒阳性孕产妇20例、HIV阳性孕产妇1例，均及时予以阻断干预。基本妇幼卫生服务项目稳步实施，严格按照妊娠风险级别进行分级分类管理。加强出生缺陷综合防治，产前筛查率92.63%，发现高风险妊娠22人；新生儿疾病筛查率99.3%，发现新生儿先天性甲状腺功能减退症4人，及时予以治疗。推进免费孕前优生项目，全市有1897对计划怀孕夫妇参加检查，高风险比率14.71%，咨询指导及随访服务率100%。加强计划生育药具管理，市人民医院、中医院、11家社区卫生服务中心妇产科及所有村（居）级社区卫生服务室全部纳入药具免费发放点，免费发放避孕套2839盒，网络发放避孕套804盒。率先推进避孕药具免费发放进高校的服务新模式，在南通大学启东校区安装免费药具自助发放机。

（徐卫菊）

爱国卫生

【概况】 2017年，启东市创建国家卫生城市通过复审。新增国家级卫生镇1个、省级卫生镇2个、省级卫生村60个。完成无害化卫生户厕改造3338座，普及率达96.04%。加强饮用水水质监测，全市共设置生活饮用水监测点数52个，其中城市水质监测点8个（包含3个二次供水监测点），农村饮用水监测点44个，监测点覆盖率100%，饮用水合格率100%。加强病媒生物防制工作，除“四害”先进城市创建通过省级复审，全年投入“四害”药物及器械

4月14日上午，在人民公园广场，市爱卫办联合市健康教育所联合组织开展主题为“为了人民健康——65年历史与展望”宣传活动 （潘 杨/摄）

等消杀经费60多万元，发放灭鼠药1000多公斤、粘鼠板5000多张、灭蟑药物7万多包、灭蚊蝇药900多公斤。新建健康步道4条、健康社区2个、健康学校2个、健康机关2个、健康医院2个。建成无烟单位58家。

（徐卫菊）

计生服务

【概况】 2017年，市卫计委改进计划生育服务管理，保障全面两孩政策顺利实施。提高计划生育服务管理能力，加强计划生育目标责任制管理，推进"十三五"人口协调先进县（市、区）创建。加强全市生育状况监测，完成160份入户调查问卷和数据上报。全市获评国家级优秀调查员1人、省级优秀调查员2人。规范高效审批再生育许可，审批结果网上公开。全市生育登记办理4905例，其中二孩1661例；出生5004人，其中二孩及以上占比33.7%，出生人口性别比基本平稳。做好流动人口服务管理工作，加强网络化协作水平，全年处理省外协查1908条、省内协查1575条、避孕节育报告单120条、一孩生育服务登记通报单12条、手术服务通报单50条，信息反馈率达100%。

【计生扶助】 2017年，市卫计委做好计划生育奖励扶助工作，全市新增农村奖扶16647人、特别扶助441人、持证企业退休职工一次性奖励人数3034人、城镇老年居民一次性奖励人数162人。开展扶贫民生领域资金核查专项活动，建立计划生育特殊家庭联系人制度，为每一户计划生育特殊家庭确定一名乡镇（街道）领导干部和一名村（居）委会干部作为帮扶"双岗"联系人，落实扶助关怀各项政策措施。推进幸福家庭创建，全市有12户家庭被评为南通市幸福家庭，汇龙镇汇东村被确定为南通市2017年"新家庭计划——家庭发展能力建设"项目试点单位。提升争先创优能力，海复镇样本点在2017年全国流动人口动态监测数据质量评估中获全国第三名。开展生育关怀"太阳岛"关爱服务，与市心音心理咨询工作室合作开展"太阳岛"之一路阳光心理疏导服务工程，实施心理干预和心理治疗，开展亲情跟踪服务，达到预期效果，被省卫计委、省计生协确定为第一批"计划生育特殊家庭心理健康服务省级项目"。

（徐卫菊）

疾病预防控制

【概况】 2017年，全市共报告法定传染病1386例、突发公共卫生事件3起，报告及时率100%，处置及时、规范，未造成疫情扩散或流行。"百千万志愿者"活动，建立团队246个。启东健康团队作为江苏省的团队代表报送国家卫计委，参与2017年度全国优秀"百千万志愿者"团队的评选。举办第13届"为劳动者喝彩"技能比武卫生应急与传染病防治专场。作为江苏省首批省级监测点参与2017年度江苏省学生常见病及健康危险因素监测。

【免疫规划】 全年应建卡、建证4383人，实建卡、建证4383人，建双卡率100%。完成一类疫苗接种96614针次，二类疫苗接种14188针次。巩固和保持无脊髓灰质炎。1月5—6日，全市完成338人2016—2017年度脊髓灰质炎疫苗第二轮强化免疫活动，接种率100%。12月5—6日，开展2017—2018年度脊髓灰质炎疫苗第一轮补充免疫活动，活动应种儿童数532人，实种儿童数516人，接种率96.99%。全年共报告AFP病例2例，报告率为1.91/10万，报告病例48小时调查率、双份标本合格采集率、标本及时送检率均为100%，60天随访率100%。开展辖区内Ⅱ型脊髓灰质炎疫苗相关病毒登记清册工作。通过登记清册，全市共计登记实验室47个，与2007年比较，新增实验室8个，减少实验室1个。

通过大疫情系统报告麻疹疑似病例21例，均为麻疹排除病例20例，报告发病率2.05/10万，市疾控中心对21例病例均及时进行流调、标本采集和检测，相关指标均达到上级要求；无百日咳、新生儿破伤风、乙脑、流脑病例报告；报告急性乙肝病例4例，3天内及时流调率、录入率均达100%。

全市共报告预防接种异常反应93例，其中一般反应10例，异常反应83例。乡报告覆盖率100%，报告及时率100%，调查及时率100%，报表与系统信息符合率100%。做好接种证查验工作。春季共查验小学49所，幼托机构83所，应查验学生1325名，实查验1325名，查验率100%，应补证人数1名，实补证人数1名，应补种剂次290，实补种剂次272，补种率93.79%。秋季共查验小学53所，幼托机构77所，应查验学生12533名，实查验15233名，查验率100%，应补种人数1525，实补种人数1485，补种率97.38%。

【传染病管理】 2017年，本地共报告法定传染病14种1346例，6例死亡病例，其中5例艾滋病病例、1例肺结核病例。总发病率120.18/10万。无甲类传染病报告，报告乙类传染病9种1033例，丙类传染病5种313例，其他传染病7种233例。实行疫情报告实时监测、审核制度，定期分析疫情报告质量。市传染病报告及时率100%，审核及时率100%，未出现重卡。建立异常信息快速反应处置机制和流程，全年共发生预警信息50起，1起疑似事件，均予以及时调查并处理。

每季度对医疗单位的传染病管理工作不定期现场督导，发现问题及时指出并要求限期整改，对存在问题进行二次督导，检查通报按季度及时反馈至各医疗单位。全年共查出法定传染病400例，报告400例，报告率100%；共抽查400张传报卡，完整99.50%（398/400）、准确率99.75%（399/400）、及时率100%（400/400）、一致率94.64%

（247/261）。

开展重点传染病防控。4月1日起全市各医疗单位恢复腹泻病门诊。组织2次霍乱防治工作检查。2017年，由各医疗单位对采样送检的腹泻病人进行霍乱金标试剂初筛，4—10月，全市共报告腹泻病人12708例，检索2043例，检索率为16.08%；对相关水体、海（水）产品进行监测采样，共采水体15份、海（水）产品45份、熟食品15份，均未检出霍乱弧菌。每月对门诊或住院手足口病病例采集样品进行常规监测，对聚集性病例采样检测，共采集标本64份。规范处理学校聚集性疫情，落实肝炎、伤寒、痢疾病例病例的流调疫点消毒处理工作。采集伤寒菌株2例、痢疾菌株1例。

【性病艾滋病防治】 2017年，市疾控中心对全市60余家娱乐场所411名从业人员进行每月一次的高危行为干预，全年干预人次数4718人，干预覆盖率95.6%。男男性行为人群月均干预人数53人，月均干预覆盖率91.4%，HIV抗体检测188人次，在425个性病就诊者中，HIV检测414人，检测率97.4%。发放宣传画、宣传小册子等宣传资料9585份，发放避孕套31890只。年初，对外出劳务输出人群开展艾滋病病毒抗体筛查，共筛查647人，未发现阳性复检者。开展对羁押场所539人的HIV抗体筛查，未发现阳性复检者。全市各医疗机构对临床手术病人、产妇等重点人群进行常规HIV抗体检测，共报告HIV抗体检测样本122632例，发现17例HIV感染者。1—12月对城区娱乐场所318名从业人员进行健康检查，未发现阳性复检者。全市完成608人次的自愿咨询检测工作，发现HIV阳性复检者21例。

至年底，累计报告462例艾滋病感染者和病人，其中可随访到存活的艾滋病感染者和病人394例，死亡63例。发现和接到报告73例艾滋病感染者和病人，其中当地报告63例。随访率达100%，随访cd4检测率98.46%。HIV抗病毒治疗率93.67%，结核病筛查率98.23%，配偶检测率94.87%。

启东作为国家性病监测点，做好全市医疗机构性病门诊的规范化服务，加强民营医疗机构的技术指导。加强性病疫情的监测分析：2017市共报告5种STD（淋病、梅毒、尖锐湿疣，生殖器疱疹、生殖道沙眼衣原体），共510人。其中淋病44例，梅毒407例，尖锐湿疣24例，生殖道沙眼衣原体34例，生殖器疱疹1例。按规定每季度和年度完成性病疫情的收集、整理、分析，并上报至市疾控和省疾控中心。每季度组织一次辖区性病疫情的督导和性病漏报调查，对各市直医疗机构的性病报告质量、漏报情况、采样情况等工作进行督导。调查分析结果报告省疾控中心，抄送南通市疾控中心。连续收集、保存和运输辖区内的诊断为梅毒和淋病病例人数的40%淋球菌，2017年送梅毒血清402份和淋球菌12份到省疾控性病中心实验室。

【地方病防治】 2017年，市疾控中心开展人群碘营养监测，5月在全市5个镇，随机抽取8~10岁儿童200份、育龄妇女100份盐样和尿样检测。每季度零售盐监测1次，采集40份盐样。全年共监测160份样品，监测合格率均为94.90%。

【寄生虫病防治】 2017年，全市发现4例境外输入性疟疾病人。市疾控中心加强疫情网络直报和专报系统的疫情管理。开展发热病人血检，全市设有13个门诊镜检站、1个中心镜检站，建成较完善的市、镇疟疾镜检网络系统。全市共血检1233人次，4张阳性血片。中心镜检站对全市发热病人血检质量进行3次检查，并对170张血片进行复核，复核率为13.78%。完成“2006—2015年全国重点寄生虫病防治规划终期评估”报告。12月，随机抽取3个镇，对600名幼儿（幼儿园和低年级学生）进行蛲虫病监测，未发现阳性。

【慢性病防治】 2017年，全市共登记管理高血压患者145447人，规范管理107524人，规范管理率73.93%，最近一次随访血压控制人数102147人，控制率70.23%；登记管理糖尿病患者41500人，规范管理30142人，规范管理率72.63%，最近一次随访血糖控制人数26422人，控制率63.67%。和市教育局联合开展学校“减糖”专项行动，编辑印刷宣传资料6万份，对2000余名高年级小学生和2000余名低年级小学生家长开展专题调查。

【结核病防治】 2017年，全市结核病定点诊治医院确诊肺结核病人462例，完成肺结核病人发现计划的115.5%。新登涂阳134例，涂阳发现率29%，新登病原学阳性201例，病原学阳性患者比例为43.51%，病原学阳性发现率达42%。定点医院Xpert检测623例，MTB检出人数为156例，检出率为25.04%，其中耐利福平6例。对201例阳性病人的密切接触者进行筛查，累计筛查涂阳肺结核病人密切接触者612人，筛查率达100%，未发现活动性肺结核病例。加大学校结核病防控工作力度，定点医院共发现13例在校学生结核病疫情。经核实，11名学生均为外地学校在读生，报南通疾控中心进行疫情处理；2名为启东市在校生，开展相关处置工作。

全市新确诊耐多药（MDR-TB）病例4例，完成耐多药结核病发现计划数的80%。全市市、镇、村三级开展防痨宣传114次。出黑板报和宣传画廊90期。市、镇二级累计开展结防业务培训12次，累计培训5000余人次。开展“百千万志愿者”宣传活动。各志愿者团队组织开展结核病防治宣传活动共计1215次，覆盖人群在30人的914次，覆盖人群在30~100人的300次，覆盖人群在100人以上的21次。

【检验检测】 2017年，市疾控中心完成自来水、二次供水、学生饮用水等的水质检验；完成公共场所、医院污水的检验、食品从业人员和公共场所从业人员的肠道致病菌检验；

卫生监督所委托样品、碘盐、肠道传染病病人样本、医院消毒效果、幼托机构消毒效果、疑似食物中毒、食品风险监测等近2000件样品检测。全年没有因检验结果而受到投诉和申诉。做好实验室质量控制工作，3月参加江苏省疾病预防控制中心组织的尿碘、盐碘、水碘的盲样考核，6月参加扬通徐镇泰组织的五市质控，均取得满意的结果。

【卫生监测】 2017年，市疾控中心对全市各类食品行业的17898名相关从业人员开展健康体检，核发健康证17711份。食品安全风险监测65件，监测的所有样品信息通过网络系统及时上报。规范处置12起食源性疾病暴发疫情。全年报告食源性疾病301例。开展劳动与职业卫生监测，体检3500多人次。对全市24所中小学校进行学生常见病督导工作，学生因病缺课网络直报走上正轨。

【卫生应急】 2017年，全市共发生突发公共卫生事件3起，通过国家网络直报系统在2小时内上报。全市各级各类卫生机构共组织相关培训25次，培训人员800人次。成功举办全市卫生应急与传染病防治技能竞赛，提高执行应急预案的能力和应急处置能力。储备应急物资88种，其中合同储备试剂26种、消杀药品12种、预防保护性药品5种。实物储备45种类。开展应急示范镇（街道）建设，6个镇通过创建。

【健康教育】 2017年，市疾控中心印发4期计200万份健康教育入户资料。征订健康教育资料18112份（套），发至相关基层单位。完成国家卫生城市复审的相关工作。启东作为国家调查点，分别于4月和11月完成居民烟草调查和健康素养调查及健康相关行为监测。集中开展卫生宣传日活动8次，免费为市测量血压400余人次、血糖100余人次，发放各类资料15种155万份。组织在中学校开展健康素养学习与考试活动，全市共有近5.3万人次进行上网学习与考试。通过市、镇二级培训形式，培训合格健康指导员358名。

（黄飞雁）

卫生监督

【卫生许可】 2017年，市卫生监督所共计发放公共场所卫生许可证212件（新申请办证151件、延续61件）；受理公共场所卫生承诺件186件，办结184件，无1件违诺、超时，在市行政权力网上运行电子监察系统未发生一例差错。办理卫生许可证复核164件、卫生许可证变更2件。

【食品安全标准跟踪管理】 3月，市卫生监督所共对23家集中消毒服务单位的产品进行抽检，共抽检115份样品，经疾控中心检测，不合格样品有47份，合格率为59.13%。10月，对24家集中消毒服务单位的产品进行抽检，共抽检240份样品，并委托第三方检测机构（苏州市百信环境检测工程技术有限公司）进行检测，检测结果显示不合格样品有8份，合格率96.67%。9月下旬，对市3家备案的食品企业进行标准跟踪核查工作。

【学校卫生、传染病防治监督】 2017年，对全市75所学校及62所托幼机构开展综合监督检查，出动卫生监督员719余人次、卫生监督车辆207余台次。建立健全学校卫生档案，建档率达100%。对24家医疗机构开展传染病防治双随机监督检查，对存在问题的7家单位，出具监督意见书，责令限期整改。配合南通市卫生监督所，对3家医疗机构开展传染病防治“双随机”监督检查。

【公共场所卫生监督】 2017年，全市组织开展全市沐浴场所、住宿业、生活美容机构等专项检查，全年共计立案查处89家，罚款15.1万元。加强游泳场所专项治理，1家游泳场馆安装水质在线监测设备并正常运行，余氯、浊度等四项数据实现实时传输。对78家“双随机”单位进行“双随机”监督检查，并对“双随机”监督单位的空气、微小气候、水质、顾客用品用具等委托有资质的第三方检测机构进行检测，及时将监督检查及抽检结果上报录入国家系统。

【医疗服务监管】 2017年，立案查处35件违法案件，罚没款金额20.23万元，移送8起涉嫌非法行医罪案件。全市有医疗机构执业许可证的医疗单位共计398家，其中公立医院40家、民营医院6家、门诊7家、诊所61家、医务室27家、卫生室（服务站）257家。调整20多家已经关闭的医疗被监督单位，增加近10家新发证的单位信息，健全和规范各医疗机构的档案信息。夯实打击非法行医监测监控哨点工作基础，抽调专人对全市11个镇社区卫生服务中心的2017年度基本公共卫生服务项目全面考核。

开展医疗机构依法执业专项检查、药品零售经销企业“坐堂行医”专项整治、医疗机构精神药品规范化管理项目专项检查、血液安全监督专项检查、生活美容违法开展医疗美容专项整治等多个专项检查。规范医疗机构依法执业及医疗广告发布行为，对辖区内的瑞金医院、玛利亚医院、华夏医院、博大医院4家民营医院进行行政约谈。

【计划生育与母婴保健监督】 9月底成立监督四科（母婴保健及计生服务监管服务科），全面接手相关监管职能。完成2003—2017年的社会抚养费征收案近5000件，移交整理归档工作。规范市计划生育技术服务执业行为，对14家从事计划生育技术服务的机构监督检查，重点检查依法执业、打击“两非”等内容，对市瑞金医院罚款3000元。

【卫生应急监督】 2017年上半年，市卫生监督所开展生活饮用水污染及传染病防控应急演练。全年共出动卫生监督执法人员80多人次，采取现场定员驻点监控、签订卫生安全承诺书、风险因素抽检、现场快速监测等手段，对中考、高考、小高考3次重大社会活动进行卫生安全保障。

全年共计直接接待受理各类投诉举报17件，处置政府12345转办事项47件，办理南通市卫生监督所转办举报事项3件，均在规定时间内及时查处并反馈。

【放射防护规范化管理】 2017年，各医疗机构共投入113.02万元用于场所、防护门窗、铅玻璃等改造升级。全市共增设CT3台、DR4台、CR4台。投入9.81万元，采购受检者的放射个人防护用品。

【行政执法案件查处】 2017年，市卫生监督所立案查处各类违法行为125件，罚款36.73万元。其中8件非法行医案件。因当事人经卫生部门两次行政处罚后，再次非法行医，涉嫌非法行医犯罪，依法移送公安机关查处。

（丁　恒）

直属医疗卫生单位选介

【市人民医院】 2017年，市人民医院以创建三级乙等综合性医院为总目标，推进县级公立医院综合改革，加强医疗集团建设，发挥区域医疗中心作用，强化医疗质量与医疗安全监管，加强学科建设与人才培养，完善科研教学体系建设，持续改善门诊服务与管理，提高门诊患者满意度，抓好医德医风建设工作，巩固创建“无红包医院”与商业贿赂专项治理活动成果。医院获批命名首批“江苏省外国专家工作室”。

全年门急诊量697007人次，收住住院病人50779人次，手术11010台次，实际占用总床日数523311，床位使用率110.9%，平均住院日10天，实际病床周转次数39，危重病人抢救2839人次，完成业务总收入6.83亿元，净资产7.49亿元。全年924人次参加国家、省、市级短训学术活动，43人次到国内著名三甲医院专科进修，邀请上级专家到院会诊879人次，外出会诊12人次，组织院内大会诊191次。全年获国家级重大课题立项4个，实施中美合作项目1项，国家财政转移支付项目1项、临床多中心课题2项，临床合作课题2项。获国家实用新型专利授权4项、南通市科技进步奖1项、启东市科技进步奖一等奖1项、二等奖1项。发表SCI论文9篇、中华级论文2篇、核心期刊论文19篇。全年接收南通大学、体臣卫校等学校实习生190人。三级乙等医院创建工作通过镇江市第一人民医院评审专家组的初评。

推进国家代谢病管理中心、国家胸痛中心、脑卒中中心、创伤救治中心、孕产妇危急重症救治中心、新生儿危急重症救治中心、远程心电诊断中心、消化内镜诊疗中心八大中心建设，胸痛中心通过国家胸痛中心的评审验收。

2017年，市人民医院做好“6·30”南海公路重大车祸4名伤者、“8·23”滨海工业园区3名员工集体中毒等应急救治工作。

全年共录用22名事业编制人员（其中硕士研究生10名）、28名编外聘用人员；投资1080多万元的地下非机动车库如期竣工；第一轮院长行政大查房工作完成，第二轮启动。

（人民医院）

【市中医院】 启东市中医院是一所具有中西医结合特色的，集医疗、教学、科研为一体的三级乙等中医医院。医院核编床位数500张。有职工696人，其中高级职称83人，中级职称158人，全日制硕士研究生45人。江苏省突出贡献中青年专家1人、省“333工程”培养对象1人、南通市科技专业技术拔尖人才2人、南通市新世纪科学技术带头人培养对象3人、南通市第五期“226高层次人才培养工程”培养对象1人、南通市名中医5人、南通市青年医学重点人才1人。医院设有临床科室18个，医技科室8个，其中耳鼻咽喉科为江苏省中医重点专科；外科、骨伤科、妇科、康复科、心病科为南通市中医重点专科。2017年，医院住院病人22182人次，门诊病人303438人次，手术6403台，业务收入30384.3万元，科研项目收入支出54万元。

医院继续深化综合改革，推进与上级医院的合作和人才引进，提升龙头单位的能力建设。发挥医院中医药特色优势，做好冬病夏治、膏方养生等传统项目，开展中医药适宜技术推广和中医药文化宣传。5月，通过省中医药局巡查组对医院的巡查。医院通过医银合作模式，提供智慧医疗服务，实现在医院就诊期间便捷支付（微信、支付宝）诊疗费用、住院充值等医疗金融服务功能。

（王海燕）

9月18日，“江苏省外国专家工作室”在启东市人民医院正式揭牌。市人民医院成为江苏省首批、南通地区首家建立外国专家工作室的医疗科研单位

（市人民医院/提供）

收入与消费

【收入】　2017年，全市居民人均可支配收入31208元，比上年增长9.7%，其中城镇居民人均可支配收入40759元，比上年增长9%；农村居民人均可支配收入21691元，比上年增长9.1%。

【消费】　全年居民消费价格指数为101.1%，比上年上涨1.1%，其中12月同比上涨1.4%。八大类消费品及服务项目价格"七升一降"，衣着、居住、生活用品及服务、交通和通信类、教育文化和娱乐、医疗保健、其他用品和服务类价格同比分别上涨1.9%、3.4%、3.7%、1%、1.2%、1.8%、1.8%；食品烟酒类则下跌1.3%。全市居民人均生活消费支出23292元，比上年增长6.9%，其中城镇居民人均生活消费支出30896元，比上年增长4.3%；农村居民人均生活消费支出15715元，比上年增长7.5%。

（市统计局）

劳动就业

【概况】　2017年，全市新增就业8133人，促进城镇失业人员再就业4400人，城镇登记失业率控制在1.92%，新增转移农村劳动力4200人，新增高技能人才数2942人。促进重点群体充分就业。继续把高校毕业生就业摆在就业援助工作首位，开展全面普查，强化跟踪服务，确保实名制登记率与就业服务率均达100%。结合产业结构调整和城市社区建设，重点围绕社区第三产业开发托幼托老、病人护理、商品配送、修理维护等便民利民岗位。搭建劳务基地、职业学校、重点缺工企业、民间人力资源机构多方互通交流平台，促进市场供需对接。落实各项就业补贴资金，发放社会保险补贴873.2万元，2340人次享受待遇；发放企业稳岗补贴523万元，22家企业享受待遇。

【就业培训与劳务引进】　2017年，市人社局修订完善职业技能培训补贴工种目录，健全以获取国家职业资格证书和专项能力证书为主要评价依据的政府购买培训成果机制。分类推进新生代农民工职业技能提升1448人，完成全年任务的107.25%；城乡新成长劳动力技能培训人数1631人，完成全年任务的125%；城乡劳动者就业技能培训人3857人，完成全年任务的143.44%；职业技能鉴定取证人数近10758人，占全年任务的130%。企业职工岗位技能提升培训人数19200人。职业技能鉴定取证（不含统考）10758人，职业技能鉴定（统考）493人。推进高技能人才培养引进，成功获评省双创高技能人才1名，培养高级工以上人员1739名。创新组建"工

4月5日，南阳镇北清河村组织企业开展招聘会，有150多名村民与企业达成就业意向　（潘　杨/摄）

匠联盟”，助力企业全面体质增效，完成技术攻关项目10个，创造经济效益近1200万元。组织工作小组，加强赴外招聘，与陕西汉中市西乡县签订扶贫劳务协作协议，吸引劳动力资源向启东市有序流动。

【创业机制创新】 2017年，市人社局落实激励政策，以创业者直接受惠为核心，从能力提升、资金托助、就业吸纳三个方面兑现政策，全年共帮助1466名群众实现创业，发放创业担保贷款2090万元。建设创业载体，打造三大创业基地，依托天汾五金工具城，创建国家级农民工返乡创业城；依托启东国动产业园，建设以电子商务为主要特色的创业孵化基地；巩固省级创业孵化示范基地金凤凰创业园建设成果，提升孵化规模和成效，增强辐射全市，引领全民创业能力。

【劳动关系调处】 2017年，市人社局建立完善解决企业拖欠工资问题部门联席会议制度，随时应对处置群体性欠薪事件，全年处理群体性欠薪事件21起。开展农民工工资支付专项检查活动。加大对劳动保障违法案件的查处，将5家欠薪逃匿涉嫌拒不支付劳动报酬的企业移送公安部门。对工程建设、船舶修造等重点行业、重点区域实施源头管控，及时化解，杜绝发生群体性上访事件。全年共处理劳动争议仲裁案件964件，受理劳动争议举报投诉262件，立案85件，案件结案率100%。检查用人单位1115家，涉及职工13.03万人，为2497名劳动者追讨工资2158.2万元，督促125家用人单位为279名劳动者补办社会保险登记，补缴社会保险费309.67万元。

（李　晨）

社会保障

【城乡居民养老保险】 2017年，全市城乡居民养老保险参保人数达26.84万人，领取待遇人数28.03万人。城乡居民基础养老金标准从每人每月115元提高到125元。市人社局与市慈善基金会联办“携手养老”工程，对当年参保缴费的低保户和重度残疾人员给予补助，补助标准从上年每人每月100元提高到120元，至年底共5915人享受此补助。全年共计发放丧葬补助金814万元。

【职工养老保险】 2017年，市人社局抓好重点行业、重点企业职工养老保险基金及时足额入库，超额完成全年任务。全年新增参保企业340家，净增参保人员1885人。全市企业职工养老保险参保人数达14.23万人，领取待遇的企业离退休人员5.8万人，享受遗属定补人员3000人。全年养老金收入16.77万元，支出16.08亿元。按全省统一部署，7月底完成企业职工养老金调整，月人均调增额147元，调整后全市企业退休职工人均养老金为2169元/月，全市每月增加基金支出820万元。

【机关事业单位养老保险】 全市机关事业单位养老保险参保人数1.49万人，领取待遇人数1.3万人。机关事业单位工作人员全面纳入江苏省机关事业单位养老保险信息管理系统。

【医疗保险】 全市城乡基本医疗保险参保人数102.30万人，其中职工医疗保险参保人数17.25万人。城乡居民医疗基本保险基金收入7.29亿元，基金支出5.26亿元。职工医疗保险基金征缴收入9.48亿元，基金支出6.40亿元。完善医疗保险政策体系，推进分级诊疗制度建设。实施按人头付费、按病种付费、按床日付费、总额预付等多种付费方式相结合的复合支付方式改革，并运用现代化技术设备强化定点医疗机构管理，严处违规问题。全年共查处定点医疗机构、定点零售药店违规问题53起，其中责令整改41家，共计扣除各类违规费用及违约金近23万元。根据上级统一部署，9月起开通全国异地就医直接结算系统，职工医保参保对象异地住院费用可直接结算。

【生育保险】 2017年，全市生育保险参保人数8.93万人，基金收入2509万元，比上年同期增长11.5%。生育保险待遇支出2681.58万元，比上年同期增长2.9%。

【工伤保险】 2017年，全年工伤保险参保人数13.05万人，基金收入9941万元。受理工伤案件1180件，认定1052件，组织劳动能力鉴定566人，进行工伤康复21人。全年支付保费5342.25万元。推进建筑施工项目工伤保险实名制工作，全年有228个建筑施工项目办理项目工伤保险，共征收项目工伤保险费2218万元。

【失业保险】 2017年，全年失业保险参保9.7万人，基金收入5600万元。全年发放失业保险金3641.53万元、物价补贴11.61万元、稳岗补贴523.25万元。

【社保卡发放与信息工作】 6月，市成立社保卡发放职能机构，开展社保卡发放前期准备工作。9月，正式成立人力资源和社会保障信息中心，为社保卡发放和应用的专门机构。配合协助社保处、就业处、医保中心，做好社保、就业、农村居民医保南通并轨工作。加快中心机房和信息化建设，构建系统内网络构架和数据存储。全年完成97万张城乡居民社会保障卡的制作发放工作，实现“一人一卡一号”，全省各地通用。启东市城乡居民社会保障卡投资合作银行为中国农业银行。

（李　晨）

【住房公积金】 2017年，住房公积金归集新增单位255个，新增人数13747人，归集住房公积金9.31亿元。南通市住房公积金管理中心启东管理部完善贷款业务操作规程，推出惠民、便民举措，规范运作，优化个贷业务流程，提高工作效率，缩短审批时限，全面提升服务水平。

全年办件14620件，提取公积金7.77亿元，共为1202户职工家庭发放公积金贷款4.97亿元，创下个贷连续11年零逾期的纪录。

（张　峰）

民政事务

【概况】　2017年，市民政事业发展实现新突破。镇级居家养老服务中心全部建成启用，市社会福利中心加快建设；引进安康通居家养老专业化服务团队；提升养老机构消防安全应急能力，无证养老机构整改完成率达87%；完善救助体系，在全省率先实施因病致贫家庭救助办法；加强和谐社区、民主村居建设。启东市获评省现代民政示范市。

【养老机构建设与管理】　2017年，全市新增养老床位500张，发放养老机构运营补贴、建设补贴和补助234.7万元。总投资约7亿元、占地面积108亩、建筑面积12.4万平方米的市社会福利中心主体结构工程封顶。实施持证民办养老机构消防自动喷淋改造，发放奖补资金270.8万元。推进养老机构火灾隐患整改，规范和取缔无证养老机构28家。开展养老护理员培训，118名护理员取得国家职业资格证书。

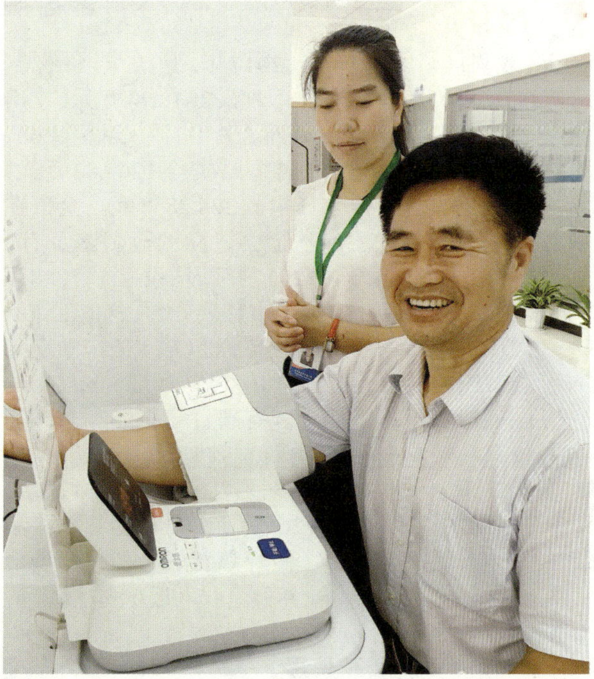

7月5日，民乐新村的黄联生在市居家养老中心测量血压　（张春柳/摄）

【居家养老服务】　2017年，市民政局推进标准化居家养老服务中心（站）建设，新建市级和11个镇级标准化居家养老服务中心、28个村级标准化居家养老服务中心（站），核拨补贴金额100.2万元。出台政府购买居家养老服务实施办法，引进安康通居家养老专业化服务团队，为3819名政府购买服务对象分别提供每月60元或100元标准的居家养老服务，核拨服务资金231万元。

【社会福利】　从7月1日起，城镇“三无”人员供养综合标准每人每月提高到1530元，其中分散供养人员生活费1000元（打卡发放），镇级统筹530元；农村“五保”分散供养综合标准每人每月提高到775元，其中分散供养人员生活费600元（打卡发放），镇级统筹175元。孤儿集中供养标准提高到每人每月1968元。全市有“五保”老人1750名，其中集中供养713名，分散供养1037名。全市发放“五保”、孤儿、“三无”老人救助金1400万元。全市共向5.76万名老人发放尊老金4263.72万元，其中百岁老人215人。实施“安康关爱行动”，全市老年人意外险参保13.65万份，参保覆盖率达45%；理赔金额420.24万元，理赔人数1965人次。

【双拥工作】　2017年，全市建立健全市、镇、村三级拥军优属服务平台，为优抚对象提供优质服务。表彰双拥先进个人和单位60多人次，推动双拥创建“六进”（进机关、进学校、进工厂、进乡村、进社区、进军营）工作。组织江苏省双拥模范城创建活动，投资30万元建成占地面积1万平方米的双拥主题公园。

※附※

获表彰启东籍军人简介

黄海洲，男，1983年12月出生。启东人。海军洞庭山舰舰长，少校军衔。2002年，黄海洲自启东中学考入海军大连舰队舰艇学院学习，2007年毕业。毕业后十年间，从登陆舰副航海长一直干到舰长。在他的带领下，洞庭山舰5次被支队表彰为基层建设先进单位，4次表彰为先进基层党组织。2015年舰队被评为“基层建设先进舰连标兵”，2016年荣立集体三等功。黄海洲被表彰为“全军优秀参谋”，多次被评为支队优秀共产党员、优秀基层干部和“训练标兵”，2次荣立三等功。2017年3月，获第三届“东海强军先锋”表彰。

杨俭，男，1977年11月出生。启东东海镇人。空军航空兵第一旅机务大队质量控制师，空军中校军衔。1996年9月，杨俭由江海中学考入河南空军第一航空学院。先后执行过普兰店驻训、赤峰驻训、连城轮战、鼎新红剑演习等多项大项任务。2009年12月，因工作表现突出获三等功奖励一次。2013年6月，因安全训练立功突出获三等功奖励一次。2015年5—9月，参加1509阅兵任务（纪念抗日战争暨世界反法西斯战争胜利70周年阅兵），负责歼-11B飞机空中梯队的质量控制工作。2017年12月，因安全训练立功突出获二等功奖励一次。

陈鑫懿，男，1987年4月出生。启东人。江苏省消防总队南通支队政治处组教科科长，正营职，武警少校警衔。2005年9月由启东中学考入南京理工大学，2009年6月入伍，因在2013—2017年在南通市消防支队天生港中队任政治指导员期间，带领全体官兵出色完成各项工作任务，成功扑救“10·5”绿源新材料仓库火灾、“4·22”德桥化工爆炸事故等重大火灾事故，创新开展“学雷锋”志愿服务活动，得到驻地群众的一致好评。在他的带领下，中队先后荣立集体二等功一次、集体三等功两次。2017年3月，天生港中队被中宣部表彰为“全国学雷锋示范点”，连续4年被总队表彰为“全省十佳基层单位”。陈鑫懿被省厅荣记个人二等功。

【优抚安置】 2017年起，义务兵服现役期间按照上年度城镇居民人均可支配收入50%的标准发放家庭优待金，优待金发放按照属地管理原则，由各镇分别发放。发放现役军人立功奖励金及驻启部队官兵立功奖励金21名，共计2.1万元。退役士兵一次性经济补助金测算基数按照上年度城镇居民人均可支配收入1.6倍的标准计算，发放一次性经济补助金2253.38万元。实施退役士兵城乡一体化安置，全年安置退役士兵447人。全年为2016年冬季退役士兵办理441张拥军卡。推进退役士兵职业技能培训，相对培训率90%以上，就业率达90%以上。10月1日起调整“三属”抚恤补助（烈士遗属标准：32457元/年；因公牺牲军人遗属标准：28794元/年；病故军人遗属标准：25311元/年），“两参”退役人员抚恤补助标准提高到9752元/年，以及带病回乡退伍军人抚恤补助标准提高至9055元/年。落实60周岁（含）以上农村籍退役士兵和60周岁（含）以上烈士子女享受水、电、气及有线电视等优惠政策，发放优惠补助每月55元，共发放补助金446万元。按省民政厅要求制作发放“光荣人家”牌匾84010块。为全市享受国家抚恤补助的11500多名优抚对象安排体检；为826名企业下岗、失业转业志愿兵（士官）发放困难生活补助221.71万元，受理审核下岗、失业转业志愿兵（士官）申请困难生活补助230名，受理审核企业退休和老复员军人、残疾军人中“两参”身份的申请材料160名。为352名企业下岗、失业转业志愿兵（士官）办理职工医保。为残疾军人修理配发假肢及病理鞋82人次，完成6名调评残人员的伤残鉴定工作，32名带病回乡退伍军人病情鉴定工作。

【社会救助】 2017年，市加强临时救助力度，按市镇按7:3比例筹集，其中市级财政按辖区内人口数每人4元的标准安排预算。全市投入临时救助资金324万元。实施医疗救助，全市投入医疗救助资金4413.23万元，资助困难群众参合参保、即时、门诊和住院医疗救助。探索实施因病支出型贫困居民的救助政策。6月起，施行《启东市因病支出型贫困家庭生活救助暂行办法》，公示认定救助2280人，发放救助金1751.39万元。落实城乡低保标准自然增长机制，7月1日起，农村低保标准由每人每月530元提高到600元，城镇低保标准由每人每月590元提高到600元，实现城乡低保一体化。全市共有低保对象8447户12324人，发放低保保障金6937.03万元。城乡低保人均补助分别达480.3元/月和502元/月，比上年同期分别增长7.3%和19.5%。60年代精减老职工生活补助费城市居民每人每月由590元调增至600元，农村居民每人每月由由570元调增至600元，全年共发放补助金约65.05万元。全市募集慈善善款2618.94万元，开展定向捐赠、儿童大病救助、助学、助残、助医等多项救助，支出救助资金1794.72万元。联合市未成年人成长指导中心共同实施农村留守儿童帮扶项目——“太阳花”行动。发挥基层群众自治组织的作用，对所有农村留守儿童逐一登记造册，建立个人档案。会同教育、公安等部门实现动态追踪、分类管理、信息互通。海复镇的留守儿童保护工作得到江苏省和南通市的肯定。

【行政服务】 2017年，市民政局完善婚姻登记归档工作。对新的婚姻登记档案扫描归档，对婚姻登记历史档案进行分类整理，做到当日办理档案当日扫描归档。全年结婚登记8305对，离婚登记2735对。启动社会组织孵化园建设。起草弃婴收养文件，办理收养登记2件。

【社区建设】 2017年，全市全面推进社区公共服务中心达标建设，新增400平方米以上标准社区服务中心超过100家。联合推进“政社互动”“三社联动”工作机制，推进农村社区民主协商机制建设。城乡和谐社区建设合格率分别达100%、98%。推进“村（居）微自治”工作，打造具有启东特色的“小组（邻里）自治五微三有”模式（基层“微单元”“微力量”“微平台”“微服务”“微机制”，小组邻里有形覆盖、自治有序实施、作用有效发挥）。

【福彩销售】 2017年，市民政局完成福彩销售1.72亿元，筹集福彩公益金1552万元，销售总量实现“南通第一、全省第八”。启东市蝉联江苏省福利彩票销售十强县（市）。

（施敏敏）

慈善工作

【概况】 2017年，启东市慈善基金会实现总收入2618.94万元，支出1794.72万元。其中，协议认捐款680万元，定向捐赠资金1208.83万元，慈善一日捐款224.28万元。全市在市慈善基金会设立的冠名基金有5个，其中2017年新增设立3个，均运行稳定。全市慈善分会、慈善工作站均实现全覆盖，村（居）工作站全年慈善捐款达1076.37万元。开展专题募捐活动。有超百家企业和个人积极参与，合计捐款1806万元，其中新增捐款10万元以上的企业44家，募集善款1206万元，创年度善款募集新纪录。做好慈善资金的保值增值工作。全年利息收入近600万元。

【善款使用】 2017年，市慈善基金会实施资助贫困中小学生项目、本三及大专贫困生圆梦大学项目，资

5月1日，林洋新能源庆"五一"活动，市慈善基金会接受公司捐款（市慈善基金会/提供）

助面覆盖全市大中小学贫困生，支出助学金116.83万元，992人受助。"爱心助学"项目获南通慈善奖最具影响力项目奖。实施捐赠血透机项目、18周岁以下儿童大病慈善救助项目、针对因病致贫家庭的临时救助项目，支出资金185.52万元，160人次受助。实施"慈善情暖启东"春节慰问活动，新增实施为城乡低保户和散居五保户购买财产及人身意外保险项目，支出资金84.3万元，惠及1万多人次。实施为低保、重残人员参加养老保险提供资助的"携手养老"项目，支出资金70.10万元，5842人受益。资助市特殊教育学校，支出资金10万元。会同市文明办、老年科协、老区促进会、关工委、见义勇为基金会等单位，对扶贫济困、文明创建、见义勇为、康复健康、关爱下一代等社会公益事业进行联合救助，支出资金47.2万元。

（陆成璐）

民族宗教事务

【概况】　启东市是江苏省、南通市民族宗教工作重点县（市）之一，汉族聚居，少数民族散居。2017年，全市共有少数民族3912人，其中启东户籍1520人，流动人口2392人。有苗族、彝族、壮族、满族、回族、土家族等43个少数民族，散居在全市各地。到启东的流动少数民族商民不断增多，其中来自新疆、青海、甘肃等地的少数民族公民主要经营清真拉面，全市有清真拉面店65家。

全市有佛教场所8所，常住僧尼有48人，佛教居士3000多人。道教信众遍及全市，吕四一带尤为集中。道观1个即崇贞观（又称三清殿）为南通市级文物单位。天主教活动场所10个，神父5人，修女8人，天主教信徒1.3万人左右。基督教活动场所15个，有基督教教职人员18名，信徒1.5万人左右。

2017年，市民宗局继续做好少数民族群众基础信息库建设工作及少数民族特困家庭扶贫工作。着重做好法音寺扩建，大雄古寺、汇龙基督教堂、吕四基督教堂、近海基督教堂异地重建的前期准备工作，妥善处理玉龙寺的历史遗留问题。加强民族宗教领域综治和平安建设。化解私聚点重大纠纷1起，督促解决大丰、大兴、启隆3个基督教堂延伸点的安全隐患。指导各宗教团体、宗教活动场所做好春节、观音节和圣诞节等重大宗教活动期间安保工作，保证宗教活动正常、有序、安全地开展。

【服务少数民族群众】　2017年，市民宗局把握城市少数民族流动人口的特点和规律，健全完善少数民族流动人口服务管理体系。在生产经营、务工就业、医疗保险、子女求学、技能培训、清真食品补贴及社会维权等方面给予服务。依托市少数民族联谊会、清真食品管理小组，妥善处理较大矛盾纠纷3起。做好公民民族成分变更审核2件，为26位少数民族考生进行中考、高考加分照顾政策的初审工作。

【宗教活动场所星级晋升工程】　2017年，市民宗局指导一、二星级宗教活动场所创建，服务场所做好晋星申报工作，促进宗教活动场所提升管理水平。市原有10处宗教活动场所获得星级认定，其中二星级场所3处、三星级场所4处、四星级场所3

法音寺中天塔　（姜雨蒙/摄）

处。根据各宗教场所实际情况，年初局与各宗教团体商议制定创星规划，计划用2~3年的时间集中开展晋升星级创建活动。全年举办星级宗教活动场所创建工作培训班2期，具体对创星场所的财务管理、档案建设、制度管理等方面进行辅导。年底，汇龙天主堂完成二星级活动场所创建。

（杨润兰）

老龄事务

【课题调查研究】 2017年，市老龄协会开展本级年度重点课题调研，撰写的《加快龙头养老机构建设 推动全市养老产业发展——关于我市养老产业的调查与思考》调研报告，得到市领导和相关部门的肯定。组织开展热点难点问题专题调研活动。16家镇级协会报送调研报告。参与启东市第二届哲学社会科学优秀成果奖评选，申报调研报告3篇。

【为老服务】 2017年，市老龄协会联合市司法局、市法律援助中心两次开展法律援助“走村入户”活动，共发放宣传资料400多份，接受老年人法律维权咨询60多人次。各级老龄协会开展为老维权服务，受理老年人矛盾纠纷案件1580起，成功调解1100多起。开展“情暖夕阳”志愿服务活动。全市建立各类为老服务志愿者队伍1780个，志愿者人数达20180多人。协同民政部门、人寿公司，助推“安康关爱行动”。全市老年人意外伤害保险参保人数达13.69万人，覆盖率达52.1%，赔付意外伤害人数2152人，赔付金额492万元，理赔率达59.9%。

做好居家养老服务考核测评工作。2017年，市政府招标引进专业服务运营商——上海互联远程医学网络系统有限公司为启东市居家养老服务团队。市民政局会同市老龄协会联合下发《政府购买居家养老服务绩效考核办法》。市老龄协会承担每季度居家养老服务对象满意度测评。11月，首次对随机抽出的200名享受政府购买居家养老服务的老人进行满意度测评。

（李松涛）

社会矛盾调解

【概 况】 2017年，启东市市、镇、村三级调解组织共受理调处矛盾纠纷2951件，成功调处2932件，调处成功率为99.35%，防止群体性事件191件，防止民转刑案件24件，防止越级上访31件。市社会矛盾调解中心与市综治办联合实施的“打造矛盾纠纷专业化调处系列品牌”项目被评为启东市创新优秀奖。

【运作机制优化调整】 2017年，市调解中心优化调整运行十多年的接访大厅“超市式”“柜台式”服务模式，撤销部门常驻接访窗口，创新建立融入综治中心大平台，设立一个对外综合窗口，以部门专业调解站为支撑的“1+1+X”接访新模式。研究制定《启东市矛盾纠纷分级分层调处暂行办法》，严格分级调处，强化“属地管理”“谁主管，谁负责”原则，加强协调、研判、督导职能。全年市调解中心受理调处矛盾纠纷数同比减少49.3%，镇级受理调处矛盾纠纷数同比增加16.53%，村级受理调处矛盾纠纷数同比增加36.3%。

【大排查大整治专项行动】 2017年，市调解中心坚持边查边治，严格落实“日报告”“零报告”制度，畅通信息报送渠道。对排查出来的各类矛盾和问题分析、梳理，分类登记建档，落实相应措施，全力化解。7次深入有关镇（区、街道）督导大排查工作。综合采取通报、约谈、挂牌督办、一票否决建议等责任查究手段，推动专项行动工作责任落实。向全市下发督查通报2份，对因超期限未调结矛盾的某镇及时发出督办单。大排查大整治专项行动期间，全市三级调解组织共排查1468件，受理调处各类矛盾纠纷1383件，调处成功率达97.1%，通过调解防止民转刑案件9件，防止群体性事件73起1191人次，防止越级上访10件25人次。

【品牌创建】 2017年，市调解中心打造“人民调解+医责险”医患纠纷专业调处升级版。成立全市医疗纠纷源头预防工作室，协助行业管理部门和医疗机构建立医疗风险防范机制与工作体系；定期组织专家为全市医务人员进行医疗纠纷预防与处置、现代医院安全管理与风险防范、医患沟通等方面的培训，完善医疗机构管理机制，深化保、调、赔、防一体化医患纠纷预防调处机制。搭建交通事故纠纷处置服务平台。3月20日，市交通事故处理一体化服务中心正式挂牌运作，市法院、市公安局、部分保险公司派员入驻，创新建立人民调解、行政调解、司法调解“三调”融合，保险理赔、矛盾调解、立案审理、法律服务、财损评估、社会救助“六位一体”的道路交通事故联动联调联处机制。成立九大部门专业化调处工作站。9月，召开专业调解站建设推进会，规范和提升覆盖重点领域矛盾纠纷专业调解水平。打造劳资纠纷特色品牌——沙主席职工维权咨询工作室。突出“互联网+”模式，线下线上同步接受企业和职工咨询，开展宣传、教育、咨询、纠纷调解等工作。

（徐建平）

汇龙镇

【概况】 2017年，全镇行政区域面积104.2平方公里，耕地面积5254公顷。总人口24.9万人，其中农村人口8.4万人。有27个行政村、3个居委会。全年实现地区生产总值196.2亿元，同比增长12.6%，其中第一产业增加值4.6亿元、第二产业增加值96.3亿元、第三产业增加值110亿元；完成一般公共预算收入9.92亿元，增长24.8%；全社会固定资产投资74.5亿元，增长0.2%；城镇居民人均可支配收入40640元、农村居民人均可支配收入22056元，分别增长8.7%、8.8%。全年外资实际到账2955万美元，完成年计划的98.5%。荣膺“2017年全国综合实力千强镇”称号（位列第191位），蝉联“全国文明镇”称号，获南通市人大常委会颁发的南通市万名代表小康行创新奖、江苏省住房和城乡建设厅颁发的“省特级村镇建设档案室”铜牌、南通市2016—2017年度宣传思想工作集体典型、南通市妇女儿童工作先进集体等多项称号。

【项目建设】 2017年，全镇在手在谈项目30个，其中外资项目总投资8000万美元，内资项目总投资4亿元。全年新开工5000万元以上项目22个，其中10亿元项目1个、亿元以上项目13个；年末竣工12个，投产9个。培育重点企业，捷捷微电子在创业板成功上市，21家企业应税销售净增2000万元以上，6家企业新进规模企业，4家企业成功新申报高新技术企业。申力油泵、金盾门窗等企业实现当年开工、当年投产，贯通新材料、品磊塑胶、亦大通科技等重大项目顺利推进。

【城乡建设管理】 2017年，全镇拆迁区域实行项目地块打包推进，全力攻结转、破难点、交净地，全年共腾房894户，交出净地19块。保障重点市政工程建设，妇幼保健院、社会福利中心推进，钱塘江路、蝶湖大桥等市政配套工程顺利推进。怡福苑南区、天主堂东侧安置区建成交付，士清安置区、永阳安置区、台角安置区五期等安置房项目按时推进建设。推进全国文明城市创建，投入300万元开展城区环境综合整治，镇域河道、围墙有效改观，托管小区环境全面改善，惠阳路、人民东路占道经营有效控制，城河村、南郊村流动摊贩彻底整治，永阳、惠丰、圩角等老集镇管理逐步规范。抓好拆违工作，全年共拆除违章建筑202处5万多平方米，全力管控苗木抢种抢栽，清理恶意种植苗木89亩11万余株。完成25户农户危房改造，新建、扩建综合公共文化服务中心10个。拆除畜禽养殖场80家。推进备用水源地截污工程，17座涵闸完成工程量90%。全面推行“河长制”，打击顽固网簖户，完成三级河网簖清障，城乡河岸环境和水质量明显改善。开展砖瓦企业、秸秆禁烧等专项治理行动，淘汰燃煤锅炉34台。

【“三农”工作】 2017年，镇加强项目农业建设，推进米歌酒庄、御龙缘食品、豪洋食品等农产品加工项目和江天渔业创意园等休闲农业项目建设。落实农业对接服务上海工作，签约比欧、佳佰味、剑楠等食品加工农业项目。扶持发展农业龙头企业，金港农庄、台蓝农业获评南通市农业龙头企业，江天生态农庄荣获全国农村创业创新园区（基地）称号。按照“五化标准”推进农民专业合作社规范化建设，新增农民专业合作社12家，被农业部门认定的家庭农场64家。抓好农村水利建设，投入160万元疏浚马路河1条、横河3条、泯沟319条、埋涵411座，完成重点县护坡工程17.3公里。着力改善农村生态环境，在头兴港两侧完成市级租地造林500多亩，在沿江公路南侧和五四村完成镇级租地造林1000多亩，全镇绿化率达29.3%。推进“六位一体”农村环境长效管护，投入300多万元，全镇统一发包，统一整治。高标准农田建设，全镇新增高效农业面积4370亩，其中设施农业面积970亩，申报无公害农产品基地2个、产品8个。

【民生实事】 2017年实施的10公里农路提档升级全面完成。完成“一杯水”马桶改厕404只，圩北、万英等村改厕工作受到中央媒体关注。重视食品安全，全面推进民间厨师培训管理，组织成员单位不间断开展食品安全检查。北上海幼儿园如期招生，城北幼儿园二期抓紧立项审批，苏艺幼儿园回购协议正式签订。镇养老综合服务正式运营，定位中高端的颐养护理院加快装修。4家持证养老机构火灾隐患整改到位，5家无证养老机构取缔。完成307户家庭脱贫任务，发放第一批因病致贫救济金127万元、低保保障金319万元。发展文化事业，"村村乐""正能量加油站"文化品牌内涵持续提升。举办喜迎十九大"村村乐"周年庆活动，承办、参与"共乐东疆"活动。组织开展"情暖夕阳"志愿服务，为全镇410名困难老人提供一对一常态化志愿服务。推进镇村"七彩夏日""缤纷冬日"活动。评选表彰一批文明新风典型，亚光村板凳女孩苏晓琳获"江苏青年五四奖章"，20人获评月度"启东好人"。

【社会治理】 2017年，镇开展"倾心听、大家议、马上办、一起干"主题实践活动，理顺村级议事决策机制。打造"平安法治乡镇"，开展社会矛盾和安全隐患排查整治行动，对重点领域和重大安全隐患统筹协调多个部门联合整治。推进综治中心规范化建设，镇级和22个村级综治中心通过南通市级验收。开展平安法治"村村乐、格格乐"晚会，巡回播放法治电影，法治宣传取得新成效。健全矛盾纠纷化解体系。

【基层党建】 2017年，镇开展村党组织"四有四化"建设，指导各村"党建领航站"评级创星申报，共建成1个五星级站点、4个四星级站点、1个三星级站点。开展富民强企奔小康"走帮服"活动，镇村全体党员干部全员参与走访，1497个问题得到有效解决。做好市长信箱、12345公共服务平台、"启吾东疆"论坛等服务群众平台的答复工作，受理各类咨询3191件，办结率100%。

2017年汇龙镇主要经济社会指标

表29

项　目	单　位	数　量	项　目	单　位	数　量
总面积	平方公里	104.2	高标准农田面积	公顷	2526
年末户籍人口	人	249974	粮食总产量	吨	19084
耕地面积	公顷	5254	蔬菜总产量	吨	54202
地区生产总值	万元	1962236	水产品总产量	吨	3260
第一产业增加值	万元	35754	工业总产值	万元	3584517
第二产业增加值	万元	821743	社会消费品零售总额	万元	842792
第三产业增加值	万元	1104739	小学校数	所	8
财政总收入	万元	110200	中学校数	所	8
农民人均可支配收入	元	22056	医疗卫生机构	个	18

2017年汇龙镇各行政村基本情况

表30

村　名	人数（人）	耕地面积（公顷）	党组织书记	村委会主任
城北村	3267	41.6	陆碧辉	陆碧辉
克明村	4359	179.0	吴春花	吴春花
汇东村	3501	37.5	陆　里	陆　里
城河村	2073	16.9	姜卫娟	姜卫娟
圩北村	2600	193.2	陈松岩	陈松岩
合兴村	1821	90.0	黄士兵	黄士兵
汇龙村	2189	3.1	施建英（副书记当家）	施建英
东郊村	1782	76.9	吴正辉	吴正辉
城东村	3261	159.7	何　旭	陈伟翔
亚光村	4532	308.2	陆　美	陆　美

续表30

村　名	人数（人）	耕地面积（公顷）	党组织书记	村委会主任
五四村	1981	98.6	施卫兵	施卫兵
永阳村	3969	275.2	张学洲	张学洲
台角村	3453	126.1	倪建辉	倪建辉
冬藏村	3806	309.0	周洪菊	周洪菊
士清村	3685	303.8	刘　辉	刘　辉
圩南村	2471	191.6	张洁洁	朱峰鹤
爱新村	3308	213.6	杨健能	杨健能
万英村	2495	209.7	陆永辉	陆永辉
光荣村	2600	223.4	茅海红	茅海红
正诗村	4699	416.5	陈学兴	陈学兴
大陆村	2374	214.8	张松燕	张松燕
近江村	3439	340.8	姚成庙	姚成庙
取丰村	1979	185.2	蒋林君	仇人杰
鹤群村	2388	178.5	刘永兵 （副书记当家）	刘永兵
临江村	2534	200.1	秦　忠	秦　忠
双庆村	3998	314.6	陈曙光	施正忠
南郊村	5343	312.5	郭正飞	郭正飞

（曹远江）

惠萍镇

【概况】 2017年，全镇行政区域面积75平方公里，耕地面积7500公顷，常住人口51771人，年末户籍人口67990人，辖15个行政村。工业企业近千家，其中规模以上工业企业5家。企业从业人员14280人。辖区内有集贸市场3个，集贸市场成交额25850万元。社区卫生服务中心（医院）3个，分医院及村级卫生机构15个，中心敬老院1个，中学2所，小学3所，幼儿园3所，金融机构8个。全年完成一般公共财政预算收入7343万元，非税收入5965万元；规模工业应税销售达9.95亿元，完成年计划的128%；全社会固定资产投资14.83亿元，同比增长17.1%；工业投资7.88亿元，同比增长11%；服务业投资6.53亿元，同比增长25%。全镇地区生产总值77.66亿元，财政收入1.31亿元。农民人均纯收入21856元，比上年增长8%。全年镇获得综合考核金杯奖、重点工作推进杯金杯奖、外向开拓杯金杯奖、项目建设杯银杯奖、对接上海杯获得铜杯奖。

【工业经济】 2017年，镇拓展惠萍、惠和两大工业园区规模，推进重大项目建设，盘活存量企业，鼓励支持南方润滑、恒安防爆等企业转型升级，形成竞争力强的产业集群。新开工亿元项目7个，其中超10亿元项目1个，超亿元工业项目4个，超亿元服务业项目2个。完成新竣工产业项目1.5个，新转化项目1.5个。红星生活小镇、盛德钢结构、江苏泓泽添蓝润滑科技等项目开工建设，大恒铁芯变压器制造、晨强蝶阀零件制造等项目均落户。

【项目建设】 2017年，镇引进重大内资项目3个，注册资金1700万美元。引进重大外资项目4个，实际到账外资20144万美元，其中启东碧合房地产到账外资2亿美元，港龙商业到账外资100万美元，科雄机电到账24万美元，侨园到账20万美元。新注册亿元内资企业1家，启东港龙家居有限公司注册资金2亿元，到账2亿元。

【现代农业】 2017年，镇发展特色产业，提升现代农业水平。加大农业招商引资力度，引进江苏荃佳食品有限公司。推进特色渔业水平提升，创建江苏省生态高效设施渔业示范基地1家、省级家庭农场1家，成立江苏省首家扣蟹培育基地。完成全镇10500亩高标准农田建设。加快项目农业建设，全年新增扩建农业项目7个，其中超亿元农业项目2个。加速休闲农业发展，沙地农庄获评全国休闲农业与乡村旅游四星级企业。

惠萍镇一景 （郁卫兵/摄）

【城乡发展】 2017年，镇加快新城区建设，完成4平方公里的拆迁让地工作。科学规划惠萍镇区，划分为东侧商业住宅区域和西侧工业发展区域。完成泯江路、黄浦江路、华山路、华山路东西两侧等5块土地的清障交地任务，完成849户农户签约腾房，腾房率达96.7%。建设南路、世纪大道东延段完成施工通车，黄浦江路、民胜路、汇大西复线加快施工建设。安置区建设达到预期进度，汇泰嘉园一期年底结构封顶，惠萍家园一期如期交付。加快东惠线拆迁安置保障，在建农户93户。

【品牌旅游】 大兴镇区依托果园优势，发展特色果品产业，打造旅游产业链条。2017年，水果小镇被列为省旅游风情小镇培育单位，入选省首批农业特色小镇培育名单。沈铁公故居完成内部改造，红星生活小镇起步建设，沙地印象、大自然度假村等项目加紧推进。

【镇域管理】 2017年，镇参创文明城市，开展环境卫生整治工作，加大流动摊点和市场管理的整治力度。美化镇村环境，投资1500万元的镇综合文化中心落实建设地块、规划设计。全镇5个村完成法治文化小公园建设。加大控违拆违力度，全年共处理控违平台举报600多宗，拆除违法建筑总面积33723平方米，清除违法种植300余亩。水利建设全面收尾，全年共计完成疏浚土方65.7万立方米，完成泯沟、宅坨填埋199条。全面排查“散乱污”企业，超额完成拆旧复垦任务。

【生态环境】 2017年，镇全面推行“河长制”，全镇4573条河道建档登记，安装河道公示牌165块，累计拆违31处、清理废弃船、沉船102艘，拆除摇网、网簖、地笼等336处，清理岸坡垃圾395处。加大农村环境整治力度，全镇投入10艘机械保洁船，统一打捞水草，定点填埋处理，实行农村生活垃圾机械化清运，确保垃圾死角清除到位。规范养殖粪污治理，推进全镇养殖粪污综合治理工作，全面推广种养结合类粪污治理方式。

【民生实事】 针对低保、五保、重残、贫困户需求，全年共改造危房户68户，发放救助资金1500万元。完成17公里中心路提档升级，镇区道路全部改造完毕，完成惠民中路、鸿西安置区雨污管道铺设共4公里，完成镇区522米驳岸工程，投入300万元新建的惠泽园竣工。7个村“美丽乡村”建设扎实推进，集中采购垃圾桶4500多只，全部投入使用，完成埭路镶边工程25公里。推进社保、医保、卫生、教育等民生事业。“新农合”参合率达100%，“新农保”参保率达90%。

【社会治理】 围绕“抓源头、优机制、强稳控、重实效”，创新社会管理与服务，开展“五聚五推”活动，推进“六大护航”工程，加快完善“三站两会一中心”治理体系。建立“三议”协商议事工作机制，落实班子成员“一岗双责”和“领导包案制度”。对于信访案件落实包案稳控、包案化解，夯实信访维稳责任，高效完成十九大期间信访稳定工作。加强普讲帮扶活动，完善立体式社会治安防控体系，拓展“天网”覆盖面，健全群防群治网格体系。

2017年惠萍镇主要经济社会指标

表31

项　目	单　位	数　量	项　目	单　位	数　量
总面积	平方公里	75	高标准农田面积	公顷	2800
年末户籍人口	人	67990	粮食总产量	吨	18689
耕地面积	公顷	6345	蔬菜总产量	吨	87871
地区生产总值	万元	776612	水产品产量	吨	5939
第一产业增加值	万元	44998	工业总产值	万元	626940
第二产业增加值	万元	368181	社会消费品零售总额	万元	181195
第三产业增加值	万元	363433	小学校数	所	3
财政总收入	万元	13139	中学校数	所	2
农民人均可支配收入	元	21856	医疗卫生机构	个	18

2017年惠萍镇各行政村基本情况

表32

村　名	人口（人）	耕地面积（公顷）	党组织书记	村委会主任
永胜村	5026	413	王　斌	王　斌
河湾村	3212	244.6	金卫东	金卫东
东兴镇村	4106	326.7	施　健	施　健
鸿东村	3545	304.7	黄玉池	黄玉池
海鸿村	4242	348.1	顾云忠	顾云忠
鸿西村	3484	251.5	郁振群	郁振群
惠安村	3994	284.2	施冬平	施冬平
临河村	5057	361.2	李　红	李　红
惠和镇村	5715	343.5	沙振雄	沙振雄
士连村	4756	351	姜惠平	姜惠平
南清河村	4483	419	施振权	施振权
大兴镇村	4875	385.5	陈红贤	陈红贤
公和村	5356	446.9	施海燕	施海燕
庙港村	5800	390.3	施伟巍	施伟巍
果园村	3753	201	卫奇杰	卫奇杰

（王丹旎）

东海镇

【概况】　2017年，东海镇行政区域总面积85.4平方公里，耕地面积5534公顷，下辖18个行政村，3个老集镇。实现地区生产总值30.47亿元，年均增长8%，实现规模工业产值9.04亿元，年均增长13%。

【工业经济】　全镇实现规模工业产值9.04亿元，年均增长13%；实现全镇入库税收6866万元，年均增长47.2%，其中实现国税收入5906万元，完成年计划的144.9%；实现地税收入960万元，完成年计划的105.8%。

招商引资。全年组织开展4次主题性招商推介活动，围绕对接上海，瞄准重点地区、重点企业和产业链，组建专业招商引资小分队，敲门招商，先后拜访客商30多人次，实现新批注册外资4400万美元，实际到账200万美元。

项目建设。引进超亿元项目4个，分别是上海利高机械，总投资1亿元；布鲁奇维尔，总投资3600万美元；上海络申船舶，总投资3600万美元；上海繁正隆钢管，总投资7亿元。引进2个外资项目、5个内资项目，实施全社会固定资产投资项目9个，其中工业7个，服务业2个，完成投资实物工作量5亿元。

【农业经济】 2017年，全镇完成项目农业投入1.906亿元，其中农业加工类企业3个，投入1亿元；农业种养园区4个，投入8660万元；休闲类1个，投入400万元。全镇实现农业总产值10.82亿元，年均增长2.83%。实施高标准农田建设面积达2.4万亩，其中市级项目1.4万亩、国家级项目1万亩全部竣工；新增资金部分完成50%。全镇共种植小麦10689亩，优质稻5592亩，玉米10946亩，油菜、大豆、棉花等种植面积明显减少。新增高效设施农业面积2450亩，新增高效设施渔业面积260亩，新发展露地蔬菜连片100亩以上面积1120亩。新增家庭农场12个，家庭农场及种植大户经营土地面积为31544亩，占承包土地面积（78594亩）40.14%。

【社会事业】 全镇农民参合率达到99.7%，扩建11个村综合性公共文化服务中心，新建4家社区卫生服务中心，新建供水管理服务站，促使公共服务更加优质均等。全面实施全镇路灯工程，全年建设农村公路4.5公里、农桥13座，道路提档升级9.9公里，农村生产生活条件得到较大改善。

小型水利结合占补平衡工程基本完成，完成疏浚泯沟501条，疏浚土方76万立方米，疏浚横河8条，土方10万立方米，填埋泯沟276条，完成占补平衡面积预计550亩。生态整治成效明显。围绕专项整治行动，集中开展污粪沟整治行动，整治粪污沟56条，施工土方4.7万立方米，针对前期的各项整治工作，包括恒平畜牧专业合作社、新福牧业有限公司等存在的养殖污染问题，开展回头看，确保整治成效。加快村镇绿化步伐，新增公路绿化面积600亩，完成市目标任务；强化督查管理，确保渔业生产、食品安全等有序进行，全年进行渔业安全生产检查15次，猪羊防疫21万次，检疫1818余次，实施病死动物无害化处理5722余只。

【平安建设】 2017年，镇突出网格化管理，前移矛盾排查化解，加强风险人群管控。探索依法治企工作思路，排查企业重大矛盾纠纷隐患，引导企业建立健全法律顾问制度，做好疏导、教育、调解工作，把矛盾纠纷解决在系统内，促进企业依法经营管理。开展七五普法，推进镇村一级综治中心、三站两会一中心和平安法治文化阵地建设，利用平安法治护航站、家庭普法站等多种形式，扩大法治宣传氛围，强化群众崇法守法，学法用法的法治思维。7月中旬，全市综治法治基层基础工作现场会在东海镇召开，全民共建共享的社会治理模式得到推广。

2017年东海镇主要经济社会指标

表33

项　目	单　位	数　量	项　目	单　位	数　量
总面积	平方公里	85.40	高标准农田面积	公顷	3147
年末户籍人口	人	66639	粮食总产量	吨	25922
耕地面积	公顷	5534	蔬菜总产量	吨	5845
地区生产总值	万元	304765	水产品总产量	吨	59989
第一产业增加值	万元	56821	工业总产值	万元	185126
第二产业增加值	万元	139570	社会消费品零售总额	万元	128544
第三产业增加值	万元	108374	小学校数	所	3
财政总收入	万元	8406	中学校数	所	1
农民人均可支配收入	元	21794	医疗卫生机构	个	21

2017年东海镇各行政村基本情况

表34

村　名	人口（人）	耕地面积（公顷）	党组织书记	村（居）委会主任
武东村	3339	272.61	张　健	张　健
丰盛村	3827	266.62	顾海涛	顾海涛

续表34

村　名	人口(人)	耕地面积(公顷)	党组织书记	村(居)委会主任
大丰镇村	3612	239.04	张　波	张　波
东安镇村	4388	362.39	徐建新	徐建新
丰利村	3390	274.24	崔　健	崔　健
仲辉村	2614	187.07	陆建标	陆建标
云祥村	3022	190.65	黄　刚	黄　刚
建民村	3355	267.82	倪菊英	倪菊英
锦绣村	3348	263.15	陈　楠	陈　楠
显中村	3545	263.04	郁　健	郁　健
兴旺村	2355	257.67	施群峰	施群峰
兴垦村	4400	375.61	张惠淋	胡松波
东海镇村	2538	280.45	吴沈兰	吴沈兰
共乐村	3605	390.47	樊燕英	樊燕英
戴祥村	4546	405.08	费永珍	费永珍
德字村	2742	438.17	陈永逵	陈永逵
东余镇村	4141	372.92	茅赛男	茅赛男
星宏村	3639	314.93	张晓浩	张晓浩

（高佳燕）

南阳镇

【概　况】　2017年，全镇总面积126.8平方公里，总耕地面积7770公顷，辖29个行政村，1个居委会。实现地区生产总值51.49亿元，同比增长11.9%；实现一般公共财政预算收入5244万元，同比增长1.5%；农民人均可支配收入20685元，同比增长10%。

【城镇开发】　中心镇建设。2017年，镇推进丁仓港大道北延拆迁安置工作。推进神通阀门智能制造项目、农产品国际物流港、中农批鲜果批发中心、广汽4S店等项目建设。完成永和建材厂地块规划整合，公安配套用地苗木签约及房屋评估，完成大器车城地块、吉品商住用地挂牌出让。完善南阳镇存量土地房屋资产统计，镇便民服务中心、综治中心、文化中心建成启用。

控违拆违工作。围绕“控新增拆存量”的工作目标，拆除247宗违章地块，拆除总面积43726.3平方米，其中拆除民房91宗，5520.4平方米；厂房15宗，5053平方米；养殖23宗，7727.9平方米；经商92宗，8569平方米；堆场、地面、围墙26宗，16856平方米。其中拆除新增违章共58宗，4392平方米；拆除存量违章189宗，39334.3平方米；拆除卫片交办违章23宗，20896平方米；拆除市交办单87宗，7924平方米，全年处理12345违章投诉单子数532件。

围绕农村公路提档升级工程，全年农村公路提档升级拆迁农户71户，拆除楼房面积424平方米，平房面积1181平方米，附房面积1220平方米，棚舍200平方米，卫生间15个，搬迁苗木3.5亩，完成应拆工程99.8%。治理畜禽养殖户18家，拆除猪舍面积2800平方米。关闭影响周边环境的小型家具企业8户，下发停工通知处罚企业3家，整治取缔煤锅炉12起。严格落实河长制，拆除永和镇区违章户51户，拆除房屋2100平方米，拆除协兴河沿河25户违章没拆除违建面积780多平方米。三条港河拆除违建4户，面积150平方米，日新河拆除违建5户，面积130平方米，全镇拔除网兜230只、大型绞网12只，打击电捕鱼25起。

【工业经济】　2017年，镇加快对接上海步伐，加强友好乡镇互通协作，推动产学研联动，提升项目建设质量。推进区域招商和产业招商。在上海浦东、崇明等地举办投资环境推介会6场。在建项目10个，其中亿元产业项目3个，亿元以上服务项目1个，在手在谈项目20个，实际到账501万美元，内资2.2亿元。引进落户平台项目2个。加快推进省级现代农业示范园区和商贸物流集聚区的建设进度。神通阀门智能制造项目全面开工，中国供销启东农产品国际物流港、中农批蔬果批发中心、江苏乾德电力设备、盛一莱钢结构等项目基础设施建设全面开工。

举办2017中国·启东农产品流通大数据论坛，推介启东农产品

建设中的中农批蔬果批发中心 （姜雨蒙/摄）

国际物流港项目。加快江苏东源阀门检测技术有限公司、启东星尚文化产业发展有限公司等优质项目建设力度。招引上海虹口区龙头企业上海亚东盛进出口有限公司到启东落户，总投资超亿元。推动南通慧瞳光学科技有限公司、启东市嘉禾力农业发展有限公司等企业发展电子商务、拓展业务范围。

全年引进并申报省"双创"人才2人、"双创"博士2人，落实产学研合作项目3个，实现高新产业产值4.22亿元，申请民营科技企业5家，省高新技术产业4家。申请专利276项，专利授权126项。邀请上海东华大学理学院院长张菁团队、日本科学院院士兼美国工程院院士井上明久等教授到启东考察。9月，在上海成功举办启东南阳镇现代农业接轨上海产学研洽谈会。朗峰新材料有限公司成功在全国中小企业股份转让系统挂牌。

【农业经济】 2017年，镇以创建国家级园区为目标，加快启东市现代农业产业园区建设步伐，打造"一港三区三基地"。核心区建设面积达到7000亩，农产品展示检测中心大楼完成竣工。新建物联网技术应用企业3家，初步建成集规模种植、科技研发、农业新品种、新技术引进、示范和观光休闲于一体的综合性生态农业园区。

推进高标准农田建设，加大土地流转力度和农业招商力度，全年引进农业项目3个。新增省级家庭农场2个，南通市龙头农业企业1家。加快农业技术推广及应用，农民专业合作社累计达150家，农民经纪人队伍发展到5000多人，入社农民3.9万户。全年开展农民实用技术培训100多次，发放技术资料5000多份，有效提升农民增收能力。

【生态建设】 2017年，镇加大农村水利建设力度，开展水环境综合整治，农村环境保洁服务实现常态化管理。水利建设完成约40万立方米，拆坝建涵473座，清理宅坻1320只，保洁河道9500条。新增绿化面积600亩，创建省级绿化示范村1个。全面实施服务外包，完善镇村保洁市场化工作机制。

【社会事业】 2017年，镇推进"实事三百工程"，推进聚阳幼儿园新建工程，主体大楼结构封顶。开展国家（省）卫生镇（村）创建（复审）活动，整治镇区及周边环境，改厕工作完工。省级示范卫生室创建工作进行，其中红星、良仁村初步完工，永兴、乐庭村准备开工。一事一议财政奖补资金305万元，用于农村环卫设施购置、农村道路建设、村级文化体育场所建设等。南阳小学、少直小学乡村学校少年宫获得中央、省专项资金资助。"舞动南阳""夏季村村乐"等文化活动品牌，丰富群众文化生活。

做好城乡居民社会养老保险工作，全镇参保人数29802人，完成率达到87.58%。新型农村合作医疗参合率达100%。全年城市17户，农村964户1435人低收入困难群众享受低保待遇，全年发放8728116元。全面开展"安康关爱行动"，15437人参加。

建设村级慈善工作室，1003名残疾人领到各种补助，全年临时救助困难群众282户563人，计392650元。全镇"一日捐""助残日"等共捐得善款约12.04万元，完善社会托底体系。

创新社会治理方式，开展社区网格化管理，坚持打防并举，加强对重点人员的管控。深化平安法治建设，推进"六个一"法治文化村村通工程，抓好矛盾排查化解等重点工作，全年镇村化解各类社会矛盾298起。打造示范型老集镇社区服务中心。

【党建工作】 以落实"两个责任"为重点，以监督执纪和作风建设为抓手，部署开展"八大专项整治行动"；以"5·10"思廉日主题教育活动为载体、以"算好廉政账"为抓手，开展系列活动，加强机关党员干部的廉政教育，争创"三清示范区"。建立健全《南阳镇机关效能建设工作实施意见》"四个不直接分管"、公务接待财务管理等一系列党风廉政建设制度，开展"阳光扶贫"等专项工作督查。全年办结信访投诉案件19件，查办违纪违法案件48起，上报案源线索30件。共受理12345热线任务单2180件，回复和办结率均达100%。持续保持反腐高压态势，促政治清明。

落实创建全国文明城市工作，利用南阳政府官方微信，以道德人物、先进党员等精神为感召，以"三争三创"主题活动、"民生实事365工作法"为抓手，通过正能量加油站等途径，代办群众事项800起，帮扶困难群众212人，解决群众民事矛盾、纠纷30多起。

2017年南阳镇主要经济社会指标

表35

项　目	单　位	数　量	项　目	单　位	数　量
总面积	平方公里	126.8	高标准农田面积	公顷	2956
年末户籍人口	人	100831	粮食总产量	吨	36139
耕地面积	公顷	7770	蔬菜总产量	吨	128240
地区生产总值	万元	514954	水产品总产量	吨	2976
第一产业增加值	万元	47294	工业总产值	万元	587139
第二产业增加值	万元	208862	社会消费品零售总额	万元	101312
第三产业增加值	万元	258798	小学校数	所	4
财政总收入	万元	10054	中学校数	所	1
农民人均可支配收入	元	20685	医疗卫生机构	个	30

2016年南阳镇各行政村基本情况

表36

村　名	人　口(人)		耕地面积(公顷)	党组书记	村委会主任
	户籍数	常住人口			
启兴村	4493	4030	339.02	董国飞	李　冬
南兴村	3117	2788	244.97	施陈泉	曹瑀卿
南阳村	5474	4734	385.28	陆成兵	杜玉琴
秉章村	2851	2893	265.49	陆　辉	陆　辉
佐鹤村	3247	2776	259.45	龚峥嵘	龚峥嵘
良仁村	2192	1541	163.67	曹丽平	曹丽平
红星村	3617	2970	346.25	沈黎明	沈黎明
合丰村	2698	2724	292.35	张　飞	张　飞
汇城角村	2801	2167	283.92	顾春英	顾春英
永和村	2520	2427	209.38	蔡海东	陆卫娟
安平村	2420	2109	206.03	沈顾麇	沈顾麇
中北村	2605	1943	239.29	顾琳琳	徐建彬
光明村	2424	1857	259.53	朱丽丽	朱丽丽
武陵村	3378	2774	326.79	江陈华	黄晓丹
康乐村	2266	1614	208.37	曹美香	袁雨琴
北清河村	4022	3833	350.66	钱素菊	钱素菊
正谊村	2955	2441	225.80	龚卫英	龚卫英
乐庭村	3118	3077	208.34	钱素红	钱素红
新河村	4438	3983	272.37	王元飞	王元飞
富兴村	2291	2042	195.06	曹　辉	曹　辉
悦兴村	3059	2900	250.43	龚黄新	王建生
永兴村	4743	4101	370.43	杜建忠	杜建忠

续表36

村　名	人　口（人）		耕地面积（公顷）	党组书记	村委会主任
	户籍数	常住人口			
东昌镇村	4999	4987	378.14	陈　娟	唐士平
曦阳村	2182	1474	154.90	蒋洪兵	朱　鑫
元祥村	2228	1934	194.07	政　辉	政　辉
聚阳村	4516	4574	285.93	陆海蓉	陆海蓉
元庆村	2896	2150	242.46	黄玉萍	黄玉萍
耕南村	3702	3356	284.02	冯　霞	冯　霞
小塘沙村	4073	4096	327.15	徐海红	徐海红

（吴佐海）

海复镇

【概况】 海复镇行政区划面积73.8平方公里，耕地面积4123公顷。户籍人口5.38万人，常住人口5.09万人，下辖17个行政村。2017年，镇获南通2015—2016年度文明镇、市三农工作金杯、启东市对接上海银杯等称号。

【工业经济】 2017年，镇强化运行监测，降成本、减负担等政策措施落地，全年全镇实现规模工业产值2.19亿元，增长43.2%；实现规模工业应税销售4.98亿元，完成全年任务的197.9%，同比增长119.1%，增幅全市第一；培育2000万元以上新增长点8个，超额完成全年任务；规模工业入库税收1258万元，同比增长81.1%；外贸进出口完成全年任务1.1亿元人民币，同比增长16.5%，增幅、完成率分别列全市第二。

新增企业研发经费246万元，征集企业有效技术需求12个，开展产学研活动4场，新签约产学研项目1个；完成专利申请总量121件、发明专利申请量53件、完成发明专利运营28件。

【农业建设】 2017年，镇累计完成2.85万亩高标准农田建设，1万亩国家级农业综合开发土地治理项目一季度完成南通市级验收，1.65万亩市级一期高标准农田建设项目8月底完成区镇验收，0.2万亩市级二期高标准农田建设项目12月底完成区镇验收。在全市第一个完成高标准农田占比80%的任务。推进土地流转，17个村的农村土地确权登记颁证工作发证率达90%以上，档案整理基本完成。每季度在上海举办1次农业招商活动。与上海浦东农业发展（集团）有限公司、晋旅投资管理（上海）有限公司就垦牧文化小镇与现代农业园项目完成签约工作。做大海复“渔家乐”品牌，“渔家乐”项目水域、绿化工作及垂钓中心等全面完工对外营业；海复镇对接上海的农产品直销基地在垦牧村、北固村等村进行选址，完成全年3000亩建设任务。打造华东地区最大的花卉苗木基地，渤大花卉苗木展示基地一期项目竣工。推行沟河疏浚结合废沟宅坨填埋、耕地占补平衡项目，完成疏浚沟河土方40万立方米，填埋废沟宅坨500亩，泯沟合并连片整治示范项目2个。加快水环境治理，建立河道长效管护数据库，实现水环境数据网动态更新，四位一体环境整治动态管理，农村环境长效管护季度年度考核名列前茅。落实“河长制”，制订并实施“一河一策”治理方案，整体推进河道网箱、网簖、地笼以及河道两侧垃圾堆、违建的整治工作。全年完成1055亩的租地造林，确保林木隔年成活率、保存率95%以上。

【城镇建管】 根据《启东市海复镇总体规划（2012—2030）》，推进集镇整治。经市发改委、水务局批准实施的箱涵工程基本完成；文体便民服务中心竣工并交付使用；海复幼儿园结构封顶；铁路安置区一期10幢安置房竣工，配套设施基本完成；富强路新建工程完成招标，路基清表基本完成，四纵四横道路框架基本形成；农村公路提档升级拓宽及新建道路12条20公里，桥涵18座，拆迁房屋面积11966平方米；改造农村险危桥梁10座；增设道路交通警示标志15公里。2017年，全镇出动589余人次，共拆除违章建筑268处，共计2.3万平方米。

【社会事业和平安建设】 全年镇调处各种信访件48件。两会、国庆、十九大期间等信访形势基本稳定，无失控非访、个人极端事件、群体性上访。上级交办的3个重点信访积案和自排信访矛盾纠纷得到有效处置。社区服刑人员、刑释解教人员、邪教人员、吸毒人员、非典型人群、易肇事肇祸精神病人等特殊人群得到有效管理、稳控。实施社会治理“1223”工作举措与重点工作“三型”计划。培育发展3家典型学校，并首次在全镇108个网格设置农民平安法治学校巡讲点。实施“以格带格”“以先带后”等网格治理举措，提升网格员的整体素质。网格员倪伯苍的“三心三干”（真心、细心、热心；实干、精干、细干）工作法及相关事例、民情日记受到南通、启东政法委的推广表彰。国务院发展研究中心、省、南通、市各级领导莅临倪伯苍网格调研，给予高度评价。2017年6月，全市“三站两会一中心”（平安法治护航站、平安法治加油站、平安法治志愿者服务站；民情分析会、社区协商议事会；综治中心）现场会在海复镇召开，村综治中心建设、社区协商、网格管理等工作名列市前茅。强化低保规范化管理，实现动态管理，主动开展自查，取消69户81人，调整保障人口40户，全镇城乡低保户572户902人，发放低保保障金535万元；临时救助、医疗救助、慈善救助等同时有序展开，累计发放临时救助款21万元，救助困难群众364户。累计完成募集善款45万元。政府购买居家养老服务工作步入正轨并成熟运转。镇民政办为354名相关政府购买服务对象办理关爱手机，“安康通”公司服务老人4248人次。

2017年海复镇主要经济社会指标

表37

项　目	单　位	数　量	项　目	单　位	数　量
总面积	平方公里	73.8	高标准农田面积	公顷	133
年末户籍人口	人	53826	粮食总产量	吨	14339
耕地面积	公顷	4123	蔬菜总产量	吨	60250
地区生产总值	万元	277910	水产品产量	吨	37532
第一产业增加值	万元	43384	工业总产值	万元	127810
第二产业增加值	万元	126294	社会消费品零售总额	万元	94248
第三产业增加值	万元	108232	小学校数	所	2
财政总收入	万元	3235	中学校数	所	0
农民人均可支配收入	元	19692	医疗卫生机构	个	18

2017年海复镇各行政村基本情况

表38

村　名	人口（人）	耕地面积（公顷）	党组织书记	村委会主任
季明村	2613	225.6	曹春健	曹春健
均里村	3006	273.3	黄新忠	黄新忠
复南村	2591	196.7	王瑞金	王瑞金
糖坊村	2052	155.1	沙亚昌	沙亚昌
清虎村	2356	146.7	赵卫生	赵卫生
搬场村	2356	193.7	郁卫飞	郁卫飞
垦牧村	3621	303.1	徐莉娟	宋卫星
北固村	4415	363	王永煌	蔡忠昌
兴益村	3108	253.9	龚向东	龚向东
滨海村	2444	175.1	顾海勇	顾海勇
家禄村	3727	343.6	顾松林	顾松林
五圩村	2153	174.5	樊　泉	樊　泉
庙基村	2987	232.2	丁　辉	丁　辉
四堤村	2856	248.7	郁心忠	宋美华
三圩村	3770	334.8	李晶晶	徐莉娟
桃洪村	2605	198.1	陈　辉	陈　辉
安东村	2612	211.2	葛祥辉	葛祥辉

（高赛昆）

合 作 镇

【概况】 2017年，合作镇行政区划面积88.7平方公里，耕地面积4581.8公顷，总人口61311人，辖17个行政村。全镇实现地区生产总值25.32亿元，比上年增长8%。完成一般公共预算收入2752万元，增长31.2%。完成全社会固定资产投资11.88亿元，增长18.4%。加大服务业提速增效，实现服务业投资6亿元，应税销售3.75亿元。农民人均纯收入21235元，增长8%。镇获全市综合考核竞赛二组第三名，“花海小镇”入选江苏省农业特色小镇名录。

【工业经济】 2017年，全镇推进对接上海工作，完善“双招双引”工作机制，坚持“走出去、请进来”和“合商回归”策略，与上海康桥、航头、合庆等镇展开深入战略合作。组建在外驻点招商2个，在沪举办招商推介会6次，新签约立体停车库、特种线缆等亿元以上项目12个，引进高层次创新创业人才3人，开展产学研合作6次。开展“项目建设提质增效年”活动，推进项目质量和效益双提升，完成工业投资5.86亿元，增长11.5%。新开工群乐船舶二期、百旺金属等亿元以上产业项目6个，新竣工投产亿元以上项目2个，新转化亿元以上项目1个。盘活志圩沿线存量资产近100亩，打破项目建设用地瓶颈。推进德邦流体、久精耐火等企业加大投入，全年完成应税销售8.98亿元，增长52.4%，研发投入847万元。

【农业经济】 2017年，镇深化农业供给侧结构性改革，推进现代农业持续发展，完成农业总产值3.53亿元。建成高标准农田项目区4万多亩，占全镇农田面积的80%左右。加强项目区土地流转，共流转项目区土地17750亩，占项目区总面积的60%以上。培育家庭农场、“全托管组织”、农村电商等新型经营主体，全年新培育家庭农场9个，新增农地股份合作社1家，新增全托管面积2700亩。宏易纺织、丁布儿海苔等5家农业龙头企业总投入1.6亿元，优化生产流水线。推进“互联网+农业”，周云村农业电商平台发展良好，增加农民收入每亩1000元。成功引进并启动稷源“田园综合体”、金顺旅游、十里阳光葡萄园等特色农旅项目4个。“三花一树”（牡丹、玫瑰、樱花和水杉树）基地，扩大至4000亩，其中，华夏牡丹园扩建200亩观赏牡丹，全力打造以牡丹为主体的文化产业园。臣义村通过省级“美丽乡村”创建验收。

合作镇牡丹花海 （市新闻信息中心/提供）

【新农村建设】 2017年，镇完成集镇总规修编，面积扩至3平方公里，完成“花海小镇”总体规划编制。推进周边征地110亩，实现镇区扩容，完成樱花公园50亩和兴隆文化园地块的控规调整。

海启高速、新志圩线合作段拆迁扫尾、路基工程基本完成，规划农村公路提档升级14公里，部分路段开工建设。用好惠民政策，完成危房改造134户、新建农桥1座、拆旧复垦410亩、工矿废弃地复垦150亩、占补平衡1060亩。保持控违拆违高压态势，拆除违章建筑140处。建成公共文化综合服务中心11个。

关闭木质家具等小企业5家、畜禽养殖场5个、淘汰燃煤锅炉6台。推进“六位一体”环境整治，投入340多万元，收集处理垃圾7200多吨。

【民生实事】 全年民生投入1936万元，占公共财政支出比重达63.9%，完成新义幼儿园附属设施和装修工程，推进竖海村“残疾人之家”建设，新增改厕79座，建成标准化居家养老服务站11个。城乡居保参保率达87%，新农合参保率达100%。总投资3000万元的合作医院搬迁新建工程开工建设。文化体育事业蓬勃发展，“共乐东疆”、乘凉晚会等群众文体活动广泛开展。

建立精准扶贫动态管理系统，落实1000多万元，实现五保、低保、重残等513户政策兜底脱贫。通过市镇机关干部、合作商会等帮扶，筹措10万元，成立助学基金，帮扶59名贫困学生。争取各级扶持资金2100万元，支持7个经济薄弱村购置门面房出租，保证集体经济收入可持续发展。

参与全国文明城市创建，营造乡风文明良好风尚，获评省最美家庭1户、省见义勇为提名奖1人、“启东好人”10人。完善镇、村、网格三级矛盾调处机制，发挥“金牌调解员”作用，全年共排查矛盾248起，调处成功244起，调处成功率98.4%。

落实安全管理目标责任制，排摸检查工贸企业、农业企业、在建工程等100多家，发现各类安全隐患348条，整改316条，整改率达90%。开展烟花爆竹点、小作坊、食品安全等专项行动，加强安全生产执法监察，确保辖区安全生产形势持续平稳发展。

2017年合作镇主要经济社会指标

表39

项目	单位	数量	项目	单位	数量
总面积	平方公里	88.7	高标准农田面积	公顷	2821
年末户籍人口	人	61311	粮食总产量	吨	22575
耕地面积	公顷	4581.8	蔬菜总产量	吨	32614
地区生产总值	万元	253202	水产品总产量	吨	2335
第一产业增加值	万元	32849	工业总产值	万元	98910
第二产业增加值	万元	116403	社会消费品零售总额	万元	74066
第三产业增加值	万元	103950	小学校数	所	3
财政总收入	万元	4645	中学校数	所	1
农民人均可支配收入	元	21235	医疗卫生机构	个	18

2017年合作镇各行政村基本情况

表40

村名	人口（人）	耕地面积（公顷）	党组织书记	村委会主任
达育村	4760	400	朱培生	朱培生
兴隆村	4260	389.3	朱卫忠	朱卫忠
曹家镇村	4750	365.66	丁健森	黄 兴
周云村	4723	422	黄 亮	陆卫东
洋桥村	2200	190	顾正辉	顾正辉
五星村	5150	405.33	杨永新	杨永新
臣义村	2859	200.8	邱洪琴	邱洪琴
四楼村	2527	185.62	袁丽锦	袁丽锦
竖海村	3017	257．81	郭云伟	郭云伟
新义村	3069	242.66	徐郁利（副书记当家）	徐郁利
庙店村	2564	228.05	袁菊香	袁菊香
蟠龙村	3364	270.726	张赛龙（副书记当家）	黄 亮
二效镇村	2324	184.8	陆卫锋	陆卫锋
竖河镇村	3501	232.67	苏国飞	苏国飞
中央镇村	3069	272.76	邵益平	邵益平
无畏村	3214	263.3	何金美	何金美
志良桥村	2985	255.66	王娟娣（副书记当家）	沈 华

（黄 为）

王鲍镇

【概况】 王鲍镇行政区划面积126平方公里，耕地面积10.39万亩，总人口88675人，下辖22个行政村。2017年，全镇地区生产总值41.8亿元，完成财政总收入11792万元，农民人均可支配收入21219元。王鲍镇先后多次被评为江苏省文明乡镇，建群村被评为全国文明村、江苏省美丽乡村，庙桥村被评为全国一村一品示范村，黄英、九令、建群三个村被评为江苏省水美乡村。

【工业经济】 2017年，镇全社会固定资产投资18.32亿元，增长8%，其中工业投资11.61亿元，增长5%，服务业投资6.7亿元，增长20%；规模工业产值50.8亿元，增长8%；规模工业应税销售21.3亿元，增长23%，服务业应税销售3.9亿元，增长69%。新开工亿元以上工业项目4个，服务业项目3个。新竣工投产项目2个，总投资10亿元的江苏海四达新能源有限公司汽车锂电池项目实现应税销售1.2亿元；总投资1.5亿元的启东骏威涌光伏销售市场项目实现应税销售2100万元。引进亿元以上重大项目9个，外资实际到账268.45万美元，引进安徽工业大学李维火和清华大学赵迎红2名创新创业人才。深化对接上海工作，引进托伦斯精密、富冠印务、派尼克斯、甫东冷冻设备、海邦机械等5个项目，总投资达10.56亿元。

【农业经济】 全年完成泯沟疏浚680条，土方55万立方米，改埋涵洞1000座，填埋泯沟9.5万米，获得上级补助资金675万元。新增高标准农田5.15万亩，完成占补平衡1115亩。抓好农业招商，全年项目农业新增投入2.3亿元，其中农产品加工企业4家，总投资1.59亿元，设施农业、休闲农业7100万元。22个村全部完成土地承包经营权确权登记颁证工作。农民专业合作社综合社建设推进，在久西村成功承办启东市现场推进会。

【城镇建设】 2017年，镇服务保障重大交通工程建设，全面完成宁启铁路二期96户、海启高速28户、天江公路196户涉拆户拆迁安置工作。区域供水久隆泵站、110千伏久隆变电所等重大基础设施项目相关工作进展顺利。完成共计19.8公里的5条农路提档升级，久隆镇区1.3公里雨污水管网改造工程实施。农村环境长效管理实行服务外包新机制。“河长制”全面推行，实现一河一档，关闭通启河沿线禁养区内规模养殖场3家。在久隆、新港两个镇区分别设立隔离设施的基础上，重点对四个集镇的环境卫生、市场经营、交通秩序等进行集中整治，集镇面貌得到较大改观。违法建设管控机制逐步完善，全年共拆除新增违建38起，共计2865平方米，拆除存量违建208起，共计12268平方米。

【社会事业】 全年新农保参保24598人，新增687人，完成85.2%。新增低保92户148人，共发放低保金892万元。新增重残85人，全镇733名共发放补助354万元，“网项补贴”共发放95多万元，共惠及873人。全年临时救助584人，发放救助金31万元；全年共计发放奖抚资金1335万元，发放残疾补助354万元。完成危房改造89户。全年通过精准帮服、精准转化，脱贫户数达到630户，人数达到969人。久隆幼儿园异地重建主体工程基本完工，两个办园点成功回购。4家无证养老机构全部关停，建成镇居家养老服务中心，每月对480名托底老人至少提供一次送餐助餐、康复护理、代缴代购等助老服务。全镇22个村综合文化服务中心升级改造，新增面积11000多平方米。

【平安法治】 2017年，镇创新政法工作理念，推行党建和政法融合发展、网格化管理、协商治理三大理念。围绕阵地、队伍、机制、活动四大板块，开展协商治理工作。在全镇167个网格建立“平安法治加油站”和“平安法治护航站”。邀请律师、司法局、市调解中心、久隆法庭等相关领导，对网格员进行法律知识、调解实务等培训，提升社会工作和依法调处能力。

王鲍镇特产之一——香沙芋 （姜雨蒙/摄）

2017年王鲍镇主要经济社会指标

表41

项　目	单　位	数　量	项　目	单　位	数　量
总面积	平方公里	126	高标准农田面积	公顷	2734
年末户籍人口	人	88675	粮食总产量	吨	26745
耕地面积	公顷	6883	蔬菜总产量	吨	77558
地区生产总值	万元	418209	水产品总产量	吨	4652
第一产业增加值	万元	37660	工业总产值	万元	899640
第二产业增加值	万元	211950	社会消费品零售总额	万元	163778
第三产业增加值	万元	168599	小学校数	所	4
财政总收入	万元	11792	中学校数	所	1
农民人均可支配收入	元	21219	医疗卫生机构	个	25

2017年王鲍镇各行政村基本情况

表42

村　名	人口（人）	耕地面积（公顷）	党组织书记	村（居）委会主任
建群村	3690	351	秦冠锋	秦冠锋
安良村	2709	212.78	陆卿卿	林建庆
三岔店村	3040	280	顾建磊	崔茗杰
中施村	5240	61.15	李晓峰	宋振新
长安村	2626	264.47	柏和如	柏和如
松桥村	3650	302.4	倪礼兵	倪礼兵
洪桥村	5283	515.96	李祥飞	李祥飞
聚星村	5864	414.79	陶　平	陶　平
黄英村	2203	159.2	袁允辉	袁允辉
九令村	3528	303.64	马卫锋	马卫锋
义南村	4843	346.45	倪亚兵	倪亚兵
元北村	2810	205.3	施耀辉	施耀辉
二厂村	2546	348	张　卫	张锦香
新港村	3000	190.37	黄菊飞	黄菊飞
大生村	5416	390.73	周　义	周　义
合南村	3750	287.33	陈　辉	陈　辉
庙桥村	2566	192.5	黄　丹	季炜伟
新桥镇村	5300	353.35	石　飞	石　飞
久西村	4868	291	袁　红	周　兵
久隆村	4570	252.71	华玄章	华玄章
久东村	2680	188.66	徐晓艳	施　萍
更生村	4327	319.65	徐向东	徐向东

（姚　青）

吕四港镇

【概况】 2017年，吕四港镇行政区域面积152.8平方公里，耕地面积7618公顷，下辖35个行政村和5个居委会。全年实现地区生产总值201.41亿元，同比增长9%。完成一般公共财政预算收入3.86亿元（不含吕四大唐国际发电有限公司数据），同比增幅27%，其中国税2.65亿元，地税1.21亿元。

【工业经济】 2017年，吕四港镇完成工业总产值422.4亿元，同比增长13.2%；实现规模工业应税销售收入153.74亿元，同比增长15.7%；完成规模工业入库税收6.83亿元。完成全部工业投资83.3亿元。注重培优扶强，培育规模工业新增长点18家，东成应税销售突破40亿元，入选江苏省首批高端制造品牌。注重创新驱动，加强与上海等地高校的对接，开展人才对接活动42次。培育省高新技术企业7家、省民营科技企业15家、省级研究生工作站2个。引导支持企业申报专利1180件，其中发明专利300件，获得授权30件。做好博士后创新创业基地的培育工作。推进申报省“双创”项目5个，其中同启环保引进“双创博士”宋玉获省“双创”项目资助，引进省高技能人才1名，引进2个项目在启东市创业创新大赛中获奖。引进领军人才4人、留学回国创业人员1人，完成技能人才鉴定1000人，培养高技能人才205人。

【现代农业】 吕四港镇围绕现代都市农业建设目标任务，以农业项目建设为抓手，强化农业招商，增强优势产业的区域核心竞争力。全年项目农业完成投入3亿元。高标准农田加快建设，建成高标准农田1.5万亩，新增集约经营面积3300亩，建成示范区面积2500亩。新成立农地股份合作社1个，新增农产品电商销售企业3家。新增全托管面积100亩以上经营主体16个，新增全托管面积7600亩。海洋渔业稳步发展，更新改造大马力渔船30艘，江苏首支金枪鱼捕捞船队——源友延绳钓船队赴印度洋作业。渔业养殖总面积达到1万亩，渔业总产量18.5万吨，总产值21亿元。2017年，吕四港镇获评农业部“国家级最美渔村”称号。

【项目建设】 重大项目推进有力。举办中国·启东天汾第十八届科技五金交易会，成交额55亿元。中央电视台“美丽乡村中国行”专题节目推介吕四大港。跟踪服务好吕四一魁北克海洋文化艺术之城、泰富重装、润恒国际水产品交易中心及冷链物流、中成粮油等重大项目。中成启东农业高新产业园区项目举行开工仪式；吕四一魁北克海洋文化艺术城项目奠基；润恒集团中国吕四国际水产品交易中心项目签约；杭州新城镇集团智能家电产业园项目签订投资意向协议。全年新注册项目8个，实现外贸进出口总额3.25亿美元。大唐电厂完成4台660兆瓦机组的供热改造。华峰超纤11条生产线进入生产，实现应税销售12.56亿元。广汇能源成功运行，实现应税销售20.88亿元，一期扩建项目全面开工建设。启东电动工具科创园、东成机电科技二期、胜晟机械科技、福科达机电、百源五星级酒店等超亿元项目加快建设。

【服务业】 2017年，吕四港镇完成服务业投资37.5亿元，同比增幅13.7%，实现服务业应税销售22.29亿元，同比增幅13.4%，入库税收1.14亿元，同比增幅18.7%。电动工具公共服务中心大楼装修完工，投入运行。仙渔小镇成功入选江苏25个首批特色小镇创建名单；仙渔小镇及其洞宾神鲜街商标注册相继开展三轮申请，获得首批26件商标注册证和9件版权批准证书。百源豪生五星级酒店结构封顶。张謇挡浪墙遗址公园全部完工。商贸业稳步攀升，实现限上企业社会消费品零售增速1.3%。天汾电动工具商贸城获评“江苏省生产服务业示范集聚区”和“江苏省出口产品质量安全监管示范区”。

大唐电厂远眺（徐　昕/摄）

【港口开发】 围绕“大港口、大产业、大物流”的发展目标，港产城融合加速发展，港口基础设施建设稳步推进。环抱式港池规划调整获交通运输部和江苏省人民政府联合批复；南通港吕四港区十万吨进港主航道二阶段工程开工建设、环抱式港池10万吨进港主航道完成报批等前期工作、5万吨级公共码头、港区公共支持系统和港区铁路专用线加紧报批；中交—吕四港PPP基础设施合作项目推进顺利。渔港经济区和洞宾神鲜街项目土建、景观、喷泉完工，雕塑工程收尾。

【城镇建设】 新环城西路、环城东路、海启高速、石堤大道东延段、华峰管网工程、秦潭大道东延等地块的拆迁工作推进。海启高速、环城西路等七个项目完成征地、供地手续。莱园路建成通车，延寿北路完成改造，九横九纵道路框架网更加完善。欣乐鹤城苑三期、福港公寓二期主体结构封顶，港湾公寓交付使用。农民集居区基础设施建设持续推进，商品房、统建房安置区开工建设15.8万平方米，竣工8.8万平方米。翰林苑商业中心、欣乐鹤城苑商业中心招商入驻，逐步成型。电动工具科创园安置区完成规划，袁家灶村安置区开工建设，海晏村安置房设计、评审、编制等工作快速推进。污水处理厂配套工程完成土建，进入设备安装调试，环城东路安置房绿化工程完成，气象站业务楼竣工。

【城镇管理】 吕四港镇全年共拆除新增违建123起，建筑面积6260平方米；拆除存量违建200起，建筑面积15087平方米；拆除交办任务152起，建筑面积9229平方米；整改卫片38起，整改面积130.6亩。建设用地挂钩复垦和耕地占补平衡大力推进，拆除废弃建筑，整理工矿用地，累计新增耕地660亩。结合文明城市创建工作，整治镇区占道经营、流动摊贩、乱堆乱放、乱搭乱建等现象，道路交通有效改善，镇容镇貌显著提升。

【生态环境】 吕四港镇开展村庄环境综合整治活动，所有河道全面推行河长制，一二三级河道实行一河一档，巡河、管河、治河工作正常开展。加大农村基础设施建设，农路提档升级改造20.9公里，维修险危桥梁22座。农村小型水利工程完成河道疏浚522条125.4公里，疏浚土方98.3万立方米，回填泯沟宅坺41.9公里。建成财政公益事业桥梁14座，新增绿化造林面积2000亩，建设绿化示范村2个。推进化工企业整治，1家公司完成关停、拆除和转产工作，2家企业制订关闭或转产方案。推进窑厂关闭复垦工作，2家窑厂关闭，1家已完成复垦。开展秸秆禁烧工作，实施畜禽养殖粪污综合治理，拆除及关停畜禽养殖场20家，面积8280平方米，整治太阳庙村垃圾收购站，拆除复垦面积28.4亩。

【民生实事】 2017年，吕四港镇十项惠民实事项目基本完成。新型农村合作医疗实现全覆盖，城乡居民基本养老保险完成全年任务96%。慰问各类困难党员、群众5153人次，累计发放慰问金84.5万元。做好特殊困难群众的大病救助和临时救济，累计救助困难群众1651人次，发放救助款391.31万元。发放低保保障金1285.09万元，重度残疾人两项补贴870.02万元。40个村（社区）慈善工作站实现全覆盖，募集善款322.42万元，“慈善一日捐”大力实施，全年共募集善款160.42万元。完成危房改造39户。完成部分下岗、失业转业志愿兵（士官）和企业退休“两参”退役人员登记核实工作，发放生活困难补助、慰问金28.56万元。完成第三次全国农业普查。开展好农业补贴、农业保险、一事一议财政奖补等工作，完成政策性农业保险107.39万元。集体经济持续壮大，村级集体收入超过70万元的有30个村，其中24个村超过100万元。完成宁启铁路、海启高速、电动工具科创园征地和失地农民安置工作，涉及征地面积1144亩，安置人数958人。征地费全部发放到位，失地农民安置办理申报手续。

【社会事业】 吕四港镇教育、卫生、广电文化等公共服务事业健康均衡发展，做好幼儿园办园点回购，鹤城幼儿园异地重建加快推进，省优质幼儿园通过复查验收。推进垦北、通兴等5个省级示范卫生室创建工作。完成义务献血指标。组织122对夫妇实施孕前优生免费检查。完成改厕任务及8个省级卫生村创建工作。洋章、三甲两个试点村全面完成全国生育人口抽样调查工作。全年新办农村奖励扶助2310例、退休职工一次性奖励325例、城镇老年居民一次性奖励20例、特别扶助67例。镇村两级综合文化服务中心建设加快推进。组织参加市青年歌手大赛、气排球比赛、老年人乒乓球比赛、启东好声音等“共乐东疆”文体活动，开展“幸福吕四文化港城”喜迎十九大金秋文艺晚会全镇巡回演出，丰富群众业余文化生活。完善食品安全监督机制，做好民间厨师备案登记，完成聚餐评估215例。

【社会治理】 吕四港镇建立镇信访联席会议制度，依法依规化解信访矛盾36起，化解上级交办信访积案10起。承办南通市人民满意信访接待窗口现场会、南通市依法诚信现场会、启东市法治文化园建设推进会。打造村（社区）法治文化阵地建设示范点12个，建成家庭普法站40个，精心组织各类法制宣传活动42次，提供法律咨询700多人次，受理法律援助案件83起；完成35个村（社区）一级综治中心建设，对全镇329名网格员队伍进行规范调整，强化每季和星级考核；组建9138名平安志愿者队伍。依法处理非正常上访人员7人次，实现“两会”“一带一路”国际峰会和“十九大”期间零进京访。开展“社会矛盾和安全隐患大排查大整治行动”，共排查社会矛盾319起，矛盾化解率达98%以上；安全隐患992项，整改率100%。集中开展出租房屋安全隐患排查整治工作，共排查出租房屋4713户，存在安全隐患705户，整改率100%。

【安全生产】 吕四港镇全年对5家

危化品企业、16家加油站、77家涉氨企业、12家粉尘企业、34家有限空间作业企业、117家烟花爆竹经营店组织开展专项检查和整治，对不符合安全经营条件和存在违法行为的35家烟花爆竹经营店的许可证进行注销，对安全隐患整改不到位的33家企业进行行政处罚。全年完成87家工商贸企业安全生产标准化的三级复审工作、126家企业安全生产标准化的申报工作。华峰超纤、东泰电工成功创建省级安全生产标准化达标企业，另有4家企业被评为南通市落实安全生产主体责任示范企业。

【依法行政】 吕四港镇镇政府主要负责人出庭应诉、社会稳定风险评估等制度落实到位，累计出庭应诉、听证7次，完成稳评项目11个。主动接受镇人大依法监督，累计办理市镇人大代表建议意见91件，初次答复满意率99%。“六五”普法通过终期验收，成功创建“法治南通乡镇”。行政管理体制改革深入推进，镇便民服务大厅正常运行，40个村（社区）服务平台全面建成，实现“一站式”服务“一枚章”审批便民服务机制，便民服务中心累计接受群众咨询7000多人次，受理行政审批和公共服务事项29万余件，办结率100%。官方微博、微信公众平台运行良好；行政权力网上公开透明运行，行政权力清单梳理到位。网络舆情、网络问政工作走在全市前列。累计处理上级部门信访件、市长信箱、“12345”政务热线超万件。

2017年吕四港镇主要经济社会指标

表43

项　目	单　位	数　量	项　目	单　位	数　量
总面积	平方公里	152.8	高标准农田面积	公顷	3550
年末户籍人口	人	169501	粮食总产量	吨	31397
耕地面积	公顷	7618	蔬菜总产量	吨	74726
地区生产总值	万元	2014139	水产品总产量	吨	164900
第一产业增加值	万元	223391	工业总产值	万元	5977115
第二产业增加值	万元	899273	社会消费品零售总额	万元	473342
第三产业增加值	万元	891475	小学校数	所	9
财政总收入	万元	94346	中学校数	所	3
农民人均可支配收入	元	21745	医疗卫生机构	个	1

2017年吕四港镇各行政村基本情况

表44

村　名	人口（人）	耕地面积（公顷）	党组织书记	村（居）委会主任
东皇山村	6018	1527	汤金妙	汤金妙
念总村	4368	3480	潘鸿源	潘鸿源
太阳庙村	3007	2235	周玉玲	毛件林
菜园村	6111	2363	张立新	张立新
袁家灶村	3428	1155	陶海生	陶海生
吕滨村	4108	1483	陶新华	陶新华
吕北村	4578	795	朱小林	朱小林
三甲村	3281	3831	高培华	
十甲村	4137	3220	曹永新	
十二总村	2962	2265	王海坤	王海坤
海晏村	6295	2730	肖　华	肖　华
海渔村	6862	63	彭井池	彭井池

续表44

村 名	人口（人）	耕地面积（公顷）	党组织书记	村（居）委会主任
石堤村	6020	6600	杨小华	杨小华
垦北村	3775	4647	汤振东	汤振东
二补村	4008	5060	严玉如	严玉如
边防村	5347	1170	张冬宇	顾卫林
秦潭村	5686	870	崔林华	崔林华
培根村	6237	6697	严裕群	严裕群
吕复村	6237	6697	张红卫	
南星桥村	3689	3054.75	陈 卫	陈 卫
锡康村	4480	4800	蒋凌俊	沈 芳
通兴镇村	6226	6210	陈学红	陈学红
巴西村	3150	3075	彭利华	彭利华
平东村	2615	3095	王金美	王金美
巴掌村	3181	3840	施丹萍	施丹萍
元鹏村	3042	3330	顾红卫	顾红卫
洋章村	2997	3244	赵晶晶	
如意村	4950	2775	陶建军	成国华
天汾镇村	7580	3900	蒋春华	蒋春华
闸河村	5690	5287	潘雪华	潘雪华
六斧头村	5005	3088	汤国祥	汤国祥
念四总村	2442	1539	吴永华	
念五总村	3779	2623	李洪昌	李洪昌
西宁村	3097	2169	王建生	周铭铭
范龙村	3133	2350	汤 忠	汤 忠

（林佳燕）

启隆镇

【概况】 启隆镇行政区划面积47.53平方公里，耕地面积3.26万亩，户籍人口4224人，常住人口4427人，下辖2个行政村。2017年，全镇实现地区生产总值7.1亿元，同比增长8.17%。全年累计完成公共财政预算收入36857万元，同比上年增长10.1%，其中国税完成6196万元，同比增长81.1%；地税完成30661万元，同比增长2.1%；完成非税收入2000万元，占任务的100%。完成全社会固定资产投入13.48亿元，服务业应税收入3.59亿元，到账外资20万美元。

【项目建设】 2017年，新开工碧桂园"十里外滩"、大爱城商业街、融创·海上桃园等3个亿元以上服务业项目。新竣工玲珑生态度假村、香榭花堤商业街、皇家艾美酒店、论坛会议中心、长岛运动中心和蓝湾绿岛配套中心等6个亿元以上服务业项目。绿地长岛梦幻岛项目列入省重点旅游项目，争取到项目贴息贷款400万元。房地产项目总计销售面积136万平米，销售金额近150亿元。绿地长岛项目在建面积约260万平方米，结构封顶约200万平方米，网签销售面积约100万平米，销售金额约106亿元，销售业绩列全国单个项目排名第二位。

【招商引资】 2017年，在上海举办招商活动10场次，拜访和接待巴中贸易促进会、绿地集团、德汇集团、中粮科技等企业和团体。签约落地项目有总投资6亿元的嘉仕有机现代农业园、总投资1.2亿元的农道生态农业等。签约落户市级园区的有电器成套设备、锂电池隔膜等项目。

【惠农工程】 投资5300万元的“江苏省兴隆沙生态保护与修复项目”完成竣工验收。崇明新河港北延伸段河道整治及配套工程（启东段）完成通水阶段验收。完成高标准农田建设3000亩。嘉仕有机被上海蔬菜集团确定为上海蔬菜外延基地。南沿鱼塘完成回收清理。畜禽污染治理全面推进，关闭3家养殖场（户）。完成绿化造林1500余亩，全镇绿化面积达到40%以上。乐享有机农业特色小镇入选江苏省农业特色小镇名录。镇获南通市高标准农田建设先进乡镇、南通市农村水利建设先进乡镇称号。

【村镇建设】 策应崇明世界级生态岛规划。永兴东路完成工程量超过50%。区域供水工程施工进入尾声。华润燃气启隆场站建设完成专项验收。永兴路镇区段、江申二路维修完成设计，进入编标阶段。

【社会保障】 开展环境卫生秩序大整治，镇获“江苏省卫生镇”称号。垃圾分类减量试点工作在全市率先推行。开展控违拆违工作，拆除92宗违章建筑。投资600多万元的启隆幼儿园完成建设任务。投资900多万元的启隆医院新建工程加快建设。投资40多万元新建兴隆社区卫生室投入使用。镇、社区综合性文化服务中心加快建设。帮扶各类困难群众，联合市红十字会开展“博爱送万家”活动，组织机关及社区干部对辖区内困难家庭进行走访慰问，全年发放各类救助款17.5万元。《启隆镇永隆社区、兴隆社区部分区域房屋搬迁安置补偿方案》获得启东市城建总指挥部回复，搬迁安置工作正式启动。

启隆镇俯瞰 （陈 卫/摄）

【平安建设】 2017年，镇开展安全隐患大排查大整治行动，检查企业共计95家次，查出各类隐患85处，督促企业全部整改到位。全年未发生重大安全生产事故。深化社会治安防控体系建设，推进系列平安创建，加强法治建设宣传，发动群众参与平安法治建设。

2017年启隆镇主要经济社会指标

表45

项　目	单　位	数　量	项　目	单　位	数　量
总面积	平方公里	47.53	高标准农田面积	公顷	560
年末户籍人口	人	4224	粮食总产量	吨	4568
耕地面积	公顷	2172	蔬菜总产量	吨	6045
地区生产总值	万元	71044	水产品总产量	吨	875
第一产业增加值	万元	3466	工业总产值	万元	10854
第二产业增加值	万元	55033	社会消费品零售总额	万元	17296
第三产业增加值	万元	12575	小学校数	所	1
财政总收入	万元	45653	中学校数	所	1
农民人均可支配收入	元	21346	医疗卫生机构	个	1

2017年启隆镇各社区基本情况

表46

社区名	人数（人）	耕地面积（亩）	党组织书记	村委会主任
永隆社区	3264	10574	倪和生	倪和生
兴隆社区	960	22006	张爱华	张爱华

（步长娟）

南城区街道

【概况】 2017年，南城区街道下辖18个社区，常住人口12.03万人。街道办发挥主导作用，加强居民群众主体参与意识，创新社区管理机制，推进城市管理、社区服务、综治法治、精神文明、队伍建设等工作。街道办获南通市文明单位、启东市巾帼文明岗等称号。香榭水岸社区被评为全国综合防震减灾示范社区。世纪家园社区被评为江苏省城市管理示范社区。

【社区服务】 2017年，南城区街道以解决民生、落实民权为主题，完成服务质量提升、阳光民生救助、居家养老服务等工作。强化示范窗口创建，构筑"阳光服务"平台。

民政保障。全年新增低保5户，注销12户，普遍提标74户，在享受对象69户，106人，月保障金标准4.44万元。新增重残疾救助对象3人，注销3人，在享受对象185人，月保障金10.01万元。优抚享受对象188人，季保障金61.71万元。全年共实施临时救助177人次、医疗救助11人次，救助金额12.42万元。

劳动保障。为214名军转干部发放65.12万元慰问金。为87名土地保养工发放生活补贴58.42万元。对辖区内10559名退休职工进行年检认证。为32名年满60周岁，享受企业职工基本养老保险待遇的城镇居民办理基础养老金。

计生服务。全年共办理一孩、二孩生育登记388份，独生子女父母光荣证113份，流动人口婚育证明29份，建立新婚、出生信息卡322张。免费为流入人口提供政策法规、生殖健康、优生优育知识咨询，免费发放避孕药具，开展送政策、送知识、送服务上门活动，及时帮助解决流入人口在办证、就业、子女入托入学等方面遇到的问题。国庆中秋期间，街道组织对街道所有计生特殊家庭进行走访慰问活动，共计走访慰问66户，慰问金额1.32万元。

【社区稳定】 2017年，围绕"美好生活·德法相伴"主题，南城区街道组织司法行政人员、法律服务人员、律师、社区普法志愿者，进社区，开展宣传活动10余场次。为居民进行普法宣传100多次，发放宣传资料3000余份，调解矛盾纠纷50多起。开展社会治安重点地区排查整治、出租房屋安全隐患集中整治工作。

推进法治文化阵地建设，紧抓社会管理主线，开展特殊群体的管理与服务工作。严格管理社区服刑人员，对在册的41名社区服刑人员严格落实各项规定，共对14人进行诫勉谈话，14人进行警告处分。强化对社区矫正对象、安置帮教对象教育与管理，明确专人、职责、要求，落实稳控措施与治安责任，全年未发生人员重新违法犯罪。帮扶刑释解教人员，"一对一"帮教机制按社区分别管理，实行定对象、定小组、定措施的"三定"制度。为流动人口提供就业岗位、法律援助、科普宣传。

关怀特殊困难群体。构建困难群体公益服务体系。街道为辖区内弱势群体进行"全程代办"服务，建立以街道专业社工中心为基础，以辖区法律服务点、律师事务所为补充的法律援助服务体系，开展"法律进社区"活动，上门为辖区内弱势群体进行免费的法律服务。

【城市管理】 2017年，南城区街道开展环境卫生综合治理工程，改善辖区内市容市貌。开展"六乱"整治，清理楼道"牛皮癣"，定期专项治理、联合执法，整治背街小巷、阳台棚顶、绿化带环境卫生。2017年，清除暴露垃圾336车，清理卫生死角86处，拔除小菜园280余处，拖运绿化带漂浮物52吨，修理破损窨井盖493只。组织街道班子成员和网格指导员队伍，指导开展整改工作。

11月25日，市文联组织人员观摩张新柱工作室 （郁卫兵/摄）

共查找出楼道堆积物、饲养家禽、绿化带堆积物等问题744处，社区均落实整改。对“12345”中反映的环境卫生问题，当天转发社区处理。全年共接到涉及环境卫生投诉963件，成功解决963件。

【社区党建与精神文明建设】 南城区健全完善社区党组织架构，优化党组织设置。街道18个社区共设1个党委、5个党总支部、2个党支部，各社区共下设48个二级党支部，156个网格党小组负责协助社区党总支部履行居务办理、党员活动开展、反映社情民意等，化解矛盾纠纷。2017年，街道党工委共落实各项惠民服务400多件，化解邻里矛盾纠纷50余起。依托社区服务平台建设，实行“一站式”服务。南苑二村张新柱工作室设调解、维修、社区巡逻等10个小组，开展服务活动。建立健全党工委班子成员直接挂钩联系制度。2017年，“走帮服”3.8万户，慰问困难群众800余人，慰问资金共计415300元，解决实际问题15个。开展精神文明创建。开展“传递正能量、共建好家园”主题系列活动、岗亭志愿者活动。建设68个正能量加油站站点；先后有南通级文明社区6个、启东级文明社区11个；街道、社区贯彻党的群众路线，共召开座谈会76次。

2017年南城区街道各社区基本情况

表47

社区名	人口数（人）	社区面积（公顷）	党组织书记	居委会主任
彩臣二村	5305	52.68	陆云赛	陆云赛
彩臣三村	8432	136	沙春娟	沙春娟
东洲新村	11717	60	应红娟	应红娟
南苑一村	8849	40.5		黄翠英
南苑二村	9800	50	王红美	王红美
世纪家园	6362	50	陈松英	陈松英
城河新村	8166	136.52	赵海娟	赵海娟
建都新村	9171	54.36	黄　静	黄　静
职工新村	6800	13.77	黄　健	黄　健
华联新村	7500	30	张　群	张　群
东珠新村	7620	36	黄丽历	黄丽历
香榭水岸	12560	92	蔡　丹	蔡　丹
汇东新村	878	33.92	宋　健	宋　健
锦绣华庭	5071	36	陈　美	陈　美
阳光花苑	2964	18.5	黄晓香	黄晓香
城市一品	2125	85	黄　洁	黄　洁
碧桂园	1000	102.45	施向前	施向前
翡翠苑	5980	32	潘　玲	潘　玲

（黄胤筌）

北城区街道

【概况】 2017年，北城区街道下辖19个社区，常住人口12.6万人。街道致力于建设文明和谐美丽现代化社区的总目标，整体实力稳步提升、行政效能显著提高、社区服务环境不断改善。

【城区管理】 组织各社区和物业公司开展爱国卫生运动。联合处理300多起违章户外广告，整治3200余个楼道堆积物，铲除卫生死角中的积存垃圾540多处，清理车棚雨蓬顶3400多只，装运各类垃圾2800余车，疏通化粪池、下水道570多处，清理毁绿种菜22000平方米。围绕居民群众健康需求和除害防病工作重点，全年举办各类健康讲座166场，开展健康咨询184次，布置健教橱窗68期，发放宣传资料12000份，新增健教橱窗11处，提高居民健康知晓率。老小区基础设施进一步改造，全年共修补路面18223平方米，补植绿化55613平方米，疏通化粪池和污水管道860余处，更换垃圾桶1100只、窨井盖637只，维修路灯1156盏，修补及制作墙体画廊和宣传橱窗69处，改造停车位525个、雨污水管道3724米，维修屋顶8栋、泵站1座，同时对小区内6处小游园和7条背街小巷等区域进行硬化改造，老小区面貌有明显改善。做好控违政策宣传，强化巡查密度，共发现并制止违章建筑59处，拆除存量违章63起。

【民生服务】 做好城市低保、医疗救助、困境未成年人社会保护、自然灾害救助等社会救助政策的落实到位。通过审批生活困难补助170人，"两参"退役人员专项慰问金5人，医保政府补助111人。为13名困境儿童申报红十字会"六个一工程"救助；为18名大专及本科生申报福彩.慈善圆梦助学。做好41家低收入家庭廉租房补贴户信息资料核实工作。做好每季度各类优抚对象生活补助、抚恤金的核算、发放，完成优抚对象提标；开展"安康关爱行动"，建成北城区街道残疾人之家。推行生育新政，为275对夫妇提供一、二孩生育登记服务，受理7对夫妇的再生育审请。受理初审530名持证企业退休职工、37名城镇老年居民享受计划生育一次性奖励申请、11名新增特别扶助对象的申请，完成82名特扶对象的年审工作。做好全国第一次海洋经济单位调查工作，对辖区内298家企业及个体单位进行调查摸底。

【平安法治建设】 推进街道社区二级综治中心建设。6月，完成街道综治中心的整体搬迁。社会组织孵化中心建成使用。调解协会、婚姻家庭咨询师协会、门球协会、心理咨询师协会等8个社会组织入驻。全市人脸识别系统试点工作在紫薇二村展开，小区14幢居民楼，36个楼道试点安装人脸识别系统。开展信访和矛盾纠纷排查调处，及时预防和调处各类社会矛盾。开展出租房、日租房、矛盾纠纷隐患集中排查整治工作，街道及居调委会共调处群众各类民间纠纷82起，涉及人数160余人，调解率达100%，调解成功率达98%。法治宣传教育常抓不懈，每季度开展公务员、在编人员、社区两委班子学法教育活动。法治文化阵地建设，除紫薇公园法治漫画长廊、长龙街法治一条街、看守所外法治文化墙、紫薇公园"法治文化园"、水井站法治文化墙外，街道建成万豪花园、和平新村、紫薇二村、绿城花园、长龙三村法治文化园，街道法治文化园进行升级改造。

【社区党建与精神文明建设】 2017年，北城区街道近500名党员干部，深入楼幢了解辖区居民需求，摸清困难家庭、老党员等重点对象基本情况，累计走访居民家庭4万余户，占基础住户98%。"走帮服"活动期间，共接待群众12348人次，受理各类问题8400余件，解决问题7982件，回复率100%，解决率95%。开展"文明邻里行"活动。开展"邻里守望·情暖夕阳"志愿服务活动，街道率先推出的"小老帮老老"银龄互助项目获省志交会（江苏省志愿者展示交流会）银奖。选树"北街好人"、道德模范，文汇新村居民吴勇获评4月份"诚实守信"中国好人。推进"正能量加油站"建设，探索实施站点和社团共建模式，持续打造群众满意的文化品牌。完成街道综合文化服务中心建设，丰富居民群众的文化生活。

2017年北城区街道各社区基本情况

表48

社区名	人口数（人）	社区面积（平方公里）	党组织书记	居委会主任
民乐新村	7455	0.5	陆爱华	陆爱华
幸福一村	4138	0.36	陈杨柳	陈杨柳
幸福二村	6958	0.3	吴卫卫	吴卫卫
和平新村	6251	0.55	袁赛花	袁赛花
万豪花园	12129	0.65	顾红梅	徐晓宇
文汇新村	6920	0.6	陶燕子	陶燕子
长江新村	7639	0.25	王　慧	王　慧
明珠新村	7500	0.5	陈东伶	陈东伶
紫薇花苑	9100	0.45	蔡　娟	蔡　娟
紫薇一村	5522	0.5	江秀泉	江秀泉
长龙一村	5585	0.54	徐莉莉	徐莉莉
长龙二村	3708	0.6	陆叶伟	陆叶伟
紫薇二村	7500	0.95	陆红梅	陆红梅
紫薇三村	3495	0.5	陈　燕	陈　燕
长龙三村	5800	0.5	岑峻巍	岑峻巍
绿城花园	5440	0.4	朱培培	朱培培

续表48

社区名	人口数（人）	社区面积（平方公里）	党组织书记	居委会主任
御河湾	14536	0.43	政向荣	政向荣
克明花园	2381	0.38	费　娟	费　娟
长龙五村	4409	0.5	钮洪春	钮洪春

（王胜花）

吕四港镇街道

【概况】 2017年，吕四港镇街道下辖5个社区，人口19885人。街道办加强社区建设，优化社区职能，增强服务意识，提高社区效能，美化社区环境，强化社区稳定，提升和谐社区建设水平，促进社区各项事业和谐发展。公园社区、晓明社区为改善社区服务条件，申请扩大办公面积，分别将原吕四中学、原桂林小学办公用房改造纳入计划；鹤东社区在翰林苑新增一处办公用房，办公面积189平方米，水电安装完毕；仙鹤、公园社区严格对照党组织党建领航站星级创评标准，进行社区党建领航站优化，围绕清单落实好、平台功能好、载体效果好、示范作用好“四个好”做好相应创建工作。

【社区服务】 便民服务。执行社区自治章程和各项自治制度。开展便民服务活动，建立社区居委会居家养老服务站和党员志愿者服务队，为社区空巢老人、下岗职工、留守儿童等困难群体提供服务和帮助。设立群众事务党员干部代办服务站。各社区开展“清除牛皮癣志愿者在行动”活动，清除社区内墙面小广告。对社区内3000多名企业退休人员进行年检，对社区内年满60周岁的老年人进行免费体检。全面完成新型农村合作医疗的宣传和收缴工作，总计参合达3400多人。开展安康关爱老年人行动，收缴老年人保险600余份。联合四项维护，整修镇区范围内道路，改造下水管道，为黑暗路段安装路灯，为居民生活创造更好条件。2017年，鹤东社区在启东市2017年度退休人员管理工作考核中荣获三等奖。

社会保障。做好民政救济工作，帮助社区弱势群体，对低保家庭进行逐户走访。落实城乡低保规范化管理，做到应保尽保，严格把关，不符合条件的坚决不报，对原有低保做好复审工作，对新增低保做好初审、复审、申报工作。社区共有低保户19户，重残户32户。做好新型农村社会养老保险的宣传收缴，全年收缴农保500人；为169名“40、50”人员办理社保补贴，完成审核公示；定期在社区居委会会议室开办远程教育技能培训活动，为失业人员进行业务技能培训，帮助他们再就业。

计生工作。组织35~65周岁妇女免费两癌普查体检1000余人次。宣传免费孕前优生健康检查，鼓励群众参加免费孕检。加强管理社区流动人口，发放宣传资料，查验补缺流动人口婚育证明。对育后妇女做好随访调查工作。协助居民办理好各种计生证件，做好独生子女奖励金办理工作。每季度有序开展“关爱女孩”“婚育新风进万家活动”“幸福家庭”等活动。

【社区治安】 加强社区内社会治安综合治理，打造平安和谐社区。2017年，组织社区干部定期开展“矛盾纠纷排查”活动，摸排社区矛盾纠纷，早发现，早控制，把矛盾化解在萌芽状态，将平安和谐社区创建，向小区、楼栋、单位延伸。清查流动人口，了解矫正对象、刑释解教人员、吸毒人员、上访人员的动向，排查邪教组织，排除不稳定因素，及时处理，协助社区民警，杜绝“黄”“赌”“毒”等各类社会治安案件的发生，2017年度各社区内未发生重大刑事案件、集体上访事件和安全事故。做好法制宣传进社区活动，各社区每月开展法制讲堂1次，向居民发放宣传资料，普及法律、法规知识。完善综合治理组织网络建设，发挥网格员和信息员的作用，及时收集民情民意，向社区反映。加强红袖标义务巡逻队巡防，确保社区内无重大刑事案件，稳定有序、治安良好。

2017年吕四港镇街道各社区基本情况

表49

社区名	人口（人）	党组织书记	居委会主任
鹤南社区	3420	张海英	张海英
鹤东社区	4166	孙爱华	孙爱华
晓明社区	3856	顾　慧	顾　慧
公园社区	3670	陶丽玉	陶丽玉
仙鹤社区	4773	丁　玉	丁　玉

（林佳燕）

新闻人物

顾东风

顾东风，江苏启东人，中国医学科学院北京协和医学院教授、博士生导师。国家心血管病中心副主任、流行病学部主任，中国医学科学院阜外医院副院长，国际心血管流行病学与预防学会常务理事，是我国心血管疾病预防与控制领域的学科带头人。2017年，当选中国科学院院士。

他先后毕业于南京医科大学和北京协和医科大学。曾在美国、加拿大、英国研修。长期从事心血管流行病学与遗传流行病学，包括病因和人群防治研究。先后承担“中国高血压调查随访及主要死亡影响因素研究”和“中国动脉粥样硬化性心血管病预测China-PAR”两个大型前瞻性队列研究，以及国内外心血管病遗传学和遗传流行病学等项目，作为“亚太队列人群协作研究”执委开展65万人群大型队列研究。

顾东风在心血管病因学和防治研究领域取得重要的系统性创新成果。在《新英格兰医学杂志》《自然-遗传学》《美国医学会杂志（JAMA）》《柳叶刀》等期刊发表260余篇SCI论文，获15项发明专利授权。研究成果被国内外防治指南和世界心脏病学权威教科书及世界卫生组织专著等广泛引用。牵头的“中国心血管疾病发展趋势和防治策略研究”和“中国人群高血压和冠心病遗传资源的收集和利用研究”获得两项国家科技进步二等奖，是世界卫生组织和国家卫生计生委心血管及慢性病防治专家，新世纪百千万人才工程国家级专家，卫生部有突出贡献中青年专家。

（市地方志办）

中国好人

顾建康

顾建康，男，1950年1月出生，启东市汇龙镇华石村人，启东市水利局退休人员。2017年4月，入选“中国好人榜”，获评“助人为乐”好人。

顾建康先后患上喉癌、食道癌和肺癌，动过三次大的手术，脖子上留着一个乒乓球大小的洞眼，平时基本都是靠老伴同别人交流。但他从不愁眉苦脸，而是对生活充满信心，积极配合医生治疗。

几次重病几乎耗尽了他的积蓄。为了节省开支，顾建康老夫妻俩租种了附近的农田，自给自足。日常穿着，很多都是左邻右舍送的旧衣服、旧鞋子，甚至身上的皮带，都是断了以后用针线缝上再使用，空荡荡的屋子里也没什么像样的家具，但资助别人，他却毫不犹豫。由于他经常到村、社区的卫生站和医生交流治疗情况，因此他对周边群众的家庭状况都比较熟悉，周边有什么人患了什么病他都记在心里，特别是那些家庭经济情况比较困难的群众，顾建康都会慷慨相助，多者三五百元，少者一二百元，还要购买一些生活用品送上患者的家门。几年来，先后为身边患病人员50多人次进行捐助，并经常带着礼品慰问患者，用自己与病魔斗争的经历，来鼓励患者坚定信心，战胜病魔。

他不仅对周边乡邻慷慨解囊相助，就是对那些毫无交集的陌生人，也尽力相助。顾建康在华石村的房屋拆迁后，居住在高家镇。一天，他发现路边有一个老年人步履蹒跚。他连忙嘱咐自己的老伴前去询问，才知道这个老人有病在身，想去药店买药，无奈身体不好，才会走走停停。顾建康连忙叫老伴陪着老人去附近的药店买药。买完以后，顾建康又推出自己的电瓶车，把老人送到了家里，把老人安顿好，才放心地离开。

每年中秋重阳时节，顾建康总要为村里90岁以上的老人送上一份礼物。村里有个叫汤二姐的老人，已经92岁了，与顾建康无亲无故，但顾建康看到老人亲属不在身边，平日无人照顾，就主动承担起照顾老人的任务。平日里帮老人购菜购物、整理家务，老人稍有身体不适，顾建康就动员自己的老伴，一起去陪护。2016年年底，汤二姐进了敬老院。顾建康还是经常提着礼品，去看望汤二姐。

有人问顾建康："你也有很多困难，为什么还如此乐施好善？"顾建康回答："我从当兵到转业，党和国家给我安排了很好的工作，如今又享受较好的退休待遇，虽然生病花了很多钱，但是相比那些更困难的人家，还是稍微宽裕一点。况且，我的命是捡回来的，多亏了国家发达的医术，有这么好的治疗环境，我更应该抓紧机会，回报社会。我是一个从鬼门关走过几回的人，能帮助别人，很开心，很幸福。"

吴　勇

吴勇，男，1960年2月生，南通汽运集团启东飞鹤分公司水电工。2017年4月，入选"中国好人榜"，获评"诚实守信"好人。

30多年工作中，敬业好学的吴勇考了中级电工技能证、中级电脑硬件维修技能证、机械助理工程师职称和电气工程师职称证。每天8小时工作，他不但负责着公司下属10多个单位的水电安装和维护，还把单位各种电脑终端设备、电话程控交换机、电动工具、机床仪器自动化装置维修的活都包揽了。

8小时以外，吴勇还给自己找了一份无偿为社区居民维修水电和家电的工作，这份工作一干就是36年。家住启东市汇龙镇长江新村的退休老人施建中，接受吴勇无偿服务已经有26年了。平时不管是下水道堵塞，还是电路故障或电器坏了，老人都会想到找吴勇帮忙。在老人心目中，早就把雪中送炭的吴勇当作了自家人。家住启东市汇龙镇银洲小区的施海涛，因车祸腿部残疾，走路不便。多年来，家中水电上的所有问题全部由吴勇包揽，分文不取。

36年来，吴勇为社区居民提供的无偿服务有6万余次，服务过的居民遍布市区多个小区，为此奉献的休息时间达1万多小时。

(杨春梅　沈　晖)

张松桥　陈庙先

张松桥，男，1978年10月出生，启东市吕四源友远洋渔业有限公司，"源友516"船长。陈庙先，男，1969年6月出生，启东市吕四源友远洋渔业有限公司，"源友618"船长。2017年10，入选"中国好人榜"，获评"见义勇为"好人。

"源友"远洋金枪鱼延绳钓船队于2017年5月3日从启东海工船舶工业园的华滋海工码头正式启航，开赴印度洋公海海域进行金枪鱼捕捞。这是江苏唯一一支捕捞金枪鱼的远洋船队，船队的正式启航弥补了江苏远洋渔业的一项空白。2017年6月16日早上6点，台湾"金展祥3号"渔船在印度洋海域失火，全船25人弃船跳进大海逃生。危难时刻，在5海里外海上作业的渔船"源友516"，当即停止作业前往救援，并第一时间通知距离11海里远的"源友618"前往施救。

"源友516""源友618"均为江苏南通源友远洋渔业公司所属渔船，属于中大型金枪鱼延绳钓船。当时，事发海域天气条件恶劣，海风卷起超过5米的巨浪，将近50米长的"源友516"不断掀起又抛下。经过半个小时的紧张航行，"源友516"渔船第一时间赶到了失火渔船海域。

张松桥透过望远镜看到，大火几乎烧毁了整条渔船。"船上的兄弟们呢？"张松桥和船员们很快发现，就在距离起火渔船一海里处，有一条救生筏，小小的筏子上蜷缩了15人。

救人必须尽可能地靠近救生筏，但此时的印度洋上，浪高有五六米，洋面风力也有六七级。而"源友516"是个"大家伙"，如果不严格控制好船速，万一撞上救生筏，就是15条人命啊。张松桥赶紧下令减速："距离100米，船速2节；50米，1节；0.5节……"距离越来越近，船员们纷纷拿起钩子、缆绳往救生筏抛去。很快，"金展祥3号"上的15名渔民在"源友516"全体船员的帮助下，登船获救。

当地时间7时10分许，"源友516"渔船发现另外一条救生筏，筏子上共有10人。

7点30分，救援完毕。经核实，"金展祥3号"全船共25人，全部安全脱险，除船长脚部轻伤以外，其他人均无大碍。被救的25人中，船长是台湾人，轮机长为大陆人，其余另有印度尼西亚籍10人，菲律宾籍13人。与此同时，"源友618"在船长陈庙先的指挥下及时赶到，同时给予救援帮助。

人已经获救，一起赶来救援的"源友618"接到通知，先行驶离失火船只所在海域。而"源友516"则继续在失火船附近，等待是否参与灭火救船，挽回损失。等了2个小时后，"金展祥3号"船长接到台湾高雄公司的弃船指令。"源友516"带着被救的25人驶离。

经请示上级部门，"源友618"按原计划继续进行海上作业，"源友516"停止捕捞作业，更改计划，驶向毛里求斯。经过10天航行，于当地时间26日将"金展祥3号"的25名船员安全送抵毛首都路易港。

6月26日是当地的开斋节，又是节假日，正常情况下源友的船不能靠港。但在中国大使馆和毛里求斯当地政府的努力下，所有通关手续在一个小时内都办理妥当，源友远洋渔业与台湾船东顺利完成交接，25名船员平安登陆。

6月27日，"源友516"渔船在毛里求斯港口经过简单的补给后，于当天下午3点返回印度洋海域继续捕捞作业。

首度启航便在印度洋上成功营救失火台湾渔船25名船员，新华社、《人民日报》《新华日报》、中国台湾网、中国农业新闻网、中国外交网、南通发布、《江海晚报》等各类媒体分别进行采访报道。

郭中良

郭中良，男，1942年5月出生，中共党员，启东市近海镇退休教师。2017年10月，入选"中国好人榜"，获评"诚实守信"好人。

15年前，原为小学老师的郭中良大病一场后回到老家养老。"难道就此打发余生？"思考接下来的人生路，郭中良面对家乡粗放耕作的土地，大胆做出惊人决定：建立苗圃，绿化家园，回报社会，精彩人生。

2003年春天，郭中良在近海杨香圃村连片流转100亩土地创建苗圃，哪知，先是碰上骗子，后又引种失败。郭中良是个不信邪的人，他继续边学边干。第三年，他终于成功培育出五六万棵包括鸡爪槭、广玉兰、红豆杉、红白玉兰、紫薇、榉树、女贞等具有较高经济价值的苗木。接着又在王鲍、海复、南阳等镇先后建立起13个面积在100亩以上的苗木基地。2017年，他应邀在北京、天津两地建立100亩鸡爪槭苗木基地。

为了对自己，更是对家乡的承诺，他14年近乎痴迷地不间断种树2600亩。郭中良所拥有的绿化面积，在国内平原绿化领域，尚无人超越。特别是郭中良所拥有的包括20万棵商品鸡爪槭在内的名贵苗木，其当下及潜在经济价值，又使他成为业界"最富有农民"。

名声在外、财源渐广，然而，郭中良仍然两手空空，只是，在这个过程中，他的绿化地盘不断扩大，商品苗木不断增加，受益农户愈加增多。每天呼吸着绿色氧吧的新鲜空气，每天指挥工人种树剪枝，他说他最大的财富除了这大片绿地，就是自己对美化家园、改善生态、造福乡亲的贡献。2017年9月初，王鲍镇建群村因优美村容环境而再次候选江苏"最美乡村"，其中就包含着郭中良造林400亩这一重要因素。

"租地造林，即使砸锅卖铁也绝不能拖欠乡亲一份钱。"这些年里，郭中良年年提前支付大片林地亩均800元的租金，从没向乡亲打过一张白条。乡亲们感叹："数郭老师最讲信用。"14年里，他总计支付租金超3000万元。

林地聘用工人，郭中良轻轻一句话，"就让同龄老人也来挣一笔工资吧。"他每年支付工资超百万元，他被不少老龄农工誉为"郭菩萨"。2016年春节起，他又向王鲍镇、近海镇两个村的70岁以上老人发放慰问品，他要让更多老人共享绿化成果。

曾为师长，帮助贫困孩子成为了郭中良长久牵挂的一桩心事。2002年，刚刚退休的他资助国家级贫困县湖南通道县4个侗族贫困孩子。此后7年，他资助的一名孩子考入军事医学科学院，获博士学位，并成全军英才。资助的刘某大学毕业成为家乡中学教师。此后，他又通过刘某，资助当地贫困学生小杰。他又通过《启东日报》，资助大江中学4名困难高考学子。2017年8月，他和老伴又将学费亲手交至5名孩子手中，每人8000元。郭中良说："帮助孩子就像种下绿树，希望无限，意义深远。"

（市文明办）

中国好税官

王正飞

王正飞，男，1965年5月出生，中共党员。启东地税局四分局科员。2017年，被中央文明办、国家税务总局评为"中国好税官"。

启东市启隆镇是一座四面环水的江心小岛。地理位置偏僻，交通十分不便。1995年，启东地税局成立之初，启隆镇的地方税收仅19.5万元，如何提高启隆镇的征管质量水平成了一道难题。为此，经过研究，提出了"特殊地理特殊管理"的方式，在启隆镇保留专管员制度。王正飞主动请缨驻岛负责征管。

启隆镇在行政上实行农场式管理，居民集居地以连队为单位，从一个连队到另一个连队往往相隔几公里，甚至十几公里，中间是一片一眼望不到头的庄稼地。小岛上坑坑洼洼的泥路，沟汊纵横，在这样的路上行走，晴天一身泥沙，雨天一身泥水，王正飞就是在这样的环境中，默默坚守了15年。为了工作，王正飞吃了不少苦头。1997年秋天，他到兴隆沙征税结束准备返回时，突然刮起大风，天降大雨，大小船只全部进港，持续多天不能进出，王正飞只好留宿于阴湿简陋的招待所，几天下来，得了坐骨神经痛。为了不延误工作，他托人买了一块海绵和一本推拿书，把海绵垫在椅子上减轻压痛，并利用业余时间自学推拿知识以缓解疼痛。

王正飞在坚守小岛的15年当中，和家人团聚的时间不到一年。年迈的双亲思子心切，也只能通过电话道声问候。2003年秋天的一个傍晚，王正飞正在某新办企业办理涉税事项，一个电话告诉他家中有急事，让他速回。当他忙完手中的工作，回电询问情况，却得到了爱人病危的噩耗。当他火速赶到码头时，最后一班轮渡已渐渐远去。他的爱人未能等到他回来，带着遗憾永远地离开了。

想纳税人所想，急纳税人所急，不仅是王正飞口头上的服务信条，更是他言行的真实写照。启隆镇有一群从事木材加工的个体工商户，税法意识参差不齐，其中就有一个"钉子户"，尽管老王几次三番向他做解释工作，但他依然我行我素。2005年8月，该"钉子户"的木场受农场改造影响，必须在短时间内动迁，正当他为新场地苦恼时，"麦莎"台风来临，一筹莫展的他一下子陷入了困境。王正飞得知这一情况后立即与当地政府取得联系，为他争取到一个比较好的经营场所，并发动正值在农场锻炼的年轻税干们，顶着风雨，帮他一同搬迁。看着税干们雨汗淋漓的身影，这位"钉子户"的脸上露出了难以言表的羞愧。从那以后，他总是主动、准时、足额地交清每一笔税款，还当起了纳税义务宣传员，带动了一群个体户成为辖区内的纳税示范户。

张卫忠

张卫忠，男，1965年5月出生，中共党员。启东地税局稽查局科员。

张卫忠参加税务工作20多年，他刻苦钻研，1996年10月同时取得经济师和注册税务师职称；多次受到启东市委、市政府嘉奖，被南通市局评为"优秀税务员工作者"、"十佳好税官"。2008年因执法检查工作突出，被省地税局通报表扬。他的事迹在南通地税网站和江苏省地税网站进行展示。

张卫忠系统里公认的办案能

手。他所分管的效能建设、窗口创建工作一直走在全系统前列。2010年，南通市地税局召开的绩效管理现场会特别抽调启东稽查局的考核台账作为先进典型进行交流。

2009年1月，张卫忠查出肺部肿瘤。作为家里的中流砥柱、单位的业务能手，在病痛来袭时他选择了坚强面对，果断决定开刀切除。由于术后免疫力下降，一直困扰他的胆结石也时时发作，疼痛难忍，不得已，当年5月，他又接受了胆囊切除手术。但是为了不耽误上班，为了让审查的案件结案、税款早日入库，他仅仅休息了一个多月就回到了单位。

一回到工作岗位，他不顾身体的虚弱，主动接手关于某企业销售货物偷逃税的案件。这家企业的货物主要是销往山东日照、莱芜等地，时近国庆中秋长假前夕，许多工厂要停产休息，到时就很难取证。他带领稽查局的同志经过一个多星期的来回奔波，往返数千公里，终于赶在放假前一天完成了取证，得到了企业虚列安装费成本的铁证，查补税款100多万元。

在亲朋的眼里，张卫忠是一个“不好说话”的人。参加税收工作20多年来，他的职务变了，但廉洁从税的信念从未改变。到稽查局后，找他说情开后门的人渐渐多了，但他坚决不办人情案。2009年，他的双亲先后辞世，在办理丧事的时候不少企业送来了礼金，他也一概谢绝。

（启东地税局）

紫薇公园好人事迹长廊 （徐　昕/摄）

启东好人

袁华健
（敬业奉献好人）

袁华健，男，1979年1月出生，中共党员，启东市公安局合作镇派出所所长。

勇敢、细致是他侦查破案的绝招，嘴角上的伤疤是他坚守在一线最好的见证。2009年10月，袁华健在赌博现场执法时遭袭，嘴唇被打穿缝了13针，但仍阻挡不了他打击犯罪的脚步；他虚心向老民警求教，摸索总结出“五法矛盾调处秘笈”，有效化解200余起社会矛盾。他注重合作、发扬团队精神。他带领的合作派出所获评“全省优秀公安基层单位”，获集体二等功1次，连续4次记集体三等功。

邢永新
（敬业奉献好人）

邢永新，男，1960年6月出生，中共党员，启东市第七人民医院救护车司机。

1979年入伍，期间曾多次获嘉奖并记三等功。1993年，邢永新光荣转业，在启东七院从事120急救车驾驶员工作。多年来，他分秒必争，与死神展开激烈的时间赛跑，常常24小时昼夜值守，连续作战。他安全运送无数的伤病患者，背过的病人不计其数，赢得了良好的社会口碑。邢永新长期坚持无偿献血，经常一次献血400毫升，累计共献血5800毫升，被国家卫生和计划生育委员会、中国红十字会总会、中国人民解放军总后勤部卫生部授予2012—2013年度“全国无偿献血奉献奖铜奖”。

庞卫兵
（见义勇为好人）

庞卫兵，男，1963年6月出生，启东市东海镇丰盛村村民。

2017年2月2日，启东大丰路口二效河内，母女两人驾车不慎落水。庞卫兵闻讯后，立马赶往现场，只见一辆四轮电动代步车正缓缓滑向河中央，车内还有一对母女。庞卫兵毫不犹豫地跳入3米多深的河中，虽然河水十分冰冷，但他还是快速游到车前并用力拉拽车门，成功将母女两人从车子里拉了出来。事后，获救人家送来的礼金礼品都被庞卫兵婉拒了，他表示：“这是一件很平常的事，两条人命，不能见死不救。”

蔡　辉
（诚实守信好人）

蔡辉，男，1955年4月出生，中共党员，启东市北新镇永安村村民，启东市鹏华蔬果合作社董事长。

2009年，蔡辉创办启东市鹏华蔬果合作社，发展绿色农业。当时由于连年遭受自然灾害，经济效益不佳，工人担心老板发不出工资。蔡辉了解到这一情况后作出承诺：“我是一名入党30多年的老同志，即使亏本，我变卖家产也保证大家年终工资分文不少。”

2015年春天，他拿出1.3万元给村里特困户解决生活困难；拿出2万多元资助当地5位辍学在家的贫困学子赴江苏黄桥老区人才培训中心学习。2015年5月起，他拿出1.26万元采购36只小山羊，以"一公二母"搭配的形式分发给村里12家低保户，通过山羊自繁自养来改善生活，12家低保户养羊年收入均有2000元左右。2016年6月中旬，蔡辉拿出2.8万元，采购81只小山羊，分发给永安村与富民村的17家低保户。

蔡天豪
（助人为乐好人）

蔡天豪，男，1996年2月出生，启东市北新幼儿园教师。

2016年9月，蔡天豪志愿报名参加造血干细胞捐献行动。2017年11月，他接到省红十字会通知，得知与一名血液病患者HLA配型相合，他毅然决定参与捐献。2018年1月3日，他赴南京东南大学附属中大医院，并于1月8日采集造血干细胞270毫升，成为全国造血干细胞捐献第7026人，启东市第5人。2018年，蔡天豪被授予"南通市博爱大使"称号，2018年1月8日，他的事迹被《江苏公共新闻频道》宣传报道。

南通大学杏林学院"情暖夕阳"公益团
（志愿服务好人）

南通大学杏林学院"情暖夕阳"公益团，2015年3月成立，有大学生成员39名。

杏林学院情暖夕阳公益团致力于每月为近海镇范围内数千名老年人提供保健、维权、理财、生活帮扶、精神陪护等服务，打造"微公益·孝意浓——微孝计划""携书香·暖夕阳——绿色书架""爱传递·艺传承——爷爷的手工铺子""暮好学·忘书忧——观澜学堂"四大品牌志愿服务项目，累计开展志愿服务活动近200次。团队先后获"2016年团省委青年公益大赛三等奖"、2017年团中央主办的"阿克苏诺贝尔中国大学生社会公益奖"铜奖等荣誉，受到中国大学生在线、中国公益新闻网、江苏文明网等媒体的关注，被报道数百次。

周小飞
（公益慈善好人）

周小飞，男，1962年8月出生，江苏二建集团有限公司东顺事业部董事长。

周小飞作为曹家镇村乡贤，多年在外艰苦创业，事业成功后不忘造福乡里。2011年，他出资把泥泞的头兴港沿岸修建成平整的水泥路。2014年，听说村里因资金不足无法实现路灯完全亮化，他二话不说，拿出10万元给村里安装路灯。2017年，他得知村要修建公共服务中心，立马又资助30万元。除此以外，他还每年拿出10万元资助贫困学生，拿出30万元捐给启东市慈善基金会。提到周小飞，村民们都会竖起大拇指，交口称赞"致富不忘乡邻，他是我们村的骄傲。"

周红灵
（医德典范好人）

周红灵，女，1975年6月出生，启东市中医院神经内科副主任。

1996年，周红灵走上医疗工作岗位，她依靠熟练的专业技术、良好的医德医风得到群众的广泛好评。几年前，一个17岁的脑瘫小孩持续抽搐数小时不止来医院紧急就诊，多家医院鉴于病情特殊担心引发病患纠纷，建议病人转到外地大医院进行治疗，但家属因种种原因不愿意到外地就医。周红灵接到电话后立即放下手中的饭碗，撇下家里的孩子，赶到医院。在与家属充分沟通后，将患者留院抢救治疗，很快患者的病情得到控制。有一个家住农村的病人，家里十分贫困，妻子也因此抛弃了他，留下一个在外地打工的儿子。屋漏偏遭连夜雨，这个病人反复中风，并且因此丧失生活自理的能力，语言功能也严重受损。多次住院期间，周红灵以及同组的医生主动为他凑了一部分治疗费，解决了患者的燃眉之急。诸如此类，急患者所急，想患者所想的事例不胜枚举。

李 豪
（师德典范好人）

李豪，男，1981年10月出生，启东市汇龙中学英语教师。

2007年起，李豪连续10年关爱启东乡村困难小学生。2007年资助启东市圩角小学的贫困生崔佳燕。2008年与晨曦中学晨曦班建立结对关系，定期为该班捐款捐物，并对特困生、孤寡儿童开展心理关爱。2009年带头为久隆小学白血病患儿黄健发动捐款，总额超过5000元。2011年资助大同村小学黄淑楠，多次去该生学校捐款并送上文具。2013年资助启东市善成小学六年级两位贫困学生。2016年资助一名身患白血病的母亲。多年来由其本人及所在班级为启东各级各类乡村小学贫困生捐款捐物数万元。

李豪先后获"启东市新长征突击手""启东市优秀班主任""启东市教坛新秀""南通好青年""十佳园丁"等称号，入围"启东市首届最美教师"，并两次受教育局嘉奖。

李 想
（美德少年）

李想，女，2003年9月出生，启东市折桂中学学生。

十年来，她热衷公益，用甜美的声音和优美的舞姿，陪伴着社区的留守儿童和外来务工人员的子女。小学三年级时，她与聋哑学校的哥哥姐姐结成对子，教他们跳舞，还用自己的零花钱购买学习用品和书籍送到学校。此外，她还积极加入社区文艺团队，关心关爱社区老人，利用自己所学的朗诵主持特长，每年暑假为多个社区主持纳凉晚会。她在用一颗炽热的心感恩社会、感动他人的同时，也磨炼了自己的毅力、锻炼了自己的能力、提升了自己的素养。

（市文明办）

先进集体

启东市获得的部分荣誉

表50

荣誉称号	授予单位
全国平安渔业示范县（市）	农业部
国家知识产权强县工程示范县（区）	国家知识产权局
2016/2017年度肝癌早诊早治项目优秀项目点	国家卫生和计划生育委员会疾病预防控制局、中国癌症基金会、农村癌症早诊早治项目专家委员会
全省学生资助绩效评价优秀	江苏省教育厅、江苏省财政厅
江苏省社区教育示范区	江苏省教育厅

国家部委（协会）和省委、省政府、省军区表彰的部分先进集体

表51

荣誉称号	获得单位	授予单位
全国第七批一村一品示范村	王鲍镇庙桥村	农业部
全国文明渔港	吕四中心渔港	农业部、国家安监总局
全国群众体育先进单位	江天生态农庄	国家体育总局
全国巾帼文明岗	南通市启东地方税务局、第一税务分局办税服务股	全国妇联
全国工人先锋号	中国电信启东分公司汇龙支局、江苏神通阀门股份有限公司核电技术处	全国总工会
全国“五好”县级工商联	市工商业联合会	中华全国工商业联合会
全国第五批文明村	王鲍镇建群村	中央文明委
全国文明接待室	市人民检察院控告申诉检察科	最高人民检察院
2017年度全国检察宣传先进单位	市人民检察院	最高人民检察院、检察日报社
全国优秀公安基层单位	吕四港边防派出所	公安部

续表51

荣誉称号	获得单位	授予单位
2016年全国综合医院、专科医院、妇幼保健院中医药工作示范单位	市人民医院	国家中医药管理局办公室、国家卫生计生委办公厅、中央军委后勤保障部卫生局
2017年度全国肿瘤登记工作杰出贡献奖	市肿瘤登记处	国家癌症中心
2017年度全国肿瘤登记特别贡献奖	市肿瘤登记处	国家癌症中心
首批城乡特色学校	北新镇社区教育中心	中国成人教育协会
第五批全国学习型乡镇	惠萍镇、吕四港镇	中国成人教育协会
第五批全国学习型村居	北新镇邦道村	中国成人教育协会
第五批全国学习型部门	合作镇社区教育中心	中国成人教育协会
2017年度老区宣传工作优秀奖	吕四港镇人民政府	中国老区建设促进会
全国实施用户满意工程·服务类用户满意企业	国网启东市供电公司	中国质量协会、全国用户委员会
江苏制造突出贡献奖先进单位	南通市启东地方税务局	江苏省政府
安全管理工作先进单位	市人武部	江苏省军区
基层武装工作先进单位	王鲍镇人武部	江苏省军区

省厅级表彰的部分先进集体

表52

荣誉称号	获得单位	授予单位
全省法治财政标准化管理合格单位	市财政局	江苏省财政厅
全省政府监督管理工作考核二等奖	市财政局	江苏省财政厅
全省预决算公开工作先进地区	市财政局	江苏省财政厅
全省财政重点工作先进	市财政局	江苏省财政厅
全省预算绩效管理工作考核优秀单位	市财政局	江苏省财政厅
第二十八届江苏省青少年科技创新大赛优秀组织奖	市教育局	江苏省教育厅、江苏省科学技术协会、江苏省科学技术厅、江苏省发展和改革委员会、江苏省文明办、江苏省环境保护厅、江苏省体育局、共青团江苏省委、江苏省妇女联合会、江苏省知识产权局
第十二届少年儿童书信文化优秀组织奖	市教育局基础教育科	共青团江苏省委、江苏省教育厅、江苏省少工委、中国邮政集团公司江苏省分公司
江苏省标准化社区教育中心	近海镇社区教育中心、汇龙镇社区教育中心、王鲍镇社区教育中心、海复镇社区教育中心、启隆镇社区教育中心、东海镇社区教育中心、南阳镇社区教育中心	江苏省教育厅
江苏省2016年健康促进金奖学校	南苑中学	江苏省教育厅办公室、江苏省卫生和计划生育委员会办公室、江苏省体育局办公室、江苏省食品药品监督管理局办公室、江苏省爱国卫生运动委员会办公室

续表52

荣誉称号	获得单位	授予单位
江苏省2016年健康促进银奖学校	香格小学	江苏省教育厅办公室、江苏省卫生和计划生育委员会办公室、江苏省体育局办公室、江苏省食品药品监督管理局办公室、江苏省爱国卫生运动委员会办公室
江苏省2016年健康促进铜奖学校	聚阳小学、永和小学、海丰小学、寅阳小学	江苏省教育厅办公室、江苏省卫生和计划生育委员会办公室、江苏省体育局办公室、江苏省食品药品监督管理局办公室、江苏省爱国卫生运动委员会办公室
江苏省先进班集体	江苏省启东中等专业学校16级数控技术应用（五年制）、第二中等专业学校2014级电子电工班	江苏省教育厅、共青团江苏省委员会
江苏省第十六批“绿色学校（幼儿园）”	百杏中学	江苏省环境保护厅、江苏省教育厅
2017年度全省危险化学品安全监管先进集体	市安监局	江苏省安监局
执法工作先进集体	市安监局	江苏省安监局
2017年度市场经营先进县分公司	中国电信启东分公司	中国电信江苏公司
江苏省工人先锋号	中国电信启东分公司汇龙支局	江苏省总工会
全省优秀公安基层单位	市公安局合作中心派出所	江苏省人力资源和社会保障厅、江苏省公安厅
民警的“好娘家”	市公安局政治处	江苏省公安厅
乡镇（街道、园区）统计规范化建设百佳单位	启东经济开发区统计局	江苏省统计局
江苏省水美乡镇	南阳镇	江苏省水利厅
江苏省水美村庄	南阳镇元祥村	江苏省水利厅
省级民主法治示范村	南阳镇富兴村	江苏省依法治省领导小组
联网直报统计规范化建设示范单位	江苏神通阀门有限公司	江苏省统计局
2016年度江苏省文明口岸先进单位	启东海关	江苏省口岸办
档案工作先进集体	市人民法院	江苏省高级人民法院
全省法律援助工作先进集体	市法律援助中心	江苏省司法厅
全省校外教育辅导站优秀活动推广项目一等奖	海复镇季明村校外教育辅导站	江苏省关工委
全省校外教育工作优秀辅导站	汇龙镇南城区街道彩臣三村社区校外教育辅导站、吕四港镇南星桥村校外教育辅导站、南阳镇佐鹤村校外教育中心辅导站	江苏省文明办、江苏省关工委
江苏省巾帼文明岗	市国家税务局第二税务分局综合股	江苏省城镇妇女“巾帼建功”活动领导小组
三等功	市国家税务局	江苏省人力资源和社会保障厅、江苏省国家税务局
江苏省文明单位	市供电公司	江苏省精神文明建设指导委员会
巾帼文明岗	市供电公司党群工作部	国网江苏省电力有限公司

续表52

荣誉称号	获得单位	授予单位
2017年度国网江苏省电力公司一流班组	市供电公司启东变电运维班	国网江苏省电力有限公司
2017年江苏省质量信得过班组	市供电公司汇龙供电所	江苏省质量管理协会、江苏省总工会、江苏省妇女联合会、江苏省科学技术协会
江苏省首批外国专家工作室	市肝癌防治研究所	江苏省人力资源和社会保障厅
江苏省肿瘤登记工作先进单位	市肝癌防治研究所	江苏省卫生计生委办公室
巾帼文明岗	市中医院康复科	江苏省妇女联合会、江苏省妇女“双学双比”“巾帼建功”活动领导小组
江苏省卫生计生行业党员示范岗	市中医院肾脏内分泌科医生组	中国共产党江苏省卫生和计划生育行业委员会
江苏省诚信计量示范单位	东海镇社区卫生服务中心	江苏省质监局
2017年度江苏省现代渔业建设先进集体	市海洋与渔业局	江苏省海洋与渔业局
2017年度江苏省渔业科技入户先进集体	市海洋与渔业局	江苏省海洋与渔业局
2017年度水产品药物残留快速检测工作优秀等次	市渔业技术推广站	江苏省海洋与渔业局
江苏省信访系统“群众满意窗口”单位	市信访局	江苏省信访局

南通市委、市政府、南通军分区表彰的部分先进集体

表53

荣誉称号	获得单位	授予单位
2015—2016年度南通市文明乡镇	南阳镇、王鲍镇	南通市委、市政府
2015—2016年度南通市文明乡村	南阳镇佐鹤村、南阳镇富兴村、王鲍镇建群村、王鲍镇新桥镇村	南通市委、市政府
2015—2016年度南通市文明单位	启东海关、市教育局、市长江幼儿园、市国家税务局、市国家税务局第一税务分局、市国家税务局第二税务分局、市国家税务局第三税务分局、市国家税务局第四税务分局、市国家税务局第五税务分局、市国家税务局第六税务分局、市国家税务局第七税务分局、市国家税务局稽查局、南通市住房公积金管理中心启东管理部、市审计局、市气象局、市中医院、市东海镇社区卫生服务中心、市国土资源局、市国土资源局南阳国土资源所、王鲍镇中广有限公司	南通市委、市政府
农机化工作先进单位	王鲍镇	南通市委、市政府
耕地保护十佳乡镇	王鲍镇	南通市委、市政府
高标准农田建设先进单位	王鲍镇	南通市委、市政府
战备训练先进单位	汇龙镇人武部	南通军分区

先进个人

国家部委（协会）和省委、省政府、省军区表彰的部分先进个人

表54

姓　名	单　位	授予称号	授予单位
顾　光	市公安局合作中心派出所	全国优秀人民警察	公安部
郭忠良	启东高新区（近海镇）	中国好人	中央文明办
吴　勇	南通汽运集团启东飞鹤分公司	中国好人	中央文明办
顾建康	汇龙镇	中国好人	中央文明办
张松桥	吕四港镇	中国好人	中央文明办
陈庙先	吕四港镇	中国好人	中央文明办
郭中良	近海镇	中国好人	中央文明办
王正飞	启东地税局第四税务分局	中国好税官	中央文明办、国家税务总局
张卫忠	启东地税局稽查局	中国好税官	中央文明办、国家税务总局
张潜泉	市安监局	安全生产监管监察先进个人	国家安监总局
陈金飞 刘爱东	启东实验小学	江苏省教学成果奖一等奖	江苏省人民政府
张范辉	启东实验小学	江苏省教学成果奖特等奖	江苏省人民政府
翁一平	市人武部	基层武装工作先进个人	江苏省军区

省厅级表彰的部分先进个人

表55

姓　名	单　位	授予称号	授予单位
茅敏华	市人民医院	第三届江苏省“百名医德之星”	江苏省委宣传部、江苏省文明办、江苏省卫生和计划生育委员会
黄建生	市公安局	第六届江苏省道德模范提名奖	江苏省文明委
周　楠	市人民检察院	全省刑事申诉检察业务标兵	江苏省人民检察院
方海军 印　春 施挺峰 匡井征	市人民检察院	2016年度全省检察机关反贪部门十大精品案件	江苏省人民检察院
梁剑锋	市人民检察院	全省检察机关司法警察专业技能训练十佳能手	江苏省人民检察院
徐景生	市财政局	全省预决算公开工作先进个人	江苏省财政厅
姜开文	市安监局	全省职业健康监管工作先进个人	江苏省安全生产监督管理局
曹　烨	市安监局	全省非煤矿山安全生产工作先进个人	江苏省安全生产监督管理局
张海兵	市安监局	全省安全生产执法工作先进个人	江苏省安全生产监督管理局
宋佳谦	启东地税局	第二批江苏省地方税务局“首席办税员”	江苏省地方税务局
陶园园	启东地税局	全省地税系统纳税服务类“业务大比武”岗位能手	江苏省地方税务局
黄　忠	市公安局	个人二等功	江苏省公安厅

续表55

姓　名	单　位	授予称号	授予单位
张海涛	市公安局刑侦大队	个人二等功	江苏省公安厅
袁华健	市公安局合作中心派出所	个人二等功	江苏省公安厅
陆永刚	市公安局刑侦大队	江苏省优秀人民警察	江苏省人力资源和社会保障厅、江苏省公安厅
施　俊	市公安局交警大队	江苏省优秀人民警察	江苏省人力资源和社会保障厅、江苏省公安厅
沈红丹	启东经济开发区统计局	江苏省第三次全国农业普查先进个人	江苏省第三次全国农业普查领导小组办公室
袁　辉	市人民法院	优秀人民法庭庭长	江苏省高级人民法院
韩雪斌	市人民法院	全省法院执行系统先进个人	江苏省高级人民法院
施恩银	市人民法院	全省法院先进工作者	江苏省高级人民法院、江苏省人力资源和社会保障厅
陈　杰	市司法局	个人二等功	江苏省司法厅
姜莉莉	市司法局	“四个全覆盖”体系建设先进个人	江苏省司法厅办公室
施汉冲	启东高新区（近海镇）	江苏省道德模范	江苏省文明委
苏晓琳	汇龙镇	江苏青年五四奖章	共青团江苏省委、江苏省青联
陆亚声	启东高新区（近海镇）	江苏省农村基层党建工作突出贡献奖	江苏省委组织部
施建琴	市委老干部局	全省先进老干部工作者	江苏省委组织部、江苏省委老干部局、江苏省人力资源和社会保障厅
朱永继	合作镇五星村校外辅导站	全省校外教育辅导站工作先进个人	江苏省文明办、江苏省关工委
刘伟勋	汇龙镇北城区街道长龙三村校外辅导站	全省校外教育辅导站工作先进个人	江苏省文明办、江苏省关工委
金海荣	市委政法委	江苏省涉法涉诉信访工作先进个人	江苏省委政法委
费新士	市国税局	江苏省归侨侨眷先进个人	江苏省归国华侨联合会、江苏省人民政府侨务办公室
于环宇	市国税局	全省国税系统“营改增”试点和“金税三期”上线等工作中有突出贡献个人奖励嘉奖	江苏省人力资源和社会保障厅、江苏省国家税务局
程　虹 孔祥阳	市国税局	全省国税系统“营改增”试点和“金税三期”上线等工作中有突出贡献个人奖励通报表扬	江苏省人力资源和社会保障厅、江苏省国家税务局
林　浩	市供电公司	江苏电网调控系统先进个人	国网江苏省电力有限公司
黄天衡	市供电公司	2017年输变电工程质量工艺技能竞赛（导地线压接）个人第一名，技术能手	国网江苏省电力有限公司
董佩磊	市供电公司	2017年电能替代工作先进个人	国网江苏省电力有限公司
江振飞	市供电公司	2017年度优秀班组长	国网江苏省电力有限公司
杨　娟	市人民医院	江苏省第五期“333高层次人才培养工程”第三层次培养对象（中青年学术技术带头人）	江苏省人才工作领导小组办公室
徐炳时 施　美 顾菊芳	市人民医院	江苏省坚守产房工作30年助产士	江苏省妇幼保健协会
陆　琴	市第二人民医院	江苏省坚守产房工作30年助产士	江苏省妇幼保健协会

续表55

姓　名	单　位	授予称号	授予单位
丁晓明	市国土资源局	江苏省国土资源系统先进工作者	江苏省人力资源和社会保障厅、江苏省国土资源厅
王凯杰	南阳国土资源所	全省2017年工作成绩突出的国土资源所所长	江苏省国土资源厅
潘国红	市人大常委会	全省人大机关系统先进工作者	江苏省人大办公厅、江苏省人力资源和社会保障厅
肖李霞	市渔业技术推广站	全省水生动物疫病监控工作先进个人	江苏省海洋与渔业局

南通市委、市政府、南通军分区表彰的部分先进个人

表56

姓　名	单　位	授予称号	授予单位
孙建忠　龚建涛	市政协	嘉奖	南通市委、市政府
朱志强	市委政法委	嘉奖	南通市委、市政府
徐　燕	市信访局	嘉奖	南通市委、市政府
陈炳香	市人民医院	南通市先进工作者	南通市委、市政府
刘爱东	启东实验小学	南通市优秀教育工作者	南通市委、市政府
施红健	市供电公司	南通市劳动模范	南通市委、市政府
曹　烨	市安监局	南通市安全生产先进个人	南通市政府
施宇杰	启东高新区（近海镇）	南通市安全生产先进个人	南通市政府
樊　俭　陆宏伟 张大玲　周永娣 黄爱华　陈亚如 高玲玲	市人民医院	2016年度南通市科学技术进步奖二等奖（《基于循证的前馈控制应用于连台手术护理风险管理的研究》）	南通市政府
石　磊	市人武部	嘉奖	南通军分区
金　磊	市人武部	战备训练先进个人	南通军分区
沈　浩	惠萍镇人武部	战备训练先进个人	南通军分区

重要报告

锚定发展新坐标　打好富民主攻仗
凝心聚力推进“两聚一高”新实践

——在市委十三届三次全体（扩大）会议上的讲话

王晓斌

2017年7月29日

同志们：

这次市委十三届三次全体（扩大）会议的主要任务是，深入贯彻习近平总书记系列重要讲话精神和治国理政新理念新思想新战略，按照省委十三届二次全会和南通市委十二届四次全会的部署要求，总结上半年工作，明确下半年任务，专题研究富民工作，动员全市广大党员干部和人民群众，锚定发展新坐标，打好富民主攻仗，坚定信心、保持定力、创新实干，凝心聚力推进“两聚一高”新实践。

现在，根据市委常委会讨论的精神，我讲四个方面的意见。

一、上半年工作的简要回顾

今年以来，全市上下深入贯彻落实中央、省委和南通市委各项决策部署，牢固树立新发展理念，突出接轨上海和促进民富两大关键，统筹做好改革发展稳定各项工作，全市经济社会保持平稳健康发展。上半年，全市实现地区生产总值472.4亿元，增长8%；实现一般公共预算收入36.03亿元，同口径增长8.3%，总量和增幅分别列全省各县市第8位、第5位，国税收入总量列南通各县市第一；荣获国家知识产权强县工程示范县称号。

（一）发展质效不断提升。实现规模工业产值1046.6亿元，增长12%，其中“三优三新”产业集群产值765.2亿元，增长13.1%，占规模工业产值比重达73.1%。完成项目农业投入12.7亿元，高标准农田建设南通领先，获评全国首批农村创业创新园区（基地）2个、全国一村一品示范村1个。完成社会消费品零售总额174.1亿元，增长10.7%；实现服务业增加值201.2亿元，增长9.6%；创业科技园获评南通市现代服务业集聚示范区。全社会研发投入占GDP比重达2.54%；实现高新技术产业产值572亿元，增长15.9%，占规模工业产值比重达54.7%。北京大学生命科学华东产业研究院、尚华启东生物制药科创中心等创新平台加快建设，新增省“科技小巨人”企业2家、省融合创新示范企业1家。新增“千人计划”专家工作站3家，引进高层次创业创新人才18人。

（二）接轨上海不断深化。对接服务上海十大重点领域课题研究扎实开展，15个镇、园区与上海18个镇、园区、街道建立友好协作关系。基础设施对接有力有序，宁启铁路启东段、海启高速启东段加快建设，吕四港区10万吨级进港航道二期工程完成前期工作。园区平台加快创新转型，启东生命健康科技城概念性规划启动编制。招商引资成果丰硕，引进产业项目86个，总投资

236亿元，其中来自上海超亿元项目71个、产业协作项目资金164亿元。"项目建设提质增效年"活动深入开展，完成全社会固定资产投资297.7亿元，增长9%；亿元以上产业项目新开工71个、新竣工36个，广汇能源、华滋海工等7个项目正式投产运行。

（三）改革攻坚不断推进。研究出台市委全面深化改革领导小组2017年工作要点，七个方面31项重点任务扎实推进。供给侧结构性改革稳步推进，"去降补"成效初显。医药卫生体制改革持续深入，新型农村合作医疗总额预付机制全面建立，"三医联动"不断深化。相对集中行政许可权改革试点工作深入开展，深化提出"2440"工作方案，在全省96个县市区创业创新政务环境评价中列第5位。积极融入省政务服务"一张网"，"不见面审批"办事模式加快构建。重大项目"绿色通道"服务全面开通，完成立项314个，发放施工许可证107份。土地"三权分置"改革加快实施，农村土地承包经营权确权登记颁证工作基本完成。结合新型城镇化开展支持农民工等人员返乡创业国家级试点工作进展顺利。金融服务创新启东示范区建设深入推进，捷捷微电在创业板成功上市，朗峰新材、通易航天在新三板挂牌。

（四）人居环境不断优化。新城区布局规划编制初步完成，停车场、市域快速路网等专项规划加快编制。牡丹江东路、公园南路等道路开工建设，人民路、民乐路等道路完成改造。全国文明城市创建大力推进，国家卫生城市创建成果不断巩固，城市形象有效提升。欣乐城、吾悦广场等城市综合体加快建设。入选省首批特色小镇创建名单1个，入选省首批农业特色小镇3个。"263"专项行动扎实开展，"河长制"全面推行，完成成片造林绿化1.85万亩，新增城市绿地50万平方米，空气质量达标率保持南通前列，圆陀角滨海湿地公园获批南通首家省级湿地公园。

（五）民生福祉不断增进。全面落实富民增收五大行动计划，上半年，城乡居民人均可支配收入分别达20548元、10931元，增长8.5%、8.6%；居民人均储蓄达8.4万元。新增就业4503人，扶持群众自主创业828名，城镇登记失业率为1.92%。实验小学开发区分校、和睦幼儿园城南分园等学校建设基本完工；妇幼保健院、社会福利中心等民生项目加快建设；市镇两级居家养老服务中心标准化建设有力推进；城乡低保标准实现一体化；因病支出型贫困家庭救助办法制定出台。精神文明创建持续深化，入选"中国好人榜"2人，当选"2016感动中国·江苏十大感动人物"1人；国际铁人三项赛、全国沙滩排球锦标赛等国内外重大赛事成功举办；开展"共乐东疆"文体活动2000余场次，参与群众近30万人次。社会治理不断创新，信访大调解工作扎实开展，社会治安防控体系日益完善，社会大局持续保持和谐稳定。安全生产、食品药品安全监管不断加强，人民群众生命财产安全得到切实保障。

（六）党的建设不断加强。"两学一做"学习教育常态化制度化建设取得成效，"旗帜鲜明讲政治"专题培训全面开展。"走帮服"活动纵深推进，创新实施"三联三分"工作法，城乡居民家庭、企业和村居走访覆盖率分别达99.3%、91%和100%，公众满意度列南通各县市区前茅。扎实推进"三堂汇学"，6万多名党员干部参学参考。严格执行"凡提四必"，大力实施年轻干部"5512"培养锻炼计划。持续深化基层党组织"四有四化"建设，评定三星级以上党建领航站171个。严格落实全面从严治党"两个责任"，"八大专项整治"有力推进，切实践行监督执纪"四种形态"，立案审查违纪案件193件、处分101人，完成7家单位、1个专项资金首轮巡察。与此同时，人大及其常委会依法行使职权，政府依法行政，政协协商民主建设不断加强，统战、群团、人武等工作都取得了新的成效。

在肯定成绩的同时，我们也要清醒地看到，经济增长稳中向好的基础还不够牢固，财政收支平衡压力加大，实体经济发展需进一步提质增效；特色产业和龙头企业还不多，转型升级步伐需进一步加快；富民工作仍存在短板，改革受益面和群众获得感需进一步扩大提升；城市基础设施配套等功能还不够完善，城市建设和管理需进一步加强；少数党员干部不作为、慢作为现象仍有存在，"四风"问题尚未根除，全面从严治党需进一步深化等。对此，我们必须采取有力措施，切实加以解决。

二、精准定位，进一步明确聚焦富民的工作导向

当前，"一带一路"、长江经济带、长三角区域一体化和上海自贸区建设等国家战略深入实施，我省大力推进扬子江城市群发展，上海提出建设"令人向往的卓越的全球城市"，南通加快建设上海大都市北翼门户城市，多重机遇相互叠加，各种利好集中释放。作为接轨上海的桥头堡和前沿区，占有区位、交通、资源、政策等诸多优势的启东，正处于转型的"关口"、开放的"窗口"、发展的"风口"，迎来了新一轮开放发展的黄金机遇期。发展为了人民，发展依靠人民，发展成果由人民共享。今后一段时期，全市上下必须准确把握发展形势，主动抢抓发展机遇，锚定发展新坐标，打好富民主攻仗，使全市人民在共建共享发展中有更多获得感。

锚定发展新坐标，打好富民主攻仗，必须自觉践行以人民为中心的发展思想。为政之道，以厚民生为本。高水平全面建成小康社会，是我们向全市人民作出的庄严承诺。实现这一目标，民生幸福是最重要的检验标准。省第十三次党代会提出了"两聚一高"发展新坐标，把聚焦富民作为鲜明的工作导向。近期，省委、南通市委分别召开全会，对富民工作再聚焦、再推动。这充分表明，聚焦富民，让百姓过上更好的生活，是高水平全面建成小康社会的"必答题"。近年来，我市富民工作虽然取得了一定成效，但也存有短板，突出表现在居民人均可支配收入与人均地区生产总值之比、中等收入群体的占比、经营性及财产性收入占居民总收入的比重等"三个偏低"。底线民生、基本民生、质量民生仍有较大改善空间，居民生活成本相对较高，脱贫工作仍有一定压力，人口老龄化速度加快，水环境质量不尽如人意，财政民生支出需进一步加大等。坚持以人为本，使发展成果惠及全体人民是我们党的执政理念。我们必须始终践行以人民为中心的发展思想，坚持目标导向与问题导向相统一，不以总量和平均数代替每个个体的获得感，牢固确立富民导向不动摇、不偏离、不松劲，立足“大民生”视野，做好富民“加减乘除法”，努力交出让人民群众满意的富民答卷。

*锚定发展新坐标，打好富民主攻仗，必须牢固确立全面接轨上海的战略路径。*加快富民进程，首要在提高区域经济发展水平，做大富民蛋糕，夯实物质基础。作为引领长三角城市群联动发展的上海，辐射、带动、协同效应愈发凸显。今年5月，省政府批复同意《南通建设上海大都市北翼门户城市总体方案》，南通正在全力构建以“三港三城三基地”为重点的全市域对接服务上海空间格局。作为南通建设上海“北大门”的“门柱子”，全面接轨上海是我们一以贯之的核心发展战略。上半年，全市实现23%的工业产品配套上海，45.8%的农产品供应上海，72%的游客来自上海，82%的外资和市外民资引自上海。目前，与上海共建科技创新载体5个；全市引进的34名国家“千人计划”专家等顶尖人才、43名省“双创人才”和“双创博士”中，60%来自上海。可以说，接轨上海已成为推动全市经济社会发展、促进富民增收的“主引擎”。面对打好富民主攻仗的新形势、新任务，我市有基础、有潜力、更有优势在对接服务上海中实现更大作为。我们必须始终牢固确立全面接轨上海的发展战略，积极参与上海“1+6”大都市圈协同发展，突出同城效应，强化深度对接，加速集聚上海高端要素资源，全面推进交通互联互通、城市功能互补、产业协同配套、文化相通融合、生态共保共治，努力在对接服务上海中增创富民新优势，让发展成果更多转化为富民成效。

*锚定发展新坐标，打好富民主攻仗，必须不断弘扬奋力跨越赶超的拼搏精神。*目标高人一等，发展才会先人一步。当前，启东的发展势头很好，但与上海周边区位条件相似的苏州太仓、宁波慈溪等先进地区比，无论是地区生产总值、一般公共预算收入，还是群众感受最直接的城乡居民人均可支配收入等，都还有一定差距，我们没有任何理由闲庭信步、坐等观望。化压力为动力，变潜力为实力，关键在做。我们必须始终保持奋发有为的精神状态，进一步拉高标杆、提高站位，以先进地区为参照，紧扣提升富民含金量，激发干事创业精气神，比学赶超、勇攀新高。既比速度，更比质态，坚定富民优先的理念；既比产业，更比生态，提升绿色发展的内涵；既比指标，更比作风，增强攻坚克难的能力；既比现状，更比后劲，提振跨越争先的信心，以舍我其谁的胆识魄力、走在前列的高远追求和敢为人先的责任担当，集中力量、集中资源、集中政策，聚焦富民主战场，打好富民主攻仗，不断增强人民群众的获得感和幸福感。

三、突出重点，狠抓打好富民主攻仗的关键举措

聚焦富民，要坚持在以习近平同志为核心的党中央坚强领导下，深入贯彻习近平总书记系列重要讲话精神和治国理政新理念新思想新战略，坚持稳中求进工作总基调，牢固树立新发展理念，从检验全面小康建设成果、落实以人民为中心的发展思想的高度，把聚焦富民摆在全市发展全局的突出位置，贯穿于接轨上海、产业发展、改革创新、城乡统筹、公共服务和全面从严治党等各项工作之中，锚定发展新坐标，打好富民主攻仗，凝心聚力推进“两聚一高”新实践，为南通建设上海大都市北翼门户城市作出新的更大贡献，以优异的成绩迎接党的十九大胜利召开。

打好富民主攻仗，任务艰巨、任重道远。当前，要突出重点，抓住关键，着力做好五个方面工作：

（一）以接轨上海为路径，夯实富民基础

发展是富民基础，全面接轨上海则是我们最现实的发展路径。要紧紧围绕建设上海“北大门”“门柱子”这一定位，深化“联动、参与、服务”三大战略，放大对接服务乘数效应，全面释放协同发展活力，为加快富民进程奠定坚实基础。

一要完善基础设施，优化发展环境。打造双向互联的“陆、海、空、网”对接通道是全面接轨上海的重要任务，也是富民惠民的重大工程。要主动配合省、上海、南通有关部门做好北沿江高铁沪崇启通道前期工作，加快宁启铁路启东段、海启高速启东段建设，推动火车站开工建设，全面推进天江公路等道路建设。围绕打造现代港口城市，主动融入上海国际航运中心北翼江海组合强港大格局，充分发挥国家一类开放口岸作用，稳步推进吕四港区10万吨级进港航道二期工程建设，加快构建江海河联运体系。积极参与南通长三角北翼重要航空港建设，全力做好通用航空机场建设前期工作。全面对接南通华东地区重要信息港建设，加快完善信息基础设施，推动沪启“在线”同城化。

二要聚焦项目建设，增强发展后劲。项目建设是富民强市的第一抓手。要主动承接上海产业转移，综合开展靶向招商、专题招商、以企引商、资本招商，力争全年新签约产业项目100个、在沪举办各类招商对接活动200场次、引进上海产业协作项目资金300亿元，注册外资实际到账3亿美元。坚持招大引强导向，不断提高10亿元以上重大项目比重，提升世界500强、大型央企、知名民企比重。精心组织科技节、产业论坛等活动，以一流平台吸引高端客商。不断壮大招商力量，选派专业骨干、后备干部等充实到招商引资一线，确保全市招商队伍数量质量“双提升”。加快推进省、南通及我市“双百工程”重大项目建设，全力推动恒大童世界、中成启东现代物流产业园等项目实质性开工，胜狮能源二期、林洋光伏等项目加快建设，姚记扑克文化产业园、五国温泉城等项目年内竣工，确保全年新开工亿元以上产业项目130个，其中10亿元以上重大项目16个，新竣工亿元以上项目70个，全社会固定资产投资增长12%以上。强化项目要素保障，高度重视土地节约集约利用，着力破解资金、用工等瓶颈制约。

三要优化园区平台，拓展发展空间。园区是新型工业化的主要载体，也是加快富民的重要平台。要全面贯彻省开发区改革创新大会精神，推进园区平台整合优化，加快向现代产业园区转型，着力打造特色创新集群，全力构建“一城三区”空间格局。“一城”即启东生命健康科技城，按照南通“三港三城三基地”建设要求，高起点规划、高标准建设、高质量配套，加快滨江医药化工园转型发展，大力发展生物医药、医疗器械等产业，着力打造长三角生命科技创新基地、健康产业集聚园区、滨江生态宜居新城。“三区”即：一是争创国家级经济技术开发区，依托启东经济开发区、海工船舶工业园，坚持特色发展、一体发展，深入对接上海产业结构和布局调整，推进电子信息、新能源、海工及重装备产业高端化转型，努力成为上海现代产业的配套基地；二是建设吕四港产业协同发展区，依托吕四港经济开发区、启东高新技术产业开发区和江海产业园，以沪启合作为主攻方向，主动策应省、南通市港口一体化改革，加快港产城融合发展，探索“前港后厂（园）”模式，形成以新材料、电力能源、冷链物流、机械装备制造、通用航空等为支撑的产业体系，努力成为上海国际航运中心的重要组成部分；三是打造长江口生态旅游度假区，依托圆陀角旅游度假区、启隆生态科技产业园，积极策应崇明世界级生态岛建设，推动上海都市游与启东江海风情游双向互动，大力发展全域旅游，打响“迪士尼下一站”旅游品牌，形成集观光休闲、旅居度假、运动养生等于一体的空间组团，全力争创国家级旅游度假区。

四要集聚资源要素，提升发展水平。在更高层面集聚上海各类发展要素，是加快富民进程的活力因子。要强化政策对接，建立健全环境、信息、市场等专项政策和服务机制，推动资质评定双向互认、两地医保互通等一批民生政策与上海有机衔接。强化人才对接，深入实施沪启人才合作工程，全面落实我市“人才新政30条”，积极搭建政企互动、校地合作等四大平台，全年引进来自上海的“千人计划”专家等顶尖人才2人、领军人才等高层次人才10人。强化金融对接，发挥金融服务创新启东示范区效应，加快落实国家促进民间投资“26条”，大力引进金融服务外包、金融专业服务等机构，推进金融资源跨区域流动；鼓励支持企业借助多层次资本市场做大做强，力争全年新增上市挂牌企业5家；提高政策性融资担保放大倍数，推进政府“过桥”转贷基金运作，努力解决中小微企业融资难、融资贵问题。

（二）以产业发展为支撑，拓展富民渠道

产业直接创造财富，是做大经济总量、实现富民增收的重要支撑。要大力发展富民产业，促进产业发展与群众就业有机融合，努力实现经济总量和居民收入同步提升。

一要向中高端升级，提高财富创造力。产业的层次决定收入水平和财富能级。要明确产业定位，做大“三优三新”产业集群，坚持“抓上游、连下游”“抓主业、带配套”，确保全年规模工业产值突破2000亿元，“三优三新”产业集群产值超1500亿元。做强先进制造业和现代服务业两大主干，加快产业提档升级，打造富民新增长极。全面落实中国制造2025启东实施计划，做好增量带动、以“新”促“高”文章，全年引进先进制造业产业项目不少于120个；做好存量提升、推“陈”出“新”文章，引导传统制造业企业加快数字化、智能化改造，积极争创省两化融合示范（试验）区。加快推动生产性服务业向专业化和价值链高端延伸、生活性服务业向精细化和高品质转变，推动米歌酒庄、塔达希时装等企业制造业服务化，突出恒大威尼斯、绿地长岛等重大服务业项目引领带动，全年新增服务业重点企业40家，服务业增加值占地区生产总值比重超45%。

二要向特色化挖潜，拓宽富民受益面。大力发展土生土长、名特优良、产业链长、后劲持久的特色产业，让富民效应在更大范围传导。要围绕上海“菜篮子”工程，大力发展高效农业、特色农业、创意农业、都市农业，让土地成为聚宝盆、“大农业”成为致富源，争创南通市级以上农业龙头企业5家、示范家庭农场8家、示范合作社10家。大力推进高标准农田建设，把土地变成活资产，确保全年建成高标准农田19.01万亩、创建南通市级示范区3个以上，完成增减挂钩5000亩、占补平衡5100亩。放大全国休闲农业与乡村旅游示范县（市）效应，积极发展观光采摘、特色民宿等带有“乡气”的富民产业，确保全年建成休闲农业和乡村旅游线路10条、创建南通市休闲观光精品景点8个以上。建筑业是重要的富民产业，要加快转型升级步伐，积极发展装配式绿色智慧建筑，培育全产业链、国际化企业，推动“建筑大市”向“建筑强市”转变，全年实现建筑业产值800亿元。

三要向新业态拓展，开辟增收新领域。加快培植新模式新业态，促进业态交叉融合，不断提升增收活力与空间。要大力发展“四新”经济，把握云计算、大数据等新一代信息技术发展机遇，培育壮大数字经济、创意经济等新业态。拓展“互联网+”产业发展空间，引导电动工具等传统产业利用互联网转型升级，推动产业链由线性发展转向多元集成，努力在传统产业上找到新的富民节点。大力推进“互联网+农业”，推动“四青作物”“地产三宝”“吕四海鲜”等特色农渔产品全面“触网”，充分释放农村电商的富民效应，力争农村电子商务销售额突破1亿元。

（三）以改革创新为动力，打造富民引擎

改革开放是最大的富民政策。要坚持把改革创新贯穿于经济社会发展各领域各环节，集聚创新资源，扩大开放空间，收获改革富民的最大红利。

一要深化改革，激发内生动力。改革是富民之本，必须抓住引领性强、撬动力大的关键性改革，释放改革的富民惠民效应。要继续深化落实“去降补”五大任务，推进农业供给侧结构性改革，切实提高供给体系的质量效率。深化行政审批制度改革，全面推行“互联网+政务服务”“不见面审批”，细化实施“2440”工作方案，为企业“松绑”、为市场“腾位”、为群众“增利”。加快推进以

“三权分置”为重点的农村土地改革，着力把休眠的资产变成财富的“活泉”，全年土地承包经营权流转面积不少于5万亩，创建省土地“三权分置”示范县。进一步加大收入分配激励政策的落实力度，充分激发新型职业农民、小微创业者等八大群体的增收潜力，有效扩大中等收入群体比重，努力构建“橄榄型”收入结构。

二要加快创新，释放增长潜力。创新是发展的动力之源，也是富民之道。要强化企业创新主体地位，积极支持神通阀门等企业争创国家级技术中心，全年新增高新技术企业10家、省级以上企业研发机构6家。加快推进生物医药、海工船舶等产业科技创新平台建设，充分发挥北京大学生命科学华东产业研究院、上海张江高校协同创新（启东）研究院等载体的“强磁场”作用。支持企业与大院大所、知名高校开展合作，全年实施产学研协同创新项目超150个。加快营造融合、协同、共享的“大众创业、万众创新”生态环境，扎实做好结合新型城镇化开展支持农民工等人员返乡创业国家级试点工作，充分发挥大学毕业生、企业骨干等五类重点群体创业致富示范带动作用，全年发放创业就业小额担保贷款1500万元，免费开展就业创业培训30班次以上。

三要扩大开放，增强发展活力。开发开放是富民的必由之路。要高水平推进外贸优进优出，着力解决海工船舶等行业部分企业融资难问题，帮助企业实现自营出口，支持企业开拓市场、做强品牌。挖掘企业进出口潜力，引导华峰超纤、姚记扑克等企业提高启东基地出口产品份额，确保广汇能源完成天然气进口10亿元。认真落实国务院出台的促进外贸稳增长调结构系列政策，推动外贸企稳回升。加快“走出去”步伐，积极参与国际经济竞争与合作，认真贯彻落实南通市推进国际产能和装备制造合作三年行动方案，支持新能源、建筑业、电动工具等优势产业积极开拓“一带一路”沿线国际市场，寻求新动力、开拓新空间，增创富民新优势，力争完成对外承包劳务营业额1亿美元。

（四）以城乡统筹为目标，提升富民品质

实现城乡统筹发展，是富民强市的重要导向。要大力推进城市功能优化提升、城镇空间集约布局、城乡区域均衡发展，让群众生活更加舒适、更加幸福。

一要全力加快城市转型，提高居民宜居度。城市建设是安居富民的基础工作。要确立以人为本的规划理念，积极参与扬子江城市群建设，加快完善各类控制性详规和专项规划，不断优化城市空间布局，力争城区建成区面积扩展至34平方公里。全面提升路网通达能力，让百姓出行更加便捷，确保公园南路、华石北路等11条道路年内竣工通车，新增城市道路25公里。统筹“产、城、景”开发新城区，完善功能配套，加快人气集聚。紧扣“净、美、畅”改造老城区，优化宏观布局，做好微观治理，着力构建优质生活圈。加快推进“海绵城市”建设，科学规划建设地下综合管廊，改造提升水、电、气等公用设施，让城市发展既有“面子”，更有“里子”。推进城市管理由数字化向智慧化升级，发展民生服务智慧应用，加快实现网络富民、信息惠民、服务便民。积极开展生活垃圾分类试点，确保设施覆盖率达15%。

二要着力建设美丽镇村，提高居民舒适感。镇村是百姓的生产生活空间，建好美丽、宜居、活力镇村，可以大幅提升群众的生活舒适感。要重点打造“1+2+N”镇村发展格局。“1”即中心城区汇龙镇，以提升城市发展品质和内涵为抓手，加快城市功能核、景观核建设，不断增强中心城区的辐射带动力。“2”即吕四港镇和寅阳镇两个城市副中心，吕四港镇要坚持以港兴镇，放大扩权强镇效应，提升综合承载能级，全力打造产业新区、现代渔港、旅游名镇；寅阳镇要节约集约利用岸线资源，积极推进新型城镇化，注重特色提升，增强服务功能，全力打造长江入海口产业强镇。“N”即若干美丽乡村，坚持以增强农民获得感为根本，突出产业特色鲜明、生态环境优美、宜业宜居宜游等要求，注重植入绿色、乡愁、文化等元素，全力塑造田园风光、田园建筑、田园生活，努力实现“生态优、村庄美、产业特、农民富、集体强、乡风好”，今年建成南通市级以上“美丽乡村”3个，力争更多村入围省级特色田园乡村。

三要大力优化生态环境，提高居民满意率。生态环境是最普惠的公共产品，也是民生福祉的重要增长点。要深入推进“263”专项行动，一手抓源头治理，提高产业门槛，推动绿色发展；一手抓突出问题整治，坚决打好三大治污攻坚战。治气方面，要紧盯污染源，采取严厉措施，推进PM2.5和臭氧浓度的“双控双减”，确保空气质量优良天数比例保持在80%以上。治水方面，要统筹实施“河长制”和“断面长制”，把修复和保护长江生态放在压倒性位置，扎实开展河岸共治行动，确保年内全面消除省考以上劣Ⅴ类断面。治土方面，要切实强化土壤环境综合监管，提高危险废物安全处置能力。全力打造生态屏障，做好沿路、沿水、沿节点绿化提档升级，加快森林公园、植物园规划建设，全市林木覆盖率达25%。严格落实环境保护“党政同责”“一岗双责”“终身追责”责任制，持续开展环保执法亮剑行动，努力让人民群众共享优质的生态环境。

（五）以公共服务为载体，共享富民成果

公共服务是一种“隐性财富”。要紧紧围绕“七个更”目标，坚持普惠性、保基本、均等化、可持续方向，大力推进基本公共服务标准化，增加服务供给，创新供给方式，让“隐性财富”更好发挥“显性效应”。

一要突出保障利民，发展社会事业。公共服务说到底是为了服务人、保障人。要对照“十三五”时期基层基本公共服务功能配置标准，围绕“资源跟着需求走、服务跟着居民走”要求，加大投入力度，力争全年财政八项支出占比达82%，切实增强群众的获得感。实施更加积极的就业政策，支持新就业形态发展，新增就业8000人，促进城镇失业人员再就业3000人，城镇登记失业率控制在3%以内。加快南通大学启东校区二期建设，新迁扩建中小学4所，新建公办幼儿园8所。深入推进全国县级公立医院综合改革，坚持“三医联动”，推进分级诊疗，创建省示范村卫生室30家，免费开展12类46项基本公共卫生服务。大力推进居家养老服务标准化建设，提升医养融合发展水平，加快社会福利中心建设，确保每千名老人拥有养老床位数达35张。稳步提高社会保障待遇标准，加快推动城乡医保、养老、低保和困难救助统筹衔接。扎实推进因病支出型贫困家庭救助工作，最大限度减少因病致贫返贫。严格房地产市场监管，切实维护市场秩序。加大住房保障力度，全年开工建设安置房80万平方米、竣工100万平方米。打好精准扶贫攻坚战，突出抓好产业、创业、就业“三业扶贫”，力争低收入农户增收达标率超55%。

二要突出文化惠民，引领社会风尚。富民，既要物质上富裕，更要精神上富有。要树立“全城共建、全民共享”的理念，以推进全国文明城市创建为抓手，着力提升城市品位，力争进入全国文明城市提名城市行列。深入践行社会主义核心价值观，大力选树“启东好人”、道德模范等先进典型，构筑共同精神家园，全年开展“共乐东疆”文体活动超5000场次，“正能量加油站”常态化参与活动超80万人次。不断拓展公共文化服务半径，加快建设文化体育中心，推进张謇垦牧文化遗址公园等“三园四馆”建设，确保16个区镇（街道）综合文化站、200个村（社区）综合文化服务中心实现达标提升。

三要突出法治安民，维护社会稳定。公共安全是人民群众安居乐业的重要保障。要加快推进法治政府建设，着力培育全民法治信仰，全力维护社会公平正义。持续加快“诚信启东”建设步伐，不断完善社会信用信息系统。巩固完善群众工作“三强化三提升”机制，继续深化市镇村三级综治中心等级创建，切实提升社会综合治理水平。完善社会矛盾纠纷大排查、大调解机制，加强村（社区）网格化管理，关口前移，主动防范，及时化解，推动信访矛盾减存量、控增量。加强社会治安管理、安全生产监管、食品药品监管、金融风险防控等公共安全体系建设，筑牢公共安全防火墙，让群众放心、安心、舒心。

四、全面从严治党，强化富民工作政治保障

各级党组织是领导发展、推动富民的坚强堡垒。要坚持把全面从严治党作为推进富民工作的根本保障，充分发挥基层党组织和党员的示范引领作用，真正把党的组织优势转化为发展优势、富民优势。

（一）筑牢加快富民的思想基础。一要把牢政治方向。旗帜鲜明讲政治，坚决维护以习近平同志为核心的党中央权威，恪守为民情怀，创造富民成果，彰显政治担当。常态化制度化开展“两学一做”学习教育，深入学习习近平总书记系列重要讲话精神特别是关于民生建设的新思想新观点新论断，始终把富民的使命装在心里、责任扛在肩上。二要加强党性修养。严格规范党内政治生活，认真落实“三会一课”、民主生活会、领导干部双重组织生活等制度，扎实开展主题党日活动，严格党员记实管理，组织党员议发展、访民生、解难题。常态化开展批评与自我批评，加强党性锤炼，筑牢思想根基。三要强化思想引领。全力做好迎接党的十九大宣传工作，深入推进“三堂汇学”理论学习宣讲，营造良好的思想舆论氛围。积极开展富民政策宣传，选树一批干事创业、带头致富的先进典型。严格落实意识形态工作责任制，及时通达社情民意、引导社会舆论、疏导公众情绪，切实做到稳思想、聚人心、促发展。

（二）锻造加快富民的骨干中坚。一要树立实干导向。重视基层、注重实绩，努力锤炼一支铁一般信仰、铁一般信念、铁一般纪律、铁一般担当的干部队伍。认真落实省“789”青年干部、南通“551”年轻干部培养计划，选派一批有潜力的年轻干部到基层一线“墩苗”历练、服务发展。二要练就过硬本领。强化党员干部培训，突出经济金融、创业富民、项目建设、社会治理等方面学习，提升抓党建、抓富民、抓项目、抓稳定的能力水平。坚持干字当头，真抓实干、创新巧干，善于把上级的富民要求和本地实际结合好，把长远目标和眼前工作协同好，把富民政策和群众需求兼顾好，在统筹中推进工作落实。三要强化管理监督。加强经常性管理监督，完善激励机制和容错纠错机制，倍加关心长期扎根基层、勤勉敬业的党员干部，最大限度调动广大党员干部的积极性、主动性和创造性。完善精准、科学、多维的考核体系，把富民成效作为干部考评的重要内容，引导党员干部一心一意谋发展、担当作为抓富民。

（三）建强加快富民的基层堡垒。一要打造“先锋队”。推进党的基层组织建设全面进步全面过硬，不断增强基层党组织政治引领功能和服务功能，在服务中打好富民主攻仗。农村党组织要围绕发展现代农业、促进农民增收、推动脱贫攻坚，强化“四有四化”建设，让更多发展成果普惠于民。“两新”组织党组织要围绕创新转型、产业富民，深入实施“红帆助力”工程，做大蛋糕，释放红利。市、区镇机关党组织要围绕提供便捷高效服务，深入推进“先锋引领”工程，不断延伸服务触角、拓展服务空间。行业系统基层党组织要围绕解决群众上学难、看病贵等问题，深入开展“双亮双比”活动，以优质服务赢得群众满意。二要配强“领头雁”。深入实施“领头雁”工程，选优配强基层党组织班子，持续推进驻村“第一书记”工作，努力建设一支守信念、善掌舵、有本领、敢担当、讲奉献、重品行的村（居）党组织书记队伍。实施基层党组织书记能力提升培训工程，帮助其开阔眼界、增长见识、提升技能。深入开展星级基层党组织、星级党组织书记“双星联创”活动，全面推进创先争优。三要织好“保障网”。建立完善符合基层实际的考核激励机制，取消各种形式主义的达标、检查、评比，切实为基层减负。坚持重心下移，推动人往基层走、钱往基层投、政策往基层倾斜，为基层组织发挥作用提供有力保障。

（四）锤炼加快富民的务实作风。一要务实为民。深入开展“走帮服”活动，立足补漏、解困、攻弱，着力解决一批热点难题，用脚步丈量民情，用行动贴近民声。严格落实挂钩联系制度，经常主动深入挂钩区镇、街道、部门，帮助基层厘清发展思路、破解工作难题、提高富民成效。二要奋勇争先。大力弘扬攻坚克难、开拓创新的拼搏精神，以先进地区为标杆，调高目标定位，奋力争先进位，推动各行各业在全省、南通争第一、创唯一。坚定爬坡过坎、跨越赶超的毅力和决心，扑下身子、撸起袖子、甩开膀子加油干，以过硬业绩赢得群众的拥护。三要力戒“四风”。认真抓好中央八项规定和省市委十项规定精神的落实，紧盯老问题、关注新动向，严管“微权力”、严治“庸懒散”，以严谨务实的作风凝聚干事创业正能量。加强党员干部家风建设，以优良家风促政风党风、带民风社风。

（五）营造加快富民的良好环境。一要严明管党责任。按照市委推进全面从严治党的责任分工，层层压紧压实管党治党责任，坚守职责、为民履职。严格党风廉政建设主体责任，支持纪委聚焦主责主业，用好监督执纪“四种形态”，促进党员干部恪守纪律规矩底线。二要严格巡察工作。切实加强党内监督，深化市委巡察工作，精准发现问题，形成有力震慑。认真落实《中国共产党问责条例》和我市相关实施细则，着力问责有令不行、有禁不止和落实规定打折扣、做选择、搞变通等行为，让失责必问、问责必严成为常态。稳步推进派驻机构改革，更好发挥“派”的权威和“驻”的优势。三要严厉惩治腐败。持续深入开展“八大专项整治”，严肃查处发生在群众身边的“微腐败”和扶贫资金、农村集体“三资”管理、惠农补贴等领域的腐败问题，以惩治腐败的实际成效取信于民。加强反腐倡廉教育和廉政文化建设，坚持惩防并举，突出抓源治本、标本兼治，着力营造风清气正的政治生态。

（六）凝聚加快富民的强大合力。一要党委政府把富民责任履行好。牢固树立富民工作导向，主动起而寻策，列出可量化、可考核的目标要求和责任清单，使出硬招、压实责任、务求实效。党政主要领导要有“民不富、食不甘、寝不安”的紧迫感，对事关富民的重大问题亲自研究、难点事项亲自协调、政策落实亲自过问。二要机关部门把富民工作协同好。对相邻相近的政策制订要加强对接、协同配合，对享受政策的资格认定、资金兑现要数据共享、流程共通，促进各项政策集成落地，形成整体合力。建立完善评估评价机制，经常性开展工作评估和专项督查，推动富民政策落到实处。三要广大群众把富民事业发展好。大力弘扬勤劳致富的精神，充分调动广大群众思富创富的积极性和主动性，激励群众用辛勤劳动和聪明才智创造财富、实现增收。注重培育新的致富带头人，鼓励“土专家”“田秀才”等本土人才带头创业致富，带领村民一起走上致富路、小康路。

同志们，锚定发展新坐标，打好富民主攻仗，是我们必须用实效实绩做好的“必答题”。让我们更加紧密地团结在以习近平同志为核心的党中央周围，在省委、南通市委的坚强领导下，积极投身“两聚一高”新实践，加快建设“强富美高”新启东，凝心聚力，接续奋斗，以优异成绩迎接党的十九大胜利召开。

（市委办）

践行新思想　打造新高地
高质量建设“强富美高”新启东

——在市委十三届四次全体（扩大）会议上的讲话

王晓斌

2018年1月5日

同志们：

这次会议的主要任务是，高举习近平新时代中国特色社会主义思想伟大旗帜，认真贯彻党的十九大精神和中央经济工作会议精神，深入落实习近平总书记视察江苏重要讲话精神，按照省委十三届三次全会和南通市委十二届五次全会的部署要求，回顾总结2017年工作，研究部署2018年工作，在新时代新征程上，动员全市各级党组织和广大党员干部，不忘初心，牢记使命，践行新思想，打造新高地，高质量建设“强富美高”新启东。

现在，我根据市委常委会讨论的精神，讲五个方面的意见。

一、2017年工作的简要回顾

刚刚过去的2017年，全市上下以习近平新时代中国特色社会主义思想为指导，认真贯彻新发展理念，坚持稳中求进工作总基调，全面落实省委省政府和南通市委市政府的各项决策部署，凝心聚力推进“两聚一高”新实践，全市经济社会保持平稳健康发展。预计（下同）全年实现地区生产总值980亿元，增长8%；完成一般公共预算收入71.1亿元，同口径增长8.4%。在2017年全国综合竞争力百强县市、中国工业百强县市中分别排名第23位、第24位。

一是靶向发力提质效，产业转型成效显著。三次产业结构调整优化为7.4∶47.2∶45.4。完成规模工业产值1880亿元，增长12.5%，其中高新技术产业产值1008亿元，增长13.4%，占规模工业产值的比重达53.6%，列南通各县市区第二；完成工业应税销售840亿元，增长

17%。实现服务业应税销售280亿元，增长9%；完成社会消费品零售总额355.7亿元，增长9.6%；五国温泉城、绿地长岛进入省重点旅游项目库。完成规模农业项目投入29.3亿元，新增高效农业面积12.97万亩，新建高标准农田19.01万亩；农业科技进步贡献率达65.8%，列南通各县市第一。完成建筑业总产值800亿元，新增“鲁班奖”2个。全社会研发投入占GDP比重达2.56%，加快推进北京大学生命科学华东产业研究院建设，上海张江高校协同创新启东研究院揭牌成立，荣获国家知识产权强县工程示范县称号。启东造国之重器“天鲲号”顺利下水，入选2017年中国科技创新十大里程碑事件。入选省“双创人才”10人、省“双创团队”1个，入选数列南通各县市区第一。

*二是主攻项目抓推进，接轨上海持续深化。*宁启铁路启东段、海启高速启东段、吕四港区10万吨级进港航道二期工程推进顺利。上海自贸区启东生物科技创新协作园、浦东祝桥启东产业园等沪启合作共建园区加快建设。组建对接服务上海专家智库，发布《2017—2018年启东投资环境白皮书》，“双招双引”成效显著；新签约来自上海的亿元以上产业项目139个、在沪举办各类招商对接活动119场次、引进上海产业协作项目资金453亿元；实际利用外资3.15亿美元，增长11%。完成全社会固定资产投资638亿元，增长9%，其中工业投资353亿元，增长6%。新开工亿元以上产业项目114个，其中10亿元以上重大项目9个；新竣工亿元以上产业项目56个。华峰水性超纤、广汇能源二期等项目开工建设，海四达新能源、米歌酒庄等一批新项目竣工投产。

*三是全力以赴攻难点，深化改革多维突破。*蹄疾步稳推进供给侧结构性改革，“三去一降一补”取得阶段性成效。持续深化行政审批制度改革，深入推进不见面审批（服务）和“2440”工作改革，在全省创业创新政务环境评价中位居前列。不断深化农村土地“三权分置”改革，土地承包经营权确权登记颁证基本完成。持续深化医药卫生体制改革，公立医院综合改革成效获国务院通报表扬，市人民医院荣获“中国县域医改·样板医院”称号。结合新型城镇化开展支持农民工等人员返乡创业国家级试点工作扎实推进。全面展开深化监察体制改革试点工作，派驻和巡察机构改革稳步实施。加快推进财税金融改革，新增创业板上市企业1家、“新三板”挂牌企业2家。

*四是统筹协调促融合，城乡面貌不断提升。*市域快速路网、城市景观风貌、新城区布局等规划编制完成。“一城三区”空间格局不断优化，启东生命健康科技城概念性规划、产业规划形成初步成果。城市环线路网拓展优化，开工建设城区道路11条。新建城乡配套学校12所，妇幼保健院、社会福利中心、文化体育中心南区等工程结构封顶，吾悦广场、欣乐城商业中心等城市综合体加快建设。获评全国文明村镇1个、全国“一村一品”示范村1个。扎实开展“263”专项行动，全面实行“河长制”，空气质量达标率为81.4%，保持南通前列。完成造林绿化1.85万亩，新增城市绿地70万平方米，圆陀角滨海湿地获批设立省级湿地公园。

*五是以人为本惠民生，人民生活日益改善。*十大类42项为民实事项目基本完成；城乡居民人均可支配收入分别达40640元、21620元，增长8.7%、8.8%。新增就业8100人，城镇登记失业率为1.92%。城乡低保标准实现并轨，提高至每月600元。深入实施新一轮脱贫致富奔小康工程，全年脱贫任务超额完成；在全省率先出台因病致贫家庭救助办法，首批救助1871人。文明创建取得突破性进展，入围全国文明城市提名城市；道德发展状况测评指数位居全省第二，获评“中国好人”5人，上榜数列南通各县市区第一；“共乐东疆”群众文化活动蓬勃开展，成功举办中国评弹艺术节、全国沙滩排球锦标赛等大型文体活动。深入开展社会矛盾和安全隐患大排查大整治行动，社会大局保持和谐稳定；不断加强安全生产、食品药品安全监管，群众生命财产安全得到切实保障。

*六是旗帜鲜明讲政治，从严治党全面加强。*严格履行全面从严治党主体责任，认真落实意识形态工作责任制，精心组织党的十九大精神学习宣传活动，扎实开展“旗帜鲜明讲政治”专题培训。“两学一做”学习教育常态化制度化推进，“‘三堂汇学’提升党员冬训实效”荣获省基层党员冬训工作创新项目奖。大力实施基层党建“书记项目”，党建领航站“四有四化”评级创星工作有力开展，相关做法在南通推广。创新实施“三联三分”工作法，“走帮服”活动向纵深推进。研究制订贯彻落实中央八项规定实施细则的具体办法，在南通率先开展省委巡视发现突出问题整改工作，深入开展“八大专项整治行动”，扎实推进“四强四有”干部队伍建设，机关作风建设不断深化。积极践行监督执纪“四种形态”，巡察工作实现12个镇全覆盖，立案审查违纪案件492件，处分490人。与此同时，人大及其常委会依法行使职权，政府依法行政，政协协商民主建设不断加强，统战、群团、人武等工作都取得了新的成效。

在肯定成绩的同时，我们也清醒地看到，启东仍处于爬坡过坎阶段，还存在一些短板。对照新发展理念要求，我市部分经济指标增速放缓，财源结构不够合理，产业层次总体处于中低端，主导产业、重大项目的支撑作用还不够强，保持经济稳中向好发展的压力仍然较大。对照人民群众对美好生活的期盼，富民增收的思路不宽、路径不多，城乡居民收入结构不尽合理，低收入群众脱贫致富能力不强，基础教育资源配置不足、布局不够合理，优质医疗资源供给不均衡，城乡建设管理水平有待提高，水系综合治理等生态文明建设的薄弱环节亟待解决，改革受益面和群众获得感需进一步扩大提升。对照新时代党的建设新要求，基层党建工作不平衡，运用机制调动党员干部积极性的工作做得还不充分，“四风”问题仍有发生，管党治党责任仍需进一步压实。对此，我们必须坚持问题导向，采取有效措施，切实加以解决。

二、深入学习宣传贯彻党的十九大精神

党的十九大是在全面建成小康社会决胜阶段、中国特色社会主义进入新时代的关键时期召开的一次十分重要的大会。习近平总书记所作的报告，是我们党在新时代开启新征程、续写新篇章、夺取新胜利的政治宣言。学习宣传贯彻党的十九大精神，是全市当前和今后一个时期的首要政治任务。要在前期推进的基础上，坚持往深里走、往实里抓，使全市干部群众切实把思想和行动统一到十九大精神上来，凝聚到实现十九大确定的各项目标任务上来，融汇到推进"强富美高"新启东建设上来。

一要深入学习领会中国特色社会主义进入新时代的重大论断。党的十九大明确了我国发展新的历史方位，赋予党的历史使命、理论遵循、目标任务以新的时代内涵。我们要准确把握新时代发展新要求，以新时代的视野审视过去、谋划未来，积极主动顺应、锐意开拓进取，奋力开创启东各项事业发展新局面。

二要深入学习领会习近平新时代中国特色社会主义思想的核心要义。习近平新时代中国特色社会主义思想，从理论和实践上系统回答了新时代坚持和发展什么样的中国特色社会主义、怎样坚持和发展中国特色社会主义这个重大时代课题，思想内涵十分丰富，为新时代坚持和发展中国特色社会主义、推进党和国家事业提供了基本遵循。我们要自觉用以指导启东的改革发展，以实际行动和成效拥戴习近平总书记这个党中央的核心、全党的核心。

三要深入学习领会我国社会主要矛盾发生历史性变化的重大意义。我国社会主要矛盾的变化是关系全局的历史性变化，对党和国家工作提出了许多新要求。我们要从人民对美好生活的需要和发展的不平衡不充分两个方面寻找机遇，进一步提升启东的发展质量和效益，不断推动人的全面发展、社会全面进步。

四要深入学习领会新时代中国特色社会主义的战略安排。党的十九大对决胜全面建成小康社会作出了具体部署，对开启全面建设社会主义现代化国家新征程作出了"两步走"的战略安排。我们要按照全面建成小康社会的各项要求，抓重点、补短板、强弱项，使全面建成小康社会得到人民认可、经得起历史检验。

五要深入学习领会新时代党的建设总要求。党的十九大提出新时代党的建设总要求和八个方面重点任务，对推进党的建设新的伟大工程作出顶层设计、战略部署，标志着我们党对执政党建设规律的认识达到新的高度。我们要把严的要求、严的标准、严的措施落实到管党治党的各个方面，多措并举调动党员干部干事创业的积极性主动性，不断推动全面从严治党向纵深发展。

学习贯彻党的十九大精神，重中之重是要以习近平新时代中国特色社会主义思想这个十九大的灵魂、全党奋斗的精神旗帜，武装头脑、统一思想、指导实践。要学懂悟透。读原著、学原文、悟原理，从深层次上把握十九大精神中蕴含的坚定政治立场、强烈历史担当、真挚为民情怀，一字一句细品细推，逐篇逐章精读深读，真正领会精神实质。要融会贯通。坚持把学习贯彻十九大精神同把握马克思主义基本原理贯通起来，同把握十八大以来党中央统揽"四个伟大"的实践贯通起来，同贯彻习近平总书记视察江苏时的重要讲话精神贯通起来，全面准确把握十九大精神的核心要义。要笃行做实。在知行合一中真学实做，把学习效果变成工作能力、工作措施和工作成效，体现到改革发展和党建工作的方方面面。要更加注重经济提质增效，坚持新发展理念，推动实现更高质量、更有效率、更加公平、更可持续发展；更加注重区域开发开放，聚力接轨上海、争先沿海、跨江追海，不断释放发展新活力；更加注重民生共建共享，广谋民生之利、力解民生之忧，让城市更有温度、幸福更有质感；更加注重环境宜居宜业，统筹生产生活生态三大空间，实现经济效益、社会效益和生态效益同步提升；更加注重社会和谐稳定，着力建设社会安定、城市安全和人民安居的法治启东、平安启东；更加注重全面从严治党，深入推进党的政治建设、思想建设、组织建设、作风建设、纪律建设，为新时代各项事业发展提供坚强保证。

三、2018年工作的总体思路和奋斗目标

当前，以新一轮科技革命和产业变革为方向，全球发展格局正在深度调整；我国经济已由高速增长阶段转向高质量发展阶段。习近平总书记十九大后第一次到地方视察就来到江苏，视察的点和作的指示都紧扣高质量发展。深刻理解"强富美高"内涵，也是对发展质量的要求。中央明确今后三年要坚决打好防范化解重大风险、精准脱贫、污染防治"三大攻坚战"，全面做好深化供给侧结构性改革等八项重点工作；省委十三届三次全会提出围绕"六个高质量"发展要求，深入推进"两聚一高"新实践，加快建设"强富美高"新江苏；南通市委十二届五次全会提出"五个坚定不移"的工作原则，着力把发展的基础打得更牢，把发展的质量提得更高，扎实推进高水平全面建成小康社会各项工作，积极进行基本现代化建设新探索。贯彻新发展理念，推动高质量发展，决胜全面建成小康社会，这是贯彻上级新要求的政治自觉，也是抢抓发展新机遇的现实需要，更是顺应时代新变化的必然选择。我们必须以强烈的责任感、使命感和担当精神、拼搏精神、务实精神，积极投身高质量建设"强富美高"新启东的生动实践。

必须抢抓机遇，高点定位、精准发力。善弈者谋势。当前，我市面临着"一带一路"、长江经济带、长三角区域发展一体化、上海自贸区建设、省"1+3"功能区建设等多重叠加战略机遇，站在了新时代发展的"风口"上，为我们在更广范围、更高层次集聚资源要素提供了广阔空间，为我们更大力度、更高质量推进发展提供了有力支撑。机遇难得，稍纵即逝，对我们而言，抓住重要的战略机遇期，既是一种责任、一项使命，也是赢得主动、赢得未来的前提和保证。我们要汇聚起全市人民的磅礴力量，充分发挥我市拥江揽海、承南启北的区位优势，特色鲜明、基础扎实的产业优势，得天独厚、丰富优质的资源优势，江风海韵、秀美宜居的生态优势，积极策应上海建设"四个中心"、打响"四大品牌"，主动参与上海"1+6"

大都市圈协同发展，探索实践对接上海"启东模式"，全力打造跨区域合作示范区，加快建设上海"北大门""门柱子"。要围绕高质量发展的要求，以时不我待的赶超意识、只争朝夕的干事激情，精准发力、真抓实干，奋发有为、奋勇争先，努力在"强富美高"新启东建设中展现更大作为。

*必须锁定目标，高效突破、乘势而上。*功崇惟志，业广惟勤。全面建成小康社会是我们党在新世纪新阶段的纲领性战略目标。2014年12月，习近平总书记视察江苏时要求围绕"两个率先"光荣使命、建设"强富美高"新江苏、推动"五个迈上新台阶"。在省全面建成小康社会进程监测统计中，我市在五大类22项36个指标中达标20个，综合得分94.34分，比南通低2.54分、比全省低2.26分，说明我市在全面建成小康社会进程中仍存在不少短板弱项，发展还不平衡、不充分、不集约。不平衡，既表现为与太仓等周边先进地区在经济总量、产业水平、创新能力等方面的差距，也反映在城乡之间、区镇之间的发展质态上，更体现为生产发展的同时生态还存有一些欠账，环境基础设施相对滞后，长期积累的区域性、行业性问题尚未有效解决。不充分，主要表现为发展的均量水平还不高，比如，2016年我市人均、亩均GDP仅为太仓的57%和50%；也表现在效率、效益不高，全社会劳动生产率低于南通平均水平，教育、医疗、养老等公共服务供给不足。不集约，主要表现在城区集聚能力较弱，产业集中度不高，缺乏支撑性、引领性的地标产业集群；园区的核心竞争力和经济贡献度不高；土地节约集约利用水平有待提升。"强富美高"是目标定位，"五个迈上新台阶"是实现路径。踏上新征程，我们必须坚持目标导向、问题导向，对照"强富美高"总目标，以解决发展不平衡、不充分、不集约问题为根本任务，切实把高质量发展贯穿于"五个迈上新台阶"，驰而不息、接续奋斗，不断以改革创新推进"经济强"，以增进福祉推进"百姓富"，以绿色发展推进"环境美"，以文化引领推进"社会文明程度高"。

*必须聚焦重点，高度协同、系统推进。*举一纲而万目张。高质量建设"强富美高"新启东，最关键的是要系统、辩证地统筹谋划工作，根据事物的有机联系把握必然趋势、应对策略。要坚持把系统论的思想方法作为抓好工作的基本要求，紧紧围绕顶层设计这一核心，牢牢掌握驾驭全局的主动权；始终坚持问题导向这一基点，精准选择全面推进的突破口；切实抓住综合平衡这一灵魂，力求实现决策效益的最大化。工作目标上，要把握市情实际和阶段性特征，把各项工作放到服务大局、服务发展中来考量，切实将思想和行动统一到中央、省委和南通市委作出的各项决策部署上来。工作方法上，要科学把握速度和质量、生产和生态、共建和共享等关系，把发展的质量提得更高。工作推进上，要以供给侧结构性改革为牵引，推动各领域全面深化改革；以创新驱动战略为引领，抢占创新发展制高点；以重大项目建设为支撑，集中力量、集聚资源、集成要素，加快产业转型升级，不断增强经济社会发展后劲；以接轨上海为先导，全方位、多层次、宽领域开展合作交流，不断提升开发开放水平；以提高治理现代化水平为抓手，最大限度增加和谐因素，增强社会发展活力。

今年是贯彻党的十九大精神的开局之年，是改革开放40周年，也是决胜全面建成小康社会、实施"十三五"规划承上启下的关键一年。做好今年工作，要全面贯彻党的十九大精神，以习近平新时代中国特色社会主义思想为指导，认真落实总书记视察江苏重要讲话要求和中央经济工作会议精神，按照省委十三届三次全会和南通市委十二届五次全会工作部署，坚持稳中求进工作总基调，坚持新发展理念，紧扣社会主要矛盾变化，按照高质量发展的要求，统筹推进"五位一体"总体布局和协调推进"四个全面"战略布局，深入实施"领跑沿海、融入上海、包容四海"发展战略，系统化推进现代产业、开发开放、城乡发展、生态环境、文化建设、民生幸福"六大新高地"建设，坚持"五向"发力，全面从严治党，高质量建设"强富美高"新启东，为南通高水平全面建成小康社会做出新的更大贡献。

主要预期目标是：地区生产总值增长8%左右，一般公共预算收入完成72.3亿元，全社会固定资产投资增长8%以上，社会消费品零售总额增长10%左右，实际利用外资3亿美元以上，进出口总额实现适度增长，城乡居民人均可支配收入增长快于经济增长，节能减排完成上级下达目标任务，供给侧结构性改革取得实质性进展。

四、2018年经济社会发展的重点工作

2018年，我们将紧紧围绕中央、省委和南通市委高质量发展的要求，把握大势、狠抓关键，加快打造"六大新高地"。

（一）以建设现代化经济体系为核心，打造现代产业新高地

坚持把发展经济的着力点放在实体经济上，加快构建现代产业体系，不断增强经济的创新力和竞争力。

一要主攻重大项目。突出招大引强导向，选优配强招商队伍，聚焦欧美、日韩和港台等地，围绕世界500强、中国500强等企业开展产业招商、精准招商、专业招商，确保签约注册亿元以上项目不少于130个。全面开展"重大项目攻坚突破年"活动，优化完善市四套班子领导挂钩、定期会办、督查考核等项目建设推进机制，确保新开工亿元以上产业项目120个，其中10亿元以上重大项目20个，推动恒大文旅、中成现代物流产业园、至纯科技等项目开工建设，北京大学生命科学华东产业研究院、华峰二期等项目加快推进，林洋新能源、日立金属等项目竣工达产。深入推进中国制造2025启东实施计划和"互联网+"行动，着力打造海工及重装备、新医药等特色产业集群，促进互联网、大数据、人工智能和实体经济深度融合，积极推进军民融合发展，推动启东制造向启东创造转变。大力弘扬"36字"优秀企业家精神和工匠精神，制订实施"1521"工业大企业培育实施方案，力争实现销售收入百亿级企业零的突破。全面落实省

"建筑业20条",更大力度支持建筑企业发展绿色、智能、装配式建筑,推动建筑业转型升级。加快提升发展现代服务业,大力发展现代物流、电子商务等产业。着力推进全域旅游,促进旅游产业全景化、全覆盖。坚持项目至上、企业为重、服务为本,强化重大项目建设领导小组全程跟踪推进、全面协调落实,加强要素保障,完善帮办机制,及时协调解决企业遇到的供地、融资、审批等问题,推动项目建设跑出"加速度"。

二要做强载体平台。启东生命健康科技城要坚持招商与建设并进,全力招引生物医药等优质产业项目,加快推动绿地(复旦)生命健康科技园等首期启动区项目建设。启东经济开发区要坚持以创新驱动为核心、产业强区为主导的发展思路,突出转型升级、绿色发展、能级提升三大重点,在发展速度、质态、成效上保持全省领先。吕四港经济开发区要围绕发展大港口、大产业、大物流的目标,重点发展新材料、新装备、新能源、现代物流等产业,加快推进吕四港区10万吨级进港航道二期工程等重大基础设施建设,促进港产城融合发展。圆陀角旅游度假区要注重发挥生态潜力、打造生态品牌,积极发展商务会展、生态体验、温泉度假、运动休闲、精品民宿等业态,全力打造国家级旅游度假区、国家生态旅游示范区。

三要坚持创新驱动。聚焦科技创新这个"核心中的核心"持续用功发力,用足用好各项鼓励创新政策,切实发挥上海张江高校协同创新启东研究院等平台作用,加快建立以企业为主体、市场为导向、产学研深度融合的技术创新体系,确保全社会研发投入占GDP比重达2.57%。推动金融要素向实体经济流动,不断提升企业直接融资规模和制造业贷款比重;加大企业上市培育力度,鼓励企业利用资本市场发展壮大,加快企业上市步伐,确保直接融资规模达100亿元。坚持引进、留住、用好人才,研究制订进一步推进人才优先发展的政策意见,大力实施东疆英才计划、基础性人才倍增计划、沪上人才专项引进计划,积极推进人才安居工程,精心组织沪上人才推介会、海内外人才创业大赛等活动,确保引进"千人计划"等高端人才不少于20人、创新创业人才不少于200人。

四要强化风险防范。坚决打好防范化解重大风险攻坚战,守住不发生系统性金融风险底线。细化举措、精准施策,严格落实化解债务方案,推进企业去杠杆,坚决打击违法违规金融活动,确保金融安全高效稳健运行。围绕重点领域严格监管,全面梳理排查,敏锐发现问题,研究制订措施,及时有效处置,将金融风险化解在源头和萌芽状态。

(二)以构筑立体化开放格局为引领,打造开发开放新高地

进一步深化改革开放,坚持高标准,保证高质量,推动改革走在前列、开放服务大局,使改革和开放相互促进、相得益彰。

一要全方位接轨上海,提升发展能级。深入研究《上海市城市总体规划(2017—2035年)》,密切关注上海重大基础设施、环境保护等跨区域专项规划研究编制。主动承接上海优质产业项目转移,着力引进一批强链、补链、延链的重大项目,不断提升产业对接的融合度、精准度和协同度。最大限度吸纳上海的资金、技术和信息等资源要素,全力打造上海创新创业资源外溢的最佳承载区。着力拓展合作领域,加快在基础设施、产业发展、平台载体、民生事业等领域建立全方位、多层次的对接机制。加大在上海举办各类招商会、产业推介会、产学研对接会等活动频次,放大对接服务乘数效应。

二要多层次加快开放,拓展发展空间。积极拓展对外贸易,推动外贸"优进优出",加大对海工船舶、光伏能源、电动工具等重点行业的扶持力度,推动韩华新能源、胜狮能源装备、东成电动工具等外贸重点企业做大做强,大力培育中集太平洋海工、广汇能源、华峰超纤等新的外贸增长点,积极发展外贸新业态新模式,不断提升外贸水平。引导优质企业有序"走出去",重点加强对"一带一路"沿线国家和地区的开拓,助力企业提高市场占有率。加大外资利用力度,提升现有外资企业发展水平,鼓励外商投资智能制造、新医药、新材料等高端产业,推动实现利用外资总量和质量"双提高"、领域和层次"双突破"。

三要大力度深化改革,激发发展活力。深化供给侧结构性改革,破除无效供给,培育新动能,降低实体经济成本,为有效供给腾出空间,为企业发展注入活力。加快推进农业供给侧结构性改革,深入落实强农惠农富农政策,有序推进农村集体产权制度改革,推动农业增效、农民增收、农村增绿。深化"放管服"改革,深入实施"2440"工作方案,在"互联网+政务服务""不见面审批、零缺陷服务、精准化监管"等方面迈出更大步伐,努力打造政务服务"启东品牌"。纵深推进公立医院综合改革,持续深化分级诊疗,加快医联体"五统一"建设,为公立医院改革提供"启东示范"。稳步推进结合新型城镇化开展支持农民工等人员返乡创业国家级试点工作,优化返乡创业体制机制环境,打造良好创业生态系统。

(三)以加快一体化统筹建设为抓手,打造城乡发展新高地

大力实施区域协调发展战略,以全国文明城市创建为总抓手,以城乡环境综合整治为突破口,强化创文指挥部协调推动,全面实施"六大文明提升行动",不断提升城市的"颜值"和"气质"。

一要加快品质提升,让城市更有魅力。坚持更新拓展并举、宜居宜业并重,加快把城市做大、做强、做美、做优。全面开展城市规划和设计,科学谋划城市发展目标,加快编制2035新版城市总规。高标准改造老城。以彩臣南村、长江新村等小区标准化升级为范本,有序实施老小区改造,切实提升市民生活品质和居住水平。加快区域供水管线、"西气东输"高压管网建设,进一步增强城市供水供气能力。强化水系治理,实施雨污分流、清水活水、防洪排涝、景观提升等工程,全力打造城

市“活水走廊”。高质量建设新城。全力推进启东生命健康科技城建设，坚持以城兴产、以产引人、产城一体、融合发展的思路，研究完善概念性规划、产业规划，着力打造滨江休闲宜居新城。推进蝶湖片区规划建设，加快形成商务、文化、休闲联动发展，生产、生活、生态交互融合的功能布局。全力配合做好北沿江高铁前期工作，加快宁启铁路启东段、海启高速启东段建设，推动火车站开工建设，延伸和平路、建设路等城区干道，着力构建“外成环、内成网”的综合交通体系。突出多元、协同、法治，构建常态化、精准化、全覆盖的城市管理格局。充分发挥城建、交通指挥部的职能作用，强化工程质量、进度、成本、安全管理，确保城市建设高品质快速推进。

二要加快功能完善，让城镇更具特色。着力在产业集聚、功能配套、环境治理和人的城镇化等方面下功夫，加快实现城镇提质增效、特色发展。吕四港镇、寅阳镇两个城市副中心要放大全国重点镇、南通沿海重点中心镇的优势，促进产业、生态、旅游等深度融合发展。北新镇、南阳镇两个南通市级中心镇要加快建成整体形象美、经济实力强、体制机制活、集约水平高、带动效应好的现代化城镇。其他各镇要因地制宜，明确提升重点，优化资源配置，增强发展活力，努力打造各具特色的新型城镇。要全力打好集镇环境综合整治攻坚战，强化环境卫生、镇容镇貌、交通秩序和违章建设等整治，着力解决脏、乱、污、堵等突出问题，营造优美环境，提升集镇品味，扮靓集镇形象。

三要加快乡村振兴，让乡村更加美好。坚持重中之重战略地位，切实把农业农村优先发展落到实处，按照乡村振兴“20字”总要求，加快推进农业农村现代化。积极构建农村一二三产融合发展体系，力争规模农业项目投入达50亿元、引进超2000万元农业项目30个、建成万亩现代农业标准园3个。大力培育新型农业经营主体，促进小农户和现代农业发展有机衔接，确保创建国家级合作社1家、省级和南通市级合作社15家，新增各类新型农业经营主体100个以上。实施质量兴农战略，加快推进农业由增产导向转向提质导向，夯实农业生产能力基础，争创省级粮食生产全程机械化示范县（市）。新建高标准农田11.11万亩，全面助力农民增产增收。完善土地经营权流转机制，新增集约经营面积10万亩。扎实推进美丽宜居乡村建设，加快农村基础设施建设提档升级，推进“厕所革命”，深化农村环境“六位一体”长效管理，确保新增省级“水美乡村”3家。建好、管好、护好、运营好农村公路，进一步满足乡村振兴需要。

（四）以提升绿色化发展水平为导向，打造生态环境新高地

环境就是民生，青山就是美丽，蓝天也是幸福。要牢固树立社会主义生态文明观，突出高质量推进，补齐生态环境短板，全力建设美丽启东。

一要打好污染防治攻坚战。坚持系统化思维，全面落实中央、省环保督察要求，深入推进“263”专项行动和“三河三行业”整治，狠抓十大专项治理，积极构建全面、全域、全员防治污染新格局。重点抓好治水，夯实河长职责，推进“河岸共治”，加强水质监控，全面消除劣Ⅴ类水质，实现河畅、水清、岸绿、景美。优化完善城市排污专项规划，加快建设第二污水处理厂。系统推进治土，摸清污染底数，建立负面清单，有序开展修复，有效保障农产品质量和人居环境安全。扎实推进治气，突出PM2.5和臭氧浓度“双控双减”，全面淘汰20蒸吨/小时及以下燃煤锅炉。严守生态功能保障基线、环境质量安全底线、自然资源利用上线“三大红线”，主动策应崇明世界级生态岛建设，加快规划建设启隆镇生态保护引领区，启动建设滨江森林公园，积极创建国家森林城市，森林覆盖率达35%，努力打造G40沪崇启生态走廊。持续开展环保执法“亮剑行动”，依法惩处各类环境违法行为。

二要推进生产方式绿色化。突出生态“含绿量”，调整不符合生态环境功能定位的产业布局、规模和结构，构建绿色产业生态链。以绿色低碳循环为目标，切实抓好重点行业、重点领域和重点企业节能减排工作，大力发展循环经济。强化园区循环化改造，加快推进启东经济开发区、吕四港经济开发区等5个园区规划环评落地实施，推动滨江医药化工园淘汰落后产能、加快绿色转型。深入开展工业厂房出租专项治理，全面清理“寄居型”劣质企业和项目。严控农业面源污染，完成畜禽养殖综合治理。

三要营造绿色生活新风尚。大力实施城市增绿工程，构建良好的绿地系统、湿地系统，重点打造蝶湖公园、城市公园等4个大型公共绿地，新增城市绿地70万平方米，城市绿化覆盖率达41.7%。加快沿路、沿水、沿节点绿化提档升级，推进和平北路、黄浦江路等17条道路配套绿化工程。积极推进垃圾分类工作，城区生活垃圾分类设施覆盖率达50%。加快完成全市生态文明建设规划修编，使绿色消费、绿色出行、绿色居住成为人们的自觉行动。

（五）以满足多样化精神需求为目标，打造文化建设新高地

坚持人民群众物质富裕与精神富足齐头并进，坚定文化自信、打造文化标识、建好精神家园，加快建设文化强市。

一要强化意识形态工作，增强文化引领力。全面落实意识形态工作责任制，大力实施公民道德建设工程，让“启东好人”现象变群像，使全市人民在理想信念、价值理念、道德观念上紧紧团结在一起。结合改革开放40周年、启东设立县治90周年等纪念活动，深入总结中国特色社会主义在启东的成功实践和经验启示，进一步坚定改革开放的前景自信。坚持正确舆论引导，高度重视传播手段建设和创新，建立网络综合治理体系，提高舆论传播力、引导力、影响力和公信力。

二要全面繁荣文化事业，增强文化凝聚力。深入实施文化惠民工程，统筹规划布局城乡公共文化设施，加快推进市文化体育中心和镇村综合性文化服务中心建

设，更好满足人民群众日益增长的精神文化生活需求。持续放大“共乐东疆”“正能量加油站”的凝神聚气效应，促进群众自我参与、自我展示、自我服务和自我教育。广泛开展深入生活、扎根人民、感知启东采风创作活动，更加主动地发掘和诠释“启东元素”，更加丰富地阐述和呈现“启东故事”。以“五个一”工程为引领，实施文化精品战略，加快推动版画、评弹、吕四渔号等文化资源创新发展，创作更多有筋骨、有道德、有温度的作品。

三要大力发展文化产业，增强文化软实力。加大对创意设计、数字出版等新兴文化产业的扶持力度，集聚更多生产要素、资源要素，努力形成一批特色鲜明、带动力和辐射力强的文化产业集聚区。坚持“文化+”发展理念，加快姚记扑克文化产业园、塔达希时装产业园等重点项目建设，提高文化产业的规模化、集约化、专业化水平。切实加强抗大九分校、张謇垦牧文化遗址公园等人文遗址的科学开发利用，充分发挥文化遗产的社会效应和教育功能。

（六）以共享均等化公共服务为追求，打造民生幸福新高地

坚持把人民对美好生活的向往作为奋斗目标，认真落实省“十三五”时期基层基本公共服务功能配置标准，让全市人民过上更宽裕、更便利、更舒适、更安心、更有尊严的高质量生活。

一要更高标准推进精准脱贫，不断增进人民群众获得感。按照中央、省市脱贫攻坚工作的总体部署，找准精准扶贫、精准脱贫的发力点，深入实施脱贫致富奔小康工程，推进精准脱贫各项措施落实到位，齐心协力打赢精准脱贫攻坚战。坚持分类施策、精准帮扶，对因病因残因灾致贫返贫的家庭，要落实好救助办法；对有劳动能力的低收入家庭，要坚持扶贫与扶志扶智结合、输血与造血并重，想方设法激发其以劳增收的内生动力；对自身没有能力脱贫致富的家庭，要落实好生活兜底线等保障措施。完善扶贫工作组织体系，动员和鼓励更多的社会力量参与扶贫，确保建档立卡低收入户脱贫率超90%、村级集体经济收入均超40万元。

二要更高水平保障改善民生，不断增进人民群众幸福感。坚持就业优先战略和更加积极的就业政策，全方位提供公共就业服务，确保新增城镇就业人数不少于8000人。坚持建管并举、综合施策，加快义务教育标准化建设，推进教育优质均衡发展，着力破解师资队伍建设、教育质量提升、师德师风培育等方面存在的突出问题，努力办好人民满意的教育，不断满足人民日益增长的更高质量、更加公平的教育需要。积极应对人口老龄化，构建养老、孝老、敬老的政策体系和社会环境，大力发展居家养老，加大对社会资金进入养老产业的扶持力度，新增养老床位2000张。按照兜底线、织密网、建机制的要求，加强社会保障体系建设，完善统一的城乡居民基本医疗保险制度和大病保险制度，大力发展社会福利、社会救助、优抚安置和慈善事业。

三要更高要求创新社会治理，不断增进人民群众安全感。加快法治启东建设，落实党政主要负责人履行推进法治建设第一责任人职责规定，狠抓公正廉洁司法，培育法治信仰，不断提升依法治市水平。持续推动社会治理重心向基层下移，坚持党建引领、注重联动融合、强化科技支撑、加强能力建设，推进“政企互动”，推动城乡社区网格化服务管理实体化运作。进一步完善各司其职、自下而上、逐级消化、有效衔接的矛盾纠纷调处化解机制，防范化解影响社会稳定的突出问题。运用大数据技术、信息化手段，提高对各类社会矛盾的预警能力。严格落实领导接访、源头预防等信访工作机制以及信访工作责任追究办法，充分发挥信访联席办统筹协调作用，推进阳光信访、责任信访、法治信访，强化依法治访，尽心尽力解决好群众的合法合理诉求。扎实推进智能化立体化治安防控“雪亮工程”建设，切实加强安全生产和食品药品安全监管，确保人民安居乐业、社会安定有序。

五、坚持“五向”发力，全面从严治党

高质量建设“强富美高”新启东，关键在坚持党要管党、全面从严治党。要认真落实十九大提出的新时代党的建设总要求，推动各级党组织真正成为建设“强富美高”新启东的坚强核心和战斗堡垒，党员干部成为推动启东高质量发展的领头雁。

（一）坚持政治导向铸党性，提升党的向心力。政治建设是党的根本性建设。要以政治建设为统领，突出政治导向，始终做到旗帜鲜明讲政治，不忘初心铸忠诚。一要坚定政治信仰，提高政治觉悟。深入学习贯彻习近平新时代中国特色社会主义思想，牢固树立“四个意识”，坚定“四个自信”，坚决贯彻中央政治局《关于加强和维护党中央集中统一领导的若干规定》精神，自觉在政治立场、政治方向、政治原则、政治道路上同以习近平同志为核心的党中央保持高度一致。扎实开展“不忘初心、牢记使命”主题教育，深入推进“两学一做”学习教育常态化制度化，深化“二堂汇学”“二堂融合”，引导全市党员干部坚守马克思主义信仰、坚定共产主义远大理想、坚持中国特色社会主义共同理想。二要规范政治生活，优化政治生态。严格执行《关于新形势下党内政治生活的若干准则》，坚决防止和反对个人主义、分散主义、自由主义、本位主义、好人主义。严格执行“三会一课”、民主生活会和组织生活会等制度，用好批评和自我批评这个锐利武器，烧旺锤炼党性的“大熔炉”。坚持民主集中制原则，严格执行重大问题请示报告制度，健全完善市委常委会议事决策规则，促进决策科学化、高效化。三要严格政治规矩，培育政治文化。认真学习十九大党章修正案，把党章意识、规矩意识立于心底，坚持原则、坚守正道。大力弘扬忠诚老实、光明坦荡、公道正派、实事求是、艰苦奋斗、清正廉洁等价值观，以文化自信支撑政治定力、政治气节、政治风骨。认真贯彻《中国共产党党务公开条例（试行）》，统筹各层级各领域党务公开工作，及时回应党员和群众关切。

（二）坚持价值导向聚人心，提升思想引领力。思想

是行动的先导，精神是前进的动力。要深入践行社会主义核心价值观，大力弘扬新时代启东精神，切实以新精神引领新征程、彰显新风貌。一要大力弘扬昂扬向上、锐意进取的精神风貌。深化中国特色社会主义、中国梦和十九大精神等宣传教育，弘扬主旋律，汇聚正能量。深入挖掘传承江海儿女筚路蓝缕、战江斗海，开疆拓土、敢为人先的精神内涵，激励全市干部群众永不自满、永不懈怠，昂扬向上、奋发有为。大力倡导实干精神，坚决摒弃多干多错、少干少错、不干不错的消极心态，坚决克服按部就班、墨守成规，谨小慎微、缩手缩脚等保守思想，不断激发“闯”的勇气、“试”的胆识和“拼”的精神。二要积极营造凝心聚力、团结干事的浓厚氛围。积极传播好声音、好故事、好形象，控制“噪音”、抵制“杂音”，为全面建成小康社会加油、鼓劲、添彩。牢固树立每个板块都是主战场、每个部门都是主力军、每个同志都是主人翁的意识，始终保持与党委政府同心同向、合力合拍，和衷共济谋发展，步调一致干事业。三要充分激发奋勇争先、争创一流的工作干劲。大力弘扬攻坚克难、比学赶超精神，引导党员干部提高站位，在“比”中找到差距，在“学”中汲取经验，在“赶”中补齐短板，在“超”中争先进位。重点工作要走在前列，对标先进地区，借鉴先进经验，高标准谋划，快速度推进，不断上水平、创一流；常规工作要迈上台阶，不为过去成绩所累，不为既有经验所限，打破思维定势，克服路径依赖，不断提质效、快突破；创新工作要打造特色，强化创新意识，勇于推陈出新，不搞形式、不摆样子，不断创亮点、树品牌。

（三）坚持实干导向强队伍，提升整体战斗力。干部队伍是改革发展的中坚力量。要坚持用宽肩膀担当、靠真本领成事，着力建设“四强四有”干部队伍。一要高标准选任干部。坚持党管干部原则，严格落实“20字”好干部标准，加强领导班子和干部队伍综合分析研判，提升精准识人用人水平。完善干部考核考察体系，优化绩效管理和考评制度，奖优罚劣、奖勤罚懒，让想干事、能干事、干成事的人有舞台受重用。统筹用好各类干部资源，大力选拔储备年轻干部，推进干部队伍结构优化、功能提升。二要全方位培养干部。依托党校等主阵地，有计划地开展政治理论、经济金融、社会治理、法治理念、生态环保等专题培训和实践锻炼，切实增强政治领导、改革创新等“八大本领”，不断提高把方向、谋大局、定政策、促改革的能力和定力。建立干部基层一线培养链，完善干部交流制度，引导广大党员干部到项目建设主战场、信访维稳第一线、拆迁拆违最前沿历练成长。三要严要求管理干部。严格执行请示报告、领导干部报告个人有关事项“两项法规”等制度，深化违规兼职、“裸官”等专项治理，以强有力的制度约束帮助干部校正前进方向。坚持严管和厚爱结合、约束和激励并重，建立健全鼓励激励、容错纠错、能上能下“三项机制”，让能干实干者扬眉吐气、敢闯敢干者不挫锐气、得过且过者羞愧服气，让敢于担当、奋发作为在全市蔚然成风。

（四）坚持问题导向抓基层，提升群众组织力。加强基层党组织建设，重在提升组织力。要深入实施强基固本行动，围绕“强基础、严规范、重质量、提效益”的现实需求，推动基层党组织建设全面进步、全面过硬。一要强化“两个功能”，推动作用发挥全面过硬。突出基层党组织的政治引领功能，健全基层党委定期学党建、议党建、谋党建和履行管党治党责任专题汇报工作机制，深入推进村、社区党组织“五有一化”建设，扎实开展星级党组织创评，优化带头人队伍，提升强自身、抓基层的政治能力；坚持党建带群建，加强党组织对群团组织的政治领导、思想领导、组织领导。充分发挥服务群众功能，建立“走帮服”常态长效机制，深化在职党员到社区报到、志愿服务等制度，推动党员干部、服务资源“双下沉”，促进服务能力、服务效率“双提升”；完善党群议事会等制度，稳步推进党组织领导下的基层协商民主。二要扩大“两个覆盖”，推动组织体系全面过硬。扩大基层党组织有形覆盖，创新党组织设置方式，加大在商圈市场、家庭农场等新兴领域的党组织组建力度。突出基层党组织有效覆盖，加强党支部规范化建设，着力解决基层党组织虚化、弱化、边缘化问题，充分发挥党组织在推动强村富民、基层治理、企业发展等方面的政治核心作用。三要严把“两个关口”，推动党员素质全面过硬。严把发展党员关口，坚持控总量、调结构、提质量，突出政治标准，严格程序要求，不断优化党员队伍整体结构。严把党员教育管理关口，健全“记实管理、积分考评、预警帮教、组织处置”的工作体系，永葆党员队伍的先进性和纯洁性；持续开展“身边好党员”评选活动，充分发挥党员的先锋模范作用。

（五）坚持严实导向转作风，提升纪律约束力。纪律建设是全面从严治党的治本之策。要切实发挥纪律在管党治党中的根本性作用，真正用纪律管住大多数。一要驰而不息纠“四风”。认真学习贯彻习近平总书记关于“纠正‘四风’不能止步，作风建设永远在路上”的重要指示精神，徙木立信、以上率下，深入贯彻落实中央八项规定《实施细则》和省市委《具体办法》，抓具体、补短板、防反弹。巩固“八大专项整治行动”成果，继续开展违反财经纪律、扶贫领域腐败等专项整治，强化纪律执行，使党员干部知敬畏、存戒惧、守底线。二要锲而不舍强监督。积极稳妥推进监察体制改革，扎实做好机构人员转隶和职能划转工作，确保实现平稳过渡、逐步深化、全面融合。巩固市委巡察成果，加大巡察反馈意见整改落实力度，举一反三、建章立制，真正使巡察成为看齐之巡、教育之巡、立规之巡。用好监督执纪“四种形态”，挺纪在前、抓早抓小。认真贯彻执行《中国共产党问责条例》，动真碰硬、铁面问责。三要常抓不懈提效能。深入实施机关效能提升、重点工作督查全覆盖等工程，大力整治“庸懒散慢拖、不作为、乱作为”等现象，全面优化政务服务，推动作风大革新、效能大提升。大兴调查研究之风，深入基层、扑下身子，更好地直面问题、思考问题、解决问题。进一步完善综合绩效考评机制，立好“风向标”，拿好“指挥棒”，考出重点、考出压力、考出干劲。

四要坚定不移反腐败。坚持无禁区、全覆盖、零容忍，坚持重遏制、强高压、长震慑，坚持有案必查、有腐必惩、有贪必肃，不断增强群众对反腐败斗争的信心。紧盯重点领域、重要岗位和关键人员，重点查处吃拿卡要、贪污挪用等问题，严肃查处虚报截留、挥霍浪费等行为，着力解决发生在群众身边的不正之风和腐败问题。加强纪律教育，切实筑牢思想防线、纪律红线、道德底线，把不敢腐的震慑放得更大，把不能腐的笼子扎得更紧，把不想腐的自觉持续增强，始终保持反腐败高压态势。

同志们，不忘初心逐梦新时代，牢记使命开启新征程。让我们更加紧密地团结在以习近平同志为核心的党中央周围，在省委、南通市委的坚强领导下，以永不懈怠的精神状态和一往无前的奋斗姿态，不驰于空想，不骛于虚声，践行新思想，打造新高地，为决胜全面建成小康社会、高质量建设“强富美高”新启东而努力奋斗！

（市委办）

政府工作报告

——2018年1月16日在启东市第十七届人民代表大会第二次会议上

黄卫锋

2017年政府工作回顾

2017年，是新一届政府的起始之年，面对宏观环境复杂、困难挑战增多、各项任务繁重的巨大压力，我们以习近平新时代中国特色社会主义思想为指导，认真贯彻党的十九大精神，在市委的正确领导和市人大、市政协的监督支持下，团结和依靠全市百万人民，奋勇拼搏、开拓进取，解放思想不停步，坚定信心不动摇，真抓实干不松懈，经济发展、城乡建设、民生改善、生态保护和社会治理都取得了长足进步，较好地完成了市十七届人大一次会议提出的各项目标任务，实现了本届政府的良好开局。2017年，全年（预计，下同）实现地区生产总值980亿元，比上年（下同）增长8%；一般公共预算收入71.1亿元，同口径增长8.4%，全社会固定资产投资638亿元，增长9%；社会消费品零售总额355.7亿元，增长9.6%；城乡居民人均可支配收入分别达40640元、21620元，增长8.7%、8.8%。在全国综合竞争力百强县市中名列第23位。

这一年，我们坚持强实体、促转型，着力优化产业结构，经济发展在攻坚克难中保持平稳。

*产业层次与结构同步优化。*坚持把发展实体经济摆在更加突出的位置，深入推进“中国制造2025启东实施计划”，产业体系加速向中高端迈进，完成工业应税销售840亿元，增长17%。列中国工业百强县市第24位。大国重器“希望6号”启航、“天鲲号”下水，林洋电子、东成电动工具入选全省50个高端制造品牌。捷捷微电、朗峰新材等企业上市挂牌。服务业提速增效，实现服务业增加值445亿元，增长9.9%。加大旅游投入，整合旅游资源，推动全域旅游，接待游客470万人次，实现旅游总收入60亿元，分别增长16.4%、18.1%。深化农业供给侧结构性改革，推进现代农业持续发展，完成农业总产值138亿元，新增高标准农田19万亩，“绿皮蚕豆”“沙地山药”获评国家农产品地理标志，入选省农业特色小镇3个；实现渔业总产值66亿元，获评全国平安渔业示范县。完成建筑业总产值800亿元，荣获“鲁班奖”2个、“国优奖”2个、“詹天佑奖”1个。

*项目推进与招引齐头并进。*以“项目建设提质增效年”为抓手，推动项目质量和效益双提升，完成工业投资353亿元，增长6%。新开工亿元以上产业项目114个，其中10亿元以上项目9个；新竣工亿元以上项目56个。恒大文旅、中成粮油、国动装备等项目开工建设，上海鼓风机、英内电子、尚华医药等项目加快推进，日立金属、海四达新能源、米歌酒庄等项目竣工投产。完善“双招双引”工作机制，优化招商队伍，创新招商模式，实际利用外资3.15亿美元；引进创新创业领军人才130人，其中国家“千人计划”专家5人。积极争取、协调各类用地指标6350亩，复垦土地3950亩。

*载体建设与能级协同突破。*增强平台载体吸聚、承载能力，贡献份额持续提升，工业投入、应税销售分别占全市的78.2%、85.6%。启东生命健康科技城概念规划、产业规划形成初步成果。启东经济开发区在全省83家省级经济开发区综合评价中名列第一。吕四港经济开发区港产城融合发展步伐不断加快。滨江医药化工园安全环保整治成效明显。海工船舶工业园被认定为省级先进制造业基地。高新技术产业开发区沪启合作共建园区加快建设。江海产业园发展体制机制得到理顺。圆陀角旅游度假区旅游品牌知名度持续提升。启隆生态科技产业园积极策应崇明世界级生态岛建设。启东港口岸核心能力建设通过国家验收。

这一年，我们坚持抓改革、谋合作，着力转换增长动能，发展活力在开拓创新中持续增强。

*重点改革纵深开展。*供给侧结构性改革持续发力，“三去一降一补”成效初显，落后产能加快淘汰，房

地产调控措施不断完善，地方债务管理更加规范，降低企业运行成本1.9亿元。行政审批制度改革扎实开展，“不见面审批”和政务服务“一张网”建设积极推进，“2440”改革取得明显成效，商事制度改革获省级嘉奖。城市综合执法体制改革有序实施，综合管理执法水平持续提升。农村土地“三权分置”落地见效，土地承包经营权流转面积5万亩。医药卫生体制改革不断深化，分级诊疗制度纵深推进，公立医院综合改革成效获国务院通报表扬，市人民医院荣获“中国县域医改·样板医院”称号。

接轨上海更加深入。成立对接服务上海协调委员会，扎实推进六大对接工程，在沪举办各类招商活动119场次、新签约亿元以上产业项目139个、引进产业协作项目资金453亿元、接待上海游客402万人次。组建对接服务上海智库，成立上海启东商会，15个区镇与上海55个片区开展合作。全力推进北沿江高铁前期工作，省铁路办启动工程预可、桥隧方案专题论证工作。加强沪启医疗合作，医疗服务水平有效提升。江海文化与海派文化融合互动，“文化走亲”活动蓬勃开展。新增供应上海的农产品直销基地3万亩、农产品直销点20个。

创新驱动不断强化。推进企业自主创新，全社会研发投入占地区生产总值比重达2.56%，高新技术产业产值占规模工业产值比重达54.4%。科技成果加速转化，组织实施产学研合作项目168项，新认定省高新技术企业36家，新增省重大成果转化项目2个、国家“两化融合”企业1家。创新载体加快建设，新增省新型研发机构建设项目2个、省级院士工作站1家、省级以上企业技术研发平台8家；建成南通地区首家离岸孵化器。深入实施知识产权战略，万人发明专利拥有量达22.68件，国外专利申请量南通第一，获评国家知识产权强县工程示范县。

这一年，我们坚持拓功能、重治理，着力深化生态建设，城市品质在统筹发展中稳步提升。

城乡一体发展扎实推进。城乡规划科学实施，快速路网、景观风貌等规划形成最终成果。综合交通体系进一步优化，宁启铁路启东段开始铺轨，海启高速启东段路基部分基本完成，干线公路建设加快推进，实施农村公路提档升级150公里；黄浦江路、和平南路、公园路南延等6条道路完工通车，民乐中路完成改造，牡丹江东路、金沙江路等7条道路加快建设。基础设施建设稳步实施，长江岸线整治工程、连兴港改造工程进展顺利；区域供水通久线、崇启线加快推进；“西气东输”启东段完成前期工作，广汇能源接入市政天然气管道；久隆输变电工程开工建设。基层文化设施不断完善，建成公共文化综合服务中心230个。

城市环境面貌持续改善。加快“南进东拓”步伐，城市框架进一步拉开。推进省优秀管理城市创建，扎实开展城市环境综合整治，通过国家卫生城市复审验收。不断美化城市景观，新增小游园5个、城市绿带10公里，亮化桥梁22座。加强便民服务设施建设，新建邻里中心3家、农贸市场3家，改造老小区停车位1500个。推进城区水系规划建设和生态修复，保持河道畅通清洁。加强重点路段监管，开展治堵治乱专项行动，交通秩序有效好转。保持控违拆违高压态势，遏制增量、减少存量，拆除违章建筑103万平方米。试点垃圾分类处理工作，促进源头减量和资源利用。

生态环境治理成效明显。大力开展“263”专项行动，坚决落实中央、省环保督察和国家海洋督察要求，加大环保执法力度，集中力量解决群众关心的环境问题，立案查处案件154起。加强大气污染防治，深入开展扬尘污染、砖瓦企业、秸秆禁烧等专项治理行动，淘汰燃煤锅炉234台；空气质量达标率81.5%，持续保持南通领先。全面推行“河长制”，加强长江生态保护，开展水上过驳、非法码头专项整治，实施重点断面水质达标治理，关闭畜禽养殖场269家，城乡河岸环境和水质明显改善。加强土壤环境保护，制定出台土壤污染防治工作方案。大力实施造林绿化工程，新增成片造林绿化面积1.85万亩、城市绿地面积70万平方米。圆陀角滨海湿地获批设立省级湿地公园，仙渔小镇入选省首批特色小镇，吕四港镇获评“中国最美渔村”。

这一年，我们坚持增福祉、补短板，着力推动富民实践，人民生活在共建共享中更加幸福。

民生实事有效落实。实施富民增收“五大行动”，推进基层基本公共服务功能配置标准化，全年民生投入占公共财政支出比重达75.6%。落实就业创业政策，积极推进“支持农民工等人员返乡创业”国家级试点工作，新增就业8100人。社会保障体系逐步完善，城乡基本养老保险参保率超过96%，基础养老金标准提高至125元，城乡低保标准统一提高至600元。坚持精准扶贫、精准脱贫，完成4406户家庭脱贫任务；在全省率先实施因病致贫家庭救助办法，发放救助金1406万元；扶持村级集体经济工作全省试点。对口帮扶陕西西乡工作取得积极成效。安置房竣工105万平方米，交付7700套；完成危房改造1105套。精神卫生中心主体工程完工，社会福利中心、妇幼保健院、文化体育中心南区结构封顶。

社会事业协调发展。加快教育现代化建设，教育布局调整优化，6所城区学校启用；深化教育教学改革，培养高素质教师队伍，教育质量有效提升。深化“三医联动”改革，医保实现全国异地联网结算，建立新型农村合作医疗总额预付机制。完善养老服务体系建设，落实政府购买困难高龄老人居家养老服务制度，建成标准化居家养老服务站28家。文化体育事业蓬勃发展，“共乐东疆”百项群众文体活动广泛开展，评弹、版画等传统艺术不断传承弘扬；加强历史文化场馆开发保护，“三园四馆”建设加快推进；承办全国沙滩排球锦标赛、中国羽毛球超级联赛总决赛等体育赛事。

社会治理不断创新。入围全国文明城市提名城市，道德发展状况测评指数排名全省第二，获评“中国好人”5人，上榜数全省第一。扎实开展社会矛盾和安全隐患大排查大整治行动，优化分级分层调处机制，大力推进

"阳光信访",有效预防化解社会矛盾纠纷;全面落实安全生产责任,实施十大领域专项整治,安全生产形势保持稳定。深化社会治安防控体系建设,推进系列平安创建活动,群众安全感和满意度不断提高。加强食品药品安全监管,有效保障群众饮食用药安全。强化应急管理体系建设,应急处置能力全面提升。获评省现代民政示范市。

这一年,我们坚持转作风、优服务,着力改进方式方法,政府建设在提升效能中不断强化。

深入学习贯彻党的十九大精神,全面落实从严治党要求,积极推进政府系统"两学一做"教育常态化制度化,切实做到以理论塑造思想、以思想引领行动。扎实开展富民强企奔小康"走帮服"活动,全力打通服务群众"最后一公里"。加强政风行风建设,强化执行意识,推动工作创新,切实提高履职效能。深入推进省法治建设示范县市创建,细化重大行政决策程序,完善政府法律顾问制度,扎实开展行政机关负责人出庭应诉等工作,稳步实施行政执法"三项制度"南通市级试点工作,法治政府建设步伐不断加快。强化行政规范性文件管理,清理357件,废止59件。深入打造阳光政务,加强政府信息公开,政府决策透明度和公众参与度日益提高。自觉接受人大和政协监督,认真办理建筑扬尘治理、食品安全监管等市人大重点建议、市政协建议案,共办理人大代表议案建议266件、政协委员提案264件。全面落实党风廉政建设责任制,构建政府投资工程建设领域阳光防范体系,着力强化行政监察和审计监督,进一步树立了为民、务实、清廉的政府形象。

一年来,我市的双拥、档案、气象、粮食、地方志、民族宗教、人民武装等方面的工作也都取得了新的成绩,妇女儿童、青少年、慈善、老龄、残疾人、红十字、见义勇为和关心下一代事业健康发展。

各位代表,过去一年各项工作,成绩来之不易,经验弥足珍贵。这一切,得益于市委的正确领导,离不开市人大、市政协的监督支持,凝聚着全市百万人民的智慧和汗水。在此,我谨代表市人民政府,向各位人大代表和政协委员,向全市工人、农民、知识分子、离退休老同志,向驻启部队指战员、武警官兵、公安干警,致以崇高的敬意!向所有关心支持启东发展的海内外朋友,表示衷心的感谢!

在总结成绩的同时,我们也清醒地看到,发展中不平衡不充分的问题仍然明显:发展的质量和效益还不高,科技创新能力还不强,有影响力的特色产业和龙头企业还不多,土地节约集约利用水平还不理想,实体经济发展水平有待提高;城市建设和管理还有不少短板,城乡一体化发展的进程还需进一步加快;生态环境还有很大改善空间,水、气、土等环境保护和治理任重道远;教育、卫生、养老等公共服务供给水平有待提升,社会治理领域面临许多新的挑战;政府自身建设仍需加强,部门服务水平和责任担当有待进一步提高。对此,我们一定高度重视,采取有效措施,认真加以解决。

2018年政府工作目标和总体思路

今年是贯彻党的十九大精神的开局之年,是改革开放40周年,是决胜全面建成小康社会、实施"十三五"规划承上启下的关键一年。我国经济已由高速增长阶段转向高质量发展阶段,随着"一带一路"、长江经济带、长三角区域发展一体化等国家战略深入实施,省"1+3"功能区建设、扬子江城市群战略加快推进,我们正处于新时代发展的"风口"。同时,宏观经济复杂多变,新旧动能转换乏力,环境约束日益突出,我们也面临更加严峻的挑战。机遇稍纵即逝,发展绝非坦途,我们必须砥砺奋进、逐梦前行,自觉用习近平新时代中国特色社会主义思想武装头脑、统一思想、指导实践,切实走好增长与转型良性互动、发展与生态相得益彰、经济与社会协调并进的高质量发展之路,奋力谱写新时代启东发展的新篇章。

根据市委十三届四次全体(扩大)会议部署,做好今年政府工作,要全面贯彻党的十九大精神,以习近平新时代中国特色社会主义思想为指导,认真落实总书记对江苏工作的重要指示要求,坚持稳中求进工作总基调,坚持新发展理念,紧扣社会主要矛盾变化,按照高质量发展的要求,统筹推进"五位一体"总体布局和协调推进"四个全面"战略布局,坚持以供给侧结构性改革为主线,深入实施"领跑沿海、融入上海、包容四海"发展战略,系统化推进"六大新高地"建设,统筹做好稳增长、促改革、调结构、惠民生、优生态、防风险等各项工作,在高水平全面建成小康社会、高质量建设"强富美高"新启东上取得更大进展。

综合各方面因素,建议今年全市经济社会发展的主要预期目标为:地区生产总值增长8%左右,一般公共预算收入完成72.3亿元,全社会固定资产投资增长8%以上,全社会研发投入占地区生产总值比重达2.57%,社会消费品零售总额增长10%左右,进出口总额实现适度增长,城乡居民人均可支配收入增长快于经济增长,节能减排完成上级下达目标任务,大气、水等环境质量持续改善。

实现高质量发展,必须牢牢把握五个方面:

*一是坚持把改革创新作为推动高质量发展的核心动力。*突出质量第一、效益优先,以改革释放活力、以创新驱动发展,加快转变发展方式、优化经济结构,推动启东经济发展质量变革、效率变革、动力变革,加快建设现代化经济体系。

*二是坚持把接轨上海作为推动高质量发展的首位战略。*更加注重产业协同、城市协同、交通协同、生态协同,增强对上海高端产业、优势资本、优秀人才的吸引力,与上海建立起多层面联系、多形式互动、多领域拓展的合作关系,全面放大策应服务上海的效应。

*三是坚持把"三大攻坚"作为推动高质量发展的关键举措。*抓重点、补短板、强弱项,做好重点领域风险防

范和处置，瞄准特定贫困群众精准帮扶，建立健全生态环境保护长效机制，坚定走生产发展、生活富裕、生态良好的可持续发展道路。

四是坚持把城乡融合作为推动高质量发展的重要路径。落实区域协调发展战略和乡村振兴战略，着力健全城乡融合发展体制机制，按照系统性思维统筹城乡规划、建设、管理，科学利用土地，加快城乡资源整合、布局优化，推动城乡共同繁荣。

五是坚持把改善民生作为推动高质量发展的根本目的。把人民对美好生活的向往作为奋斗目标，既尽力而为，又量力而行，切实解决好老百姓最关心、最直接、最现实的利益问题，不断满足人民群众日益增长的美好生活需要，使人民更有获得感、幸福感、安全感，不让一个人在全面建成小康社会的道路上掉队。

2018年政府工作安排

围绕全年目标任务，主要抓好以下七个方面工作：

一、突出实体实业，筑牢经济发展根基

把发展经济的着力点放在实体经济上，加快产业结构调整和转型升级，不断巩固和增强经济发展新优势。

增强实体经济竞争力。推进龙头企业培育工程，着力打造一批“灯塔型”标杆企业，力争培育应税销售超50亿元企业3家、20亿元企业6家、10亿元企业9家、亿元企业15家。实施企业登高计划，落实降本减负措施，支持企业加大技改投入，重点培育一批成长性好、科技含量高、竞争力强的“小巨人”企业和“专精特新”企业，全年新增规模企业25家、两化深度融合企业5家。积极引导企业拓宽融资渠道，规范融资行为，降低运行成本，有效防范风险。培育一批发展潜力大的企业通过上市做优做大做强，力争报会企业2家。激发和保护企业家精神，营造尊重企业家、有利于各类创业者竞相发展的社会氛围。鼓励企业深耕主业，发扬“工匠精神”，强化品牌和标准建设，用坚守和专注打造企业独特优势。

提升重点产业支撑力。做强先进制造业，落实南通工业大企业培育计划，发挥华峰超纤、韩华新能源等龙头企业的带动作用，推动形成规模优势领先、产业配套完善、集聚效应明显的产业集群，规模工业产值增长12%以上。把握科技和产业发展趋势，前瞻布局人工智能、生命健康等未来产业，着力培育壮大拥有核心技术、自主品牌、市场占有率的战略性新兴产业，努力赢得产业升级的先机和主动。做精特色产业，鼓励电动工具、建筑业等传统产业运用新技术、新工艺、新装备向高端化、品牌化发展，不断拓展市场规模。做优现代服务业，大力培育软件和信息服务、金融和科技服务、大数据等产业，促进生产性服务业向专业化和价值链高端延伸，推动生活性服务业向精细化和品质化提升，服务业应税销售增长15%左右。

扩大江海旅游影响力。编制全域旅游发展规划，整合区镇资源，植入个性元素，形成旅游景点在空间形态上的相互连接。完善基础配套，提升服务水平，改善综合环境，力争接待游客突破500万人次。瞄准文化、休闲、健康等新型消费市场，打造休闲度假、康体养生等中高端旅游产品，提高旅游的综合效益。加快推进恒大文旅、长泰海滨城、渔人码头、江海文化景观大道等项目建设，五国温泉城、神鲜街投入运营，黄金海滩完成升级改造。圆陀角旅游度假区争创国家生态旅游示范区、国家级旅游度假区。大力发展乡村旅游，打造精品民宿集群，着力建设一批星级乡村旅游点。

二、强化项目支撑，切实增强发展后劲

以项目建设为抓手，提升招商实效，聚集优质要素，拓展发展空间，提高有效投资强度，努力打造新的经济增长点。

提高双招双引质效。坚持引资与引智并重，以项目招引带动核心技术、先进管理、高级人才等先进要素集聚。完善考核激励机制，加强专业化招商队伍建设，强化精准招商和产业链招商，主动对接各类央企、知名外企、大型民企，瞄准生物医药、智能制造、临港产业等领域，力争引进亿元以上项目130个，实际利用外资3亿美元以上。坚持量质并举，更加突出亩均投入、亩均销售、亩均税收等关键指标，不断提高招商选资的精准度、优质度、成熟度。促进外经外贸转型升级，深度挖掘外贸增长潜力，提升开放型经济规模和质量。完善人才引进激励措施，引进各类高端人才不少于20人、创新创业人才不少于200人。

狠抓重大项目推进。深入开展“重大项目攻坚突破年”活动，更加注重效益和产出，全年新开工亿元以上产业项目120个，其中10亿元以上项目20个。完善项目服务机制，落实挂钩联系制度，进一步缩短项目转化和建设周期，促进至纯科技、捷捷微电、申龙客车等项目开工建设，推进北大生科华东产业园、华峰超纤二期、广汇能源二期等项目加快建设，推动林洋新能源、盖天力药业、东成机电等项目竣工投产。健全考核推进机制，强化投资强度、形象进度和产出效益的动态考核。加强要素保障，积极推动银企有效对接，金融机构投放制造业贷款增长10%以上；积极争取各类用地指标，保障重大项目用地。

强化重点平台建设。坚持高起点规划、高标准建设、高质量配套，全力推进启东生命健康科技城建设，加快绿地生命健康科技园首期启动区项目开工，带动滨江医药化工园转型升级，积极打造长三角生命科技创新基地。启东经济开发区以争创国家级开发区为目标，围绕生物医药、电子信息、现代服务业等特色产业，加强重大项目招引落户，力争在发展速度和质效上实现新突破。吕四港经济开发区围绕“大港口、大产业、大物流”发展目标，加速港产城融合发展，推进港口基础设施建设和重大项目落地开工。海工船舶工业园围绕绩效产出和能级打造，加快企业转型升级步伐，推进军民融合示范基地建设，做强海工及重装备产业。高新技术产业开发区围绕争创省高新技术园区目标，突出创新型产业集群和企业培育，积极承载上海优势产业转移，着力打造先进制造业集聚区。

三、深化改革创新，不断激发发展活力

围绕重点领域，紧扣关键环节，精准发力、持续用力，不断提升改革成效和创新质量。

深化重点领域改革。以提高质量和核心竞争力为中心，突出供给侧结构性改革，持续抓好“三去一降一补”重点任务，淘汰落后产能、化解过剩产能；严格政府债务管控，规范与社会资本合作模式，防范债务风险。落实市场准入事中、事后监管制度，加快市场监管向服务型、功能型转变。深化综合行政执法体制改革，着力解决权责交叉、多头执法问题，努力实现“一支队伍管执法”。完善农村土地“三权分置”，健全土地流转风险防范机制，推进农村集体产权制度改革。加快国有融资平台市场化转型，鼓励国有企业参与城市经营、旅游、港口开发，提高国有资本运作效率和水平。

全面对接服务上海。深入研究上海市城市总体规划，全面深化与上海全方位、多层次、宽领域的合作交流。坚持交通先行，力争北沿江高铁过江通道选址取得突破性进展。积极承接上海优质产业项目转移，引进超亿元项目100个、产业协作项目资金350亿元。强化平台对接，做强边界经济，推动共建园区特色发展、融合发展。积极参与崇明世界级生态岛和长江口生态保护战略协同区建设。服务上海“菜篮子”工程，加强直供基地建设，拓展农产品线上线下销售网络。深化教育、卫生、文化、人才等领域的对接，实现互联互通、共建共享。

着力聚合创新要素。突出以企业为主体的科技创新，实施创新型企业“369”培育计划，鼓励企业建设国家级研发中心，完成产学研合作项目60个。大力实施知识产权推进计划，万人发明专利拥有量达到23件。充分发挥北京大学生命科学华东产业研究院、上海张江高校协同创新启东研究院等合作创新平台的支撑作用，吸引和推动一批重大技术创新成果产业化。推进科技与金融深度融合，扩大“苏科贷”规模，引导创业投资、天使基金等社会资本投向创新领域。

四、加速协调融合，推进城乡统筹发展

遵循城市发展规律，不断完善规划建设管理，补齐功能短板，优化人居环境，努力形成城乡互动、共同发展的新格局。

提升城市品质。更加注重城市建设的策划、规划和设计，加快“多规合一”进程，实现空间管控“一张蓝图”；实施新一轮城市总体规划修编，完成水环境治理、海绵城市、综合管廊等专项规划。推动空间形态、文化元素与建筑的和谐统一，加快蝶湖核心商务区、民胜路商业街、金融建筑产业园、明清文化产业园建设，打造一批“城市地标”和“城市符号”。建成开放蝶湖公园，实施头兴港河整治工程，努力打造城市“绿肺”和亲水滨河空间，让城市生活更加舒适美好。完善城市功能，新建一批邻里中心、农贸市场、小游园，新增公共停车泊位1000个，新建改造公共厕所30个，实施城区主干道、高速公路出入口等重点区域美化亮化工程。制定老小区整改标准，试点改造彩臣南村、长江新村等小区，逐步解决城区“老龄化”问题，提升百姓幸福指数。

完善城乡功能。完成宁启铁路启东段通车前期准备工作、海启高速启东段主体工程，开工建设火车站；拓展延伸和平路、建设路、丁仓港路等7条城市主要通道，建成钱塘江路、岷江路等新城区道路，加快国道345、天龙路、跃龙路等火车站片区道路建设，实施人民东路、和平中路、建设中路等瓶颈路段节点改造，优化完善交通道路网络。加快建设区域供水通久线、启隆线，完成“西气东输”启东段工程；新增城乡污水管道20公里，启动城市第二污水处理厂规划建设。推进交通干线环境整治工程，实施航道护岸工程10公里，完成危桥改造7座，提档升级农村公路。

加快乡村振兴。更加重视三农工作，大力发展特色产业、休闲农业、农村电商等新业态新模式，促进一二三产深度融合。实施品牌农业战略，培育四青作物、吕四海鲜等区域公共品牌。注重项目引领，力争规模农业项目投入达50亿元、引进超2000万元农业项目30个，培育南通市级以上龙头企业5家。推动高标准农田、适度规模经营、社会化服务联盟“三个全覆盖”建设，新建高标准农田11.11万亩、集约经营面积10万亩，新增家庭农场、农地股份合作社等各类新型经营主体100个以上，争创省级粮食生产全程机械化示范县。加强农村基层基础建设，健全自治、法治、德治相结合的乡村治理体系，提高乡村治理水平。打造生态宜居特色田园乡村，推动中心镇、特色小镇、美丽乡村梯次发展，建设省级水美乡村3个。

五、坚持生态优先，加快建设美丽启东

牢固树立“绿水青山就是金山银山”的理念，以咬定青山不放松的韧劲，狠下决心解决突出环境问题，齐抓共管、协同并治，努力建设天更蓝、水更清、城更绿、景更美的宜居家园。

强化综合治理。瞄准重点区域和薄弱环节，全力开展城乡环境综合大整治，推动城市、集镇、乡村面貌持续好转。深入实施“263”专项行动，以最坚决的态度、最有力的措施打赢污染防治攻坚战。认真开展中央、省环保督察整改情况“回头看”，防止问题反复。深化大气污染防治，推进企业废气排放源整治，巩固提升空气质量。全面推进“河长制”工作，深入开展河岸共治和“三河三行业”整治，强化骨干河道和城乡黑臭水体治理，完善生态廊道建设，确保水环境持续向好，确保国控、省控断面全面达标。加强土壤分级分类管理，推进土壤污染防治和修复。严控农业面源污染，加大畜禽养殖综合治理力度。强化固废危废管理，提升集中处置能力。

严格源头管控。守住生态门槛，严把项目招引环境达标准入关。严控污染物排放总量，强化环境信用体系建设，全面落实生态环境损害赔偿制度。完善网格化环境监管体系，持续开展环境执法“亮剑行动”，保持“铁

腕治污”高压态势，推进环保执法与刑事司法衔接，严厉打击各类环境违法行为，形成严惩环境污染犯罪的强大震慑。加大联合执法力度，增强打击合力，坚决关停“散乱污”企业，重点开展小家具厂、废品回收等专项治理。逐步推进生活垃圾分类处置，初步建立餐厨废弃物回收利用体系。强化宣传教育引导，推动生态文明理念根植人心，启动国家生态文明建设示范市创建工作。

注重绿色增长。严格落实长江经济带生态环境保护要求，切实加强我市沿江沿海生态保护。高度重视备用水源地管理，强化取水口陆域保护。推进资源全面节约和循环利用，推广应用节能技术、清洁能源，提高能源使用效益。严守耕地保护红线，坚决遏制违法用地，盘活整理闲置土地，提升节约集约利用水平。强化农业废弃物资源化利用，创建国家农业可持续发展试验示范区。加快建设省级湿地公园、滨江森林公园，新增成片造林绿化面积2万亩、城市绿地面积70万平方米，森林覆盖率、城市绿化覆盖率分别达35%、41.7%。

六、注重惠民利民，着力改善群众生活

坚持以人民为中心的发展思想，顺应群众关切，办好民生实事，努力让改革发展成果更多更公平惠及全市人民。

多层次健全社会保障。积极拓展富民增收渠道，加大技能人才、新型职业农民、科技人员等重点群体就业培训和创业扶持力度，倡导依靠自身努力和智慧创造财富。深入实施全民参保计划，完善更加公平、更可持续的社会保障制度，居民基本医疗保险筹资水平提高至1000元。坚持分类施策、精准帮扶，深入推进产业扶贫、劳务扶贫、教育扶贫、健康扶贫，确保建档立卡低收入户脱贫率超90%。做好与陕西西乡的扶贫协作工作，拓展产业、劳务和人才合作。坚持“房子是用来住的、不是用来炒的”定位，健全房地产市场平稳健康发展长效机制，加强多层次住房供给和保障；安置房竣工60万平方米，交付4200套。

多领域繁荣社会事业。推进教育现代化建设，实施乡村教师支持计划，深化教师“县管校聘”制度改革；加强师德师风建设，倡导全社会尊师重教；切实解决学前教育资源不足、“大班额”等问题，扎实推进义务教育学校标准化建设，进一步提高教学质量，促进教育优质均衡发展；加快南通大学启东校区二期建设。实施“健康启东”计划，改革药品采购制度，建立合理医疗服务价格调整机制，优化临床诊疗管理，做优做强医疗集团，减轻群众看病就医负担；建好妇幼保健院。完善居家养老、“医养结合”模式，构建多层次的社会养老服务体系，建好社会福利中心，新增养老床位2000张。广泛开展群众性文体活动，不断放大“正能量加油站”“共乐东疆”等文化活动品牌效应；继续推动学校运动场地开放，更新公众健身设施，增强全民身体素质。加强书香社会建设，开展全民阅读活动。加快推进文化体育中心和镇村公共文化综合服务中心建设，不断丰富人民群众精神文化生活。

多举措强化社会治理。全力推进全国文明城市创建，深入实施“六大文明提升行动”，着力培育自尊自信、理性平和、积极向上的社会心态。大力弘扬凡人善举，推动志愿者品牌服务常态化制度化。深化“三站两会一中心”综治体系建设，加快社会治理重心向基层下移，实现政府治理和社会调节、居民自治良性互动。严格落实综治信访责任制，大力化解矛盾纠纷，及时就地解决群众合理诉求。全面巩固“平安启东”创建成果，推进智能化、立体化治安防控体系建设，依法防范和惩治违法犯罪，提升公众安全感。强化安全生产责任，坚决预防和遏制各类安全事故。保障人民群众饮食、用药安全，创建省级食品安全示范市。加强应急预案动态管理、实战演练，积极预防、妥善处置突发事件。深入推进双拥共建，提升国防教育水平。

七、牢记使命担当，忠实履行政府职责

切实转变政府职能，改进工作作风，用系统化思维进一步提升政府治理能力和服务水平，努力打造人民满意政府。

着力提供优质政务服务。深化“放管服”改革，推动政务服务智能化、标准化建设，做到审批更简、监管更强、服务更优，努力打造“不见面审批”地区样本，为企业和群众提供更便捷、更高效的服务。把优化营商环境摆在更加突出的位置，落实“亲”“清”要求，提升服务水平，全面开展“进千企、解万难、促发展”活动，当好服务企业的“店小二”，切实解决企业发展中的困难。倾听群众呼声，回应社会关切，进一步提高行政服务效能，努力打造更多的“人民满意服务窗口”“示范标兵”。大力弘扬马上就办的作风，进一步提升执行力。

切实提高依法行政能力。严格依照法定权限和法定程序行权履职，把坚持科学决策、民主决策、依法决策贯穿于政府工作的各个层面、各个环节。以人民满意为根本衡量标准，将法治与服务有机结合，高水平依法办事、高效率主动服务。深化政务公开，进一步推动行政权力公开透明运行。依法接受党内监督、人大法律和工作监督、政协民主监督以及国家监察、司法监督，认真落实重大决策出台前报告和通报制度，切实办好人大议案、建议和市政协建议案、提案。落实鼓励激励、容错纠错等机制，充分调动和鼓励干事创业的积极性、主动性和创造性，大力营造敢于负责、勇于担当的浓厚氛围。

积极营造风清气正环境。坚持旗帜鲜明讲政治，牢牢把握正确的政治方向，扎实开展“不忘初心、牢记使命”主题教育，加强政府系统党的建设和作风建设，始终把纪律和规矩挺在前面，健全各项制度规范，打造优良政治生态。深入贯彻中央八项规定《实施细则》精神、省委《具体办法》和南通市委、启东市委要求，切实防止“四风”问题反弹。加强对公共资源交易、政府投资项目等重点领域、关键环节、大额资金的审计监督，推动政府投资工程建设领域阳光防范体系落地见效，最大限度压缩权力寻租空间。强化财政管理监督，调整优化财政支出结构，把有限的资源和财力真正用在推动发展、改善民生上。深入落实党风廉政建设责任制，严格执行廉洁从政各项规定，以清正廉洁的政府形象取信于民。

各位代表，新时代催人奋进，新使命时不我待。让我们更加紧密团结在以习近平同志为核心的党中央周围，在中共启东市委的正确领导下，在市人大、市政协的监督支持下，团结和依靠全市百万人民，以永不懈怠的精神状态和一往无前的奋斗姿态，开拓进取，真抓实干，为决胜全面建成小康社会、高质量建设“强富美高”新启东、实现人民对美好生活的向往而努力奋斗！

（市政府办）

重要文件摘编

关于统筹推进城乡义务教育一体化促进优质均衡发展的实施意见

为贯彻落实省政府《关于统筹推进城乡义务教育一体化促进优质均衡发展的若干意见》（苏政发〔2017〕1号），全面加快我市义务教育从基本均衡向优质均衡迈进，进一步整体提升义务教育办学质量和水平，努力办好人民满意的启东教育，现结合我市实际，提出如下实施意见。

一、指导思想

以习近平总书记关于教育工作的重要指示精神为指引，全面落实立德树人的根本任务，以提高教育质量为核心，按照“统筹规划、城乡一体、分类指导、分步实施”原则，努力建设教育布局结构优化、教育资源优质均衡、教育治理科学规范、教育形式开放融通的和谐教育生态，深入推进我市义务教育优质均衡发展，全面提升教育现代化发展水平，为建设“强富美高”新启东提供有力支撑。

二、主要目标

1.到2017年底，全市义务教育学校在办学条件、办学经费、教师队伍数量、质量及结构等方面持续优化，省定办学标准达标率小学、初中分别达45%、60%以上。小学、初中50人以上的大班额基本消除。“县管校聘”工作有序推进。

2.到2018年底，省定办学标准达标率小学、初中分别达70%、80%以上。义务教育公共服务体系进一步完善，学校布局与人口分布结构相适应，家庭经济困难学生、残障儿童、留守儿童和外来务工人员随迁子女教育权益全面保障。小学45人以上的大班额现象基本消除。素质教育深入开展，特色化学校建设初见成效，义务教育学校教育质量和办学水平稳步提升。

3.到2019年底，所有学校达到省定办学标准。县域内义务教育学校在办学条件、师资队伍、管理水平和教育教学质量等方面实现高位优质均衡发展。特色学校建设成效显著，形成一批办学理念先进，学校管理规范的义务教育特色学校，内涵发展更为丰富，义务教育质量全面提升。学生及其家长和社会对学校的满意度达95%以上。

三、重点工作

（一）合理规划义务教育学校布局

1.修编义务教育学校发展规划。根据我市城镇化发展和常住人口规模、学龄人口变化趋势以及省定办学标准，修订完善《启东市教育设施布局专项规划（2013—2030）》，进一步拓展办学空间，确保足够学位供应。依法落实城镇新建居住区配套规划学校，未按规划配建的不得发放建设工程规划许可证和施工许可证。

2.保障义务教育建设用地。坚持节约集约、依法依规用地，按照盘活存量、用好增量等方式，规划预留必要的义务教育用地。实行教育用地联审联批制度，新建配套学校建设方案，相关部门应征得教育行政部门同意。严格用地环评程序，不得将污染地块及其周边作为教育用地。加强闲置校园校舍管理与盘活利用，要优先用于发展义务教育事业，严格规范权属确认、用途变更、资产处置等程序，避免出现“边建设、边闲置”的现象。

3.建立义务教育发展协同机制。义务教育学校建设实施“交钥匙”工程，确保配套学校与住宅首期项目同步规划、同步建设、同步使用。新建学校设计、建设、竣工验收，现有学校实施改扩建包括运动场地建设等，均应确保学校和教育行政部门人员全程参与，保证其体现现代教育理念，满足内涵发展需要，符合环保等相关标准。

（二）着力推进学校标准化建设

4.加快学校标准化建设和改造。按照“均衡发展、适度超前、科学规划、分步实施”的原则，新建学校，要确保按照省定办学标准设计建设。现有学校，坚持一校一策，从软硬件两方面不断提升均衡化水平。对社会关注的热点学校，通过加快实施改扩建、适当调整施教区和推进集团化办学等措施，综合化解生均教学资源供需不平衡矛盾。对老城区和薄弱学校，要在基础设施改造、校园环境优化、教育装备更新等方面给予重点扶持。健全义务教育学校标准化常态化监测制度、定期通报制度和奖惩制度，及时补齐发展短板。

5.提升学校教育信息化水平。按照“重建配、强管用、抓研培、促效益”的基本原则，稳步提升全市教育装备水平，确保到2019年底所有义务教育学校达到教育装备省Ⅰ类标准。充分利用“慧学南通”资源分享系统，组织开展“一师一优课、一课一名师”活动，开发覆盖义务教育主要学科重、难点微课资源，形成一批具有启东教育特色的精品资源，打造名校名师在线课堂，实现点到点的教学互动，扩大优质教育资源覆盖面；加强智慧校园建设，探索建立信息技术与学科教学深度融合的有效范式，促进教师教学策略、学生学习方式转变，增强教育评价的显性化、即时化、精准化；推进“互联网+教育”，通过在线教学、在线培训、网络教研、网络备课等方式，实现城乡义务教育学校教学质量和管理水平的整体提升。

6.规范义务教育学校办学行为。继续深入推进“阳光教育”工程，完善“阳光教育”制度在入学资格审核、分班程序、民主监督等各环节的公开、公平，提升教育公信力和人民群众满意度。科学划定新建城乡配套学校施教区划，保证施教区生源数量与学校招生规模基本相当。整合适龄子女家庭在户籍、房产、就业等方面的信息资源，开发建立招生入学材料网上申报审核系统；完善义务教育入学办法，探索实施学区制、对口直升制、九年一贯制等举措，缓解生源流向过度集中问题。严格控制热点学校办学规模，严格杜绝因择校择班产生的大班额现象，通过增加教育资源供给、调控热点学校生源规模、实施联合办学引导合理分流等办法加快消除现有大班额。创造条件积极推进小班化办学。

（三）深入实施素质教育

7.提升学生综合素质。坚持立德树人，把社会主义核心价值体系融入课堂教学、社会实践、校园文化、学校管理各个环节。以学生发展为本，改革课程实施方式，推动信息技术与教育教学深度融合，推行研究性学习，营造独立思考、自由探索、勇于创新的良好环境。强化学校体育和艺术工作，构建“新体育教育”体系，形成中小幼美育相互衔接、课堂教学和课外活动相互结合、美育与其他学科相互融合、学校美育和社会家庭美育相互联系的美育体系。加强校外综合实践基地建设，深入开展科技、环保、国防等主题教育活动。加强学生成长指导中心建设，重视学困生、留守儿童等特殊群体学生发展，做好心理关怀、学业辅导和成长指导。强化学校家庭教育工作指导，丰富学校指导服务内容，发挥好家长委员会作用；建立家长学校总校，形成家校共育合力。加快形成家庭教育社会支持网络，积极引导多元社会主体参与家庭教育指导服务。

8.促进教育质量整体提升。加快“南通市新优质学校”创建工作，引导薄弱、农村、寄宿制等学校，通过教师成长、创新实践、科学办学等实现学校内涵和质量整体提升。建立基于核心素养的义务教育质量评价体系，创新综合素质评价手段和方法综合评价机制，科学评价学校教育教学质量，引导学校按照教育规律和人才成长规律实施教育，引导社会按照正确理念评价教育和学校。深化课程教学改革，持续推进“三段四模块”高效课堂教学区域范式。在规范实施国家课程的基础上，积极开发、开设满足学生个性发展的校本课程，切实提高课程实施水平。充分发挥学校主体作用，立足学校实际，积极培育办学特色，形成“一校一品、一校多品”的办学格局，不断提升办学质量和内涵品质，努力建成一批“老百姓家门口的好学校”。

9.切实减轻学生过重的课业负担。按编制标准配齐配强中小学各科教师，严格落实国家课程计划，开齐开足全部课程，不得随意增减课程和课时，不得随意调整课程难度和教学进度。坚持“健康第一”，严格控制学生在校集中教学时间，逐步探索实行义务教育学校弹性离校制度。开发实施校本课程，开设弹性课程和选修课程，统筹控制学生每天书面作业量，实行等级加评语的学生评价方式，不公开学生成绩。发挥优质学校的辐射引领作用，推进“名校集团化”“城乡学校共同体”建设，通过合作办学、组建教育集团、管理输出等多种形式，扶持和带动薄弱学校的发展（责任单位：市教育局）。

10.全面提高教育开放度。策应全面接轨上海的总体要求，创新办学体制机制，积极招引优质高端民办学校来启办学，在土地供给、师资配备、资金扶持等方面实行“一校一策”、“一事一议”的优惠政策，实现公民办教育有序互补、良性互动，提升启东城市发展软实力。加大教育国际交流合作力度，积极鼓励有条件的学校与国（境）外学校或教育机构合作办学，加快资源互联互通，推进友好学校缔结和师生交流互访，着力构建多层次、多模式的校际合作体系，全面提升各类学校办学层次和品位，拓宽师生国际视野。

（四）深化教育人事制度改革

11.注重师德建设。持续开展“园丁奖”、“最美教师”等师德典型评选表彰活动，弘扬师德建设正能量。采取多种形式开展教师职业理想和职业道德教育，将师德表现作为教师考核、聘任（聘用）和评价的首要内容。健全师德诚信个人记录档案体系、师德激励惩处机制，探索建立不适任教师转岗和退出机制。严禁在职教师有偿补课，严禁在职教师违规到社会培训机构授课，严禁在职教师将职业资格挂靠企业或社会培训机构兼职取酬，严禁教师体罚和变相体罚学生。对中小学在职教师有偿家教和到社会培训机构上课等现象开展集中整治并实行常态化监管。

12.推进教师管理制度改革。积极推进义务教育教师队伍"县管校聘"改革，建立由市教育局、编办、财政局、人社局等部门组成的联席会议制度，切实加强对教师的统筹管理。教育行政部门在按照国家标准核定的编制总额内，统筹分配各校教职工编制，并报机构编制和财政部门备案。编制调配要向小规模、寄宿制等学校倾斜，按照生师比和班师比相结合的方式调配编制。教育行政部门在核定的岗位设置总量内，根据学校教师人员结构、教育教学改革需要等情况，编制各学校岗位设置方案，报人力资源社会保障部门备案。教师自然减员指标要确保用于新增教师，严禁在有合格教师来源的情况下"有编不补"、长期聘用临时代课人员。对学科结构性缺员或教师因重病、生育、脱产培训等短期缺员严重，随迁子女激增造成编制紧缺等问题，要通过统筹调剂教职工编制、清理回收编制优先保障义务教育、安排经费按岗位购买服务等方式予以解决。

13.促进教师专业发展。加强与国内著名高等院校合作与交流，积极创造条件鼓励高校来启举办教育硕士、研究生课程进修班等，方便教师在职学习进修。继续加大教师学历提升和骨干教师培养奖励力度，积极鼓励教师提升专业素养。面向全体教师，完善分岗、分类、分层的终身学习和发展体系，建设"菜单式、自主性、开放式"的教师培训服务平台，实施5年一周期不少于360学时的教师全员培训制度，进一步加强校本培训、校本研修，增强培训的针对性和实效性。创造条件，吸引更多社会力量参与师资培训。加强对新入职教师和非师范类院校毕业从教人员的系统培训，切实提高其专业素质。积极搭建教师专业成长平台，完善名师培养机制，加大考核和奖励力度，建成一批在省内外有影响的教学名师团队。

14.均衡配置城乡义务教育学校教师。加强义务教育管理共同体建设，共同体内教师交流比率不低于15%。完善优秀教育人才定期到农村学校、薄弱学校任教、交流制度，城区学校教师评聘高一级职务（职称）时，须有在农村学校或薄弱学校任教2年以上经历。大力实施乡村教师支持计划，新招录教师和定向培养教师优先分配到农村学校任教。加强农村学校校长和后备干部培养，通过外出学习、双向挂职交流等途径，提高农村学校办学水平。

15.推进校长和后备干部队伍建设。完善校长和校级领导干部选拔任用、教育培训、考核评价、管理监督、激励保障等培养和管理机制，激发学校办学活力。加强教育系统后备干部队伍建设，建立健全并严格执行后备干部选拔、培养、考核、动态管理等制度，加速后备干部成长。坚持教育家办学，实施定期轮训制度，加大境外研修力度，引导校长端正办学思想、更新教育理念、提升治校能力。积极探索校长职级制试点改革，健全校长选聘和后备人才选拔机制。

16.强化教师工资保障机制。依法保证义务教育教师平均工资水平不低于当地公务员的平均工资水平，并逐步提高。健全符合教师职业特点、体现岗位绩效的工资内部分配激励约束机制，按照多劳多得、优绩优酬的原则，重点向承担教育教学改革发展任务重、做出突出成绩的一线教师、骨干教师、班主任倾斜。继续实施农村教师补贴制度，适度提高村小教师待遇，对农村教师的工资收入水平、职称等实行倾斜政策，稳定农村教师队伍。

（五）依法落实义务教育财政投入

17.健全义务教育"以县为主"的经费保障机制。切实履行主体责任，加大财政对义务教育的投入，积极探索平台融资投入机制。优化投入结构，优先保障义务教育优质均衡发展项目建设。加大对校长教师队伍建设、校本教研科研、学校文化建设、学生素质教育活动等方面的经费保障力度。进一步完善义务教育经费预算管理制度，提高经费使用效益。

（六）全力推进依法办学

18.扩大学校办学自主权。按照政府简政放权、减少行政干预，重点加强监管和服务的原则，充分保障学校依法自主办学，进一步扩大学校在教育教学、选人用人、考核评价、职称评定、经费使用等方面自主权。完善学校治理体系，提高学校治理能力。积极推进依法治校，通过制定学校章程，充分落实校长负责制；进一步减轻学校负担，保障校长集中精力办学（市教育局）。

19.加强对教育培训机构监督管理。按照"谁审批、谁监管，谁主管、谁监管"的原则，加强对教育培训机构的日常监管。探索建立市场监督、教育、人社、民政、公安、消防等部门联合执法制度，全面规范培训机构培训行为。

20.加强校园及其周边治理。深入开展平安启东建设，积极创建国家级学校安全教育示范区，重点抓好食品安全、接送车整治、防范校园欺凌等社会关注的热点问题，整体提升全市学校安全教育实施水平，促进广大青少年学生平安、健康成长与社会和谐稳定。

四、保障措施

1.加强组织领导。市政府建立以主要领导为组长，分管领导为副组长，教育、发改、财政、编办、人社、住建、国土等部门负责同志为成员的领导小组，建立健全联席会议制度，定期研究、统筹指导、协调推进义务教育优质均衡发展工作。各有关部门、单位和学校都要把推进义务教育优质均衡发展作为教育改革发展和教育现代化建设的重中之重，增强责任感和紧迫感。各有关部门要根据本意见进一步细化工作方案，落实推进措施，坚持示范引领，围绕突出问题，组织重点攻关，促进协调发展，切实保障所有适龄儿童少年接受更加公平、更高质量的义务教育。

2.强化督查考核。市政府把推进义务教育优质均衡发展纳入对各部门及其主要负责人的考核内容，每年进行督查考核。各部门要建立目标明确、任务落实、考核严格、奖惩分明、公开问责的考评机制。市政府督查室、教育督导部门要加强综合督导评估，围绕解决热点、难点问题，突出公众满意度调查，建立健全督导结果公告制度和责任追究制度，对推进工作不力的相关单位及个人实行问责。

（启东市人民政府　启政发〔2017〕37号）

启东市因病支出型贫困家庭救助办法（试行）

第一条　为切实改善因病支出型贫困家庭的窘迫生活，完善社会救助体系。根据《社会救助暂行办法》（国务院令第649号）的有关规定，结合本市实际，制订本试行办法。

第二条　本市户籍居民因疾病住院治疗，其个人自付费用超过可支配收入来源，导致生活贫困的对象可申请救助。具体对象如下：

（1）特困供养人员（含农村五保和城市"三无"人员）；

（2）孤儿；

（3）城乡低保家庭成员（简称低保人员）；

（4）总工会核定的特困职工；

（5）经民政部门认定的低收入家庭的大重病患者（简称低收入家庭大重病患者）；

（6）上年度住院医疗费用个人自负总额超过家庭可支配收入且达到一定额度的因病致贫家庭（简称因病致贫家庭）。

本办法所称的个人自负费用是指个人支付的住院医疗费用经过各类医疗保险补偿、医疗救助、社会慈善援助后的个人纯负担的费用。

第三条　特困供养人员和孤儿，住院医疗费用个人自负金额给予70%的救助。

城乡低保家庭成员、特困职工和低收入家庭大重病患者住院医疗费用以个人自负金额1万元为基数，个人自负1万元以上的部分按40%救助。

对因病致贫家庭以住院医疗费用个人自负金额3万元为基数，个人自负金额3万元以上的部分给予30%的救助。

本办法以一个自然年度为周期，全年生活救助最高额度不得超过3万元。

第四条　申请人有下列情形之一的不得列入救助范围：

（1）申请家庭（或个人）上一年度可支配收入总额超过医疗费用个人自负金额，明显有自救能力的；

（2）法定赡抚（扶）养人有能力救助，但故意不履行赡抚（扶）养人义务，或权利人放弃赡抚（扶）养权利的；

（3）共同生活的家庭成员拥有2套以上（含2套）商品住房或拥有其他商业、生产用房等非居住类房屋的；

（4）共同生活的家庭成员拥有并使用非生活必须的机动车辆、船舶的（残疾机动轮椅和普通二轮摩托车除外）；

（5）拒绝配合调查核实，隐瞒家庭真实收入（包括非稳定性隐蔽收入），提供虚假证明的。

第五条　救助对象可以书面向各镇（园区、街道办）民政部门提出救助申请，填写《因病支出型贫困家庭救助审批表》，签署同意市低收入家庭认定中心对其家庭经济状况进行核实的授权意见书，并提供以下相关资料：

（1）身份证、户口簿复印件；

（2）疾病诊疗资料（如诊断书、出院小结、费用结算凭证复印件等）和个人自负金额证明；

（3）身份类别证明（如低保证、特困供养证、孤儿证、特困职工证、低收入家庭认定书等复印件）；

（4）家庭成员从业情况和收入证明。

个人或家庭申请有困难的，可由村（居）委会或指定监护人代为申请。

第六条　各镇（园区、街道办）民政部门是因病支出型贫困家庭救助受理机构，负责申请人申报资料的收集和初审，并汇总上报市民政局，由民政局牵头组织协同核实。

第七条　各镇（园区、街道办）在受理申请的同时，参照《启东市低收入家庭认定管理办法（试行）》相关规定，根据属地责任对申请人的家庭成员从业情况、上一年度可支配收入、财产等经济状况进行调查核实，签署审核意见。

第八条　市民政局低收入家庭认定中心根据《启东市社会救助居民家庭经济状况比对办法》和镇（园区、街道办）上报的受理信息，利用居民经济状况比对信息系统，为镇（园区、街道办）提供申请及家庭成员身份户籍、车辆、社保、慈善救助等查询识别服务。委托不动产登记机关和海渔、交通船舶管理部门进行共同生活成员的房产、船舶等家庭财产状况筛查。

第九条　市人社局、卫计委利用医疗保险结算系统和定点医疗管理信息平台，对申请人住院医疗总费用、医疗保险补偿金额，医疗救助金额以及个人自负金额进行审核和认定。

第十条　市民政局会同人社、卫计、财政等部门，根据申请申报资料、经济状况调查情况、医疗费用审核认定情况进行综合审核评定，拟定审批救助方案，将审批结果反馈镇村两级公示7日，无异议的，市民政局签署审批意见，报送市财政局通过金融机构直接打卡到户。

第十一条　每年4-6月份全市对上一年度申请对象进行集中审批。不符合救助条件和不能给予救助的，由市民政局出具书面意见，由各镇（园区、街道办）通知到申请人，并且做好相关政策解释和宣传工作。

第十二条　个人因病治疗门诊自负较大，或者住院自负金额虽然没有达到本办法规定的起点基数，但个人或家庭生活确实困难的，由各镇（园区、街道办）通过临时救助或慈善救助等方式予以救助。

第十三条 申请人经本办法救助后，家庭自救能力差，仍然无法维持生活的，可摆渡引导到其他专项福利救助或扶贫帮扶政策给予兜底性保障。

第十四条 市财政局设立因病支出型贫困家庭救助专项基金，纳入年度社会救助专项预算，专帐管理，专款专用，并且随着救助工作的不断拓展，加大财政投入力度，为因病支出型贫困家庭救助工作提供资金保障。

第十五条 市政府建立因病支出型贫困家庭救助领导小组，由分管副市长任组长，政府办副主任、民政局局长任副组长。民政局、人社局、卫计委、财政局、监察局、审计局、总工会、国土、海渔、交通分管领导为成员，统筹救助相关工作。

市民政局负责办法修订，牵头调查核实会审，提供信息比对服务等相关工作；市人社局、卫计委负责申请对象医疗费用数据信息认定核准工作；财政局负责资金保障、打卡发放等相关工作；市总工会做好特困职工身份认定等相关工作；国土、海渔、交通部门协助做好房产、船舶等财产核对工作；市监察、审计部门按照职责加强救助工作和资金的监督管理，严肃查处违规违纪行为，保障资金使用正确安全。

镇（园区、街道办）履行属地责任，认真组织好申请受理、对象排查、公示评议、调查核实工作、确保应救尽救，救助及时。

第十六条 本办法从2017年6月1日起施行。

第十七条 本办法由市民政局负责解释。

（启东市人民政府办公室　启政办发〔2017〕44号）

关于做好结合新型城镇化开展支持农民工等人员返乡创业试点的实施意见

支持农民工等人员返乡创业，是激发全民创业活力的有力举措，对于推进大众创业、万众创新，带动就业和增加居民收入，促进新型工业化和农业现代化、城镇化协同发展具有重要作用。根据《国务院办公厅关于支持农民工等人员返乡创业的意见》（国办发〔2015〕47号）和《江苏省政府办公厅关于支持农民工等人员返乡创业的实施意见》（苏政办发〔2015〕94号），为进一步推动我市结合新型城镇化开展支持农民工等人员返乡创业试点工作，提出如下实施意见：

一、总体要求

（一）指导思想

认真贯彻党的十八大、十八届三中、四中、五中、六中全会和习近平总书记系列重要讲话精神，以人力资本、社会资本的提升、扩散、共享为纽带，以产业转移、升级和融合为动力，坚持政府引导与市场主导协同、普惠性与扶持性政策结合、盘活存量与扩大增量并举，整合创业资源，拓展创业空间，优化创业环境，激发创业热情，加快建立多层次多样化的返乡创业格局，创造更多就地就近就业机会，掀起大众创业、万众创新热潮，催生民生改善、经济结构调整和社会和谐稳定新动能，在国家结合新型城镇化开展支持农民工等人员返乡创业试点中争创新亮点，作出新贡献。

（二）主要目标

力争到2020年，重点打造农民工等人员返乡创业（孵化）园3家以上，创业示范基地10个以上。规范专业合作社70家，新建市级以上示范家庭农场120家以上。每年组织返乡人员技能培训和创业培训5000人，新增返乡创业人员500人，辐射带动实现就地就近转移就业5000人。

二、主要举措

（一）推进现代农业建设，搭建农业返乡创业平台。鼓励创业基础好、创业能力强的返乡人员多渠道、多领域参与推进现代农业建设。拓宽经营范围，将高标准农田建设与发展多种形式适度规模经营、改造中低产田、推进农业机械化和节水灌溉紧密结合，提升发展“四青”作物、地产三宝、绿叶蔬菜、应时鲜果等优势产业，支持发展优质粮油、花卉苗木等新兴产业，推进标准化生产和集约化、品牌化经营，健全质量安全监管体系，发展高效农业。确保土地集约规模经营率达到50%左右。鼓励发展远洋渔业、池塘工业化养殖系统、稻渔养殖模式。培育壮大新型农业经营主体，通过政策支持、宣传引导，鼓励返乡人员创办农民合作社、家庭农场、农业产业化龙头企业等新型农业经营主体，鼓励与工商资本合作投资建设现代农业项目。同时，加强职业农民培训，引导新型职业农民结合专业特长返乡从事农产品加工、农村服务业以及农技推广、贸易营销、农资配送、信息咨询等工作。加快发展农业园区，重点依托启东现代农业产业园（南阳、海复）建设和南通市级标准园区建设（王鲍、近海、合作、吕四、东海），推动农民工等人员参与智能温室种植项目，对参与新建玻璃温室、塑料智能温室生产高档种植项目的，市财政资金予以重点补助。鼓励已在外成功创业的农民工等人员充分挖掘和利用家乡资源和要素方面的比较优势，把适合的农业项目转移到家乡再创业、再发展。

（二）推进特色工业创业园建设，搭建制造业返乡创业平台。积极支持鼓励镇、园区依托本地特色产业建设返乡创业园，重点依托天汾五金工具城，加快打造地方产业特色鲜明的农民工电动工具返乡创业园，使农民工等返乡人员成为吕四港镇经济发展中的一支主力军。加强园区规划布局，按照土地利用总体规划、城乡规划要求，结合老城或镇村改造、农村集体经营性建设用地或农村宅基地盘整进行返乡创业孵化基地再建设，力求在承载返乡人员数量、层次、格局上有更大突破。完善园区配套服务，不断拓展集技术创新、检测服务、人才培训、品牌培育、质量管理、专业会展、电子商务、知识产权、金融融资、创业孵化等平台为一体的公共服务平台，为返乡创业人员提供一站式便捷服务。依托启东市天汾电动工具公共服务中心，打造成立创客空间及孵化器。积极与外出人员沟通联系，利用乡情、亲情、友情“三情”感召成功人士返乡创业，增强外出人员建设家乡的使命感和责任感。充分抓住天汾科技五金交易会等机会，展示创业环境，推荐优势创业项目，引导返乡创业人员创办企业。实施入园优惠补贴政策，采取低价租赁、免费试用等方式为进入创业园区的返乡创业者提供生产、经营、办公场所等配套优惠服务。对符合产业布局要求的返乡创业园，根据其财政贡献和吸纳就业人数等情况，市财政给予配套服务设施建设专项资金补助。

（三）推进服务业集聚区建设，搭建电商创业平台。建立现代化电商配套物流园，引进国内知名的电子商务龙头企业，培育电子商务示范企业，带动更多返乡人员创业就业，推动我市电子商务服务业规模化、产业化发展。加强电商技术服务平台建设，聚焦科技创业园、金凤凰科技创业园等服务业集聚区，依托园区内的创业孵化服务功能区、互联网+产业功能区、服务业外包产业区，着力从软件及信息资源产品开发与产业化、科技云服务平台建设与服务、科技资源大数据挖掘与利用、网络后台和金融后台处理等新兴业态为从事互联网产业返乡人员提供创业方向、就业指导和技术培训。培育壮大网商队伍，利用滨海淘金创谷青年电商创业孵化中心，积极宣传推广我市电子商务环境，吸引网商返乡落户。支持返乡人员通过B2B、B2C、C2C、O2O等模式开展网络营销，投身“互联网+”和电子商务创业，发挥大众创业、万众创新和“互联网+”集众智汇众力的乘数效应。加快发展农村电商，市、镇（园区、街道）两级结合产业优势建立返乡创业电子商务基地，开展“一村一品一网店”电子商务专业村建设或建立统一的电子商务销售平台。进一步鼓励以企业、合作社或家庭农场为主体利用成熟的电商平台开展电子商务网上交易，对具有带动示范效应的电商企业，通过主管部门年终验收后，可获得相应的惠农财政补贴。

（四）推进旅游业发展，搭建旅游创业平台。加强旅游品牌推广，提升行业吸引力。重点围绕我市的圆陀角旅游度假区、吕四海洋风情区、启隆生态度假岛、汇龙都市休闲区等重点片区，充分发挥我市靠江、靠海、靠上海优越的地理优势，积极包装渔港、沙地、版画、教育等传统优势资源，不断强化我市“江风海韵、休闲启东”旅游形象，不断提高我市旅游品牌的知名度、美誉度，增强本地旅游业对外出务工人员的吸引力，推动更多外出人员返乡加入到最美启东建设中来。整合旅游资源，拓展创业就业空间。鼓励返乡人员挖掘乡村、乡土、乡韵潜在价值，从“食、住、行、游、购、娱”各行业全面拓展业务，扩大旅游业的市场覆盖面，形成市场网络。推行连锁经营和特许经营，开发如酒店连锁、家庭旅馆、主题餐厅、民宿、网络旅游运营商等特色旅游组织形态；根据市场需求开发新的旅游产品；探索与景点、酒店等联合形成特色海鲜产品“专卖店”等新经营形态，促进形成旅游新业态。鼓励引导返乡人员参与导游、观光车驾驶、卫生保洁等旅游服务，加快旅游与三次产业的融合发展。

（五）完善基础设施配套建设。加大电信互联网和移动互联网建设投入，改善互联网服务，提速降费，建设高速畅通、覆盖城乡、质优价廉、服务便捷的宽带网络和服务体系。借力“互联网+”信息技术对商品配送中心、商场（超市）、农产品集配中心（批发市场）、邮政服务网店、镇商贸中心、农家店等进行信息化改造。到2018年底，争取实现信息进村入户全覆盖。加大交通物流等基础设施的投入，支持镇、园区、街道、农村集体经济组织与社会资本参与建设智能电商物流仓储基地，健全市、镇（园区、街道）、村三级农村物流基础设施网络，鼓励物流企业完善物流下乡体系，提升冷链物流配送能力，畅通农产品进城与工业品下乡的双向流通渠道。

（六）强化农民工等人员创业培训。不断健全完善创业培训市场竞争机制，运用政府向社会力量购买服务的机制，调动社会各类培训机构参与创业培训的积极性，制定依据培训实效购买培训成果的具体办法，各类定点培训机构按规定对返乡人员实施创业培训并实现创业的，均可申请享受创业培训补贴。紧密结合返乡创业人员创业特点、需求和地域经济特色，开展针对性培训，组织实施新型职业农民培育行动、农民工职业技能提升计划、农村青年电商培育工程等专项培训计划，对符合条件的参训人员给予培训补贴。探索推进“1+X”阶梯式创业培训模式，重点开展创业模拟实训、网络创业培训、创业者能力提升培训和创业实习，加强创业导师队伍建设，建立健全创业辅导制度，为返乡创业人员提供创业辅导。

（七）不断优化就业创业公共服务。加强市、镇（园区、街道）、村三级创业指导服务中心建设，依托基层就业和社会保障、中小企业、农村社区等公共服务平台信息化建设，完善创业政策咨询、创业孵化、创业培训、创业融资等服务体系。进一步提升公共就业创业服务能力，组建、优化创业服务专家团队，创新就业创业服务供给模式，为返乡创业人员提供项目推介、项目评估、市场分析、管理辅导、信贷融资等深度服务，推进就业创业服务工作。建立返乡人员创业就业监测机制，完善返乡人员创业就业市、镇（园区、街道）工作台帐，实现动态监测，强化跟踪服务。开展各类返乡创业服务专项活动，通过举办创业成果和创业项目展示推介会，举荐优秀返乡创业者参加创业训练营、创业创新大赛等活动，搭建创业者交流平台，培育创业文化。

三、支持政策

（一）降低返乡创业门槛。进一步清理行政审批事项，依法动态调整企业注册登记分类审批目录，大幅减少投资项目前置审批。继续深化商事制度改革，全面推行工商营业执照、组织机构代码证、税务登记证等“五证合一”，逐步统一社会信用代码，实现“一照一码”，推行“单一窗口”办理。继续优化登记方式，放宽新注册企业场所登记条件限制，推动“一址多照”、“一照多址”等住所登记改革，分行业、分业态释放住所资源。优化企业注册流程，逐步实现网上办理名称核准、网上预审登记、网上核准登记，推进全程电子化登记管理。依托企业信用信息公示系统，运用大数据加强对市场主体的服务和监管。积极推进户籍制度改革，在不改变农民土地承包经营权、宅基地使用权、集体收益分配权的基础上，鼓励农民工进城落户创业。

（二）落实定向减税和普遍性降费政策。全面落实支持农业发展、扶持小微企业发展、支持科技创新、吸纳失业人员就业等各项税收优惠政策。对持有就业创业证返乡农民工等人员创办个体工商户、个人独资企业的，可依法享受税收减免政策。落实普遍性降费政策，农民工等人员返乡创业，符合政策规定条件的，可免征教育费附加、水利建设基金等政府性基金，免收管理类、登记类、证照类行政事业性收费。各部门要密切配合，严格按照相关政策规定抓好落实，确保优惠政策落地。

（三）加强财政支持。对返乡农民工等人员创办的新型农业经营主体，符合农业补贴政策支持条件的，可按规定享受相应的政策支持。对农民工等人员返乡首次成功创业并正常经营的创业主体、参加创业培训或职业培训成功创业或就业的人员以及吸纳就业困难人员和高校毕业生的初创企业可分别给予一定的补贴，补贴标准由主管部门会同财政确定。对符合就业困难人员条件，从事灵活就业的，给予一定的社会保险补贴。对具备各项支农惠农资金、小微企业发展资金等其他扶持政策规定条件的，及时纳入扶持范围，便捷申请程序，简化审批流程，建立健全政策受益人信息联网查验机制。网络商户从业人员可根据工商登记注册与否分类享受扶持政策。设立电子商务发展引导专项资金，支持农村电子商务培训及企业、平台、园区等建设。

（四）强化金融服务。加强运用创业投资类基金，吸引社会资本加大对农民工等人员返乡创业初创期、早中期的支持力度。促进农村商业银行、村镇银行、小额贷款公司等新型金融组织加快发展，进一步提高返乡创业的金融服务可获得性。建立健全返乡创业信用评价机制，扩大抵押物范围，鼓励银行业金融机构开发符合农民工等人员返乡创业需求特点的金融产品和金融服务。大力发展农村普惠金融，建立农业信贷担保机构和合作银行合理的风险分担机制和利益分享机制。通过政策支持，降低银行三农贷款成本和风险，在政策要求范围内放大三农信贷担保倍数，实现银担合作共赢、财政金融协同支持农业发展的良好局面。引导金融机构加大涉农信贷资金投放，运用金融服务“三农”发展的相关政策措施，尤其是充分利用我市“特惠贷”，支持农民工等人员返乡创业。落实创业担保贷款政策，优化贷款审批流程，对符合条件的返乡创业人员，可按规定给予财政贴息的创业担保贷款。建立贷款风险共担机制，合理划分创业担保贷款担保基金与经办银行的风险承担比例。创新返乡创业人员贷款审核发放机制，鼓励开展农村“两权”抵押贷款业务。

四、保障措施

（一）加强组织领导，强化督查考核。成立由市政府主要领导任组长，分管领导为副组长，各相关负责人为成员的启东市支持农民工等返乡人员创业工作领导小组，下设专门的办公室。切实加强对返乡人员创业工作的组织领导、统筹协调，对工作中的重点问题、难点问题进行研究部署，督导推进。各镇、园区、街道也应建立相应的组织机构，健全工作网络。完善考核机制，将返乡人员创业工作纳入全市目标考核体系，落实主体责任，层层分解任务，严格督查考核。

（二）广泛宣传引导，营造良好氛围。各相关单位要广泛利用广播、电视、报刊，以及网站、微博、微信、移动终端等媒体加强对返乡人员创业工作的宣传引导。要通过广泛深入的宣传引导，充分交流创业信息，分享创业经验，展示创业项目，传播创业商机。要大力宣传返乡创业典型事迹，充分调动社会各方面力量支持返乡创业，积极发挥返乡人员立足实际、勇敢创业的积极性、主动性，大力营造创业、兴业、乐业的良好环境。

（三）强化示范引领，提升工作实效。探索优化鼓励返乡人员创业的体制机制环境，构建良好的创新创业服务体系。各镇（园区、街道）、各相关部门、各相关主体要着力强化返乡人员创业示范点建设，加强组织领导、聚合力量资源、完善工作举措，着力打造一批返乡人员创业示范区和孵化基地、电商创业示范基地、创业示范街、创业示范社区等，示范引领全市返乡人员创业工作深入开展。

（启东市人民政府办公室　启政办发〔2017〕81号）

（市政府办）

重要文件目录索引

2017年启东市人民政府重要文件目录

表57

发文字号	发文日期	文件标题
启政发〔2017〕1号	1月16日	市政府关于市长、副市长分工的通知
启政发〔2017〕3号	1月16日	市政府关于贯彻落实粮食安全责任制的实施意见
启政发〔2017〕4号	2月3日	市政府关于表彰2016年度启东市十强建筑业企业和优秀建筑业企业家的决定
启政发〔2017〕5号	2月3日	市政府关于表彰2016年度"鲁班奖"等单项奖获奖单位的决定
启政发〔2017〕6号	1月16日	市政府关于分解落实2017年度重点工作任务及为民实事项目的通知
启政发〔2017〕7号	2月6日	市政府关于印发《启东市人民政府工作规则》的通知
启政发〔2017〕8号	2月8日	市政府关于表彰全市2016年度安全生产、消防工作先进集体和先进个人的决定
启政发〔2017〕9号	3月10日	市政府关于印发启东市新型农村合作医疗总额预付实施办法（试行）的通知
启政发〔2017〕11号	2月28日	市政府关于表彰2016年度全市农业农村工作先进集体和先进个人的决定
启政发〔2017〕12号	1月18日	市政府关于印发2017年全市造林绿化及管护工作实施意见的通知
启政发〔2017〕15号	3月24日	市政府关于印发《启东市人民政府重大行政决策程序规定》的通知
启政发〔2017〕16号	3月24日	市政府关于印发《启东市人民政府常务会议议事决策规则》的通知
启政办发〔2017〕1号	6月9日	市政府办公室关于在市场体系建设中建立公平竞争审查制度的通知
启政办发〔2017〕2号	1月12日	市政府办公室关于印发《启东市信访救助专项资金管理办法（试行）》的通知
启政办发〔2017〕3号	1月12日	市政府办公室关于转发市行政审批局关于启东市小型工程项目简易发包管理办法的通知
启政办发〔2017〕4号	1月17日	关于申报南通市启东市留学生创业园的请示
启政办发〔2017〕6号	2月20日	关于印发2017年市政府规范性文件制定计划的通知
启政办发〔2017〕7号	2月12日	市政府办公室关于表彰2016年度城乡居保工作先进集体和先进个人的通知
启政办发〔2017〕8号	2月24日	市政府办公室关于转发启东市2016年农业支持保护补贴（粮食适度规模经营）实施办法的通知
启政办发〔2017〕9号	3月2日	关于印发启东市2017年富民强企"走帮服"金融专项活动的实施方案的通知
启政办发〔2017〕11号	3月6日	市政府办公室关于转发江苏省卫生和计划生育委员会开展创建"十三五"人口协调发展先进县（市、区）活动意见的通知
启政办发〔2017〕12号	3月8日	市政府办公室关于印发2017年度启东市公民无偿献血应急计划的通知
启政办发〔2017〕13号	3月15日	市政府办公室关于印发全市投资项目在线审批监管平台建设工作推进方案的通知
启政办发〔2017〕14号	3月17日	市政府办公室关于推进城乡建设用地增减挂钩工作的通知
启政办发〔2017〕15号	3月22日	市政府办公室关于做好2017年全市农业保险工作的通知
启政办发〔2017〕16号	3月29日	市政府办公室印发关于进一步加强农村环境综合整治和长效管理工作的实施意见的通知
启政办发〔2017〕18号	4月1日	市政府办公室转发市住建局等部门关于进一步推动我市房地产市场平稳健康发展的意见（试行）的通知
启政办发〔2017〕19号	3月28日	市政府办公室关于印发启东市危险化学品安全综合治理实施方案的通知
启政办发〔2017〕21号	3月31日	市政府办公室关于转发南通市市区网络预约出租汽车经营服务管理实施细则（暂行）的通知
启政办发〔2017〕22号	3月2日	市政府办公室关于印发启东市交通干线沿线环境综合整治实施方案的通知
启政办发〔2017〕23号	3月2日	市政府办公室关于印发启东市农村公路提档升级实施意见的通知
启政办发〔2017〕24号	4月12日	市政府办公室关于转发市民政局2017年全市民政重点工作任务分解表的通知

续表57

发文字号	发文日期	文件标题
启政办发〔2017〕25号	4月10日	市政府办公室关于开展卫生镇村创建（复审）工作的通知
启政办发〔2017〕26号	4月10日	市政府办公室关于印发2017年启东市农村改厕工作方案的通知
启政办发〔2017〕27号	3月31日	市政府办公室关于印发启东市农村改厕工作考核办法的通知
启政办发〔2017〕31号	4月19日	市政府办公室关于印发启东市专利资助奖励办法的通知
启政办发〔2017〕32号	4月19日	市政府办公室关于切实加强旅游景区食品安全工作的意见
启政办发〔2017〕33号	4月19日	市政府办公室关于转发市食安委2017年启东市食品安全监管计划的通知
启政办发〔2017〕34号	4月19日	市政府办公室关于进一步加强养（托）老机构、建筑工地食堂食品安全工作的意见
启政办发〔2017〕37号	4月27日	市政府办公室转发市国土资源局等部门关于加强设施农用地备案工作的指导意见的通知
启政办发〔2017〕38号	4月20日	市政府关于印发启东市砖瓦行业环保专项行动工作方案的通知
启政办发〔2017〕43号	5月17日	市政府办公室关于印发2017年全市农作物秸秆综合利用工作实施方案的通知
启政办发〔2017〕44号	5月17日	市政府办公室关于印发启东市因病支出型贫困家庭救助办法（试行）的通知
启政办发〔2017〕45号	5月19日	市政府办公室关于转发市残联开展第二十七次全国助残日活动意见的通知
启政办发〔2017〕46号	6月2日	关于请求确认启东市2018年棚户区改造一期工程项目的请示
启政办发〔2017〕47号	5月19日	市政府办公室关于进一步规范房地产市场经营秩序遏制各类炒房行为的通知
启政办发〔2017〕51号	6月7日	市政府办公室关于印发加快推进"不见面审批（服务）"改革实施方案的通知
启政办发〔2017〕52号	6月9日	市政府办公室转发市发改委等部门关于促进我市砖瓦隧道窑产业健康发展的指导性意见的通知
启政办发〔2017〕53号	6月12日	市政府办公室关于对全市投资建设项目开展代办帮办服务的实施意见
启政办发〔2017〕55号	6月20日	市政府办公室关于印发启东市养老机构火灾隐患整改工作实施方案的通知
启政办发〔2017〕56号	5月28日	市政府办公室关于印发启东市国家卫生城市复审迎查工作方案的通知
启政办发〔2017〕60号	6月26日	市政府办公室关于印发启东市"两减六治三提升"专项行动工作方案的通知
启政办发〔2017〕61号	6月1日	市政府办公室关于印发启东市口岸核心能力建设工作方案的通知
启政办发〔2017〕65号	7月11日	市政府办公室关于印发启东市2017年农业支持保护补贴（耕地地力保护）管理工作实施方案的通知
启政办发〔2017〕66号	7月10日	市政府办公室关于全面治理拖欠农民工工资问题的实施意见
启政办发〔2017〕70号	7月19日	市政府办公室关于印发启东市贯彻实施质量发展纲要2017年行动计划的通知
启政办发〔2017〕73号	7月17日	市政府办公室关于印发启东市第一次全国海洋经济调查实施计划的通知
启政办发〔2017〕74号	7月17日	市政府办公室关于印发启东市2017年主要污染物减排工作计划的通知
启政办发〔2017〕79号	7月25日	市政府办公室关于印发启东市政府性债务风险应急处置预案的通知
启政办发〔2017〕81号	8月14日	市政府办公室印发关于做好结合新型城镇化开展支持农民工等人员返乡创业试点的实施意见的通知
启政办发〔2017〕82号	8月4日	市政府办公室关于建立教师"县管校聘"管理体制改革联席会议制度的通知
启政办发〔2017〕83号	8月22日	市政府办公室关于转发市住房和城乡建设局切实做好城市既有房屋安全管理工作的通知
启政办发〔2017〕84号	8月22日	市政府办公室关于转发市住房和城乡建设局开展城市危房和老旧房屋安全大检查及治理工作的通知
启政办发〔2017〕85号	8月29日	市政府办公室关于做好住户调查样本轮换工作的通知
启政办发〔2017〕86号	8月31日	市政府办公室关于转发市卫计委市人社局2017年启东市家庭医生签约服务实施方案的通知
启政办发〔2017〕88号	9月8日	市政府办公室关于印发《启东市生产经营单位生产安全事故灾难应急预案》的通知
启政办发〔2017〕89号	9月8日	市政府办公室关于印发2017年全市建筑节能与墙体材料革新工作目标任务分解表的通知
启政办发〔2017〕90号	9月8日	市政府办公室关于印发专职驻外招商（才）人员积分考核暂行办法的通知

续表57

发文字号	发文日期	文件标题
启政办发〔2017〕91号	9月8日	市政府办公室关于印发鼓励市级机关部门参与“双招双引”工作暂行办法的通知
启政办发〔2017〕92号	9月8日	市政府办公室关于印发2017年园区、镇实施“双招双引”保证金制度暂行办法的通知
启政办发〔2017〕93号	9月8日	市政府办公室关于印发驻外招商（才）机构星级评定暂行办法的通知
启政办发〔2017〕94号	9月8日	市政府办公室关于印发外来投资项目（人才项目）第一引荐者奖励实施办法的通知
启政办发〔2017〕98号	9月27日	市政府办公室关于印发启东市妇女发展规划（2016—2020年）和启东市儿童发展规划（2016—2020年）的通知
启政办发〔2017〕101号	9月29日	市政府办公室转发市人力资源和社会保障局关于加强人力资源和社会保障基层公共服务平台建设指导意见的通知
启政办发〔2017〕102号	9月29日	市政府办公室关于印发启东市2018年度农村水利建设实施意见的通知
启政办发〔2017〕104号	9月13日	市政府办公室关于开展全覆盖排查整治“问题地图”专项行动的通知
启政办发〔2017〕105号	9月25日	市政府办公室关于印发启东市政府性债务风险预警暂行办法的通知
启政办发〔2017〕107号	10月20日	市政府办公室关于印发实施健康扶贫工程的若干意见的通知
启政办发〔2017〕109号	10月25日	市政府办公室印发关于贯彻落实南通市“不见面审批（服务）”改革评价工作责任分解方案的通知
启政办发〔2017〕111号	11月3日	市政府办公室关于调整城乡居民基本医疗保险基金筹资标准的通知
启政办发〔2017〕117号	11月20日	市政府办公室关于印发启东市残疾人事业十三五发展规划的通知
启政办发〔2017〕119号	11月23日	市政府办公室印发关于加快推进全市社会保障卡发放工作实施意见的通知
启政办发〔2017〕120号	11月23日	市政府办公室关于加强城市管理综合执法协作配合的实施意见
启政办发〔2017〕121号	12月6日	市政府办公室关于印发关于加强规划区农民承包地管理开展抢栽抢种苗木专项整治工作的实施方案的通知
启政办发〔2017〕122号	12月14日	市政府办公室关于表彰2013—2017年度优秀老科技工作者和老科协工作先进集体、先进个人的决定
启政办发〔2017〕123号	12月15日	市政府办公室关于印发启东市防汛防旱应急预案的通知
启政办发〔2017〕124号	12月15日	市政府办公室关于印发启东市防御台风预案的通知
启政办发〔2017〕125号	12月13日	市政府办公室关于公布启东市第二届哲学社会科学优秀成果获奖项目的通知
启政办发〔2017〕126号	12月19日	市政府办公室关于印发启东市推行行政执法公示制度执法全过程记录制度重大执法决定法制审核制度试点工作方案的通知
启政办发〔2017〕127号	12月19日	市政府办公室关于印发《启东市行政执法公示办法》、《启东市行政执法全过程记录办法》、《启东市重大执法决定法制审核办法》的通知
启政办发〔2017〕129号	12月29日	市政府办公室关于印发启东市健康扶贫工作考核办法的通知
启政办发〔2017〕131号	12月26日	关于印发启东市公共资源交易平台管理实施细则（试行）的通知
启政办发〔2017〕133号	12月1日	关于印发启东市重污染天气应急预案的通知
启政办发〔2017〕135号	12月3日	关于印发启东市土壤环境保护方案的通知
启政规〔2017〕1号	4月6日	市政府关于印发启东市2017年金融工作考核办法的通知
启政规〔2017〕2号	4月13日	市政府关于印发启东市行政事业单位国有资产管理办法的通知
启政规〔2017〕3号	5月8日	市政府印发关于进一步推动企业利用资本市场加快发展的若干政策意见的通知
启政规〔2017〕4号	7月3日	市政府关于印发启东市口岸限定区域管理办法的通知
启政规〔2017〕5号	7月26日	市政府关于印发启东市食品摊贩备案管理办法(试行)的通知
启政规〔2017〕6号	9月28日	市政府关于印发2017年促进经济发展提质增效若干政策措施的通知
启政规〔2017〕7号	10月26日	市政府关于印发进一步促进建筑业加快发展激励意见的通知
启政规〔2017〕8号	12月1日	市政府关于印发启东市公共租赁住房管理实施办法的通知

（市政府办）

统计资料

全市概况

表58

指标名称	计量单位	2017年	2016年
一、行政区划			
镇政府	个	7	7
园区	个	5	5
经济开发区	个	2	2
居民委员会	个	45	43
村民委员会	个	261	261
村民小组	个	6318	6318
二、行政区域			
行政区域总面积	平方公里	1714.59	1714.59
长江区域面积	平方公里	184.42	184.42
黄海区域面积	平方公里	296.32	296.32
年末耕地面积	万亩	105.81	106.09
江海堤防长度	公里	161.90	161.90
江堤	公里	61.96	61.96
海堤	公里	77.50	77.50
洲堤	公里	22.44	22.44
江海岸线总长度	公里	203.00	203.00
海岸线	公里	77.50	77.50
江岸线	公里	67.50	67.50
洲堤线	公里	58.00	58.00
二、人口			
总户数	户	456791	453680
总人口	人	1115873	1119475
#城镇人口	人	629729	640927
人口密度	人/平方公里	904	907
年末常住人口	万人	95.18	95.20
#城镇人口	万人	56.16	54.38
年末城市化率	%	59.0	57.1
四、公路里程	公里	3551	3592
国家级公路	公里	112	111
省级公路	公里	98	64
县级公路	公里	386	377
乡村公路	公里	2955	3040

注：人口密度按陆地面积1234平方公里计算。

表59

城区基本情况

指标名称	计量单位	2017年	2016年
城区人口	万人	26.76	26.23
建成区人口	万人	25.10	24.10
城区面积	平方公里	50.00	50.00
建成区面积	平方公里	31.40	30.00
城市建设用地面积	平方公里	31.19	28.80
居住用地	平方公里	8.32	7.20
公共管理与公共服务用地	平方公里	2.85	2.73
工业用地	平方公里	6.64	6.34
绿地	平方公里	5.70	5.46
本年征用土地面积	平方公里	1.00	1.00
耕地	平方公里	1.00	1.00
水厂综合生产能力	万吨/日	24.50	24.50
供水管道长度	公里	837.96	789.74
供水总量（市区）	万吨	2858	2857
生产用量	万吨	1080	978
生活用量	万吨	785	705
天然气供气总量	万立方米	3053.70	2422.92
家庭用量	万立方米	993.70	
天然气供应户数	户	98162	81865
家庭用户数	户	97686	81497
道路长度	公里	238.00	226.20
道路面积	万平方米	493.00	457.00
人行道面积	万平方米	92.00	86.80
年末实有公共汽车营运车辆	辆	74	166
出租汽车数	辆	189	119
城市排水管道长度	公里	605.35	585.92
生活污水年排放量	万立方米	2287	2286
绿化覆盖面积	公顷	1384	1312
建成区	公顷	1313	1245
园林绿地面积	公顷	1277	1206
建成区	公顷	1223	1156
公园绿地	公顷	291	261
公园个数	个	9	9
公园面积	公顷	171	164
水域面积	公顷	38.50	36.50
生活垃圾转运站座数	座	4	4
公共厕所数量	座	62	60
三类以上	座	62	46

地区生产总值

表60 单位：万元

指　　标	按当年价格计算		按可比价格计算		增速（%）
	2017年	2016年	2017年	2016年	
地区生产总值	9895029	8973526	9423964	8750249	7.7
第一产业	691322	665799	670531	654400	2.5
第二产业	4750950	4314608	4597149	4303987	6.8
工　业	3809650	3455508	3720018	3441275	8.1
建筑业	941300	859100	877131	862712	1.7
第三产业	4452757	3993119	4156284	3791862	9.6
交通运输、仓储和邮政业	207102	189810	200575	184900	8.5
批发和零售业	1150877	1085518	1113823	1057900	5.3
批发业	816216	767212	793834	757400	4.8
零售业	334660	318306	319989	300500	6.5
住宿和餐饮业	163903	146743	142099	132571	7.2
住宿业	14863	13842	13370	12600	6.1
餐饮业	149039	132901	128729	119971	7.3
金融业	566283	516720	502310	470769	6.7
房地产业	705335	516633	612811	512630	19.5
房地产业（K门类）	525950	373125	465936	372749	25
居民自有住房服务	179385	143508	146875	139881	5
其它服务业	1572767	1460456	1510918	1366292	10.6
营利性服务业	673441	599321	637389	559634	13.9
非营利性服务业	899326	861135	873529	806658	8.3

气象情况

表61

指标名称	计量单位	2017年	2016年
一、年平均气温	℃	16.9	16.7
年极端最高气温	℃	39.6	39.0
年极端最低气温	℃	–4.9	–9.3
二、年总降水量	mm	1014.9	1764.6
三、年日照总时数	小时	1937.7	1857.4
四、年极大风速	m/s	18.0	20.3
年最多风向		SE	SE
五、年“0”厘米平均地温	℃	18.7	18.5
年极端最高地温	℃	61.7	56.9
年极端最低地温	℃	–2.8	–6.1
六、全年雾天	天	10	36

续表61

指标名称	计量单位	2017年	2016年
全年大风天	天	3	5
全年降雪天	天	2	7
全年降水天	天	150	168

注：此表数据由气象局提供，风向栏各字母代表方向，E 东，S 南，N 北，W 西。

月度气温降水情况

表62

月份	平均气温（℃）	降水量（毫米）	日照时数（小时）	平均相对湿度（%）	平均风力（米/秒）
全年	16.9	1014.9	1937.7	76	2.3
1月	6.2	50.2	121.2	75	2.3
2月	5.9	19.9	154.0	72	2.3
3月	9.3	45.1	176.4	73	2.4
4月	15.8	98.3	208.6	73	2.4
5月	20.7	81.9	219.2	75	2.6
6月	23.4	152.5	118.4	81	2.2
7月	30.7	23.7	260.8	75	2.1
8月	28.6	175.1	183.6	82	2.4
9月	23.9	210.0	114.1	82	2.3
10月	18.6	105.5	120.0	78	2.6
11月	13.0	40.2	113.3	75	2.1
12月	6.1	12.5	148.1	70	1.8

注：此表数据由气象局提供。

环境保护基本情况

表63

指标名称	计量单位	2017年	2016年
一、环境质量			
空气质量			
AQI指数（空气质量达标天数比例）	%	81.5	80.6
二氧化硫（SO_2）年均值	mg/m3	0.013	0.017
二氧化氮（NO_2)年均值	mg/m3	0.017	0.019
可吸入颗粒物PM_{10}年均值	mg/m3	0.059	0.054
细颗粒物$PM_{2.5}$年均值	mg/m3	0.035	0.041
一氧化碳（CO）(24小时平均第95百分位数)	mg/m3	1.1	1.2
臭氧（O_3）(8小时平均第90百分位数)	mg/m3	0.173	0.154
水环境质量			
地表水市控以上断面优Ⅲ类比例	%	87.5	75.0
噪声环境质量			

续表63

指标名称	计量单位	2017年	2016年
区域环境噪声平均等效声级	dB（A）	54.8	54.7
市区交通干线噪声等效声级	dB（A）	67.9	68.0
二、污染物排放情况			
工业废水排放量	万吨	474.64	450.58
工业废气排放量	亿标立方米	584.97	567.00
工业固体废物产生量	万吨	124.39	127.00
综合利用量	万吨	124.01	120.00
工业COD排放量	吨	339.43	307.60
单位GDP工业 COD排放强度	千克/万元	0.034	0.035
工业氨氮排放量	吨	33.38	51.59
工业二氧化硫（SO_2）排放总量	吨	1109.00	4635.03
单位GDP工业 SO_2 排放强度	千克/万元	0.112	0.526
工业SO_2去除量	吨	63299.01	66618.60
工业氮氧化物（NOx）排放总量	吨	2156.13	6817.18
工业烟（粉）尘排放量	吨	274.20	615.86
工业烟（粉）去除量	吨	1039165	1122497
三、环境科技			
环保科技业务总人数	人	60	60
中级职称以上人数	人	30	30
环保科研机构数	个	1	1
四、环保投资			
环境保护投资总额	亿元	21.77	20.70
城市环境基础设施投入	亿元	8.78	10.28
工业污染防治投入	亿元	12.99	10.42
五、生态建设			
启东长江口（北支）湿地省级自然保护区面积	万平方米	21491	21491
生态镇（区）	个	13	21
省级以上	个	13	12
建成省级以上生态村	个	21	21

注：2017年起空气质量、水环境质量数据来源于省控点“环境监测站”的数据，故2016年的数据有调整。此表数据由环保局提供，污染物排放非最终数据。

教育事业基本情况

表64

指标名称	计量单位	学前教育（幼儿园）	小 学	初 中	高 中	职业教育（含电大）	特殊教育学校（聋哑学校）
学校数	所	62	49	18	4	2	1
班级数	个	517	872	394	194	121	14

续表64

指标名称	计量单位	学前教育（幼儿园）	小　学	初　中	高　中	职业教育（含电大）	特殊教育学校（聋哑学校）
毕业生数	人	6347	6120	6136	3102	1809	18
招生数	人	5578	6503	6084	2870	1448	13
在校学生数	人	17003	37742	18956	8905	4534	129
一年级	人	5052	6503	6084	2870	1448	13
二年级	人	5891	6280	6603	3026	1374	21
三年级	人	6060	6266	6269	3009	1712	13
四年级	人		5882				12
五年级	人		6366				16
六年级	人		6445				11
初　中	人						32
高　中	人						11
教职员工数	人	1485	2701	2263	1075	525	36
专任教师	人	833	2649	2093	986	477	36

注：九年一贯制学校的班级、学生、教职工、专任教师数分别统计在小学与初中内。

科学事业基本情况

表65

指标名称	计量单位	2017年	2016年
一、全部专业技术资格人员	人	80183	78587
高　　级	人	4279	4065
中　　级	人	21164	20744
初　　级	人	54740	53778
二、全社会研发投入占GDP的比重	%	2.62	2.57
三、申报省以上科技计划项目	个	63	56
立项省以上科技计划项目	个	16	12
四、累计高新技术企业	个	101	112
新认定高新技术企业	个	36	24
五、省以上高新技术产品	个	94	87
六、市以上科技进步奖	个	12	11
七、专利申请量	件	7286	6127
授权量	件	1858	2598
八、发明专利申请量	件	2437	1110
授权量	件	203	205

卫生事业基本情况

表66

单位：个、张、人

指标名称	机构数	床位	卫生工作人员总数	其中：卫生技术人员	其中：执业医师	其中：执业助理医师	其中：注册护士	其中：药剂人员	其中：检验人员	其中：其他技术人员	其中：管理人员
总计（包括个体、社会医疗机构）	422	4010	5690	5080	2142	121	2191	335	173	241	209
一、医院合计	37		4279	3816	1414	75	1634	291	155	220	161
市医院	2	1800	1950	1765	586	11	902	100	53	111	66
市综合医院	1	1000	1319	1178	376	8	626	50	38	70	45
中医院	1	800	631	597	210	3	276	50	15	41	23
专科医院											
中心医院、乡镇卫生院	35	1870	2329	2051	828	64	732	191	102	109	95
中心医院	6	1010	1353	1202	458	40	506	107	56	47	60
乡镇卫生院	29	860	976	849	370	24	226	84	46	62	35
二、卫生监督所	1		27	19							
三、疾控中心	1		52	46	23		3	2	10	7	4
四、妇幼保健和计划生育服务中心	1		43	30	19		7	1	3		4
五、卫校	1		8	5							
六、社区卫生服务站（含村卫生室）	268		838	828	58	7	39	5			1
七、个体、社会医疗机构（含民营）	112	340	437	336	139	46	126	12	5	11	37
八、合作医疗管理办公室	1		6							3	2

文化事业基本情况

表67

指 标	计量单位	2017年	2016年
一、影剧院	个	11	9
市级	个	7	5
乡镇级	个	4	4
二、文化馆、站	个	16	16
文化馆	个	1	1
乡镇文化站	个	15	15
三、电影事业			
电影放映队	个	12	12
乡镇	个	12	12
观众人次	万人次	45	42
四、艺术事业			
文艺团体	个	2	2
演职员工人数	人	60	63
演出场次	场次	3380	3380

续表67

指　　标	计量单位	2017年	2016年
观众人数	万人次	33	33
五、图书馆			
机构数	个	13	13
市图书馆	个	1	1
乡镇图书馆	个	12	12
藏书册数	万册	83.7	71.6
市图书馆	万册	60.0	49.3
乡镇图书室	万册	23.7	22.3

注：此表数据由文广新局提供。

体育事业基本情况

表68

指　　标	计量单位	2017年	2016年
一、体育场馆数			
体育馆	个	1	1
二、等级运动员	人	335	345
健　将	人	2	1
一　级	人	4	3
二　级	人	12	18
三　级	人	317	323
三、等级裁判员	人	103	34
国家级	人	2	0
一　级	人	17	14
二　级	人	32	12
三　级	人	52	8
四、全年举办竞赛表演次数	次	45	37
五、全民健身活动设施数	个	486	444
六、举办全民健身活动次数	次	102	85
七、向国家、省、地区输送运动员人数	人	26	21
八、社会体育指导员	人	2011	442
国家级	人	3	2
一　级	人	46	32
二　级	人	186	130
三　级	人	1776	278
九、体育彩票销售点数	个	97	93
十、体育彩票发行额	万元	10018	10091

注：此表数据由教育局提供。

民政事业基本情况

表69

指　　标	计量单位	2017年	2016年
一、年末优抚对象			
革命伤残人员	人	854	884
烈军属	人	278	297
复员军人	人	770	862
退伍军人年末人数	人	48321	47922
当年退伍	人	399	442
二、优抚对象抚恤情况			
享受伤残抚恤人数	人	854	884
享受定期抚恤金人数	人	278	297
享受定期补助人数	人	13379	13475
优待烈属户数	户	155	160
优抚费用	万元	10675	10639
三、救灾救济费	万元	13593	10351
救灾款	万元		199
四、社会福利事业			
敬老院	个	8	8
集体供养人数	人	713	897
分散供养人数	人	1012	750
五、婚姻登记			
年内登记结婚数	对	8305	8695
初婚	人	12303	12816
年内登记离婚数	对	2735	2728
六、全年火化尸体	具	10293	7034
七、民间组织	个	261	845
社会团体	个	111	227
民办非企单位	个	150	618

注：此表数据由民政局提供。

计划生育基本情况

表70

指　　标	计量单位	2017年	2016年
一、女性初婚人数	人	3344	3508
晚婚人数（23周岁以上）	人	2372	2549
晚婚率	%	70.9	72.7
二、育龄妇女数	人	233795	241667
已婚育龄妇女数	人	165051	171939
三、现家庭一孩妇女人数	人	135845	142463

续表70

指　　标	计量单位	2017年	2016年
四、出生总人数	人	5004	5522
计划内出生人数	人	4997	5501
计划内生育率	%	99.86	99.62
一孩	人	3318	3898
二孩	人	1580	1532
计划外出生人数	人	7	21
计划外生育率	%	0.14	0.38
一孩	人	1	7
二孩	人	2	9
五、采取节育措施的人数	人	142386	148411
节育率	%	86.3	86.3

注：此表数据由卫计委提供。

社会保障基本情况

表71

指　　标	计量单位	2017年	2016年
城镇登记失业率	%	1.87	1.80
年末城镇登记失业人数	人	3850	3841
城乡基本医疗保险覆盖率	%	96.5	96.1
失业保险覆盖率	%	97.4	97.3
社会福利收养性单位数	个	46	46
国有和民营老年公寓	个	46	46
社会福利收养性单位床位数	张	5976	5906
国有和民营老年公寓	张	5976	5906
社区服务设施数	个	300	340
城镇居民最低生活保障人数	人	417	483
在职人员	人	4	4
失业人员	人	200	285
其他人员	人	213	194
农村居民最低生活保障人数	人	11895	12390
城乡居民最低生活保障金	万元	6977.50	6062.61
城镇居民	万元	247.70	263.49
农村居民	万元	6729.80	5799.12
农村五保供养人数	人	1725	1647
参加农村合作医疗的人数	万人	81.25	82.66
参加城乡居民基本养老保险的人数	万人	26.84	27.37

注：此表数据由人社局、民政局提供。

2017年启东市在全省县(市)地区生产总值位次表

表72

单位：亿元、%

地区	绝对量		速度		地区	绝对量		速度	
	实绩	排位	实绩	排位		实绩	排位	实绩	排位
昆山市	3520.35	1	7.0	40	仪征市	628.36	22	8.0	11
江阴市	3488.27	2	7.2	35	高邮市	608.41	23	8.2	6
张家港市	2606.05	3	7.3	31	宝应县	574.93	24	8.1	9
常熟市	2279.55	4	7.2	35	睢宁县	560.07	25	7.7	17
宜兴市	1558.25	5	7.1	38	扬中市	546.20	26	7.6	21
丹阳市	1270.26	6	7.1	38	句容市	530.20	27	7.4	29
太仓市	1240.96	7	7.2	35	建湖县	523.10	28	7.5	23
海门市	1135.90	8	7.7	17	射阳县	500.02	29	8.3	5
如皋市	1025.80	9	8.2	6	东海县	483.82	30	7.3	31
启东市	**989.50**	**10**	**7.7**	**17**	丰　县	456.94	31	7.3	31
泰兴市	964.07	11	8.6	1	阜宁县	447.00	32	7.5	23
靖江市	923.35	12	7.8	15	泗洪县	444.74	33	7.4	29
邳州市	917.65	13	8.4	4	滨海县	442.53	34	8.1	9
海安县	868.30	14	8.2	6	泗阳县	436.00	35	7.6	21
兴化市	862.30	15	7.5	23	涟水县	429.38	36	7.5	23
溧阳市	858.04	16	8.0	11	盱眙县	395.68	37	7.5	23
如东县	852.50	17	7.9	14	灌云县	366.44	38	7.3	31
东台市	812.82	18	7.5	23	灌南县	342.21	39	7.0	40
沭阳县	765.00	19	8.0	11	响水县	319.91	40	7.8	15
沛　县	756.82	20	8.6	1	金湖县	267.87	41	7.7	17
新沂市	644.26	21	8.6	1					

2017年启东市在全省县(市)人均地区生产总值位次表

表73

单位：元

地区	绝对量		地区	绝对量	
	实绩	排位		实绩	排位
昆山市	212106	1	宝应县	75827	22
江阴市	211943	2	建湖县	71589	23
张家港市	207383	3	新沂市	70623	24
太仓市	173832	4	兴化市	68679	25
扬中市	159265	5	沛　县	67679	26
常熟市	150530	6	响水县	63854	27
靖江市	134364	7	邳州市	63693	28
丹阳市	129295	8	盱眙县	60442	29
宜兴市	124208	9	射阳县	56531	30
海门市	125445	10	睢宁县	54529	31

续表73

地区	绝对量		地区	绝对量	
	实绩	排位		实绩	排位
溧阳市	112596	11	灌南县	53794	32
仪征市	110869	12	阜宁县	53745	33
启东市	**103950**	**13**	泗阳县	51699	34
海安县	100295	14	涟水县	50599	35
泰兴市	89456	15	东海县	49891	36
如东县	86897	16	泗洪县	49675	37
句容市	84676	17	沭阳县	49133	38
东台市	82907	18	丰　县	48084	39
如皋市	82149	19	滨海县	47355	40
高邮市	81909	20	灌云县	45405	41
金湖县	80696	21			

2017年启东市在全省县(市)一般公共预算收入位次表

表74　单位：亿元、%

地区	绝对量		速度		地区	绝对量		速度	
	实绩	排位	实绩	排位		实绩	排位	实绩	排位
昆山市	352.51	1	10.5	3	句容市	44.00	22	18.3	1
江阴市	235.16	2	2.3	23	睢宁县	39.92	23	5.1	18
张家港市	210.01	3	10.5	3	兴化市	36.06	24	–2.7	27
常熟市	191.81	4	10.5	3	高邮市	32.63	25	–4.4	29
太仓市	140.86	5	10.3	6	扬中市	32.00	26	4.8	21
宜兴市	111.15	6	2.3	23	宝应县	27.59	27	–10.5	34
海门市	72.54	7	8.6	11	滨海县	27.30	28	–8.6	32
如皋市	71.31	8	6.1	16	泗洪县	26.34	29	–12.3	36
启东市	**71.13**	**9**	**8.4**	**12**	建湖县	26.32	30	–8.8	33
泰兴市	63.11	10	10.3	6	泗阳县	26.21	31	–12.2	35
溧阳市	61.38	11	4.0	22	阜宁县	26.14	32	–19.8	38
丹阳市	61.05	12	–2.9	28	丰　县	25.00	33	–16.0	37
靖江市	60.09	13	2.0	25	射阳县	24.18	34	17.1	2
邳州市	60.05	14	5.4	17	响水县	23.90	35	–7.2	30
海安县	60.01	15	8.9	10	灌南县	21.88	36	9.6	8
如东县	55.56	16	7.0	14	东海县	21.12	37	9.0	9
沛　县	54.46	17	5.0	19	灌云县	20.57	38	7.4	13
东台市	54.01	18	0.9	26	金湖县	20.18	39	–8.3	31
沭阳县	48.00	19	–25.5	39	涟水县	19.20	40	–33.7	40
仪征市	47.79	20	6.8	15	盱眙县	18.30	41	–40.5	41
新沂市	47.46	21	5.0	19					

2017年启东市在全省县(市)居民人均可支配收入位次表

表75 单位：元、%

地区	绝对量		速度		地区	绝对量		速度	
	实绩	排位	实绩	排位		实绩	排位	实绩	排位
江阴市	50379	1	8.7	38	建湖县	25149	22	9.4	25
昆山市	50268	2	8.5	40	金湖县	24756	23	9.8	9
常熟市	49066	3	8.9	35	盱眙县	23961	24	9.3	29
张家港市	48951	4	8.8	37	射阳县	23755	25	9.4	25
太仓市	47586	5	8.5	40	宝应县	23470	26	9.7	14
宜兴市	40526	6	8.6	39	沛 县	23313	27	9.9	5
扬中市	39033	7	9.2	31	邳州市	22725	28	9.9	5
丹阳市	36086	8	9.1	34	滨海县	22198	29	9.6	17
溧阳市	34817	9	9.4	25	阜宁县	22179	30	9.5	19
海门市	33032	10	9.8	9	东海县	22104	31	9.8	9
靖江市	32361	11	9.5	19	响水县	21519	32	9.6	17
句容市	31682	12	9.3	29	沭阳县	20898	33	9.2	31
启东市	**31208**	**13**	**9.7**	**14**	新沂市	20673	34	10.0	1
泰兴市	30459	14	9.5	19	泗阳县	20251	35	9.4	25
海安县	29896	15	9.8	9	涟水县	20044	36	9.5	19
仪征市	29444	16	9.2	31	睢宁县	19916	37	9.9	5
如皋市	29355	17	10.0	1	丰 县	19843	38	9.9	5
如东县	29263	18	9.7	14	泗洪县	19465	39	9.8	9
东台市	28918	19	8.9	35	灌云县	19316	40	10.0	1
兴化市	26949	20	9.5	19	灌南县	19192	41	10.0	1
高邮市	26116	21	9.5	19					

启东市国民经济主要指标占南通全市比重

表76

指标名称	单位	南通市	启东市	启东占南通的比重（%）
土地面积	平方公里	8001	1715	21.4
年末常住人口	万人	730.50	95.18	13.0
城镇人口	万人	482.35	56.16	11.6
地区生产总值	亿元	7734.65	989.50	12.8
第一产业	亿元	382.69	69.13	18.1
第二产业	亿元	3639.81	475.10	13.1
第三产业	亿元	3712.14	445.28	12.0
农林牧渔业总产值	亿元	727.03	137.94	19.0

续表76

指标名称	单位	南通市	启东市	启东占南通的比重（%）
粮食产量	万吨	323.96	27.81	8.6
棉花产量	万吨	1.39	0.23	16.5
油料产量	万吨	35.23	8.51	24.2
规模以上工业企业数	个	5132	506	9.9
规模以上工业增加值	亿元	3318.43	382.03	11.5
规模以上主营业务收人	亿元	14751.14	1841.47	12.5
规模以上利润总额	亿元	1128.81	156.22	13.8
固定资产投资额	亿元	4959.20	634.60	12.8
工业	亿元	2397.75	351.33	14.7
服务业	亿元	2556.68	282.85	11.1
房地产开发	亿元	609.95	71.45	11.7
建筑业总产值	亿元	7333.82	838.60	11.4
社会消费品零售总额	亿元	2834.98	345.72	12.2
批发零售业	亿元	2587.53	314.23	12.1
住宿餐饮业	亿元	247.44	31.49	12.7
进出口总值	亿元	2360.18	169.87	7.2
出口总值	亿元	1691.91	138.57	8.2
新批协议注册外资	亿美元	53.61	13.57	25.3
实际到账注册外资	亿美元	25.38	3.00	11.8
一般公共预算收入	亿元	590.60	71.13	12.0
一般公共预算支出	亿元	810.08	92.67	11.4
金融机构本外币存款余额	亿元	11718.16	1332.96	11.4
储蓄存款	亿元	5858.70	771.59	13.2
金融机构本外币贷款余额	亿元	7886.57	826.89	10.5
从业人员平均工资	元	74640	75477	101.1
城镇居民人均可支配收入	元	42756	40759	95.3
农村居民人均可支配收入	元	20472	21691	106.0

（市统计局）

说　明

一、索引采用主题分析索引方法，依据首字汉语拼音字母同音字同词语顺序排列。

二、主题词后的数字表示内容所在的页码，数字后面的a、b、c分别表示从左至右主题词所在栏别。“媒体聚焦”“附录”篇目及“概况”“综述”条目不收入索引。

D

E

F

G

J

K

L

M

N

P

Q

R

S

T

W

X

Y

Z

江苏省启东经济开发区

常务副省长黄莉新在园区调研

市委书记王晓斌调研开发区重点企业

南通市委组织部考察非公企业党建

2017年，启东经济开发区在市委、市政府的正确领导下，在全体区村干部的共同努力下，按照“积极争创国家级经济开发区”的要求，紧紧围绕“全面接轨服务上海”这篇大文章，聚集创新要素、聚焦关键核心，在科技创业创新、产业转型升级、产城融合发展、园区运行提效上不断加力，全区经济社会发展取得显著成效。全年完成一般公共预算收入6.29亿元，完成规模工业应税销售163.54亿元，全社会固定资产投资72.31亿元，全年实际到账外资4458万美元。在启东市年度夺杯竞赛中，共获得1金、2银、3铜。在2017年度南通省级经济开发区创新发展考核和2016年度全省经济开发区科学发展综合考核评价中均位居第一。

在全市创业大赛中，中科院力学研究所研究员、“百人计划”专家苏业旺携带的项目获得一等奖

南通市久正人体工学股份有限公司

启东经济开发区小区新貌

至纯半导体规划图

启东盖天力药业效果图

汇龙镇

启吾巡讲堂

汇龙镇全镇行政区域面积104.2平方公里，耕地面积5254公顷，总人口24.9万人，其中农业人口8.4万人，下辖27个行政村，3个居委会。2017年是汇龙镇新一届政府的起始之年，也是重大项目加速推进、民生实事加速建设、发展潜能加速释放之年。全镇始终坚持“党建率先、经济争先、城建领先、民生优先、稳定在先”的目标定位，经济社会发展呈现总体平稳，稳中有进的良好态势。全年实现地区生产总值196.2亿元，完成一般公共预算收入9.92亿元；全社会固定资产投资74.5亿元，城镇居民人均可支配收入40640元，农村居民人均可支配收入22056元。镇获得综合优胜杯银杯、经济发展杯金杯、人才科技杯金杯、城乡统筹杯金杯、党建创新杯金杯、重点工作推进杯金杯、项目建设杯银杯、三农工作杯铜杯，荣膺“2017年全国综合实力千强镇”称号（位列第191位），蝉联全国文明镇称号，获得江苏省住房和城乡建设厅颁发的“省特级村镇建设档案室”铜牌、南通市2016—2017年度宣传思想工作集体典型、南通市妇女儿童工作先进集体、南通市人大常委会颁发的南通市万名代表小康行创新奖等多项荣誉称号。

“全民阅读 书香启东”阅读畅谈及签名赠书文化惠民活动

机关志愿活动

汇龙镇全貌

党小组学习活动

农家小院

以汇龙党员中心户先进事迹为题材的小品

汇龙镇“村村乐”十年巡礼暨正能量加油站文艺展演

金港农家乐

汇龙镇“村村乐”周年庆在汇龙小学举行

双庆安置小区

捷捷微电子在创业版上市

农家乐

惠萍镇

2017年，惠萍镇行政区域面积75平方公里，耕地面积7500公顷，常住人口51771人，年末户籍人口67990人，辖15个行政村。现有工业企业近千家，其中规模以上工业5家。企业从业人员14280人。辖区内有集贸市场3个，集贸市场成交额25850万元。社区卫生服务中心（医院）3家，分医院及村级卫生机构15家，中心敬老院1家，中学2所，小学3所，幼儿园3所，金融机构8家。2017年全年完成一般公共财政预算收入7343万元，非税收入5965万元；规模工业应税销售达9.95亿元，完成年计划的128%；全社会固定资产投资大14.83亿元，同比增长17.1%；工业投资7.88亿元，同比增长11%；服务业投资6.53亿元，同比增长25%。全镇地区生产总值776612万元，财政收入13139万元。农民人均纯收入21856元，比上年增长8%。全年综合考核获得金杯奖，重点工作推进杯获得金杯奖，外向开拓杯获得金杯奖，项目建设杯获得银杯奖，对接上海杯获得铜杯奖。

按照市委、市政府“全面接轨上海，全力促进民富、向着高水平全面建成小康社会阔步迈进”的总体要求，牢牢锁定“魅力东郊、实力惠萍”战略目标，创新工作方式，组建“四大指挥部”，条块结合，组团作战，猛攻经济发展，加快城镇建设，做实民生实事。较好地完成年初制定的30项重点难点突破性工作，全镇经济社会保持平稳健康发展。

市委书记王晓斌一行在惠萍小学调研

市领导一行在水果小镇调研

惠萍镇第十九届人民代表大会

市委四套班子植树活动

澳兴公司

恒安防爆

夏季纳凉晚会

七彩果园少儿绘画比赛

南方润滑

东海镇

DONG HAI ZHEN

市委书记王晓斌一行在东海镇调研

市委书记王晓斌一行在江苏恒源液压有限公司调研

2017年，东海镇行政区域总面积85.4平方公里，耕地面积5534公顷，下辖18个行政村，3个老集镇。全年实现地区生产总值30.47亿元，年均增长8%，实现规模工业产值9.04亿元，年均增长13%。实现入库税收6866万元，年均增长47.2%，其中国税收入5906万元，完成年计划的144.9%；地税收入960万元，完成年计划的105.8%。

东海镇“推动移风易俗，建设尚俭东海”主题道德讲堂

江苏恒源液压有限公司

仲辉村陆老伯因为送妻子看病没时间卖甘蔗，心急如焚，消息传开后，爱心人士、志愿者齐出动，不到两天，5000根甘蔗销售一空，传为佳话

全市行政村文明创建工作现场推进会在东海镇召开

江苏海生冲压件有限公司

东海镇、村、学雷锋志愿服务站

戴祥村乡村大舞台，组建多支文体队伍，开展形式多样的文体活动，丰富村民文化生活

启东市银洲春蕾班成立仪式在东海小学举行

德字村“村规民约”

南阳镇党员冬训工作会议

2017 中国 · 启东农产品流通大数据论坛暨启东农产品国际物流港项目推介会

南阳镇

NAN YANG ZHEN

南阳镇全镇总面积 126.8 平方公里，总耕地面积 7779 公顷，辖 29 个行政村，1 个居委会。2017 年，南阳镇党委、政府深入贯彻落实党的十八届三中、四中、五中、六中和七中全会以及十九大精神，积极推进南通市级中心镇建设。实现地区生产总值 50.57 亿元，同比增长 11.9%；实现一般公共财政预算收入 5244 万元，同比增长 1.5%；农民人均纯收入 21107 元，同比增长 10%。

“南阳楷模文明家庭”颁奖仪式

南阳镇夏季纳凉晚会

南阳“580”志愿活动

江苏省启东现代产业园

现代农业产业园草莓种植基地

江苏神通阀门股份有限公司车间

江苏神通阀门有限公司

海复镇

市领导在基层调研

庆祝建党九十六周年文艺汇演

海复镇行政区划面积74.04平方公里，耕地面积4032.19公顷。户籍人口5.36万人，其中常住人口5.09万人，下辖17个行政村。2017年，获南通2015—2016年度文明镇、三农工作金杯、启东市对接上海银杯等称号。

福鼎生态农业

2017年，经济稳中有进。强化运行监测，狠抓降成本、减负担等政策措施的精准落地，全年实现规模工业产值2.19亿元，增长43.2%；实现规模工业应税销售4.98亿元，完成全年任务的197.9%，同比增长119.1%，增幅全市第一；培育2000万元以上新增长点8个，超额完成全年任务；规模工业入库税收1258万元，同比增长81.1%；外贸进出口完成全年任务1.1亿元人民币，同比增长16.5%，增幅、完成率分别全市第二。

新增企业研发经费246万元，征集企业有效技术需求12个，开展产学研活动4场，新签约产学研项目1个；完成专利申请总量121件、发明专利申请量53件、完成发明专利运营28件，为推动经济发展转型升级提供力量支撑、注入强大活力。

“走帮服”活动

全年累计完成2.85万亩高标准农田建设，1万亩国家级农业综合开发土地治理项目，一季度完成南通市级验收，1.65万亩市级一期高标准农田建设项目8月底完成区镇验收，0.2万亩市级二期高标准农田建设项目12月底完成区镇验收。在全市第一个完成高标准农田占比80%的任务；推进土地流转，17个村的农村土地确权登记颁证工作发证率达90%以上，档案整理基本完成；每季度在上海举办一次农业招商活动，与上海浦东农业发展（集团）有限公司、晋旅投资管理（上海）有限公司就垦牧文化小镇与现代农业园项目完成签约工作；做大海复“渔家乐”品牌，“渔家乐”项目水域、绿化工作及垂钓中心等全面完工对外营业；海复镇对接上海的农产品直销基地在垦牧村、北固村等村进行选址，完成全年3000亩建设任务；精心打造华东地区最大的花卉苗木基地，渤大花卉苗木展示基地一期项目竣工，开园后预计年交易额可达5亿元以上；大力推行沟河疏浚结合废沟宅垅填埋、耕地占补平衡项目，完成疏浚沟河土方40万立方米，填埋废沟宅垅500亩，泯沟合并连片整治示范项目2个；加快水环境治理，建立河道长效管护数据库，实现水环境数据网动态更新，四位一体环境整治动态管理，农村环境长效管护季度年度考核名列前茅；落实“河长制”，制订并实施“一河一策”治理方案，整体推进河道网箱、网簖、地笼以及河道两侧垃圾堆、违建的整治工作；全年完成1055亩的租地造林，确保林木隔年成活率、保存率95%以上。

合作镇

HE ZUO ZHEN

市委常委、市纪委书记沈良杰等在镇调研

市委十九大报告宣讲团成员参观永继家庭文化室

合作镇行政区划面积 88.7 平方公里，耕地面积 4581.8 公顷，总人口 61311 人，辖 17 个行政村。全镇实现地区生产总值 23.84 亿元，完成一般公共预算收入 2752 万元，增长 31.2%。完成全社会固定资产投资 11.88 亿元，农民人均纯收入 21078 元，获全市综合考核竞赛二组第三名，“花海小镇”入选江苏省农业特色小镇名录。

农业经济 :2017 年建成高标准农田项目区 4 万多亩，占全镇农田面积的 80%。加强项目区土地流转，共流转项目区土地 17750 亩，占项目区总面积的 60% 以上。培育家庭农场、“全托管组织”、农村电商等新型经营主体，全年新培育家庭农场 9 家，新增农地股份合作社一家，新增全托管面积 2700 亩。宏易纺织、丁布儿海苔等 5 家农业龙头企业总投入 1.6 亿元，优化生产流水线。深入推进“互联网＋农业”，周云村农业电商平台发展良好。成功引进并启动稷源“田园综合体”、金顺旅游、十里阳光葡萄园等特色农旅项目 4 个。“三花一树”基地，扩大到 4000 亩，其中，华夏牡丹园扩建 200 亩观赏牡丹，全力打造以牡丹为主体的文化产业园。臣义村通过省级“美丽乡村”创建验收。

工业经济 :2017 年，全镇推进对接上海工作，完善“双招双引”工作机制，坚持“走出去、请进来”和“合商回归”策略，与上海康桥、航头、合庆等镇展开深入战略合作。组建在外驻点招商 2 个，在沪举办招商推介会 6 次，新签约立体停车库、特种线缆等亿元以上项目 12 个，引进高层次创新创业人才 3 个，开展产学研合作 6 次。开展“项目建设提质增效年”活动，推进项目质量和效益双提升，完成工业投资 5.86 亿元，增长 11.5%。新开工群乐船舶二期、百旺金属等亿元以上产业项目 6 个，新竣工投产亿元以上项目 2 个，新转化亿元以上项目 1 个。盘活志圩沿线存量资产近 100 亩，打破项目建设用地瓶颈。推进德邦流体、久精耐火等企业加大投入，全年完成应税销售 8.98 亿元，增长 52.4%，研发投入 847 万元。加大服务业提速增效，实现服务业投资 6 亿元，应税销售 3.75 亿元。深化农业供给侧结构性改革，推进现代农业持续发展，完成农业总产值 3.53 亿元。

新农村建设 :2017 年完成集镇总规修编工作，面积扩至 3 平方公里，完成“花海小镇”总体规划编制。推进周边征地 110 亩，实现镇区扩容，完成樱花公园 50 亩和兴隆文化园地块的控规调整。

市委宣讲团报告会

“两学一做”学习教育工作动员会

“走帮服”工作组座谈会

读书分享交流会

建党 96 周年“党的知识”竞赛

旅游项目推介会暨“走进旅游合作”新闻发布会

市委书记王晓斌等在建群村调研

“全国文明村”建群村

WANG BAO ZHEN

王鲍镇

学习贯彻十九大精神报告会

王鲍镇行政区划面积126平方公里，耕地面积10.39万亩，总人口92000人，下辖22个行政村。2017年，全镇地区生产总值41.8亿元，完成财政总收入11700万元，农民人均可支配收入21219元。王鲍镇先后多次被评为江苏省文明乡镇，建群村被评为全国文明村、江苏省美丽乡村，庙桥村被评为全国一村一品示范村，黄英、九令、建群三个村被评为江苏省水美乡村。

全市启吾巡讲堂开班仪式在王鲍召开

王鲍精神：创业奉献

海四达新能源

启隆生态科技产业园（启隆镇）

省委常委、纪委书记、省监委主任蒋卓庆在镇调研

省委常委、组织部长郭文奇在镇调研农业企业

启隆镇行政区划面积47.53平方公里，耕地面积3.26万亩，总人口4224人，其中常住人口4427人，下辖2个行政村。2017年，全镇实现地区生产总值7.1亿元，同比增长8.17%。全年累计完成公共财政预算收入36857万元，同比上年增长10.1%。完成全社会固定资产投入13.48亿元，服务业应税收入3.59亿元，到账外资20万美元。

2017年，新开工碧桂园“十里外滩”、大爱城商业街、融创 海上桃源等亿元以上服务业项目；新竣工玲珑生态度假村、皇家艾美酒店等6个亿元以上服务业项目。举办各类招商活动10场次，签约落地嘉仕有机现代农业园、农道生态农业项目；签约落户市级园区电器成套设备、锂电池隔膜等项目。投资5300万元的“江苏省兴隆沙生态保护与修复项目”完成竣工验收。崇明新河港北延伸段河道整治及配套工程（启东段）完成通水阶段验收。完成高标准农田建设3000亩。嘉仕有机被上海蔬菜集团确定为上海蔬菜外延基地。农道农业项目初具规模。南沿鱼塘完成回收清理。乐享有机农业特色小镇入选江苏省农业特色小镇名录。镇获得江苏省卫生镇、南通市高标准农田建设先进乡镇、南通市农村水利建设先进乡镇荣誉称号。

“全民阅读，书香启东”阅读畅谈活动

启隆镇2017年度身边好人表彰见面会

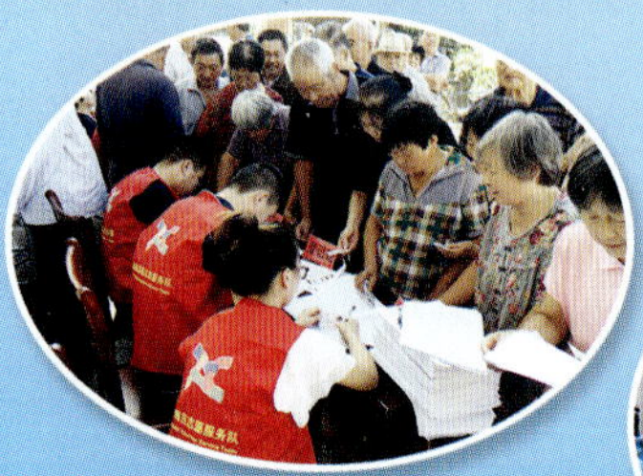

启隆镇服务老年人体检志愿活动

正能量走亲活动

新河港北延伸工程（配套工程）

江苏省兴隆沙生态保护与修复工程

新建的启隆医院

新建的启隆幼儿园

启东市教育局

市领导调研城区新建学校

省教育厅纪委调研启东高考

2017年，全市共有中小学校、幼儿园136所，其中幼儿园62所，小学49所，初中18所，普通高中4所，职业高中2所，特殊教育学校1所，在校学生87140人，教职工7137人。

发展水平显著提高。出台了《关于统筹推进城乡义务教育一体化促进优质均衡发展的实施意见》《启东市中小学、幼儿园布点专项规

德育工作扎实推进。开展“八礼四仪”、“365+工程”家长学校、亲子沟通营等活动近200场。“365+工程”家长学校被认定为南通市优秀家长学校。折桂中学“同心圆”家长学校做法在全省家长学校校长培训会上作经验交流。

教学改革持续深化。新增省级课题11项、南通市级课题28项。获基础教育教学成果国家级二等奖1个、省特等奖、一等奖各1个。义务教育阶段学校实现梦想课程全覆盖。初中学段全面试行弹性离校制度。

教育质量实现突破。高考理科本一率列南通市第3，文科本二率列南通市第4。职业学校对口单招考试本科上线率53.1%，列南通市第2。在全国理化竞赛中12位学生获全国一等奖，1人入选国家集训队。42个作品参演南通市中小学校园艺术节。11所学校入选南通市STEM教育协同创新中心实验学校。

队伍建设成效显著。7人次获省课堂教学比赛、优课评比一等奖，12人次获南通市一等奖。“一师一优课”评选中，获部优21节、省优116节。新增省特级教师4名、正高级教师1名。出台《启东市中小学校长（园长）职级评审认定办法》，全面推进校长职级制改革。

党建工作扎实推进。教育局党委被启东市委表彰为党建工作先进集体，启东市中小学党建工作的经验做法在《人民教育》刊出。印发教育系统落实“两个责任”履职纪实手册，实现履职全程留痕。百杏中学建成南通市廉政文化示范点，东南中学通过省级廉政文化示范点复评验收。

中小学科技创新大赛

暑期校长集中培训

亲子沟通营

欢送援藏教师座谈会

教育系统下属单位负责人述职述廉暨民主测评会

启东市争创全国中小学校责任督学挂牌督导创新市工作汇报会

启东市人民检察院

QI DONG SHI REN MIN JIAN CHA YUAN

检察长陈新建在南城区街道办宣讲十九大报告

检察院在南通市检察业务技能竞赛中获团体一等奖、优秀组织奖

公益诉讼推进会

2017 年，启东市人民检察院深入学习贯彻党的十九大精神，深入开展“聚心聚力落实年”活动，聚焦“四化”、培育“品牌”，坚持以人民为中心的发展理念，依法履行法律监督职责，扎实推进司法体制改革，各项检察工作取得新进展、新成绩。全年共获得市级以上集体奖项 22 个，有 49 人次受到市级以上表彰奖励，荣获“全国文明接待室”“全国检察宣传先进单位”“省级文明单位”等称号。

检察院成功监督虚假诉讼系列案件入选江苏检察机关 2017 年度保障民生十大典型案例

检察院成功监督 14 起涉案金额 1.1 亿元虚假诉讼系列案件

检察院开展“检察开放日”活动，让司法为民更贴近群众

检察院青年干警畅想十九大

检察院干警在全市举办的“喜迎十九大，红歌献给党”职工合唱比赛中获得一等奖

女检察官参加南通女检协首届诗朗诵比赛获一等奖

检察院开展法制教育专题讲座

检察院坚持围绕食品药品安全、生态环境和资源保护、国有资产保护和国有土地使用权出让等领域保障国家利益和社会公共利益。

启东市公安局

南通市副市长、公安局长陈旭在启东检查督导十九大安保维稳工作

市委书记王晓斌带领四套班子领导慰问高温一线执勤交警和辅警

市委副书记、市长黄卫锋一行在公安局调研

2017 年，全市公安机关在市委、市政府和上级公安机关正确领导下，全面贯彻落实习近平总书记“对党忠诚、服务人民、执法公正、纪律严明”十六字总要求，围绕十九大安保维稳主题主线，以实施“警务机制改革攻坚、重点人员管控会战、全面从严治警、打黑除恶深挖”四项重点工作为抓手，打防并举，疏堵结合，有力确保全市社会的持续平安稳定。全局效能建设连续三年荣膺政府五星奖，核心绩效稳居南通第一方阵。市委王晓斌书记在公安工作专题报告会上高度肯定近年来公安机关所取得的成绩，并明确指出：2017 年，全市公安机关紧紧围绕市委、市政府中心工作，以忠诚的政治品格、强烈的担当精神、顽强的战斗意志，圆满完成了全年公安工作任务，为维护全市社会稳定、服务经济社会发展做出了积极贡献。2017 年，全市公安工作可以概括为“一个强劲、四个稳健”：

一是主业强劲。统筹“打黑除恶深挖”“打击盗抢骗”“三打击一整治”“百日攻坚”“冬季攻势”等专项行动，全力攻现案、破积案、带串案，打处绩效在前年高平台基础上继续保持强劲增长，呈现“三个高峰、两个低谷”：即全年移送起诉犯罪嫌疑人 1020 名，摧毁犯罪团伙 62 个，查处食药环案件犯罪嫌疑人 76 名，均为历史最高值；全年刑事发案总数、侵财性案件总数分别同比下降 5.2%、6.9%，均为八年来最低值。

二是安保稳健。整合资源，积极作为，稳扎稳打，负重鏖战，全力化解矛盾、稳控重点，一着不让抓好反恐防暴、防邪反邪、社会面稳控、安全监管等工作，顺利完成党的十九大、香港回归 20 周年、建军 90 周年、抗战全面爆发 80 周年、“一带一路”高峰论坛、金砖国家领导人会晤等一系列安保任务，全市维稳能力得到进一步历练、维稳机制得到进一步优化、维稳力量得到进一步整合。

三是基础稳健。持续深化社区警务，严密开展治安重点地区和突出问题整治，扎实组织重点人员管控会战和无户口人员核实登记，管长远、打基础的工作机制初步形成。以升级治安防控体系为抓手，实施智能小区和视频补盲工程，开展“雪亮工程”前期论证，推动全市技防监控由“治安标准”向“反恐标准”升级。加快基层基础设施建设，技术业务用房、看守所、海复所、开发区所建设取得实质性进展，交警城区一中队新办公用房建成启用。借力文明城市创建契机，增设严管路段，强化重点管控，加密抓拍系统，完善交通标识标线和安全基础设施，群众安全、快捷、文明出行指数得到提升。

四是改革稳健。稳妥推进公安机关运行机制改革，探索“所队合一”和职能相近机关合署办公机制，机关警力得到精实，基层警力得到充实，总体实力得到增强。主动适应以审判为中心的刑事诉讼制度改革，建立公安公职律师制度，加强案管中心和基层所队案管室建设，严格执行执法责任追究等制度，执法工作基础得到夯实。持续深化车驾管及户籍制度改革，落实一次性告知、高峰期窗口轮值制度等，不断拓宽管理服务广度深度，群众满意感得到提升。借力镇级服务中心平台，强化基层窗口服务承载能力，重心更低、渠道更宽、效率更高的公安服务体系得到进一步完善。

五是队伍稳健。抓好党风廉政建设和“两个责任”落实，开展全面从严治党“八大专项整治行动”，对基层所队启动为期三年巡察活动，有力促进党建队建融合。落实警员职务常态化选拔晋升、职务职级并行制度，实施即时奖励、战时奖励机制，全局有功即奖、有过则罚、奖罚分明格局进一步形成。注重从一线培养先进典型，顾光被公安部授予“全国优秀人民警察”称号，全年 3 名民警获二等功，2 名民警被评为全省优秀人民警察。鼓励基层创新，加强品牌经营，启东警务协作平台获中央电视台《等着我》栏目启东工作站授牌。固化警种练兵竞赛，逐项固强补弱，14 个警种部门进入南通市局练兵比武竞赛第一方阵，全警争先创优意识得到进一步激发。

市公安局摧毁一个特大网络赌博团伙

市公安局举行“向人民报告”2016 公安工作专题报告会

苏、浙、沪 15 市（区、县）第 69 次警务合作会议在启东召开

市公安局成功处置“6·4”火灾事故

市公安局组织收看党的第十九次全国代表大会开幕会

市县两级公安机关快侦快破“5·18”故意杀人案

赤诚忠家国

担当安东疆

启东市公安消防大队

廉政教育活动

2017 年，启东市公安消防大队共接警 836 起，出动消防车 1533 辆次、消防员 7612 人次，扑灭火灾 748 起，抢救被困群众 30 人，抢救财产价值 8250 万余元。共检查单位 4839（家、次），发现火灾隐患数 10947 处，督促整改火灾隐患数 11030 处，下发临时查封决定书 25 份，责令“三停”34 家，罚款 209.9 万元，拘留 10 人，挂牌督办的重大火灾隐患单位 2 家（江苏德威涂料有限公司、启东羿欧电子有限公司）销案；各派出所共检查单位 7087 家次，发现火灾隐患 2607 处，督促整改火灾隐患数 1862 起，罚款 31.23 万元，拘留 9 人。全市 8 支政府专职消防队，全部完成星级评定的申报工作。

企业消防演练

消防战士日常训练

学校消防安全检查

重大项目服务

化工企业消防安全检查

119 消防宣传日活动

南通市启东地方税务局

NAN TONG SHI QI DONG DI FANG SHUI WU JU

法治惠企进房地产企业

纳税人辅导会

2017年，南通市启东地方税务局在启东市委市政府和南通市局的正确领导下，收入任务圆满完成。全局落实重点税种、重点行业、重点环节的税源控管，加强与财政、乡镇、园区的对接，积极向政府反映实际税源状况，深度挖掘潜力，提升收入质量。全年累计征收全口径地方税收357667万元，可比增长52378万元，增幅17.3%，其中：公共财政预算收入260212万元，可比增长49226万元，可比增幅为23.5%，圆满完成政府下达的目标任务，为全市经济发展提供可靠的财力保障。在2017年度人大评议及纳税人评议“两个满意度”中名列前茅，实现五星级单位十三连冠，获得全国巾帼文明岗、江苏制造突出贡献奖先进单位等多项重量级荣誉。

地税、国土等联合开展产权交易业务办理

执法人员深入部分大型房企实地调研

税法宣传上渔船

地税局走进大唐电厂，宣传新政

中国烟草·江苏
CHINA TOBACCO JIANGSU

启东市烟草专卖局（分公司）

南通市烟草局局长高翔（左一）在启东调研

局长刘伟（右一）进行“走帮服”活动

2017 年工作会议

执法人员进行市场检查

2017 年，启东市烟草专卖局（分公司）坚持稳中求进工作总基调，认真贯彻新发展理念，全面落实国家局、省局、市局的工作部署，齐心协力推进“行业楷模”战略落实落地，经济运行保持平稳健康发展。共完成卷烟销售 32526.39 箱（每箱 250 条，下同），同比减少 0.68%；实现销售额 103610.41 万元，同比增长 5.38%，税利 34870 万元，同比增长 6.92%，单条值 149.06 元 / 条，同比上升 6.09%；费用率 2.37%，同比下降 0.15%。加强市场监管，全年查获涉烟违法案件 223 起，同比上升 129.9%，查获各类违法卷烟 7328 条，其中假冒烟 2043.5 条，案值 219.46 万元；假烟案件数 179 起，案值 71.29 万元，到账罚没款 4.42 万元；查获 5 万元以上案件 6 起，上报网络案件 1 起，涉案金额 103 万元，判刑 5 人。市场净化率保持在 98.5% 以上。强化证件管理，落实“许管并重”要求，新办许可证 270 份，不予许可 6 份，延续 784 份，停业 229 份，恢复营业 9 份，注销许可证 404 份，无证经营率控制在 1% 以内。全年无安全事故，被评为南通市安全文化建设示范企业。突出“学习型、服务型、责任型”三型企业文化建设，推进文化强企，积极开展“走帮服”活动，全年捐赠 8.74 万元。

关爱留守儿童 撒播爱心阳光

送文化下乡

与公安民警联合执法

党员主题活动

国家电网
STATE GRID

国网启东市供电公司
STATE GRID QIDONG COUNTY ELECTRIC POWER SUPPLY COMPANY

市领导慰问

电网情况：2017 年，启东境内共有 35 千伏及以上变电所 32 座，其中 220 千伏变电所 5 座，110 千伏变电所 13 座，35 千伏变电所 14 座，主变容量 303.22 万千伏安，35 千伏及以上公共输电线路 921 千米。另有 110 千伏用户变 3 座，35 千伏用户变 14 座。

供电量：2017 年，国网启东市供电公司累计完成全社会用量 34.32 亿千瓦时，同比增长 10.66%，电网调度最高负荷 75.3 万千瓦，同比增长 22.56%；完成售电量 32.38 亿千瓦时，同比增长 10.65%。

电网基本项目：完成固定资产投资 0.96 亿元；业扩报装完成 2.74 万户，新增容量 49.99 万千伏安，同比增长 1.01%。竣工投运 35 千伏海复至南阳线路开断环入沿海变工程，完成 220 千伏红阳港变扩建工程前期工作，开工建设 110 千伏久隆输变电工程。

配农网建设：编制《启东"十三五"配电网滚动规划报告》。大力推进配农网建设改造，累计完成配农网项目 1897 个，合计投资 3.27 亿元，新增更换配变 323 台，新建 10 千伏线路 38.52 公里。户均配变容量提升至 3.88 千伏安，同比增长 15.48%。10 千伏线路联络率达到 99.6 %，城乡电网结构得到进一步优化。

供电服务：加强服务一体化管理，前移服务流程，重大项目接电周期平均缩短 9 天。拓展"互联网 +"营销服务，线上互动用户超过 17 万户，完成"电 e 宝"交费 2.75 亿元，三表合一采集接入 0.87 万户。推进"5A 级电力客户创建"和电力体检，协助整改用电安全隐患 175 条，为用户节约成本 2071 万元。服务光伏新能源并网 1047 户，新增容量 1.3 万千瓦。完成电能替代项目 22 个，累计实现替代电量 0.97 亿千瓦时。荣获"全国实施用户满意工程　服务类用户满意企业"称号。

安全警示教育活动

走访对接市政府

观看十九大

电力迎峰度夏新闻发布会

助力乡村民宿发展

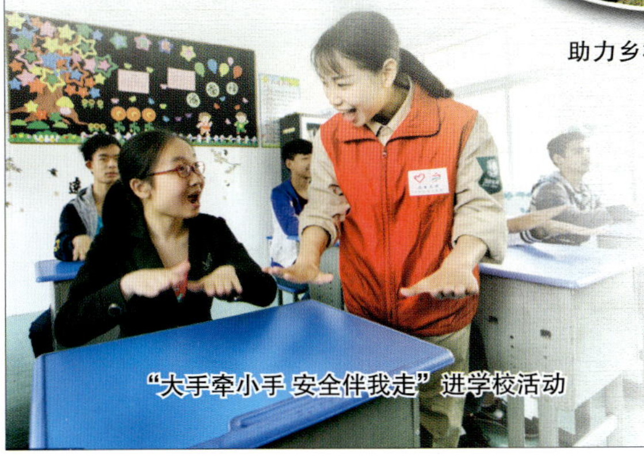

"大手牵小手 安全伴我走"进学校活动

高考保电

八届三次职代会、工代会暨 2018 年工作会议

启东市总工会

法治惠企志愿者联盟滨江片区服务活动

法治惠企志愿者联盟成立大会

2017 年，启东市总工会紧扣全市中心工作，进一步提升思想引领能力、主责主业能力、服务职工能力，聚力改革创新，聚焦职工需求，各项重点工作成效显著，较好地发挥工会组织的作用。

全市各级工会把学习宣传贯彻党的十九大精神作为工会工作的首要政治任务来抓，举办全市工会干部学习十九大精神报告会；开展心得体会展评；以职工群众喜闻乐见的方式，推动十九大精神进企业、进车间、进班组。“职工阅读月”、“职工经典诵读比赛”、创建“书香企业”等活动赢得良好反响。中国银行启东支行创建成全国“职工书屋示范点”，鸿得利、天楹环保、高新区、恒升化工挂牌为南通市“职工书屋”。启东工会微信公众号发布信息近 700 篇，传播力和影响力在南通工会系统微信排名中位居前列。“琴之梦”女子手风琴、“海之灵”职工舞蹈团等工会社团发挥职工文化阵地和辐射作用，积极送演出、送培训下基层，广泛开展职工文体活动。“喜迎十九大 红歌献给党”全市职工合唱比赛圆满成功，进一步展示主人翁风采，唱响主旋律。

以“技能比武显身手、岗位建功争先锋”为主题，广泛开展劳动竞赛、比武练兵等活动，引领和激励全市职工为启东发展贡献智慧力量，全年参赛单位达 350 多家，参赛职工 2.8 万人次。举办“为劳动者喝彩”市级技能竞赛 8 项（次），12 名技术尖子晋升技术等级。重视和发挥劳模先进人物的导向作用，31 名职工获得南通市劳动模范和南通市先进工作者荣誉称号。

职工经典朗读比赛

创新法律维权方式。充分发挥法制宣传、法律援助、争议调解三项职能作用，依法维护职工群众合法权益，妥善协调各类劳资纠纷。组织开展全市“劳动法律知识竞赛”活动。以“沙主席职工维权咨询工作室”和“启东市职工维权咨询志愿者协会”为中心，向全市企业辐射，形成 7 大片区管理网络，将工会劳动关系预警员、劳动法律宣传员、劳动争议调解员、劳动保护监督员，一并纳入成为片区工作组成员。在全市范围内开展基层工会主席和人事经理业务培训，全年共培训 500 多人次。充分发挥互联网 + 工会的作用，实现“沙主席职工维权咨询工作室”线上线下同步服务。

2017 年元旦、春节“送温暖”活动中，全市工会投入资金近 50 万元，走访有困难的职工、劳模、工会干部等近 400 人。夏送清凉、金秋助学等品牌更亮，慰问援助面不断扩大，菜单式的援助方式深受欢迎。在 202 名特困职工中收集整理微心愿信息，通过工会网站、微信等平台定向发布，帮助 78 位特困职工完成自己的一个心愿。继续开通医疗绿色通道。确保职工享受“五优先”、“三省”、“一保证”的服务，邀请上海市中医医院 15 位教授专家来启义诊，受到广大职工欢迎。夏季高温慰问提质扩面。采购慰问物资 16000 份，金额 899600 元，慰问一线职工 16000 名，将法律宣传、健康检查同步带进企业、班组，发放劳动法律法规宣传资料 2 万多份。

劳动法律法规知识竞赛

“为劳动者喝彩” 微型消防技能竞赛

全市职工合唱比赛

“为劳动者喝彩” 技能竞赛专场开幕式

启东市水务局

水务局巡察动员会

志愿者活动

2017年，启东市水务局紧紧围绕市委、市政府中心工作，以构建和谐社会、促进经济发展、打造“强、富、美、高”新农村为目标，以创新、进步、发展为主题，结合新时期治水兴水思路，立足社会发展对水利的需求，加快提高农田水利保障能力、防洪减灾保安能力、水环境生态保护能力，以民生水利、重点工程建设为抓手，不断推进农村水利、水环境综合整治、水利基础工程、防汛抗台、水政管理、服务企业等重点工作，初步构建全市“河长制”河道管理体系，紧跟时间的脚步，拓宽思路，奋力进取，扎实工作，使全市农村水利基础设施建设不断完善，水生态日益改善，强有力地提升农村水系的引灌排能力，全面促进农业综合生产能力发展；多项重大水利工程安全高质完工，沿海沿江大堤及重要闸站防汛抗台能力进一步提升，筑牢安全防线，持续造福广大百姓。2017年，全市农村河道管护成效考核在全省75个涉农县（市、区）中获评为第一等次；小型农田水利工程管理绩效考评获优秀等次。

业务培训

拆除沿江非法码头

清理河道沉船

河道保洁

河道疏浚

危桥改造

长江江堤除险加固工程

生态护坡

启东市卫生和计划生育委员会

主任：薛峰

副省长蓝绍敏在医院调研

2017年，全市有医疗卫生机构421家，其中三级医院2家，镇中心卫生院（社区卫生服务中心）11家、分院24家、村卫生室（社区卫生服务站）268家、社会和个体医疗机构（含民营医院）112家、卫生单位4家（卫生监督所、疾病预防控制中心、妇幼保健和计划生育服务中心和卫生进修学校）。全市卫生技术人员4418人，每千人拥有卫技人员4.65人，高级职称445人，中级职称1118人，执业医师（助理）2263人，注册护士2191人，平均每千人口执业（助理）医师2.38人，千人口注册护士2.3人；每千人拥有床位数4.22张。

医药卫生体制改革纵深推进，公立医院综合改革示范县创建成果不断巩固，年度医改重点任务圆满完成，被国务院办公厅表彰为真抓实干地区，市人民医院获“中国县域医改　样板医院”称号。公立医院综合改革持续深化，两大医疗管理集团规范运行，集团各成员单位分工协作，实现优势互补，形成整体合力。巩固取消药品加成成果，市级医院平均药占比降至35.25%，群众看病就医负担明显减轻。创新人员编制管理，深入推进人员备案管理，强化人员待遇保障，提高医院选才用才自主权。深化人事薪酬分配制度改革，调整工资总量核定方式，规范收入分配秩序，合理体现医务人员技术劳动价值。加强综合目标责任制考核和三级考核力度，逐步拉开不同医院间、不同岗位间收入分配差距，分配杠杆进一步向临床一线和重点岗位倾斜，试行院长年薪制，充分调动院长履职能动性，发挥医院改革的主体作用。分级诊疗制度全面构建，全市基层首诊、双向转诊、急慢分治、上下联动的就医新格局基本形成，城乡医疗卫生资源得到合理有效使用，“小病不出村、常见病不出镇、大病到市级医院”目标逐步实现，全市市级医院住院病人同比增加4.87%，基层医院住院病人同比增长13.65%，基层占比52.3%，县域内就诊率达到90.71%。家庭医生签约服务全面推开，健康管理团队工作稳步推进，健康守门人作用逐步显现。重新修订家庭医生签约服务实施方案，为签约居民提供基础服务包和个性化服务包，全市常住人口签约率46.8%，重点人群签约率71.73%，超额完成国家规定的全人群30%、重点人群60%的目标任务。个性化服务包签约率6.61%，全市建档立卡低收入人口签约率100%。医保支付方式改革有序推进，按照“群众得实惠、基金能承受、医院得发展”总体要求，全市新农合实施总额预付管理，新农合基金在提取风险金、扣除门诊补偿基金和市外就医补偿基金后，按照服务人数将剩余的基金按月预付给集团，医院结合诊疗规范合理就诊，结余留用，超支自负。全面推进临床路径管理，切实规范诊疗行为。

副市长唐海兵在卫计委调研

南通卫计委主任陈冬梅在启东调研

机关支部党员冬训知识竞赛

2017年全市卫生计生工作会议

家庭医生签约服务启动仪式

机关干部街头扫雪

启东市科学技术局

中共启东市委书记王晓斌在 2017 年启东科技人才节上致辞

2017 年，发挥企业、政府、高校院所的主体作用，完善项目、平台、知识产权的要素支撑，大力实施创新驱动战略，加大高新企业培育，加快高新技术产业发展，对接服务上海，全市科技创新多项工作取得突破。通过对潜力企业重点培育和扶持，促进企业向科技型、规模化之路发展，全市企业科技创新能力明显提升。2017 年，全市实现高新技术产业产值 1019.28 亿元，占规模工业的比例达 54.39%，较上年同期提升 1.08 个百分点。 企业研发投入占 GDP 比例达 2.62%。有 94 个产品被认定为省级以上高新技术产品，36 家企业新被认定为高新技术企业。

启东与上海交大电院产学研对接

启东与上海地区高校产学研对接

2017 年启东科技人才节聘任仪式

2017 年启东科技人才节表彰仪式

2017 年启东科技人才节签约仪式

中国邮政储蓄银行 启东市支行
POSTAL SAVINGS BANK OF CHINA QIDONG BRANCH

南通市分行行长在启东调研

工会主席慰问挂钩贫困户

省分行领导在启东调研

党员代表走帮服

迎七一 唱红歌

中国邮政储蓄银行启东市支行成立于2008年，是一家集储蓄、信贷、公司等业务为一体的大型零售商业银行。全行内设四个部门，拥有自营网点6个、邮政代理网点45个，服务遍及启东所有乡镇。依托邮政网络优势，不断丰富业务品种、拓宽营销渠道、完善服务功能，为广大群众提供更全面、更便捷的基础金融服务。

邮储银行启东市支行自开办以来，在社会各界鼎力支持下，始终秉持“服务三农”的理念，致力于地方“三农”经济发展，让金融服务“普之城乡，惠之于民”；不断创新金融服务，完善经营管理体制，树立服务品牌，实现效益与口碑双赢。连续五年被启东市公安局评为银行业金融单位安全保卫先进单位。

面对经济社会发展新常态，邮储银行启东市支行将继续坚持服务“三农”、服务中小企业与服务社区的“普惠金融”战略定位，充分发挥邮政网络系统优势，以客户为中心，服务实体经济，做好风险管控；同时，加大转型发展力度，进一步优化金融服务，创新金融产品，提升创新驱动能力，努力为全市经济持续健康发展与和谐稳定作出更大贡献！

“走帮服”献爱心

参观廉政教育中心

五四金融知识宣传活动

元宵节猜灯谜活动

320邮储公益日

服务礼仪大赛

党团素质拓展活动

“邮储好声音”工会活动

上门与客户洽谈

启东农商银行

QIDONG RURAL COMMERCIAL BANK

市长黄卫锋一行到启东农商银行慰问一线金融工作者

江苏省联社主任胡长征到启东农商银行信贷支持企业开展年终调研

江苏启东农村商业银行股份有限公司，成立于2011年11月11日，是经中国银监会批准，由1793名自然人股东和54家法人股东共同发起设立的股份制金融机构。注册资本75600亿元，下辖1个营业部、50个支行、15个分理处，66个营业网点，员工总数800余人。

启东农商银行坚持立足服务三农，各项业务高效发展，立志成为“启东人自己的银行”，是启东地区市场份额最大的本土金融机构。截至2018年6月末，启东农商银行总资产规模458.77亿元，各项存款余额378.08亿元，各项贷款余额230.51亿元；存款、贷款市场份额分别达28.56%、28.57%，连续多年在全市各金融机构中稳居第一。银监部门监管评级二级，省联社等级社考核连续多年达AAAAA级。荣获“中国服务县域经济领军银行”“中国服务小微企业十佳农商行”“年度十佳支持三农银行”“十佳金融市场创新银行”“江苏省文明单位”“农村金融服务站优秀主办行”“农村支付结算环境建设工作先进集体”等称号。

启东农商银行不断加快网点升级改造步伐，建有全功能一级支行28个，无信贷服务功能的二级支行17个；其中建有文峰建筑特色支行、和合海工特色支行、北新化工特色支行、吕四海洋经济特色支行、天汾电动工具特色支行、滨海高新园区特色支行、科技支行等7个特色支行；城区内建有城南按揭中心、公园中路小贷中心等2个专业支行，提供专业化信贷服务。

风潮汹涌，自当扬帆远航，日益进取的启东农商银行在转型发展之路上齐心协力、奋发有为，为启东城乡建设发展砥砺前行，谱写金融助力新篇章。

员工技能大赛现场

启东农商银行开展送金融知识进校园活动

开展反假币宣传活动

开展征信知识宣传活动

开展“清凉一杯水、关爱一座城”活动

荣获“中国服务小微企业十佳农商行”奖项

启东市民政局

2017年，启东成功创律江苏省现代民政示范市和省双拥模范城，创新出台因病支出型贫困家庭救助办法，农村留守儿童关爱保护经验在中国社会报头版刊登，构建居家养老服务体系引进专业服务团队，养老服务水平显著提升，社会救助科获评人民满意服务窗口。

走访慰问困难群众

军民携手双拥共建

温情关爱困境儿童

街头宣传民政政策

红色教育不忘初心

启东市残疾人联合会

启东市第五届残疾人运动会

残疾人插花培训

2017年，启东市残疾人工作紧紧围绕“康复服务、兜底保障、培训就业、载体活动、队伍建设”五个方面重点工作，全面深化残疾人社会保障体系和服务体系建设，实现精细精准助残，全力推进残疾人同步小康。至年底，全市共有持证残疾人24026人，专门协会5个。

残健牵手 喜看新貌 东疆行活动

启东市国家税务局

QI DONG SHI GUO JIA SHUI WU JU

市领导参观升级后的办税服务大厅

2017年，全市国税系统深入学习贯彻党的十九大精神，以党建为统领，以税收管理改革“第五战役”为主线，持续深化“放管服”改革，优化税收营商环境，加强基层建设，积极培育新优势、打造新业态、树立新形象，各项工作都取得了新成效。全年税收总量首次突破60亿元；入库地方公共预算收入27.71亿元，同比增长64.38%；全面落实税收优惠政策，实现小微企业享受优惠面100%；全年办理各类退税15.13亿元，做到应退尽退，为地方经济转型升级注入生机和活力。荣获南通国税系统先进集体，蝉联地方“五星级机关”，并夺得全市重点突破性工作金杯奖。

道德讲堂

“喜迎十九大”歌咏比赛

服务企业

国地税企三方协议签订

中国农业银行

AGRICULTURAL BANK OF CHINA

启东市支行

2017年，中国农业银行股份有限公司启东市支行各项存款余额161.82亿元，比年初增加11.01亿元。其中，个人存款比年初增加4.15亿元，列同业“四行”第一，列系统第三，个人理财资金比年初增加3.76亿元，列系统第一；对公存款比年初增加6.86亿元。各项贷款余额71.15亿元，比年初增加10.31亿元。其中，个人贷款比年初增加3.86亿元，对公贷款比年初增加6.45亿元。实现中收5779万元；实现营业收入32255万元；实现拨备前利润23583万元。全行社会保障卡发放总量达到30.42万张，成功开卡28.86万张。

女职工“三八节”活动

邀请中国好人苏晓琳和农行青年员工分享青春故事

开展“小积分 大梦想”公益行动

“奋斗的青春最美丽”系列活动

种下一棵小树 伴您共同成长

“走帮服”活动在行动

启东市人民医院
启东肝癌防治研究所

院领导陪同结对帮扶医院陕西西乡县人民医院参观消毒供应中心

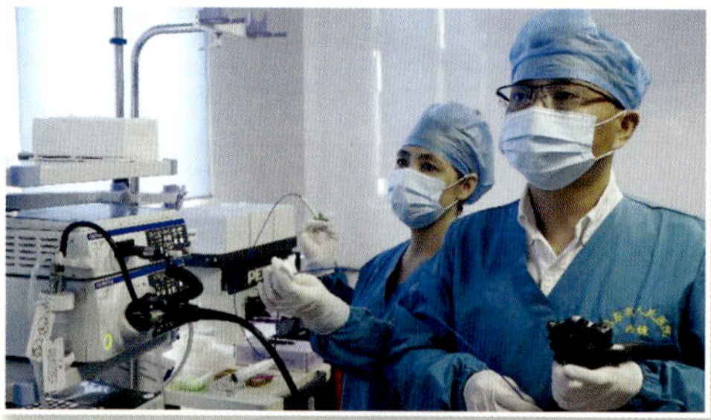

消化内镜诊疗中心

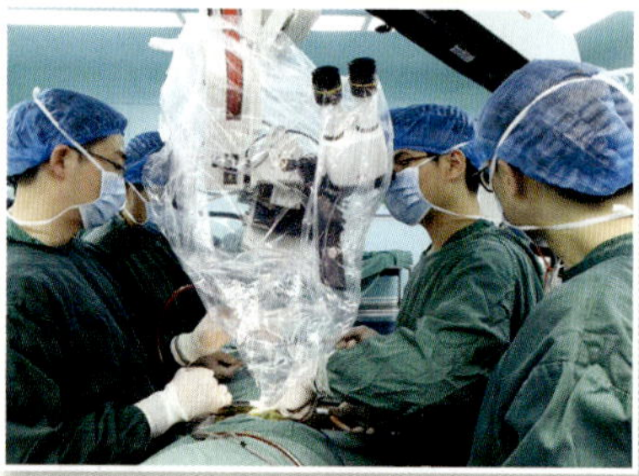

上海同济大学脊柱外科张海龙教授与院骨科主任共同实施手术

启东市人民医院 / 启东肝癌防治研究所是一所集医疗、科研、教学、急救、预防保健、康复为一体的现代化三级综合性医院，创建医改示范县的先行先试单位之一。是一所拥有 69 年历史的现代化综合医院，承载着几代创业者的希望，书写着现代医学的新篇章。

启东市人民医院是上海市第十人民医院启东医院，江苏省人民医院技术支持医院，长寿基因研究中心，卫生部肝癌早诊早治示范基地，全国肿瘤登记示范基地，中国医学科学院肿瘤医院、上海中山医院肝癌防治合作中心，为南京医科大学、南通大学医学院教学医院，江苏医药职业学院启东临床学院，南通大学附属医院住院医师规范化培训协同基地，承担着服务启东人民健康，为启东经济社会发展提供健康保驾护航的重任，肩负着为医学教育事业培养后继优秀人才的使命。

医院拥有 3 个国家级诊疗中心：国家级胸痛中心、国家级卒中中心、国家级代谢病疾病管理中心、南通市级重点学专科团队 12 个：其中心血管内科、呼吸内科、骨科、儿科、妇科、肝胆外科和影像科为 7 个重点临床专科，检验科为重点建设专科，肿瘤预防 / 流行病学为医学重点学科，耳鼻咽喉科、影像科 CT 室为医学创新团队，医院为全国综合性医院中医药工作示范单位。

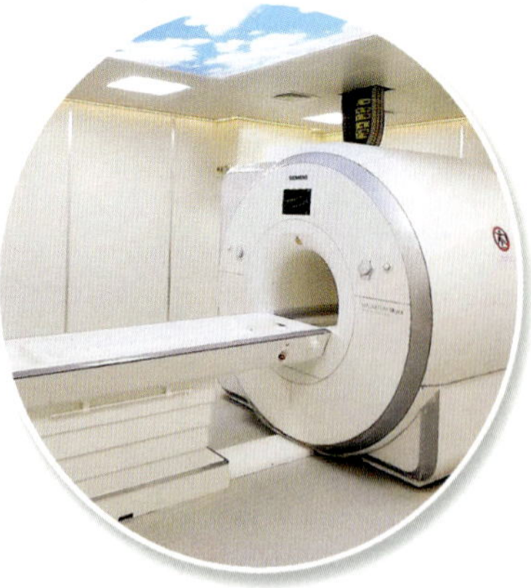

3.0T 磁共振

启东市人民医院新貌

www.qdsrmyy.com

启东市中医院

院领导带领相关科室开展行政查房

国家级继续教育项目——“第六届同济大学附属第十人民医院医疗集团微创外科高峰论坛暨微创技术在普外科中的应用继续教育学习班”在中医院召开

医院举办“论制度的重要性”中层干部演讲比赛

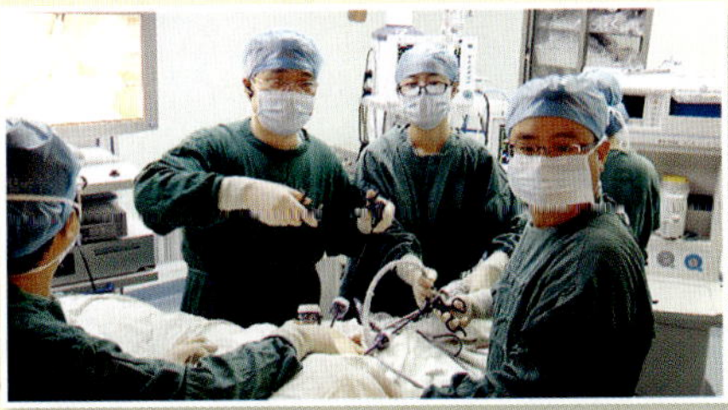

八病区腹腔镜团队屡创佳绩

启东市中医院是一所具有中西医结合特色的，集医疗、教学、科研为一体的三级乙等中医医院。医院核编床位数500张。有职工696人，其中高级职称83人，中级职称158人，全日制硕士研究生45人。江苏省突出贡献中青年专家1人、省“333工程”培养对象1人、南通市科技专业技术拔尖人才2人、南通市新世纪科学技术带头人培养对象3人、南通市第五期“226高层次人才培养工程”培养对象1人、南通市名中医5人、南通市青年医学重点人才1人。医院设有临床科室18个，医技科室8个，其中耳鼻咽喉科为江苏省中医重点专科；外科、骨伤科、妇科、康复科、心病科为南通市中医重点专科。

2017年，通过省中医药局巡查组对中医院的巡查，坚定院发展中医药事业的政治使命和责任担当，明确县（市）级公立中医医院改革、发展、管理的总体思路和目标任务，提升医院科学化、规范化、精细化管理水平；继续深化综合改革，大力推进与上级医院的合作和多方面人才引进，提升龙头单位的能力建设。发挥医院中医药特色优势，除了做好冬病夏治、膏方养生等传统项目之外，通过下乡结对帮扶，开展中医药适宜技术推广和中医药文化宣传。

医院通过医银合作模式，提供智慧医疗服务。实现在医院就诊期间便捷支付（微信、支付宝）诊疗费用、住院充值等医疗金融服务功能。提高就诊效率，缓解三长一短问题，提高服务水平。

在下阶段工作中，医院将深入扎实的推进各项工作，以党的十九大精神为引领，认真贯彻落实以习近平同志为核心的党中央提出的一系列发展中医药的新思想新论断新要求，更高水平、更有效率地为人民群众提供全方位的中医药健康服务。为全面建设小康社会，保障人民身体健康，做出新贡献。

医院迎接江苏省大型中医医院巡查

医院第七届膏方节活动现场

医院开展“中医推广年”系列活动

中国邮政 CHINA POST

中国邮政集团公司江苏省启东市分公司

"红色邮路"党员小分队开展"走帮服"活动

中国邮政集团公司江苏省启东市分公司有在编员工 490 人，内设综合办公室、市场营销部、运营管理部、金融业务部、集邮与文化传媒部、包裹快递部及渠道平台部 7 个专业部门。2017 年，实现业务总收入 2.03 亿元，同比增幅 9.4%，列全区第二位。

邮政机构设施：启东邮政有营业网点 51 处，其中金融类服务网点 45 处，均配备齐补登折机、ATM（CRS）自助机具，纯邮政服务网点 6 处。2017 年，邮政平均每一营业网点服务面积为 24.2 平方公里，平均每一营业网点服务人口为 2.24 万人。邮乐购加盟店 349 个，电商运营中心 1 个，共建成具备"报刊邮件投递 + 邮件自提功能"的村邮站 86 个，其中 2017 年新建 51 个，累计发展快递包裹自提点 197 个。全市共有邮政信箱（筒）539 个，邮政报刊亭 25 处，各类服务用车 36 辆。有计算机（在用）190 台，终端机 301 台，投递手持终端 149 台。

邮政通信网络：全市汽车邮路 9 条（其中南通邮路 1 条），投递邮路总条数 112 条，其中农村投递线路 92 条，全部摩托化，农村投递线路长度（单程）7756 公里。城市投递线路 20 条，全部更新为电动自行车，城市投递线路长度（单程）828 公里。城市小包专投线路 7 条，专投线路长度（单程）364 公里。邮政城区投递无休，每日平均投递 2 次，农村快递包裹投递无休，每日投递 2 次。

所获荣誉：2017 年，公司蝉联 2013—2015 年度"江苏省文明单位"，2015—2016 年度"南通市文明单位"，荣获启东市五星级机关（单位）、2016 年度安全生产、消防工作先进集体；工会获评全国邮政系统模范职工之家、江苏邮政系统模范职工之家、启东市十佳职工之家、启东市工会工作先进单位；公司团总支获评启东市五四红旗团总支；机关党支部获评 2017 年全省邮政企业基层党组织建设示范点；马晓威被授予南通市五一劳动奖章，获评南通市五一创新能手以及南通市技术能手；董天一获评南通市优秀共青团员。

爱心投递员走进百岁老人家中

开展路演活动贴近百姓生活

分公司引进新能源物流车

江苏省启东实验小学

校长 陈金飞

市领导调研

江苏省启东实验小学有教学班86个，学生3580名，教职工260人。学校培养江苏省特级教师5人，省333高层次人才培养对象3人、省级领航名师项目成员1人、南通市名师培养第一梯队成员2人、南通市学科带头人10人，南通市骨干教师12人，南通市教坛新秀22人；启东市学科带头人25人，启东市骨干教师27人。

学校占地面积71027平方米；建筑面积52752平方米；室外活动场地17778平方米；绿化面积26711平方米；穿梭在教学楼间的活性水面3500平方米。学校建有师生作品展览收藏馆、启东市少儿版画苑、“金色童年”合唱团、“阅读吧”、爱眼教室，搭建起较为成熟的校本幸福课程体系。

学校设施齐全，办学条件达到省实验小学标准建设要求，拥有藏书8万多册，学生计算机网络教室（电子阅览室）5个，多媒体教室100个，课件制作室1个，校园网络管理中心1个，美术专用教室9个，音乐专用教室12个，舞蹈房1个，科学实验室5个；整个校园建有安全监控系统。

学校秉承江苏省启东实验小学九十多年的丰厚教育教学文化传统，坚持明确的育人目标：使每位师生都成为创造幸福和幸福生活的人。在上级主管部门的领导下，依靠全校教职员工的共同努力，通过独特的校园文化环境营造，优秀的教师队伍创建，丰富的课程资源建设，学校各项工作得以不断完善与推进。主持的课题《基于数学史的小学数学教育实践研究》、《旨在核心素养提升的数学智性学习研究》分别获江苏省教学成果奖特等奖、一等奖；《小学教学》封面人物陈金飞举办“智性“课堂专题研讨活动；南通市第一梯队名师培养对象张范辉举办“智理课堂”专业发展汇报研讨活动；学校承担省、市“十二五”教育规划课题26项，“十三五”教育规划课题10项。

学校先后被评为全国生态文明教育示范学校、“中国好老师”公益行动计划基地校、全国四星级幸福学校、小学生学习报小记者活动基地、新世纪小学数学华应龙和化错教育研究中心联盟学校、江苏省文明校园、南通市文明校园、启东市德育工作先进学校、启东市文明礼仪示范学校、启东安全生产先进集体、启东市少儿版画培训基地。

学校幸福驿站“正能量加油站”在2016年度“正能量加油站”活动中被评为优秀站点；12月，学校凭借少儿版画项目被教育部评为第二批全国中小学中华传统艺术传承学校，组织出版版画教学32年专著《镂镂的魅力》；学校机器人社团共有120人次参加竞赛，获冠军1人次，一等奖15人次，二等奖32人次，三等奖36人次，参与奖36人次，等级奖获奖比例为70%；“幸福1+2”课程的实施与研究荣获2016年度江苏省校本课程评比一等奖；第十二届江苏省少年儿童书信文化活动中学校获团体奖；“碧桂园杯“启东市第二届汉字听写大赛中获优秀组织奖；2017年度启东市“八礼四仪”现场观摩活动获优秀组织奖。

东疆之春

音乐会

爱心义卖

学生个人演唱会

“七彩之梦”阅读节系列活动之绘本剧大赛

实小好少年

江蘇省啓東中學

QIDONG MIDDLE SCHOOL OF PROVINCE

市委书记王晓斌一行在校调研

市长黄卫峰一行在校调研

副市长唐海兵慰问优秀教师

江苏省启东中学是一所全日制公办普通高中，创办于1928年，占地260多亩，51个教学班，教职工320多人，在校学生2300人。1990年4月，成为江苏省首批办好的重点中学；1998年4月，顺利通过“国家级示范性普通高中”评估验收，2003年12月成为江苏省首批四星级学校。

学校办学条件优良，有设备一流的实验室、图书艺术馆，是江苏省中学一级实验室、图书馆。学校班级多媒体网络设备、校园计算机系统、校园广播电视系统、图书管理系统和校园监控系统的建成，为全面开展素质教育奠定了坚实的基础。

学校大力加强教师队伍建设，促进教师专业化发展。近年来学校每年举办全国、省市级大型教研活动，展示启东中学高效课堂、特色课堂，被授牌江苏省“教学新时空”直播基地。2017年有3名教师荣获江苏省教师基本功大赛、好课评比一等奖，1名教师获二等奖。选派30多位教师赴美国、英国、加拿大、澳大利亚、马来西亚等国家学习培训，50多位教师参加国家级、省级新课程培训。注重学科组、备课组建设，物理学科组被省教育学会物理专业委员会评为先进集体，数学学科组被评为南通市师德先进集体。注重学历提升，在职教师中，有硕士50多人。名师梯队建设得到加强，全国教育系统劳动模范2人，特级教师5人，省中青年专家3人，省333工程培养对象4人，高级教师150多人，其中教授级高级教师4人。一支素质精良、结构合理、充满生机和活力的教师队伍业已形成，为学校的可持续发展提供了强有力的人才支撑。

学校确立现代办学理念，提出了培养具有创新精神、实践能力、素质全面、特长鲜明、具有国际视野的学生和建设高质

启东中学党委十九大文件学习动员会

南通市“十三五”课题开题论证会

十八岁成人礼

量、现代化、有特色、国内一流、国际知名的现代名校的办学目标，培养了大批创新型人才。积极探索“三段四环”高效课堂教学模式，教学质量持续高位走强，近年来每年有 10 名左右学生录取清华北大。拔尖创新人才培养成绩显著，1995 年以来在国际中学生学科竞赛中共获得 14 金 2 银。2018 届高三张天越、施朱鸣同学分获中国数学、化学奥林匹克决赛金牌，其中施朱鸣入选化学国家集训队，直接报送北京大学，即将赴日本参加中日青少年科技交流。体育、文艺、科技等方面也培养了不少特长学生。陆柯尧同学入选省普通高中 4 人代表队。2016 年，位于美国华盛顿的中国研究中心再次推出中国 260 大最佳高中，启东中学与北京人大附中、北京四中、湖北华中师大第一附中以满分 100 分排名并列第一。

作为江苏省普通高中创新人才培养试点学校、江苏省理科课程基地项目学校、江苏省科学教育特色学校，启东中学全面深化教育改革，努力办好对人民负责的教育，取得了显著业绩。学校获得全国文明单位、全国精神文明建设先进单位、全国体育卫生工作先进单位、全国体育科研明星学校、江苏省文明单位标兵、江苏省先进基层党组织、江苏省模范学校、江苏省德育先进学校、江苏省体育工作先进单位、江苏省健康促进学校金奖单位等荣誉。

庆祝第 33 个教师节

与西乡一中签约仪式

优质生源基地签约

施朱鸣同学入选国家化学集训队

启东市城市污水处理厂有限公司

领导调研

启东市城市污水处理厂有限公司位于启东市经济开发区海洪南路西侧，设计规模12万吨/日，一期工程2.5万吨/日，于2006年底建成投运，二期工程于2009年10月建成投运，三期工程于2016年底建成。现状总规模为9万吨/日。厂区总占地面积约为150亩。外设9个提升泵站。污水处理厂的最终出水排入长江，出水水质要求达到《城镇污水处理厂污染物排放标准》表1中的一级A标准。污泥经脱水处理后运至本市砖瓦厂作建筑材料综合利用。启东市城市污水处理厂有限公司主要收集启东市汇龙镇城区及开发区生活污水和部分工业废水。服务范围东至惠洋河，南至世纪大道、西至新港路，北至发展路。城区及开发区配套纳污管网129多公里，覆盖面积达35平方公里。服务总面积28平方公里。厂区内进出水口配有在线流量计、COD、氨氮、总磷等浓度测定仪，并与环保局实时联网。启东市城市污水处理厂一、二期处理规模分别为2.5万吨/日，一二期占地面积为90亩，采用具有脱氮除磷的Orbal氧化沟生化处理工艺，消毒采用二氧化氯消毒工艺，深度处理采用混合反应池+纤维束滤池，建设内容包括厂区建设及7.1公里尾水管建设，一二期分别于2006年及2009年建成。三期工程处理规模为4万吨/日，集约式布置实际占地仅为25亩，采用A2/O工艺，消毒采用紫外消毒工艺，深度处理采用高效沉淀池+滤布滤池。采取EPC交钥匙模式，确定中标单位为上海市政研究总院集团和南通安装集团股份有限公司组成的联合体，由该联合体实施本项目设计、施工及设备安装。

粗格栅

氧化沟

除臭设备

抢修

建设内容包括厂区建设及 8.6 公里尾水排放管建设。三期于 2016 年 7 月份开始试运行，2016 年底通过环保验收。

启东市城市污水处理厂有限公司工程连续几年被市委、市政府列入为民办实事项目之一，得到省、市各级领导的高度重视和社会各界人士的关注，共接待参观、考察、培训、实习者近千余人次。曾荣获 2006 年南通市优质结构工程、2007 年启东市城区绿化工作先进单位、2008—2009 启东市节能减排先进工作单位、2008 年南通市节能减排先进工作单位及江苏省合格城市污水处理厂、2009—2010 启东市节能减排先进工作单位、2011—2013 启东市环境保护工作先进单位、2013 年度江苏省优秀城市污水处理厂、2014 年江苏省建筑施工标准化文明示范工地、2015 年南通优质结构工程等称号。城市污水处理厂有限公司积极推行先进的管理模式，严格控制运行质量，不断创新，并通过 ISO 9001 质量管理和 ISO 14001 环境管理体系认证。

二沉池

出水泵房

沉淀池

启东市城市污水处理厂有限公司围绕“艰苦创业、科学求实、团结进取、忘我献身”的企业精神，以科学规范的管理，优质的水质和优美的厂区环境得到社会各界的肯定，取得显著的环境效益和社会效益。公司设施运转正常，出水的各项指标均优于设计标准，在改善启东市城市生态环境、美化城市、居民生活环境，起到至关重要的作用，为启东节能减排工作、创建国家环境保护模范城市、国家卫生城市，提供重要的基础条件。

脱泥机

启东市吕四自

QI DONG SHI LV SI ZI LA

公司党员重温入党誓词

收费大厅

泓港工业水厂

启东市吕四自来水厂有限公司党支部在职党员 16 人，预备党员 2 人，离退体党员 5 人。2017 年，公司党支部坚持从严从实开展“两学一做”学习教育活动，紧紧围绕供水企业生产经营这个中心，充分发挥党组织的战斗堡垒作用和党员的先锋模范作用，为企业发展奠定坚实的政治基础。

一、机构健全，围绕中心，充分发挥政治核心作用

公司成立以来，紧紧围绕企业职责，积极开展各项工作，形成制水、售水、安装、维修为一体的供水企业，现有正式职工 69 人。为充分发挥党组织的政治核心作用和党员的先锋模范作用，公司党支部下设 2 个党小组，健全组织机构。党支部紧紧围绕企业中心任务制定实施公司党支部工作目标和工作计划，推动各项工作稳步向前。通过加强组织领导，全面落实党建工作责任制，形成“一级抓一级，层层抓落实”的工作局面。党支部在参与公司发展决策的内容、程序以及决策实施等方面都有规范的制度作保证，使党组织参与重大问题决策步入制度化、规范化的轨道。班子成员内部团结，同心协力，勇于担当，努力发挥领军作用和带头表率作用，坚持民主集中制，重大事项召开领导班子会，相互通气，统一思想，有效地促进班子整体功能发挥。近年来，公司通过落实各项工作措施，进一步完善机构，强化整体功能，充分发挥党组织的政治核心作用。

二、加强教育，规范行为，激活队伍

公司党支部在全体员工中积极开展 “员工运动会、党风廉政建设知识竞赛及年度评先树模”等系列主题教育活动，大力弘扬企业文化，激发广大员工参与公司发展的热情。坚持形势任务教育，引导职工认清形势，明确责任，焕发热情，形成合力。强化员工“团结、务实、敬业、创新”团队作风的认同感和实践的自觉性，充分调动员工的积极性和主动性。

公司党支部坚持“三会一课”制度，倡导党员认真学习党章、党规，学习习近平总书记系列重要讲话，增强党性意识和政治敏锐性，确保把党员学习成果转化为企业发展的强大动力。

三、抓效能建设，强化服务能力

1、提高营业效率

营业部不断完善收费系统，及时进行远程协助、修复、完善和更新用户信息，全镇已实现支付宝支付水费的功能，切实提高收费效率。2017 年，全镇全年售水总量达到 814.5 万吨，同比增长 12.63%；完成自来水收入 2379.97 万元，同比增长 9.13%；水费回收率达 99.07%，抄表准确率 99%。

2、提高抢修效率

2017 年，公司实施的管网及水表维修服务达 2942 起，其中镇区供水管网维修服务

地面水厂

来水厂有限公司

JI CHANG YOU XIAN GONG SI

1015 起，农村供水管网维修服务 1115 起，水表维修服务 812 起。为更好地确保完成抢修工作，抢修人员全天随时待命，在接到报修后，以最短的时间到达现场，以最快的速度应对各种突发爆管事件，全年管道抢修及时率为 100%。

3、缓解用水压力

在海启高速供水管搬迁工程中分别安装了 DN200 至 DN500 等不同口径合计长度为 2900 米的钢管及 4500 米的 PE 管；配合吕四镇区建设，实施延寿北路、纬三路、港湾公寓、大洋城、渔港围堤、拆迁安置区等给水工程施工；配合消防安全建设，完成南星桥兆民工业园、银鹤小区、镇区消防栓维修等给水工程施工；配合农村道路建设，实施石堤二路、石堤中心路、国华路、十四总路、二补中心路、垦北中心路、王通路等供水管道搬迁工程施工。以上项目的实施，大大缓解镇区高峰期用水压力小的矛盾，确保全镇安全供水。

4、全面掌握供水情况

2017 年，吕四镇区安装 30 个实时压力监测点，10 个流量监测点，并实时采集上传 SCADA 系统。吕四泵站工作人员全天 24 小时监测泵站、管网运行状况，实时调整供水压力和流量。

5、确保安全供水

每日对吕四泵站出厂水质，每月对吕四中心镇区 8 个管网水质检测点及吕四农村地区 18 个管网水质检测点进行采样检测，确保水质合格率达到 100%；对区域供水吕四和货隆增压泵站机电设备定期巡检保养，确保供水安全；积极配合区域供水通汇线抢修工作，及时启动应急预案，启用货隆泵站最大流量全天 24 小时运行，全力保障全市应急供水，极大地缓解了南线供水压力。全年没有发生一起安全事故，保证所有供水设备和管网的安全运行。

6、加快工业水厂建设

2017 年完成泓港工业水厂技改工程高低压配电柜及内部供电工程、工艺管道及机电安装工程、双电源供电外部接入工程、自动化和加氯加矾系统工程施工，并于 10 月份顺利完成试生产运行；与吕四大唐电厂等沿海大企业认真对接，配合做好大唐电厂工业水管道（专线）等工程建设，争取沿海大企业早日供应工业水。

公司党支部自成立以来，团结和带领员工奋力拼搏，形成了推动各项工作蓬勃开展的强大推动力，把党建工作融入企业规范化建设和经营理念过程中，助力本地区企业发展。

军事训练

技能比武

党员冬训

党员专题会议

启东市自来水总公司

QIDONG TAP WATER GENERAL COMPANY

党员会议

启东市自来水总公司成立于1974年，日供水能力达24.5万吨，年售水量4000多万吨。总公司认真贯彻党的十九大精神，确立“品牌服务、效益优先、多远发展”的发展战略，取得良好的社会信誉和经济效益，历年获“江苏省价格诚信单位”“南通市文明单位”“江苏省巾帼文明示范岗”“江苏省工人先锋号”等称号，为保障城乡供水安全提供强有力的保障。

一、做好基础工作，搭好根基

推进支付宝、微信缴费功能。全市通过支付宝、微信缴费的用户达35%。全市现金缴费的用户不到20%，不仅改善了窗口排队的现象，也给用户带来了真正的便利。

二、做好供水核心工作，确保安全供水

1. 保足压出水。北新增压泵站作为南通向启东市供水的主力泵站，加强日常的维护保养。2017年，公司将北新泵站主管网DN1200门阀5只、及清水池DN1000阀门进行更换，并实施北新泵站与221线管道连通工程。在高峰供水期间，加强对三厂泵站、北新泵站、制水车间、永阳取水口、寅阳泵站、惠萍泵站等的设施设备的维护保养，合理调度好各个泵站的开启时间，满足高峰用水需要，

2. 保全面供水。2017年，公司有计划地实现人民东路与惠阳路连接，南苑路与惠阳路连接，和平路与扬沙路连接，建设路与世纪大道DN600管贯通，世纪大道（丁仓港路至西苑路）贯通，华山路（南苑路至河南路）贯通等，进一步实现城区管网环网连接。

支部书记上党课

十九大文件学习

走访社区

交通文明志愿者

3. 保应急供水。车间对永阳取水口警示电源、取水泵、高压设备等进行经常性巡检，每8—10天进行一次管道排污；按照规定对永阳取水口水源进行每月三次的采样和检测，检测数据同时上报公司网站和省厅网站；地面水厂泵房制水设备进行定期巡检保养，完成地面水厂DN600清水管改造工程，增加一组DN600阀门。

三、做好服务工作，确保用户满意

自来水公司作为服务型企业，承担全市的供水重任。在服务好、服务优等方面，多学多请教，多想多做。

1.2017年，新水价上线。公司提前做好新系统上线测试，确保水价调整后新系统的顺利运行。作为人民满意服务示范窗口的争创单位，为加强管理，营业厅启用服务评价系统，加强工作人员服务满意度测评管理。

2. 为更好地确保完成抢修工作，管线所维修班24小时全天待命，在接到报修后以最短的时间到达现场，以最快的速度应对各种突发爆管等事件。全年及时完成大小修理2400多处，其中DN100以上修理96处。其中8月5日通州区新江海桥东DN1400玻璃钢夹砂管维修，全体相关部门齐心协力，仅仅28个小时便恢复通水。

四、下阶段规划

1. 公司将分别从强化思想教育、强化科学管理、强化生产业务技能等方面着手，按计划有步骤地抓好全体职工的道德教育、党员干部廉政教育和业务培训。通过完善公司内部各项管理制度、不断创新体制机制，进一步细化责任，建立考核机制，加强管理。

2. 结合供水管网布局，继续推进新增站点远传设备的安装和维护工作，合理选择和安装监测点，并将监控点改为太阳能。计划在管网末梢安装水质在线监测点，可实现末梢水质实时监控。

3. 区域供水通久线海门段完成钢管节点100%，加快泵站的土地落实工作。通久线启东段管线铺设完成50%，久隆泵站开始施工。启隆线完成管线铺设15%，启隆泵站完成招投标。

中层干部业务交流

干部培训

部门业务培训

安全生产培训

深夜紧张工作

更换阀门

维修现场

密不透风的管道内部修理

化验室采样化验

启东市气象局

党员主题日活动

工会活动

2017 年，启东市气象局全面推进气象现代化建设和县级基层气象业务体制综合改革，加强软硬件和人才队伍建设，进一步提高公共和决策气象服务能力和水平，社会效果显著。继续推进农业气象服务体系和农村气象灾害防御体系建设，加强气象为农服务，在直通式服务的基础上，根据市委农工办农业保险的需求推出相关服务。

2017 年，根据中国气象局统一部署，启东国家基本站和吕四国家基准站采用启用双套新型自动气象站进行地面大气探测，其中吕四国家基准气候站担负为中国气象局测试天气现象自动观测仪、雨滴谱仪、称重式雨量筒等先进设备的任务，摸索总结新装备使用和维护经验，以备在全国推广。经社会化保障的 23 套全新区域自动气象站和 3 套农田小气候自动观测站（含光合作用指数、二氧化碳浓度等要素观测）运行稳定，数据准确，上传及时，全年未出现数据错误，为启东市气象灾害预警和农业生产提供重要数据参考。沿江、沿海及 G40 国道沿线均更新多套交通气象站用于实时观测长江、黄海和高速公路上的各类气象数据，为公路运输、航运和渔业生产直接提供服务。在完成机房气象数据传输专用内网与党政网、工作用互联网正式分离的基础上，进一步提高气象数据内网的安全性，同时 CMAcast 卫星小站系统接收的风云二号 C/D/E 卫星数据正式接入预报服务平台，提升气象信息传输和天气预报制作效率。全市布置于各村公共服务中心和重点企业的共计 123 块气象信息显示屏运转良好，及时播发气象预报、预警信息与各类宣传、通知，方便气象与其他信息的传播。

气象知识科普活动

加油站防雷安全监管检查

2017 年，在全新预报服务业务平台支撑和运行机制下，市气象台做好每天常规天气预报的制作和发布与传递，加强与广电和报纸等传统媒体的合作，开通“启东气象”新浪和腾讯微博、“启东天气”微信公众号。通过学习辅导，岗位培训和竞赛，提高灾害性天气、节假日和重大社会活动期间的服务能力与质量。推进气象灾害应急准备认证工作。市气象局与市农委作栽站、植保站、蔬菜站、市蔬菜专业合作社、市家庭农场、镇农村服务中心等举办座谈会，吸收农村专项气象服务意见和建议。与市农工办合作，将种养殖大户和参加农业保险的用户纳入气象专业服对象，普及农业保险知识，推进农保工作。与中远海工、太平洋海工以及大唐电厂等沿江沿海企业签订气象服务合同，为其提供定时、定点和随时的气象服务。

志愿者活动

气象知识宣传

气象应急演练